TESOROS DE ESPAÑA

Ten Centuries
of Spanish Books

TESOROS DE ESPAÑA

Ten Centuries
of Spanish Books

The New York Public Library

MINISTERIO DE CULTURA
Dirección General del Libro y Bibliotecas

COMITÉ CONJUNTO HISPANO-NORTEAMERICANO
PARA LA COOPERACIÓN CULTURAL Y EDUCATIVA

THE US-SPANISH JOINT COMMITTEE FOR CULTURAL
AND EDUCATIONAL CO-OPERATION

The New York Public Library
October 12 - December 30, 1985

EXPOSICION
EXHIBITION

Comisario
Curator
M. L. LÓPEZ-VIDRIERO

Coordinación
Co-ordination
DIANTHA SCHULL

Diseño
Design
LUIS REVENGA
LOU STOREY

Transportes
Transport
SIT TRANSPORTES INTERNACIONALES, S. A.

Compañía Aseguradora
Insurance
GIL Y CARVAJAL

CATALOGO
CATALOG

Editor
Editor
LUIS REVENGA

Coordinación científica
Scientific co-ordination
M. L. LÓPEZ-VIDRIERO

Colaboradores
Collaborators
CONCEPCIÓN LOIS CABELLO
C. GONZÁLEZ Y DÍAZ DE GARAYO

Diseño
Design
ESTUDIO LR, MADRID
ANDRÉS EXPÓSITO

Fotógrafos
Photographers
GERARDO MOSCHIONI
ANTONIO MARCOS

Producción
Production
OSCAR BERDUGO

Traducción
Translation
JANE ABBOTT
ESTHER BENÍTEZ
RONALD CHRIST
JOSÉ LUIS LÓPEZ
SELMA MARGARETTEN
MARGARET ROBERTS

Impresión
Printing
GRAFICÉN, S. A., MADRID

Fotocomposición
Typesetting
AMORETTI, MADRID

Fotomecánica
Color separations
D.I.A., MADRID

Agradecimientos
Acknowledgements

BIBLIOTECA NACIONAL. MADRID/FUNDACIÓN GARCÍA LORCA. MADRID/BIBLIOTECA UNIVERSIDAD. VALENCIA/BIBLIOTECA UNIVERSIDAD. BARCELONA/BIBLIOTECA UNIVERSIDAD. GRANADA/BIBLIOTECA UNIVERSIDAD COMPLUTENSE. MADRID/FUNDACIÓN LÁZARO GALDIANO. MADRID/ACADEMIA DE LA HISTORIA. MADRID/BIBLIOTECA UNIVERSIDAD. SANTIAGO DE COMPOSTELA.

INDICE

Página

CONTENTS

Page

Rescatados del tiempo —manuscritos, incunables, códices— nos rescatan el tiempo. Salvados del tiempo salvan el tiempo. Prolongan la memoria, son nuestra memoria. Fueron en su día herramienta de intervención y hoy aparecen, sobre todo los más antiguos, sacralizados. Cuanta mayor antigüedad, mayor sacralización. Sus contenidos son inextricables para el inexperto y despiertan la admiración. Sólo unos pocos poseen las claves y pueden desentrañar el misterio que en ellos se contiene. Sólo los estudiosos pueden dar con los significados más profundos. Está en ellos —libros, códices, incunables— la cifra de los problemas de quienes nos antecedieron. Están en sus páginas los temores de los hombres y sus esperanzas.

Esta exposición es un homenaje al libro, al libro mismo, incluso desde el punto de vista objetual. El diseño, los materiales empleados, la disposición del grafismo son un testimonio estético. Pero aparte de estas cualidades, que convierten a estos libros en cosas preciosas, en verdaderas joyas altamente estimadas, todos ellos —pertenecientes a las grandes bibliotecas españolas— son una prueba de la universalidad de nuestra cultura.

Las mejores expresiones de la cultura española, como de cualquier otra, han surgido del diálogo con las culturas de otros pueblos. Este carácter de universalidad, de confluencias ideológicas y estéticas, fue natural en España. Fue tan natural que nuestra cultura no se puede explicar sin este sincretismo, sin esta convivencia. De tal modo que los momentos menos interesantes de nuestro pensamiento y de nuestra literatura son aquellos en los que baja esa tensión, cuando la mirada se vuelve de forma exclusiva hacia el interior.

El libro en España ha sido la ilustración, y las penalidades de ésta han sido las de aquél y viceversa. Y la ilustración ha sido siempre en España el diálogo con el exterior. Y cuando ha fallado éste ha sufrido aquélla y con ello el libro como expresión de esa voluntad de explicación y representación de la universalidad desde lo español. Por eso me parece un acierto que una de las últimas muestras de nuestra creación que aquí se exponen sea Poeta en Nueva York, que tiene un valor simbólico en esta muestra de la New York Public Library, en esta biblioteca situada en medio del hervidero de ideas y de experiencias que es esta ciudad.

Esta exposición, colocada en el centro de Manhattan, viene a darnos un relativismo siempre conveniente y nos viene a dar, al tiempo, una esperanza, incluso una fe en el hombre y en su inteligencia. Y una vez más reafirmamos a los libros como instrumentos de intervención y como reducto de la memoria de tanta belleza, de tanto dolor, de esa larga búsqueda de certidumbre que es la aventura humana.

Javier Solana Madariaga
Ministro de Cultura

Rescued from time, manuscripts, incunabula and codices rescue time for us. Saved from time, they salvage time. They prolong memory; they are our own memory. In their day they were tools for participation. Today they appear to us, particularly the most ancient ones, as sacred objects. The more ancient they are, the more sacred they have become. Their contents, the object of respect and admiration, are inscrutable for the layman. Only the privileged few hold the key to unlock the mysteries contained within them. Scholars alone can fathom their deepest meanings. Within these books, codices and incunabula, lie the key to the problems of our predecessors. In their pages lie the hopes and fears of mankind.

This exhibition is an homage to books, to the book itself, to the book as an object. The design, materials, layout, the script or type on the page are esthetic testimonies. But aside from these qualities which turn these books into precious things, into authentic jewels of incalculable value —for all of them belong to the great libraries of Spain— they are the tangible proof of the universality of our culture.

The finest expressions of Spanish culture, like those of any civilization, arose from a dialogue with the cultures of other peoples. This universality of converging ideologies and esthetics is quite natural to Spain. It is so natural that our culture would be inexplicable without this syncretistic factor, without this living-togetherness. It is so true that the least interesting moments in our thought and literature are those in which that tension is relaxed, when our gaze is turned inward exclusively toward ourselves.

In Spain, books have always been our enlightenment. But the penalties, hardships and suffering for enlightenment have been the penalties of books, and in turn the sorrows and penalties of books have been the hardships of enlightenment. Enlightenment in Spain has always meant a dialogue with the outside world. And when the outside world has failed, Spain has suffered, and along with it, books as an expression of that will to explicate and depict universality from our own Spanishness. In this regard, it is a stroke of good judgment that one of the most recent examples of our creativity, the manuscript of *Poet in New York,* is being shown in this exhibition. Its presence is symbolic in the New York Public Library, located in the midst of this boiling pot of ideas and experiences that is the city of New York.

This exhibition, in the very heart of Manhattan, brings to us a sense of relativism which is always necessary; and at the same time it brings to us a hope, perhaps even a faith in man and his intelligence. And once again we reaffirm our faith in books as tools for participation, as repositories of the memory of so much beauty and so much sorrow in that long search for certainty in the adventure of mankind.

Javier Solana Madariaga
Minister of Culture

The New York Public Library is pleased to host Tesoros de España, *one of the most significant loan exhibitions to be shown in New York in recent years. Drawn from the major repositories in Spain, the items on display provide a rare opportunity for New York's residents and visitors to learn about the intellectual and artistic traditions of Spain. As an exhibition of objects of unusual rarity and beauty,* Tesoros de España *is a special occasion for all who appreciate rare books, manuscripts and prints. The Library is honored to be able to provide an appropiate location for display of so many landmarks in the history of human thought, many of which have never before been viewed in the 'New World'.*

From an educational point of view Tesoros de España *is particularly significant for Americans since it comes at a time when the intellectual heritage of Spain is little understood in the United States. Many Americans are familiar with French, English or German culture, but Spanish culture and literature, with roots in the Islamic and Hebraic traditions of the East, as well as in the New World and the West, have by and large been neglected by educational institutions and popular culture alike. While stereotypes of Spain abound, there is little awareness by the general public of the highlights of Spanish literature, much less of the cultural context from which these works originated. Thus the exhibition offers an unparalleled opportunity to widen public understanding of Spain.*

Tesoros de España *is presented at an important juncture in Spanish history, when once again Spain is reasserting its intellectual leadership in the Spanish speaking world as well as in the European community. The exhibition is an important vehicle to demonstrate the influence of Spanish literature and culture on Western civilization. It also serves to highlight the extent to which Spain, unlike other European countries, serves as a bridge between Islamic, New World and Western traditions. At a time of increasing global interaction, the rich mosaic of Spanish culture provides an instructive model.*

Tesoros de España *represents an unprecedented organizational effort, involving co-operation between a constellation of libraries, government agencies and municipalities, and funding sources. It is an unusual example of international co-operation between libraries for the purpose of a major loan exhibition. We are delighted that the New York Public Library, itself a national and international resource, can make available to a broad public the special collections of the libraries of Spain.*

Many institutions in both Spain and the United States are responsible for the development of Tesoros de España. *I want to express my deepest appreciation to Jaime Salinas, former Director of Books and Libraries at the Spanish Ministry of Culture, who conceived the idea for the exhibition and put the fundamental organizational pieces in place. Tomás Pantoja of the Spanish consulate in New York has provided critical organizational assistance through the offices of the Spanish Ministry of Foreign Affairs.*

The Library has had the pleasure of working with a dedicated group of individuals at the Ministry of Culture in Spain, including the Minister of Culture, Javier Solana, Juan Manuel Velasco Rami, Director of Books and Libraries, and the project co-ordinator, Francisco Rico. The curator of the exhibition, María Luisa López-Vidriero deserves high praise for her discerning choices and thorough research in preparation for the exhibition. The exhibition designer, Luis Revenga, has been instrumental in the fine presentation of the material at the New York Public Library. The Library extends special acknowledgment to the administrators of the ten lending libraries in Spain for their choicest items.

The exhibition has involved considerable planning here in New York, with major responsabilities for the Library undertaken by the very able Diantha D. Schull, manager of exhibitions and the dedicated staff of the exhibition program. A distinguished series of lectures has been developed by David Cronin, co-ordinator for public education programs. Exhibition staff have worked with a commitee from branch libraries, consisting of Charles Roberts, Don Walker, Iris Verges, and Phil Gerrard to develop a wide range of out-reach programs at neighborhood libraries throughout the city. Marvin Ciporen, educational consultant, has assisted in the training of the Library's dedicated volunteers, who are responsible for public tours of exhibitions.

Finally, I want to thank the City of New York, through the sister city program, for assistance in co-ordinating the exhibition opening with the 1985 Madrid - New York Sister City Week. As a highlight of the week, Tesoros de España demonstrates the extent to which educational exhibitions can further international co-operation through increased awareness of cultural traditions.

Vartan Gregorian
Director of the New York Public Library

La Biblioteca Pública de Nueva York se complace en ser el anfitrión para los *Tesoros de España*, una de las exposiciones de préstamo más significantes que se haya montado en Nueva York en estos años. Recogida de diez de los principales repositorios de España, la materia que se expone aquí nos brinda a los vecinos y visitantes de Nueva York una extraordinaria ocasión para conocer las tradiciones intelectuales y artísticas de España. Como exposición de objetos de insólita rareza y belleza, los *Tesoros de España* es una oportunidad única para todos los que aprecian los libros raros, manuscritos y grabados. La Biblioteca se honra en poder brindar un lugar tan adecuado para mostrar tantos hitos en la historia del pensamiento humano, muchos de los cuales jamás se han visto en el 'Nuevo Mundo'.

Desde un punto de vista educacional, *Tesoros de España* es sumamente importante para nosotros los norteamericanos, dado que viene en un momento en que el legado intelectual de España es poco comprendido en los Estados Unidos. Muchos norteamericanos conocen la cultura francesa, inglesa o germánica, pero la cultura y literatura españolas, con sus raíces tanto en las tradiciones islámicas y hebreas del Oriente, como en el Nuevo Mundo y en el Occidente, han sido, en gran medida ignoradas por las instituciones de enseñanza y la cultura popular. Mientras abundan los estereotipos y tópicos sobre España, hay poco conocimiento del público en general de los momentos cumbres de la literatura española, y mucho menos del contexto cultural de donde han surgido. Así la exposición ofrece una oportunidad sin par para ampliar ese conocimiento público de España.

Tesoros de España se presenta en una coyuntura importante en la historia de España, cuando una vez más España se reafirma su liderazgo intelectual en el mundo de habla hispana al igual que en la comunidad europea. Esta exposición es un importante vehículo para demostrar la influencia de la literatura y cultura españolas sobre la civilización occidental. Asimismo, sirve para destacar el punto hasta que España, a diferencia de otros países europeos, se alza como puente entre las tradiciones del Islam, el Nuevo Mundo y el Occidente. En un momento de interacción cada vez más global, el rico mosaico de la cultura española nos suministra un modelo sumamente educativo.

Tesoros de España representa un esfuerzo de organización sin precedentes que abarca la colaboración entre una constelación de bibliotecas, agencias gubernamentales y municipales y fuentes monetarias. Es un ejemplo insólito de la cooperación internacional entre bibliotecas a propósito de una exposición de préstamo de primera categoría. Estamos además encantados de que la Biblioteca Pública de Nueva York, asimismo una fuente de recursos nacional e internacional, pueda poner a disposición de un amplio sector del público en general, las colecciones especiales de las bibliotecas de España.

Muchas son las instituciones en España y en los Estados Unidos que se han responsabilizado para el desarrollo de *Tesoros de España*. Quisiera expresar mi más profundo agradecimiento a Jaime Salinas, anterior Director del Libro y Bibliotecas del Ministerio de Cultura, que fue el que concibió la idea para esta exposición y puso en marcha las piezas fundamentales de su organización. Tomás Pantoja, del Consulado de España en Nueva York nos ha ayudado en los aspectos más críticos de la organización a través de las oficinas del Ministerio español de Asuntos Exteriores.

La Biblioteca ha tenido el placer de trabajar con un grupo de personas dedicadas del Ministerio de Cultura de España, incluyendo el Ministro de Cultura, Javier Solana, Juan Manuel Velasco Rami, Director del Libro y Bibliotecas, y el coordinador del proyecto, Francisco Rico. La comisaria de la exposición, María Luisa López-Vidriero merece altas alabanzas por sus elecciones acertadas y su cuidadosa investigación en la preparación de la exposición. El encargado del montaje, Luis Revenga, ha sido el responsable fundamental de la excelente presentación de la materia en la Biblioteca Pública de Nueva York. La Biblioteca también desea agradecer en especial a los directores de las diez bibliotecas colaboradoras en España por su interés y su deseo de prestar sus joyas más selectas a la exposición.

Esta exposición ha supuesto una notable planificación aquí en Nueva York, cuya responsabilidad principal corría a cargo de la muy capaz encargada de exposiciones, Diantha D. Schull, además de un equipo muy dedicado del plan general de la exposición. Una serie distinguida de conferencias fue ideada por David Cronin, coordinador de los programas de educación pública. Un equipo de la exposición, que incluía a Charles Roberts, Don Walker, Iris Verges y Phil Gerrard, ha trabajado con un comité de otras bibliotecas públicas de la ciudad para desarrollar una gran variedad de actividades para llegar al público general a través de las bibliotecas públicas de los distintos barrios. Marvin Ciporen, consejero de educación, ha ayudado en el entrenamiento de los voluntarios dedicados de la biblioteca, que son los responsables de las visitas públicas a las exposiciones.

Finalmente, quiero agradecer a la Ciudad de Nueva York, a través de su programa de ciudades hermanas, por su ayuda en coordinar la exposición que se abre a la par con la Semana de Hermandad entre Madrid y Nueva York de 1985. Como punto culminante de esta semana, *Tesoros de España* demuestra hasta qué punto las exposiciones educativas pueden fomentar la cooperación internacional a través de un conocimiento cada vez más amplio de las tradiciones culturales.

Vartan Gregorian
Director de la Biblioteca Pública de Nueva York

Durante mucho tiempo los libros fueron la memoria de la humanidad. Manuscritos o impresos, los libros han atravesado la historia, han dado fe de ella, han reflejado la actitud de los hombres ante sí mismos y ante el mundo que les ha tocado vivir. La biblioteca ha sido siempre, por eso, una suerte de espejo en el que el hombre conseguía reconocerse a través de otras vidas y otros ámbitos distintos al suyo, sí, pero que le abrían a una realidad que no hacía sino enriquecer su propia experiencia.

Ya no son los libros nuestra única memoria, pues el hombre ha inventado nuevos métodos para hacer presente y repentino el recuerdo. Pero los libros —que han sabido ser a la vez testimonio y realidad estética de un tiempo— acompañarán siempre al hombre como testigos de su camino por la historia. Por eso, en un momento en que el libro como soporte de la transmisión de la cultura tiene que convivir con otros soportes culturales basados en las nuevas tecnologías, mostrar la belleza de la página manuscrita o impresa, de la ilustración, de la encuadernación, de todo lo que conforma el libro, es una forma de apostar por el futuro de una de las muestras mayores del genio de los hombres.

La exposición que presentamos en la New York Public Library es una muestra de algunos de los tesoros bibliográficos españoles de mayor significación y abarca diez siglos de arte y de historia. Diez siglos en los que el hombre ha reflexionado sobre sí mismo y sobre el mundo, sobre lo que intuye más allá de él y lo que descubre a través de su propia aventura sobre la tierra. El hombre y su mundo están aquí a través de estos tesoros que lo son porque en ellos se revela el arte y la sabiduría, la creación y la reflexión, el placer y el rito.

Es de absoluta justicia agradecer desde aquí su esfuerzo a quienes han hecho posible con su trabajo esta Exposición. En primer lugar a Vartan Gregorian, Director de la New York Public Library y a todo su equipo de colaboradores por su magnífica disposición de cara al proyecto y su dedicación continua al mismo. También a María Luisa López-Vidriero, Comisaria de la Exposición; a Jaime Salinas, promotor de la idea de realizar esta exhibición y que inició los trabajos de preparación de la misma; a Luis Revenga, encargado de su montaje; a Tomás Rodríguez Pantoja, Cónsul Adjunto encargado de los Asuntos Culturales, vínculo de importancia inestimable entre el Ministerio de Cultura y la New York Public Library; a Luis Suñén y Germán Porras, que desde la Dirección General aseguraron y resolvieron los complejos trámites administrativos de la Exposición; a Javier Abásolo y a Francisco Rico que desde sus incorporaciones a la Dirección General del Libro y Bibliotecas dedicaron gran parte de su tiempo a la realización de este proyecto.

Finalmente dedicar un párrafo aparte a los escritores que han enriquecido con sus firmas este catálogo. Que la primera vez que España exhibe reunidos tantos tesoros bibliográficos podamos contar con su colaboración es para nosotros un motivo de legítimo orgullo y habrá de ser para los visitantes de la Exposición una garantía más de su interés y su trascendencia.

Juan Manuel Velasco Rami
Director General del Libro y Bibliotecas

For many centuries books were the repository of the memory of mankind. Either in manuscript or in printed form, books have journeyed through history as witnesses, reflecting man's attitude toward himself and the world. For this reason, libraries have always been a kind of mirror in which man can recognize himself through other lives and surroundings different from his own, but at the same time they have opened into a reality that has enriched his own experience.

Books are no longer our sole memory, for man has invented new methods to recall the past and convert it into the present. But books which have been both testimony and esthetic reality of a time, wil always accompany man as witnesses in his journey through history. Thus, at a time when books as a base for the transmission of culture have to coexist with other cultural pillars based on new technology, the idea of exhibiting the beauty of a manuscript or printed page, illustration or binding —everything that goes into making a book— is a way to assure the future of one of the greatest proofs of the genius of mankind.

The exposition we are presenting in the New York Public Library is a sample of some of Spain's most significant bibliographic treasures, spanning ten centuries of art and history. A thousand years in which man has reflected upon himself and the world, on what he senses beyond him and what he discovers in his own adventure on earth. Man and his world are here in these treasures, real and authentic treasures, of art and wisdom, creation and reflexion, pleasure and ritual.

It is only fitting here to acknowledge the efforts of all those who have worked to make this exhibition possible. First, I wish to thank Mr. Vartan Gregorian, Director of the New York Public Library and his staff for their generosity and willingness to collaborate with us on the project and their continued dedication to see it to completion. I also wish to thank María Luisa López-Vidriero, curator of the exhibition; Jaime Salinas, whose idea it was to organize the exhibition and began the preliminary preparations for making it a reality; Luis Revenga, in charge of organization and presentation; Tomás Rodríguez-Pantoja, vice-consul in charge of resolving the complicated administrative formalities of the exhibition; to Javier Abásolo and Francisco Rico who have since their incorporation in the Dirección General del Libro y Bibliotecas dedicated a great deal of their time to this project.

Finally I wish to devote a separate paragraph to a special acknowledgment to those writers who have enriched this catalog with their signatures. The fact that we have been able to count on their collaboration in this project in which, for the first time and in one place, Spain has been able to exhibit so many bibliographic treasures, is for us a source of genuine pride, and for the visitors to the exhibition, an additional guarantee of its interest and transcendental value.

Juan Manuel Velasco Rami
Director General of Books and Libraries

La posibilidad de presentar lo más selecto del patrimonio bibliográfico de un país supone siempre una aventura tentadora y llena de riesgos; aunque lo excepcional se ponga coto a sí mismo, elegir o excluir son delicadas tareas.

Hay piezas que de una manera objetiva conforman el tesoro bibliográfico, documentos que nacieron para perdurar en el tiempo como objetos de belleza y lujo singulares; son éstos los tesoros clásicos, piezas obligadas de toda exhibición y materia de estudio en tratados de historia de la cultura, del arte y del libro. Han llegado hasta hoy envueltos en una gran consideración, protegidos —aunque esto mismo les haya hecho muchas otras veces vulnerables a expolios y robos— por ese marchamo especial que les da el despliegue de tanta riqueza. Difícilmente hubiesen podido caer en el olvido. Las Cantigas de Santa María, *las* Obras de Virgilio para Hipólita María Sforzza, *el* Dioscórides *para* Felipe II, *los* Trionfi de Petrarca, *los* Libros de Horas, *el* Misal del cardenal Cisneros, *se trabajaron como joyas y como tales las hemos recibido. Son objetos exquisitos de tratar que a la hora de exponerse plantean la duda de por qué página hacerlo y elegir una se constituye en un acto obligado de resignación.*

Estos libros de bibliófilos reales o nobles son una fiesta para los ojos; se presentan ellos mismos, las explicaciones se añaden dando otra dimensión al objeto que en sí ya tiene una principal, su excepcional estética. Continuarán durante siglos desempeñando la misma función, posibilitar el goce con una obra de arte bibliográfica.

Importantísimas son documentalmente las Cantigas de Santa María; *la historia de la música, la de la lengua, la de la literatura tienen en ellas una fuente de primer orden para los estudios medievales, pero sobre todo esto impera el impacto visual de su muy bello y abundante miniado.*

Los manuscritos autógrafos gozan de una gran consideración; dentro de la escala de valor dictada por el contenido, las piezas salidas de la pluma de un autor consagrado ocupan un puesto especial del patrimonio bibliográfico nacional. Los Diarios de los Moratin, *la* Providencia de Dios de Quevedo, *el* Mágico prodigioso de Calderón, *los* Poemas de la Guerra Civil de Machado, *tienen, además del valor objetivo de ser originales autógrafos, el innegable interés de ser exponente de la forma de hacer y trabajar la obra literaria que tuvieron esos escritores.* Poeta en Nueva York *es un manuscrito lleno de correcciones que delatan las muchas lecturas que Lorca hizo de los poemas y transmiten la sensación del tremendo esfuerzo, de la gran búsqueda que supuso para el poeta elaborar ese corpus poético. El hacer de Lope de Vega se refleja en la comedia de* La dama boba; *enmiendas en vuelapluma, dispares sentidos de la línea de escritura, dan testimonio de la forma de trabajo característica del dramaturgo.*

El estudio de los soportes que utilizaron los escritores —el ocasional papel de un hotel de paso, las hojas arrancadas de un bloc con una filigrana que evidencia su origen americano—, la forma de escritura —la que se comprime por la escasa disponibilidad de papel, se disparata por la rapidez del escritor, o se espacia y cuida porque es una copia en limpio—, la huella de determinados pliegues demuestran que el escritor buscó acomodar el tamaño del papel a su bolsillo, como en el caso de Poeta en Nueva York, o a la forma de lectura, como en la carta de Mayans y Siscar; los tipos de tinta —los caprichosos colores que a veces utiliza Lorca—; las rutinas de escritura. Lo subliminal de estos manuscritos resulta apasionante e interpretar esos otros mensajes, ajenos al contenido y al estudio grafológico, tiene siempre un gran interés.

Lo más selecto del fondo de las bibliotecas lo integran también otro tipo de materiales; junto a los soberbios manuscritos miniados, y los autógrafos famosos están otros documentos.

Diferentes avatares configuran muchas veces el perfil de un tesoro bibliográfico. En los impresos, abocados por su propia naturaleza a no participar de la categoría de lo único, concurren sin embargo circunstancias —daimones de la bibliografía— que los rescatan convirtiéndolos en piezas únicas; la multiplicidad que los caracteriza y parece en principio excluirlos del universo de las singularidades desaparece, se disuelve en una cadena de azares. Es quizá esto lo que proporciona uno de los más fascinantes momentos en el trato con los libros, el encuentro con un ejemplar impreso que ha burlado sus propios principios.

El destinatario de un libro es quien provoca en ocasiones las alteraciones que convierten en único a un ejemplar dentro de una edición.

Hay impresos a los que se ha intentado cambiar de naturaleza, y que se han manipulado para darles la apariencia de un manuscrito; el ejemplar expuesto del Libro de Horas de la imprenta de Simón Vostre, aun siendo desde su origen un libro de características especiales —soporte, maqueta, tipografía e ilustración estuvieron escogidos con sumo cuidado—, fue objeto de un trato que le hizo franquear la barrera de lo singular: las xilografías a toda página con que se adornó la edición se iluminaron en este libro como si de un manuscrito se tratase, se mejoraron los trazos del grabado, se retocaron escenas, hasta donde lo permitieron los límites de lo inciso, se modificó la portada para darle la presentación de un códice. Lo mismo ocurrió con el Dioscórides traducido por Andrés Laguna que se ofreció a Felipe II: la elección de la vitela como material de escritura, la iluminación de las xilografías, las orlas renacentistas con que se adornó la epístola nuncupatoria, diferenciaron a un solo ejemplar de entre todos los de una magnífica edición. La Venatio de Marselar, el Ragguaglio delle nozze di Filippo V e Elisabetta Farnesio son también ejemplos de estas extraordinarias mejoras.

Este tipo de libros son formalmente equívocos; para su magnificación se tomaron elementos característicos de objetos bibliográficos de distinta naturaleza. El impreso se ennobleció con los mismos medios que lo habían hecho los manuscritos. No hubo innovación, sino más bien camuflaje; se perseveró en una línea con probada experiencia de éxito.

Frente a modificaciones formales como las aludidas, en las que riqueza y lujo se dan cita, están otras más íntimas, más personales, que singularizan un libro desde otro ángulo. El trato personal, el factor humano, desembocan en otros cambios que rescatan de entre toda una edición un ejemplar para una persona en concreto, para un amigo. José Caballero dibujó para Adriano del Valle preciosas composiciones en su ejemplar del Llanto por Ignacio Sánchez Mejías. Moreno Villa ilustró para Federico García Lorca un ejemplar de una edición barata en la que aparecieron sus poesías; libro de escaso valor material al que, sin embargo, los dibujos

a cera que el escritor realizó para el poeta en los márgenes, lo convirtieron en una pieza única. Verte o no verte exhibe en el ejemplar que formó parte de la biblioteca de Lorca una triple dedicatoria: Rafael Alberti, su autor, Manuel Rodríguez Lozano, su ilustrador, y su impresor, Miguel N. Lira, se lo dedicaron como testimonio de amistad; el libro se ha transformado con ello, su valor ya es otro.

Las investigaciones bibliográficas, los estudios históricos, literarios o científicos señalan como tesoros otros documentos que visualmente nunca hubiesen sido objeto de una particular atención. Desprotegidos por su aparente falta de belleza exterior, ediciones príncipe como las de La cárcel de amor de Diego de San Pedro o el Tratado de amores de Arnalte y Lucenda, o el Quijote, tienen, sin embargo, el respaldo bibliográfico que les da el ser los primeros impresos de importantes obras literarias.

La concurrencia de especiales factores hicieron que determinados impresos desapareciesen pronto del mercado o de la circulación; este tipo de obras de las que se conservan escasos ejemplares, a veces sólo uno o dos, cobran un sentido especial, máxime cuando se trata de apreciables documentos de la cultura. De un impreso del que nada en su origen pudo hacer que se le presupusiese un destino señalado, factores ajenos lo convirtieron, no obstante, en objeto de gran valor. Los Seis poemas gallegos, de Federico García Lorca, que editó en 1936 Nós, representan hoy algo muy diferente a lo que fue su primera intención de mercado: fue una edición sencilla, de tirada corta —como generalmente lo son las de los libros de poesía—, de la que no dio tiempo a hacer una distribución regular y quedó depositada en los fondos de la editorial sufriendo junto con ellos el castigo que la guerra civil impuso; hoy este libro en nada llamativo, ha cobrado una significación muy alejada de la que hace cincuenta años presidió el ánimo de los que decidieron darlo a la imprenta.

La biblioteca es un universo provocador; aproximarse a ella es poderlo hacer a una parte del conjunto de la creatividad y del pensamiento del hombre. Por múltiples caminos se llega a libros de los que parten vías de acceso hacia otros y que insinúan o proponen diversas rutas para volver a ellos de nuevo. Interpretar la biblioteca es tratar de entender al hombre, mirar al espejo donde se reflejan desde hace siglos una parte de las preguntas, búsquedas y propuestas que éste se ha planteado ante el hecho de existir. Todos los libros forman, de alguna manera, ese libro borgiano de lomo infinito.

Los tesoros de esta exposición, conservándose en su calidad de objetos excepcionales, proponen una de las muchas posibles lecturas que pueden hacerse de un fondo bibliográfico.

Tres enfrentamientos diferentes se definen a través de estos diez siglos de producción escrita que se exhiben: el que el hombre ha tenido con Dios —en su intento de explicar y tantas veces imponer su esperanza o su temor ante unas fuerzas sobrenaturales—, el que ha tenido con la Naturaleza, y el que se ha derivado de coincidir en su existencia con los demás, con el Otro. Tiempo y espacio convierten en todo unitario a estos materiales que reflejan la falta de barreras —ni siglos ni naciones— ante estos tres conflictos.

La transcripción de la palabra divina, las vías de diálogo con Dios y la interpretación de la vida ultraterrena son los aspectos con los que se ha definido la relación con lo sobrenatural.

En España se han destacado tres culturas en su papel de escribas de la divinidad: la cristiana, la hebrea y la árabe. En un arco que comienza con un testimonio del siglo X —la Biblia Hispalense [Cat. núm. 1] cuya decoración mozá-

rabe es un precioso ejemplo de cruce de culturas— y continúa hasta el siglo XX —la Biblia *ilustrada por* Salvador Dalí *[Cat. núm. 7]—* los libros muestran la riqueza y el empaque con los que tantas veces se ha envuelto el verbo sagrado: desde las representaciones figurativas del códice visigótico, las audacias geométricas del ataurique árabe o la delicadeza decorativa de la Biblia hebrea *[Cat. núm. 3,4],* hasta el afán de ennoblecerlos más allá de ellos mismos con lujosas encuadernaciones de las que El Corán de la Biblioteca de Palacio es una bella muestra. *[Cat. núm. 6]*

La comunicación con la divinidad se ha ritualizado la mayor parte de las veces. Misales, Libros de Horas transcriben las pautas de una forma de ese diálogo, practicada por el catolicismo; muchos de estos libros se hicieron para personajes concretos: monarcas, príncipes de la Iglesia, nobles que son quienes les han dado su nombre: el Libro de Horas de Carlos VII, *rey de Francia [Cat. núm. 12],* el Diurno de Fernando I, *rey de León y de Castilla, considerado uno de los más bellos manuscritos mozárabes [Cat. núm. 9],* el Misal rico de Cisneros *[Cat. núm. 13],* el Libro de Horas «Vostre demeure» *en el que la divisa de su posesor —cuyo nombre permanece desconocido— es la que ha dado su particular apelativo. El deseo de individualizar la conversación divina, de convertirla en un pretexto de belleza, en un símbolo de status y poder, hizo que se realizasen estos magníficos libros cuya espectacularidad mueve más a la admiración y al recreo que al recogimiento y la devoción.*

Asumir la muerte y esforzarse por imaginar el sistema penitenciario divino que puede haber tras ella han revestido tintes particulares en la cultura española. Quizá más veces impuesta a ella que elegida, la visión del infierno, más que la del cielo, ha sido objeto de nuestra curiosidad. Ligado a lo español está el Comentario al Apocalipsis de Beato de Liébana, *texto que sirvió de apoyo a una de las expresiones iconográficas más interesantes de la miniatura medieval. En él se muestra la visión del fin del mundo que tuvo el hombre en el siglo milenio [Cat. núm. 14] y que se puede comparar con la que cuatro siglos más tarde tuvo uno de los artistas europeos más importantes,* Albrecht Dürer *[Cat. núm. 19]; son éstas visiones intelectualizadas y simbólicas, cargadas de sugerencias, dirigidas a la mente, que se contraponen con esas otras representaciones de la muerte y el infierno de otros libros - rarezas bibliográficas de la imprenta española del siglo XV como el* Ars moriendi *[Cat. núm., 15] o el* Cordiale *[Cat. núm. 17] que se lanzaron para mantenimiento de la fe por el fomento del temor y la culpa. Como contrapunto, un libro contemporáneo exultante de júbilo: sobre el texto que tradicionalmente se viene atribuyendo a Francisco de Asis, las calcografías de Joan Miró —el jovencísimo anciano— visualizan la vivencia de Dios que se desprende del* Cantic del sol *[Cat. núm. 21].*

Es evidente el intento de comprensión de la Naturaleza que suponen los códices que tratan de describir la Tierra —la Descriptio orbis terrarum *[Cat. núm. 22] en la que la representación geográfica está aún cargada de elementos simbólicos, o la* Cosmographia *de Tolomeo [Cat. núm. 23]— o los que clasifican sus especies vegetales y animales acompañando con espléndidas miniaturas —las del manuscrito alemán de la Universidad de Granada [Cat. núm. 24]— y grabados —las xilografías del* Dioscórides *[Cat. núm. 25], las calcografías del* Quer *[Cat. núm. 27]— textos donde rigor científico y fantasía conviven a menudo.*

Las explicaciones sobre los principios, leyes y propiedades de los cuerpos y sobre los procedimientos y recursos de los que las ciencias pueden servirse han sido también materia de documentos singulares como el tratado de ingeniería del siglo

XVI, los Veintiún libros de ingenios y máquinas *[Cat. núm. 30]* falsamente atribuido a Juanelo Turriano, uno de los manuscritos científicos más importantes de la Biblioteca Nacional.

El afán de ir más allá de las fronteras personales ha acompañado siempre a los hombres; la curiosidad por descubrir nuevos sitios y vivir la magia de un viaje está documentada desde temprano. Lo imaginario y lo real, tantas veces mezclado, diferencia aquí los textos expuestos. John de Mandeville, que recoge el acervo de lo maravilloso medieval, describe prodigios y quimeras vistos en sus fantásticos viajes a Oriente, mientras que el relato de Colón, la Relación de Michoacán o el Viaje de Constantinopla mantienen la narración dentro de cauces serios y científicos.

Estos textos con frecuencia se han acompañado de un aparato ilustrativo que permitiera al lector aproximarse a aquello que, privilegio de la visión directa de unos pocos, probablemente nunca tendría oportunidad de ver más sino a través de esas imágenes. La xilografías en color del Libro de las Maravillas del Mundo de John de Mandeville *[Cat. núm., 38]* reproducen seres increibles e inverosímiles, las desplegables del libro de Breidenbach *[Cat. núm. 37]* presentan las ciudades más importantes para los europeos del siglo XV, los dibujos de la Relación de Michoacán son un precioso medio de acercarse a los indígenas mexicanos *[Cat. núm. 40]*.

El Otro, con y contra quien se vive, es el tercer apartado de la Exposición. Gramáticas, diccionarios, tratados de ortografía, representan el esfuerzo por crear un código de comunicación y el interés por perfeccionar ese sistema que sirve de puente de comprensión entre los hombres. Los estudios sobre la lengua quechua o el árabe demuestran que, al margen de actitudes poco encomiables, hubo voluntad de entendimiento con esos pueblos. La aridez visual de algunos estudios lingüísticos se compensa con la riqueza de imagen de los libros de caligrafía, entre los que el de Juan de Iciar destaca como «tour de force» del grabado en madera *[Cat. núm. 49]*.

Dos aspectos de relación humana, la que impone el poder y la que propone el ocio, completan el perfil de este apartado. Las crónicas reales, fuentes documentales preciosas, narran la magnificiencia de períodos históricos; la Crónica de D. João I de Portugal es además un códice de una gran belleza visual con una sugerente e imaginativa decoración marginal realizada con la finura y destreza característica de los miniaturistas portugueses de la Leitura Nova *[Cat., núm. 54]*. Las cotas de espectacularidad que puede alcanzar el despliegue del fasto real quedan patentes en las ochenta y siete láminas pintadas que componen el Triunfo del Emperador Maximiliano I; en inusuales dimensiones y con una riquísima policromía se reproduce el cortejo triunfal del Emperador *[Cat. núm. 55]*.

Los espectáculos —si hay uno español son las corridas de toros—, los deportes, los juegos de sociedad o los escarceos con el azar son parte de las actividades con que los hombres han compartido su tiempo libre. Libros como el rarísimo ejemplar del Juego de las Suertes *[Cat. núm. 58]* o el Juego de Mandar *[Cat. núm. 59]* acompañaron los ratos de ocio de damas y caballeros en el siglo XVI.

Bajo el título de la Cultura Española se exhiben en el cuarto apartado de la Exposición las piezas representativas de períodos o momentos más destacados de nuestra historia.

La Escuela de Traductores de Toledo representa aquí no sólo el brillante centro de la corte alfonsí, del que salieron códices de tanta importancia y belleza, sino

también el símbolo de la capacidad de entendimiento y punto de encuentro de diversas culturas. Junto a las Cantigas de Santa María y el Libro del saber de Astronomía —obras de la Cámara Regia de Alfonso X en la que se amalgamó el trabajo de judíos, árabes y cristianos— los textos de Avicena, de Jehuda-ha-Levi, los tradicionales apólogos orientales que llegaron a España a través de esa ruta de comunicación que abrieron las culturas musulmana y hebrea.

La observación de las tendencias de lectura es una forma de aproximación al conocimiento de una sociedad. Saber qué tipo de libros entretuvieron el ocio de los españoles de los siglo XV y XVI es poder profundizar en la comprensión de la psicología de la época y tener un perfil más exacto de ese período. Los libros de caballerías, no cabe duda, fueron «best sellers» en aquel momento; nos han llegado —salvo esa inapreciable rareza incunable del Tirant lo Blanc [Cat. núm. 73]— en bonitas ediciones del XVI, siglo en el que se imprimieron profusamente, de manera especial en los talleres sevillanos.

Del Renacimiento Español se ha destacado su aspecto humanístico con la presencia de la obra de Juan Luis Vives, la traducción del Enquiridión de Erasmo y el documento del cardenal Cisneros relativo a la puesta en funcionamiento de una de las más avanzadas instituciones de enseñanza en la Europa del siglo XVI, la Universidad de Alcalá de Henares.

Sin Italia difícilmente podría comprenderse el Renacimiento Español. Dos manuscritos excepcionales, los encantadores Trionfi de Petrarca y las Obras de Virgilio, son testigos de la cultura italiana y testimonios de la estrecha y rica relación que ambas naciones mantuvieron a lo largo de tantos siglos.

La importancia del Quijote en el mundo de las letras es tan evidente y su figura está tan unida a lo español que una parte de la Exposición se ha dedicado de manera exclusiva a él.

Se ha querido subrayar en ella la difusión que la lectura del Quijote tuvo en Europa desde el siglo XVII. No cabe esperar belleza y lujo en los ejemplares elegidos: tanto la príncipe de Juan de la Cuesta en 1605 como las primeras ediciones en lenguas europeas fueron impresiones baratas, realizadas sin ningún derroche de medios. Los formatos empleados —el 4.º en la española y el 8.º en la mayor parte de las restantes—, la baja calidad del papel, el descuido tipográfico y la ligereza en la fijación textual reflejan que se lanzó al mercado como lectura de entretenimiento, dirigida a un público medio y que la manejabilidad de su tamaño y la poca calidad de su publicación estuvo en función de hacerla asequible a todos los bolsillos, pues se consideró una obra con mercado.

Con una cuidada edición inglesa en lengua española se inician las importantes y buenas impresiones del Quijote en el siglo XVIII. Anticipándose a las de Ibarra y Sancha, J. R. Tonson lanzó en 1738 una tirada en folio al cuidado de Gregorio Mayans y Siscar. Los abundantes grabados en metal que la ilustran son, por primera vez, dignos de la calidad del texto y rescatan la visualización de las aventuras del caballero de las imágenes populares y desmañadas de las anteriores ediciones.

En la mente de todos están al hablar del Quijote las ediciones ilustradas de Joaquín Ibarra de 1780, la que hizo Gustave Doré para la editorial Hachette en 1863 o la de Urrabieta Vierge para la editorial londinense Fisher Unwin en 1906. No figura ningún ejemplar de ellas porque uno de los criterios aplicados para la Exposición ha sido el de mostrar libros que no constasen en los fondos de la New York Public Library.

Contar con la imagen del Siglo de Oro es un privilegio de esta exposición. Son uno de los más preciados tesoros de esta muestra, los retratos de los más ilustres varones que vivieron este momento e hicieron de éste el período más brillante de la cultura española, realizados por el maestro de Diego Velázquez, Francisco Pacheco.

Pintura y literatura florecieron en el Siglo de Oro de manera especial: los originales de Quevedo, Lope de Vega, Calderón de la Barca, y las Obras de Góngora para un singular personaje de la política española del siglo XVII, el Conde-Duque de Olivares, se han unido a ese magnífico álbum de dibujos para dejar constancia de esta producción excepcional, dando así la oportunidad emocionante de unir creaciones y rostros de creadores.

La polémica teatral, la renovación del gusto poético, el cosmopolitismo, el rigor científico, son una parte del perfil de la España Ilustrada. A los autógrafos de los escritores más destacados del XVIII se ha unido un pequeño homenaje a la imprenta nacional en este período. De la obra de Joaquín Ibarra, uno de los mejores impresores de la historia, y de Antonio Sancha hay dos ejemplares testimoniales de su buen hacer: la Conjuración de Catilina *de Salustio y* Las Eróticas *de Villegas.*

Desde la óptica exterior se presenta la imagen de España y los españoles en el siglo XIX. El descubrimiento personal de otras tierras, el placer del viaje, el estímulo de desentrañar el misterio que encierran otras culturas fueron los móviles de los apasionantes viajeros ingleses y franceses que recorrieron nuestro país en la época romántica. Los libros que nos han dejado se caracterizan por la cantidad y la calidad de sus imágenes. Es el momento en que la litografía triunfa como procedimiento de reproducción gráfica, sobre todo en talleres ingleses donde se llegó a un prodigioso dominio de la técnica.

Andalucía fué la gran revelación para los románticos: los jardines del Generalife, los patios de la Alhambra, la vista de Granada desde las revueltas del Darro, llenaron de entusiasmo a estos magníficos artistas que también captaron otros rincones de España —no se puede olvidar la visión del País Vasco de Sidney Crocker y Blich Barker—.

La obra de Antonio Ponz, como punto de arranque de los libros de viajes por España, la de Parcerisa y la de Genaro Pérez de Villa-Amil son los ejemplos de nuestra visión sobre nosotros mismos. Cómo nos ven, cómo nos vemos.

Federico García Lorca es sin duda un símbolo de un determinado período de nuestra historia. Su presencia en esta Exposición quiere poner en relieve también la modernidad y apertura de los intelectuales y los creadores de la Segunda República Española. Nueva York, capital del Nuevo Mundo, centro de crisis, fué descubierta y vivida por ellos: Juan Ramón Jiménez, Federico, José Moreno Villa, anduvieron sus calles y dejaron escritos los sentimientos y reflexiones que el contacto con esa sobrecogedora ciudad les había suscitado. La vivencia de Nueva York no fué fácil para ninguno de ellos.

En el exilio, que comienza aquí con los poemas que Machado escribe en Valencia, continuaron su obra investigadores, artistas, literatos que tuvieron que abandonar el país trás la guerra civil. Razón de amor *de Pedro Salinas, publicada antes del conflicto por otro gran poeta y magnífico impresor, Manolo Altolaguirre, es un recuerdo para quienes siguieron su trabajo fuera de España y encontraron en*

Estados Unidos, México o Inglaterra el lugar donde proseguir creación e investigación.

Entre los agradecimientos que como Comisaria debo, quiero destacar en primer lugar el de Concepción Lois, Jefe de la Sección de Bibliografía de la Biblioteca Nacional, excepcional colaboradora de este catálogo y el de Cruz Díaz de Garayo, del Centro del Tesoro Bibliográfico y Documental.

Mercedes Dexeus, Directora del Centro del Tesoro Bibliográfico y Documental y Fernando Huarte, Director de la Biblioteca de la Universidad Complutense; los especialistas de la Biblioteca Nacional, Elena Santiago, Jefe de la Sección de Bellas Artes, Carmen Liter, Jefe de la Sección de Mapas, Amalia Sarriá, Jefe del Departamento de Fondos Antiguos, Francisco García Craviotto, Jefe de la Sección de Teatro, Manuel Sánchez Mariana, Jefe de la Sección de Manuscritos; los investigadores, Juan Manuel Magariños, Dolores Cabra y Carlos del Valle, han tenido la gentileza de aportar al catálogo trabajos especializados.

La Dirección General del Libro y Bibliotecas ha prestado todo su apoyo a la realización de esta Exposición, y agradezco a su Director actual que haya llevado a término el proyecto y trabajo que se inició con Jaime Salinas.

A los Directores de los centros que han prestado esas obras magníficas que figuran en la Exposicion quiero darles de nuevo las gracias por haber facilitado que se reuniesen tantas piezas de excepción.

María Luisa López-Vidriero
Sección de Incunables y Raros de la Biblioteca Nacional

PETRARCA, FRANCESCO. *Trionfi.* Italia, S. XV. *BN Vit. 22-44.*

The possibility of presenting the choicest examples of the bibliographic patrimony of a country always presupposes a tempting but risk-filled adventure. Although the exceptional stands out for its own merit, the task of what to include or exclude is a delicate one.

A bibliographic treasure, objectively speaking, is made up of certain works, documents born to endure as objects of extraordinary beauty and luxury. These are the classic treasures, obligatory pieces in any exhibition and objects of study in the histories of culture, art and books. They have come down to us wrapped with great care and protected by that special seal that marks the display of so much wealth, even though this same care has often made them vulnerable to vandalism and robbery. It would be difficult for works like the *Cantigas de Santa María, the Works* of Virgil made for Hipolita Maria Sforzza, Philip II's *Dioscórides,* Petrach's *I Trionfi, the Books of Hours* or the *Missal* of Cardinal Cisneros to fall into oblivion. They were created and illuminated as if they were jewels, and as such, we have received them. When the time comes to exhibit these exquisite objects, they force us to make delicate choice of what single page to show, a decision that becomes an obligatory act of resignation.

These books, formerly belonging to royal or aristocratic bibliophiles, are a feast for the eyes. They need no introduction, for they present themselves. Any explanation adds another dimension to the object, which, in itself, already has a major dimension, its exceptional esthetic value. For centuries they will continue to fulfill the same function of facilitating the enjoyment of a bibiographic work of art.

The *Cantigas de Santa María* are an invaluable document for the history of music, language and literature as a primary source for medieval studies but, above all, they stand out for their beautiful and abundant illumination.

Because of their content, autograph manuscripts merit special consideration on the scale of values. The works emanating from the pen of a famous author occupy a special place in the bibliographic patrimony of a nation. The *Diaries* of the Moratíns, father and son, Quevedo's *Providence of God,* Calderón's *Prodigious Magician* and Antonio Machado's *Civil War Poems* all have the undeniable interest of being examples of the act of creation and elaboration of a work of art, in addition to their objective value as original autographs. The manuscript of *Poet in New York* is full of corrections that attest to Lorca's many readings of his poems. They transmit the sensation of the poet's tremendous effort and search in the evolution of that poetic corpus. Lope de Vega's creative concern is reflected in the draft of his play *La dama boba* (The Foolish Dame). The hastily dashed-off cor-

rections, written in irregular lines, testify to the characteristic way of working of this Golden Age playwright.

A study of the basic elements, the raw material used by the writer is always interesting, no matter how insignificant: an occasional piece of stationery from a brief stay in a hotel, the pages torn out of a pad with a filigree indicative of its American origin; or the way the authors writes, compressed by the scarcity of paper or spilling over into the margin because of the author's anxiousness to hurriedly write down his thoughts, or the measured, careful writing of a clean final copy; the way a piece of paper is folded, as in the case of *Poet in New York,* Lorca wanted it to fit into his pocket, or in the form of a letter to be read, as in Mayáns y Siscar; the types of ink or the capricious colors used by Lorca; the routine of writing in general. The underlying implications of these manuscripts and the interpretation of those other messages far removed from content and grahpological study is a passionate study in itself.

Bibliographic collections also contain another type of very select material, along side the exquisitely illuminated manuscripts and famous autographs.

The profile of a bibliographic treasure is often shaped by different vicissitudes. In regard to printed books, excluded by nature from the category of the unique, there are other circumstances —demons of bibliography— that rescue these works and convert them into unique pieces. The multiplicity that at first seems to exclude them from the universe of the singular, can suddenly disappear and disolve into a chain of chance accidents. This, perhaps, is what affords one of the most fascinating moments in the familiarity with books, the encounter with a printed copy has succeeded in making fun of its own origins.

The recipient of a book can sometimes cause the changes that make a single copy unique within an entire edition.

There are printed books which have attempted to change their nature and have been manipulated to give them the appearance of a manuscript. An example of this is the copy in this exhibition of the *Book of Hours* from the printshop of Simón Vostre. Even in its origin it was a very special book; every aspect of the make up, typography and illustration was chosen with consumate care. Then it underwent treatment to cross the border of the unique: the full-page woodcuts which adorned the edition were iluminated as if they were a manuscript, the lines of the woodcut were improved and incised and the title page was modified to give it the appearance of a codex. This is also true of the *Dioscórides* presented to Philip II in the translation of Andrés Laguna. In this case, the choice of vellum for writing material, the illuminated woodcuts, the Renaissance borders framing a document naming a witness in the designation of an heir, differentiate this single copy from the other in a magnificent edition. The *Venatio* of Marselar and the *Ragguaglio delle nozze di Filippo V e Elizabetta Farnesio* are also examples of these extraordinary improvements.

This type of book is formally ambiguous. To enhance its presentation, characteristic elements of different bibliographic natures were used. The printed copy was ennobled with the same techniques that had been used in manuscritpts. This was camouflage, not innovation; it merely continued a line that experience had proved was very successful.

In contrast to those aforementioned modifications in which wealth and luxury join hands, there are other more intimate and personal circum-

stances that can make a book unique from another angle. The human factor sometimes leads to changes that can rescue from an entire edition a single copy for a specific person of friend. José Caballero drew his precious compositions for Adriano del Valle's copy of *Llanto por Ignacio Sánchez Mejías*. Moreno Villa illustrated a cheap edition of Lorca's poems for the author. Although it was a book of scant material value, nevertheless, the crayon drawing made by the writer for the poet in the margins have converted it into a unique piece. A copy of *Verte y no verte* in Lorca's library bears a triple dedication as proof of friendship; it is signed by Rafael Alberti, the author, Manuel Rodríguez Lozano, the illustrator and Miguel N. Lira, the printer. With this the book has been transformed. It now has another value.

Bibliographic research, together with historical, literary or scientific studies can point up other documents as treasures that visually would never have been the object of particular attention. Unprotected by their apparent lack of external beauty, first editions of the *Carcel de amor* by Diego de San Pedro, the *Tratado de amores de Arnalte y Lucena,* or the *Quixote* itself, have the bibliographic backing that accredits them as the first printings of important literary works.

Sometimes a combination of special factors causes certain works to disappear shortly after publication. Only a few, perhaps even one or two copies take on a special significance particularly when we are dealing with valuable documents for the history of culture. From a printed book whose origin would not normally single it out for an unusual destiny, secondary or remote factors have, nevertheless, converted it into an object of great value. The *Seis poemas galegos* of Federico García Lorca, published by Nós in 1936, mean something very different today from their first intention and purpose. As is the usual case with books of poetry, very few copies of this modest original edition were published. But since there was no time to distribute the copies properly because of the outbreak of hostilities, they were buried in the publishers collection, having suffered the punishment of the Civil War. Today this insignificant book has taken on a meaning far removed from the original purpose of its first publishers.

The Library is a provocative and suggestive universe. To approach it is to approach a large part of the entire corpus of man's creativity and thought. Many roads lead to books from which other roads go forth to other books and insinuate or propose diverse routes to return home again.

To interpret the Library is to try to understand man himself, to look through that mirror which, for many centuries, has reflected the questions, quests and proposal that man has put to himself in the face of his existence. All books make up, in some way, that single Borgian book with an infinite spine.

The treasures of this Exhibition, preserved in their quality as exceptional objects, propose one of the many readings possible of a bibliographic colletion.

Throughout the ten centuries of written production exhibited here, three distinct encounters become clear: man's encounter with God, in an attempt to explain and so often impose his hopes or fears on supernatural forces; man's encounter with Nature; and the conflict derived from coexistence with others, with the Other. Time and space convert into a unified whole those materials that reflect the absence of barriers —neither centuries nor nations— in the face of these three conflicts.

The transcription of the divine word, the modes of dialogue with God and the interpretation of other worldly life are the aspects by which he defines his relationship with the supernatural.

In Spain, three cultures, the Christian, Hebrew and Arabic, have been outstanding in their role as scribes of the divine. In an arc that begins with a testimony of the 10th century, the *Biblia Hispalense* (cat. no. 1), whose Mozarabic illumination is an invaluable example of cross-culturation, and continues into the 20th century with the *Bible* illustrated by Salvador Dalí (cat. no. 7), the sacred books have displayed the richness and prestige which have so often surrounded the Holy Writ. From those figurative depictions of the Visigothic codex, the daring forms of Arabic floral and geometric decorations, or the decorative delicacy of the *Hebrew Bible* (cat. nos. 3, 4), to the zeal to ennoble and surpass the content of the books themselves with luxurious bindings of which the *Koran* of the Palace Library (cat. no. 6) is a beautiful example, all are examples of the three cultures which have lived together in this country.

Communication with the Divine has often been ritualized. Missals and books of hours transcribe the norms for a form of dialogue practiced by Catholicism. Many of these books were made for specific owners. Monarchs, princes of the church and nobles lend their names to works like the *Diurnal of Ferdinand I*, king of Leon and Castile (cast. no. 9), considered to be one the most beautiful Mozarabic manuscripts; the *Book of Hours of Charles VIII*, king of France (cat. no. 12); the *Rich Missal of Cisneros* (cat. no. 13), the *Book of Hours* 'Vostre demeure', whose name is derived from the motto of its anonymous owner. The desire to individualize divine conversation, to convert it into an object of beauty, a symbol of status and power, was the motivation for these magnificent books whose spectacular presentation moves us more to admiration and delight than to spiritual absorption and devotion.

Spanish culture, tinged with a peculiar coloring, has always assumed death and made an effort to imagine the divine system of penance behind it. Perhaps more often imposed than chosen, the vision of hell, more than heaven, has been the object of our curiosity. The *Commentary on the Apocalypse* by Beatus of Liébana, a text that served as a point of departure for one of the most interesting iconographic expressions in medieval manuscript illumination, is linked to that peculiar Spanish vision. In it we are shown the vision of the world that man had in the century of the millennium (cat. no. 14), which can be compared with the one depicted four centuries later by Albrecht Dürer (cat. no. 19), one of Europe's most important artists. These intelectualized and symbolic visions are charged with suggestion, directed to the mind. They stand in direct opposition to those other depictions of death and hell, the bibliographic rarities in 15th-century Spanish printing such as the *Ars moriendi* (cat. no. 15) or the *Cordiale* (cat. no. 17) which were produced to sustain the faith by en couraging guilt and fear. As a counterpoint, a contemporary book of joyful exaltation, based on the text traditionally attributed to St. Francis of Assisi with etchings by that youthful old man, Joan Miró, visualizes the experiential awareness, the 'vivencia' of God emanating from the *Càntic del Sol* (cat. no. 21).

The attempt to comprehend Nature is evident in the codices that describe the earth, the *Descriptio orbis terrarum* (cat. no. 22) in which the geographic depiction is still laden with symbolic elements, or Ptolemy's *Cosmography* (cat. no. 23), or those which classify its animal and vegetable spe-

cies accompanied by splendid miniatures as in the German manuscript from the University of Granada (cat. no. 24), the woodcuts of *Dioscorides* (cat. no. 25) or the engravings of the Quer (cat. no. 27), texts in which scientific rigor and fantasy live side by side.

The explanations of principle causes, laws and properties of bodies and the procedures and resources useful to science, are also the material for extraordinary documents such as the 16th-century treatise on hydraulic engineering, the *Twenty-one books of engines and machines* (cat. no. 30), falsely attributed to Juanelo Turriano, and one of the most important scientific manuscripts in the Biblioteca Nacional.

The desire to go beyond the frontiers of the merely personal has always accompanied man. His curiosity to discover new places and live the magic of a journey has been documented since early times. The imaginary and the real, so often mixed, differentiate the texts exhibited here. John Mandeville gathers up the common cultural equipment of medieval marvels to describe the prodigious scenes and chimeras he had seen in his fantastic journeys to the Orient. On the other hand, Columbus' account, the *Report on Michoacán* or the *Journey to Constantinople* confine the narration to more serious scientific channels.

Often these texts are accompanied by an illustrative apparatus that enables the reader to glimpse images that he would probably never have had the opportunity to see, because they were the direct vision of a select few. The color woodcuts of John de Mandeville's the *Book of Marvels of the World* (cat. no. 38) reproduce incredible and fantastic beings, the foldouts of Breidenbach's book (cat. no. 37) present the most important cities for Europeans of the 15th century and the drawings of the *Report on Michoacán* (cat. no. 40) are an invaluable way to approach the study of the Indians of Mexico.

The Other, with and against whom we live, is the third section of the Exhibition. Grammars, dictionaries, treatises on spelling reveal the effort to create a code of communication and an interest in perfecting the system that serves as a bridge for understanding among men.

The studies on the Quechua and Arabic languages show that, leaving aside not so praiseworthy attitudes, there was a conscious will to understand these peoples. The visual dearth of some these linguistic studies is compensated for by the wealth of images of the books on calligraphy among which Juan de Iciar's stands out as a tour de force of the woodcut (cat. no. 49).

Two aspects of human relations, one imposed by power and the other proposed by leisure, complete the profile of this section. The royal chronicles, invaluable documentary sources, narrate the splendor of historial periods. Moreover, the *Chronicle of John I of Portugal* is a codex of great visual beauty, with its suggestive and imaginative marginal decorations, done with delicacy and skill characteristics of the Portuguese miniaturists of the Leitura Nova (cat. no. 54). The spectacular heights attained by the display of royal pomp and splendor are evident in the eighty-seven painted illustrations accompanying the Triumph of Maximilian I; the triumphal cortège of the Emperor is depicted in an unusually large size and with a wealth of polychromy (cat. no. 55).

The spectacles —and if there is one truly Spanish spectacle, it is the bullfight— sports, society games and games of chance are some of the activities shared by men in their free time. Books such as the extremely rare

copy of the *Games of Chance* (cat. no. 58), or the *Game of Mottoes* (cat. no. 59) accompanied the leisure moments of knights and ladies in the 16th century.

Spanish Culture is the fourth heading of the exhibition. It deals with the most representative works of the most outstanding periods or moments in our history.

The School of Translators of Toledo represents not only the brilliant center of the court of Alfonso the Learned, which produced so many important and beautiful codices, but it is also the symbol of understanding and meeting point of various cultures. Together with the *Cantigas de Santa María* and the *Book of Astronomical Knowledge,* books of the Cámara Regia of Alfonso X which amalgamate the work of Jews, Arabs and Chistians, also produced the texts of Avicenna, Yehuda Halevi and the traditional oriental apologues that arrived in Spain by way of the communications route opened by the Muslim and Hebrew cultures.

The observation of certain reading habits is also a way to approach the understanding of a society. To know what kind of books entertained the leisure of the Spaniards of the 15th and 16th centuries is to be able to delve into the comprehension of the psychology of the period and have a more accurate profile of this time. The books of chivalry were undoubtedly the 'best sellers' of their time. With the exception of that rare and invaluable incunabulum, *Tirant lo Blanc* (cat. no. 73), these books have come down to us in pretty editions turned out profusely in the printshops of Seville during the 16th century.

The humanistic aspect of the Spanish Renaissance is particularly outstanding in the work of Juan Luis Vives, the translation of the *Enchiridion* by Erasmus and the document by Cardinal Cisneros concerning the founding of one of the most advanced institutions of learning in 16th century Europe, the Universidad of Alcalá de Henares.

It would be difficult to understand the Spanish Renaissance without a knowledge of Italy. Two exceptional manuscripts, the charming *I Trionfi* by Petrarch and the *Works* of Virgil are testimonies of Italian culture and evidence of the close and rich relationship between the two nations for many centuries.

The importance of the *Quixote* in the world of letters is so obvious and its figure so united to Spanish things that a part of the Exhibition is devoted exclusively to this work.

In this part we have tried to emphasize the diffusion of the *Quixote* in Europe from the 17th century on. We should not look for beautiful luxury editions among the examples chosen, for both the first edition published by Juan de la Cuesta in 1605 and the first editions in other European languages were cheap printings, done without pretensions and aimed at an average reader. The formats used, quarto in the Spanish edition and octavo in almost all the others, the poor quality of the paper, the typographic errors and textual additions and omissions reflect the fact that it was launched on the market as light reading, as a pastime for the general public. For this reason, the manageable size and low quality materials all contributed to makin it accessible to everyman's pocketbook, since it was considered a "marketable item".

The important series of de luxe editions of the *Quixote* begins in the 18th century with a meticulously prepared work in Spanish, but published in England. In 1738 J. R. Tonson published an edition in folio under

the supervision of Gregorio Mayáns y Siscar which anticipated the Spanish printings of Ibarra and Sancha. The numerous metal engravings included are, for the first time, worthy of the quality of the text and rescue the visualization of the knight's adventures from those awkward popular images of earlier editions.

Those familiar with the editions of the *Quixote* will probably recall the illustrated editions by Joaquín Ibarra in 1780, Doré's edition for Hachette in 1863 and Urrabieta Vierge's for the London publisher, Fisher Unwin, in 1906. None of these copies is on exhibit, however, because one of the criteria applied to this Exhibition was that only those books which are not housed in the collection of the New York Public Library would be shown.

This Exhibition is priviliged to include images of the Golden Age among its contributions. One of the most valuable treasures exhibited is a book of portraits of the most famous men of the time who made this the most brilliant period in Spanish culture. These portraits were done by Velázquez's teacher and father-in-law, Francisco Pacheco.

Painting and literature flourished in the Golden Age under extraordinary figures. The original manuscripts of Quevedo, Lope de Vega, Calderón de la Barca and the *Works* of Góngora for a singular personage in the political life of 17th century Spain, the Count-Duke of Olivares, are linked to this magnificent album of drawings. As portraits, testimonies to this exceptional production, they afford us the exciting opportunity to see both the creations and the faces of their creators.

The profile of an Enlightened Spain is marked by theatrical polemics, the renovation of poetic taste, a more cosmopolitan attitude and rigorous scientific discipline. Together with the autograph manuscripts of some of the most important 18th century writers, we have added a small homage to Spanish printing of the period. Included are two examples of the high standars of Spanish publishers such as Joaquín Ibarra, one of the best printers in history and Antonio Sancha. Their editions of the *Catiline Conspiracy* by Sallust and the *Eróticas* by Villegas are exhibited here.

The image of Spain and the Spaniards in the 19th century is presented from a different optical perspective. The personal discovery of other lands, the pleasure of travel, the stimulus of unravelling the mysteries of other cultures, were the motives for the observation of those passionate travellers, the English and the French, who explored every corner of our country in the Romantic period. Their books are characterized by the quantity and quality of their images. These works were printed at a moment when lithography triumphed as a technique of graphic reproduction, particularly in English shops, where it reached a prodigious command of the medium.

Andalusia was the great revelation for the Romantics. The gardens of the Generalife, the patios of the Alhambra, the view of Granada from the winding channel of the Darro river, filled these splendid artists with enthusiasm. Nevertheless, they also captured other corners of Spain such as the unforgettable vision of the Basque Country by Sidney Crocker and Blich Barker.

Antonio Ponz's work is the point of departure for travel books by Span- iards. Parcerisa and Genaro Pérez de Villaamil gave us examples of a vision of ourselves. How we are seen; how we see ourselves.

Federico García Lorca is undoubtedly a symbol of a very special period in our history. His presence in this Exhibition brings out and empha-

sizes the modernity and opening up of the intellectuals and creative artists of the Second Spanish Republic. They discovered and lived in New York, the capital of the New World and crisis center. Juan Ramón Jiménez, Federico and José Moreno Villa walked its streets and wrote down their feelings, impressions and thoughts about their contact with this awesome city. Their experiential awareness or 'vivencia' of this city was not easy for any of them.

Another facet of contemporary Spain is represented by the scholars, artists and writers who were forced to abandon their homeland after the Civil War to continue their word in exile. This section begins with the poems that Antonio Machado wrote in Valencia before leaving for France. *Razón de amor* by Pedro Salinas, published before the war by another great poet and magnificent printer, Manolo Altolaguirre, is a reminder and memory of those who continued their work outside Spain, and who found in the United States, Mexico or England a place to continue their creative work and research.

As Curator of this Exhibition, I wish to particularly acknowledge the help of Concepción Lois, head of the Bibliographic Section of the Biblioteca Nacional and an exceptional collaborator in this catalog and Cruz Díaz de Garayo, of the Centro del Tesoro Bibliográfico y Documental. In addition, I should like to thank the following people: Mercedes Dexeus, Director of the Centro del Tesoro Bibliográfico y Documental; Fernando Huarte, Director of the Biblioteca de la Universidad Complutense; Elena Santiago, Head of the Fine Arts Section; Carmen Liter, Head of the Cartography Section; Amalia Sarriá, Head of the Department of Early Collections; Francisco García Craviotto, Head of the Theater Section; Manuel Sánchez Mariana, Head of the Manuscript Section; Juan Manuel Magariños, Dolores Cabra and Carlos del Valle who have kindly contributed specialized works in their fields to the catalog.

The Dirección General del Libro y Bibliotecas has lent its support to making this Exhibition a reality, and I am grateful to its present director who has seen to conclusion the work that was begun by Jaime Salinas.

I also wish to thank the directors of the centers who have lent these magnificent works to the Exhibition and for giving us the opportunity to bring together such an extraordinary number of exceptional treasures.

María Luisa López-Vidriero
Section of Incunabula
and Rare Books of the Biblioteca Nacional.

Translated by Selma Margaretten.

Jorge Luis Borges.

Hay quienes no pueden imaginar un mundo sin pájaros; hay quienes no pueden imaginar un mundo sin agua; en lo que a mí se refiere, soy incapaz de imaginar un mundo sin libros. A lo largo de la historia el hombre ha soñado y forjado un sinfín de instrumentos. Ha creado la llave, una barrita de metal que permite que alguien penetre en un vasto palacio. Ha creado la espada y el arado, prolongaciones del brazo del hombre que los usa. Ha creado el libro, que es una extensión secular de su imaginación y de su memoria.

A partir de los Vedas y de las Biblias, hemos acogido la noción de libros sagrados. En cierto modo, todo libro lo es. En las páginas iniciales del Quijote, Cervantes dejó escrito que solía recoger y leer cualquier pedazo de papel impreso que encontraba en la calle. Cualquier papel que encierra una palabara es el mensaje que un espíritu humano manda a otro espíritu. Ahora, como siempre, el inestable y precioso mundo puede perderse. Sólo pueden salvarlo los libros, que son la mejor memoria de nuestra especie.

Hugo escribió que toda biblioteca es un acto de fe; Emerson, que es un gabinete donde se guardan los mejores pensamientos de los mejores; Carlyle, que la mejor Universidad de nuestra época la forma una serie de libros. Al sajón y al escandinavo los maravillaron tanto las letras que les dieron el nombre de runas, es decir, de misterios, de cuchicheos.

Pese a mis reiterados viajes, soy un modesto Alonso Quijano que no se ha atrevido a ser don Quijote y que sigue tejiendo y destejiendo las mismas fábulas antiguas. No sé si hay otra vida; si hay otra, deseo que me esperen en su recinto los libros que he leído bajo la luna con las mismas cubiertas y las mismas ilustraciones, quizá con las mismas erratas, y los que me depara aún el futuro.

De los diversos géneros literarios, el catálogo y la enciclopedia son los que más me placen. No adolecen, por cierto, de vanidad. Son anónimos como las catedrales de piedra y como los generosos jardines.

No veré, por cierto, los textos que su diligencia ha juntado, pero sé que desde el otro hemisferio me beneficiarán de algún modo y que serán de grata lectura.

KORAN. S. XVIII. *BP II-3228.*
Corán. S. XVIII. *BP II-3228.*

Jorge Luis Borges

There are people who cannot imagine a world without brids; there are people who cannot imagine a world without water. As for myself, I am unable to imagine a world without books. Down through the ages, Man has imagined and forged no end of tools. He has created the key, a tiny metal rod that allows a person to enter an enormous palace. He has created the sword and the plowshare, extensions of the arm of the man who uses them. He has created the telescope, which has enabled him to investigate the firmament on high. He has created the book, which is a worldly extension of his imagination and his memory.

Beginning with the Vedas and Bibles, we have welcomed the notion of sacred books. In a certain way, every book is sacred. In the opening pages of *Don Quixote,* Cervantes let it be written that he was in the habit of reading any scrap of printed paper that he found on the street. Any sheet of paper containing a word is the message one human spirit sends to another. Now, as always, the unstable and precious world may pass away. Only books, which are the best memory of our species, car save it.

Victor Hugo wrote that every library is an act of faith; Emerson, that it is a chamber where the best thoughts of the best minds are preserved; Carlyle, that the true university of our time is a collection of books. The Saxons and Scandinavians marvelled so at the letters of the alphabet that they called them runes that is, mysteries, whisperings.

In spite of my repetitive journeys, I am a humble Alonso Quijano who has never dared to be Don Quixote and who goes on weaving and unweaving the same ancient fables. I do not know if there is an afterlife. If there is, I hope that all the books I have read under the moon, as well as those the future holds in store, await me in their place, with the same illustrations, perhaps even the same errata.

Among the various literary genres, I most prefer catalogs and encyclopedias. They certainly do not suffer from vanity. They are anonymous, like stone cathedrals and bountiful gardens.

I will surely never see the texts you have dilligently collected, but I know that from the other hemisphere they will benefit me somehow, and that their reading will be gratifying.

———

Translated by Ronald Christ

I. DIOS

Anthony Burgess.

God in Books

Despite the mediaeval coexistence of Deus and Allah in the same territory, the power of the Inquisition, and the poetry of great mystics like San Juan de la Cruz, there is no more God in the literature of Spain than in the books of Protestant and atheistic countries. God is Leviathan and cannot be gaffed like a salmon. He is beyond words. If He appears in art at all it is as light or noise, an absurdly irascible old man, or an indefinable object of human longing. He is a negative quantity, unlike a young girl in a garden picking daffodils.

The Jews produced a great book about God, or rather the relationship between a somewhat limited deity called Jehovah and His chosen people. The God of the Old Testament does not come well off in the long chronicle of human frustration and suffering: He helps little and hinders much the reasonable desire of the Jews to set up His altar in a homeland safe from enemies. He has a kind of capricious savagery which does not accord with his proclaimed passionate love of the chosen. He is a jealous rather than loving God, and there is more heat than light in Him. He is highly irrational, and He can never give a sweetly logical answer to a reasonable human question. In the Book of Job He blusters and bullies. Like Orwell's Big Brother He has the final control of reality, and rational objections to His metaphysics are Not in order. Inexplicably He jumps on Moses to whom He has given the order to save His people and starts to wrestle with Him. He wrestles with Jacob. He has exercised His muscles in the creation of the universe and is now prepared to use those muscles destructively. The Jews continue to argue with Him. When there is a final tribunal He will stand trial as much as humanity will. He has a lot of wrongs to answer for and —since He cannot be punished— He will presumably come up with the right answers.

The Christian view of God in the New Testament seems to be based on a human need to teach the deity to behave more like a rational being. He comes to earth as a man who abhors aggression and preaches love. By a series of accidents God ceases to be merely the gruff patron of the Jews. In His human aspect He goes to the Gentiles and consents to be sacrifially consumed as bread and wine. But this new God has to coexist with the old Jehovah, and it is not long before He presides over the Arab tribes under the name of Allah. The central figure of three sacred

Biblia sacra vulgatae. Mediolani: Rizzoli Editori, 1967. *BN ER/1100.*

books, He may be regarded as a theme for theology or theography or even theosophy. But the more He is a subject for literature (which the Bible certainly is but the Koran probably not) the less He is like the catechism definition of «the supreme being who alone exists of himself and is infinite in all perfections».

It is the Platonic idea of God which satisfies reasonable people rather more than those who enjoy holy war. To arrive at the notion of an ultimate reality through consideration of the imitations of reality which constitute the human and natural world —this is the way of philosophy, and it has nothing to do with sacrifice or circumcision or spreading the Word with the sword. If the attributes of God are truth, beauty and goodness, then science, art and benevolence are worth cultivating because they keep an eye on the final reality. If I practise literature it is for a holy reason: I wish beauty and wish to benefit mankind by exhibiting the truth which beauty contains. When John Keats said «Beauty is truth, truth beauty», he was merely stating that art is the imagination's way of presenting an image of ultimate reality, while the way of science is through reason. Literature, then, is more divine than pork butchery, but it cannot show divinity.

This does not mean that there is no religious literature. There is a great deal of it, but it has to be about human beings. Christian literature is fortunate in being able to present God as a human being. George Herbert, the English mystical poet, has some verses which begin «Love bade me welcome, but my soul drew back, / Guilty of dust and sin» and end with «You must sit down, says Love, and taste my meat. / So I did sit and eat». Love is another name for Christ, and Christ behaves like an exceptionally charitable and hospitable human being —which, of course, He is, as well as being God. The relationship between the soul of a man or woman and the incarnate deity can be presented in terms of close friendship, adoration of the lesser for the greater humanity, even the bond of marital love. To say that such literature is about God is probably cheating. Even Christian mystics have recognised that Christ in heaven has ceased to be a suffering God-man and has become ineffable light. Mystical poetry is about being in touch with the final reality which can only appear as metaphor, usually endless music and an effulgence as of the sun.

Such poetry was being composed in the seventeenth century when John Milton produced Paradise Lost. *It was probably the godhead of that long poem, vindictive, wordless, brutal, which persuaded the post-Miltonians to keep God out of their work. The God of the Old Testament has a certain eccentric vivacity, but Milton's God is clearly the enemy while Satan is the hero. «Milton,» said Blake, «was of the devil's party without knowing it.» Blake's own* Marriage of Heaven and Hell *made it clear that the devil stood for energy and creative force, while God was stony and repressive. When the Romantic Revival brought the new phenomenon of nature worship, Wordsworth located God in trees, mountains and the sea: pantheism replaced the old frowning Hebraic deity who was removed from His creation and was as likely to strike man down as to raise him. You worshipped in the fields and by rivers, not in temples. Moreover, the great presence was, «in the heart of man» as well as in the visible universe. With the dowsing of the Wordsworthian vision God became a mere abstraction —the end to which history moved (in Tennyson as much as in Hegel). And then Friedrich Nietzsche decided that God was dead —an interesting thesis, since it implied that he had once been alive. H. G. Wells, a rationalist with scientific training, thought that men and women could get on better wihout Him —forget about heaven and try to improve things on earth but, during the first World War, he found no peace anywhere except in an image of «God the invisible King». It often happens that when*

man is surrounded by man-made evil he turns to God in desperation, even when he does not really believe in Him. God can be turned off and on like hot water.

It is in the literature of our own age that God has made a substantial comeback —not the anthropomorphic God of the Old Testament but a force clearly at work in the universe, a light attainable through meditation and even mind-opening drugs. Aldous Huxley, who began as a rationalist like his grandfather, the great T. H., ended up as a new kind of mystic —not Christian, Jewish, Islamic, Hindu or Buddhist but a synthesis of them all. It was evident from the effect of drugs derived from mushrooms that the human mind could open up and perceive that a greater world existed than the sublunary one. Flood your bloodstream with the right poison and the brain would work in a new way: the light would flood in and ordinary experience be transfigured. Huxley may be regarded as the patron saint of drug addicts —who presumably begin with a desire for divine transfiguration and end up as junkies. His later novels are about the possibility of meeting ultimate reality —impersonal light and peace— and also the damnable perverseness of human beings who do not wish to meet it, being content with the darkness of the ego and attachment to material objects.

It is interesting to note that God depersonalised, not even in His earthly transformation as Jesus Christ, can be, in our strange mixed-up age, the negative subject of popular fiction. Two British novelists —Evelyn Waugh and Graham Greene— were converted to Catholicism in their youth and found in it a rich source of powerful if engimatic narrative material. Waugh's Brideshead Revisited, a best-. seller as a book and an immensely popular television serial, is about a man being drawn to God through the love of a wealthy British aristocratic family. The idea seems bizarre, but it is a commonplace of the French Catholic poet Paul Claudel that the love of a human being is the first step to loving God. «A twitch on the thread» is one of Waugh's images (taken from another British Catholic writer, G. K. Chesterton), meaning that God can pull man with a long invisible line, a line so long that he does not know where he is being pulled to. In Graham Greene's The End of the Affair a man actually hates God. But if you hate a thing you have to believe in its existence, and if you have the energy to hate, you also have the energy to love. But the God of all this popular fiction is not the God of Milton or the Old Testament; He is not even the God of the New, except in his capacity to love mankind. He has no personality; He is the great white light towards which, even against our will, we are ineluctably drawn.

The danger of believing in a supreme being —as a lot of our modern literature shows, to say nothing of odd popular cults— is that of choosing the wrong one. Somebody has to be responsible for the evil of the modern age. If God is all-powerful He is presumably to blame for everything we have suffered from fascism, communism, war, and what we are going to suffer in the coming nuclear holocaust. Therefore God is really the devil. Kingsley Ami's novel The Anti-Death League is about a hopeless human conspiracy against God the death-bringer. This diabolic God is not a new invention: He is already adumbrated in the Old Testament. Some popular fiction turned into popular film —like Rosemary's Baby or The Exorcist— is prepared to postulate a powerful devil who is distinct from God, but God is either dead or deaf. There is a lot of interest these days in absolute evil, which may be a way to a belief in absolute good, but the evidence for the existence of even relative good is not much seen on our television screens or wanted on our bookshop shelves. The devil is doing pretty well. We are all fascinated by Him. God has disappointed us, let us down. Or else, being neutral and removed from human concerns, He has reverted to being a doddering old man with

a long beard who is a bit of a bore. Blake called him «old Nobodaddy» —nobody's father, nobody himself.

Literature had better concern itself with human sufferings and joys. The joys are infrequent and pretty frivolous. The sufferings are real enough, and they derive from our own mixed-up nature — not quite angel, not quite animal — and our inability to understand where precisely we are going. God is the name of something not mixed-up and pretty sure of itself —hardly apt material for literature. But sometimes the words of an age of belief —«Most Glorious Lord of Life», as in Edmund Spenser, or the «Hail, Holy Light» of John Milton, or the ecstatic Castilian of John of the Cross— will strike us with an intolerable nostalgia. Whether God exists or not, we are homesick for him.

Anthony Burgess.

Dios en los libros

A pesar de la coexistencia medieval en el mismo territorio del Dios cristiano y de Alá, y a pesar del poder de la Inquisición y de la poesía de grandes místicos como San Juan de la Cruz, Dios no está más presente en la literatura de España que en los libros de otros países protestantes y ateos. Dios es Leviatán y no se le puede pescar como a un salmón. Está más allá de las palabras. Si es que llega a aparecer en el arte, lo hace como luz o ruido, como un anciano absurdamente iracundo o como objeto indefinible de los anhelos humanos. Es una cantidad negativa, a diferencia de una muchacha recogiendo rosas en un jardín.

Los judíos produjeron un gran libro sobre Dios, o más bien acerca de las relaciones entre una deidad con limitaciones muy concretas llamada Yahveh y su pueblo elegido. El Dios del Antiguo Testamento no sale bien parado de esa larga crónica de frustración y sufrimiento humanos: Yahveh ayuda poco y entorpece mucho los razonables deseos de los judíos de erigirle un altar en una patria libre de enemigos. Se trata de un Dios cuya caprichosa ferocidad no está de acuerdo con sus declaraciones de apasionado amor a los elegidos. Yahveh es un Dios celoso más que amante, y en él hay más calor que luz. Su actitud es extraordinariamente irracional, y nunca da una respuesta amable y lógica a una pregunta humana razonable. En el libro de Job fanfarronea una y otra vez. Detenta el control último de la realidad al igual que el Gran Hermano de Orwell y las objeciones racionales a su metafísica quedan fuera de programa. De manera inexplicable salta sobre Moisés, a quien ha encargado de salvar a su pueblo, y empieza a luchar con él a brazo partido. También pelea con Jacob. Ha entrenado sus músculos en la creación del universo y ahora está preparado para utilizarlos destructivamente. Los judíos siguen discutiendo con él. Cuando se constituya el último tribunal serán tantos los motivos para juzgar a Yahveh como a la humanidad. El Dios de los hebreos tendrá que responder de muchos entuertos y —puesto que no se le puede castigar— es probable que se presente con las respuestas adecuadas.

La imagen cristiana de Dios en el Nuevo Testamento parece estar basada en la necesidad humana de enseñar a la deidad a comportarse de for-

ma más racional. Dios viene a la tierra como un hombre que aborrece la violencia y predica el amor. Debido a una serie de accidentes deja de ser únicamente el hosco benefactor de los judíos. Bajo apariencia humana se presenta a los gentiles y consiente en que se le consuma sacrificialmente como pan y vino. Pero ese nuevo Dios tiene que coexistir con el viejo Yahveh, y antes de que pase mucho tiempo, también preside sobre las tribus árabes bajo el nombre de Alá. Figura central de tres libros sagrados, se le puede considerar como un tema para la teología o para la teografía o incluso para la teoscopia. Pero cuanto más se convierte en materia de la literatura (cosa que la Biblia es, sin duda, aunque el Corán probablemente no), menos se parece a la definición catequística del «ser supremo que existe por sí mismo y posee todas las perfecciones en grado infinito».

La idea platónica de Dios satisface bastante más que las divinidades promotoras de guerras santas a las personas razonables. Llegar a la noción de una realidad que forman el mundo humano y natural es el camino de la filosofía, y no tiene nada que ver con sacrificios ni con circuncisión ni con difundir la Palabra por la espada. Si los atributos de Dios son la verdad, la belleza y la bondad, merece la pena cultivar la ciencia, el arte y la benevolencia, porque hacen que no perdamos de vista la realidad última. Yo me dedico a la literatura por un motivo santo: deseo crear belleza y enriquecer a la humanidad mostrándole la verdad contenida en la belleza. Cuando John Keats dijo: «La belleza es verdad y la verdad belleza», se limitaba a enunciar que el arte es la manera que tiene la imaginación de representar la realidad última, mientras que la ciencia hace lo mismo mediante la razón. La literatura, por tanto, es más divina que la matanza del cerdo, pero no está en condiciones de mostrar la divinidad.

Eso no quiere decir que no haya literatura religiosa. La hay en abundancia, pero trata de seres humanos. La literatura cristiana tiene la suerte de poder presentar a Dios como ser humano. George Herbert, el poeta místico inglés, escribió unos versos que empiezan «Amor me dio la bienvenida, pero mi alma retrocedió, / Culpable de suciedad y pecado», y terminan con «Has de sentarte, dice Amor, y probar mi carne. / Con lo que me senté y comí». Amor es otro nombre de Jesucristo, que se comporta de manera excepcionalmente caritativa y hospitalaria, y es un ser humano de verdad, además de ser Dios. La relación entre el alma de un hombre o de una mujer y la deidad encarnada puede presentarse como amistad íntima, como adoración de la humanidad más sublime por la de menor calidad o incluso como vínculo de amor entre esposos. Probablemente sea una falsedad decir que esa literatura trata de Dios. Hasta los místicos cristianos han reconocido que Jesús en los cielos deja de ser un Dios-hombre que sufre para convertise en luz inefable. La poesía mística trata de la toma de contacto con la realidad última que sólo puede aparecer como metáfora: de ordinario música eterna y un fulgor como del sol.

Esa poesía se componía en el siglo XVII cuando John Milton escribió *El paraíso perdido*. Probablemente la deidad de ese poema, vengativa, silenciosa, brutal, convenció a las autores que vinieron después de Milton a dejar a Dios fuera de su obra. El Dios del Antiguo Testamento tiene cierta viveza de excéntrico, pero el Dios de Milton es evidentemente el enemigo y Satanás el héroe. «Milton», dijo Blake, «estaba de parte del demonio sin saberlo». El *Matrimonio del cielo y del infierno,* del propio Blake, dejaba claro que el demonio representaba la energía y la fuerza creadora, mientras Dios era pétreo y represivo. Cuando con el romanticismo hizo su apari-

ción el nuevo fenómeno del culto a la naturaleza, Wordsworth situó a Dios en los árboles, en las montañas y en el mar: el panteísmo reemplazó a la ceñuda deidad hebraica separada de su creación y que tanto podía derribar al hombre como ensalzarlo. Se adoraba a Dios en los campos y en los ríos, no en los templos. Además la divinidad estaba tan presente «en el corazón del hombre» como en el universo visible. Al extinguirse la visión de Wordsworth, Dios se convirtió en mera abstracción: el fin hacia donde se dirigía la historia (en Tennyson tanto como en Hegel). Y después Friedrich Nietzsche decidió que Dios había muerto: una tesis interesante, pues daba por sentado que había estado vivo alguna vez. H. G. Wells, un racionalista con formación científica, pensó que hombres y mujeres se las arreglarían mejor sin él —se olvidarían del cielo y tratarían de mejorar las cosas en la tierra—, pero durante la primera guerra mundial sólo encontró paz en una imagen de «Dios, el Rey invisible». Sucede a menudo que cuando el hombre se ve rodeado de manifestaciones humanas de la maldad, vuelve los ojos a Dios, desesperado, aunque no crea realmente en él. Dios puede cerrarse y abrirse como el grifo del agua caliente.

Pero en la literatura de nuestro tiempo Dios ha hecho una destacada reaparición: no el Dios antropomórfico del Antiguo Testamento, sino una fuerza claramente activa en el universo, una luz que se alcanza con la meditación e incluso con las drogas que expanden la mente. Aldous Huxley, que empezó siendo racionalista igual que su abuelo, el gran Tomas Huxley, acabó como místico de nueva especie: ni cristiano, ni judío, ni islámico, ni hinduista, ni budista, sino una síntesis de todos ellos. El efecto de las drogas extraídas de los hongos puso de manifiesto que la mente humana podía abrirse y captar la existencia de un mundo mucho mayor que el sublunar. Basta inundar el propio sistema circulatorio con el veneno adecuado y el cerebro trabaja de forma distinta: la luz lo invade todo y la experiencia ordinaria se transfigura. A Huxley se le puede considerar el santo patrón de los drogadictos, que probablemente comienzan deseosos de una transfiguración divina y terminan de yonquis. En sus últimas novelas se ocupa de la posibilidad de encontrar la realidad última —luz y paz personales— y también de la condenable perseverancia de los seres humanos que no desean encontrarla y se contentan con la oscuridad del yo y el apego a los objetos materiales.

Es interesante señalar que un Dios despersonalizado, ni siquiera en su transformación terrena como Jesucristo, puede ser, en esta extraña época nuestra tan revuelta, el tema negativo de obras literarias populares. Dos novelistas británicos —Evelyn Waugh y Graham Greene— se convirtieron al catolicismo en su juventud y encontraron en él una rica fuente de material narrativo tan lleno de fuerza como enigmático. *Retorno a Brideshead,* de Waugh, un libro muy vendido y una serie de televisión extraordinariamente popular, es la historia de un hombre empujado hacia Dios gracias a su afecto por una rica familia aristocrática. La idea parece extraña, pero en la obra del poeta católico francés Paul Claudel es un lugar común que el amor hacia un ser humano es el primer paso para amar a Dios. «Un tirón de hilo» es una de las imágenes de Waugh (tomada de otro escritor inglés católico, G. K. Chesterton), y hace referencia a que Dios puede tirar del hombre con un largo sedal invisible, un sedal tan largo que el hombre no sabe hacia dónde se le lleva. En *El revés de la trama,* de Graham Greene, un oficial de policía se suicida porque ama tanto a Dios que no soporta mancillarlo con su pecadora presencia. En *El fin de la aventura,* también de

Greene, un hombre odia verdaderamente a Dios. Pero para odiar una cosa hay que creer en su existencia, y si tiene energía para odiar, también tiene energía para amar. Sin embargo, el Dios de toda esta literatura popular no es el Dios Milton ni el del Antiguo Testamento; no es siquiera el del Nuevo Testamento, excepto por su capacidad para amar a los hombres. No tiene personalidad; es la gran luz blanca hacia la que, incluso contra nuestra voluntad, nos vemos irremediablemente arrastrados.

El peligro de creer en un ser supremo —como demuestra buena parte de nuestra literatura moderna, por no decir nada de extraños cultos populares— es que se puede escoger mal. Alguien ha de ser el responsable del mal de la época contemporánea. Si Dios es todopoderoso probablemente es suya la culpa de todo lo que hemos sufrido a causa del fascismo, del comunismo, de la guerra, y de lo que nos queda por sufrir en el holocausto nuclear venidero. Por consiguiente, Dios es en realidad el maligno. La novela de Kingsley Amis *The Anti-Death League* trata de una conjura sin esperanza contra Dios, el dador de muerte. Ese Dios diabólico no es una invención nueva: queda ya bosquejado en el Viejo Testamento. Algunas obras de literatura populares llevadas al cine —como *La semilla del diablo* o *El exorcista*— dan por sentada la existencia de un poderoso demonio distinto de Dios, pero Dios en cambio está muerto o es sordo. Hoy en día existe un interés extraordinario por el mal absoluto, lo que puede ser un camino para creer en el bien absoluto, aunque las pruebas de la existencia incluso de un bien relativo ni se ven con frecuencia en nuestras pantallas de televisión, ni nadie las reclama en nuestras librerías. Al demonio le van muy bien las cosas. Nos tiene fascinados a todos. Dios nos ha decepcionado, nos ha fallado. O bien, dada su neutralidad y distanciamiento de las preocupaciones humanas, ha vuelto a ser un anciano chocho de luenga barba que resulta un poquito pelma. Blake le llamó «viejo padre de nadie», la nada en persona.

Más vale que la literatura se ocupe de las alegrías y de las penas de los hombres. Las alegrías son poco frecuentes y bastante frívolas. Los sufrimientos sí que son reales y proceden de nuestra confusa naturaleza —no del todo ángeles ni tampoco completamente animales— y de nuestra incapacidad para entender con exactitud hacia dónde nos dirigimos. Dios es el nombre de algo nada confuso y muy seguro de sí mismo; un material poco apropiado para la literatura. Pero en ocasiones las palabras de una edad de fe, «Glorioso Señor de la Vida», como en Edmund Spenser, o el «Salve, Luz Sagrada», de John Milton, o el éxtasis en castellano de Juan de la Cruz, nos llenan de intolerable nostalgia. Tanto si Dios existe como si no, le echamos mucho de menos.

Traducido por José Luis López Muñoz.

I₁ PALABRA DE DIOS

מסרה מ̇ גדול וב̇ אמ̇   וסיפרתהן   וישא משאת ב̇ כו̇ למשאת אותך̇ למשאת מואב̇ מלא̇ כתיב̇ ומלאהחשבו̇ את̇ ג̇ ישא̇ את̇   פתחי
ותרב משאת בנימן ד̇ ל̇ עולתם מל̇ ומשד̇ ינצא את̇ יתנצא את̇ מל̇ מ̇ למא̇ וקריא̇ זכרי̇ ל̇ ליהודי̇ ד̇ וראו̇ ותנו קל̇

הבכל כבכרתו והצעיר כצערתו
ויתמהו האנשים איש אל רעהו
וישא משאת מאת פניו אלהם ותרב
משאת בנימן ממשאת כלם
חמש ידות וישתו וישכרו עמו ויצו
את אשר על ביתו לאמר מלא את
אמתחת האנשים אכל כאשר
יוכלון שאת ושים כסף איש בפי
אמתחתו ואת גביעי גביע הכסף
תשים בפי אמתחת הקטן ואת כסף
שברו ויעש כדבר יוסף אשר דבר
הבקר אור והאנשים שלחו המה
וחמריהם הם יצאו את העיר לא
הרחיקו ויוסף אמר לאשר על
ביתו קום רדף אחרי האנשים
והשגתם ואמרת אלהם למה
שלמתם רעה תחת טובה והלוא
זה אשר ישתה אדני בו והוא נחש
ינחש בו הרעתם אשר עשיתם
וישגם וידבר אלהם את הדברים
האלה ויאמרו אליו למה ידבר
אדני כדברים האלה חלילה לעב
דיך מעשות כדבר הזה הן
כסף אשר מצאנו בפי אמתחתינו
השיבנו אליך מארץ כנען ואיך
נגנב מבית אדניך כסף או זהב
אשר ימצא אתו מעבדיך ומת
וגם אנחנו נהיה לאדני לעבדים
ויאמר גם עתה כדבריכם כן הוא
אשר ימצא אתו יהיה לי עבד

ואתם תהיו נקים וימהרו ויורדו
איש את אמתחתו ארצה ויפתחו
איש אמתחתו ויחפש בגדול החל
ובקטן כלה וימצא הגביע באמתחת
בנימן ויקרעו שמלתם ויעמס איש
על חמרו וישבו העירה ויבא יהודה
ואחיו ביתה יוסף והוא עודנו שם
ויפלו לפניו ארצה ויאמר להם
יוסף מה המעשה הזה אשר עשיתם
הלוא ידעתם כי נחש ינחש איש
אשר כמני ויאמר יהודה מה נאמר
לאדני מה נדבר ומה נצטדק האלהים
מצא את עון עבדיך הננו עבדים
לאדני גם אנחנו גם אשר נמצא הגביע
בידו ויאמר חלילה לי מעשות את
זאת האיש אשר נמצא הגביע בידו הוא
יהיה לי עבד ואתם עלו לשלום אל
אביכם ויגש
אליו יהודה ויאמר בי
אדני ידבר נא עבדך דבר באזני
אדני ואל יחר אפך בעבדך כי כמוך
כפרעה אדני שאל את עבדיו לאמר
היש לכם אב או אח ונאמר אל אדני
יש לנו אב זקן וילד זקנים קטן ואחיו
מת ויותר הוא לבדו לאמו ואביו אהבו
ותאמר אל עבדיך הורדהו אלי
ואשימה עיני עליו ויאמר אל אדני
לא יוכל הנער לעזב את אביו ועזב
את אביו ומת ותאמר אל עבדיך אם
לא ירד אחיכם הקטן אתכם לא

ביהודה ובי̇ חלק סל̇ ל̇ מ̇ פ̇ לאמתחתם מן̇ חת̇ בנ̇ עבד̇ ה̇ ו̇ ובמ̇ אתרי̇ ב̇ ז̇ ב̇ משאת̇ ג̇ ב̇ מ̇ אתם מן̇ א̇ ו̇ ועל̇ ביה̇ הכרם כד̇
המלך יו̇ כי̇ רוח̇ נמצא̇ את̇ תן̇ על̇ ביתו̇ ויפקדהו על̇ ביתו̇ וירא יוסף את̇ וירא יוסף אתם̇ עגל̇ לאמר̇ אנ̇ י̇ אלך̇ אלכה̇
הראית ב̇ נגנב̇ ילד̇ מלך̇ ישראל̇ ב̇ סימנך̇ ויתם̇ האי̇ ד̇ זאת̇ אמר̇ שעו̇ על̇ ביתו̇ ב̇ ביתהיוסף̇ ג̇ וסימנהן̇ ויתם̇ האי̇ ויבא האיש̇ ירבא יאמר̇

1. BIBLE: THE SEVILLE BIBLE

Biblia Hispalense. 10th century. Parchment codex.—375 fols. 434 × 320 mm.—3 cols.—63 lines.—Visigothic script.

Madrid, Biblioteca Nacional, Vitr. 13-1

After the arrival of the Muslims in the Iberian Peninsula at the beginning of the 8th century, three clearly defined cultural areas began to take shape: southern Spain, which was under Islamic domination but with a sizeable Christian community of Mozarabs; northern Spain, where the predominantly Christian kingdoms incorporated some of these same Mozarabs who had been expelled from the south in the 10th century when Alfonso III set up his court at León; the ancient Septimania, or hispanic Marches under the Carolingian empire, whose borders coincide roughly with present-day Catalonia. This last area, wholly integrated into the culture of central Europe, will be the route by which Arabic science is transmitted to Europe.

Strangely enought, the Mozarabs of southern Spain would be the ones who would best preserve the Roman-Visigothic cultural tradition, not only because its most important centers (Seville, Cordova, Toledo) lay within this area, but also because their cultural isolation and different or hostile surroundings favored the preservation of this tradition. Gradually this classical background would be infiltrated by strong Islamization which appears in various attitudes and aspects of Mozarabic life such as artistic expression.

In regard to manuscript illustration, hardly any traces of Mozarabic art have survived in this area because most of the manuscipts were not illuminated. There is nothing comparable to the splendid creative acativity of Leonese art evident in the unique illustrations of the *Commentaries on the Apocalypse of* Beatus of Liébana (see no. 14 of this catalog), the result of various influences and a personal esthetic conception.

The codex contains the Vulgate version of the Old and New Testaments written in the Mozarabic Visigothic script by four copyists who distributed the text in three columns. Although the copy date is in dispute, if the colophon is taken into account together with certain characteristics of the script, it seems to date from the first half of the 10th century. According to the colophon, the titles in Latin and Hebrew along with other texts, were completed in the year 988 (fol. 375v) when it was donated to the Cathedral of Seville (Hispalis). For the moment, Van Koningsveld's hypothesis seems to have been discounted. He hold that the colophon is a copy of an earlier one and that the manuscript is from the 12th century, the date of the abundant notes in Arabic made by a Mozarabic reader in the margins.

In regard to the illustration of this Bible, one of the

1. BIBLIA

Biblia Hispalense.— Siglo X.— Perg.— 375 fols.— 434 × 320 mm.—3 col.—63 lín.—Escritura visigótica.

Madrid, Biblioteca Nacional. Vitr. 13-1.

Tras la irrupción de los musulmanes en la Península Ibérica a principios del siglo VIII se delimitan claramente tres zonas culturales bien definidas: la del sur de la Península, de dominio islámico, en la que, sin embargo, subsiste una importante comunidad cristiana, los *mozárabes;* la de los diversos reinos cristianos del Norte, que a partir de principios del siglo X, tras el establecimiento de la corte de León por Alfonso III, acoge una abundante inmigración procedente de la zona mozárabe y experimenta una considerable variedad de influencias, y la de la antigua Septimania, o Marca Hispánica del imperio carolingio, cuyos límites coincidían más o menos con los de la actual Cataluña, zona plenamente integrada en la cultura centroeuropea y que en su momento constituía la vía de trasvase de la ciencia árabe a Europa.

Aunque a primera vista pudiera parecer extraño, la España mozárabe del Sur será la que mejor conserve la tradición cultural romano-visigoda, no sólo porque los centros más importantes (Sevilla, Córdoba, Toledo) habían quedado dentro de esta zona, sino porque el aislamiento cultural y el entorno ejeno u hostil propiciaban la conservación de esta tradición. Poco a poco, ese trasfondo clásico se irá infiltrando de una fuerte islamización, que se hace patente en diversas actitudes y aspectos de la vida, entre ellos el de la expresión artística.

Sin embargo, en lo que se refiere a las artes del libro, poco es lo que hoy conservamos procedente de la zona propiamente mozárabe, ya que la mayoría de los manuscritos allí ejecutados carece de decoración. Por supuesto, nada hay parecido a la espléndida actividad creativa del arte leonés, que da lugar a la original ilustración del Comentario al Apocalipsis de Beato de Liébana, fruto de las más diversas influencias y de una concepción estética propia.

Excepcional es, tanto por su texto como por la ilustración, la *Biblia Hispalense,* así denominada por su vinculación a la sede de Sevilla, donde se debió copiar por orden de Servando, obispo de Baza, pasando después a su amigo Juan, obispo de Cartagena y Córdoba, quien la donó a la sede hispalense en el 988 (según consta en el colofón del folio 375v.). Este manuscrito también fué conocido como *Codex Toletanus* por haber pertenecido a la catedral de Toledo hasta 899, en que fue transferido a la Biblioteca Nacional.

El códice contiene el texto del Antiguo y Nuevo Testamento en la versión latina vulgata, copiado en escritura visigótica mozárabe por cuatro copistas que distribuyeron el texto a tres columnas. La fecha de ejecucón ha sido muy discutida, pero teniendo en cuenta el colofón del códice y las características de la escritura parece que debe fecharse en la primera mitad del siglo X, habiéndose com-

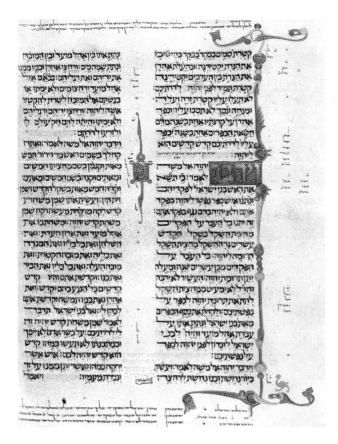

BIBLE. Hebrew Bible. S. XV. BN Vit. 26-6
Biblia hebrea. S XV BN Vit. 26-6.

rare examples of painting in Mozarabic books per se, the aforementioned contradiction between Islamic and Classical elements appears in certain places even though Islamic traits probably appear in a higher proportion than in other Spanish codices of the High Middle Ages. Three types of decoration are found in the capitals with figures of birds and fish, Canon Tables and figures of prophets. The initials with birds and fish are monochrome and of considerably high quality. Although they may be related to similar motifs in illustrations of older Christian books, the style is decidedly oriental, a fact that is corroborated by an Arabic inscription on the neck of the bird in folio 20lv which seems to indicate the hand of a strongly Arabized artist. The Canon tables were originally composed of double pages, but only the right page (fol. 278) corresponding to Luke and John has been preserved. The textual indications are framed by arches with columns whose shafts and capitals are decorated with palmettes, acanthus leaves and cornucopia. This is a typically oriental style related to the architectural decoration of the time. The two symbols of the Evangelists with ox and eagle heads, however, reveal a marked naturalism in contrast with depictions of the same subject in manuscripts from the northern part of the peninsula. Finally, the figures of the prophets Micah, Nahum and Zachariah (fols. 161, 162v, and 165v) seem to have been added later, perhaps in 988 when the Bible was finished.

pletado con los títulos —en latín y hebreo— de los libros, y quizá con algún otro texto, alrededor del año 988 en que quedó vinculada a la iglesia de Sevilla. Por el momento no parece que haya sido tenida muy en cuenta la hipótesis de Van Koningsveld de que el colofón del códice copiaría otro anterior, y que el manuscrito sería del siglo XII, fecha en la que se pueden situar las abundantes notas en árabe con que un lector mozárabe ilustró los márgenes del códice.

En cuanto a la ilustración de esta Biblia, una de las escasísimas muestras de pintura de libros propiamente mozárabe, encontramos algo de esa contradicción entre elementos clásicos y elementos islámicos a que antes hicimos referencia, aunque predominan estos últimos quizá en mayor medida que en otros códices hispánicos de la Alta Edad Media. Debemos distinguir tres tipos de elementos en la decoración: las iniciales con figuras de pájaros y peces, las tablas de concordancias de los cánones evangélicos, y las figuras de profetas. Las iniciales con pájaros y peces, aquí monócromas y de considerable calidad de dibujo, aunque podrían relacionarse con motivos similares de la ilustración de libros cristianos más antiguos, tienen en nuestro manuscrito un acusado aire oriental, corroborado por una inscripción árabe en el cuello del ave del folio 201 v., que parece denotar un artista fuertemente arabizado. De las tablas de concordancias de los evangelios, que constituirían originalmente una doble página, conservamos sólo la parte de la derecha (folio 278), que corresponde a los evangelios de Lucas y Juan; las citas de los textos se sitúan bajo arcos de herraduras y entre columnas cuyos fustes y capiteles llevan una decoración de palmetas, hojas y cornucopias típicamente oriental y relacionable con la ornamentación arquitectónica de la época; en cambio, los dos símbolos de los evangelistas (cabezas de buey y águila) muestran un acusado sentido naturalista que contrasta con representaciones del mismo tema en manuscritos del norte de la Península Ibérica. Por último, las figuras de profetas —Miquéas, Nahum y Zacarías, folios 161, 162 v. y 165 v.— parecen haber sido añadidas con posterioridad, quizá en el año 988 cuando se completó la Biblia, y aunque acusan la influencia del estilo leonés, seguramente derivan de prototipos islámicos, pudiendo encontrarse cierta relación con una pintura de Medina Azahara. La ausencia de color en las figuras y en las iniciales contrasta vivamente con el color brillante de la iluminación leonesa y castellana y en general de la europea de la Alta Edad Media.

Bibliografía

D. FERNÁNDEZ TAPICO: «Sobre la antigüedad del códice toledano de la Vulgata», en *Razón y fe*, XXXIX, 1914, pp. 362-371.—H. QUENTIN *Mémoire sur l'stablissement du texte de la Vulgata, 1.ª partie, Octateuque*, pp. 299, 316-323.—A. MILLARES CARLO: «De paleografía visigótica. A propósito del Codex Toletanus» en *Revista de filología española*, 1925, pp. 252-272.—J. DOMÍNGUEZ BORDONA: *Exposición de códices miniados españoles. Catálogo*, pp. 12-13, 169.—A. MILLARES CARLO: *Contribución al «corpus» de códices visigóticos*. Madrid, 1931, pp. 99-130.—J. DOMÍNGUEZ BORDONA: *Manuscritos con pinturas*, I, pp. 349-350.—M. DE LA TORRE, P. LONGAS: *Catálogo de códices latinos. I, Bíblicos*, pp. 1-12.—R. FERNÁNDEZ

Although they show traces of the Leonese style, they are probably derived from Islamic prototypes, possibly related to paintings at Medina Azahara. The absence of color in the figures and the initials contrast vividly with the brilliant coloring of Leonese and Castilian illumination and with European manuscripts of the High Middle Ages in general.

Provenance: The Bible is connected with the See of Seville (Hispalis) where it was probably copied by order of Servandus, Bishop of Baza, who passed it on to his friend Johannes, Bishop of Cartagena and Cordova who, in turn, donated it to the Cathedral of Seville in 988. This manuscript was also known as the *Codex Toletanus,* having belonged to that cathedral until 1869 when it was transferred to the Biblioteca Nacional.

Bibliography

D. FERNÁNDEZ TAPICO: «Sobre la antigüedad del códice toledano de la Vulgata», en *Razón y fe,* XXXIX, 1914, pp. 362-371.—H. QUENTIN *Mémoire sur l'stablissement du texte de la Vulgata, 1.ʳ partie, Octateuque,* pp. 299, 316-323.—A. MILLARES CARLO: «De paleografía visigótica. A propósito del Codex Toletanus» en *Revista de filología española,* 1925, pp. 252-272.—J. DOMÍNGUEZ BORDONA: *Exposición de códices miniados españoles. Catálogo,* pp. 12-13, 169.—A. MILLARES CARLO: *Contribución al «corpus» de códices visigóticos.* Madrid, 1931, pp. 99-130.—J. DOMÍNGEZ BORDONA: *Manuscritos con pinturas,* I, pp. 349-350.—M. DE LA TORRE, P. LONGAS: *Catálogo de códices latinos. I, Bíblicos,* pp. 1-12.—R. FERNÁNDEZ POUSA: «Los manuscritos visigóticos de la Biblioteca Nacional», en *Verdad y vida,* 10, 1945 (tirada aparte, pp. 42-45).—A. MILLARES CARLO: *Manuscritos visigóticos. Notas bibliográficas.* , p. 40.—O.K. WERCKMEISTER: «Diie Bilder der drei Propheten in der Biblia Hispalense», en *Matteilungen des Deutsches Archäogisches Institut,* 4, 1963, pp. 141-188, lám. 63-86.—*Miniatures espagnoles et flamandes dans les collections d'Espagne,* Bruxelles, 1964, p. 6.—J. WILLIAMS: *Early Spanish manuscrip illumination,* pp. 16-21.—P. Sj. VAN KONINGSVELD: *The Latin-Arabic glossary the Leyden University Library, p. 45.*

POUSA: «Los manuscritos visigóticos de la Biblioteca Nacional», en *Verdad y vida,* 10, 1945 (tirada aparte, pp. 42-45).—A. MILLARES CARLO: *Manuscritos visigóticos. Notas bibliográficas.* , p. 40.—O.K. WERCKMEISTER: «Die Bilder der drei Propheten in der Biblia Hispalense», en *Mitteilungen des Deutschen Archäolosgichen Instituts,* 4, 1963, pp. 141-188, lám. 63-86.—*Miniatures espagnoles et flamendes dans les colections d'Espagne,* Bruxelles, 1964, p. 6.—J. WILLIAMS: *Early Spanish manuscript illumination,* pp. 16-21.—P. Sj. VAN KONINGSVELD: *The Latin-Arabic glossary the Leyden University Library, p. 45.*

[M. Sánchez Mariana
Jefe de la Sección de Manuscritos
Biblioteca Nacional]

2. BIBLE: THE AVILA BIBLE

Biblia Sacra. —10th and 13th centuries.—6, CCCCIX

l.in 2 columns.—*580 × 390 mm.*
Pachment codex.—Carolingian script.—Leather binding over boards.—*630 × 410 mm.*

Madrid, Biblioteca Nacional, Vit. 15-1

The presence of a Carolingian Bible in Spain is connected with the presence of French monks of the order of Cluny protected by the kings of Navarre and Castille. After the capture of Toledo in 1086 a French cathedral chapter was established in this city and Cluniac abbots were appointed to the Sees Osma, Zamora, Braga, Compostela, and Sigüenza. The Mozarabic rite was abolished. This, then, is a period of weakening of the national spirit when the prevailing Mozarabic rite is replaced by Roman litrugy and Carolingian books are imported in the style of Rome.

This Bible of Italian origin, written in Carolingian script of the second half of the 10th century, is embellished with historiated initials similar to the type found in Sicilian and southern Italian manuscripts.

At the end of the 12th or beginning of the 13th cen-

2. BIBLIA

Biblia Sacra.—Siglos X y XIII .—6, CCCCIX f.
—580 × 390 mm
Encuadernación pasta y cuero, 630 × 410 mm.

Madrid, Biblioteca Nacional Vit. 15-1

Biblia de origen italiano escrita en letra carolingia de segunda mitad del siglo X enriquecida con numerosas iniciales historiadas del mismo estilo de las de los manuscritos sicilianos y del sur de Italia.

De este manuscrito original se suplieron siglos más tarde —finales del XII o principios del XIII— treinta y ocho folios que en un momento determinado debieron faltar. Estos folios son los típicamente españoles en cuanto a la letra y a la iluminación. El fragmento español ocupa los folios 168 a 179, 204 a 219 y 302 a 305, que corresponde al texto de los libros de Esdras, Salmos de David y libro de Ezequiel. Lo escrito en los folios 204 a 209 es de otra mano, aunque español también, imitando la letra carolingia antigua. En el folio 2 v., hay un índice en letra gruesa del siglo XIV.

El manuscrito se inicia en el vuelto del folio uno con un índice del contenido. En el recto del folio dos, una

tury 38 folios which must have been missing for a time were added to the original manuscript. The script and illumination of these folios is typically Spanish. The Spanish fragment is contained in folios 168-179, 204-219, and 302-305 which correspond to the text of the Book of Ezra, Psalms of David and Book of Ezequiel. The text of folios 204-209 is in another hand, although it is also Spanish in imitation of old Carolingian script. Folio 2v contains a 14th century index in thick script.

The manuscript begins on the verso of the first folio with a table of contents. A large miniature showing Noah and his ark appears on the recto of folio 2, followed by a blank page. The recto of folio 3 marks the real beginning of the book: *Incipit Epistola sci Ieronimi ad Paulinum Pbrm de omnibus divine historie liber.* The incipit is arranged in the form of a title page inscribed in an Anglo-Saxon type ornamental interlance border that stands out in red ink. The text is in two columns. The foliation is in red ink contemporary with the earlier text and has a later one in ink.

The earliest part of the codex contains miniatures such as Noah's ark and capitals decorated with Anglo-Saxon ornamental interlance and figures. The decoration of this part of the codex follows the guidelines that appear in the Artistic Paleography of Montecassino. The part added to the codex at the end of the 12th and beginning of the 13th century contains typically Spanish miniatures.

The second miniaturist copied illuminations from an earlier Mozarabic Bible, adapting them to the style of the time. This is also true of another great Bible of that time, the 'Second' Bible of the Collegiate Church of León. But in the case of 'la Segunda' the earlier model, the Mozarabic Bible of 960, has been preserved in the same Collegiate Church. In other cases he completes the work begun by the Italian miniaturist.

Two types of Hispanic illumination are found in the codex: decorative, with capital letters which depict human figures and seem to reveal a certain foreign influence, and figurative or illustrative with scenes from the New Testament.

The full page illustrative miniatures, distributed in three superimposed areas, contain the following subjects: Baptism of Christ, Wedding at Cana, Presentation of Christ in the temple, Temptation of Satan, Second and Third Temptations (fol. 349r); Entrance into Jerusalem, Last Supper, the Lavatorio (fol. 349v); Taking of Christ, Calvary, Descent from the Cross (fol. 350r); The three Marys, Descent of Christ into Hell, Christ and the Magdalen, Journey to Emmaus (350v); Jesus with John and Cleofas - Saint Thomas - Ascension (fol. 351 R), Pentecost (fol 351v); Tetramorphos. Evangelists in pairs —Matthew and John, Mark and Luke— in human form with symbolic animal heads and framed by Romanesque arches.

The vigorous drawing is enhanced by constrasting inks. Warm colors, particularly vermilion, combine with cool colors, yellow, red, blue grey and dark green to en-

gran miniatura que muestra a Noé con el arca. Sigue una hoja en blanco. El recto del folio tres es propiamente el inicio *Incipit Epistola sci Ieronimi ad Paulinum Pbrm de omibus divine Historie liber.* El incipit está dispuesto en forma de portada, inscrito en una orla de entrelazado de tipo anglosajón, destaca por el empleo de la tinta roja. El texto está escrito a dos columnas. Lleva una foliación contemporánea al texto primitivo en tinta roja y otra muy posterior a tinta.

La encuadernación es de pasta sobre madera, marrón en las tapas y verde en el lomo. Los nervios están resaltados y una orla dorada los adorna. Lleva tejuelo dorado *Biblia de Avila.* Cantoneras de metal y bollones la completan. Es del siglo XIX.

Esta Biblia, conocida comúnmente como «Biblia de Avila» por ser la última procedencia conocida, ingresó en la Biblioteca Nacional de Madrid, según el libro de actas, en 17 de marzo de 1889 entregada por don Vicente Vignau. La Biblia, según la noticia de Torre Longás, había salido de la catedral de Avila con la desamortización para pasar al Archivo Histórico.

La parte primitiva del códice lleva miniaturas —el Arca de Noé— y capitales adornadas con lacerías de tipo anglosajón y figuras. La decoración de esta parte del códice sigue la pauta de los reproducidos en la Paleografía artística de Montecassino. Sin embargo, la parte adicionada del códice en el siglo XII finales o principios del XIII lleva una iluminación genuinamente hispánica.

El miniaturista copia, adaptándolas al estilo de la época, miniaturas de alguna Biblia mozárabe anterior. Esto mismo había sucedido con otra de las grandes Biblias de este momento, la Segunda de la Colegiata, de la que sin embargo sí se conserva el modelo anterior, la Biblia mozárabe de 960 perteneciente a la misma Colegiata de León. Otras veces completa el trabajo iniciado por el miniaturista italiano [figura 42].

La iluminación hispánica del códice es de dos tipos: la decorativa —iniciales animadas en las que se representan personajes, y en las que se ha querido ver cierta influencia extranjera— y la figurativa o ilustrativa —la representación de escenas del Nuevo Testamento.

Miniaturas decorativas: f. 168, E inicial, 105 × 110 mm. El profeta Esdras. F. 171 v., A inicial, 150 × 110 mm. El profeta Esdras. F. 177 r., P inicial, 170 × 55 mm. Figuración monstruosa. F. 204 r., B inicial, 130 × 85 mm. El rey David.

Miniaturas ilustrativas: están pintadas a página entera, distribuidas en tres zonas superpuestas. Cinco de ellas (f. 349 a f. 351 r.), en dos bandas una (f. 351 v.), y en una columna la del f. 353 v.

F. 349 r.: Bautismo de Jesús. Bodas de Caná.—Presentación de Jesús en el Templo. Tentación de Satanás.—Segunda y tercera tentación.

F. 349 v.: Entrada de Jesús en Jerusalem.—Ultima cena.—Jesús lavando los pies a sus discípulos.

F. 350 r.: Prendimiento.—Calvario.—Descendimiento.

hance these monumental miniatures. Their workmanship is in the tradition of Spanish wall painting during the High Middle Ages.

The size of the miniatures (585 × 355 mm.) increases the value of the illumination of the codex and the impact of the color combinations. This Bible is one of the largest Spanish manuscripts, with the exception of choir books. The dimensions make it an exceptional graphic document.

The 19th century stiff marbled leather binding over boards has brown covers and a green leather spine. The raised ribs are decorated with a gold ornamental border. The gold lettering panel bears the title *Avile Bible*. It has metal corners and is embossed with ornamental nails.

Provenance: This Bible from the Cathedral of Avila, entered the Archivo Histórico after Disentailment according to Torre Longás, and later was given to the Biblioteca Nacional in 1889 by Vicente Vignau.

Bibliography
DOMÍNGUEZ BORDONA: *Manuscritos con pinturas*, n.º 897.—TORRE LONGÁS, n.º 7.—DOMÍNGUEZ BORDONA: *Miniatura. Ars. Hispaniae*, XVIII, pp. 43-59.—DURRIEU: *Manuscrits d'Espagne*, p. 44.—*Exposición de códices miniados*, n.º 38.—DOMÍNGUEZ BORDONA: *Miniatura española*.

F. 350 v.:	Las tres Marías en el Santo Sepulcro.—Bajada de Jesucristo al Infierno.—Jesús y la Magdalena. Jesús y los peregrinos de Emaús.
F. 351 r.:	Jesús entre Juan y Cleofás.—Santo Tomás.—Ascensión.
F. 351 v.:	Pentecostés.
F. 353 v.:	Tetramorfos. Enmarcados por arcos románicos los Evangelistas, con forma humana y cabeza del animal simbólico, aparecen en dos parejas: Mateo y Juan, Marcos y Lucas.

El vigor del dibujo se realza por el contraste de las tintas empleadas. Se combinan colores calientes —hay un claro predominio del bermellón— con colores fríos: amarillo, rojo, azul grisáceo y verde sombrío animan estas monumentales miniaturas que, por su factura, se inscriben en la línea de la pintura mural de la España de la Alta Edad Media.

El valor de la iluminación del códice y el impacto que la combinación de colores produce, se aumenta por el tamaño de las miniaturas. Esta Biblia es uno de los manuscritos españoles más grandes, exceptuando los libros de coro. Las dimensiones de 585 × 355 mm que tienen las miniaturas la convierten en un documento gráfico excepcional.

La presencia de una Biblia de letra carolingia en España está ligada a la presencia de la orden cluniacense que, estimulada por los reyes de Navarra y Castilla, llevaron a cabo los monjes franceses. Tras la toma de Toledo (1086) se funda un cabildo franco en esta ciudad y se designan abades cluniacenses para regentar los obispados de Osma, Zamora, Braga, Compostela y Sigüenza. También en este momento se abole el rito mozárabe. Es pues un período de debilitación del espíritu nacional en el que la liturgia propia se sustituye por la liturgia romana y comienzan a importarse libros carolingios al uso de Roma.

Bibliografía
DOMÍNGUEZ BORDONA: *Manuscritos con pinturas*, n.º 897.—TORRE LONGÁS, n.º 7.—DOMÍNGUEZ BORDONA: *Miniatura. Ars. Hispaniae*, XVIII, pp. 43-59.—DURRIEU: *Manuscrits d'Espagne*, p. 44.—*Exposición de códices miniados*, n.º 38.—DOMÍNGUEZ BORDONA: *Miniatura española*.

---

3. HEBREW BIBLE 14th-15th centuries.

Vellum, 478 l. in double columns of 30 lines.
310 × 230mm.
Hebrew Biblical text in quadrada letters, Masoretic text in Sephardic cursive. 113 miniatures. Shagreen leather binding.

Madrid, Biblioteca Nacional, Vit. 26-6

The profuse ornamentation in the margins is very delicate and of very high quality, with some Italian influence in the animal and plant motifs. Of the 113 miniatures, the one depicting the filight of Jonah (fol. 326b) is particularly outstanding.

The Masora Magna runs along the upper and lower

3. BIBLIA HEBREA. Siglos XIV-XV

478 h.—310 × 230 mm.
Vitela.—Encuadernación piel.
Escritura a doble columna, 30 líneas cada una. Texto hebreo bíblico con caracteres cuadrados; texto masorético en sefardí cursivo.

Madrid, Biblioteca Nacional. Vit. 26-6

Gran profusión de adornos marginales iluminados, de gran finura y calidad, de influencia italiana. Los motivos son florales o tomados mayormente de la fauna. En total, 113 iluminaciones. Destaca la del folio 326b representando la huida de Jonás.

margins of the text, the Parva along the sides of center. The biblical text follows the traditional Tiberias interpretation.

Both the copyist and the illuminator are unknown. This copy seems to have been acquired by the Biblioteca nacional en 1737. The shagreen leather binding with gold tooling is from a later period. A cloth covering protects the binding.

Bibliography

J. DOMÍNGUEZ BORDONA I, n.º 991.—F. CANTERA, Nueva serie de manuscritos hebreos en Madrid. *Sefarad*, 18, 1986.—ALLONEY E. F. KUPFER: *Reshimat tatslume kitbe ha-yad ha-civiriyyin ba-Makom*, II, 86.

[Carlos del Valle]

---

4. HEBREW BIBLE

Toledo, 1487. 16 volumes. Vellum. Leather binding,, 105 × 90 mm.

Madrid, Biblioteca de Palacio, II-3231.

This small Bible, finished in Toledo the 6th of Adar 5217 of the Creation of the World is composed of 16 volumes containing the Books of Genesis, Exodus, Leviticus, Numbers, Deuteronomy, Pentateuch, Samuel, Kings, Isaiah, Jeremiah, Ezekiel, Minor Prophets, Psalms, Proverbs, Ruth, the Song of Solomon, Lamantations, Eccleciastes, Esther, Ezra, Nehemiah, David and the Paralipomena.

It was written by Abraham, son of Moshē ibn Kaalif, for Rabbi Salomón ben Jacob ibn Gatha. It is a luxury copy, written on vellum in Hebrew quadrado script with annotations the same language.

This *Hebrew Bible* in the collection of the Royal Palace belongs to the type of codex made in Spain and Portugal that J. Leeven classifies as Hebrew manuscripts without human images. These Bibles are illuminated with inanimate objects mentioned in the text, ritual objects like the Shofar and the Lulav, and arabesques of flowers, leaves, animal and grotesques. Occasionally the margins contain a hint of figures or non-Biblical episodes.

The gold versals are illuminated and the text of each book is written in gold letters over an illuminated background. The binding is tooled in blind with hazel morocco leather with clasps.

Bibliography

DOMÍNGUEZ BORDONA, I, n.º 1128.—*Exposición Histórico Europea*, n.º 191.

---

5. BIBLIA PAUPERUM

[Triptychs with scenes of the life and passion of Jesus Christ prefigured in stories of the Old Testament].—Netherlands (Haarlem?), ca. 1445-50 [40]; l in-folio.—Book of woodcut illustrations.—Modern tooled leather binding. Schreiber IV (20pp. 1° a-v). Schreiber I (20pp. 2° a-v)

Biblioteca Nacional, I-2320 (olim I-1984).

La masora magna corre por los márgenes superior e inferior del texto, la parva por los laterales o centro. El texto bíblico que representa es el tradicional tiberiense.

Son desconocidos tanto el copista como el iluminista. Este ejemplar parece que fue adquirido por la Biblioteca Nacional el año 1737.

Encuadernación posterior en piel de zapa, con dorados. Una tela protege la encuadernación.

Bibliografía

J. DOMÍNGUEZ BORDONA I, n.º 991.—F. CANTERA. Nueva serie de manuscritos hebreos en Madrid. *Sefarad*, 18, 1986.—ALLONEY E. F. KUPFER: *Reshimat tatslume kitbe ha-yad ha-civiriyyin ba-Makom*, II, 86.

[Carlos del Valle]

---

4. BIBLIA

Biblia hebrea.—Toledo.—1487.—16 v.
Vitela.—Encuadernación de piel, 105 × 90 mm.

Madrid, Biblioteca de Palacio, II-3231.

Esta pequeña Biblia acabada en Toledo el 6 de Adar del año 5217 de la Creación del Mundo la forman 16 volúmenes con los libros de: Génesis; Exodo, Levítico, Números, Deuteronomio, Pentauco, Samuel, Reyes, Isaías, Jeremías, Ezequiel, Profetas menores, Salmos de David, Proverbios de Salomón y Job, Rut, Cánticos, Lamentaciones, Eclesiastes, Ester, Esdras, Nehemías y David, y Paralipómenos.

Fue escrita por Abraham, hijo de Moshé ibn Kaalif, para R. Salomón ben Jacob ibn Gatha. Es un ejemplar lujoso, escrito sobre vitela en hebreo cuadrado con anotaciones en la misma lengua.

La *Biblia hebrea* de Palacio forma parte de los códices producidos por España y Portugal que J. Leveen clasifica como manuscritos hebreos no representacionales. Estas Biblias iluminadas contienen representaciones de objetos inanimados mencionados en el texto, o de objetos rituales, como el sophar y el lulab y también arabescos formados por flores y hojas, animales y grotescos. Ocasionalmente, sin embargo, puede insinuarse en los márgenes alguna figura o algún episodio ajeno a la Biblia.

La decoración de la Biblia de Palacio consiste en capitales doradas e iluminadas. El texto de cada libro bíblico va escrito en letras de oro sobre fondos miniados.

Encuadernación de tafilete avellana con hierros y broches.

Bibliografía

DOMÍNGUEZ BORDONA, I, n.º 1128.—*Exposición Histórico Europea*, n.º 191.

---

5. BIBLIA PAUPERUM

[Trípticos con escenas de la vida y pasión de Jesucristo prefiguradas en diferentes historias del antiguo Testamento].—Países Bajos; Haarlem (?), c 1440-50.—40 h.—Fol.—Libro xilográfico. Schreiber IV (20 hoj.: 1.° a-v). Schreiber I (20 hoj.: 2,° a-v).

Biblioteca Nacional, I-2320

KORAN. S. XVIII. *BP II-3228.*
Corán. S. XVIII. *BP II-3228.*

This *Biblia pauperum* belongs to a group of illustrated books that were widely popularized during the 15th century. They are representative of the style of that period when the tradition of medieval book illumination coexisted with the flourishing art of the woodcut, another book art that led the way to rapid multiplication fo copies at the same time when the invention of printing was about to be made in relation to movable type

The social and economic conditions, moral and religious concepts and possibilities for artistic expression are reflected most vividly in the woodcut illustrations of these books. Even today the subject matter, style and character of these woodcuts continue to fascinate us as they reveal an entire world of 15th century life.

The term 'Bible' is not used here in a bibliographic sense, as an equivalent or substitution of the real biblical text, but rather as an effectire way of delving deeply into the spirit and message transmitted by the Bible.

The word 'Bible'; has the same meaning in the *Biblia parva* the title of the apologetic work written by St. Peter Pascal in the 14th century and published in Barcelona in 1492. The selection of biblical themes or subjects contained in the *Biblia pauperum,* is intended for didactic purposes. It is meant to teach or suggest to the members of the clergy, the people's preachers *(pauperes praedicatores),* themes for meditation or ideas for sermons to their parishoners. In that period books about other subjects also had a similiar name like *Scotus pauperum, Dictionarius pauperum* or *Thesaurus pauperum,* the last being a book of popular medical knowledge.

The new, cultivated and pious bourgoisie who probably took as much pleasure in looking at the biblical illustrations as they did in reading their Books of Hours, the private devotion of reading the canonical hours, could also be counted among the readers of this *Biblia.*

Even during the Middle Ages there were ideological currents that tended to present the miracles and mysteries of the New Testament in association with themes of the Old Testament in which the Messiah appears to be taking part. This emphasis on the unity of the Bible in a typological sense perhaps had its origin in the defense of the church against the heretical ideas spread by the Albigesian and the Cathars who denied the authority of the Old Testament (1176-1253). Parallel motifs mentioned briefly in the form of compilations of moral concepts are also found in codices, a genre which was continued in the new printed incunabula such as the *Auctoritates vel Exempla S. Scripturae ex utroque Testamento collecta, Figurae morales Bibliae* or even *Biblia pauperum,* written by various authors. When this idea takes on an allegorical trascendance, the graphic representation of the concept will play a relevant part in the development of the genre. Many or these subjects are now found in stained glass windows, enamels, gold and silver religious ornaments and in miniatures of codices as well.

Gradually the image, complementary at first, ap-

Pertenece esta Biblia pauperum [Biblia de los pobres] a un grupo o clase de libros ilustrados que alcanzaron su mayor difusión durante el siglo XV y sobresalen hoy día por su valor representativo del arte de los tiempos en que al lado de la tradición libraria medieval de la miniatura adquiría pleno desarrollo la xilografía o grabado en madera, otra de las artes del libro que añadía la posibilidad de multiplicación rápida, cuando iba a producirse el maravilloso invento de la imprenta por lo que a la letra de los textos se refiere. Las condiciones sociales y económicas, las ideas morales y religiosas, las posibilidades de expresión artística tienen su vivo reflejo en los libros xilográficos de época. Los asuntos, carácter y estilo de sus grabados aún hoy nos atraen dándonos la imagen del mundo en que sus contemporáneos se desenvolvían.

Emplear aquí el término «Biblia» no significa desde el punto de vista bibliográfico una equivalencia o sustitución real del texto bíblico, sino la posesión del medio eficiente de ahondar en el espíritu o mensaje de que la Biblia es portadora. En el mismo sentido se entiende la *Biblia parva* término aplicado a la obra apologética de San Pedro Pascual en el siglo XIV impresa en Barcelona en 1492. La selección de asuntos o temas bíblicos contenido de la *Biblia pauperum* tiene en primer lugar un propósito didáctico, es decir, el enseñar o sugerir a las personas del clero conocedoras del latín pero sin estudios teológicos superiores, predicadores de pueblo (pauperes praedicatores), materia de meditación o alusiones para los sermones ante el pueblo feligrés. Obras de otras materias tenían entonces calificativo similar, como *Scotus pauperum* o *Dictionarius pauperum* o *Thesaurus pauperum*, esta última de divulgación médica. También pueden contarse entre los lectores de nuestra *Biblia* la nueva burguesía culta y asimismo piadosa que sentiría el deleite de seguir las imágenes bíblicas ampliadas del mismo modo que practicaban la lectura de los Libros de Horas, la devoción privada de rezar las horas canónicas.

Existía ya desde antes en la Edad Media una tendencia ideológica de presentar los misterios y milagros del Evangelio asociando asuntos del Nuevo Testamento de forma que el Mesías apareciera prefigurado como tipo en otros asuntos del Antiguo Testamento. El resaltar así la unidad de la Biblia como un sentido tipológico quizá tenga su origen en la defensa emprendida por la Iglesia ante las ideas heréticas de los albigenses y los cátaros, los años 1176 al 1253, de negar autoridad al Antiguo Testamento. Motivos paralelos citados de modo breve en forma de compilaciones de conceptos morales son materia de códices, género que llega a los impresos incunables bajo títulos tales como *Auctoritates vel Exempla S. Scripturae ex utroque Testamento collecta, Figurae morales Bibliae* o *Biblia pauperum* incluso, obras de autores diversos. Trasladada la noción a una transcendencia esencialmente alegórica, la representación gráfica, es decir, la imagen, va a desempeñar un papel relevante. Encontramos escenas en vidrieras, esmaltes y piezas de orfebrería de culto religio-

pears in books more and more often as the main element of expression. The oldest codices date back to the 12th century, but they do not reach their maximun perfection until the 14th and 15th centuries. The *Biblia pauperum* finds an excellent medium of expression in the woodcut and all its ilustrations express their meaning very eloquently. The same can be said of the codex *Speculum humanae salvationis,* another kind of typological cycle with parallel themes that combine visual images and text.

The *Biblia pauperum* finally acquired its definitive form in relation to the number of themes and composition of the elements on each printed page. In spite of its uniformity, however, it is possible to differentiate between several succesive editions copied from each other. The entire cycle is contained on forty pages with as many themes. The first half refers to the life of Christ from the Annunciation on, the second deals with the Passion from the capture of Christ to the Ascension, Pentecost and other scenes of the Beatitudes. The New Testament scene is always placed in the center and always has some affinity with the two lateral pictures of the Old Testament on the left and right. At the bottom of the three scenes is their 'titulus' in leonine verse. The upper corners contain two 'lecturae' or summaries of biblical text on which the scenes are based. The rest of the page is taken up by two pairs of half-length prophets sheltered under a double arch; the two motifs act as a pedestal and a crown. Each figure bears a banner with quotations or sayings of the prophets. On page xviii, for example, the Last Supper is depicted and Melquizedek the priest blesses Abraham while the Israelites receive the manna from heaven. Melquizedek resembles the Messiah and the manna is a symbol of the holy wafer. The verses from the Bible are Gen. xiv and Exod. xvi.

From an artistic point of view and according to the historic value of the graphic arts in the 15th century, it is evident that this kind of depiction tries to harmonize two opposing tendencies. The first uses a religious symbolic typology inherited from the Middle Ages and the second uses the modern concept of making the themes appealing to their contemporaries. Since transcendental symbolism is not at all abstract, it admits the assimilation of realism in physical proportions and volumes and in the expressivity of the people in the scenes. The scene of Jesus before Pontius Pilate, with the adjacent scenes of Jezabel threatening Elijah and the Babylonians demanding Daniel's death (fol. xxii, sig.b) is an example of this. Another would be the scene of calvary paired with scenes of the Sacrifice of Isaac and the Israelites looking at the bronze serpent (fol. xxv, sig.3). Finally, we should emphasize the artist's attempt to make the thematic unity of each page stand out by using architectural elements such as columns and arches as a frame to achieve a monumental effect.

Ever since W. L. Schreiber (1902) differentiated between ten distinct editions, critics have studied the problem of assigning to each editions its geographical and

so, y también son tema de la miniatura de los códices. Paulatinamente en los libros la imagen, complementaria al principio, se convierte en elemento primordial. Al siglo XII se remontan los códices más antiguos y es durante los siglos XIV y XV cuando este género alegórico bíblico va a alcanzar toda su perfección. En el grabado en madera encuentra un terreno abonado la *Biblia pauperum,* por cuanto los asuntos o escenas muestran de modo absoluto su elocuente significado. Lo mismo puede decirse del «Speculum humanae salvationis», otro género de ciclo tipológico con motivos paralelos en que asimismo el libro xilográfico combina la imagen visual y la lectura del texto.

Adquirió una forma definitiva la «Biblia pauperum» en cuanto al número de asuntos y la composición de elementos de cada hoja estampada, y dentro de esta unidad se diferencian varias ediciones, unas copias de otras. El ciclo consta de 40 hojas con otros tantos asuntos capitales. La primera mitad del ciclo versa sobre la vida de Jesús desde la Anunciación a María, la segunda trata de la Sagrada Pasión a partir del prendimiento de Jesús en el huerto hasta la Ascensión, Pentecostés y otras escenas de exaltación de la bienaventuranza. Como puede apreciarse, el tema bíblico queda siempre planteado en el centro, escena del Nuevo Testamento que se apoya en una afinidad respecto de dos escenas laterales, izquierda y derecha, del Antiguo Testamento. Al pie de las tres escenas su correspondiente «titulus» indicativo en versos leoninos. Ocupan los ángulos superiores sendas «lecturae» o resumen del texto bíblico en que se apoyan las escenas. A su vez, a modo de basamento y coronamiento, llenan la hoja dos pares de figuras de profetas de medio busto cobijados por doble arco. De cada figura dependen otras tantas banderolas que dan a leer «auctoritates» o sentencias de los profetas. En la hoja XVIII (sign. s), por ejemplo, se representa la Sagrada Cena; el sacerdote Melquisedech bendice a Abraham; el pueblo israelita recibe el maná del cielo. Melquisedech es el tipo del Mesías y el maná simboliza el pan eucarístico. Las lecturas reseñadas son Gen. XIV y Exod. XVI.

En el aspecto artístico, de acuerdo con el valor para la historia de las artes gráficas en el siglo XV se evidencia cómo las representaciones armonizan dos tendencias opuestas, la ideología de un simbolismo tipológico religioso heredado de la Edad Media, y el sentido moderno de infundir a los temas un interés actual. Siendo el simbolismo transcendente sin abstracciones, admite la total asimilación del realismo de ambientes, proporciones y volúmenes de los objetos físicos, así como la expresividad humana de las figuras en las escenas. Pueden servir de ejemplo la de Jesús ante Pilatos, asociadas Jezabel amenazante a Elías y los babilonios exigiendo la muerte de Daniel (hoj. XXII, sign. b); y la del Calvario, asociadas al sacrificio de Isaac y el pueblo contemplando la serpiente de bronce (hoj. XXV, sign. e). Por último debe ponerse de relieve el propósito logrado del artista de resaltar la unidad temática de cada hoja mediante el efecto

BIBLE of Avila. S. X y XIII. *BN Vit. 15-1.*
Biblia de Avila. S. X y XIII. *BN Vit. 15-1.*

chronological identity. The same applies to other books with woodcut illustrations in general. Recently H. Th. Musper (1961) advanced the prototype date considerably (Schreiber VIII) to around 1440 by using a comparative method based on the quality of the woodcut and the comprehension of its symbolism. The remaining editions and copies date from not later than 1450. Many details in the costume, architectural background and technique of horizontal grooving point to the Netherlands as their geographic origin. Today the idea of placing these Bibliae as well as other woodcut illustrated books of the same period in Flanders has more and more adherents. As L. and W. Hellinga (1972) point out, their center is prescisely in the circle of L. Janszoon Coster in Haarlem. Engraving, then, was at the same high level of quality as Flemish painting.

The Biblioteca Nacional copy exhibited here is not mentioned in current catalogs. It is unusual in that it is

monumental que produce el enmarcamiento general de elementos arquitectónicos, columnas y arcos principalmente.

El establecer una asignación geográfica y sobre todo cronológica de las ediciones de la *Biblia pauperum*, así como de los libros xilográficos en general, ha sido problema de la crítica desde que W. L. Schreiber (1902) señaló diez ediciones diferentes. Más recientemente H. Th. Musper (1961), siguiendo otro método comparativo basado en la calidad del grabado y la comprensión del simbolismo, adelanta de modo notable la fecha del prototipo —que sería Schreiber VIII— a los años 1440; las demás ediciones o copias no serían posteriores a 1450. Son numerosos los detalles de indumentaria, fondo arquitectónico, técnica de rayado horizontal, etc., que apuntan a los Países Bajos como área geográfica de origen, incluso actualmente gana aceptación la idea de situar estas «Bibliae» al igual que los demás libros xilográficos de la época en Flandes y, según pone de manifiesto L. y W. Hellinga (1972), concretamente Haarlem en el círculo de L. Janszoon Coster. El grabado se encontraba entonces a la altura de las obras maestras de la pintura flamenca.

La Biblioteca Nacional de Madrid presenta ahora un nuevo ejemplar no reseñado en repertorios que muestra la particularidad de estar formado en realidad por la reunión de dos mitades pertenecientes a ediciones diferentes asignables a Schreiber IV y Schreiber I, respectivamente. Ya ha sido ponderada la calidad del grabado de la edición núm. I por su fina factura, detalle de manos y cabellos y la expresividad de los rostros. En este detalle puede competir el artista de la edición núm. IV, no en la factura ni en la expresividad que son notablemente inferiores.

Ejemplar reencuadernado a comienzo de los años 1900 en piel color marrón, hierros en frío cruzados formando red de rombos, numerosos clavos y broches, sencilla imitación de lo antiguo. Consecuencia ha sido la pérdida de toda posible alusión a los primeros poseedores. Se encuentra pendiente el precisar la fecha de su ingreso en la Biblioteca.

Bibliografía

G. SCHMIDT: *Die Armenbibeln des XIV Jahrhunderts.*—A. WECKWERTH:«Die Zweckbestimmung der Armenbibel und die Bedeutung ihres Namens». En *Zeitschrift für Kirchengeschichte.* Cuarta serie, vol. 68, pp. 256-57, (1957).—W. L. SCHREIBER: *Catalogue des livres xylographiques et xylo-chirographiques,* pp. 1-89.—P. KRISTELLER: *Kupferstich und Holzschnitt in vier Jahrhunderten,* pp. 87-92.—D. BLAND: *A history of book illustration,* pp. 101-104.—H. Th. MUSPER: *Die Urausgaben der holländischen Apokalypse und Biblia pauperum .*—H. TH. MUSPER: «Der Einblattholzschnitt und die Blockbücher des XV Jahrhunderts, ausgewählt und beschrieben von H. Th. Musper». *Handbuch der Holzund Metallschnitte des XV Jahrhunderts, Band IX, XI. Tafelband,* pp. 47-68.—E . SOLTESZ: *Faksimileausgabe der Biblia pauperum in der Bibliothek der Erzdiözese Esztergom (Ungarn).* Erläuternder Text von E. Soltesz. Hanau/Main, (1967).

[F. García Craviolto
Departamento de Fondos Antiguos
Biblioteca Nacional]

made up of two halves belonging to different editions atributed to Schreiber IV and Schreiber I, respectively. The quality of the woodcuts in edition no. I, has been praised for its delicate workmanship, details of the hands and hair and expressivity of the faces. The artist of the fourth edition, however, is clearly inferior in these aspects to the artist of the first edition.

This copy was rebound at the beginning of the 20th century. It is done in brown leather with blind tooling forming a lozenge pattern and has metal ornaments and clasps in imitation of the old style. For this reason there are no traces of the first possible owners. Date of acquisition by the Biblioteca nacional is being studied.

Bibliografía

G. SCHMIDT: *Die Armenbibeln des XIV Jahrhunderts.*—A. WECKWERTH:«Die Zweckbestimmung der Armenbibel und die Bedeutung ihres Namens». En *Zeitschrift für Kirchengeschichte.* Cuarta serie, vol. 68, pp. 256-57, (1957).—W. L. SCHREIBER: *Catalogue des livres xylographiques et xylo-chirographiques,* pp. 1-89.—P. KRISTELLER: *Kupferstich und Holzschnitt in vier Jahrhunderten,* pp. 87-92.—D. BLAND: *A history of book illustration,* pp. 101-104.—H. TH. MUSPER: *Die Urausgaben der holländischen Apokalypse und Biblia pauperum .*—H. TH. MUSPER: «Der Einblattholzschnitt und die Blockbücher des XV Jahrhunderts, asugewählt und beschrieben von H. Th. Musper».—*Handbuch der Holz— und Metallschnitte des XV Jahrhunderts.* Band IX, XI. Tafelband, pp. 47-68.—E . SOLTESZ: *Faksimileausgabe der Biblia pauperum in der Bibliothek der Erzdiözese Esztergom (Ungarn).* Erläuternder Text von E. Soltesz. Hanau/Main, (1967).

[**F. García Craviolto
Department of Old Copies
Biblioteca Nacional**]

Koran. S. XVIII. BP II-3228.
Corán. S. XVIII. BP II-3228.

6. KORAN

[Premonitions of happiness and splendor of lights].—1.132 Hegira (1720).
Codex: 139 pp.—59×59 mm.—Maghrebi script.—18th cent. morocco leather binding.—120×120 mm.

Madrid, Biblioteca de Palacio, II-3228

This beautiful 18th-century codex is written in Maghrebi script. Capricious details such as its small size and square format make it even more exquisite.

The frame ornaments of the prayers consist of Arabic gemometric interlacing and plant motifs. The minute writing area causes the calligraphy to stand out from the ornamentation. The entire page creates a harmonious image in which the flowing movements of the script combine with the geometric decoration in a beautiful interplay of curves and straight lines. The rich gold illumination is enhanced by touches of red and blue ink for the punctuation.

This luxurious copy, protected in a red velvet bag with silver trimming, was made for Mustaphaa Bey of Oran. The fine contemporary binding of morocco leather is embossed and polychromed.

6. CORAN

[Los presagios de las felicidades y los esplendores de la luces].—1132 Hégira (1720). 139 h.— 59 × 59 mm. Encuadernación tafilete.—120 × 120 mm.

Madrid, Biblioteca de Palacio, II-3228.

Este precioso códice del siglo XVIII está escrito con caracteres magrebies; sus pequeñas y regulares dimensiones son otro detalle caprichoso que se añaden a su exquisitez.

Las hojas se adornan con orlas de lacería o ataurique que enmarcan el texto de las oraciones. La caja de escritura, de pequeño tamaño [59 × 59 mm] destaca su caligrafía dentro de este adorno formando una armoniosa imagen donde se conjugan los movimientos ondulantes de la escritura con los geométricos de la decoración en un juego de curva / recta de gran belleza.

El lujo del miniado en oro se resalta con los toques de color de la puntuación, realizada en tintas rojas y azules.

Este ejemplar lujoso fue realizado para Mustafá Bey de Orán. La encuadernación, contemporánea al códice, es también excepcional: sobre un fino tafilete un impecable repujado que se realza con policromía, una bolsa de terciopelo rojo bordada en plata la protege.

Provenance: The manuscript entered the Palace Library in 1875 form the Royal Armony Museum (no. 1.519).

Bibliography

J. Domínguez Bordona, nº 1121.—*Catálogo de la Armería Real*, 1867, pp. 62-64.

7. BIBLE [J. M. M.]

Biblia sacra vulgatae editionis/imaginibus Salvatoris Dali exornata. Medionali: sumptibus et typis Rizzoli Editori, 1967.— 5 vols. 50cm, 'Luxus' edition. 1449 copies.—Ed. by Pietro Raggi, with the collaboration of Pietro Volonté and Giancarlo Penna.—102 ill.—Vol. I. From Genesis to the Second Book of Samuel. 21 ill.—Vol. II. From the second Book of Kings to the Book of Job. 21 ill.—Vol. III. From Psalms to Ecclesiastes. 19 ill.—Vol. IV. From Isaiah to Malachi. 19 ill.—Vol V. New Testament. 25 ill.
Leather binding.

Biblioteca Nacional, ER 1100

The *Holy Bible* published in 1967-68 is one of the most spectacular books ever illustrated by Salvador Dalí. To illustrate the Bible, the work with more editions with illustrations in the history of books than any other, is undoubtedly a real 'tour de force' for a specialist in this field like Dalí. Undoubtedly his ambition was to create an obligatory reference work. Although he did not succeed, still it is one of the most ambitious works in this field. He did more than a hundred watercolors for this Bible, signed in 1964 and 1965.

Dalí illustrated an amazing number of books throughout his lifetime, beginning with the title page of a Catalan novel which was never published in 1924. After World War II in particular up to the sixties, he worked on an endless series of classics of world literature: the *Divine Comedy, Alice in Wonderland, Faust, Don Juan, Don Quixote, Tristan and Isolde, The Arabian Nights,* and *Romeo and Juliet.* Because he devoted much of his time to publicity and illustration of the 'immortal works' of literature during the sixties, his production of gigantic oil miniatures decreased. The academic technique of these works meant much more effort and less profit.

During those years Dalí was ending his long period of post-surrealism, which he defined as 'nuclear mystical'. At that time he did a long series of works centered around a 'staging' that was very close to 'kitsch', combining ideas of atomic physics with an artistic language derived from the Italian Renaissance. It is a period of approximation to the Catolic Church and an agressively reactionary attitude. For his efforts he was rewarded with the Great Cross of Isabel la Catolica in 1964 by the Spanish regime.

His illustration of the Bible is particularly significant of the contrast between his etchings, watercolors and drawings and his oil paintings. While in his paintings he does not permit himsel even one stroke that dif-

7. BIBLIA [J. M. M.]

Biblia sacra vulgatae editionis / imaginibus Salvatoris Dali exornata.— Mediolani: sumptibus et typis Rizzoli Editori, 1967.— 5 v.; 50 cm.

Edición «Luxus». Tirada de 1.449 ejemplares.— Al cuidado de Pietro Raggi, con la colaboración de Pietro Volonté y Giancarlo Penna.— 102 ilustraciones.— t. I. Del Libro de Génesis al Segundo Libro de Samuel. 21 il.— t. II. Del Libro II de Los Reyes al Libro de Job. 21 il.— t. III. Del Libro de los Salmos al Eclesiastés. 19 il.— t. IV. De Isaías a Malaquías. 19 il.— t. V. Nuevo Testamento. 25 il.— Encuadernación piel.

Biblioteca Nacional ER 1100

La *Biblia Sacra*, editada en 1967-1968, es uno de los libros más espectaculares entre los ilustrados por Salvador Dalí. La realización de la *Biblia*, la obra con más ediciones con imágenes en la historia del libro, era sin duda un verdadero «tour de force» para un gran especialista en este campo como el pintor gerundense. Sin duda, su ambición era crear una obra de referencia obligada. No lo consiguió, pero es una de sus obras más ambiciosas en este campo. Realizó un centenar largo de acuarelas para esta *Biblia*, firmadas en los años 1964 y 1965.

Dalí ilustró una asombrosa cantidad de libros a lo largo de su vida, desde la realización en 1924 de la portada de una novela catalana que no llegó a editarse. Pero fue especialmente desde la segunda guerra mundial hasta los años sesenta cuando trabajó en una serie interminable de clásicos de la literatura universal, desde la *Divina Comedia hasta Alicia en el País de las maravillas,* pasando por todos los tópicos como *Fausto, Don Juan, Don Quijote, Tristán e Isolda, Las mil y una noches, Romeo y Julieta.* Especialmente en los años sesenta su dedicación a la publicidad y a este campo de la ilustración de «obras inmortales» de la literatura hizo bajar bastante la producción de sus gigantescas miniaturas al óleo, cuya técnica acabada, académica, suponía un trabajo mucho mayor y una rentabilidad económica mucho más baja.

Dalí concluía por aquellos años ese largo período de su obra postsurrealista que él mismo definió como «místico nuclear», y en el que realizó una larga serie de obras centradas en una «puesta en escena» muy cercana al «kitsch» de ideas de la física atómica con un lenguaje plástico del renacimiento italiano. Es un período de especial acercamiento a la Iglesia católica por lo que fue premiado por el régimen español en 1964 con la Gran Cruz de Isabel la Católica.

Su ilustración de la *Biblia* es especialmente significativa de ese contraste entre sus grabados, acuarelas y dibu-

fers from 19th-century academic canons, in his book illustrations his 'manner' is completely different. The technique is loose, facile and rapid. By then, all the informalisms, lyrical abstractions, action paintings and color patches were already hung on the walls of museums all over the world. Dalí meant to exhibit an artificial 'aggiornamento' that is particularly reflected in works like this Bible. In these hundred watercolors he combines vigorous strokes and sketches, sometimes approaching action painting, almost in the manner of Mathieu, with an academic Raphaelesque drawing. An impossible balance. On the other hand, his use of color in large patches and vivid shades succeeds in attaining an immediate spectacular effect.

In spite of their apparent 'formal audacity', his ideas of setting and composition of the biblical scenes is actually rather conventional, with direct references and borrowings from 16th and 17th century works. These effects give many scenes the appearance of 'pastiches'.

His use of watercolor and the mise-en-scène recall Gustave Moreau more than De Kooning, for whom he professed public admiration at that time.

jos para libros y su pintura al óleo. Mientras que en ésta apenas se permite una línea o una mancha que se salga de los cánones de la pintura académica del siglo XIX, en sus ilustraciones de libros su «manera» es exactamente la contraria. Una técnica en la que exhibe soltura, facilidad, rapidez de ejecución. Por entonces todos los informalismos, abstracciones líricas, gestualismos y tachismos estaban ya colgados en todos los museos del mundo. Dalí pretendió exhibir un «aggiornamiento» artificial que se refleja especialmente en obras como esta *Biblia*. En este centenar de acuarelas combina manchas y trazos enérgicos, aparentemente gestuales, a la manera de casi Georges Mathieu, con un dibujo académico, rafaelesco. Un equilibrio imposible. Por otro lado, su utilización del color, en grandes manchas, en tonos muy vivos, está en función de un efecto de espectacularidad inmediato.

En cuanto a su concepción de la escenografía y la composición de estas escenas bíblicas, y a pesar de esa aparente «audacia formal» es convencional, con préstamos y referencias directas de obras de los siglos XVI y XVII, que da a muchas escenas apariencia de «pastiches».

Su utilización de la acuarela y de la puesta en escena recuerdan más a Gustave Moreau que a De Kooning, por quien entonces declaraba pública admiración.

Book of Hours of Charles VIII, King of France. S. XV. *BN Vit. 24-1.*

Libro de Horas de Carlos VIII. S. XV. *BN Vit. 24-1.*

Elas mal peser. viure ioyeulement.
Rire. chāter. mener. Joye et soulas.
Dames aymer et seruir loyaulment.
Elle puis vie. dōt iamais on nest las.
Tendre aux oyseaulx a la gluz ⁊ aux la
Chasser. dāser. du tout sō plaisir suiure.
Courir. iouster. laces rōpre. en esbas.
Que dictes vo'. ie di plaisir fait viure.
Plaisir fait viure.

I_2 *DIALOGO CON DIOS*

Gloria ...

DEVS IN ADIVTORIV MEV INTENDE

8. BOOK OF HOURS OF FERDINAND I

Parchment. 323 fols. 310 × 200mm. 11th century
(1055).

Santiago de Compostela, University Library, Res. 1

Two very important treasures of Spanish
illuminated manuscripts have been preserved from the library of Ferdinand I, King of León and Castile: *The Commentary on the Apocalypse* by Beatus of Liébana, and the
Book of Hours, also known as the *Diurnal* of Ferdinand I
at the University of Santiago de Compostela. Other
works connected with the royal family are the *Liber Canticorum* at the University of Salamanca and the *Etymologies* of St. Isidore of Sevilla in the library of the
Escorial.

The Diurnal has been described by Férotin as the
most beautiful of all the Mozarabic manuscripts. Copied
by Petrus and illuminated by Fructuoso, the work lies
within the European Romanesque tradition, but with
that special originality of being tinged with Mozarabic
influences. An ex-libris in the shape of a labyrinth attests
to the ownership of the first king of León and Castile.
The motto reads *Ferdinandi Regis sum liber necnon
Sanciae Reginae.* Moreover, in the most outstanding
miniature of the manuscript, Ferdinand and Sancha are
shown receiving the codex from the hands of the copyist Petrus. The full-page miniatures are characterized by
a general elongation typical of the artist's style. The initials combine the usual plant and animal forms of Mozarabic manuscripts. The meticulous Visigothic script
and the fine, delicate quality of the parchment also contribute to making the *Book of Hours of Ferdinand I* a
masterpiece.

Provenance: The manuscript, probably a royal donation, was in the monastery of San Martín Pinario, and
from there was incoporated into the library of the University of Santiago de Compostela.

Bibliography

FEROTIN: «Deux mss. visigothiques de la bibliothèque de Ferdinand I».
En *Bibliothèque de l'Ecole des Chartes*, LXII, (1901).—BORDONA: *Exp.
C. M. E.*, p. 178, n.º XXIII.—ID. *Mss. con pinturas*, I, n.º 243, p. 137,
figs. 131-132, pp. 134135.—*Exp. Tesoro*, n.º 101, pp. 64-65.—*Miniatures espagnoles*, n.º 13, p. 9.—WILLIAMS: *Early Spanish* , p. 36 y 108-109,
figs. 35 a y 35 b.—DIAZ y DIAZ: *Códices visigóticos*, pp. 279-292.

[Amalia Sarriá
**Head of Department of Old Copies
Biblioteca Nacional]**

8. LIBRO DE HORAS DE FERNANDO I

Pergamino. 323 fol., 310 × 200 mm. Siglo XI (1055).

Santiago de Compostela, Universidad Res. 1

De la biblioteca de Fernando I, Rey de León y de
Castilla, se conservan dos importantísimas joyas de la
miniatura española: el *Comentario al Apocalipsis de Beato
de Liébana*, escrito por Facundo en 1047 y conservado en
la Biblioteca Nacional de Madrid, y el *Libro de Horas*
—conocido también como *Diurno de Fernando I*— de la
Universidad de Santiago de Compostela. Otras obras
vinculadas a la Casa Real son el *Liber Canticorum* de la
Univesidad de Salamanca, y las *Etimologías de San Isidoro*
de la Biblioteca de El Escorial. El *Diurno* ha sido calificado por Férotin como el más bello manuscrito mozárabe. Copiado por Pedro e iluminado por Fructuoso, la
obra se inserta en las corrientes rómanico-europeas con
la especial originalidad que le imprime la contaminación
del arte mozárabe. Un ex-libris en forma de laberinto
acredita la pertenencia al primer rey de León y Castilla
con la fórmula *Ferdinandi Regis sum liber necnon Sanciae
Reginae;* también Fernando y Sancha, recibiendo el códice de manos del copista Pedro, son el tema de la miniatura más notable del manuscrito. Las miniaturas a plena
página muestran, en general, un característico alargamiento. En las iniciales se combinan las formas animales
y vegetales propias de los manuscritos mozárabes. La caligrafía visigótica cuidadísima, la finura del pergamino
empleado como soporte, son otros elementos que contribuyen a hacer del Libro de Horas de Fernando I una
obra maestra.

El manucristo estuvo durante años en el Monasterio de San Martín Pinario, probablemente por donación
real; del Monasterio pasó a la Universidad de Santiago
de Compostela.

Bibliografía

FEROTIN: «Deux mss. visigothiques de la bibliothèque de Ferdinand I».
En *Bibliothèque de l'Ecole des Chartes*, LXII, (1901).—BORDONA: *Exp.
C. M. E.*, p. 178, n.º XXIII.—ID. *Mss. con pinturas*, I, n.º 243, p. 137,
figs. 131-132, pp. 134135.—*Exp. Tesoro*, n.º 101, pp. 64-65.—*Miniatures espagnoles*, n.º 13, p. 9.—WILLIAMS: *Early Spanish* , p. 36 y 108-109,
figs. 35 a y 35 b.—DIAZ y DIAZ: *Códices visigóticos*, pp. 279-292.

[Amalia Sarriá
**Jefe del Departamento de
Fondos Antiguos
Biblioteca Nacional]**

9. PSALTER AND BOOK OF HOURS,

IV † 220 pp. 216 × 154 mm.
Parchment codex. 19th cent. dressed deerskin binding
tooled in blind.

Madrid, Biblioteca Nacional, Vit. 23-9

This miscellaneous codex contains a *Psalter* from the
middle of the 13th century (fols. 1-156) and a *Book of
Hours* from the 14th (fols. 157-220).

The *Psalter* is decorated with four full-page minia-

Book of Hours of Charles VIII. S. XV. BN Vit. 24-1.
Libro de Horas de Carlos VIII. S. XV. BN Vit. 24-1.

9. SALTERIO Y LIBRO DE HORAS

Salterio y Libro de Horas.—Norte de
Francia.—Siglos XIIIy XIV.—IV † 220 h.—216
× 154 mm.—
Pergamino.—Encuadernación piel,
240 × 170 mm.

Madrid, Biblioteca Nacional, Vit. 23-9

Este códice es misceláneo, compuesto por un *Salterio*
de mediados del siglo XIII que ocupa los 156 primeros folios y por un *Libro de Horas* del siglo XIV, que va del folio 157 al 220.

Book of Hours of Charles VIII, 15th century,...
Libro de Horas de Carlos VIII. S. XV. BN Vit. 24-1.

tures: David (fol. 7 v), the Resurrection (fol. 27 r), Sts. Dominic and Francis (fol. 94 r), and the Coronation of the Virgin (fol. 110 r). Scenes unfold or characters like king David appear on a gold background. Eight historiated capitals complete the illustration. Large gold initials with flourishes that extend into the margin stand out over a blue and red field alternating with small initials in gold and blue.

The Office of the Virgin beginning on fol. 157 r is followed by commemorations for various saints with titles in French and Latin, the Hours of the Holy Spirit (fol. 163 v); Prayers for Communion (fol. 170 f); Vigil for the Dead (fol. 174 r); Passion according to St. Matthew and St. John (fol. 199 r); Hours of the Cross in French (fols. 205 r-214 v); Office for the Dead in Latin (fols. 215 r - 220).

Historiated capitals of the Annunciation (fol. 157 r) and the Entombment (fol. 215 r) decorate the *Book of Hours* together with polychrome initials in gold over a field of blue or red with highlights in white ink. A quarter-page miniature (80 x 95 mm) is the largest figurative illumination in the book. It consists of four scenes of the

El libro se abre con un calendario (f. 1-6) adornado con una representación de los trabajos de los meses. La presencia de numerosos santos del Norte de Francia y Flandes testimonian el origen de la pieza.

El *Salterio* está decorado con cuatro miniaturas a toda página. Sobre fondo de oro bruñido aparecen David (f. 7 v.), la Resurreción (f. 27 v.), Santo Domingo y San Francisco (folio 94 r.) y la Coronación de la Virgen (folio 110 r.). Completan la ilustración del códice ocho capitales historiadas en las que sobre el campo dorado del fondo se desarrollan escenas o se presentan personajes como el rey David, iniciales doradas sobre campo azul y rojo, con rasgos prolongados por el margen exterior, y pequeñas iniciales en oro y azul, alternándose.

Al *Oficio de la Virgen*, que se inicia en el f. 157 r., siguen conmemoraciones para diversos santos con títulos en francés y latín, Las Horas del Espíritu Santo, folio 163 v., Oraciones para la comunión, f. 170 r, Vigilia de difuntos, f. 174 r, Pasión según san Mateo y san Juan, f. 199 recto, Las horas de la Cruz, escritas en francés, van del f. 205 r. a 214 v,; termina con el Oficio de difuntos escrito en latín, f. 215. r. a 220 r.

La ilustración del *Libro de Horas* consiste en capitales historiadas en las que se representa la Anunciación (folio 157 r,) y el Santo Entierro (f. 215 r.); además iniciales polícromas, en oro sobre campo azul o rojo decorado con rasgos a tinta blanca. Una miniatura de cuarto de página, 80 × 95 mm, es la mayor decoración figurativa del libro; son cuatro escenas de la Pasión —prendimiento, camino del Calvario, Crucifixión, y la Virgen y la Magdalena al pie de la Cruz— se disponen dos a dos inscritas en una orla, y se realzan con el juego cromático de sus fondos —oro y colores en mosaico— dispuestos en quiasmo (f. 179 v.)

En la última hoja de guarda aparece una nota manuscrita de su poseedor: «Chest a Colnet Lamquier de la Ville d'Amiens demourant en le rue de Tripes».

Este libro perteneció a la colección del cardenal Zelada y estuvo entre los fondos de la catedral de Toledo desde donde se incorporó a los de la Nacional en el siglo XIX.

Lleva dos foliaciones, una antigua a tinta y una moderna a lápiz.

La encuadernación es de piel estezada y lleva la firma de A. Ménard en la contratapa superior. Lleva una decoración a base de hierros en seco formando orla en las tapas y cruzándose en aspas en las entrenervaduras. Los nervios están resaltados. En la tapa superior la inscripción *Psalterium* imitando la letra francesa. Es del siglo XIX.

Passion: the Betrayal of Christ, the Road to Calvary, Crucifixion and Lamentation. They are arranged in two, inscribed in a border and stand out against x-shaped gold and colored mosaic backgrounds.

A notation in the owner's hand appears on the pastedown, «Chest a Colnet Lamquier de la Ville d'Amiens demourant en le rue de Tripes». There is a modern foliation in pencil and an earlier one in ink.

The 19th century binding is dressed deerskin and bears the signature of A. Ménard on the inside of the back cover. There is a border and x-shaped crosses done in blind tooling on the covers and spine and ribs are sed. The top cover bears the inscription «Psalterium» in imitation of Frech script.

Provenance: From de collection of Cardenal Zelada, formerly in the Cathedral of Toledo where it entered the Biblioteca Nacional in the 19th century.

Bibliography
DOMÍNGUEZ BORDONA, Manuscritos con pinturas, I, nº 961.—L'Héritage de Bourgogne, nº 4.—JANINI, nº 207

10. BOOK OF HOURS

'Vostre Demeure'. Flanders. 15th century. 1, 298 pp. [1 + 298]h.—135 × 110 mm. Vellum. Green velvet binding, 106 × 140 mm.

Madrid, Biblioteca Nacional, Vit. 25-5

In spite of its small size, every detail of the decoration of this *Book of Hours* is exquisitely perfect.

Scholars have attributed the miniatures to various artists. Durrieu thought they were done by Simon Bening, a member of a family of Flemish miniaturists who illuminated works for royal and aristocratic bibliophiles, including Charles V and the Infante Don Fernando of Portugal. Other scholars such as Hymans thought the miniatures might be the work of Lucas of Leyde because of the letter *L* which appears on page 14 and in the miniature of folio 238. This letter also gave rise to other attributions, among them to Liviane of Antwerp, who worked with Memling on the Grimani Breviary, and to Lievine, the daughter of Simon Bening who worked for Henry VIII en Edward VI at the English court.

The decoration of the book consists of borders and full-page scenes in addition to the initials and small miniatures inserted in the text.

The scant dimensions of the margins available for illumination were a real challenge to the artist's skill. The borders range from a width of 30 to 15 mm. Subjects chosen for the ornamentation of the margins are varied. Sometimes they consist of tree trunks and flowers full of birds, representations of Hell, as in the Office of the Dead (fol. 238), or plant and animal compositions inserted in the labors of the months and signs of the zodiac in the Calendar (fols. 1-13). The outer border is also adorned with gold gilleting and acanthus leaves. The very beautiful coloring has gold backgrounds with monochromatic motifs such as the vegetation in blue ink (fol.

Bibliografía
DOMÍNGUEZ BORDONA, Manuscritos con pinturas, I, nº 961.—L'Héritage de Bourgogne, nº 4.—JANINI, nº 207

10. LIBRO DE HORAS

Libro de Horas.—Flandes.—Siglo XV.—[1+ 298] h.—135 × 100 mm.—Vitela.—Encuadernación, terciopelo verde, 106 × 140 mm.

Madrid, Biblioteca Nacional, Vit. 25-5

A pesar de su pequeño tamaño la decoración de este Libro de Horas es de un detalle y perfección exquisitos.

La autoría de las miniaturas ha sido atribuida por los críticos a varios artistas. Durrieu se inclinó por Simon Bening, miembro de una familia de miniaturistas flamencos ligados a importantes trabajos de iluminación para bibliófilos de la realeza y de la nobleza —Simon hizo trabajos para Carlos V y para el infante don Fernando de Portugal entre otros—. Otra parte de la crítica, Hymans entre ellos, pensó que las miniaturas pudieran ser obra de Lucas de Leyde; la presencia de una *L* en la hoja 14 y en miniatura del f. 238 r. fue la base no sólo de esta última abribución sino también de las que se hicieron a Livieno de Amberes, que trabajó con Memmling para el Breviario Grimani, y a Lievine, hija de Simon Bening, que trabajó al servicio de Enrique VIII y Eduardo VI en la corte inglesa.

La decoración del libro consiste en orlas y escenas a toda página, aparte de las iniciales y pequeñas miniaturas que se intercalan.

Las dimensiones de las que dispuso el artista para ejecutar la decoración marginal fueron un desafío para su pericia: las orlas llegan a tener de 30 a 15 milímetros de anchura. Los temas elegidos para la decoración marginal son variados: a veces consisten en troncos y flores poblados de pájaros, representaciones del Infierno —como en el Oficio de difuntos f.238—, o composiciones vegetales y animales en donde se intercalan representaciones de los trabajos de los meses y los signos del Zodiaco —como en el Calendario folio 1-13—. El margen exterior lleva además una decoración que se remata con filetes dorados y hojas de acanto. El colorido de las orlas es

187), or polychromatic motifs (fols. 23, 31), and the gray backgrounds enlivened by fruit and insects. There is a total of 517 marginal borders and 61 framing the entire text.

Finally, the marginal decoration is completed with gold and polychrome initials and 22 small miniatures alongside or within the initials referring to the text or dedicated to saints, such as the illustrations of the Resurrection (fol. 74r) and the celebration of the mass (fol. 104r). In addition there are numerous capitals in the same style.

The miniatures are characteristic of the hand of a master from the school of Ghent and Bruges. The main decoration of the book consists of six large miniatures: the Passion that takes place in a Flemish city (fol. 14r); the martyrdom of St. Barbara (fol. 48r); St. Joseph looking for shelter and the Annunciation to the shepherds (fol. 68r), which also takes place in a Flemish urban setting; St. Anthony Abbot (fol. 191r); the tomb of a nobleman done in a very delicate grisaille (fol. 214r); and the Mass for the Dead and scenes of Hell (fol. 238r).

The quality and charm of the illumination is extraordinary. Paz y Melia has pointed out that two miniatures, the St. Anthony and the Annunciation are also found in other breviaries. St. Anthony appears in the Grimani Hours by Memling, although with variants and differences, and in the Ezpeleta that was shown in the 1892 European Historical Exhibition.

All the rubrics are in French, from the Calendar to the list of saints. Furthermore, the fact that local saints such as St. Aldegund are included, may be away of determining more accurately the origin of the book.

The motto 'Vostre demeure' appears on folios 129 and 144. It is the mark of the first owner who was probably a Flemish nobleman. Two *I's* or one *N* appear intertwined in several instances, giving rise to diverse interpretations.

The binding is done in green velvet with gilt edges and traces of a lettering panel on the spine.

Provenance: The *Book of Hours* commonly known as 'Vostre demeure', was originally in the Zelada collection, then in the Cathedral of Toledo, from which it entered the Biblioteca Nacional as a result of Disentailment in the 19th century.

Bibliography

DURRIEU *Manuscrits d'Espagne*, pp. 34-36.—A. PAZ y MELIA : «Códices más notables». *RABM*, 5, 1901.—DOMÍNGUEZ BORDONA. *Manuscritos con pinturas*, I, nº 983. *Exposición de Bourgogne*, nº 120.— *Miniatures espagnoles et flamandes*, nº 113.—JANINI, nº 221.—OTTOPACHT *The Master of Mary of Burgundy, p. 32.* —ANA DOMÍNGUEZ, *n.º 19.* —Idem: Iconografía de los signos del Zodiaco en seis Libros de Horas del siglo XV de la Biblioteca Nacional, *RUC*, XXII, 1973. —Idem: «El Tema del paisaje en el calendario de un Libro de Horas del siglo XV de la Biblioteca Nacional». *Bellas Artes,* 53, 1975.

de una gran belleza: alternan los fondos con motivos monocromos —como la vegetación en tinta azul del folio 187— o polícromos —como los componentes de las de los [folios 23 y 31] y los fondos grises sobre los cuales resaltan los frutos e insectos que las animan. En total hay 517 orlas marginales y 61 rodeando todo el texto.

Catorce iniciales realzadas con oro y policromía y veintidós pequeñas miniaturas junto a las iniciales o dentro de ellas animándolas con representaciones de la Resurrección (f.74 r.), la celebración de la misa (f.104 r.), alusivas al texto, o dedicadas a los Santos, vienen a cerrar, junto con numerosas capitales decoradas en el mismo estilo y de diversas dimensiones, la decoración marginal de este *Libro de Horas.*

Las miniaturas son propias de la mano de un maestro de la escuela gantobrujesa. Grandes miniaturas forman la decoración principal del libro: son seis escenas, la Pasión (f. 14 r) que se desarrolla en una ciudad flamenca; el martirio de Santa Bárbara (f. 48 r.); San José buscando posada y anunciación a los pastores (f.68 r.) que también se desarrolla en un paisaje urbano flamenco; San Antonio abad (f. 191 r.); sepulcro de un noble (f.214 r.), finísima grisalla; misa de difuntos y escenas del Infierno (f. 238 r.).

La calidad y el encanto son extraordinarios. Paz y Melia ha señalado dos miniaturas, la de San Antonio en el folio 191 y la de la Anunciación que aparece también en otros breviarios: el de Grimani de Memling la de San Antonio -aunque hay variantes y diferencias- y en el de Ezpeleta, que figuró en la Exposición Histórico Europea de 1892.

En los folios 129 y 144 aparece la divisa «Vostre demeure», marca del primer posesor del libro que sería probablemente un señor flamenco. En numerosas ocasiones aparecen en las páginas dos *I* o una *N* enlazadas, cifras que han tenido diversas interpretaciones.

Todas las rúbricas del texto están en francés desde el calendario hasta la lista de santos entre los que aparecen algunos, como Santa Aldegunda, que son locales y pueden ser una vía para aproximarse al origen del libro.

El Libro de Horas conocido comúnmente como *Vostre Demeure* ingresó en la Biblioteca Nacional procedente de la Catedral de Toledo, a donde llegó formando parte de la colección Zelada; el fondo bibliográfico de esta catedral se incorporó a los de la Nacional de Madrid a raíz de la desamortización del siglo XIX.

La encuadernación es de terciopelo verde, tiene los cortes dorados y restos de tejuelo en el lomo.

Bibliografía

DURRIEU. *Manuscrits d'Espagne*, pp. 34-36.—A. PAZ y MELIA: «Códices más notables». *RABM*, 5, 1901.—DOMÍNGUEZ BORDONA. *Manuscritos con pinturas*, I, nº 983.—*Exposición de Bourgogne, nº 120.*—*Miniatures espagnoles et flamandes*, nº 113.—JANINI, nº 221.—OPACHT *The Master of Mary of Burgundy, p. 32.*—ANA DOMÍNGUEZ, Nº 19.—Idem, Iconografía de los signos del Zodiaco en seis Libros de Horas del siglo XV de la Biblioteca Nacional, *RUC*, XXII, 1973. —Idem: «El Tema del paisaje en el calendario de un Libro de Horas del siglo XV de la Biblioteca Nacional». *Bellas Artes,* 53, 1975.

11. BOOK OF HOURS IN THE ROMAN STYLE

Flanders. ca. 1458
Provenance: Toledo, cardenal
Vellum. 238 pp. 140 x 100 mm. Red velvet binding, 145 x 110 mm.

Madrid, Biblioteca Nacional, Vit. 25-4

The miniatures in this codex have been attributed to the school of Philippe de Mazerolles who worked in Paris for Charles VII and later in Bourgogne in the service of Charles the Bold. In Bruges he became a member of the corporation of St. John in order to be able to practice his profession as a miniaturist freely in this city.

The decoration of the *Book of Hours in the Roman Style* consists of 15 full-page miniatures (138 x 100 mm.) at the beginning of each office: Annunciation (fol. 38 v); Visitation (fol. 57 v); Annunciation to the Shepherds (fol. 73 v); Epiphany (fol. 78 v); Presentation in the Temple (fol. 83 v); Slaughter of the Innocents (fols. 88 v); Flight into Egypt (fol. 96 v); Coronation of the Virgin (fol. 102 v); Trinity (fol. 136 v); Raising of Lazarus (fol. 149 v); Crucifixion (fol. 161 v); Resurrection of the Dead (fol. 170 v); Entombment (fol. 197 v).

Borders of polychromed birds and flowers on a field of gold decorate the margins and frame each miniature, the first page of each office, the beginning of the different parts of the Hours of the Virgin and other liturgical texts.

Illuminated inicials with plant motifs stand out on a gold field. In the smaller majuscules the treatment of gold is reversed and applied to the letter itself.

The writing area is marked off by thin red lines leaving ample room for margins. Thus, the writing and illumination are concentrated in the best visual field possible in such a way to enhance their esthetic value. The vellum is lightly ruled.

The 18 th-century binding is red velvet over wooden boards. There are traces of clasps and a lettering panel on the spine.

Provenance: Originally in the collection of Cardinal Zelanda, subsequently in the library of the Cathedral of Toledo, from which it was incorporated into the Biblioteca Nacional after Disentailment.

Bibliography

J. DOMÍNGUEZ BORDONA, n° 982.—JANINI, n° 220.—*L'Héritage de Bourgogne*, n° 60.—*Miniatures espagnoles et flamandes*, n° 69. —ANA DOMÍNGUEZ, n.° 18.

11. LIBRO DE HORAS

Libro de Horas al uso de Roma.—Flandes.—Hacia 1458.—[238 h.].—140 × 100 mm.—Vitela. —Procedencia: Toledo, cardenal Zelada.—Encuadernación, terciopelo rojo, 145 × 110 mm.

Madrid, Biblioteca Nacional, Vit. 25-4

Las miniaturas que adornan este códice se han atribuido a la escuela de Philippe de Mazerolles, que trabajó en París para Carlos VII y despues pasó a Bourgogne al servicio de Carlos el Temerario y residió en Brujas donde se asoció a la Corporación de San Juan para poder ejercer libremente la profesión de miniaturista.

La decoración del *Libro de Horas al uso de Roma* la constituyen quince miniaturas a página entera, de 138 × 100 mm, que encabezan cada uno de los oficios: escenas de la Anunciación (f. 38 v.), la Visitación (f. 57 v.), la anunciación a los pastores (f. 73 v.), la Epifanía (f.78 v.), la presentación en el Templo (f. 83 v.), degollación de los Inocentes (f. 88 v.), la huida a Egipto (f. 96 v.), coronación de la Virgen (f. 102 v.), la Trinidad (f. 136 v.), resurrección de Lázaro (f. 149 v.), Crucifixión (f. 161 v.), resurrección de los muertos (f. 170 v.), oficio de la sepultura (f.197v.)

La decoración marginal la forman orlas con pájaros y flores que destacan su policromía sobre el fondo de oro enmarcando cada una de las miniaturas, la primera página de cada oficio, el principio de las diferentes partes de las Horas de la Virgen y los otros textos litúrgicos.

Iniciales iluminadas destacan sobre el campo dorado; motivos florales suelen enriquecer el centro de estas letras de adorno. Otras capitales de menor tamaño en las que se ha invertido el tratamiento del oro —que aquí se aplica a la propia letra— contribuyen a realzar la ilustración del códice.

La caja de escritura está señalada por finas rayas dejando amplios márgenes de respeto con lo que se ha conseguido que la mancha de escritura y la iluminación se concentren en el mejor campo visual y aumenten así su valor estético. La vitela está finamente pautada.

El calendario que ocupa los doce primeros folios no lleva más decoración que las iniciales de oro. Dos figuras para el cálculo de los años bisiestos y el número aúreo ilustran la parte de los cómputos (folio 15-21).

El códice está encuadernado en terciopelo rojo sobre madera. Guarda los restos de los broches. Los nervios están resaltados y guarda en el lomo los restos de un tejuelo. Es del siglo XVIII.

El *Libro de Horas al uso de Roma* formó parte de la colección del cardenal Zelada, se incorporó despúes a la biblioteca de la Catedral de Toledo e ingresó en los fondos de la Nacional de Madrid a raíz de la desamortización del siglo XIX.

Bibliografía

J. DOMÍNGUEZ BORDONA, n° 982.—JANINI, n° 220.—*L'Héritage de Bourgogne*, n° 60.—*Miniatures espagnoles et flamandes*, n° 69. —ANA DOMÍNGUEZ, n.° 18.

12. BOOK OF HOURS OF CHARLES VIII, KING OF FRANCE

Paris. 15th century. Codex on vellum. 112 h. 245 × 165mm. *French Gothic script. Brown leather binding over boards with gold tooling and clasps. 252 × 175mm.*

Madrid, Biblioteca Nacional, Vit. 24-1.

The *Book of Hours of Charles VIII* begins with the Calendar (fol. 1-6v) and continues with the Offices in Latin writen in French Gothic script (fol. 7-112r). Folio 109 is incomplete and the verso of folio 110 is blank. The folio numbers are writen in ink.

This codex is lavishly illuminated with more than 2000 ornamental bands that enliven the borders. Fruit, flowers and palm fronds are entwined on a gold background. The borders also contain small miniatures (75 × 30mm.) depicting the labors of the months and charming scenes of peasant life in the six folios of the calendar. Within the body of the text there are 190 small miniatures interspersed with Old and New Testament motifs, the life of the Virgin and battle scenes.

In addition to this illumination, the book is enrich-

Book of Hours of Charles VIII. S. xv. BN Vit. 24-1.

Libro de Horas de Carlos VIII.S xvB.N. Vit. 24-1

12. LIBRO DE HORAS

Libro de Horas de Carlos VIII, rey de Francia.—París.—Siglo XV.—112 h.—245 × 165 mm. Escritura gótica francesa.
Vitela.—Encuadernación piel con hierros dorados y broches, 252 × 175 mm.

Madrid, Biblioteca Nacional, Vit. 24-1

El *Libro de Horas de Carlos VIII* se inicia con el calendario [f. 1 a 6 v.] y sigue con los oficios escrito en latín con letra francesa [f. 7 a 112 r.]; el folio 109 está incompleto y el reto del folio 110 en blanco. Lleva numeración a tinta.

La decoración del códice es abundantísima. Más de doscientas orlas marginales, en las que sobre un fondo de oro se enroscan palmas, frutas y flores, animando el exterior de las hojas de vitela. Dentro de las orlas hay también pequeñas miniaturas, 75 × 30 mm., con escenas de los trabajos de los meses y escenas costumbristas de la vida campesina, llenas de encanto, en los seis folios del calendario; en las orlas del cuerpo del texto hay hasta 190 pequeñas miniaturas intercaladas con motivos del Antiguo y el Nuevo Testamento, la vida de la Virgen y en alguna ocasión, escenas bélicas.

Aparte de esta iluminación, se enriquece el libro con dieciséis miniaturas de media página , de 111 × 80 mm., a 128 × 82 mm., y otras dieciséis a página entera, 202 × 133 mm., que alternan su presencia en el códice..

El tema de las miniaturas de media página suele ser la representación de un santo, San Cristóbal, Pedro y Pablo, etc. La Trinidad (fol. 102), el triunfo de la vida (fol. 110 v), y la danza de la muerte (fol. 11) son la excepción.

Las miniaturas a toda página escenifican momentos de la vida de la Sagrada Familia, de la Pasión, escenas del Nuevo Testamento; de esta serie de miniaturas destaca la del verso del folio 13, en la que aparece el rey Luis XII de Francia orando de rodillas; detrás Carlo Magno, patrono del rey Carlos VIII. Dos ángeles sostienen los escudos de armas; el de la derecha ostenta los cuarteles de Anjou y Jerusalem, pertenecientes al rey Renato y a su sobrino Charles Maine; la insignia de la Orden lleva la divisa «Los en crosant»; el escudo de la izquierda ostenta las armas del rey, va rodeado del collar de la Orden de San Miguel. Esta miniatura y la del recto del folio 112 en la que aparece un personaje arrodillado con la inscripción «Acteur», junto con un anagarama y divisa que van en la última hoja del manuscrito permitieron establecer la autoría de la iluminación de este códice.

Mazerolle, archivero de la Maison de la Monnaie de París, atribuyó al artista Jean Bourdichon, considerado el último de los grandes iluminadores franceses, la paternidad de las miniaturas y puso de relieve el que la cabeza del rey orando (folio 13 verso) había sido manipulada: se trataba del retrato de Luis XII, aunque la figura de Carlo Magno y la leyenda de la miniatura hiciesen referencia inequívoca a Carlos VIII.

Paul Durrieu, partiendo del estudio de Mazerolle,

ed by 16 half-page miniatures (111 × 80mm to 128 × 82 mm) and 16 full-page illustrations (202 × 133 mm).

The half-page miniatures usually illustrate the life of a saint, such as Sts. Christopher, Peter and Paul, but they also include the Trinity (fol. 102), the Triumph of Life (fol. 110v) and the Dance of Death (fol. 111).

The full-page miniatures depict the Holy Family, the Passion and other New Testaments scenes. The most outstanding illustration in this series (fol. 13v) shows Louis XII of France kneeling in prayer behind Charlemagne, the sponsor of Charles VIII. Two angles bear coats-of-arms; the one on the right holds the quarters of Anjou and Jerusalem belonging to King Renato and his nephew Charles Maine; the ensign of the order bears the motto 'Los en crosant'. The left angel bears the king's coat-of-arms surrounded by the chain of the order of St. Michael. This miniature and the one on the recto of folio 112 in which a kneeling person appears with the inscription 'Acteur', together with an anagram and the motto on the last page of the manuscript, enable us to establish the authorship of the illumination.

Mazerolle, archivist of the Maison de la Monnaie of Paris, attributed the miniatures to Jean Bourdichon, considered to be the last of the great French illuminators. He also pointed out that the head of the praying king (fol. 13v) had been altered. He believed that it was a portrait of Louis XII, even though the figure of Charlemagne and the inscription unmistakably refer to Charles VIII.

Paul Durrieu, starting from mazerolle's study, confirmed the substitution of the king's portrait. But although he agreed that Jean Bourdichon was responsible for alteration, he did not believe that he was the author of the other illustrations.

Durrieu identified the illustrator as Jacques de Besançon, one of the most outstandig pupils and collaborator of Jean Fouquet, the master of the great miniature school of Tours that flourished in the middle of the 15th century. At the end of the century Besançon did miniatures and woodcuts of printed books for the publisher and bookseller Antoine Vernard. The fact that the emblems and anagram of Verard appeared on the last page of the manuscript and that the person in the miniature of folio 112 was identified as Verard himself, probably influenced his hypothesis. He also identified the emblems and anagram of the same folio as belonging to the Parisian bookseller and publisher, Jacques Verard, because other books done by this bookdealer for Charles VIII show Verard offering his book in the same way. Nevertheless, his identification of Verard's portrait was incorrect. The person in the miniature of folio 112 is Charles himself, for below the kneeling figure are the words 'Charles, fils de Loys' (Charles son of Louis).

When Charles VIII died, Jean Bourdichon changed the portrait by drawing a delicately featured head from life which stood out over the original by Besançon.

The brown leather binding over boards has gold

Horae beate Mariae. Parisiis: Simon Vostre, 1507. *BN R/8153.*

confirmó la sustitución del retrato del rey y declaró que Jean Bourdichon fue responsable de esta adaptación, pero no el autor del corpus ilustrativo.

Jacques de Besançon, uno de los más destacados discípulos de Jean Fouquet, maestro de la gran escuela de miniaturistas de Tours, que floreció a mediados del siglo XV, fue considerado por Durrieu autor de la ilustración del códice. Además, identificó las cifras y el anagrama del último folio del manuscrito con los del librero y editor parisiense Jacques Verard. Sin embargo confundió la miniatura del folio 112 con el retrato del propio Vérard; bajo el personaje arrodillado se lee «Charles, fils de Loys».

Jacques de Besançon, que era un cualificado miniaturista y había colaborado con su maestro en importantes encargos, se dedicó a finales de siglo a trabajar para Antoine Verard, para el que hizo no sólo miniaturas, sino también iluminaciones de las xilografías que ilustraban los libros impresos.

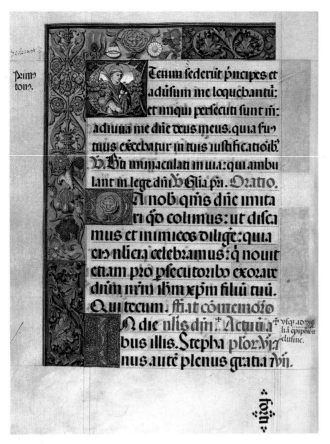

Rich missal of Cisneros. S. XVI. *BN Ms. 1540-46.*
Misal rico de Cisneros. S XVI. *BN Ms. 1540-46.*

tooling. The covers have an outer border decorated with animals and an inner one with geometric and bird motifs. The cover ornamentation also includes a mesh of gold fillets forming a lozenge pattern with stars. The ribs are raised and the edges gilded. Although the binding is later than the codex, it may have the same origin.

Provenance: Louis XIII of France gavet it to a Spaniard in 1628 after which it came into the library of Don Gaspaar de Bracamonte, Conde de Peñarada, and then to his son who offered it to the Marqués de Mejorada y de la Breña, its last owner. It entered the Biblioteca Nacional in 1708 as a donation the Marqués de Mejorada.

Bibliography
DOMÍNGUEZ BORDONA. *Manuscritos con pinturas,* I, n° 966.—JANINI, n° 209.—*Exposición Histórica europea* .—*L'Heritage de Bourgogne,* n° 109.—DURRIEU, pp. 15-18.—PAZ y MÉLIA, RABM, I, 1897.—E. BRAYER, *Livres d'Heures français,* n° 78. —A. DOMÍNGUEZ, n.° 11. —*Idem* Iconografía de los signos del Zodiaco en seis Libros de Horas de la Biblioteca Nacional. *RUC,* XXII, 1.973.

Muerto Carlos VIII, Jean Bourdichon hizo la sustitución del retrato de ese rey por el de Luis XII dibujando una cabeza de facciones delicadas en las que el estudio del natural y lo acabado de los trazos destacaba sobre las que anteriormente había dibujado Besançon.

El Libro de Horas de Carlos VIII ingresó en la Biblioteca en 1708, regalado por el Marqués de Mejorada. Luis XIII de Francia lo había regalado a un personaje español en 1628 y después pasó a la biblioteca de don Gaspar de Bracamonte, Conde de Peñaranda y de ahí a un hijo suyo que las ofreció al Marqués de Mejorada y de la Breña, su último poseedor.

La encuadernación de piel marrón está montada sobre madera. La decoración es de hierros dorados. Llevan las tapas una orla exterior con animales y otra interior decorada con motivos geométricos y pájaros. Filetes cruzados en forma de malla cubren las tapas; en el centro de cada uno de los pequeños rombos que forman los filetes dorados va un hierro en forma de estrella. Los nervios están resaltados y las entrenervaduras labradas. Los cortes dorados. La encuadernación, posterior al códice, puede, sin embargo tener su mismo lugar de origen.

Bibliografía
DOMÍNGUEZ BORDONA. *Manuscritos con pinturas,* I, n° 966.—JANINI, n° 209.—*Exposición Histórica europea* .—*L'Heritage de Bourgogne,* n° 109.—DURRIEU, pp. 15-18.—PAZ y MÉLIA, RABM, I, 1897.—E. BRAYER, *Livres d'Heures français,* n° 78. —A. DOMÍNGUEZ, n.° 11. —*Idem* Iconografía de los signos del Zodiaco en seis Libros de Horas de la Biblioteca Nacional. *RUC,* XXII, 1.973.

---

13. MISSAL IN THE STYLE OF TOLEDO

Misal al uso de Toledo o Misal rico de Cisneros.—1503-1519.-455 × 330mm. 7v. Vellum-Red leather binding.-490 × 340 mm.
v.1: 9, CLXXl.; v.2: CCXXIII l.; v.3: CXCI l.; v.4: [166] l.; v.5: CCIII l.; v.6: CCLXXII l.; v.7: CCLXXXV l.—There are pages without foliation.

Madrid, Biblioteca Nacional, Ms 1540-1546

13. MISAL

Misal al uso de Toledo.—1503-1518.—7 v.—455 × 330 mm., justificación de dimensiones variables.— Vitela.—Encuadernación piel roja, 490 × 340 mm.— 7 v.—t.1: 9, CLXXh,t 2:CCXXIII., t.3:CXCI., t.4: [166] h., t.5: CCIII h., t.6: CCLXXII h., t.7: CCLXXXV h.—Hay hojas sin foliación.

Madrid, Biblioteca Nacional, Ms. 1540-1546

This *Missal* is one of the most important and most representative Spanish codices of the 16th century because of its calligraphy and large number of miniatures. But it is the illustrations that give it an independent, original and autochthonous personality, unique in the first third of that century.

The manuscript is known as *The Rich Missal of Cardinal Cisneros* not only because of its numerous and brilliant illuminations, but also because it was made for one of the most important men of the Spanish Renaissance, Cardinal Francisco Jiménez de Cisneros.

Even though the Missal was done while Cisneros was still alive, his arms are not the only ones depicted in the codex. The five red stars on a field of gold, the coat-of-arms of Alonso de Fonseca, also appear frequently. Fonseca was the archbishop of Toledo in 1524 after Cisneros died, which indicates that the manuscript was manipulated to adapt it to the new prelate.

The books of accounts and works in the archive of the cathedral chapter reveal the names of all the artists who participated in its elaboration as well as the approximate value of the Missal, which according to Paz y Melia, must have cost around six hundred thousand maravedis.

Gonzalo de Córdoba, 'Master of Books of the Cathedral', who worked on the Missal from 1504 to 1510, was in charge of the lettering and illumination; Bernardino de Canderroa, Alonso Jiménez, Fray Felipe and Alonso Vázquez did the miniatures.

The illumination of the manuscript is based on full-page borders illustrating the principal liturgical feasts. The pages have four different sized bands. The band at the foot of the page (273 × 74 mm) is wider than the outer margin. The large initial are illustrated with vignettes es depicting the particular feast to be celebrated. Small polychromed initials and the alternation of red and black ink complete the decoration. Aside from these illustrations, the vellum pages have ornamental borders in the interior margins of the rectos and in the exterior margins of the versos. Flowers, fruit and insects stand out over gold backgrounds. There is another type of marginal decoration frequently used in the first and second volumes. There are 'banners' adorning the initials which consist of juxtaposed rectangular bands (100 × 45 mm) decorated in the same style as the borders of entwined flowers on fields of blue or gold.

The initials are also decorated with vegetable motifs or small scenes. The field is usually gold and the letters are inscribed in rectangular ornamental borders in vermillion ink. Sometimes this chromatic play is reversed and the gold of the field invades the entire border of the initial.

The quantity of the miniatures in the *Missal* is astonishing: 2,794 decorated bands in the side margins; 1,866 capital letters; 322 miniatures with 'banners'; 1,316 medium sized miniatures and 2,688 small ones.

Even though Flemish and Italian influence is evident

De los códices españoles del siglo XVI, este Misal se considera una de sus obras más importantes y representativas por su caligrafía y por la abundancia y personalidad de los miniados que lo ilustran y lo convierten en el manuscrito más independiente y autóctono del primer tercio de ese siglo.

Por su numerosa y brillante iluminación y por ir destinado a uno de los más importantes hombres del Renacimiento español, el cardenal Francisco Jiménez de Cisneros, el Misal se conoce como *Misal rico de Cisneros*.

Aunque el Misal se hizo en vida de Cisneros, no sólo son sus armas las que luce el códice, sino que también aparece repetido el escudo de cinco estrellas rojas en campo de oro de don Alonso de Fonseca, que fue arzobispo de Toledo, muerto Cisneros, en 1524. Es decir, que el mauscrito fue manipulado para adaptarlo al nuevo nombramiento.

Los libros de obra y fábrica del Archivo Capitular de Toledo han permitido conocer los nombres de todos los artistas que intervinieron en su realización y también establecer un coste aproximado del Misal que, según Paz y Melia, debió oscilar sobre los seiscientos mil maravedíes.

En la ejecución del Misal intervinieron Gonzalo de Cordoba «maestro de libros de la catedral», que trabajó en él de 1504 a 1510, ocupándose de la letra y de la iluminación; Bernardino de Canderroa, Alonso Jiménez, Fray Felipe y Alonso Vázquez trabajaron como miniaturistas.

El sistema de iluminación se basa en orlas de página entera en las principales festividades, formada por cuatro bandas de diferente tamaño, más ancha la del pie y la del margen exterior [273 × 74 mm. la del pie]; la gran inicial va animada con una viñeta narrando el contenido de la festividad [133 × 90 mm.]; pequeñas iniciales polícromas y alternancia de tinta roja y negra completan la decoración de estas páginas. Aparte de esta ilustración, las hojas de vitela se animan con franjas en los márgenes interiores de sus rectos y en los exteriores de los versos: flores, frutas, insectos, destacan sobre los fondos dorados. Otro tipo de decoración marginal, abundante en el primer y segundo volumen, son las salidas con las que se adornan las iniciales y que consisten en bandas rectangulares yuxtapuestas a ellas, de 100 × 45 mm. generalmente, y decoradas con el mismo estilo de las orlas: campos de oro o azul sobre los que se enroscan las flores.

Las iniciales van también decoradas: en el centro llevan dibujos vegetales o pequeñas escenas, el campo suele ser dorado y las letras van inscritas en orlas rectangulares de tinta bermellón; otras veces se alterna este juego cromático y el oro del campo invade toda la orla de la incial.

La cuantificación de las miniaturas del *Misal* es asombrosa: 2794 franjas de margen lateral, 1.866 letras capitulares, 322 con salidas, 1.316 de tamaño mediano y 2.688 pequeñas.

Initiũ sancti euãgelii secundum
Iohannẽ.Gloria tibi domine.

Horae beate Mariae. Parisiis: Simon Vostre, 1507. *BN R/8153.*

in the illustration, which was normal in the Spanish Renaissance, nevertheless, the portrayal of the characters, their physical features and expressions, is typical of the realism of Spanish art.

The *Rich Missal of Cisneros* was used in the cathedral, for the candles and oil lamps that illuminated the temple have stained the pages. Variations in prayers and changes made for certain occasions were made in the margins in a cursive writing that was not at all respectful of the beautiful calligraphy of the Missal. Inconceivable as it may seem, it was all too easy to have access to the Missal and there was hardly any control at all over who used it.

This work, that was fifteen years in the making, is bound in red leather over boards with raised ribs. It bears the inscription 'Mysale Toletanum Manuscr.' and the indication of the volume number on the lettering panel. It has metal clasps.

Provenance: Formerly in the Cathedral of Toledo, it passed into the collection of the Biblioteca Nacional in the 19th century.

Aunque en el miniado del códice hay influencia flamenca e italiana, como fue habitual en el Renacimiento español, sin embargo, la caracterización de los personajes, el tratamiento de sus rasgos y expresiones, son propios del realismo del arte español.

El *Misal rico de Cisneros* fue un libro de uso de la catedral: las huellas de las velas y de las lámparas de aceite que iluminaban el templo quedaron en sus hojas. Las variaciones de los rezos, las enmiendas que se consideraron oportunas se fueron haciendo en sus márgenes en una letra cursiva nada respetuosa de la bella caligrafía del Misal. Incomprensiblemente, este tuvo un acceso fácil y poco controlado.

Esta obra, que tardó quince años en elaborarse, está encuadernada en piel roja, sobre madera, con nervios resaltados y tejuelo *Mysale toletanum manuscr.* y la indicación de tomo. Lleva cierres metálicos.

Ingresó en la Biblioteca Nacional a raíz de la desamortización eclesiástica del siglo XIX.

Bibliografía

DURRIEU. *Manuscrits d'Espagne,* p. 57.—PAZ y MÉLIA.Códices más notables, *RABM.,*7, 1902.—J. A. CEAN BERMÚDEZ. *Diccionario de los más ilustres profesores de Bellas Artes en España,* I, p. 207.—J. W. BRADLEY. *A dictionnary of miniaturists, illuminators, calligraphers and copystis.*—III, p. 427.—J. DOMÍNGUEZ BORDONA II, nº 540.—*Inventario,* IV, pp. 434-6.—*Centenario,* nº 431.—*Exposición de Borgoña* nº 140.—*Exposición UIE* Barcelona, nº 147.—*Miniatures espagnoles et flamendes,* nº 114.—ANGLÉS, 125-7.

I3 LA VISION DE LA MUERTE Y EL INFIERNO

14. BEATUS OF LIEBANA

Beatus of Ferdinand and Sancha The Beatus Commentary on the Apocalypse. A. D. 1047 (fol. 316: «Era bis quadragies et V post millesima»).

Parchment codex. 312 fols. (numbered 6-317) in 2 cols. 35 lines. 360 × 280 mm. *Visigothic script. 98 miniatures. 18 th century dressed deerskin binding.*

Madrid, Biblioteca Nacional, Ms. Vit. 14-2 (Olim B. 31)

Beatus of Liébana, an Asturian monk, composed his *Commentary on the Apocalypse* around 775. The text supplanted other illustrate sacred books of the time and became a favorite of Spanish miniaturists.

The commentary, based on brief passages of the Apocalypse, deals with traditional Christian allegories compiled by Beatus. This text of the Apocalypse was accepted by the Spanish Chruch at the Fourth Council of Toledo, attended by St. Isidore. The Council declared that «the Apocalypse is a canonical work and should be read in the church from Easter to Pentecost.» Thus, since 632, the Apocalypse has placed an important role in sacred liturgy and has opened the door to illustrations of the fantastic visions revealed by God to the Apostle John.

More than twenty codices of the Commentary written between the 10th and 13th centuries have survived. Dispersed throughout Europe and America, they were all brought together for the 1985 Europalia Exhibition of Beatus Manuscripts. The passages are illustrated with full and double page miniatures. The version exhibited by the Biblioteca Nacional, originally from the Collegiate Church of S. Isidoro de León, is enriched by 98 miniatures. It was composed by the scribe Facundus (fol. 316) for Ferdinand and Sancha of Leon. The illustrations have all the power and beauty of the Leonese tradition. The chromatic arrangement in bands of vibrant colors, the grace and delicacy of the line and, above all, the continual surprise and imagination in each composition make it a unique, but at the same time, representative example of the medieval Spanish miniature.

A comparison betweem the two visions of the Four Horsemen —Hunger, Death, Plague and War— as seen by Beatus and four centuries later by Albrecht Dürer (cat. no. 000) is astonishing. In the Codex the violence of the vision is derived from the colors of the bands, a skillful chromatic play of warm and cool. colors (blue, yellow, orange, ochre) on which the horsemen ride two-by-two. In Dürer the power of the color is more than compensated for by the vigorous drawing and by the oblique trajectory to be covered by the inexorable horses, trampling under their hooves the contemporaries of the engraver himself. While Beatus' vision is far from his own reality, Dürer's is immersed in his own time, «hic et nunc».

Provenance: Originally copied for Ferdinand I and

Bible. NT. Apocalypse. Nurimbergae, 1498. BN. I-1.
Biblia. NT. Apocalipsis. Nurimbergae, 1498. BN I-1.

14. BEATO DE LIEBANA

Comentario al Apocalipsis 312 ff. (númerados 6-317), 2 col., 35 lín.
(Para los cinco primeros ff. véase el núm. siguiente.)
360 × 280 mm.
S. XI (f. 316: «Era bis quadragies et V post milesima» = 1047).
Escr. visigótica.

Madrid, Biblioteca Nacional, ms. Vitr. 14-2 (Olim B.31)

Origen: Hecho para los reyes Fernando I y Sancha de Castilla y León; enviado a San Isidoro de León.
Escritor: «Facundus scripsit», f. 316.
Proc.: San Isidoro de León (f. 30). Del marqués de Mondéjar, a fines del s. XVII. Requisado por Felipe V en la Guerra de Sucesión, y enviado a la Biblioteca Real.
Textos: Tablas genealógicas (ff. 10 v.-17); capitulario (en 34 párrafos): «Beatos esse qui servaberint... et qui sitit veniat. Explicit catpitulatio» (ff. 18-19 v.); texto entero del Apocalipsis, sacado de las *Storiae* del Comentario de Beato: «Revelatio Iesu Christi quam dedit illi Deus palam facere servis suis... gratia Domini nostri Iesu Christi cum omnibus. Explicit storia Apocalipsin Iohannis» (ff. 19 v.-30); Prefatio (f. 30); Prologus I (f. 30 r. y v.); Prologus II (f. 30 v.); Interpretatio (ff. 30 v.-40); Beati in Apoc. (ff. 40-263 v.); De ecclesia et sinagoga (ff. 58-77 v.); De Antichristo (ff. 203 v.-204); Explicit... Codex multorum librorum... (ff. 263 v.-264); De adfinitatibus et gradibus (ff. 264 v.-266 v.); Hieronymi in Danielem (ff. 267-316).
Illustr.: 98 miniaturas (catálogo y edición de sus textos en Vázquez de Parga, pp. 155-164).
Enc.: Lo encuadernó Juan Francisco Menoyre en 1720, por 40 reales. Piel estezada.

En el f. 317, copia imitativa del colofón del folio anterior hecha por don Francisco Assensio y Mejorada en 1789.

De este códice hizo una copia don Juan de Ferreras, bibliotecario mayor de la Biblioteca Real, a principios del S. XVIII (partes copiadas: ff. 18-19 v., capitulario; ff. 30-264, comentario de Beato); esta copia se conserva en la sección de Manuscritos de la Biblioteca Nacional, ms. 4031 (266 ff., 198 × 300 mm. Enc., perg. Véase descripción detallada en Torre-Longás, n. 163, págs. 337-338).

Beatus de Liébana, un monje asturiano, compuso hacia el año 776 un *Comentario sobre el Apocalipsis* (Libro de la Revelación); el texto desbancó a los otros Libros Sagrados con ilustraciones del momento y se convirtió en el favorito de los miniaturistas hispanos.

El *Comentario* está hecho sobre breves pasajes del Apocalipsis; se trata de alegorías cristinas tradicionales que Beatus recoge. El texto del Apocalipsis había sido aceptado por la Iglesia Española desde el cuarto Concilio de Toledo, en el que participó San Isidoro de Sevilla: «El Apocalipsis es un obra canónica y debe leerse en las iglesias en la Pascua de Pentecostés»; así desde el año 632 el Apocalipsis ocupó un puesto destacado entre las lecturas sagradas, dejando la puerta abierta a la ilustración de las

Sancha of Castile and Leon and housed in the Collegiate Church of San Isidoro in Leon, it passed into the collection of the Marquis of Mondéjar at the end of the 17th century. Philip V reclaimed it during the War of Succession and sent it to the Biblioteca Real.

Bibliography
SANDERS, M. NEUSS, no. 9, figs. 1, 2, 12, 17, 55, 72, 84, 93, 99, 116, 161, 164, 165, 176, 182, 189-91, 198, 199, 201, 208, 215, 219, 224; DE-LISLE, no. VII; RAMSAY, no. 9; BLÁZQUEZ, no. 6; DOMÍNGUEZ BORDONA, *Catálogo*, pp. 21, 177, plates 13, 17; DOMÍNGUEZ BORDONA, *Mss. con pinturas*, I, no 890, figs. 289-90; MILLARES, *Mss visigóticos*, no. 58; VÁZQUEZ DE PARGA, no. 8; MARÍN, no. 11; MUNDÓ, SÁNCHEZ MARIANA, no. 13; LOEWE, VON HARTEL, *Bibliotheca patrum latinorum hispaniensis*, VIENNA, 1887, pp. 379-80; M. de la TORRE, P. LONGÁS, *Catálogo de los códices latinos... Bíblicos*, Madrid, BN, 1935, no. 53, pp. 204-232; CHURRUCA, *Influjo oriental...*, pp. 105-6, 134; G. MENÉNDEZ PIDAL, *Mozárabes y asturianos*, p. 213-14; DOMÍNGUEZ BORDONA, «Ex-libris mozárabes», *Archivo Español de Arte y Arqueología*, 11, 1935, pp. 160-61, plate X; *Beato de Fernando I y Sancha* (text by J. M. Moreno Galván), Madrid, 1969, 10 plates; U. ECO, *Beato di Liébana, Miniature del Beato de Vernando I y Sancha...* Introduzione e note bibliografiche di Luis Vázquez de parga Iglesias, Parma, 1973; *Miniatures espagnoles et flamands dans les collections d'Espagne*, Brussels, 1964, no. 12, plates 4, 5, II, III; *Milenario Beato de Gerona*, catalogue of the Exhibition, Gerona, 1975, no. 5; M. A. SEPÚLVEDA GONZÁLEZ, «Sobre las miniaturas del Beato de Fernando I», *Actas del XXIII Congreso Interncional de Historia del Arte. España entre el Mediterráneo y el Atlántico. Granada 1973*, Granada, 1976, I, pp. 477-87; G. de Andrés, «Nuevas aportaciones documentales sobre los códices Beatos», *RABM*, LXXXI, 1978, pp. 539-42; H. STIERLIN, *Le Livre de Feu*, Geneva, 1978; Díaz, *Códices..., monarquía leonesa*, pp. 328-32; *Actas del Simposio...*, I, p. 172 (Díaz y Díaz), II, pp. 171-180 (Werckmeister); D. PERRIER, «Die Spanische Kleinkunst des 11 Jahrhunderts», *Aachener Kunstblätter*, 52, 1984, pp. 73-87.

visiones fantásticas que Dios había revelado al apostol Juan.

En el siglo X y el XIII se escribieron los códices del Comentario, han sobrevivido más de veinte, dispersos entre Europa y América y que este año han logrado reunirse en la Exposición de Beatos de Europalia 1985. Las miniaturas que ilustran los pasajes son a toda página y también a doble página. El que se exhibe de la Biblioteca Nacional de Madrid está enriquecido con noventa y ocho miniaturas; fue compuesto para los reyes de León, Fernando y Sancha, por Facundus. La ilustración tiene toda la fuerza y la belleza de la tradicción leonesa. Las disposiciones cromáticas en bandas de vibrantes colores, la gracia y delicadeza de los trazos y sobre todo la sorpresa constante, la imaginación que preside cada una de las composiciones, hacen de él una pieza única y representativa de la miniatura española medieval.

La comparación de las dos visiones del galope de esos Cuatro Jinetes —Hambre, Muerte, Peste, Guerra— que tuvieron Beatus y cuatro siglos más tarde Alberto Durero (Cat n.º resulta sorprendente: en el códice la violencia de la visión la proporcionan los colores de las bandas —con un sabio juego cromático de colores fríos y calientes (azul, amarillo, naranja, ocre) sobre las que cabalgan los jinetes dos a dos; en Durero la fuerza del color queda más que compensada por el vigor del dibujo, por la trayectoria oblicua que van a recorrer los caballos imparables bajo cuyas patas se revuelven los contemporáneos del propio grabador. La visión de Beatus está distanciada de su propia realidad, la de Durero inmersa en su momento «hic et nunc».

Bibliografía
M. SANDERS, J. NEUSS, n. 9, fig 1, 2, 12, 17, 55, 72, 84, 93, 99, 116, 161, 165, 176, 182, 189-191, 198, 199, 201, 208, 215, 219 y 224. DE-LISLE, n. VII. RAMSAY, n. 9. BLÁZQUEZ, N. 6. DOMÍNGUEZ BORDONA: *Catálogo*. pp. 31 y 177 lám. 13 y 17. DOMÍNGUEZ BORDONA: *Mss. con pinturas*. I, n. 890, fig. 289-290. MILLARES: *Mss. visigóticos*, n. 58. VÁZQUEZ DE PARGA, n. 8. MARÍN, n. 11. MUNDO-SÁNCHEZZ MARIANA, n. 13. G. LOEWE., W. V. MARTEL: *Bibliotheca patrum latinorum hispaniensis*, Wien, 1887, pp. 379-380. M. DE LA TORRE, P. LONGÁS, *Catálogo de los códices latinos... Bíblicos*, n. 53, pp. 204-232. CHURRUCA: *Influjo oriental...*, pp. 105-106 y 134. G. MENÉNDEZ PIDAL *Mozárabes y asturianos*, p 213-214. DOMÍNGUEZ BORDONA: «Ex-libris mozárabes», en *Archivo Español de Arte y Arqueología*, II, 1935, pp. 160-161, lám. X. *Beato de Fernando I y doña Sancha* (Texto de J M MORENO GALVÁN), Madrid, 1969, 10 lám. (Col. Gráficos Españoles, I). U. ECO: *Beato di Liébana, Miniature del Beato de Fernando I y Sancha...* Introduzione e note bibliografiche di LUIS VÁZQUEZ DE PARGA IGLESIAS, Parma, 1973. *Miniatures espagnoles et flamandes dans les collections d'Espagne*, Bruxelles, 1964, n. 12 lám. 4 y 5, II yIII. *Milenario Beato de Gerona* (Catálogo de la Exposición), Gerona, 1975, n. 5. M. A. SEPÚLVEDA GONZÁLEZ: «Sobre las miniaturas del Beato de Fernando I», en *Actas del XXIII Congreso Internacional de Hisotria del Arte. España entre ele Mediterráneo y el Atlántico. Granada, 1973*, Granada, 1976, I, p 477-487. G. DE ANDRÉS: «Nuevas aportaciones documentales sobre los códices Beatos», en*RABM*, LXXXI, 1978, pp.539-542. H. STIERLIN: *Le Livre de Feu*, Genéve, 1978. DÍAZ: *Códices... monarquía leonesa*, pp. 328-332. *Actas del Simposio...*, I, p. 172 (Díaz y Díaz); II, pp. 171-180 (Werckmeister). D. PERRIER: «Die Spanische Kleinkunst des 11. Jahrhunderts.», en *Aachener Kunstblätter*, 52, 1984, pp. 73-87.

15. **ARS** [moriendi Quamuis secundum philosophum] *Arte de bien morir*. [Confessionale: Interrogations et doctrinae] *Confesionario breve*. —[Zaragoza: Pablo Hurus y Juan Planck, c. 1480-84].—[36]h. ; 4º

15. **ARS** *[moriendi «Quamuis secundum philosophum»] Arte de bien morir. [Confessionale: Interrogationes et doctrinae] Confessionario breve.* — [Zaragoza: Pablo Hurus y Juan Planck, c. 1480-84]. — [36] h.; 4.º.

27 lines per pa.—136 × 82 mm.—Gothic type l
size.—Small letters within the capitals.—Woodcut
illustrations.—Leather binding tooled in blind.

Real Monasterio de El Escorial

This incunabulum is a unique copy, an authentic bibliographic jewel from the library of the monastery of the Escorial. It was discovered by Father Benigno Fernández, librarian of the monastery, who informed Conrad Haebler of its Existence.

The *Ars Moriendi,* a text of foreign origin, had been published in Europe since 1475. Numerous editions in Latin, done mainly in Germany, and also translations to the vernacular German, French and Dutch are proof of the text's acceptance and demand and the interest of the church, in their reaching or many readers as possible as this Spanish edition shows; at the luginning of the text it states that the *Art of Dying Well* and the *Confessional* that accompanies it were translated in order to instruct and indoctrinate those who do not understand Latin. In the *Confessional* fols. 23-36) it says that this brief treatise contains many necessary and useful things to introduce the simple and ignorant to the way of salvation.

A woodcut (105 × 80 mm.) framed by a filleted border precedes each of the eleven chapters of the book. The composition is simple and attempts to resolve planes and perspectives are very naïve. The continuous line predominates over the broken one that would give it more plasticity. The woodcuts are obviously from the German school, which again shows that Spanish incunabula were dependent on outside sources for their illustration.

There is no integrated text-image relationship. The illustration is still subordinate to the text. The woodcuts depict the last possiblities open to the dying man. Devils represented as small beings with bat wings prowl around his death bed, and the beneficient presence of angels, Christ and saints offer him the road to salvation. The theatrical naïveté of the depictions was not comical to medieval man who connected them with the drama of salvation-condemnation typical of the times. It was a popular and informative book meant for the general public. The illustrations were done by an anonymous workshop craftsman. Although it is a genre of work without any artistic pretensions, each woodcut is a delightful and charming illustration.

Four editions were published is Spain: the one on exhibit here, another printed by Pablo Hurus in Saragossa, 1489, illustrated with ten woodcuts, of which only the copy in the Bodleian Library at Oxford is known (GW 2633, Haebler 37); and two editions in Catalan, Hurus in Saragossa in 1493, a copy of which is preserved in the Biblioteca de Catalunya in Barcelona [GW 2591, Haebler 37 (5)] and Nicolás Spindeler's edition published in Valencia in 1497 (GW 2592, Vindel, III, no. 69).

The *Ars Moriendi* has a typical Escorial binding dating from the time of Juan de París. He was the first book binder of French origin in the Escorial workshop. He

Sin sig. ni reclamos. — 27 lín. por h. — 136 × 82 mm. a línea tirada. — Letra gótica de un solo tamaño. — Minúsculas en los huecos de las capitales. — Grabados xilográficos. — Encuadernación piel.

Real Monasterio de El Escorial

Este incunable es un ejemplar único, auténtica joya bibliográfica perteneciente al fondo de la Biblioteca de El Escorial.

Fue descubierto por el padre Benigno Fernández, bibliotecario del Monasterio, quien facilitó el dato a Conrado Haebler.

Un grabado antecede al inicio de cada uno de los once capítulos en que se divide la obra. Son xilografías [105 × 80 mm.] enmarcadas por un filete; la composición es sencilla, los intentos de planos y perspectivas tienen una resolución muy ingenua, en el dibujo hay un predominio de la línea continua sobre las quebradas que le hubiesen dado más plasticidad. Son claramente grabados de escuela alemana que una vez más testimonian la dependencia de la ilustración de los incunables españoles.

La relación texto-imagen no está integrada, el grabado sigue siendo una adición al texto. Las xilografías visualizan las últimas posibilidades que se le ofrecen al moribundo: los demonios que merodean alrededor de su lecho —representados como pequeños seres con alas de murciélago—, y la presencia benefactora de los ángeles, Jesucristo y santos del cielo ofreciéndole una vía de salvación. La ingenuidad teatral de las representaciones sólo conectándola con el dramático sentido que salvación/condena tenían para el hombre del medievo puede no resultar cómica. Es por supuesto un libro dirigido al gran público, un texto popular y de divulgación de cuya ilustración se había hecho cargo un artesano anónimo de taller. Es una obra de género sin grandes pretensiones artísticas pero cada una de las xilografías resulta un delicioso grabado popular lleno de gracia.

El *Ars moriendi* es un texto de origen extranjero; se venía publicando en Europa desde 1475. Numerosas ediciones en lengua latina —principalmente realizadas en Alemania—, y también traducciones a lenguas vernáculas como alemán, francés, y holandés, demuestran la popularidad del texto, su aceptación y demanda y el interés que la Iglesia podía tener en que este tipo de obras alcanzasen al mayor número de lectores posible; esta edición española también lo evidencia: al comienzo del texto se declara que el *Arte de bien morir* y el *Confesional* que le acompaña se han traducido para que puedan servir de instrucción y doctrina a aquellos que no comprenden el latín; en el *Confesional* [fol. 23 a 36] se declara que este breve tratado contiene muchas cosas necesarias y provechosas para introducir a los simples e ignorantes en la vía de la salvación.

En España se hicieron cuatro ediciones: esta; la realizada por Pablo Hurus en Zaragoza en 1489, ilustrada con diez xilografías y de la que sólo se conoce el ejemplar de la Bodleian Library de Oxford [GW 2633, Haebler, 37]; dos ediciones en catalán, la de Hurus en Zara-

had come from Medina del Campo in 1576 to work for the monastery until 1580. His bindings are characterized by their light hazel leather with the escutcheon of the monastery tooled in blind on the top cover. The shield inscribed in a billet bears the grill, the symbol of St. Laurence topped by a crest. The edges are gilded.

Bibliography

GW 2593. — HAEBLER n.° 36 bis. — SANCHEZ, 11. — VINDEL, IV, 40-46. — BENIGNO FERNÁNDEZ: *Crónica de la Real Biblioteca Escurialense.* ciudad de Dios, LVI, 1901, p. 63. — *Bibliography of old Spanish Texts,* n.° 702. — P. E. RUSSEL AND D. M. ROGERS: A catalogue of Hispanic Manuscripts and Books before 1700 from the Bodleian Library and Oxford College Libraries. Oxford, 1962, p. 8 — GALLARDO, 424.

goza en 1943 de la que se conserva un ejemplar en la Biblioteca de Catalunya en Barcelona [GW 2591, Haebler 37 (5)] y la de Nicolas Spindeler en Valencia en 1497 [GW 2592, Vindel, III, n.° 69].

El *Arte de bien morir* tiene una encuadernación típica escurialense del período de Juan de París, primer encuadernador del taller de El Escorial, de origen francés, que vino de Medina del Campo hacia 1576 y trabajó para el monasterio hasta 1580. Las encuadernaciones realizadas por él se caracterizan por la utilización de la piel color de avellana claro con el escudo del monasterio estampado en seco en la tapa superior; el escudo lleva las parrillas símbolo de San Lorenzo sobremontadas por la corona, inscritas en una cartela. El canto está dorado.

Bibliografía

GW 2593. — HAEBLER n.° 36 bis. — SANCHEZ, 11. — VINDEL, IV, 40-46. — BENIGNO FERNÁNDEZ: *Crónica de la Real Biblioteca Escurialense.* ciudad de Dios, LVI, 1901, p. 63. — *Bibliography of old Spanish Texts,* n.° 702. — P. E. RUSSEL AND D. M. ROGERS: A catalogue of Hispanic Manuscripts and Books before 1700 from the Bodleian Library and Oxford College Libraries. Oxford, 1962, p. 8 — GALLARDO, 424.

16. CALILA E DIMNA

Exemplario contra los engaños y peligros del mundo.

/Emprentado en la ciudat de Caragoça: cô industria y exprêsas de Paulo Hurus, 30 de março de 1493 —[94]l.ill,; fol.
Sig.: a⁸, b-c⁴, d⁵, e-h⁶, i⁸, k-l⁶, m-n⁴, o-p⁶, q⁸.—Gothic type.—3 sizes.—40-42 lines.—Woodcut intials and illustrations.—Colophon.— Typographic mark.—Parchment binding.

Madrid, Biblioteca Nacional Inc. I-1994

Calila and Dimna is a collection of oriental tales of very remote antiquity and Indian origin. It was propagated through the Islamic, Byzantine and Christian worlds (in two versions), the Syrian one of 570 and the Arabic one of 750. The diffusion of the Arabic text was extraordinarily widespread and translations were made into other languages. The moral lesson of the book was made so much more palatable by the humor of the stories that the *Exemplario,* a book that warned its readers about the stones that paved the way to hell, became a best seller.

John of Capua, a Jewish convert who may have lived in Italy at the end of the 13th or begining of the 14th century translated the Hebrew text of the *Calila* written by Rabi Joel into Latin under the title *Directorium vitae humanae alias parabola antiquorum sapentium.* This Latin version was the source of both the 1483 German translation and the 1493 Spanish version printed by Pablo Hurus, the famous printer from Constance, Germany who had settled in Saragossa. Although a manuscript translation in Castilian had already been done in 1251, this edition of the *Exemplario* did not make use of the earlier source.

The book is a fine example of the art of illustrated books printed by Hurus during the incunabula period.

16. CALILA E DIMNA

Exemplario contra los engaños y peligros del mundo.—Emprentado en la ciudat de Çaragoça: cô industria y expêsas de Paulo Hurus, 30 de março de 1493.—[94] h. il.; fol.
Sig.: a⁸, b-c⁴, d⁵, e-h⁶, i⁸, k-l⁶, m-n⁴,o-p⁶, q⁸.—Letra gótica.—Tres tamaños.—40-42 Líneas.—Iniciales grabadas.—Xilografías.—Colofón.—Marca tipográfica.—Encuadernación de pergamino.

Madrid, Biblioteca Nacional Inc. I-1994

En los talleres de Pablo Hurus se imprime por primera vez la traducción del *Directorium vitae humanae alias parabola antiquorum sapientum,* versión latina del Calila e Dimna que había hecho Juan de Capua. Es esta una edición demostrativa de la labor que en libro ilustrado durante el período incunable hiciera el impresor de Constanza afincado en Zaragoza.

En la portadilla, enmarcado en un simulado rollo de pergamino, el título de esta anónima traducción *Exemplarios contra los engaños y peligros del mundo* que se destaca en letra gótica caligráfica. Dos manos señalan el título. Esta ineludible llamada de atención con la que se inicia la obra estará presente a todo lo largo de ella: las manecillas con función deíctica perseguirán la lectura hostigando al lector.

Al verso de la portada, una xilografía de clara factura germana muestra al sabio Sendebar presentando al rey Disles el libro. El marco de la acción es una arquitectura gótica de arcos conopiales que, al igual que los propios personajes, está totalmente alejada de cualquier referencia oriental que la conecte con el origen del texto.

El texto a línea tirada lleva intercalados numerosos grabados xilográficos ilustrativos. Todavía texto e imagen no están coordinados sino que se yuxtaponen en un intento de interrelación que aún necesitará años para lograrse.

The title of this anonymous tanslation, *Exemplarios contra los engaños y peligros del mundo,* stands out for its calligraphic Gothic lettering. Two hands point to the title. This unavoidable sign will be present throughout the entire book. The pointers throughout the text constantly call the reader's attention to the important passages.

On the verso of the title page a clearly German style woodcut shows the aged Sendebar presenting the book to King Disles. The setting is a Gothic archway which, like the characters themselves, is completely removed from any oriental reference that might link it with its textual origins. The woodcut illustrations are interspersed with the text which goes all the way across the page without interruption. Text and image are simply juxtaposed. It would take several years for the two to be harmoniously interrelated and coordinated.

Folio 1 contains a list of chapters, but there is no systematic table of contents. The book is not foliated and only the typographic signatures establish the order of the quartos.

The printer successfully combined the purpose with the physical presentation of the work. The predominant didactic tone of the text is captured in the layout. The size of the letters, the printed space that respects the margins and the hands that point to the text and have an allusive maxim hanging on a chart, all create a centripetal movement that forces the eye to concentrate on the subject matter without distraction. As whole, these graphic and typographic devices hold the reader's attention without distracting him from the essential didactic intent.

The 117 woodcut illustrations that lighten the strain of this guided lecture are incorporated into the text itself. Designed to instruct and delight, the illustrations not only give the reader a breath of fresh air but they also provide him with a symbolic image to help him retain the contents of the text. Together, the written and graphic elements reinforce the message.

There is a considerable difference between the woodcuts inserted in the text and the initial illustration. This is because 15th century printers depended largely on foreign models for their illustrations. Either they used the foreign woodblocks directly or they were copied in Spain. It is obvious that the illustrations of the *Exemplario* were done by two different artists. The carving of the initial woodcut is much more delicate and of better quality than the ones accompanying the text.

Hurus' first edition was so successful that a second edition followed shortly afterward on April 15, 1494, according to the colophon. Fadrique de Basilea published another edition in Burgos in 1498. The *Exemplario* was still popular reading throughout the 16th century, and it went through seven editions published in Saragossa in 1509, 1515, 1521 and 1531 by Jorge Coci, and in 1547 by Bartolomé Nájera; other editions came out in Seville in 1534, 1537 and 1547 by Juan Cromberger and in 1546 by Jacobo Cromberger.

En el folio [7] va una relación de los capítulos que contiene la obra, pero no hay ningún sistema establecido para la búsqueda: el libro no tiene paginación y sólo la presencia de signaturas tipográficas establece el orden de cuadernos.

El impresor supo trasladar muy bien el propósito de la obra a la presentación física de la misma: el didactismo que preside el texto está plasmado en la maquetación que se hizo de él en el taller de imprenta. El tamaño de la letra, la mancha tipográfica respetuosa de los márgenes y las manos bibliográficas que no sólo señalan el texto sino que además llevan colgando en una cartela una sentencia alusiva, crean un movimiento centrípeto que obliga a enfocar la vista sin ninguna distracción. Toda esta serie de mecanismos gráficos y tipográficos contribuye a alejar cualquier intento de dispersión, de distracción en el que el lector pudiese incurrir.

Las ciento diecisiete xilografías que alivian la tensión de una lectura tan pautada están sin embargo maquetadas dentro del propio texto; en la línea del instruir deleitando los grabados se incorporan para dar un respiro al lector, pero también para llevarle una imagen simbólica que le ayude a fijar el contenido. Hay pues un refuerzo en la emisión del mensaje: el escrito y el gráfico.

Entre las xilografías intercaladas que van con el texto y la primera con que se presenta la obra hay grandes diferencias. Esto evidencia la forma en que se trabajaba en los talleres de imprenta españoles del siglo XV, donde todo lo relativo a la ilustración de libros dependía en gran parte de modelos extranjeros, ya fuese utilizando directamente los tacos procedentes de otros países, ya fuese copiándolos aquí. Los grabados del *Exemplario* proceden de dos artistas diferentes: la talla del grabado de presentación es mucho más fina y rica que las que ilustran el cuerpo de la obra.

El libro de *Calila e Dimna* es una colección de cuentos orientales de origen indio de muy remota antigüedad que se difundió a través del mundo islámico, bizantino y cristiano a través de dos versiones, la siriaca del año 570 y la árabe del año 750. La difusión del texto árabe fue extraordinaria y a partir de ella se hicieron traducciones a otras lenguas.

Juan de Capua, judío converso que se supone vivió en Italia a finales del siglo XIII o principios del XIV, hizo una traducción latina de un texto del Calila en hebreo que había hecho Rabí Joel. El *Directorium humanae vitae alias parabola antiquorum sapientientium* fue la fuente de la que derivaron por un lado la traducción al alemán, impresa en 1483, y por otro la versión al castellano que imprime Hurus en 1493.

Aunque existía en romance castellano una traducción manuscrita hecha en 1251, la edición del *Exemplario* se hizo sin tener en cuenta este texto.

Del éxito que tuvo esta edición princeps da idea el que al cabo de poco tiempo el propio Hurus la volviese a imprimir —el 15 de abril de 1494, según el colofón, salía la segunda edición— y que Fadrique de Basilea sacase

Bibliography

GARCÍA ROJO, n.º 1.053.—H AEBLER, n.º 340.—SIMON DÍAZ 115 n.º 1.185.—J. M. SÁNCHEZ. *Bibliografía zaragozana del siglo XV*. Madrid, 1908, n.º 37.—F. VINDEL. *El arte tipográfico en España durante el siglo XV*, Madrid, 1945-51. IV.—F. R. GOFF. «An undiscribed edition of Johane's Capua's Exemplario contra los engaños del mundo». *Gutenberg-Jahrbuch*, 1960, p. 153.—*Bibliographie of old Spanish Texts*, n.º 2.048.—ISIDORO MONTIEL «Un incunable desconocido: el libro de Calila e Dimna en la segunda edición castellana del Exemplario contra los engaños y peligros del mundo». *Bol. Menéndez Pelayo*, XXXIX, 1963.

en 1498 otra en Burgos. Durante el siglo XVI el *Exemplario* siguió siendo una lectura favorita y se hicieron hasta siete ediciones, unas en Zaragoza en 1509, 1515, 1521 y 1531 por Jorge Coci y 1547 por Bartolomé Nájera, y otras en Sevilla por Juan Cromberger en 1534, 1537 y 1541 y por Jacobo Cromberger en 1546.

La lección moral del libro quedaba tan amenizada por la gracia de los cuentos que el *Exemplario* fue una lectura de gran popularidad con la que se ponía en guardia a la gente contra todas las piedras que forman el camino del infierno.

Bibliografía

GARCÍA ROJO, n.º 1.053.—HAEBLER, n.º 340.—SIMÓN DÍAZ 115 n.º 1.185.—J. M. SÁNCHEZ. *Bibliografía zaragozana del siglo XV*. Madrid, 1908, n.º 37.—F. VINDEL. *El arte tipográfico en España durante el siglo XV*, Madrid, 1945-51. IV.—F. R. GOFF. «An undiscribed edition of Johane's Capua's Exemplario contra los engaños del mundo». *Gutenberg-Jahrbuch*, 1960, p. 153.—*Bibliographie of old Spanish Texts*, n.º 2.048.—ISIDORO MONTIEL «Un incunable desconocido: el libro de Calila e Dimna en la segunda edición castellana del Exemplario contra los engaños y peligros del mundo». *Bol. Menéndez Pelayo*, XXXIX, 1963.

17. CORDIALE

De quatour novissimis /rasladado por... Goncalo García de Sancta María.—En Çaragoça: por industria & costa de Paulo Hurus, 1494.—[67]l., [2]l.: il; 4°
a-g⁹, h2-7, i⁵.—Gothic lettering in 2 sizes.—31 lines.—Woodcut illustrations and initials.—Typographic shield.—Tooled leather binding.

Madrid, Biblioteca Nacional, I. 522

The *Quatour Novissimus,* most commonly know as *Cordial,* was very popular during the last part of the Middle Ages when it was considered an excellent book to prepare oneself for a pious death. This book is in line with the prevalent idea at that time that life is only transitory and leads to death.

This book, attributed to several aythors (Dionisius the Carthusian, Gerardus de Groot, Henricus de Hassia and Gerardus and Johannes de Vlieerhoven), opens with a half title with the title in Latin.

It is divided into four parts or *postrimerías* (the last stages of man) corresponding to Death, Hell, the Last Judment and Heaven, each of which is headed by a running title. Each text starts at the recto or verso of a page. The index on the verso of the last page consists of a simple list in which the epigraphs still do not have any specific reference to the page on which they appear. The colophon on the recto after the end of the index gives the name of the translator of the work, Gonzalo de Santa María, a Saragossan, an illustrious member of the Council of Basil and professor at the University of Salamanca. After the printer's mark the book concludes with the motto, 'Ultimus ad mortem postmonia fata recursus'. The typographic signatures are the book's only reference marks. This copy is incomplete; pages 1 and 8 are missing.

Paulo Hurus was the Spanish printer of incunabula who produced the largest number of illustrated books. In his Saragosa printshop he set up a woodcut to copy

17. CORDIALE

De quatuor novissimis / trasladado por... Gonçalo García de Sancta María.—En Çaragoça: por industria & costa de Paulo Hurus, 1494.—[67]h., f[2] h. en bl.: il; 4.°
a-g⁸, h2-7, i⁵.—Letra gótica, a dos tamaños,—31 líneas.—Iniciales grabadas.—Xilografías,—Escudo tipográfico.—Encuadernación piel con hierros.—

Madrid, Biblioteca Nacional I. 522

Una portadilla con el título en latín da comienzo a este libro que ha sido atribuída a varios autores, Dionisio el Cartujano, Gerardus de Groot, Henricus de Hassia y Gerardus y Johannes de Vlieerhoven.

La obra se divide en cuatro partes correspondientes a las postrimerías de la muerte, el infierno, el juicio y la gloria. Un titulillo destaca el comienzo de cada postrimería; cada texto inicia recto o verso de hoja. El índice del libro va en el recto de la última hoja; se trata de una tabla aún muy poco elaborada donde todavía los epígrafes van sin correspondencia de página; en el verso, finalizado el índice, va el colofón donde se cita al traductor de la obra, Gonzalo García de Santa María, zaragozano, ilustre miembro del Concilio de Basilea y catedrático de la Universidad de Salamanca. Tras la marca de Paulo Hurus una frase lema cierra la obra: «Ultimus ad mortem post omnia fata recursus».

Las signaturas tipográficas son la única marca de ordenación del libro. Este ejemplar está incompleto, faltan las hojas sig. h.1 y h.8.

Paulo Hurus es el impresor español que más libros ilustrados produjo. En su imprenta de Zaragoza montó un taller xilográfico para retocar matrices procedentes de Alemania, donde se habían utilizado para otras ediciones, o copiar estampas. De ese taller anónimo en que artesanos españoles y germánicos trabajaron juntos salieron las ilustraciones de esta obra.

Cuatro xilografías a toda página ilustran la obra.

BEATUS OF LIÉBANA. *Commentaries on Apocalypse.* 1047. *Vit. 14-2.*

BEATO DE LIÉBANA. *Comentarios al Apocalipsis.* 1047. *BN Vit. 14-2.*

Cordiale. Zaragoza: Hurus, 1494. *BN I-522.*

woodblocks or touch up the matrixes which had come from Germany where they had been used for other publications. The illustrators of this book came from this anonymous workshop where German and Spanish craftsmen worked together.

Four full-page woodcuts illustrate this work. They are placed before each *postrimería* and visualize their contents: Death with a coffin under one arm and a dart in the other stands in a field covered with skulls dressed as they were in life with tiaras, mitres, cardinal's hats, royal crowns…; the Last Judgment where, at the sound of trumpets the dead leave their tombs while God, surrounded by saints, watches the scene from his throne; Hell where, inside Satan's jaws, the fallen angels torment their victims. Heaven where God, in an urban landscape, reignns among the righteous.

This popular book was printed continually from 1471 in Speyer to 1499 in Saragossa. The number of editions, not only in Latin but also in several vernacular lan-

Preceden a cada una de las postrimerías y visualizan su contenido: la muerte, con un ataúd bajo el brazo y un dardo en la otra mano se yergue sobre un campo lleno de calaveras caracterizadas por lo que fueron en la otra vida —tiaras, mitras, capelos cardenalicios, coronas reales—; el juicio, en el que al sonar de las trompetas los muertos salen de las fosas mientras el Señor, rodeado de santos, contempla desde su trono la escena; el infierno, donde dentro de las fauces del demonio los ángeles caídos someten a toda clase de torturas a las víctimas; la gloria, en la que Dios entronizado reina entre los justos en mitad de un paisaje urbano.

Los Cuatro Novísimos, conocido comúnmente como *Cordial,* fue una lectura muy popular durante la última parte de la Edad Media, en que se consideró un libro excelente para prepararse a bien morir. La obra conectaba con ese sentido de la vida como tránsito hacia la muerte tan patente en aquel momento. Del arraigo de esta lectura da idea el que la imprenta se hizo cargo de este tex-

guages, shows the printer's desire to take advantage of a wide readership and a profitable market. The work was translated into German, Dutch, French, English, Spanish and Catalan by well known translators such as Thomas Le Roy, Gonzalo de Santa María and Bernat Vallmanya in the 15th century.

The *Cordial* continued to be popular during the 16th century and another great Spanish printer, Miguel de Eguía, reprinted the translation published by Hurus.

Bibliography

GARCÍA ROJO, n.° 617.—COPINGER, n.° 1.789.—HAEBLER, n.° 231.—GESAMTKATALOG, n.° 7.539.—L. CUESTA GUTIÉRREZ. «Incunables con grabados de la Biblioteca Nacional de Madrid». *Gutenberg-Jahrbuch, 1935,* p. 74.—GALLARDO, n.° 2.313.—SALVÁ , n.° 3.876.—J. M. SANCHEZ:*Bibliografía zaragozana del siglo XV,*n.° f42.

to no de una forma puntual sino continuada desde 1471 en Speyer hasta 1499 en Zaragoza. El número de ediciones no sólo en latín sino también en lenguas vernáculas es un claro índice de la voluntad de difusión del texto por una parte y del buen mercado que para él existía: traducciones al alemán, al neerlandés, al francés, al inglés, al castellano y al catalán. Thomas Le Roy, Gonzalo de Santa María y Bernat Vallmanya son los tres traductores conocidos de textos del *Cordial* impresos en el siglo XV.

Durante el siglo XVI el *Cordial* siguió siendo un libro de venta, y esta traducción que imprimió Hurus la volvió a sacar otro gran impresor español, Miguel de Eguía.

Bibliografía

GARCÍA ROJO, n.° 617.—COPINGER, n.° 1.789.—HAEBLER, n.° 231.—GESAMTKATALOG, n.° 7.539.—L. CUESTA GUTIÉRREZ. «Incunables con grabados de la Biblioteca Nacional de Madrid». *Gutenberg-Jahrbuch, 1935,* p. 74.—GALLARDO, n.° 2.313.—SALVÁ , n.° 3.876.—J. M. SANCHEZ:*Bibliografía zaragozana del siglo XV,*n.° f42.

---

18. ANTICHRISTUS

Libros del Antixpô y judicio final o postrimero con el sermon de señor San Vicente Bienaventurado. —Emprentados en la... cibdad de Burgos: por maestre Fadrique alemâ de Basilea, 1497.—[124]ll.: ill.; 4°
Sig. a-n⁸, A-B⁸, c⁶.—Gothic lettering in two sizes.—28 lines.—Woodcut initials and illustrations.—Colophon.—Typographic mark.—Parchment binding.

Madrid, Biblioteca Nacional. I-543.

The idea of the Antichrist arose during the Middle Ages as a powerful political and historical reinforcement during times of crisis. Toward the end of the 12th century Joaquín de Floris predicted that a third era of the Holy Spirit would begig in 1260 and his followers identified the Antichrist with Frederic II. Later others saw it in the heads of the church, Popes Boniface II and John XXII. It was common for rivals, including popes and emperors, to accuse each other of being Antichrists.

The Antichrist was also involved in political and religious controversies. Ecclesiastic corruption reinforced this idea in those religious convents oriented towards the spiritual reform of the church in Germany. Before the Reformation the belief in the Antichrist was at its height as is demonstrated by the numerous incunabula, woodcuts paintings and drawings that were inspired by the Apocalypse.

There was a great interest in the date of the coming of the Antichrist, his image and the signs that would precede him such as plagues, hunger, war and all kinds of disaters. In their sermons preachers set people on their guard throughout the 14th and most of the 15th century; much of the sacred oatory of this period was devoted to the subject.

The translation of the *Book of the Antichrist* in Spanish was done by Martínez de Ampiés, an Aragonese born around the middle of the 15th century in Sos. Known for his political and military talents as well as his culture

18. ANTICHRISTUS

Libros del Antixpô y juicio final o postrimero con el sermón de señor San Vicente Bienaventurado.—Empentados en la... cibdad de Burgos: por maestre Fadrique alemâ de Basilea; 1497.—[124]h.: il.; 4.°
Sig.: a-n⁸, A-B⁸, C⁶.—Letra gótica, a dos tamaños.—28 líneas.—Iniciales grabadas.—Xilografías.—Colofón.—Marca tipográfica.—Encuadernación de pergamino.

Madrid, Biblioteca Nacional. I-543.

La traducción del *Libro del Anticristo* al castellano la había realizado Martínez de Ampiés, aragonés nacido a mediados del siglo XV en Sós, varón destacado por sus prendas políticas y militares y por sus estudios y erudición, que participó activamente en el círculo intelectual formado alrededor del taller de imprenta de Pablo Hurus en Zaragoza. Para él vertió al castellano obras como el *Viaje a Tierra Santa,* de Breidenbach; el *Libro de Albeitería,* de Manuel Díez, el *Libro del Anticristo* y las *Epístolas contra los errores de los judíos,* de Samuel Rabí. Estas dos últimas obras las había impreso Hurus el año anterior a esta edición de Fadrique de Basilea.

A este ejemplar le faltan la portada, en la que bajo una gran xilografía va el título *Libro del Anticristo,* y el folio primero. El texto de la obra ocupa hasta el folio 54 v., siguen el *Libro del juicio postrimero* [folio 56 r. a 104 v.] y el *Sermón de Sant Vicente* [folio 105 r. a 125 r.]

El libro va ilustrado con numerosas xilografías intercaladas en el texto y a toda página. Los grabados a toda página: la resurección de los muertos [f. 55 v.], el triunfo de la muerte [f. 125 v.] y La gloria de Dios [f. 126 r.] son tres de los cuatro grabados con los que se ilustra el *Cordial* que Hurus había impreso en Zaragoza en 1494 (Cat. núm., 17). Esto refleja el estado de la ilustración de libros durante el período incunable, la falta de unos talleres de artistas autóctonos con capacidad de diseño y producción propios y la dependencia a la que los

and erudition, he actively participated in the intellectual circle formed around Pablo Hurus' printing house is Saragossa. For Hurus he translated such works as *Viaje a Tierra Santa* (Journey to the Holy Land) by Breidenbach, the *Libro de Albeitería* (Book of Veterinary Medicine) by Manuel Díez and the *Epístolas contra los errores de los judíos* (Epistles) *agaihts the Errors of the Jews* and the *Book the Antichrist* by Samuel Rabí. These last two books had been printed by Hurus a year before they were published by Fadrique de Basilea.

Both the title page, which contained a large woodcut, and the first folio are missing. The text of the *Libro del Anticristo* ends at folio 54v, the *Libro del juicio postrimero* goes from fol. 56r. to 104v, and the *Sermón de San Vicente* from 105r to 125r.

According to legend, the Antichrist was a devil, which is the usual way he is depicted in woodcuts, or a man through which Satan spread his power. The book is illustrated with full-page woodcuts and others inserted in the text. The full-page woodcuts, Resurrection of the Dead (fol. 55v), the Triumph of Death (fol. 125v) and the Glory of God (fol. 126r) are three of the four woodcuts that illustrated the *Cordial* printed by Hurus in Saragossa in 1494 (see no. 17. of catalog). This fact shows the state of book illustration during the incunabular period, the lack of independent artists workshops capable of executing and producing their own designs and the dependence of printers on each another when it came to undertaking this type of edition.

The woodcuts, however primitive, are very expressive. They convey the graphic image of the mythical Antichrist to the reader very vividly. The figure depicted here takes on the shape of a devil with cloven hoof and bat wings to show the reader the warning sings that precede the Last Judgment.

Because of the size of the book, as well as the large number of illustrations, it is obvious that it was meant for people who could not read very well. It was a book of propaganda to popularize certain pseudoreligious ideas and all the horible warnings in the text were reinforced by the accompanying illustrations.

The book printed by Fadrique de Basilea included the work of Vicente Ferrer, one of the most representative figures in the struggle of the Catholic Church against heresy. Also included was Martín Martínez de Ampiés translation of the *Epistle agaihts the Errors of the Jews* that is missing in this copy. The printer published a miscellany to come to the aid of a church concerned with combating subversive beliefs.

Bibliography:

GARCÍA ROJO, n.º 132.—HAIN n.º 1152 a.—HAEBLER N.º 17.—PELLE- CHET n.º — 810.—GESAMTKATALOG n.º 2059.—VINDEL, VIII, 139-156.—*Bibliography of old Spanish Texts,* n.º 1940.

impresores se veían sometidos a la hora de emprender este tipo de ediciones.

Las xilografías dentro de su primitivismo tienen una gran expresividad: se busca llevar al lector la imagen gráfica del mítico Anticristo representado aquí en forma de demonio, con pezuñas de cabra y alas de murciélago, y de mostrarle las señales que precederán al Juicio Final.

Tanto por el tamaño de la letra como por la abundancia de ilustraciones se capta que la obra iba destinada a un público con una no muy fluida capacidad de lectura, que éste era un libro de propaganda y divulgación de ideas pseudorreligiosas y que el tremendismo que pronosticaba el texto se reforzaba con la plasmación gráfica que le acompaña.

La idea del Anticristo se había desarrollado durante la Edad Media reforzada como poderoso factor político e histórico durante la crisis. Hacia finales del siglo XII, Joaquín de Floris predijo que empezaría una tercera edad del Espíritu Santo en 1260 y sus seguidores identificaron al Anticristo con el emperador Federico II. Más tarde, otros vieron en la cabeza de la Iglesia, los papas Bonifacio VII y Juan XXII, la representación de esta figura. Se volvió frecuente que los rivales, incluidos emperadores y papas, se calificasen mutuamente de Anticristos.

El Anticristo estaba, pues, presente en la controversia política y religiosa. En los conventos religiosos orientados a la Reforma espiritual de la Iglesia, la corrupción eclisiástica vino a reforzar la idea. Antes de la Reforma la creencia en el Anticristo estaba en pleno auge en Alemania como demuestran los incunables, las xilografías, cuadros y dibujos que buscaban su inspiración en el Apocalipsis.

Siguió existiendo un gran interés por la fecha de llegada del Anticristo, su imagen, los signos que precederían: peste, hambre, guerras, y todo tipo de desastres. Los predicadores lanzaron sus sermones para poner en guardia al pueblo; a lo largo del siglo XIV y del XV gran parte de la oratoria sagrada estuvo dedicada a este tema.

En el impreso de Fadrique de Basilea se incluye también la obra de uno de los personajes más representativos de la lucha de la Iglesia católica contra la herejía, Vicente Ferrer. Con ella iba la traducción que Martín Martínez de Ampies hizo de la *Epistola contra los errores de los judíos* —que falta en este ejemplar—. El impresor editó un libro misceláneo al servicio de una Iglesia preocupada por combatir las creencias ajenas.

Bibliografía

GARCÍA ROJO, n.º 132.—HAIN n.º 1152 a.—HAEBLER N.º 17.—PELLE- CHET n.º — 810.—GESAMTKATALOG n.º 2059.—VINDEL, VIII, 139-156.—*Bibliography of old Spanish Texts,* n.º 1940.

19. BIBLE: DÜRER'S APOCALYPSE

Apocalypsis cum figuris.——Impressa Nurnberge
Albertum Dürer pictorê,1498,—[16]l.: i.; fol.
2 cols.—62 lines.—Gothic type 110ß.—16 woodcuts
400 × 290 mm.
Spaces for capitals with guide letters.—Tooled leather
binding.—

Madrid, Biblioteca Nacional, I.1

One of the most important works in the history of
book illustration, Durer's volume opens with a half title
bearing the words 'Apocalysis cû figuris'. The title is a
woodcut in Gothic letters with decorated capital and calligraphic embellishments. Each woodcut is on the recto
and the text is on the verso.

The text begings with St. Jerome's preface to the
Apocalypse (fol. 1v) and continues with the text of St.
John (fols. 2v-15v). The colophon appears at the end of
the text (fol. 15v).

The work contains fifteen woodcuts (400 × 290
mm.), each with the anagram 'AD' at the bottom of the
illustration. The first woodcut shows the Martyrdom of
St. John the Evangelist in which the saint suffers martyrdom with resignation against a typical urban German
background. This landscape is not at all reminiscent of
Rome or the Porta Latina. The other fourteen woodcuts
illustrate the text. In the second woodcut St. John kneels,
hands clasped in prayer between two of the seven can-
dlesticks. His hands are the hands of the young Dürer.
The third depicts the Vision of Christ Enthorned,
suspended over one of the most beautiful landscapes in
the book. Next comes the furious gallop of the Four
Horsemen, one of the woodcuts that has had a great impact on later artists from Cranach to De Chirico in painting and Vicente Blasco Ibañez in literature. The fifth, the
Rain of Stars and the flight to the caves also had an enormous influence on others and was copied in paintings
and stained glass windows of cathedrals. In the sixth
woodcut the Truce of God, Dürer himself is in the first
row of the righteous wanting to receive the protective
seal, with his incredible hands joined in prayer. The eagle
cries 'Woe' three times as the fifth angel's trumpet
sounds and another scatters the embers of the censer over
the world while flames rise over a typically German city.
The Exterminating Angles of the eighth engraving are
perhaps the most striking illustrationd in the book. The
Mighty Angel is the subject of the ninth woodcut in
which John takes the book from the strange being. The
Apocalyptic Woman is the subject of the tenth. In the
eleventh St. Michael and the three angels cast a nest of vi-
pers from the sky into an idyllic landscape. In the twelfth
the Two Beasts, the one that rises from the earth and
the one that rises from the sea, attract the attention of
mankind while the Lord with a scythe presides over the
harvest from a cloud. In the Chosen before the Lamb an
angel is explaining to St. John about the blessed with the
palms. The subject of the thirteenth woodcut, the Baby-
lonian Whore, has also been reproduced in later paint-

19. BIBLIA. N. T. APOCALIPSIS

Apocalipsis cum figuris.—Impressa Nurnberge
Albertum Dürer pictorê, 1498.[16]h.: il.; fol.
A dos columnas, 62 líneas.—Letra gótica 110 [b].
—Xilografías en el verso de las hojas.—Espacios para
capitales con letras guía.—Encuadernación, piel con
hierros.

Madrid, Biblioteca Nacional I.1

Una portadilla con la indicación del título *Apocalipsis cû figuris* inicia el libro. El tratamiento del título, grabadas las letras góticas en madera y con la capital adornada y rasgos caligráficos embelleciendo al resto, es la decoración con la que se inicia uno de los libros ilustrados
más importantes.

La composición del Apocalipsis se basa en la utilización de los rectos de los folios para los grabados y los
versos para el texto.

El texto se inicia con el prefacio de San Jerónimo al
Apocalipsis [f. 1 v.] y sigue con el texto de San Juan
[f. 2 v. a f. 15 v.]. El colofón figura al final del texto en
el folio 15 v.

La obra está ilustrada con quince xilografías de
400 × 290 mm., el anagrama «AD» figura la pie de cada
una de ellas. El primer grabado es el martirio de San
Juan, en el que el santo sufre con resignación el martirio
sobre un fondo en el que se vislumbra un paisaje urbano
muy alemán que en nada recuerdan a Roma ni a la Porta
Latina. Las otras 14 xilografías son ya la ilustración del
texto del Apocalipsis, en el segundo grabado San Juan
reza arrodillado entre dos de los siete candelabros, sus
manos unidas en plegaria son las propias manos de Durero joven. En el tercer grabado se presenta la visión del
Trono suspendido sobre uno de los más bellos paisajes
que figuran en la obra. El furioso galope de los Cuatro
Jinetes, uno de los grabados de esta obra que más impacto ha tenido en artistas posteriores desde Cranach a
De Chirico en pintura y a Vicente Blasco Ibáñez en literatura, es la cuarta xilografía. La lluvia de estrellas y la
fuga a las cavernas son el tema del quinto grabado que
también tuvo una enorme influencia y fue una composición copiada en cuadros y vidrieras de catedrales. En el
sexto grabado, la tregua de Dios, está el propio de Durero en la primera fila de justos que van a recibir la marca
de la preservación con sus incomparables manos unidas
en actitud orante. El águila grita tres veces «desgracia»,
mientras suena la trompeta del quinto Angel y otro arroja sobre la tierra la brasa del incensario, las llamas se elevan sobre una villa típicamente alemana; es el séptimo
grabado. Los ángeles exterminadores del octavo grabado son tal vez el grabado más fuerte del libro: su disposición centrífuga realza el impulso que se imprime a su
acción. El Angel Fuerte es el tema del noveno grabado,
San Juan toma el libro de las manos de un extraño ser.

La mujer encinta en el décimo. San Miguel y los tres
ángeles lanzan desde el cielo un nudo de víboras sobre
un paisaje idílico en el undécimo. Las dos bestias, la que
surge del mar y la de la tierra, atraen la atención de la

ings. In the next to last illustration the Great Harlot rides out of the sea to offer her cup of obscenities. She wears a Venetian style headdress and bears a cup in the style of German gold work. From a precipice the angel shows St. John the New Jerusalem, a German city nestled in a wooded valley. The forces of evil have been defeated and the devil is falling into a bottomless pit. The last woodcut shows the end of the battle; only the flight of a bird disturbs the calm sky.

Fine-grained, resistent pearwood was often used for woodblocks. it is likely that the woodcuts were not done by Dürer himself, but the artist drew the scenes on the woodblock and supervised the execution of the work himself. The conception of the drawing is still very Gothic. The artist's trip to Venice, reflected in later works such as the Large and Small Passions, can only be seen here in small details of the shell tympanum and double windows appearing in the architecture.

The *Apocalypse* or, as the artist called it, 'The Great Book,' made him famous at the age of twenty-six. Dürer, the godson of a magnificent printer, Anton Koberger, was familiar with the eight woodcuts of the 1483 illustrated edition of the Bible printed by his godfather. These woodcuts were mediocre copies of the ones in the earlier edition by Quentell in Cologne. He retained certain details of the Cologne Bible that hadn't appeared in earlier woodcuts. Nevertheless, he omitted scenes which had always appeared in the manuscripts of the Apocalypse such as the angels emptying the cups of wrath or the Lord pressing the grapes.

From 1500 on Dürer had a monopoly on the Apocalypse. He inspired the stained glass of French cathedrals, Italian artists admired his woodcuts and Erasmus himself wrote of his admiration. In the words of Emile Mâle, Dürer took over the Apocalypse as Dante took over hell. His woodcuts that appeared in the 1522 *Septembertestament* (Luther's new testament) were not a monopoly of the Protestant Reformation. They crossed frontiers to influence artist's idea of the end of the world throughout europe.

The first edition in German was folowed by another in Latin. Both were published ind the same year in Anton Koberger's shop. Dürer the publisher also undertook the comercial distribution of this exceptional book.

The copy on exhibition has been restored. The covers of the leather-bound book are tooled in blind rectangulas ornamental borders. The ribs are raised and the lettering panel bears the stamped title 'Apocalypse'. It is a modern binding in the style of the original.

Bibliography

GARCÍA ROJO, n.º 355.—PELLECHET, n.º 4536.—*British Museum*, p. 445.—*Campbell Dodgson's Catalogue of Early German and Flemish woodcuts in the British Museum*, I, p. 261.—F. VAN DER MEER.. *L'Apocalypse dans l'art.* Chêne (1978).

humanidad mientras el Señor preside la cosecha desde una nube con la hoz en la mano; es el grabado número 12. Los elegidos ante el Cordero: un ángel explica a San Juan quienes son los bienaventurados con palmas, el motivo del grabado decimotercero ha sido también reproducido en pinturas posteriores. Montada sobre la bestia salida del mar cabalga la Gran Prostituta ofreciendo la copa de la lujuria, lleva toca veneciana mientras que el vaso que ostenta es una pieza de orfebrería alemana, es la penúltima xilografía. Desde un precipicio el ángel muestra a San Juan la Jerusalén celeste, es una villa alemana situada en un valle boscoso; las fuerzas del mal han sido vencidas y el demonio se hunde en un pozo; en el último grabado se representa el final de la lucha, sólo el vuelo de un pájaro irrumpe en un cielo en calma.

El material elegido para realizar las xilografías fue la madera de peral, fina y resistente. Se supone que el tallado sería realizado por otras personas, pero que Durero habría dibujado primero la madera y supervisaría la ejecución del trabajo. La concepción del dibujo es aún muy gótica; el viaje a Venecia, que se refleja en obras posteriores del artista, como La Gran Pasión y la Pequeña Pasión, solo se evidencia aquí en pequeños detalles como las ventanas geminadas y los tímpanos de concha que irrumpen en las arquitecturas.

La publicación del Apocalipsis, que el artista llamaba El Gran Libro, le dio la celebridad a los veintisiete años. Durero, ahijado de un magnífico impresor, Anton Koberger, había estado en contacto en el taller de su padrino con las xilografías la edición ilustrada de la Biblia de 1483 que contenía ocho xilografías que ilustraban el texto del Apocalipsis, los grabados eran copias mediocres de los empleados en la edición anterior de Quentell en Colonia. De las imágenes de la Biblia de Colonia se quedó con ciertos detalles que no figuraban en grabados de ciclos anteriores y los incorporó a sus dibujos, sin embargo, omitió escenas que nunca faltaban en los manuscritos en los que se representa el Apocalipsis: los ángeles que vacían las copas de la cólera, o el Señor prensando las uvas.

A partir de 1500 Durero tuvo el monopolio del Apocalipsis: los vidrieros de las catedrales de Francia se inspiraron en él, los artistas italianos adimiraban estas xilografías; el propio Erasmo elogiaba por escrito su trabajo. En palabras Emile Mâle Durero se apoderó del Apocalipsis como Dante del Infierno. Sus maderas, aparecidas en el Septembertestament de 1522 [el Nuevo Testamento de Lutero] no fueron monopolio de los protestantes y atravesaron las fronteras influenciando la concepción del fin del mundo de todos los artistas europeos.

A la primera edición en alemán siguió otra en latín realizadas en el mismo año y en el mismo taller de imprenta, el de Anton Koberger. Durero, que fue el editor, se encargó también de comercializar la venta de este libro excepcional.

El ejemplar expuesto ha sido restaurado. La encuadernación de piel está adornada con orlas rectangulares

de hierros en seco en las tapas. Los nervios están resaltados y labradas las entrenervaduras. Lleva un tejuelo grabado, «Apocalipsis». Es una encuadernación contemporánea en el estilo de la primitiva.

Bibliografía

GARCÍA ROJO, n.º 355.—PELLECHET, n.º 4536.—*British Museum*, p. 445.—*Campbell Dodgson's Catalogue of Early German and Flemish woodcuts in the British Museum*, I, p. 261.—F. VAN DER MEER.. *L'Apocalypse dans l'art.* Chêne (1978).

20. HORAE

Horae beate marie: secundû usum Romanum cum illius miraculis una cum figuris Apocalipsis post Biblie figuras insertis.—Impssû Paris.iiss: Simon Vostre, 1507. [105] l.; ill.; 8°.—Sign. a⁷, b − n⁸, +⁴.—Roman lettering.—Woodcuts.—Colophon.—Printer's mark.—Vellum.—Leather binding with gold tooling.

Biblioteca Nacional, R 8153

The value of this book, the *Horae Beate Marie,* is heightened by the very fine vellum on which it is printed in addition to the use of color and gold leaf which enriched the original woodcuts.

The printer's emblem on the title page covers almost the entire visual field. The ornamental border in

Book of Hours. Flandes. S. XV. *BN Vit. 25-5.*
Libro de Horas. Flandes. S. XV. *BN Vit. 25-5.*

20. HORAE

Horae beate Marie: secundû usum Romanum cum illius miraculis una cum figuris Apocalipsis post Biblie figuras insertis.—Impssû Parisiis: Simon Vostre, 1507.—[105] h.: il.; 8.°
Sig.: a⁷, b-n⁸, +⁴.—Letra romana.—Xilografías.—Colofón.—Marca de impresor.—Vitela.
—Encuadernación piel con hierros dorados.

Biblioteca Nacional R. 8153

Este impreso de las *Horas de la Virgen al uso de Roma* realza su valor por el material utilizado, una fina vitela, y por el uso del color y el pan de oro con el que se enriquecieron los grabados originales.

En la portada la enseña del impresor ocupa más de dos tercios del espacio visual. La orla en la que se inscribía ha quedado oculta por la arquitectura miniada que se hizo sobre ella. Los dos lebreles que sostienen el escudo que pende del árbol con las iniciales de Simón Vostre están situados sobre un delicioso paisaje que oculta el criblé original de la marca de la imprenta.

Al verso de la portada una explicación de un almanaque para veintiún años en francés. La letra empleada es gótica. El impreso sigue el juego tipográfico frecuente entre los impresores franceses del dieciséis de emplear gótica/romana para vernácula/latín. Sigue el calendario escrito en latín. El texto se inicia con el Apocalipsis en el f. 6 r. y sigue hasta el f. 101 v., en el que se encuentra el colofón. El último cuadernillo del libro —signatura ★ 4— es una edición de otro libro de horas impreso también en vitela con letra gótica.

El texto va inscrito en una orla historiada. Pequeñas escenas ilustran la narración: la vida de Cristo, la historia de José, la parábola del hijo pródigo, los signos del Juicio Final, la danza macabra, las sibilas, las virtudes y los vicios, escenas familiares, pastores y cazadores; a veces se combinan con elementos vegetales como el acanto, y muy puntualmente las orlas tienen una decoración de un claro gusto renacentista en la que los amorcillos juegan entre pebeteros [f. 76, 100]. Las escenas llevan un corto texto, una cita bíblica o una frase alusiva, en letra gótica; este texto va siempre en latín excepto en el oficio de los muertos, que está escrito en francés. Las escenas van inscritas en arcos de medio punto, rebajados y conopiales. La cabecera de la orla es una banda xilográfica vegetal o geométrica que se prolonga en los bordes interiores paralela a la costura; el pie y los bordes exteriores son los que llevan la decoración figurativa. La impresión visual buscada es la reproducción de un retablo, el

which it is inscribed is covered by the architectural miniatures that were made over it. Two grayhounds, holding a coat-of-arms that hang from a tree with the initials of Simon Vostre, are placed in a delightful landscape which covers up the original printer's mark.

On the verso of the title page there is an explanation of a twenty-one year almanac in French. Gothic type is used. Gothic and roman types are used in this book for vernacular and Latin, a style often used by 16th-century French typographers.

A calendar in Latin follows. The text begins with the Apocalypse on folio 6r and continues to folio 101v which contains the colophon. The book's last quire, signature +4 is an inset of another Book of hours also printed on vellum with Gothic type.

The text is inscribed in a historiated border. Small scenes illustrate the text itself: the Life of Christ, the Story of Joseph, the Parable of the Prodigal Son, the Last Judgment, Dance of Death, the Sibyls, Virtues and Vices, familiar scenes, shepherds and hunters. Sometimes these scenes are combined with plant motifs like acanthus leaves. Occasionally these border have a clear Renaissance style with cupids playing among censers (fols. 76, 100). The scenes are accompanied by a short text, a quotation from the Bible or an allusion in Gothic type. The text is always in Latin except for the Office of the Dead which is written in French. The scenes are inscribed in semicircular, segmental or ogee arches. The top of the ornamental border is a woodcut with geometric or plant motifs which extends into the internal borders parallel to the book's seam. The bottom and external borders have figurative decorations. The clearly try to simulate an altarpiece effect. The bottom of the band is finished off with several wrought fillets and two supports with vegetable ornamentation which sustain the whole composition.

In addition the book is enriched with 14 full-page woodcuts. The scenes are inserted in a band decorated with architectonic designs. The frieze is composed of fillets ornamented with plant or architectural motifs. Two pillars or columns sustain it and the plinth is formed by a broader wrought fillet with a molding ornamented with plant motifs. Two cords hang from the sides.

The subjects illustrated are The Torture of St. John (fol. 7v); The Kiss of Judas (fol. 10v); the Annunciation (fol. 15r); the Nativity (fol. 26r); the Annunciation to the Shepherds (fol. 28v); the Adoration of the Magi (fol. 30r); the Presentation in the Temple (fol. 32r); the Slaughter of the Innocents (fol. 34r); David (fol. 48r), Job (fol. 56v); Calvary (fol. 73v); the Fountain of Life (fol. 75v); the Advocations of the Virgin (fol. 77v) and the Trinity (fol. 83v).

The wood carving in all the illustrations is exquisite. The expression of the faces, the folds of the tunics, the details of the hands are all part of a deliberately sought after dramatic effect; everything has been very carefully studied and transferred to the woodcuts success-

Ars moriendi. Zaragoza: Hurus y Planck, c. 1480. *BE 32-V-194.*

pie de la orla se remata con unos filetes y dos apoyos con adornos vegetales que simulan sostener el conjunto.

La obra se enriquece además con catorce xilografías a toda página. Las escenas se inscriben en una orla arquitectónica. Filetes decorados vegetal o geométricamente forman el friso, dos columnas o pilares lo sostienen, el basamento formado por un filete más ancho labrado se remata con una moldura de adornos vegetales; a los lados penden unos cordones.

Las figuras que aparecen son: El suplicio de San Juan [f. 7 v.], El beso de Judas [f. 10 v.], La Anunciación [f. 15 r.], El Nacimiento [f. 26 r.], La anunciación a los pastores [f. 28 v.], La adoración de los Magos [f. 30 r.], La presentación en el Templo [f. 32 r.], Los Inocentes [f. 34 r.], David [f. 48 r.], Job [f. 56 v.], La subida al Calvario [f. 73 v.], La Fuente de la Vida [f. 75 v.], Advocaciones de la Virgen [f. 77 v.], y La Trinidad [f. 83 v.]

La talla de la madera es en todos los grabados de una gran finura. La expresión de los rostros, los plegados de las túnicas, los detalles de las manos en las que se busca también un efecto dramático, todo ha sido estudiado y sabido trasladar a la xilografía. Las pequeñas escenas de la orla que enmarca el texto son las que mejor muestran la pericia de la talla y que el color, que resalta

fully. The small scenes in the ornamental border surrounding the text show the skill of the carving to the best advantage because the colors which enhance the full-page woodcuts do not hide the quality of the carving here.

These 'Hour' in the Style of Rome *(Horae secundum usum romanum)* belong to the second series of the great Parisian printer, Simon Vostre. This period in his production begins around 1502 when the printer changed his typographic mark to a style closer to the Renaissance and ends in 1508 when he printed 'Les Heures á l'usage de Rouen'.

This second period is transitional between his woodcuts and drawings which still have Gothic reminiscences to the time when he discovers the Italian Renaissance. If the 'Heures de Rouen' represent the triumph of the Renaissance, the 'Horae secundum usum romanum' show the artist's transitional period. Ornamental borders with decorative elements in the new style now appear and changes appear in the larger scenes such as the presence of Italian architecture in the throne of Domitian, the Annunciation, David and Saul and the Stations of the Cross, or the direct influence of Italian painters such as Mantegna which is evident in the Slaghter of the Innocents.

The Books of Hours, until then the patrimony of copyists and miniaturists, now became the printers' great conquest to challenge the monopoly of manuscripts. There was a sizeable market for this type of reading material and the bourgeoisie and nobility were its main customers. The printers tried to follow the same style used in manuscripts in their rich presentation, abundant illustrations and legible texts.

Simon Vostre was one of the most important printers during that period. Paris was the main producer and distributor of printed Books of Hours to the rest of France and Europe. For that reason the books were printed in Latin for export and in the vernacular for the domestic market. To be able to hold his ground in such a competitive medium Vostre, who kept a large number of plates in stock, was always on the alert to new trends, in order to renew his materials or combine them in different ways and always offer a new product.

This copy, belonging to the Biblioteca Nacional, is bound in brown leather. The covers are decorated in gold filleting with tooled corners. The back has raised ribs and the panels are gold tooled. The gold lettering panel bears the title «Horas de la Virgen». The edges are gilded. It has watered silk endpapers and a contemporary binding.

Bibliography

ROBERT BRUN, *Le libre illustré de la Renaissance,* Paris, Picard, 1969; A. ALÉS, *Bibliothèque Liturgique,* pp. 150-55; COLIN CLAIR, *A History of European Printing,* London, Academic Press, 1976.

los grabados a toda página, no oculta aquí las calidades de las maderas.

Estas *Horas al uso de Roma* pertenecen a la segunda serie del gran impresor parisiense Simón Vostre, periodo de su producción que abarca aproximadamente desde 1502, en que el impresor cambia su marca tipográfica, que se presenta en un encuadre mucho más renacentista, hasta 1508, en que imprime *Les Heures l'usage de Rouen.* Esta segunda etapa es la de la transición entre una concepción de la xilografía y del dibujo, aún con reminiscencias góticas, hasta el descubrimiento del Renacimiento italiano. Si *Les Heures de Rouen* son el pleno triunfo del Renacimiento, Las *Horae secundum* USUM ROMANUM muestran la evolución del artista. No sólo por la presencia en las orlas de elementos decorativos propios del gusto del nuevo estilo, sino por los cambios que se operan en algunas de las grandes escenas: la presencia de arquitecturas italianas (trono de Dominciano, Anunciación, David y Saúl, La subida al Calvario), o la influencia directa de los pintores de Italia (el mantegnismo de la Degollación de los inocentes).

Los libros de Horas que habían sido uno de los grandes patrimonios de los escribas y los miniadores fueron la gran conquista de la imprenta, que vino a desafiar esta exclusiva del manuscrito. El mercado de esta lectura era muy considerable y las familias burguesas y nobles sus grandes consumidores. Los impresores buscaron seguir el mismo estilo de los manuscritos: la riqueza de la presentación, la abundancia del aparato ilustrativo, la legibilidad del texto.

Simón Vostre fue uno de los más importantes impresores franceses que entraron a competir. París tomó la cabeza de la producción y suministró Libros de Horas al resto de Francia y también al resto de Europa. Para ello se encargó de imprimir en latín —para la exportación— y en vernácula —para el mercado nacional—. Para mantenerse dentro de un medio tan competente, Vostre, que disponía de un vasto número de planchas, estuvo siempre atento a las variaciones del gusto, a las modas para renovar sus materiales o combinarlos de manera diferente y ofrecer siempre un nuevo producto.

Este ejemplar de la Biblioteca Nacional está encuadernado en piel marrón, con unos filetes dorados, rematados con hierros en los ángulos, como adorno en las tapas. El lomo tiene los nervios resaltados y las entrenervaduras llevan hierros dorados. El tejuelo dorado lleva el título *Horas de la Virgen.* Cantos, contracantos y cortes, dorados. Guardas de moaré. Encuadernación contemporánea.

Bibliografía

BRUN ROBERT. *Le livre illustré de la Renaissance.* París, Picard, 1969.—A. ALES. *Bibliothèque Liturgyque,* pp. 150-155.—CLAIRE, COLIN. *A History of European Printing.* London: Academic Press, 1976.

21. FRANCIS OF ASSISI, St.

Càntic del Sol / Joan Miró, Francesc d'Asis; traducción Josep Carner; prólog, Maria Manent.—Barcelona: Gustau Gili, [1975].—16 l, 32 etchings; 35cm oblong. Yellow cloth binding.

Madrid, Biblioteca Nacional, ER 4666

This is one of the most representative works of Joan Miró's creative old age. It includes a larger number of etchings than any of his previous illustrated books. This edition was the idea of the painter himself and he took special interest in seeing it to completion. It was a translation into images of a text for which he felt great affection. It seems quite logical, religious factors aside, that a person of Miró's sensibility felt so close to this hymn to the creatures of St. Francis, one of the great canticles to nature in the history of literature.

One the other hand, *Càntic del Sol* is a text that is especially rooted in Catalonian culture. Probably the best translations into any Iberian language were the ones in Catalan. Moreover, there was a time when it was commonly thought that the original version had been written in Provençal-Catalan, when St. Francis' authorship was still doubtful.

Josep Carner's beautiful translation was used as the basis for this edition.

Joan Miró, a great reader of poetry throughout his life, started to illustrate literary works at the end of the decade of the twenties. He had been doing book illustrations, particulary of poetry, ever since then. Aside from his own works, he illustrated books by Tristan Tzara, Michel Leiris, René Char, René Crevel, Paul Eluard, Joan Brossá and Salvador Espriu.

He began to work in etching in 1933 and he is undoubtedly one of the greates at etchers of the century. His inexhaustable formal and graphic imagination has constantly pushed him to experiment with new possibilities of expression and techniques in the field of graphics.

As María Manent has written in the preface, 'Miró has transformed verbal signs into plastic ones… and has created in those very different etchings an astonishing cosmic calligraphy'.

Shapes, colors, signs and rhythms of a wise and complex simplicity translate primeval elements and shapes into the most concrete abstractions.

Miró never loses sight of his primary material —nature, the beauty and texture of the paper— that is transformed here into a cosmic void. On top of this base he plays with patterns, graphic signs and blots and on it remain the traces and energy of each idea and graphic resource. This emptiness, this concrete piece of paper is the starting point from which he never strays far away.

The work is divided into six extensive sections, each preceded by a small fragment of the *Càntic* and composed of a set of etchings dedicated to each of the cosmic and natural elements evoked in the poem: Sun, Moon, Stars, Wind, Water, Fire and Earth.

21. FRANCISCO DE ASIS, San

Càntic del sol / Joan Miró, Francesc d'Asis; traducció Josep Carner; prólog Maria Manent. — Barcelona: Gustau Gili, [1975]. — 16 h., 32 grab.; 35 cm. apais. 32 grabados al aguafuerte. — Encuadernación tela.

Madrid, Biblioteca Nacional ER 4666

Este libro es una de las obras más representativas de la asombrosa ancianidad creativa de Joan Miró. Contiene mayor cantidad de aguafuertes que cualquiera de sus libros ilustrados anteriores. El propio pintor propuso la edición, a la que dedicó un especialísimo interés. Se trata de traducir a imágenes un texto por el que sentía gran cariño. Resulta bastante lógico, problemas confesionales aparte, que una sensibilidad como la de Miró se sintiera tan cercana a ese canto a las criaturas de San Francisco de Asís, que es uno de los grandes poemas al universo natural de toda la historia de la literatura. Quizá no es excesivo calificar de «franciscano» muchas veces el personalísimo panteísmo de Miró, su sentido del universo.

El *Cántico al Sol* es, por otra parte, un texto especialmente arraigado en la cultura catalana. Las mejores traducciones a una lengua ibérica del poema franciscano son probablemente las catalanas. Incluso se llegó a pensar, cuando aún se dudaba de la autoría del santo de Asís, que la versión original estuviera escrita en lengua catalana provenzal.

Para esta edición se ha partido de una bella traducción de Josep Carner.

Joan Miró, gran lector de poesía durante toda su vida, empezó a ilustrar obras literarias a fines de los años veinte. Desde entonces ha creado imágenes para libros, sobre todo poéticos, de Tristán Tzara, Michel Leiris, René Char, René Crevel, Paul Eluard, Joan Brossa, Salvador Espriu, e incluso ha ilustrado sus propios textos.

Se inició en el aguafuerte en 1933, y es sin duda uno de los grandes grabadores del siglo. Su inagotable imaginación formal y gráfica le ha empujado a experimentar constantemente nuevas posibilidades expresivas y técnicas en el campo del grabado.

Como escribe Mariá Manet en el prólogo, «Miró ha transmutado los signos verbales en signos plásticos…, y ha creado en estos aguafuertes tan distintos una sorprendente caligrafía cósmica».

Formas, colores, signos, ritmos, de una sabia y compleja simplicidad, traducen los elementos y formas primigenios, las abstracciones más concretas.

Miró jamás pierde la conciencia de su soporte, de la naturaleza, belleza y textura del papel, que se convierte aquí en un vacío cósmico. Sobre ese soporte juega con tramas, grafismos, manchas, y sobre él queda la huella y la energía de cada una de las ideas y recursos gráficos. Ese vacío, ese papel concreto, es el punto de partida del que nunca se aleja.

La obra está dividida en seis grandes apartados, precedido cada uno de ellos por un pequeño fragmento del cántico y compuesto por un conjunto de aguafuertes de-

After the title comes a red oval-shaped etching, a kind of germinal sun that rises slowly from the bottom right corner of the empty rectangle. Immediately afterward comes the complete text of the *Canticle,* followed by an etching with a very peculiar Mironian calligraphy.

First there is a brief fragment of the text on gray paper followed by three etchings based on the subject of 'Brother Sun'. Here he plays with the predominant oval shape in an imaginative way. Another gray page with a fragment of the poem deals with the moon and the stars. This small series is composed of five etchings dominated by the shape of the moon, with colors, textures, gradations and vigorous graphic lines that represent the vivid weaving of the stars.

The third part is dedicated to the wind. Three very calligraphic etchings create an entanglement of sharp, broken and thick lines. Vigorous lines that seldom appear in the Sun or Moon series. He uses the expressivity of the hard line of the incision on the copper plate in contrast to the broader forms and lines traced with a soft brush.

The fourth group of etchings, preceded as usual by a small fragment of text on gray paper, is dedicated to 'Sister Water'. These six etchings return to the simplicity of clear irregular shapes of dark blue that through the white space. A powerful force makes its way, gaining weight, transforming itself into a great undulating mass. Gradually free forms emerge from the vivid and variegated colors; the diversity of living matter is about to be born.

A fourth series of four small etchings represents the universe of Fire, 'beautiful, gay and forceful' that illuminates the night. Here light webs, freer forms, yellow on white, a gradual decrease in cool reds toward the outer spaces, and semiorganic, semigeometric shapes cross this luminous space.

After another fragment of text dedicated to the Earth, flowers and fruit, comes a last group of five etchings. Again he combines elementary shapes, round or oval with sings, graphisms, arrows, quasi-calligrams and greens that represent different forces, rhythms and growths of vegetable creatures.

The last etching follows the colophon and justification of the edition. Rounded shapes and thinner, more vigorous lines with superimposed planes give way to different colors in a chromatic and formal solution that is very characteristic of Miró.

The book is bound in yellow cloth with an inlaid red signature on the box that protects it and an oval shape on the title page.

◁ *Bible. NT. Apocalypse.* Nurimbergae, 1498. *BN. I-1.*

Biblia. NT. Apocalipsis. Nurimbergae, 1498. *BN. I-1.*

TOLOMEO, CLAUDIO. *Cosmographia.* S. XV. *BN Ms. Res.* ▷
255.

dicado a cada uno de los elementos cósmicos y naturales evocados en el poema: el sol, la luna y las estrellas, el viento, el agua, el fuego y la tierra.

Tras el título, un grabado con una gran forma oval, roja, una especie de sol germinal que se eleva lentamente desde la esquina inferior derecha del rectángulo vacío.

Inmediatamente después, el texto completo del Cántico, seguido de un grabado de caligrafía muy peculiar, muy mironiana.

Primer pequeño fragmento de texto con página de papel gris, al que siguen tres grabados cuyo tema es «el hermano sol». En ellos domina esa forma oval con la que juega de la manera más imaginativa.

Otra página de papel gris con otro fragmento del poema que habla de la luna y las estrellas. Cinco aguafuertes componen esta pequeña serie. Dominados por la forma tópica de la luna, con colores, tramas, gradaciones, y con grafismos de línea enérgica que traducen el tejido vivo de las estrellas.

El tercer apartado es el dedicado al viento. Cuatro grabados muy caligráficos; marañas de líneas agudas, quebradas, densas. Líneas enérgicas que apenas habían aparecido en las series del sol y la luna. Utiliza la expresividad de la huella dura de la incisión en el cobre, en contraste con formas y líneas más amplias trazadas con pincel blando.

Un cuarto grupo de grabados, precedidos como siempre por un mínimo fragmento de texto en página gris, es el dedicado a la «hermana agua». En estos seis aguafuertes retorna a la simplicidad de formas claras e irregulares de color azul oscuro que se abren paso por el espacio blanco; una fuerza poderosa que se va abriendo paso, adquiriendo peso, convirtiéndose en una gran masa ondulada. De ella van surgiendo poco a poco formas libres, de colores vivos y variados; se va engendrando la diversidad de materias vivas que surgen unas de otras.

Una cuarta pequeña serie de cuatro grabados más traduce el universo del fuego «bello, alegre, poderoso» que ilumina la noche, tramas más claras, formas más libres, amarillo sobre blanco, degradaciones de rojos fríos hacia afuera; formas semiorgánicas semigeométricas que cruza ese luminoso espacio.

Tras otro fragmento de texto dedicado a la tierra, las flores, los frutos, un último conjunto de cinco grabados; vuelve a combinar formas elementales, redondas u ovales, con signos, grafismos, flechas, casi caligramas, verdes que traducen fuerzas diversas, ritmos, crecimientos de criaturas vegetales.

Tras el colofón y justificación de la tirada, un último aguafuerte de formas redondeadas y líneas más finas, enérgicas, con cruces de planos que engendran colores diferentes a los de partida; un característico recurso formal y cromático de Miró.

El libro etá encuadernado en tela amarilla con huella roja de firma en la caja que le guarda y una forma oval en la «portada».

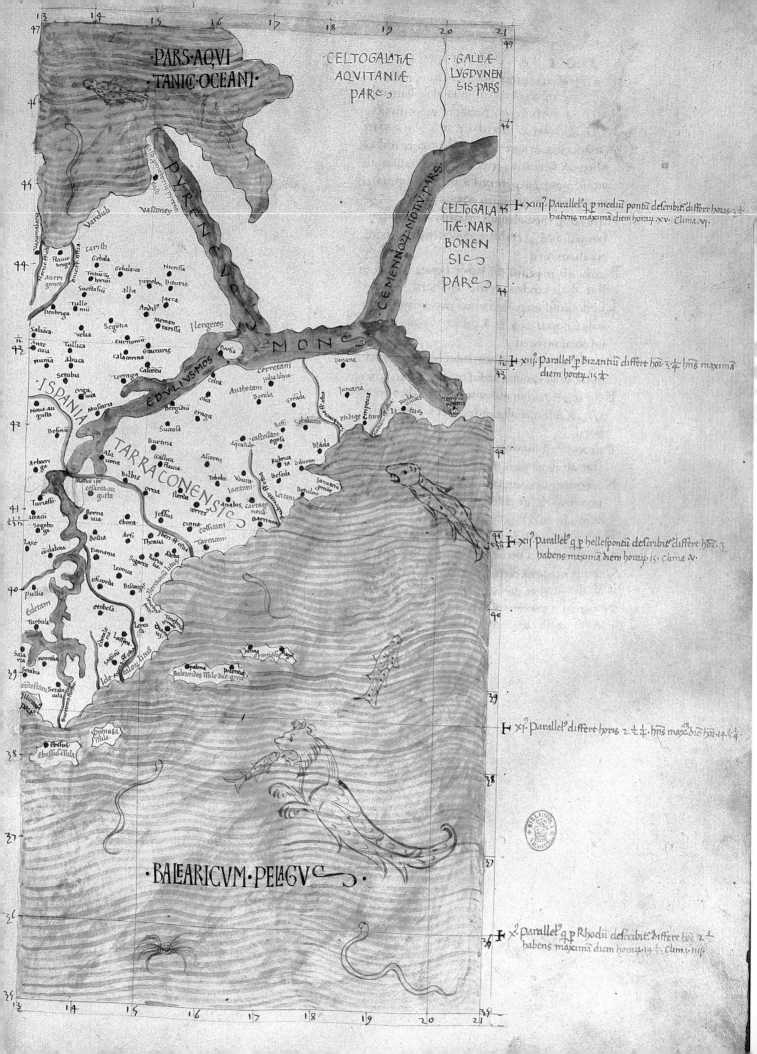

PARS·AQVI TANIC·OCEANI·

CELTOGALATIÆ AQVITANIÆ PARS

GALLIÆ LVGDVNEN SIS·PARS

PYRENEVS

CEMENNO MONTIV·PARS·

CELTOGALA TIÆ·NAR BONEN SIS PARS

MONS

EDVLIVS·MOS

ISPANIA

TARRACONENSIS

Edetani
Turbula

BALEARICVM·PELAGV

✠ XIIII. Parallel'q p mediu pontu describit. differt hous. 2½ habens maxima diem horay. XV. Clima. VI.

✠ XIII. Parallel'p Bizantiu differt hoz 3¾ hns maxima diem horay. 15¼.

✠ XII. Parallel'q p hellespontu describit differt hoz. 3 habens maxima diem horay. 15. Clima. V.

✠ XI. Parallel' differt horis 2¼¼. hns maxe die hoz. 14½¼

✠ X. Parallel'q p Rhodu describit differt hoz 2½ habens maxima diem horay. 14½. Clima. IIII.

II. EL MUNDO

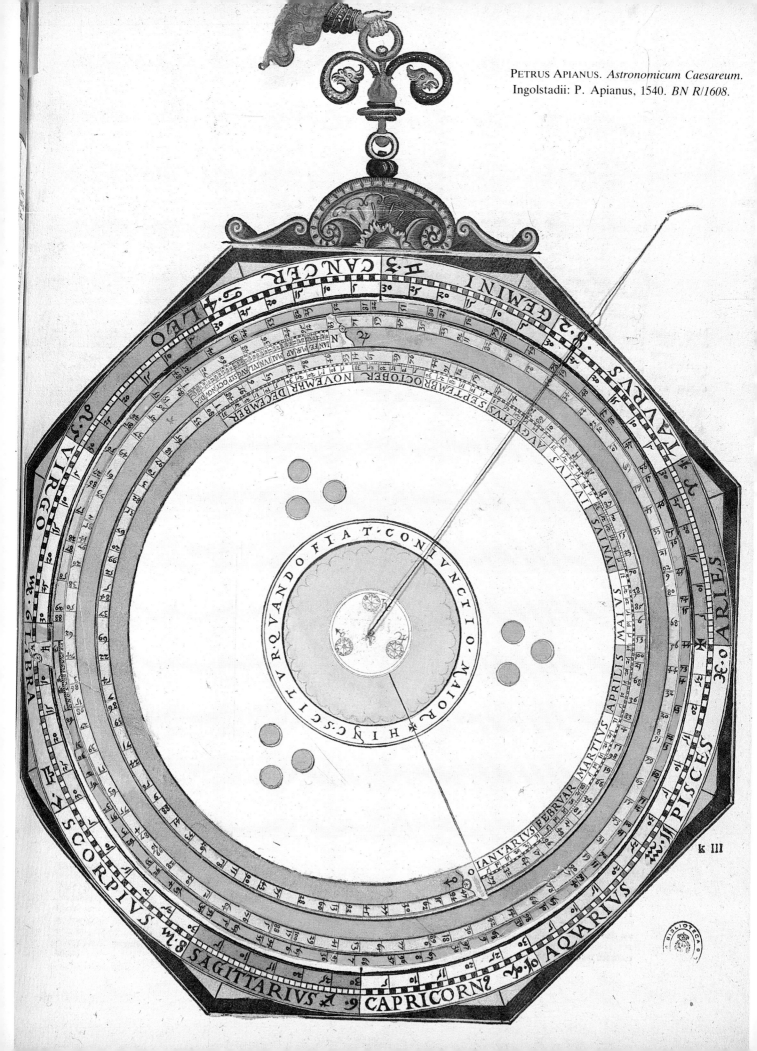

PETRUS APIANUS. *Astronomicum Caesareum.*
Ingolstadii: P. Apianus, 1540. *BN R/1608.*

k III

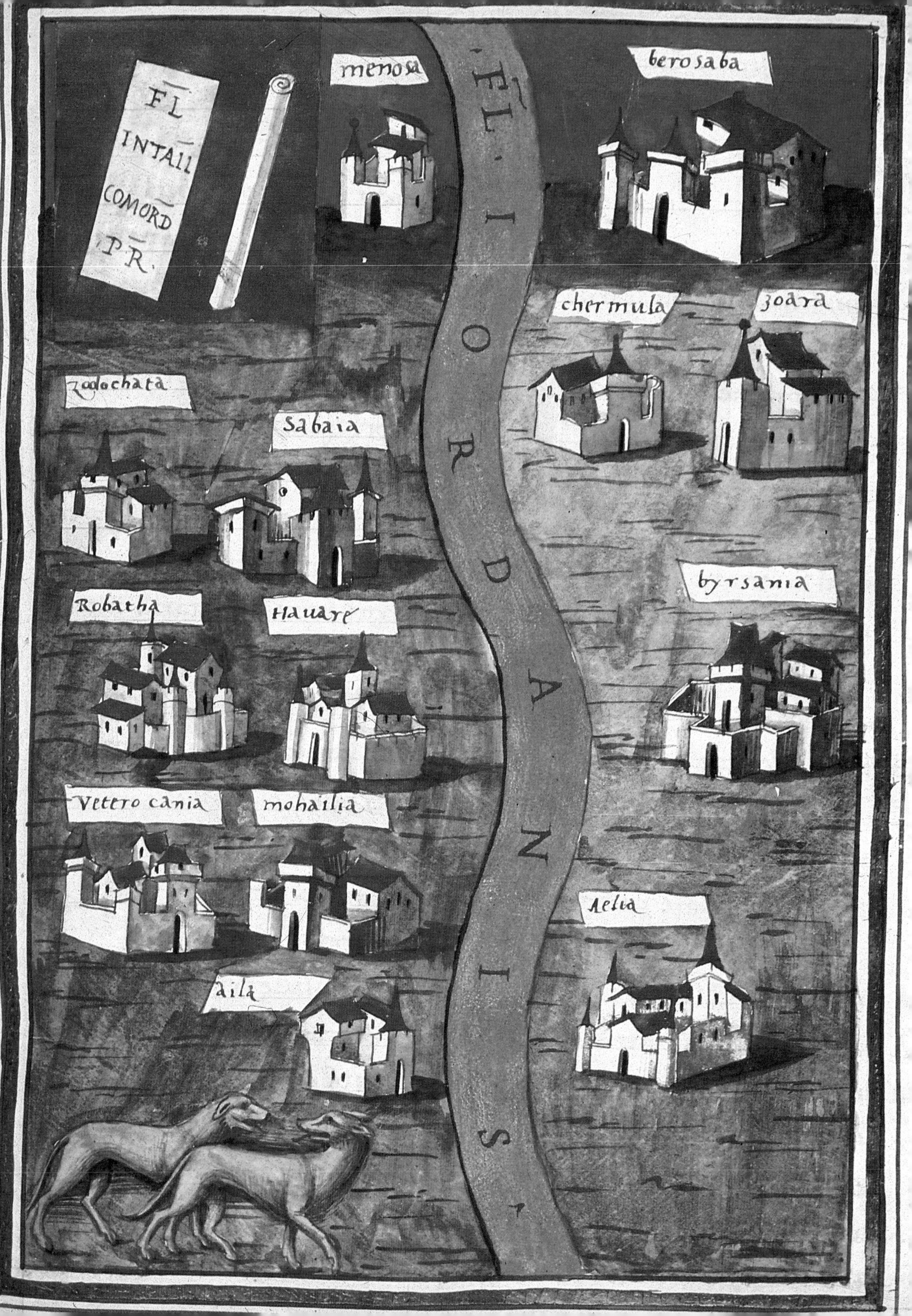
FL
INTAII
COMORD
PR
menosa
berosaba
FL IORDANIS
chermula
zoara
zodochata
sabaia
Robatha
Hauare
byrsania
vettro cania
mohailia
aelia
aila

22. DESCRIPTIO ORBIS TERRRARUM

Parchment. 4 pages. 168 fols. 28 lines. 285 ×20mm. 15th century.

Madrid. Biblioteca Nacional, Ms. Res. 36

The manuscript contains a well-know compendium of texts on geography and topography dating back to the 9th century in which various ancient works on these subjects were used or adapted. The most characteristic copy of the complete version of the collection containing all twelve treatises is the manuscript in the Bodleian Library at Oxford, copied from the ancient codex is undoubtedly derived from the same source. The twelve treatises of the lost Spira codex included in the Madrid copy are: 1) Pseudo-Aethicus, *Cosmographia* (fols. 2-15); 2) *Itinerarium Antonini* (fols. 15-48); 3) Dicuil, *De mensura orbis terrae* (fols. 48-63v); 4) *Annuntiationes provinciarum* (fols. 63v-66); 5) *De montibus, portis et viis urbis Romae* (fols. 66-7); 6) *De rebus bellicis* (fols. 68-78v); 7) *Disputatio Hadriani Augusti et Epicteti phhilosophi* (fols. 79-80v); 8) *Notitia urbis Romae* (fols. 81-4); 9) *Notitia urbis Constantinopolitanae* (fols. 84v.—87); 10) *De gradibus cognationum* (fols. 87-8); 11) *Notitia dinitatum tam civilium quam militarium* (fols. 88v-165v); 12) *De mensuratione privinciarun* (fols. 166-8).

This luxurious manuscript is copied in careful *humanistica* script on excellent quality white parchment. Treatises 6 to 12 are illustrated with brilliantly colored miniatures of geographic areas, symbolic elements, emblems of the various crafts and charts. The splendid view of Contantinople (fol. 84) is particularly noteworthy.

The editions of the various texts are listed in detail in Bieler, pp. 2-3.

Bibliography

J. DOMÍNGUEZ BORDONA: *Manuscritos con pinturas*, I. pp. 321-322. L. BIELER: *The text tradition of Dicuil's «Liber de mensura orbis terrae»*. Dublin, 1965 (Proceedings of the Royal Irish Academy, vol. 64, sec. C, nº 1). J. G. MAIER: «The Giessen, Parma and Piacenta codices of the *Noticia dignitatum* with some related texts», en *Latomus*, XXVII, 1968, pp. 96-141. *Catálogo de la exposición «Cartografía en la época de los descubrimientos»*, nº 1, p. 19.

[M. Sánchez Mariana
Head of Manuscript Section
Biblioteca Nacional]

23. PTOLEMY (Claudius Ptolemaeus)

Cosmographia. Jacobo Angeli interprete. 15th century. Vellum. 110 fols. 2 cols. 560 × 410mm. *writing area 415 × 245 mm. 2 end papers at beginning and 3 at end. 27 colored maps. 15th-cent. Italian Gothic script. modern marbled leather binding with gold ribs and tooling.*

———————— Madrid, Biblioteca Nacional. Mss. Res. 255

Descriptio orbis terrarum. S. XV. *BN Ms. Res. 36.*

---

22. DESCRIPTIO ORBIS TERRARUM

S. XV. 4 hoj. + 168 fols., pergamino, 28 lín., 285 × 20 mm.

Madrid, Biblioteca Nacional. Ms. Res. 36

Contiene el manuscrito una bien conocida compilación de textos geográficos, topográficos, etc., que se remonta al siglo IX y en la que se utilizaron o refundieron escritos diversos sobre estas materias de fines del mundo antiguo. El ejemplar más característico de la versión completa de la compilación, es decir, de la que contiene los doce tratados, es el manuscrito de la Bodleian Library de Oxford, copiado del códice antiguo de la catedral de Spira por Petrus Donatus en 1436, y el manuscrito de Madrid deriva sin duda de esta misma fuente. Los doce tratados contenidos en el perdido códice de Spira y recogidos en al matritense son: 1) Pseudo-Aethicus: *Cosmographia* (fols. 2-15); 2) *Itinerarium Antonini* (fols. 15-48); 3) Dicuil: *De mensura orbis terrae* (fols. 48.-63v.); 4) *Annuntiationes provinciarum* (fols. 63v.-66); 5) *De montibus, portis et viis urbis Romae* (fols. 66-67); 6) *De rebus bellicis* (fols. 68-78v.); 7) *Disputatio Hadriani Augusti et Epicteti philosophi* (fols. 79-80v.); 8) *Notitia urbis Romae* (fols. 81-84); 9) *Notitia urbis Constantinopolitanae* (fols. 84 v.—87); 10) *De gradibus cognationum* (fols. 87-88; 11) *Notitia dignitatum tam civilium quan militarium* (fols. 88v.—165v.); 12) *De mensuratione provinciarum* (fols. 166-168).

Este lujoso manuscrito está copiado en cuidada caligrafía humanística sobre pergamino blanco de excelente calidad. Numerosas pinturas de brillantes colores ilustran los tratados 6 a 12, y representan personajes de la antigüedad, diversas armas de guerra, personificaciones de zonas geográficas, elementos simbólicos, emblemas de los distintos oficios, esquemas cartográficos, etc. Especial interés ofrece la bella vista de Constantinopla de fol. 84.

Edic: Las ediciones de los distintos textos están detalladas en el trabajo de L. Bieler citado más abajo, pp. 2-3.

Bibliografía

J. DOMÍNGUEZ BORDONA: *Manuscritos con pinturas*, I. pp. 321-322. L. BIELER: *The text tradition of Dicuil's «Liber de mensura orbis terrae»*. Dublin, 1965 (Proceedings of the Royal Irish Academy, vol. 64, sec. C, nº 1). J. G. MAIER: «The Giessen, Parma and Piacenta codices of the *Noticia dignitatum* with some related texts», en *Latomus*, XXVII, 1968, pp. 96-141. *Catálogo de la exposición «Cartografía en la época de los descubrimientos»*, nº 1, p. 19.

[M. Sánchez Mariana
Jefe de la Sección de
Manuscritos
Biblioteca Nacional]

23. TOLOMEO Claudio

Cosmographia. Jacobo Angeli interprete.— Siglo XV.— [10] h.— 415 × 295 mm.— Vitela.— Encuadernación pasta con hierros dorados.— 430 × 300 mm.

Madrid, Biblioteca Nacional. Mss. Res. 255

Manuscrito de 110 folios, en vitela, a dos columnas de 560 × 410 mm, caja de escritura 415 × 295 mm, dos

Ptolemy (c. 90-c. 168), the Greek astronomer and geographer from Alexandria, was the most reknowned astronomer of the Lower Empire. He became an object of veneration in the Islamic world and later the Renaissance considered him to be the greatest geographer and cartographer in the Ancient World.

The complete work is made up of eight books divided into three parts. The first is a general geography which contains a criticism of a work no longer in existence by Marinus of Tyre. Marinus had draw up a network of meridians and parallels, but in his world map he drew them as straight lines crossing each other at right angles, forgetting about the convergence of the meridians. Ptlemy criticized him on this point and divised two projections. Moreover, he amended and completed Marinus' work with more recent information. The second part is an introduction to the construction of cartographic networks of coordinates and the use of meridian and parallel charts for locating eight thousand sites mentioned such as sources and mouths of rivers, capes, peninsulas, mountains and the territories of several peoples. The eight book contains maps showing major locations and sites of coordinates. Here they are expressed in hours and minutes showing time changes in relation to Alexandria rather than in degrees and minutes of geographic longitude and latitude.

Although Ptolemy's maps did not exert any influence on Western cartography from the 2nd to the 15th century, they were, however, known to Arabic geographers who had translations of his works. These geographers, inturn, influenced Marino Sanudo and other 14th-century geographers.

The Latin translation of his *Geographia* is one of the most important events in the beginning of modern geography and cartography. Begun in Florence by Manuel Chrysoloras around the end of the 14th century, it was finished in Rome by his pupil, Hacobus Angelus or Jacopo d'Angelo di Scarperia in 1405. This gave the scholars of Western and Central Europe —most did not know Greek— an authentic treatise on cartography with a mathematical and astronomical base. Soon several manuscripts of this Latin text began to circulate throughout Europe at a time when advances were taking place in the field of astronomy and mathematics and the construction and use of scientific instruments (astrolabes, quadrants, torquetum). The use of maps based on scientific data soon became widespread. In the second half of the 15th century this scientific renaissance benefited greatly from the invention of printing, the expansion of books with engravins and voyages and discoveries.

In studying Ptolemy's maps we should recall that we have no manuscripts from before the 12th century and do not know whether or not the maps we have were drawn by Ptolemy or if he ever drew one at all. But the important point is that, no matter what their origins, through these Ptolemaic manuscript Renaisance scholars

hojas de guarda al principio del volumen y tres al final del mismo. Incluye 27 mapas coloreados. Letra gótica italiana del siglo XV. Encuadernación moderna de pasta, con nervios y hierros dorados.

Ejemplar en folio con ornamentación florentina del siglo XV. Títulos en rojo. Iniciales polícromas, de estilo florentino. La gran inicial del folio primero representa al Pontífice Alejandro V acompañado de tres cardenales recibiendo el manuscrito de manos del intérprete Jacobo Angelo. En la inicial del folio segundo está representado el autor Claudio Tolomeo, que en su mano izquierda sostiene la esfera del mundo. Los mapas, que se encuentran reunidos en el libro VIII, están coloreados en marrón y verde, marrón para las montañas y verde para los ríos y mares. Incluye 27 mapas repartidos de la siguiente forma: un mapamundi, y 26 mapas parciales, diez de Europa, cuatro de Africa y doce de Asia.

La obra completa se compone de ocho libros, que se pueden reducir a tres partes: la primera, de geografía general, contiene una crítica de la obra no conservada de Marino de Tiro. Marino había elaborado una red de meridianos y paralelos, pero en su mapa del mundo los trazó como líneas rectas que se cortaban entre sí en ángulos rectos, olvidando la convergencia de los meridianos. Tolomeo lo criticó en este punto e ideó dos proyecciones, y además enmendó y completó, merced a su información posterior, la obra de Marino. Sigue una introducción a la construcción de las redes cartográficas de coordenadas, así como el modo de empleo de los cuadros de meridianos y paralelos para la localización de los cerca de 8.000 lugares reseñados, fuentes y desembocaduras de ríos, cabos, penínsulas, montañas, territorios de diferentes pueblos, etc. Estos cuadros continúan hasta el libro séptimo. Los mapas se encuentran en el libro octavo, donde están enumerados los lugares principales y donde figuran las coordenadas, pero esta vez no están expresadas en grados y minutos de latitud y longitud geográficas, sino en horas y minutos, con un desplazamiento horario con relación a Alejandría.

Tolomeo, astrónomo y geógrafo griego, de Alejandría, del siglo II después de Cristo (c. 90 c. 168). Fue el astrónomo más renombrado del Bajo Imperio, después un objeto de veneración para el mundo islámico, y el Renacimiento, finalmente, recobraba en él al gran geógrafo-cartógrafo de la Antigüedad.

Los mapas de Tolomeo no ejercieron ninguna influencia sobre la cartografía occidental desde el siglo II hasta comienzos del XV; sin embargo, los conocieron los geógrafos árabes, que poseían traducción de sus obras, y a través de ellas, influyeron algo en cartógrafos del siglo XIV, como Marino Sanudo.

La traducción latina de su *Geographia* constituye uno de los acontecimientos más importantes para los comienzos de la geografía y de la cartografía modernas. La versión comenzada en Florencia por Manuel Chrysoloras

PTOLEMY (Claudius Ptolemaeus). *Cosmographia.* S. XV. *BN Ms. Res. 255.*

TOLOMEO, CLAUDIO. *Cosmographia.* S. XV. *BN Ms. Res. 255.*

recived a vast amount of topographical details which had a profound influence on the conception of the world.

The manscript maps may be divided into two groups, one containing the map of the world and the other 26 regional maps. This last group is the one accompanying the 15th-century Latin translation and used in the first printed editions of this work. The other group contains 66 maps of smaller areas. The world map is draw with the most elementary projection with a base parallel. The special maps are made with rectangular projections and straight parallels and meridians crossing at right angles. Borders of provinces and relative locations of important peoples as well as cities, rivers and mountains are also marked.

Ptolemy dominated European cartography for a century and his insistence on scientific bases or evidence stimulated cartographic progress. Nevertheless, many 15th-century cosmographers, like Fray Mauro, did not accept Ptolemy's ideas uncritically and began to include a number of contemporary maps to the manuscripts as a basis for comparison.

Folio size. 15th century Florrentine ornamentation

hacia fines del siglo XIV, fue acabada en 1406 en Roma por su alumno Jacobus Angelus o Jacopo d'Angelo di Scarperia. Puso a la disposición de los estudiosos de Europa occidental y central, donde la mayor parte ignoraba el griego, un verdadero tratado de cartografía con una base matemática y astronómica. Numerosos manuscritos de este texto latino circularon pronto por toda Europa, en tanto que se iban desarrollando los estudios astronómicos y matemáticos, la construcción y el uso de instrumentos científicos (astrolabios, cuadrantes, torquetum). El establecimiento de mapas con base científica hizo progresos rápidos. En la segunda mitad del siglo XV este renacimiento científico se beneficia ampliamente de la invención de la imprenta, de la expansión del libro con grabados, de las circunnavegaciones y de los descubrimientos.

Al tratar los mapas de Tolomeo debemos recordar que no nos ha llegado ningún manuscrito anterior al siglo XII, y que ignoramos si los mapas que tenemos los dibujó Tolomeo o siquiera si realmente dibujó algún mapa. Pero lo que tiene más importancia es que, a través de los manuscritos tolemaicos, cualquiera que sea la verdad de su historia, llegó a los eruditos del Renacimiento una vasta cantidad de detalles topográficos, que influyeron profundamente en la concepción del mundo.

Los mapas manuscritos se pueden dividir en dos grupos, uno que lo forman el mapa del mundo y 26 mapas regionales; este es el grupo que se acompañaba a la traducción latina del siglo V y se usó en las primeras ediciones impresas. El otro grupo contiene 67 mapas de áreas más pequeñas. El mapamundi está trazado con la más elemental de las proyecciones descritas por Tolomeo: una sencilla proyección cónica con un paralelo base. Los mapas especiales están hechos con proyección rectangular y paralelos y meridianos rectos que se cortan en ángulos rectos; señalan los límites de provincias y la posición relativa de las naciones importantes, así como las ciudades, ríos y las montañas.

Tolomeo dominó la cartografía europea durante un siglo y su insistencia en la fundamentación científica impulsó los progresos cartográficos. Sin embargo los cosmógrafos del siglo XV, igual que Fray Mauro, no aceptaron sin crítica las ideas de Tolomeo, y se tomó la costumbre de añadir un número de mapas contemporáneos a los manuscritos a fin de tener una base de comparación.

Bibliografía

C. SANZ.: *La Geografía de Ptolomeo ampliada con los primeros mapas impresos de América (desde 1507).* Madrid, Victoriano Suárez, 1959. H. L. RULAND: «A survey of the Dobuble-page maps of the Cosmographia Universales, 1544-1628...» En: *Imago Mundi* T. XVI (1962) p. 84-97. I. KUPCIK.: *Cartes géographiques anciennes.* Paris, Gründ, 1981. C. SANZ.: «El primer atlas del mundo moderno. La Cosmografía de Cl. Ptolomeo con los mapas de Waldseemüller.» En: *RABM,* 1957, T. LXIII, p. 659-675. R. A. SKELTON.: *Introduction to Claudius Ptolemaeus Geographia,* ed. Sebastian Münster. Basel 1540. Amsterdam, Theatrum Orbis Terrarum, 1966. G. R. CRONE.: *Historia de los mapas.* Méxi-

and polychromed initials. Titles in red. Opening initial of the first folio depicts Pope Alexander With three cardinals receiving the manuscript from the hands of the translator, Jacobus Angelus. The initial of the second folio depicts the author, Claudius Ptoemaeus, holding the terrestrial globe in brown for mountains and green for rivers and oceans. There ia a total of 27 maps: 1 world map and 26 partial maps (10 of Europe, 4 of Africa and 12 of Asia).

Bibliography

C. SANZ.: *La Geografía de Ptolomeo ampliada con los primeros mapas impresos de América (desde 1507)*. Madrid, Victoriano Suárez, 1959. H. L. RULAND: «A survey of the Dobuble-page maps of the Cosmographia Universales, 1544-1628...» En: *Imago Mundi* T. XVI (1962) p. 84-97. I. KUPCIK.: *Cartes géographiques anciennes*. Paris, Gründ, 1981. C. SANZ.: «El primer atlas del mundo moderno. La Cosmografía de Cl. Ptolomeo con los mapas de Waldseemüller.» En: *RABM*, 1957, T. LXIII, p. 659-675. R. A. SKELTON.: *Introduction to Claudius Ptolemaeus Geographia*, ed. Sebastian Münster. Basel 1540. Amsterdam, Theatrum Orbis Terrarum, 1966. G. R. CRONE.: *Historia de los mapas*. México, Fondo de Cultura Económica, 1956. L. BAGROW.: «The origin of Ptolemey's Geographia», en *Geografiska Annaler*, n.º 27, 1945, 318-87.

co, Fondo de Cultura Económica, 1956. L. BAGROW.: «The origin of Ptolemey's Geographia», en *Geografiska Annaler*, n.º 27, 1945, 318-87.

[Carmen Liter
Jefe de la Sección de Mapas
Biblioteca Nacional]

24. THOMAS DE CANTIMPRE

Thomae Cantimpratensis De natura rerum [Books IV-XII]. Tacuinum sanitatis. Germany. 15th century. 116 fol; 455 × 325 mm.
Parchment.— 15th century script.— Latin with German interpolations.— 611 miniatures.— Binding 455 × 330 mm.

Granada, University Library, C-67.

This German codex from the University of Granada must be dated from the 15th century on the basis of the script and illumination. The text is illustrated with 611 miniatures. It is an imporant work not only for its many beautiful illustrations but also from a textual point of view. The codex is a valuable example of medieval scientific knowledge because, in addition, it combines two types of scientific material and forms typical of the times, knowledge organized in encyclopedic form and medical subjects of Arabic origin translated into Latin by Jewish intermediaries.

The *De natura rerum* is one of the most famous scientific encyclopedias of the 13th century. It consists of 19 books organized in the classical scheme, macrocosmos-microcosmos, beginning with man and the world of individual creatures and ending with the universe, the *mundus*.

Several different texts are included in the work. The manuscript begins with the end of Book III of the *De natura rerum, Liber de monstrosis hominibus orientis* (fol. lr), and continues with this text of Thomás of Cantimpré to Book V, *Liber de avibus* (fols. 32r - 53v), at which point it is interrupted by a short treatise, *De medicinis avium nobilium et infirmitatibus eorum* (fols. 32r - 53v), The text by Thomas de Cantimpré continues to fol. 82r where we find the beginning as well as several fragments of the Latin version of Ibn Butlân's *Tacuinum sanitatis*. This work is interrupted by interpolations of books in

24. THOMAS DE CANTIMPRE

Thomae Cantimpratensis De natura rerum (Lib. IV-XII). Tacuinum sanitatis. Alemania. Siglo XV. *116 h.* 455 × 325 mm. Pergamino. Encuadernación 455 ×330 mm.

Granada, Biblioteca Universitaria, C-67

Diferentes textos están contenidos en este códice alemán que pertenece al fondo bibliográfico de la Universidad de Granada.

El manuscrito se inicia con los restos finales del libro III del *De natura rerum, Liber de monstrosis hominibus orientis*, [fol, 1r.] y continúa con este texto de Tomás de Cantimpré hasta el Libro V, *Liber de avibus [fol. 32 r. a 53 v.]*, en que se interpola un pequeño tratado *De medicinis aviun nobiliun et infirmitatibus eorum* [fol. 32 r.a 42 v.] Continúa el texto de Tomás de Camtimpré hasta el fol. 82 r. en que comienza la parte inicial y distintos fragmentos de la versión latina de la obra de Ibn Butlân, *Tacuinum sanitatis*, obra que en varios puntos se ve interrumpida por interpolaciones de libros del *De natura rerum* (Libro X, *De arboribus communibus* fol. 89 r. 95 r.: 99 r. 99 v.: Libro XI, *De arboribus aromaticis* fol. 95 v.—98 v.; 100 r.—103 v.; Libro XII, *De herbis aromaticis* fol. 113 r.— 116 r.)

El códice, que por la escritura y la iluminación puede considerarse del siglo XV, va adornado con seiscientas once miniaturas que ilustran los textos que contiene este manuscrito alemán. Pero no es sólo la belleza y abundancia de sus ilustraciones lo que hacen de él una pieza **importante**; desde el punto de vista textual, el códice granadino es una muestra preciosa del saber científico medieval y ello porque reúne dos tipos de materiales y formas típicos de este momento: la ordenación de los conocimientos en forma de enciclopedia y la materia médica de origen árabe vertida al latín a través de la transmisión judía.

El *De natura rerum* es una de las enciclopedias científicas del siglo XIII más famosas. Compuesta por 19 libros, or-

Nues. Compl' ca fp' hui.i'z. Slcto que velont enident Juuamni. Shipo
tenau ac veneno. Soai n' gniant bom: for qutuc z lingua. Remo nota n'
ai femie puteis albi. z amigdal dulab: Sed gniant. sangue tal': Souetut fris t
arpins hyeme z motais regionib: C ¶

Suie mig mate apl' quate ai modi sic' Elc' q o ruit floce maco i luua n' ctat ape
titu Som n' noat for z vigilis. Sto np' ai comedu' alia gibaia fine au. Sed
gniant huioe melaco n' quetut fris tenec'. hye z fris regu b' Juuate st fu z fic apl' afo:
tat appeti ai fe goue Som tu diffal st vigots. Remo no'. si poebat ali uba i fino stoi.
gniant huioe melo n' quetut uuetb: cale aploi. hyeme z fris. reg b' t qb: foro: e vigo.
quetut z i cal reg b' roe fue aploi C

THOMAS DE CANTIMPRÉ. *De natura rerum.* S. XV. *B.V.G. C-67.*

the *De natura rerum* (Book X, *De arboribus communibus,* fols. 89r - 95r - 99r - 99v; Book XI, *De arboribus aromaticis,* fols. 95v - 98v, 100r - 103v; Book XII, *De herbis aromaticis,* fols. 113r - 116r).

Both the *Liber de natura rerum* and the *Tacuinum sanitatis* have German interpolations in the text. The work by Thomas of Cantimpré had been translated into German three times, in 1270, 1350 and 1472. The interpolations in this manuscript are in Low German, in a script from the first half of the 15th century.

The illustrations lend a certain unity to the three texts creating a link between them on the basis of their common biological nature. The artist did over six hundred miniatures representing the two kingdoms, Animal (men and animals) and Vegetable.

Miniatures are interspersed throughout the text in an unusual way; sometimes they follow the two column structure marked by the writing and other times they do not. There is no fixed rule for the dimensions which

ganiza sus conocimientos según el esquema clásico macrocosmo-microcosmo: partiendo del hombre y del mundo de las criaturas particulares se llega hasta el universo, el *mundus.*

De la popularidad que alcanzó la obra de Tomás de Cantimpré dan testimonio los ciento cuarenta y siete manuscritos localizados. Su área de difusión se centró con preferencia en Centroeuropa, norte de Francia, Países Bajos e Inglaterra. En la Península Ibérica no hay ningún testimonio de traducciones a lenguas vernáculas. Sin embargo, en España sí tuvo difusión otra de estas enciclopedias, la de Bartolomé Anglico *De propietatibus rerum,* que manuscrita e impresa se conserva en las bibliotecas españolas.

El pequeño tratado de cetrería que se interpola en el *Liber de avibus* es también un producto habitual del medievo, reflejo del interés por la caza, pasatiempo favorito de la aristocracia. El contenido de este género de tratados era eminentemente práctico, clasificación de las «aves nobles», tipos de enfermedades que solían padecer y remedios para sanarlos. En concreto, el que aparece en el códice responde a ese tipo de textos sobre medicina veterinaria, un poco compendios de saber tradicional, que buscan tener mayor prestigio aparentando tener sus orígenes en la antigüedad o estar relacionados con el helenismo oriental, o adoptando un género más valorado como puede ser el epistolar.

El *Tacuinum sanitatis* es un tratado médico-farmacológico escrito a mediados del siglo X por el árabe Ibn Botlân. La traducción latina de hizo más tarde en condiciones mal determinadas. Se sabe que entre 1254 y 1266 hubo una traducción en la corte del rey Manfredo de Sicilia, pero no consta que esta fuese la primera versión. La palabra *Tacuinum* es una latinización de la palabra árabe *taqwîm* y se refiere a la forma de ordenación del conocimiento, la *dispositio per tabellas,* mediante la cual la materia se dispone de una forma clara y sinóptica a modo de tablas. En el *Tacuinum* se trata de tablas para preservar la salud y en este sentido conecta con la tradición grecoárabe de las seis cosas no naturales necesarias para la recta ordenación de la vida del hombre. Luz y aire, comida y bebida, trabajo y descanso, sueño y vigilia, excreciones y secreciones y movimientos del ánimo son las *sex res non naturales,* clave etiológica de las enfermedades del hombre.

Tanto el *Liber de natura rerum* como el *Tacuinum sanitatis* tienen interpolaciones alemanas al texto. La obra de Tomás de Cantimpré había sido traducida tres veces al alemán —1270, 1350 y 1472— las interpolaciones que aparecen en este manuscrito son de una letra de la primera mitad del siglo XV utilizando formas lingüísticas del bajo alemán.

La ilustración viene a dar coherencia a los tres textos creando un nexo entre ellos; a partir del carácter biológico que les es común, el artista realizó más de seiscientas miniaturas con representaciones de los dos Reinos, Animal —hombres y animales— y Vegetal.

Las miniaturas se distribuyen de un modo peculiar dentro del texto, ciñéndose a veces a la estructura a dos columnas que marca la escritura y rompiéndola otras. Tampoco hay una norma fija para las dimensiones, que van desde lo

range from the diminutive for insects to the entire width of the page.

The ornamentation consists of very large sized initials with plant motifs which stand out on a gold border (fol. 2v, 32r, 54v, 61v, 70v, 75r, 82r). The historiated initial at the beginning of the text which depicts a Hebrew phisician reading a book is particularly interesting in that it summarizes the meaning of the text and its transmission.

The predominant and most characteristic ornamental motif in the codex is the gold ramiform background which at times is substituted for gold leaf in the larger compositions.

These miniatrures also include details of clothing, household goods and tools which provide a valuable source for the study of the time. The artist's interest in placing the objects in a human or humanized context transform the illustrations into a priceless document for the study of the life and customs of the 15th century.

The animal and plant representations tie in with the illustrative world of Herbals and Bestiaries which were so popular in the Middle Ages. The flora depicted in the codex is usually real, although this is not the case of the fauna which, at times, following the text, represents fantastic animals such as marine monsters where the artist's imagination follows the flight of the author's fancy.

The 147 extant copies of the manuscript are proof of the popularity of this work by Thomas de Cantimpré. They are found primarily in Central Europe, Northern France, Holland and England. There is no evidence of translations in the vernaculer tongues of the Iberian Peninsula. In Spain, however, another of these encyclopedic works, Bartolomé Anglico's *De propietatibus rerum,* did spread in manuscript and printed form and have been preserved in Spanish libraries.

A short treatise on falconry inserted in the *Liber de avibus* is a typical medieval subjct showing the interest in hunting, a favorite pastime of the aristocracy. The contents of this type of treatise are extremely practical. This section classifies the 'aves nobles' and lists common types of diseases and their remedies. The one which appears in the codex is in keeping with this type of text on veterinary medicine. It is a kind of abstract of traditional knowledge which, to give it more prestige, claims to have its origins in ancient times or to be related to eastern Hellenism or adopts the form of a more prestigious genre such as the epistolary.

The *Tacuinum sanitatis* is a medical-pharmaceutical treatise written in the middle of the 10th century by the Arabic physician, Inb Botlân. The specific circumstances in which the Latin translation was made is not clear. We know that between 1254 and 1266 a translation was done at the court of king Manfred of Sicily, but it is not certain that is the first version. The word *Tacuinum* is a Latinization of the Arabic word 'taqwîm' and refers to the manner in which knowledge is organized, the *dispositio per tabellas* by which the subject is arranged in a clear

THOMAS DE CANTIMPRÉ. *De natura rerum.*
S. XV. *B.V.G. C-67.*

diminuto —para la representación de insectos— hasta ocupar todo el ancho de la hoja.

La decoración consiste en iniciales de gran tamaño que resaltan sobre un recuadro de oro [fol. 2v., 32r., 54 v., 61v., 70v., 75r., 82r.], son de tema vegetal. Sin embargo, la inicial con que comienza el *Tacuinum* lleva una decoración histórica especialmente interesante porque resume el sentido del texto y de su transmisión: el médico hebreo leyendo un libro.

El motivo ornamental predominante en el códice y que más le caracteriza son los fondos rameados en oro que a veces en las grandes composiciones se sustituye por panes de oro.

Las miniaturas son además una preciosa fuente de estudio de época: la indumentaria, los enseres domésticos, las herramientas. El interés del artista por situar los objetos representados dentro de un marco referencial humano o humanizado convierte a la ilustración del códice en un documento valioso para el conocimiento de la vida y las costumbres en el siglo XV.

Las representaciones de animales y plantas conectan con ese mundo ilustrativo tan de moda en el Medievo de los Herbarios y los Bestiarios. La flora dibujada en el códice

synoptic manner as in tables In the *Tacuinum* there are tables for keeping one's health which follow the Greco-Arabic tradition of the six non-natural things necessary for the proper organization of man's life. Light and air, food and drink, work and rest, sleep and wakefulness, secretions and excretions and movements of the spirit are the *sex res non naturales,* the etiological key to man's diseases.

The miniatures belong to the international style characteristic of the first half of the 15th century which combines Mediterranean and Northern artistic tendencies. At times Proto-Renaissance elements are found in ideas that are still very Gothic. They have been attributed by Stange to *Martinus opifex* who was trained in Bavaria and later worked in Vienna. The illumination of the *Trojan War* (Vienna, cod. 2773) and the *Bible of Henricus Othon* (Munich, cod. Germ. 8010) has been classified as his work. The Granada codex would probably have been illuminated around 1450 at the time of his richest and most mature work.

The first information we have of this manuscript in the University of Granada appears in the *Indice inventario de la Biblioteca* in 1784.

Bibliography

DOMÍNGUEZ BORDONA, nº 260. DURRIEU. *Manuscrits d' Espagne*, p. 54, 72.—GUEYN, J. VAN DEN. «Notes sur quelques manuscrits miniatures de l'ecole flamande conservés aux Bibliothèques d' Espagne.» *Annales de l' Académie Royale d' Archéologie de Belgique, 58, 1906, p. 305-30.*—D. MARÍN. *Exposición de Arte Histórico.* Granada, 1922, p. 251.—F. WINKLER. *Kunstchronik Einige Niederländische und Deutsche Werke des 15 und 16 Jahrhunderts auntf der Ausstellung 1912 in Granada. Zeitschrift für bildende Kunst, 24, 1913.*—*El Arte de España. Guía del Museo del Palacio Nacional de Barcelona, 1929,* p.243.—A. STANGE. *Deutsche Malerei der Gotik.* München 1969.—*Ausstellung Gotik in Österreich Krems an der Donau, 1967,* nº 100, p. 157-163.—CALANDRE, GARCÍA BALLESTER, PITA ANDRADE y SCHMITT.. *Estudio preliminar a la edición facsímil de Granada:* Universidad de Granada, 1974.

tiende a ser real, no así la fauna que, a veces, siguiendo el texto, tiene representaciones de animales fantásticos, como los monstruos marinos, donde la imaginación del artista corrió pareja con la del autor.

Las miniaturas pertenecen al estilo internacional característico de la primer mitad del siglo XV, donde se mezclan corrientes nórdicas y mediterráneas. A veces hay elementos protorrenacentistas dentro de una concepción aún muy gótica. Han sido atribuidas por Stange a *Martinus Opifex* que se formó en Baviera y trabajó posteriormente en Viena, y del que se han clasificado los trabajos de iluminación de *La Guerra de Troya* [cód. 2773 de Viena] y la *Biblia de Otón Enrique* [cód. Germ. 8010 Munich]. La iluminación del códice granadino la realizará hacia 1450 en la época más rica y madura de su producción.

La primera noticia de este manuscrito en la Universidad de Granada aparece en el *Indice inventario de la Biblioteca* en 1784.

Bibliografía

DOMÍNGUEZ BORDONA, nº 260. DURRIEU. *Manuscrits d' Espagne*, p. 54, 72.—GUEYN. J. VAN DEN. «Notes sur quelques manuscrits miniatures de l'ecole flamande conservés aux Bibliothèques d' Espagne.» *Annales de l' Académie Royale d' Archéologie de Belgique, 58, 1906, p. 305-30.*—D. MARÍN. *Exposición de Arte Histórico.* Granada, 1922, p. 251.—F. WINKLER. *Kunstchronik Einige Niederländische und Deutsche Werke des 15 und 16 Jahrhunderts auntf der Ausstellung 1912 in Granada. Zeitschrift für bildende Kunst, 24, 1913.*—*El Arte de España. Guía del Museo del Palacio Nacional de Barcelona, 1929,* p.243.—A. STANGE. *Deutsche Malerei der Gotik.* München 1969.—*Ausstellung Gotik in Österreich Krems an der Donau, 1967,* nº 100, p. 157-163.—CALANDRE, GARCÍA BALLESTER, PITA ANDRADE y SCHMITT.. *Estudio preliminar a la edición facsímil de Granada:* Universidad de Granada, 1974.

25. DIOSCORIDES PEDACIO

Acerca de la materia medicinal y de los venenos mortíferos / traducido de la lengua griega en la vulgar castellana & illustrado con claras y subtanciales annotaciones y con figuras de innumerables plantas exquisitas y raras por el doctr Andrés de la Laguna...—En Anvers: en casa de Iuan Latio, 1555.—[8], 616, [24] p.; ill.; fol. Sig.: &⁴, A-4L⁴.—Woodcuts.—Stiff marbled leather binding.

Biblioteca de Palacio, X-793

Andrés Laguna dedicated his edition of the *Dioscorides* to Prince Philip, whose coat-of-arms, which includes the arms of France and England, appears on the title page.

This edition of the *Dioscorides* printed by Jan Laet at the author's expense, is the first Spanish translation of one of the most important texts on pharmacology. With this work, Laguna's translation links up with the great Peninsula tradition of the transmission of medical subjects. The first Arabic version of this work was done in the 9th century by Histifan Ibn Basil and revised by the royal physician Abbasi al-Mutawakkil, and in turn was

25. DIOSCORIDES PEDACIO

Acerca de la materia medicinal y de los venenos mortíferos / traducido de la lengua griega en la vulgar castellana & ilustrando con claras y subtanciales anotaciones y con figuras de innumerables plantas exquisitas y raras por el doctor Andrés de Laguna... —En Anvers: en casa de Iuan Latio, 1555.—[8], 616, [24] p.: il.; fol. Sig.: &⁴, A-4L⁴.—Grabados xilográficos. —Encuadernación pasta valenciana.

Biblioteca de Palacio X-793

Andrés Laguna dedicó la edición del Dioscórides al príncipe Felipe cuyo escudo, en el que se incluyen las armas de Francia e Inglaterra, campea en la portada.

Esta edición del Dioscórides, que salió de las prensas de Jan Laet a expensas del propio Laguna, es la primera traducción al castellano de uno de los textos más importantes para estudios farmacológicos. Laguna entronca con este trabajo con una corriente castiza de transmisión de la materia médica: de la traducción al árabe que hiciera en el siglo IX Histifan Ibn Basil, revisada por

used by the scholars of the School of Translators of Toledo to translate the work of Dioscorides into Latin.

One of the most illustratious men of the Spanish Renaissance was responsible for the first edition printed in Latin. In 1518 Guillén de Brocar printed it under the supervision of Antonio de Nebrija in Alcalá de Henares, the home of the famous Universidad Complutense.

When Andrés Laguna took it upon himself to translate the *Dioscorides* into Spanish (there were already versions in Tuscan and German), he was aware of the importance of making the basic text more available to a wider reading public. The work is marked by its scientific zeal, and the methodology he followed shows the thoroughness of a true scholar.

In his trips to Italy, Laguna consulted all the Greek codices of the *Dioscorides* he could find, and in Spain his friend Juan Páez de Castro loaned him an 'exquisite codex' to help him complete his information. In addition to consulting the manuscript sources directly, Laguna also consulted the printed work of another great scholar, Andrea Matthioli, who had published his work in Venice in Valgrisio's shop in 1544. Laguna acknowledged his debt to the Siennese scholar from whose book he took most of the woodcut illustrations. Matthioli's drawings were of unsurpassable perfection. Laguna's task consisted of completing the illustrations by adding drawings he himself had made of natural plants not included in his friends's Venetian edition. In the epistle to Princess Giovanna, Archduchess of Austria, to whom the 1573 edition is dedicated, Matthioli refers to Laguna's use of his book, 'Nella fabrica del quale (come egli stesso manifestamente confessa) non solamente s'ha servito de miei scritti a suo piacere, ma di tutte le figure delle piante & delli animale, le queli ha fatto intagliare vivamente dalle mie parendoli (come egli dice) de non haverne ritrovati di migliori'.

This first Spanish translation is characterized by its accuracy and detail. Each specimen described is identified in Greek, Latin, Arabic, Spanish, French, Italian, German, Portuguese, Catalan and 'Barbarian', the jargon used by apothecaries. Simón de Sousa 'mirror of apothecaries and diligent researcher', and Luis Núñez, physician to the Queen of France, collaborated with Laguna, supplying him with the Portuguese terms. The high quality of the research done by this Spanish Erasmist is evident not only in the notes and comments but also in the wealth and rigor of the indexes. A glossary of difficult terms, a table of ancient weights and universal tables of all the names according to the various languages are included.

Laet's work was in keeping with this desire for careful preparation and study emanating from the text. The selection of type, the thick roman Tavernier for the dedication, the roman pica, the small roman letters, the English italic and small Italian pica for the body of the work are proof of the common purpose of the author

el médico de cámara Abbasi al-Mutawakkil, se sirvieron los estudiosos de la Escuela de Traductores de Toledo para verter al latín la obra de Dioscórides Pedacio.

Se debe a uno de los más preclaros renacentistas españoles la primera impresión en lengua latina: en 1518 Guillén de Brocar lo imprime bajo la supervisión de Antonio de Nebrija en la villa sede de la Universidad Complutense.

Andrés Laguna se impuso la labor de traducir el Dioscórides —del que ya existían versiones en toscano y alemán— consciente de la importancia de ensanchar los márgenes de difusión y lectura de este texto fundamental. Un afán científico preside su obra: la metodología que sigue para elaborarla denota su rigor de estudioso. En sus viajes a Italia se preocupó de consultar los códices griegos del Dioscórides que pudo encontrar; en España su amigo Juan Paez de Castro le prestó un «exquisito códice» gracias al cual pudo completar la información que ya poseía. A la consulta directa de las fuentes sumó Laguna la de la obra impresa de otro gran erudito, Andrea Matthioli, que la había editado en Valencia en los talleres de Valgrisio en 1544. Reconoce Laguna la deuda que tiene con el erudito sienés de cuyo libro saca gran parte de las xilografías que ilustran su obra. Los dibujos de Matthioli eran de tal perfección que no podían superarse; el trabajo de Laguna consistió en completar el aparato ilustrativo añadiendo dibujos que él mismo había tomado del natural de plantas que no constaban en la edición veneciana de su amigo. En la epístola a la princesa Giovanna, archiduquesa de Austria, a quien va dedicada la edición de 1573, alude Matthioli a la utilización que Laguna ha hecho de su libro «nella fabrica del quale (come egli stesso manifestamente confessa) non solamente s'ha servito de miei scritti a suo piacere, ma di tutte le figure delle piante & delli animali, le quali ha fatto intagliare vivamente dalle mie parendoli (come egli dice) di non haverne ritrovati di migliori».

La acribía y el rigor presiden esta primera traducción al castellano: cada especimen descrito va identificado en griego, latín, árabe, castellano, francés, italiano, alemán, bárbaro (la jerga empleada por los boticarios), portugués y catalán. Simón de Sousa «espejo de boticarios y diligentísimo escudriñador» y Luis Núñez, médico de la reina de Francia, colaboraron con Laguna proporcionándole los términos portugueses. No sólo las anotaciones y los comentarios sino la abundancia y seriedad de los índices —glosario de palabras difíciles, tabla de pesos antiguos y tablas universales de todos los nombres según las varias lenguas— denotan la calidad de investigador de este erasmista español.

El trabajo de Laet estuvo en consonancia con esa voluntad de cuidado y estudio que emana del texto: la elección de los tipos con que se imprimió —la romana gruesa de Tavernier para la epístola nuncupatoria, la pica romana, la pequeña romana, la itálica inglesa, la pequeña pica itálica para el cuerpo de la obra— evidencia que au-

and the printer. The alternation of italica for the commentaries and roman lettering for the text produces an optical effect of undeniable beauty.

The relationship between the illustrations and the text is well balanced. The woodcuts are integrated didactically with the page; their size and detail enable the reader to identify the specimens very easily.

One copy was conceived especially for the future king of Spain. The use of vellum, the careful illumination of the woodcuts, the exquisite borders framing the nuncupative epistle and the splendid architectural title pages at the beginning of the work make this one of the gems of the Biblioteca Nacional.

The binding in the style of Grolier still has traces of gold and the red and blue inks which decorated it and enhanced the royal coat-of-arms on the front cover. Two inscriptions framed in quarters on the back cover recall the fact that Prince Philip is King of England and France. The spine with raised ribs is full and gilded. Two metal clasps guarantee the integrity of this book, which has been preserved in perfect condition.

The copy in the Palace Library is bound in Valencian leather binding.

Bibliography

PICATOSTE Y RODRÍGUEZ: *Apuntes para una biblioteca científica española del siglo XVI*, Madrid, 1981, p. 166, no. 409; *Exposición Antológica del Tesoro Documental, Biblio. y Arqu. de España*, Madrid, 1959; J. PEETERS-FONTAINAS: *Bibliographie des impressions espagnoles des Pays-Bas méridionaux*, Niewkoop, B. de Graaf, 1965, p. 187, no. 349; M. BATAILLON: «La materia médica de Dioscórides. Transmisión medieval y renacentista», *Bull. Hisp.*, LVIII, 1956, pp. 232-52; C. DUBLER: *La materia médica de Dioscórides;* TEÓFILO HERNANDO: *Pedacio Dioscórides Anazarbeo*, Madrid, 1968; *La cienca en la España de los Austrias*, Madrid, Biblioteca Nacional, 1976.

---

26. PETRUS APIANUS

Astronomicum Caesareum. —Inglostaddi: [P. Apianus], 1540.—[82]l,; ill,; fol. Sig.: A-N⁴, O⁶.—Roman lettering in two colums. Illuminated woodcuts. Historiated capitals. Colophon. Printer's shield. Seal of the Royal Library. Leather binding tooled in blind.

Madrid, Biblioteca Nacional R. 1608

Scientific literature becomes the vehicle for one of the most lavish, beautiful and spectacular printed books of the 16th century. In the *Astronomicum Caesareum* research, typography and illustration blend to form a perfect book.

Two printings were of the book, a luxury edition for presentation copies and another normal one. Though both were hand illuminated in Apianu's workshop, the differences between them are very remarkable. The Biblioteca Nacional has a copy of each. The copy exhibited here belongs to the deluxe series.

The title page already combines text and image in an imaginative play of forms and colors. The title of the book, in large-sized calligraphic Gothic, is inscribed in

tor e impresor identificaron sus propósitos. La alternancia de cursiva [comentario] romana [texto] produce un efecto óptico de indudable belleza.

La relación que la ilustración guarda con el texto está llena de equilibrio: las xilografías se integran con un sentido didáctico en la página, su tamaño y detalle permiten una fácil identificación de los especímenes.

Un ejemplar fue especialmente concebido para el futuro rey de España: la utilización de la vitela como soporte, la iluminación cuidada de las xilografías, lo exquisito de las orlas que enmarcan la epístola nuncupatoria, y la espléndida portada arquitectónica con que se inicia la obra, hacen de esta pieza una de las joyas de la Biblioteca Nacional de Madrid.

La encuadernación en piel, de estilo Grolier, guarda los restos del oro y los tintes y rojos y azules que la animaron y realzaron el escudo real que ostenta la tapa superior; la tapa posterior recuerda en dos leyendas englobadas en cuarteles que el príncipe Felipe es rey de Inglaterra y Francia; el lomo, de nervios resaltados, está cuajado y dorado; dos cierres de metal aseguraron la integridad del libro, que se ha conservado en perfectas condiciones.

El ejemplar de la Biblioteca de Palacio está encuadernado en pasta valenciana.

Bibliografía

F. PICATOSTE Y RODRÍGUEZ: *Apuntes para una biblioteca científica española del siglo XVI.*, p. 166, nº 409.—*Esposición Antológica del Tesoro Documental, Bibliográfico y Arqueológico de España*. Madrid, 1959.— J. PEETERS-FONTAINAS.: *Bibliographie des impressions espagnoles des Pays-Bas méridionaux*, Niewkoop, B. de Graaf, 1965, p. 187 n.º 349.—M. BATAILLON.: «La Materia Médica de Dioscórides. Transmisión medieval y renacentista». *Bull. Hisp.* LVIII, 1956, pp. 232-252.—C. DUBLER, La *La Materia Médica de Dióscórides*. Barcelona, 1953.—T. HERNANDO: *Pedacio Dioscórides Anazarbeo*. Madrid, 1968.—*La ciencia en la España de los Austrias*. Madrid, Biblioteca Nacional, 1976.

---

26. PETRUS APIANUS

Astronomicum Caesareum.— Ingolstadii: [P. Apianus], 1540.—[82] h.: il.; fol.— Sig.: A-N⁶,O⁶.— Letra romana, a dos columnas.—Xilografías iluminadas.—Capitales historiadas.—Colofón.—Escudo tipográfico.—Sello de la Biblioteca Real.—Encuadernación piel con hierros.

Madrid, Biblioteca Nacional, R. 1608

La literatura científica se convierte en el *Astronomicum Caesareum* en un motivo de lujo y belleza para conseguir uno de los impresos más deslumbrantes del siglo XVI. Investigación, tipografía e ilustración se conjugaron para formar un libro perfecto.

De este libro se hicieron dos tiradas, una de lujo —destinada a copias de presentación— y otra corriente. Aunque ambas tiradas fueron iluminadas a mano en el taller de Apiano, las diferencias entre una y otra son muy notables. La Biblioteca Nacional de Madrid posee un ejemplar de las dos. La copia expuesta pertenece a la edición de lujo.

La portada empieza ya combinando texto e imagen en un juego de formas y colores lleno de imaginación. El títu-

Semicír·   ·culus Pendens

Et hæc quidem de compofitione Torqueti dicta fufficiant, nunc adgrediamur qua nam via proxime
vfum illius tradamus, pari cum facilitate cum breuitate, qua hactenus compofitionem docuimus.

HAEC EST FORMA VIVAQVE TOR·
IMAGO QVETI IMAGO SVIS, ET NVMERIS, ET CIRCV·
lis, & lineamentis, & proportionibus veris perfectiſſimè exhibita.

PETRUS APIANUS. *Astronomicum Caesareum.* Ingolstadii: P.
Apianus. 1540. *BN R/1608.*

a rectangular border. The border is decorated in the
Mannerist style, four pairs of cupids, mounted on dol-
phins, bear the symbols of the Caesar, Emperor Charles
V, (the imperial eagle and the crown) in the central upper and lower sections. Entwined scrolls and garlands fill
the spaces; two medallions on the sides of the cartouche
of the title, the cosmos on the left and a small German
lanscape on the right, complete the decoration. Below,
inscribed in a circle, a winged dragon steps on the heads
of thriteen radially placed lizards. At the foot of the
sphere, to the left and right, are Latin incriptions. The
combination of the two large forms, rectangle and circle,
and the colors, blue, gold and black in the rectangle,
green and salmon in the circle, cause a great visual impact
on the viewer.

lo de la obra, en letra gótica caligráfica de gran tamaño, está
inscrito en una orla rectangular. La orla tiene una decoración manierista: cuatro amores emparejados, a lomos de del-
fines, mantienen en la parte central superior e inferior los
símbolos del César (el Aguila imperial y la corona), roleos
y guirnaldas se enlazan llenando los espacios; dos medallones a los lados de la cartela del título —el cosmos a la izquierda, y un pequeño paisaje alemán a la derecha— la completan. Bajo ella, inscrito en un círculo, un dragón alado pisa
las cabezas de trece lagartos dispuestos radialmente. Al pie
de la circunferencia, a derecha e izquierda, inscripciones latinas. La conjugación de las dos grandes formas —rectángulo y círculo— y de los colores —azul, oro y negro en el rectángulo, verde y salmón en el círculo— tienen una tremen-
da fuerza visual.

La dedicatoria a Carlos V va al verso de la portada. La
basa del texto la forman los dos grandes escudos: España y
Alemania. Sigue en la h. 2 las dedicatorias a los césares Carlos y Fernando de Austria. En la h. 3 la epístola al lector
con una graciosa combinación tipográfica: la columna izquierda se dispone en base de lámpara a líneas perdidas,
mientras que la de la derecha se mantiene con los márgenes
ajustados.

El índice, con correspondencia de epígrafes y enuncia-
dos se inicia en el recto del f.3 —columna derecha— y sigue hasta el recto del f.4. Una última explicación al lector
en el verso de este mismo folio.

El texto comienza en el recto del folio 5. Dispuesto a
dos columnas, es desde el punto de vista tipográfico un libro notable. Lleva cabeceras con el título escindido para hacerlo coincidir con cada columna. Las anotaciones marginales también van en romana. El impresor se permite a lo largo de la obra juegos ópticos con la disposición del texto que
contribuyen a reforzar su muy rica decoración. A las más
usuales disposiciones en base de lámpara, Apiano añade otras
de gran audacia, como la de la h. 15 verso, en las que las
columnas de escritura se comban cóncavamente. El equilibrio perfecto entre mancha tipográfica y blanco, la combinación ajustada entre texto e imagen —ya vaya a toda página, ya se intercale entre lo escrito— hacen del *Astronomicum* un libro ejemplar de buen impresor.

Aparte del aparato ilustrativo científico, el impreso se
adorna con iniciales historiadas al principio de cada capítulo
en las que se representan instrumentos sólidos geométricos
complicados que evidencian el gran conocimiento de la perspectiva de Apiano. Todas ellas van realzadas por el color.

Es desde el punto de vista de la ilustración científica que
la decoración del libro resulta más asombrosa. Para calcular
las posiciones de los planetas gráficamente, Apiano diseñó
unos instrumentos denominados «aequatoria planetarum»
constituidos por discos pivotantes que llevan graduaciones e
índices. Estos discos reproducen las revoluciones complica-
das atribuidas a los planetas por la hipótesis de Ptolomeo.
El interés de estos diseños de Apiano reside en que cada
plancha, o «volvelle» puede ser utilizada sin necesidad de una
tabla planetaria. El primero de los planisferios del libro (h.
7, sig. B3) es uno de los primeros mapas estelares impresos,

The dedication to Charles V is on the verso of the title page. The base of the text is made up of two large coats-of-arms of Spain and Germany. Page 2 contains the dedications to the Emperors, Charles and Ferdinand of Austria. The note to the reader on page 3 has an original layout. The left hand column is arranged in a cul-de-lampe with lines of varying lengths, while the one on the right follows the regular straight margin.

The table of contents with matched apigraphs and paragraph beginnings is on the right hand column of folio 3r and continues until folio 4r. A final note to the reader appears on the verso of the same folio.

The text, which begins on folio 5r, is arranged in two columns. From a typographical point of view this is an outstanding book. The chapter headings have split titles that coincide with each column. Marginal notes are also in roman letters. The printer plays optical games with the arrangement of the text, thereby reinforcing its very rich decoration. To the most common type of cul-de-lampe layout, Apianus adds more daring ones, such as the one on page 15v in which the printed columns form concave curves. The perfect balance between the typographic mark and the space, the combination of text and image either on full pages or interspersed with the text, make the *Astronomic Caesareum* an exemplary work by a great printer.

Aside from the scientific illustrations, the book is adorned with historiated initials at the beginning of each chapter showing complex instruments or geometric solids indicative of Apianus' knowledge of perspective. All are enhanced by the use of color.

From the point of view of scientific illustration the decoration is most amazing. In order to calculate the positions of the planets graphically, Apianus designed instruments called 'aequatoria planetarum', made up of pivotal dics with dragings and indexes. These discs reproduce the complicated revolutions attributed to the planets in the Ptolemaic system. The interest of Apianus' drawings lies in the fact that each plate or 'volvelle' can be used without a planetary table. The first planisphere in the book (p.7, sig. B3) is one of the first star maps ever printed, with the exception of the one published by Dürer in Nuremberg in 1515. Althouh the volvelles are easy to use, Apianus accompanied each one with examples in Latin as instructions to guide the reader.

These 35 woodcuts of disc plates are illuminated with great delicacy and a fine sense of color. Gold is used in combination with silver.

The first part of the book deals with the movement of the planets, eclipses, astrological positions, iatrogenics, calendars and computation. The second described the 'meteoroscopium planum', a quadrant for solving spherical tirangles, comets, with observations made in previous years and the 'torquetum' which he draws and explains.

Charles V, to whom it is dedicated, and a fervent admirer of astronomical instruments, paid for the

si se exceptúa el que Durero publicó en Nuremberg en 1515. Aunque los volvelle son de fácil manejo, Apiano acompaña a cada una de ellas con uno o dos ejemplos en latín, como instrucción de uso.

Estas treinta y cinco planchas de discos, grabados xilográficos, están iluminados con gran delicadeza y un fino sentido del color. El empleo del oro se combina con el de la plata.

La primera parte de la obra trata del movimiento de los planetas, de los eclipses, posiciones astrológicas, yatrología, calendario y cómputo. La segunda parte describe el meteoroscopium planum —cuadrante que permite resolver triángulos esféricos— los cometas , —con observaciones realizadas en años anteriores— y por último el torquetum, del que da el trazado y explica el uso.

Carlos V, a quien va dedicada la obra, ferviente admirador de los instrumentos astrológicos, costeó la edición del libro que se realizó en el propio taller de imprenta del científico. El volumen, según consta en el colofón —impreso a la inversa—, se hizo en el mes de mayo de 1540. A esta edición siguió otra en alemán. Carlos V premió la labor del astrónomo nombrándoles, a él y a sus hermanos, caballeros del imperio y concediéndole una elevada suma de piezas de oro.

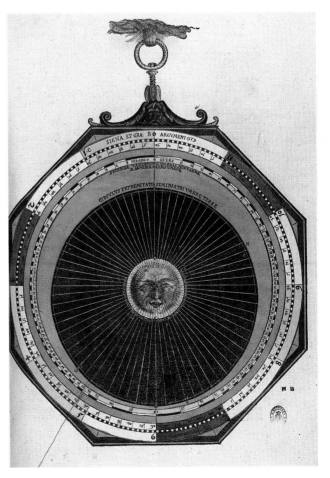

Petrus Apianus. *Astronomicum Caesareum*. Ingolstadii: P. Apianus, 1540. *BN R/1608.*

publication of the book which was printed in the scientist's own shop. The volume, as is stated in the colophon written in reverse, was printed in May, 1540. It was followed by German version. Charles V rewarded the labor of the astronomer by naming him and his brothers knights of the Empire and giving him a large amount of gold coins.

This copy, formerly in the Royal Library, is bound in brown leather, tooled in bind. On the covers, fillets form a rectangle divided into seven longitudinal bands with tooling adorning the quarters. The ribs are raised and the panels are decorated. The binding is the work of the Centro de Conservación y Microfilmación documental y bibliográfica de Madrid, done in 1983.

Bibliography

G. OWEN. «Apianu's Astronomicum Caesareum and its Leipzig facsimile». *Journal of the History of Astronomy*, 2, 1971.— F. van ORTROY. «Bibliographie de l'ouvre de Pierre Apian». *Le bibliographe moderne*, 1901.—S.A. IONIDES. «Caesar's Astronomy. *Osiris*, 1936.—*La réserve précieuse*. Bruxelles, Bibliotèque Albert I, 1961, n° 35.

El ejemplar, procedente de la Biblioteca Real, tiene una encuadernación de piel marrón adornada con hierros en seco. En las tapas, unos filetes forman un rectángulo dividido en 7 bandas longitudinales con hierros sueltos adornando los cuarteles formados. Los nervios están realizados y las entrenervaduras adornadas. Es una encuadernación realizada por el Centro de Conservación y Microfilmación documental y bibliográfica de Madrid en 1983.

Bibliografía

G. OWEN. «Apianu's Astronomicum Caesareum and its Leipzig facsimile». *Journal of the History of Astronomy*, 2, 1971.— F. van ORTROY. «Bibliographie de l'ouvre de Pierre Apian». *Le bibliographe moderne*, 1901.—S.A. IONIDES. «Caesar's Astronomy. *Osiris*, 1936.—*La réserve précieuse*. Bruxelles, Bibliotèque Albert I, 1961, n° 35.

---

27. QUER, José

Flora española o historia de las plantas que se crían en España / su autor D. Joseph Quer, cirujano de S. M., consultor de sus Reales Exércitos, académico de Bolonia, de la Real Médica Matritense y primer Professor de Botánica del Real Jardín de Plantas de Madrid.—Madrid: por Joachin Ibarra, se hallará en casa de D. Angel Corradi, 1762.—4 v.: il; fol. V. 1:[44], 402 pp., [1] h. de plate. pleg., [13] l. of plates.
Sig.: []², a4⁴, A-3D⁴.—v. 2: [16], 303 pp., [32] l. of plates.—Sig.: []², a⁶, A-2P⁴.—v. 3: [12], 436 pp., [79] h. de plate.—Sig.:[]², &⁴, A-3G⁴, 3H⁶.—v. 4:[4], 471 pp., [64]h. de plate.
Engraved frontispiece. Copper plate engravings. Seal of the Royal Library. Leather binding with gold tooling.—Super-libros.

Madrid, Biblioteca Nacional, 3/44637-40

Joaquín Ibarra, printer to the king and to the Royal Academy and a great protegé of King Charles III, published the first edition of this work by José Quer, the founder and first professor of the Botanical Gardens of Madrid.

The book was planned as a luxury edition which is evident in the quality of the paper, the typography and abundance and quality of the illustrations, but always in keeping with the clarity and austerity demanded of a scientific text.

According to the introductory epistle in elegant italics, the work is dedicated to Charles III. Both the 'Note to the Reader' and the body of the text are printed in a very clear roman type. The indexes are arranged in alphabetical order in two columns at the end of each volume. The paragraph beginnings are arranged in hanging indentation. In the first volume there is only one index of noteworthy items, but in the others a 'Generic Table,' 'Index of Synonyms,' and 'Table of Spanish names' have been added.

27. QUER, José

Flora española o historia de las plantas que se crian en España / su autor D. Joseph Quer, cirujano de S. M., Consultor de sus Reales Exercitos, Académico de Bolonia, de la Real Médica Matritense y primer Profesor de Bótanica del Real Jardin de Plantas de Madrid.— Madrid: por Joachin Ibarra, se hallará en casa de D. Angel Corradi, 1762.—4 t.: il.; fol. t. 1.: [44], 402p., [1]h. de grab. pleg., [13]h. de grab.—Sig.: []², a4⁴, A-3D⁴.—t.2:[16], 303p., [32]h. de grab.—Sig.: []²,a⁶,A-2P⁴.—t.3:[12], 436 p., [79]h. de grab.—Sig.: []²,&⁴,A-3G⁴,3H⁶.—t.4: [4], 471p., [64]h. de grab.
Portada frontispicia.—Grabado en portada. —Calcografías. —Sello de la Biblioteca Real. —Encuadernación piel con hierros dorados. —Superlibros.

Madrid, Biblioteca Nacional, 3/44637-40

Joaquín Ibarra, impresor de Cámara y de la Real Academia y gran protegido del rey Carlos III imprimió la edición príncipe de la obra del fundador y primer profesor del Jardin Botánico de Madrid.

La impresión del libro se concibió con todo lujo: la calidad del papel, la tipografía elegida, la abundancia y calidad de las ilustraciones; siempre en la línea de la claridad y la sobriedad que exigía un estudio científico.

La obra va dedicada a Carlos III, epístola nuncupatoria en una elegante cursiva. La «Advertencia al lector», lleva el mismo tipo de letra que el cuerpo de la obra, una romana de gran legibilidad. Los índices a dos columnas, al fin de cada tomo, llevan una ordenación alfabética; las entradas están dispuestas a párrafo francés. En el primer tomo sólo hay un índice de «Cosas Notables», pero en los siguientes se añaden además la «Tabla genérica», «Indice de los nombres synonimos» y «Tabla de los nombres castellanos».

Descriptio orbis terrarum. S. XV. *BN Ms. Res. 36.*

FL
INTALL
COMORD
PR.

Columnatensis

Vidensis

Inferioris

fortensis

Muticitani

Audenses

Caput cellensis

Augustensis

Aside from the ornamentation which, in itself, shows the harmonious arrangement of the text in the relationship between the blank spaces and the printed areas and the type chosen, the book is illustrated with engravings at the beginning of each part. There are three in the first volume preceding the 'Prologue', 'Isagogue' and 'Analytical Discourse on Botanical Methods', and the one at the beginning of the text in each volume. These engravings are signed 'Marín ft.' Wood engravings were used for these lesser decorative embellishments such as initials, vignettes and cul-de-lampes.

The 187 botanical engravings, authentic scientific illustrations of great accuracy, made up the most important graphic aspect of the book. They are copper plate engravings (150 × 150 mm.) of each plant with its Latin nomenclature. Most of the illustrations are signed at the bottom with the name 'Marín ft.' and others with 'Marín menor ft.'

There are two full page decorative engravings in the first volume. The frontispiece in the neoclassical style shows the goddess Flora crowned with flowers and seated on a throne. She accepts the sheafs offered to her by a maiden on her right, while two cupids present her with baskets of fruit and a third, seated at her feet, is eating a bunch of grapes. The title inscription 'Deus creavit Medicinam in herbis' stands out against an architectural background of a semicircular arch, and at the foot appears the inscription 'Flora Hispaniae indigena'. The engraving is signed 'Isidro Carnizero inven. et delin.' In the composition of the drawings of this engraving the quality of the artist who made it is very evident. Isidro Carnicero, both a painter and engraver, was also the director of the department of sculpture at the Academy of Fine Arts. The composition and treatment of the figures show the hand of a person accustomed to conceiving the human body in bulk and volume and distributing the figures naturally. Following the typographic title page there is another full page engraving depicting the royal coat-of-arms, signed 'Lor. Marín menor ft. Mti.',

As an army surgeon, José Quer took advantage of the assignments of his regiment to gather botanical specimens and study the flora of different regions and take the notes which would eventually culminate in the *Flora española* at the end of his life. He travelled to the Spanish Levant in 1728, the African coast in 1732, and in 1733 he went to Italy for the first time, where he came into contact with eminent professors of botany such as Tilli, the Director of the Botanical Gardens of Pisa. On his return to Spain he lost his herbarium in a shipwreck, but began his work again. On a second trip to Italy in 1742, he was able to recover and complete his previous work. After visiting the most distinguished professors in Naples, Rome and Montpellier, where he met the famous Sauvage, Quer was appointed director of the Botanical Gardens of Madrid, created in 1757 by Ferdinand VI. From this moment on, the scientist added the finishing

Aparte del adorno que en sí mismo supone la armoniosa disposición del texto, la relación blanco/mancha tipográfica, y la tipografía escogida, el libro va ornado con grabados a la cabecera de cada una de las partes: tres en el tomo primero, precediendo al «Prólogo», «Isagoge» y «Discurso analitico sobre los methodos botánicos», y uno al inicio del texto de cada tomo. Son grabados calcográficos en los que aparece la firma «Marin ft.». Pequeños adornos decorativos, de tono menor, van también incluidos; la xilografía se ha empleado para esta labor ilustrativa subsidiaria: iniciales, viñetas, bases de lámpara.

La parte gráfica importante de este libro es la que le proporcionan los ciento ochenta y siete grabados botánicos que la acompañan, auténtica ilustración científica llena de rigor. Son calcografías de 150 × 150 mm, por regla general, en las que va el dibujo de cada planta y su nombre en latín. Aparecen las firmas al pie de los grabados «Marin ft.» y en otras «Marin menor ft.», algunas planchas van sin firmar.

Grabados decorativos a toda página hay dos en el tomo primero: la portada frontispicia, de gusto neoclásico, representa a la diosa Flora coronada de flores, sentada en un trono, cogiendo las espigas que le ofrece una doncella a su derecha, mientras dos amorcillos le presentan canastos con frutas y un tercero sentado a sus pies come un racimo de uvas. Sobre un fondo arquitectónico formado por un arco de medio punto, una inscripción epigráfica «Deus creavit Medicinam in herbis»; al pie grabada la leyenda «Flora Hispaniae indigena». La calcografía lleva la firma «Isidro Carnizero inven. et delin.». En la composición del dibujo de este grabado queda patente la gran calidad del artista que lo realizó; Isidro Carnicero fue el director de escultura de la Academia de San Fernando, también pintor y grabador: la distribución de masas en este dibujo, la disposición del grupo y el tratamiento de las figuras traslucen la mano de una persona que maneja con toda soltura los volúmenes, que está acostumbrada a la dimensionalidad del cuerpo humano y es capaz de distribuir las figuras con toda soltura.

A continuación de la portada tipográfica va otro grabado a toda página, representación del escudo real, firmado por «Lor. Marin menor ft. Mti.»

Como cirujano del Ejército, José Quer aprovechó los destinos de su regimiento para ir recogiendo en sus viajes especímenes botánicos, estudiar la flora de las distintas regiones e ir tomando las notas que desembocarían, al final de su vida en la *Flora española*. Recorrió el Levante español en 1728, la costa de Africa en 1732, y en 1733 realizó su primer viaje a Italia donde mantuvo contactos con los profesores botánicos más destacados entre ellos Tilli, director del Jardín Botánico de Pisa. De regreso a España perdió su herbario en el naufragio del barco que le traía, pero inició otra vez su obra y en un segundo viaje a Italia, en 1742, recuperó y completó lo que había iniciado anteriormente. De regreso a Madrid

touches to the publication of this work he had been preparing all his life. He completed his herbal with visits to northern Spain and the manuscript of the *Flora matritensis*, which Vélez had left incomplete and prepared to publish his work in 1762.

Quer's work was unfinished at the time of his death in 1764. It was continued by Gómez Ortega in 1784 following the same plans. Gómez Ortega, however, added the Linnean nomenclature that Quer had refused to include on account of his esteem for Tournefort and his resentment of the way Linnaeus had treated Spanish botanists.

This copy belonged to the Royal Library whose seal it bears. It is obvious that this was a special copy, judging from its excellent binding of green leather. The cover has a fine border of gold tooling with floral ornamentation on a fillet of dotted tooling. The center contains the royal coat-of-arms. The spine is full, the ribs raised and edges are gilded. The lettering panel in red leather bears the words 'Quer Flora Española.' The binding dates from the 18th century.

Bibliography

PALAU, XIV, p. 350; PASCUAL, *El botánico José Quer, (1695-1764),* Valencia, Cátedra e Instituto de Historia de la Medicina, 1970; COLMERIO, *La botánica y los botánicos de la península hispano-lusitana,* p. 136; SEMPERE y GUARINOS,, *Ensayo de una biblioteca española de los mejores escritores del reinado de Carlos III,* IV, pp. 260-61.

en 1745, tras haber visitado a los profesores más destacados de Nápoles, Roma y Montpellier, donde conoció al célebre Sauvage, Quer fue nombrado director del Jardín Bótanico de Madrid, creado por Fernando VI, en 1757. A partir de este momento, el científico ultimó los trabajos para editar esta obra que llevaba preparando toda su vida. Completó con las visitas al norte de España, el herbario y el manuscrito de *Flora matritensis* que Vélez había dejado inédito y que habían pasado a su poder, los datos que él ya tenía e inició la publicación de la obra en 1762.

La obra de Quer quedó inconclusa a su muerte, en 1764. Gómez Ortega la continuó en 1784, siguiendo el mismo plan pero añadiendo la nomenclatura linneana que Quer, por el afecto que profesaba a Tournefor y resentido por el tratamiento que Linneo había dado a los botánicos españoles, no había querido incluir.

Este ejemplar perteneció a la Biblioteca Real, cuyo sello ostenta. Fue una copia especial como demuestra su bella encuadernación: piel verde, con una orla de finos hierros dorados en los bordes de las tapas, formando adornos florales sobre un filete de hierros punteados. En el centro, como super-libros, el escudo real. El tomo está cuajado y los nervios realzados. El corte dorado. Lleva tejuelo sobre piel roja «Quer Flora Española». Es del siglo XVIII.

Bibliografía

PALAU, XIV, p. 350.— R. PASCUAL.: *El botánico José Quer (1695-1764).* Valencia, Cátedra e Instituto de Historia de la Medicina, 1970.—M. COLMERIO.: *La botánica y los botánicos de la península hispano-lusitana,* p. 136.—J. SEMPERE y GUARINOS: *Ensayo de una Biblioteca española de los mejores escritores del reinado de Carlos III,* IV, pp. 260-261.

PSEUDO JUANELO TURRIANO: *Los veintiún libros de los ingenios y máquinas. BN. Ms. 3372-76.*

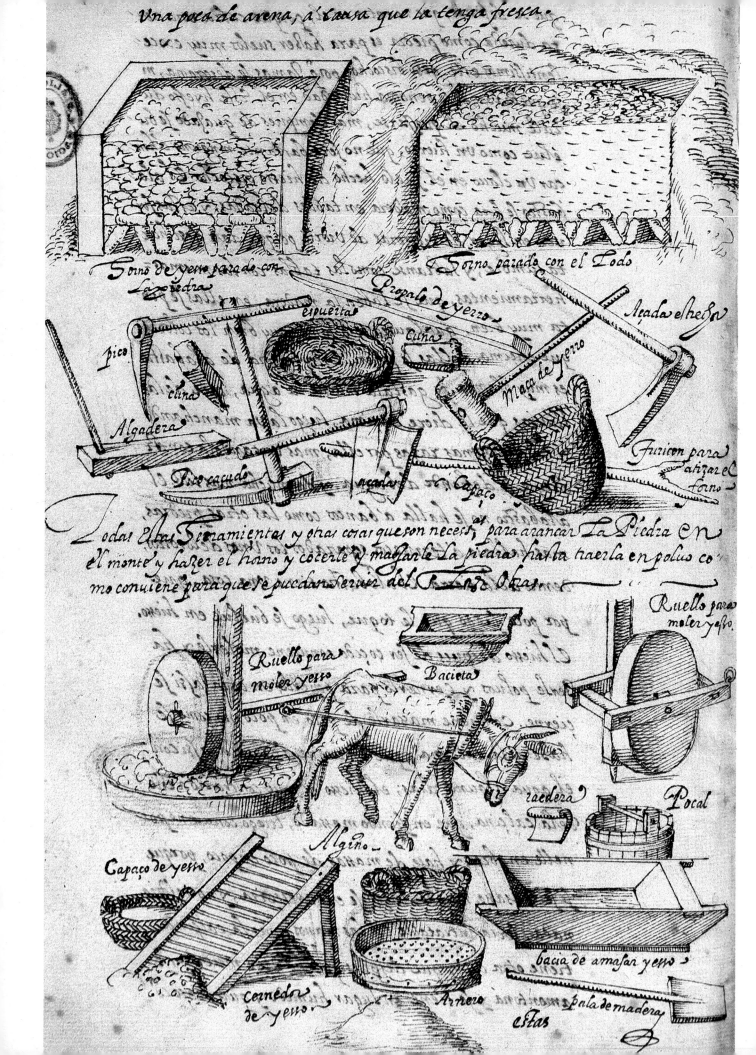

Vna poca de arena, à casa que la tenga fresca.

Sorno de yesso parado con la piedra

Sorno parado con el Lodo

Pregalo de yerro

Açada eshecho

Pico

espuerta

cuña

Maça de yerro

cuña

Algadera

Pico açudo

açada

Capaço

Furicon para atizar el forno

Todas estas ferramientas y otras cosas que son neces.s para arancar la Piedra en el monte y hazer el horno y cocerle y massar le la piedra hasta traerla en polus como conuiene para que se puedan seruir del y otras.

Ruello para moler yesso

Ruello para moler yesso

Bacieta

raedera

Pocal

Capaço de yesso

Algino

Cernedor de yesso

Arnero estas

bacia de amasar yesso

pala de madera

II₂ LA CIENCIA Y LA TECNICA

Figuras.

¶ Por esta figura se muestra la figura y sitio d͂
los miembros / mas principales contenidos en el pecho
y en el vientre segũ q͂ se halla en el hombre viuo.

¶ En la q͂l figura es de notar que la hiel esta situada so͂
bre el higado, porq͂ no se pudo poner debaxo, ha se de en͂
tender q͂ su sitio es en la parte concaua del higado fron͂
tero de donde agora esta situada.

¶ Tambiẽ se ha de entender q͂ en la parte do estan los ri͂
ñones se presupone q͂ estan quitadas las partes de los in͂
testinos que estan sobre los riñones: porque de otra ma͂
nera no se pudieran mostrar lo riñones.

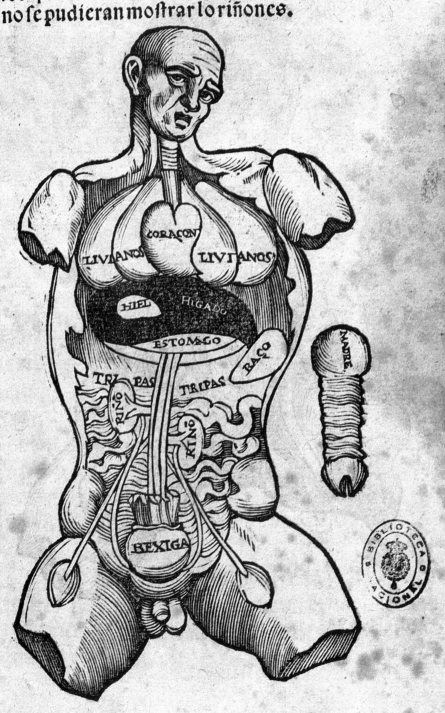

¶ Ansi mis͂
mo se mue͂
stra la figura
de la madre,
la qual se pu͂
so d͂ fuera d͂l
cuerpo por͂
q͂ su sitio es
ẽtre la vexi͂
ga, y el pos͂
trer intesti͂
no , y en aq͂l
lugar ,no se
pudiera mo͂
strar :maspu͂
es se muestra
el sitio de la
vexiga, lige͂
ra cosa es de
entẽder su si͂
tio ,pues esta
debaxo de͂
lla.

28. KETHAM, Johannes

Cópedio de la salud humana. [Tratado de la peste, de Vasco de Taranta].—Çaragoça: Pablo Hurus, 1494.— [2], III-LXV l., [1] l. of plate; fol.
Sign.: a-b⁸, c⁶, d-g⁸, h-i⁶. Gothic lettering in 2 sizes.—2 cols.—of 41 lineas.—Woodcut illustrations and inicials.—Space for illuminated inicials.

Madrid, Biblioteca Nacional Inc. 51

Its Latin title is *Fasciculus medicinae* and it was also printed under this same title in Italian in 1493.

The exact identity of the author is unknown. His name is not mentioned in the first Latin version (Venice, 1491), but the explicit reads. 'Finis fasciculi medicine Johannis de Ketham.' The author's name does not appear in the Spanish versions of Saragossa, Burgos 1494 and Pamplona 1495, translated from the Latin, in the 1491 Italian edition or in the manuscript of the Biblioteca National, which is later than the other editions. In the second Latin edition (Venice, 1495) the title says that J. de Ketham was a physician and a German, which has led scholars to assume that he was a German living outside his country, probably in Venice where he could supervise the publication of his text.

In the records of the School of Medicine in Vienna, a Johannes de Kirchaim or Kircheim, doctor of medicine and surgery, is mentioned sixty times between 1455 and 1470. He is probably the same person and the spelling or pronunciation of his name was changed in Italy. He seems to have been very famous in Venice, judging from the numerous editions of his work which appeared within a few years in Latin and the Romance languages.

Symphorien Champier, the teacher of Miguel Servet at Lyons, mentions a Johannes de Karham or Karcham in a 1506 pamphlet as a doctor of medicine of German nationality known for his theories and experiments. Through the years the name Ketham or variations has often been mentioned in medical texts.

The first edition was revised by Giorgio di Montferrato, giving rise to the assumption that Ketham had already died when the work was published. Montferrato's edditions are enlarged in the translations into Romance languages.

The 1494 Saragossa edition is the first in Spanish and the first printed in Spain. It is the closest to the first edition in Latin. Throughout the text there are expressions in Catalan, Aragonese and Latin, sometimes loosely translated into Spanish, but in later editions as well as in the manuscript there are many additions and errors. Pablo Hurus, who directed the most important shop in Saragossa in the 15th century, produced beautiful texts with woodcut illustrations.

The text of this copy in folio is in two columns in Gothic letters with decorated capitals and initials. In

MONTAÑA MONSERRATE, BERNARDINO: *Libro de la Anathomia del hombre.* Valladolid: Sebastián Martínez, 1551. *BN 2461.*

---

28. KETHAM, Johannes

Cōpedio de la salud humana. [Tratado de la peste, de Vasco de Taranta].— Çaragoça: Pablo Hurus, 1494.— [2], III-LXV h., [1] h. de lám.; fol.— Sing a-b⁸, c⁶, d-g⁸, h-i⁶. Letra gót. 2 tam.— 2 col. de 41 lin.— Inic. grab.— Grab. intercalados.— Esc. tip.— Espacio para inic. miniadas.

Madrid, Biblioteca Nacional, Inc. 51

El *Compendio de la salud humana* es llamado en latín *Fasciculus medicinae,* y con este título se imprimió también en italiano en 1493.

La identidad del autor no se conoce exactamente. En la primera edición latina (Venecia, 1491) no se menciona su nombre, pero en el explicit dice: «Finis fasciculi medicine Johannis de Ketham.» En las españolas de Zaragoza, Burgos 1495 y Pamplona 1495, traducidas de esta edición latina, no aparece el nombre del autor, como tampoco en la italiana de 1491 ni en el manuscrito de la Biblioteca Nacional, posterior a las ediciones impresas citadas. En la 2.ª edición latina (Venecia 1495) el título dice que J. de Ketham era doctor y alemán, lo que hace pensar a sus estudiosos que fue un alemán residente fuera de su país, probablemente en Venecia, donde pudo ocuparse él mismo de la edición de su obra.

Symphorien Champier, profesor de Miguel Servet en Lyon, cita en un folleto de 1506 a Johannes de Kartham o Karcham como un doctor en medicina, de nacionalidad alemana, notable por sus teorías y por sus experimentos. A lo largo de los años el nombre de Ketham, más o menos deformado por el uso, ha sido objeto de abundantes citas en los libros de la Medicina.

Debió de gozar de gran fama en Venecia, y lo prueban las muchas ediciones de su obra que aparecieron en pocos años, en latín y en lenguas romances.

La primera edición fue revisada por Georgio de Montferrato, lo que hecho pensar que en el momento de terminar su edición, Ketham ya había muerto. Los añadidos de Montferrato se amplían en las traducciones a lenguas romances.

La edición de 1494 de Zaragoza es la primera en castellano y la primera impresa en España. Es la más fiel al original de la primera edición latina. El texto está salpicado de catalanismos, aragonesismos y latinismos, a veces levemente romanceados, pero en las ediciones posteriores, así como en el manuscrito, hay múltiples adiciones y errores. El impresor, Pablo Hurus, regentó el taller de imprenta más importante de Zaragoza en el siglo XV, de donde salieron bellos ejemplares ilustrados con grabados xilográficos.

El ejemplar, en folio, tiene el texto a dos columnas, en letra gótica con capitales e iniciales decoradas. En algunos capítulos falta la inicial. Está dividido en seis tratados, divididos a su vez en capítulos, precedidos de un prólogo. Hay pequeños grabados en madera en el texto y en los márgenes, y en el tratado tercero, que trata de

some chapters the initial is missing. The text is divided into six treatises which are in turn divided into chapters preceded by a prologue. There are small woodcut illustrations in the text and the margins, and in the third treatise dealing with the zodiac there is a small woodcut depicting each of the signs.

Illustrations inserted at the beginning of each chapter explain the contents. On the verso of the title page an engraving appears in the shape of a wheel with a urine table and an explanation of the four temperaments. In folio 2, unnumbered, there is a fine half-page woodcut illustration surrounded by a border. The lower half reads, «This is the beginning of the book called a Compendium on human health», after which the text begins.

Between folios 7 and 8, at the beginning of the treatise on bloodletting, there is a double page illustration with a chart depicting the veins. On folio 11v the signs of the zodiac at the beginning of the third treatise, and at the beginning of the fourth on women's ailments; folio 14 is missing and may have been the female figure that appears in the Italian edition.

A surgical table on a double page marks the beginning of the treatise on ointments and on folio 32v there is a table of ailments and illnesses.

Following the work by Ketham there is an *oratio* to St. Sebastian to pray for health against the plague, with a woodcut of the saint surrounded by a border. This is followed by a *Treatise on the Plague* by Vasco de Taranta, a Portuguese doctor of arts and medicine, who wrote a work on illness and whose *Treatise,* published in Barcelona in 1475, was perhaps the first book on medicine printed in Spain.

Next comes the eighth treatise on physionomy; the author is not mentioned. At the end of folio 63v it says that «The present work was finished in the illustrious city of Saragossa on 15 August, 1494». Undereath is the shield of Hurus, with two triangles and a cross in the center, surrounded by a text and flanked by Sts. James and Sebastian.

The printed title page bears the title in large Gothic letters. Handwritten notes appear on the title page and in the text. On the title page there is a handwritten ex-libris of Hernández Martín, a surgeon from Daroca and a printed ex-libris of the Countess of Campo Alange.

Bibliography

GARCÍA ROJO, 1112. HAEBLER, 160. VINDEL, t.IV. M. T. HERRERA HERNÁNDEZ . *Compendio de la salud humana de Johannes de Ketham.* Madrid, Fundación Juan March, 1978.— A. HERNÁNDEZ MOREJÓN. *Historia Bibliográfica de la Medicina Española,* I., p. 302

los signos del Zodiaco, una pequeña xilografía representando cada uno de los signos.

Al comienzo de cada capítulo, las ilustraciones intercaladas explican su contenido. En el verso de la portada un grabado en forma de rueda con una tabla de la orina y la explicación de las cuatro complexiones o temperamentos. En el f. 2, sin numerar, una bella xilografía de media página, rodeada de orla; en la parte inferior dice: «Comiença el libro llamado Compendio de la humana salud...», y empieza el texto a dos columnas.

Entre el f. 7 y el 8, al principio del tratado de las sangrías, un grabado a doble página con la tabla de las venas. En el 11 v. los signos del Zodiaco, al comienzo del tercer tratado, y al principio del cuarto, de las dolencias de las mujeres; falta el f. 14, que podría ser una figura femenina que aparece en la edición italiana.

Una tabla de la cirugía, a doble página, da comienzo al tratado de los ungüentos, y en el f. 32 v. hay una tabla de dolencias y enfermedades.

A continuación de la obra de Ketham hay una *Oratio* a San Sebastián rogando por la salud contra la peste, con una xilografía del Santo rodeada de orla, seguida del *Tratado de la peste* de Vasco de Taranta, doctor en artes y en medicina, de origen portugués, que escribió una obra sobre las enfermedades y cuyo *Tratado de la peste* publicado en Barcelona en 1475 fue quizá el primer libro de medicina impreso en España.

Le sigue el tratado octavo, de la *Phisonomia,* cuyo autor no se menciona. Al fin del f. 63 v.: «Fue acabada la presente obra en la muy insigne ciudad de Çaragoça a xv. dias del mes de agosto. Amo mill. cccc. xciiii». Debajo el escudo de Pablo Hurus, con dos triángulos y una cruz en el centro, rodeados de una leyenda, y a los lados Santiago y San Sebastián.

La portada, tipográfica, tiene el título en grandes caracteres góticos. Notas manuscritas en la portada y en el texto.

Hay un ex-libris manuscrito en la portada de Hernández Martín, cirujano de la ciudad de Daroca, y un ex-libris impreso de la Condesa de Campo Alange.

Bibliografía

GARCÍA ROJO, 1112. HAEBLER, 160. VINDEL, t.IV. M. T. HERRERA HERNÁNDEZ . *Compendio de la salud humana de Johannes de Ketham.* Madrid, Fundación Juan March, 1978.— A. HERNÁNDEZ MOREJÓN.

---

29. CHAULIAC, Guy

Inventario o colectario en la parte chirurgica de la medicina.—Sevilla: por Menardo ungut & Lançano polono, a 26 de febrero de 1498.—[4], 183, [1] l.—Fol. (28 cm)
Sign A$^{2-5}$, a-z^8 Gothic lettering in 2 sizes.—2 cols.—46 lines.—Engraved

29. CHAULIAC, Guy

Inventario o colectario en la parte chirurgica de la medicina.— Sevilla: por Menardo ungut & Lançalao polono, a 26 de febrero de 1498.— [4], 183, [1] h.— Fol. (28 cm)
SignA^{25}, `
Faltan dos h., sign A^1 y A^6.— Letra got. dos

capitals.—Colophon.—Parchment binding.

The author, Guy de Chauliac, was a French surgeon born in the Auvergne around 1300. He became a 'magister' around 1325 after having studied in Paris, Montpellier, Toulouse and Bologna. Later he practiced medicine in Lyon and was physician to Clement VI in Avingnon. He carried on a stormy polemic with Petrarch. He has left a vivid description of the plague of 1348 and discourses on narcotic inhalations in painful operations. His *Formulario* or 'chirurgia parva' and the Inventario or 'chirurgia magna' greatly influenced the future development of surgery and were the undisputed authorities for many years.

In the 14th century the interest in Greek and Latin culture, in man and everything related to him, characteristic of the Renaissance, had already oriented the study of medicine in the great schools such as Montpellier towards the fields of anatomy, physiology and the knowledge of the human body and its workings, Chauliac had the courage to state the need for a perfect knowledge of anatomy for those who wished to operate, as he says, 'Without anatomy nothing can be done in surgery'. In this copy there are illustrations of surgical instruments inserted in the text along with an alphabetical index of medicines (fols. 178-181v).

Two Spanish editions of this work were printed in Seville, the first in 1493 and the second in 1498. A third undated edition printed by Juan Cromberger was also done in Seville. This edition is extremely rare. There is a copy in the Biblioteca Alessandrina in Rome, another in the Studium in Salzburg and an incomplete one in the University Library of La Laguna in the Canary Islands.

The title of the missing title page is *Guido en romance,* written in white on a black background in large-sized Gothic letters. A woodcut illustration on the title page depicts Sts. Cosmas and Damian, the patrons of surgeons, with the title in the lower part of the page. According to Haebler, page A^1 which is missing is a blank page and not the title page. He describes the title page of the 1493 which differs little from the 1498 edition. In his additions to Hain-Copinger, Reichling describes this edition with the woodcut title page on the first sheet on the basis of the copy in the Biblioteca Alessandrina.

The table begins on page A^2 which is the first page in this edition and ends on A^6 which is missing in this copy. The prologue appears in large type on folio 1 which reads 'The inventory begins in the name of God' and in small type, 'a collection pertaining to surgical medicine, compiled and finished in the year of Our Lord, 1463, by Guido de Caulhiaco, surgeon and master of medicine in the noble college of Montpellier.' Book I begins on fol. V and Book VII ends on p. 190 which is not foliated. The colophon reads, 'This book was well finished, corrected and duly amended and printed in the very noble and loyal city of Seville by Menardo Ungut,

tamaños.— 2 col de 46 lin.— Capitales de imprenta.— Colofón.

El título que aparece en la portada que falta, escrito en blanco sobre fondo negro en letra gótica de gran tamaño es *Guido en romance.* La portada, xilográfica, representa a San Cosme y San Damián, patronos de los cirujanos, con el título en la parte inferior. Según Haebler, la hoja A^1 que falta no es esta portada, sino una hoja en blanco. Describe la portada en la edición de 1493, de la que esta de 1948 apenas difiere. Reichling, en las adiciones a Hain-Copinger describe esta edición con la portada xilográfica en la primera hoja, a partir del ejemplar de la Biblioteca Alejandrina.

La h. A^6 que falta es el fin de la tabla, que empieza en la segunda hoja, A^2, la primera de este ejemplar.

En el folio I, en tipos mayores: «Prologo. En el nombre de Dios comiença el invetario o» y en letra pequeña «colectario enla pte cirurgical dela medicina: copilado y acabado enel año del Señor de mill: y.cccc.y.lxiii. por Guido de caulhiaco cirurgiano & maestro enla medicina enel noble studio de mompeller». En el f. V comiença el libro primero, y en hoja 190, sin foliar, acaba el libro séptimo. En la primera columna, tras el final, el colofón: «Acabada fue esta obra bien corregida & bien emendada & impressa enla muy noble & muy leal cibdad d Sevilla por Menardo ungut aleman & Lançalao polono Compañeros. A xxvi dias del mes de febrero. Año del Señor de mill & quatrocietos & noventa & ocho años». Debajo hay un escudo de los impresores en madera, con las iniciales MS en dos escudetes que penden de un árbol.

El autor fue un cirujano francés, nacido en Auvergne hacia 1300. Recibió el título de magister hacia 1325, después de haber estudiado en París, Montpellier, Toulouse y Boulogne. Ejerció la medicina en Lyon, fue médico de Clemente VI en Avignon, y tuvo con Petrarca violentas querellas. Le debemos una buena descripción de la peste de 1348, y las disertaciones sobre inhalaciones narcóticas en operaciones dolorosas. Su *Formulario* o chirurgia parva y el *Inventario* o chirurgia magna tuvieron gran influencia en el desarrollo ulterior de la cirugía, y fueron autoridad indiscutida durante mucho tiempo.

El interés por la cultura griega y latina, por el hombre y todo lo relacionado con él que traerá el Renacimiento, orientan ya en el siglo xiv la enseñanza de la medicina en las grandes escuelas, —la de Montpellier llegó a tener gran renombre,— hacia la anatomía y la fisiología, al conocimiento del cuerpo humano y de su actividad. Chauliac tuvo el mérito de proclamar la necesidad de un conocimiento perfecto de la anatomía para quien quiere operar: «Sin la anatomía, no se puede hacer nada en cirugía».

La edición española de 1498 fue la segunda impresa en Sevilla, la primera es de 1493. Hay una tercera edición sevillana, de Juan Cromberger, sin fecha.

a German and Lançalao Polon on 26 February 1498 a.d.'
At the bottom is the printers' shield in wood with the initials MS in two smaller shields hanging from a tree.

Ungut and Polono probably arrived in Seville together from Naples around 1490. The former was a German, a fact that he never omits in the colophons, and the latter was Polish, although he is called German in some documents: Although they continued to print in Seville, in 1496 they took the press to Granada where they finished printing the *Vita Christi* by Fray Francisco Ximénez on April 30. After Ungut's death in 1499 Polono continued to direct the shop which was later taken over by the Cromberger family, one of the most important printers not only in Seville or in Spain but in the entire world in the 16th century.

The book is bound in parchment and contains a lettering panel which reads, 'Guido de Cauliaco en Romance. Año de 1948'. On the recto of the endpaper in ink are the words 'Soy de Francisco Reglero'.

Bibliography

GARCÍA ROJO, 912. HAEBLER, 143. REICHLING, 4.818. *Bibliography of Old Spanish Texts*, 2032. F. LÓPEZ ESTRADA. «Catálogo de los libros impresos en romance hasta 1.600 existentes en la Biblioteca Universitaria de La Laguna», en *Revista de Historia de la Facultad de Filosofía y Letras*, 1947, v. XIII. —RENÉ DUMESNIL. *Histoire illustrée de la médecina*. Paris, Plon, 1935. —J. HAZAÑAS Y LA RÚA. *La imprenta en Sevilla*. Sevilla, Gráficas Sevillanas, 1945.

Ungut y Polono debieron de llegar a Sevilla hacia 1490, juntos. Alemán el primero, dato que nunca omite en sus colofones, y polaco el segundo, aunque se le llame alemán en algún documento, procedían de Nápoles.

En 1496 llevaron la imprenta a Granada, donde el 30 de abril terminaron de imprimir el *Vita Christi* de Fray Francisco Ximénez, sin abandonar la imprenta de Sevilla. En 1499 murió Ungut, y Polono siguió regentando el establecimiento, que después dirigieron los Cromberger, y del que se puede afirmar que fue una de las más gloriosas imprentas no sólo de Sevilla, sino de España y del mundo en el siglo XVI.

Intercaladas en el texto hay ilustraciones de instrumentos quirúrgicos, y los fol. 178 al 181 v. son un índice alfabético de medicinas.

Letra gótica, con iniciales floreadas, en negro, a dos columnas, con el principio de los capítulos en mayor tamaño. En la cabecera, el número del libro.

Encuadernación en pergamino, con un tejuelo en tinta que dice: «Guido de Cauliaco en Romance. Año de 1498». En la primera hoja de guarda, en el recto, en tinta: Soy de Francisco Reglero.

Es una edición muy rara. Hay un ejemplar en la Biblioteca Alejandrina de Roma, otro en los Estudios de Salzburgo y uno, incompleto, en la Biblioteca Universitaria de La Laguna.

Bibliografía

GARCÍA ROJO, 912. HAEBLER, 143. REICHLING, 4.818. *Bibliography of Old Spanish Texts*, 2032. F. LÓPEZ ESTRADA. «Catálogo de los libros impresos en romance hasta 1.600 existentes en la Biblioteca Universitaria de La Laguna», en *Revista de Historia de la Facultad de Filosofía y Letras*, 1947, v. XIII. —RENÉ DUMESNIL. *Histoire illustrée de la médecina*. Paris, Plon, 1935. —J. HAZAÑAS Y LA RÚA. *La imprenta en Sevilla*. Sevilla, Gráficas Sevillanas, 1945.

30. PSEUDO JUANELO-TURRIANO

Los veintiún libros de los ingenios y máquinas.—16th century.—5 vols.—115×260mm.' Paper.—Parchment binding, 310×210mm.

Madrid, Biblioteca Nacional, Ms 3.372-76

Los veintiún libros de ingenios y máquinas is the first specialized treatise on hydraulic works and one of the most important scientific codices of the 16th century. This manuscript, together with Leonardo da Vinci's manuscripts, are two of the most valuable text in the history of science and technology preserved in the Biblioteca Nacional of Madrid.

The manuscript was originally in one volume with continuous foliation, but in the 17th century it was broken up into its present form which consists of five Vols. with the following contents:

Vol. 1. Books 1-5. Qualities of water, properties, sources, ways of finding it. Leveling instruments. Bitumen formulas.

Vol. 2. Books 6-10. Aqueducts. Hydraulic conduits. Fountains. Dams. Cisterns.

Vol. 3. Books 11-13. Watermills.

Vol. 4. Books 14-18. Bridges. Building material.

30. PSEUDO JUANELO-TURRIANO

Los veintiún libros de los ingenios y máquinas.—Siglo XVI.—5 v.—115× 260 mm. Papel.—Encuadernación de pergamino, 310 × 210 mm.

Madrid, Biblioteca Nacional, Ms. 3372-76

Los veintiún libros de ingenios y máquinas, primer tratado especializado sobre obras hidráulicas, es uno de los códices científicos más importantes del siglo XVI y junto a los manuscritos de Leonardo da Vinci, uno de los textos más valiosos para la historia de la ciencia y la tecnología que posee la Biblioteca Nacional de Madrid.

Originalmente el manuscrito fue una pieza unitaria, de foliación seguida, pero en el siglo XVII se dividió en cinco volúmenes, estado en el que hoy se conserva, con el contenido siguiente:

t.1: libros 1-5: Calidades del agua, propiedades, nacimiento, calidad y modo de hallarla. Instrumentos de nivelación. Recetas de betunes.

t.2: libros 6-10: Acueductos. Conducciones hidráulicas. Fuentes. Azudes. Cisternas.

t.3: libros 11-13: Molinos.

t.4: libros 14-18: Puentes. Materiales de construcción.

CARDUCCIO, VINCENZO. *Diálogo de la pintura*. Madrid:
Francisco Martínez, 1633. *BN R/1329*.

Vol. 5. Books 19-21. Planning and construction of harbors.

The text was capriciously reorganized in the 17th century, and title pages and tables of contents were inserted.

The text of the title page of the first volume reads, 'The twenty one books on engines and machines by Juanelo, 'who was ordered to describe and demonstrate them for his Catholic Majesty, King Philip II of Spain and the New World, are dedicated to His Serene Highness, Juan de Austria, son of the Catholic King Philip IV of Spain.'» The title is surrounded by a red border and bears the coat-of-arms of Castile and Leon together with the Maltese Cross and the royal crest. On the next page is the table of contents, 'The first five books of engines by Juanelo, chief engineer to His Majesty King Philip II of Spain and the New World. Dedicated to King Philip II, his Sire, by the hand of Juan Gómez de Mora, his adviser'.

In the dedications of the third, fourth and fifth volumes, Juan Gómez de Mora also appears as the donor of the book to the king.

The workmanship of the crude additions to the original manuscript has nothing in common with the elegance and grace of the rest of the codex, but it does offer a clue to the history of the text.

It was assumed that Juan Gómez de Mora (1586-1616), Master Architect of the Crown, who was engaged in the restauration of the ports of Cadiz and Gibraltar and in hydraulic works, had acquired the manuscript for his library. In 1651 his nephew, Juan Caja, put it up for sale and someone bought it to give to Juan José de Austria, a great lover of science and bibliophile.

Nicolás García Tapia searched the General Archives of Simancas for the inventory of Juan José de Austria's collection. Nevertheless, in the list of books he owned at the time of his death and were auctioned in 1681, Tapia was unable to find a reference corresponding to this manuscript. Thus he assumed that the codex must have been manipulated after this auction and the insertion of the names of Juan José de Austria, Juanelo Turriano, Philip II and Gómez de Mora was made only for the purpose of giving the manuscript greater prestige andd increasing its value.

The men of the Enlightenment were aware of the importance of the codex; Juan de Santander, Head Librarian of the Palace, acquired it for the Royal Library and even planned to publish it. In 1777 he asked a famous scientist of Las Luces, Benito Bails, for a report, but the manuscript was never given to the printer. According to the manuscript index of the Biblioteca Nacional, compiled by Francisco Antonio González, Count Floridablanca also owned one of the volumes of this work.

The text of the original manuscript occupies 483 pages, verso and recto. It is written in ink and the lettering used at the beginning is a harmonious and well-proportioned cursive script (fols. 1-264). But the codex shows

t.5: libros 19-21: Proyecto y construcción de puertos.

La manipulación del códice en el siglo XVII consistió no sólo en una caprichosa división del texto sino también en la inclusión de portadas y tablas de contenido.

Los veinte y un libros de los veinte y un libros de los ingenios y máquinas de Juanelo los quales le mando escribir y demonstrar el chatolico rei D. Felipe Segundo rei de las Españas y Nuebo Mundo dedicadas al serenisimo señor don Iuan de Austria hijo del chatolico rei D. Felipe quarto rei de las Españas. Este es el texto que sirve de portada al primer volumen. Inscrito en una orla roja ostenta un escudo de Castilla y León acolado de la cruz de San Juan de Malta y sobremontado por la corona real. La hoja siguiente lleva el índice de libros contenidos, a esta enumeración precede el texto: «Los zinco libros primeros de los ingenios de Juanelo Ingeniero mayor de la magestad del rei D. Felipe II rey de las españas y Nuebomundo. Consagrados al mesmo señor rei D. Phelipe segundo su señor por mano de Iuan Gómez de Mora su valido».

En las dedicatorias de los tomos tercero, cuarto y quinto vuelve a figurar Juan Gómez de Mora como ofertor del libro al rey.

Estas toscas adiciones al manuscrito original —su factura nada tiene que ver con la elegancia y pulcritud el resto del códice— pusieron sobre la pista de la trayectoria seguida por la pieza.

Se supuso que Juan Gómez de Mora (1586-1616), Maestro mayor y único Arquitecto de la Corona que intervino en la restauración de puertos de Cádiz y Gibraltar, estuvo vinculado a obras de hidráulica, adquirió el manuscrito para su biblioteca y que en 1651, cuando su sobrino Juan Caja la puso en venta, alguien lo compró para regalárselo a Juan José de Austria, gran aficionado a las ciencias y coleccionista de libros.

Nicolás García Tapia rastreó en el Archivo General de Simancas el inventario de don Juan José de Austria, sin encontrar en la relación de libros que poseía a su muerte, y que se substaron en 1681, ninguno que pudiera ser este manuscrito. Dedujo que la manipulación del códice debió de ser posterior a esta subasta y que la inclusión de los nombres de Juan José de Austria, Juanelo Turriano, Felipe II y Gómez de Mora se hizo con el único fin de prestigiar el manuscrito e inflar su valor.

La importancia del códice no pasó inadvertida a los hombres de la Ilustración. Juan de Santander, Bibliotecario Mayor, lo adquirió para la Biblioteca Real e incluso proyectó su edición. En 1777 pidió informe a un destacado científico de Las Luces, Benito Bails, pero el manuscrito no llegó a darse a la imprenta. Según consta en el Indice manuscrito de la Biblioteca Nacional que escribió Francisco Antonio González, el conde de Floridablanca también tuvo uno de los tomos de la obra en su poder.

El texto del manuscrito original ocupa el recto y el verso de 483 hojas. Escrito a tinta, la letra con que se inicia es una cursiva caligráfica armónica y proporcionada

signs of the work of other copyists who, though careful in their work, did not maintain the same high quality of the lettering. In any case, the lettering is quite handsome and very legible, of the type used in the 16th century. Older type lettering is used in the titles and headings in an attempt to embellisch and enrich the text.

A Mannerist border decorates the inner margin of the first page. It is enriched by a delicate polychromy of red, green and yellow inks. The work begins with a historiated capital using the same colors. These inks are not used in the body of the text and the decoration of various books consists only of calligraphic flourishes or vegetable type decoration in sepia ink.

The broad margins, type of lettering and the presence of this austere, but careful decoration, indicate that this copy, made with special care, was copied from rough drafts.

There are 440 drawings inserted in the text of a very high quality. They depict machines for hydraulic constructions used in the building of bridges. The machines are moved by water power or used to draw water. Although these are scientific drawings, the artistic intent is obvious. The devices are placed whenever possible in a natural framework with human references. The landscape and men of the 16th century are present in the illustration of the codex. In referring to these drawings García-Diego points out that they were conceived as metal engravings because the shading is done in lines instead of gouaches, to indicate to the printer the type of work to be done.

The authorship of this manuscript is one of its most debated points. The 17th-century title page attributes the authorship to Juanelo Turriano, and on the sole basis of the title page he was considered the author for many years, Ladislao Reti and José A. García-Diego show that it would not have been possible for Turriano, an Italian, to write a text in Spanish of such length and characteristics as his knowledge of the language was scant. Furthermore, the places mentioned do not coincide with the ones that the mathematician and astronomer, born in Cremona, builder of planetariums and robots, in the service of Charles V and Philip II, could have visited in Italy or Spain. The knowledge of large areas of Aragon and Catalonia shown by the author of the treatise and the use of this dialect in the text led García-Diego to assume that an Aragonese wrote the coedex and included in it all he knew of water and its use in Spain. His assistant was an Italian who gave him information on hydraulic architecture in that country. Most like this man was Gianfrancesco Sitoni of Milan, an ordinary engineer of the Regia Ducal Camera who had worked in Spain for several year in the service of Philip II.

García Tapia ascribes the authorship of the codex to the Aragonese Pedro Juan de Lastanosa. This man had studied in France and Belgium and had also lived in Italy. He served Philip II as a machanical engineer and participated in the inspections of the works of the Imperial Ca-

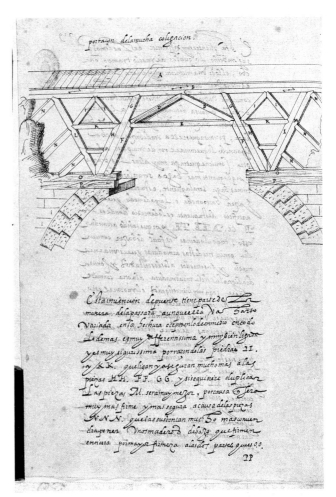

Pseudo Juanelo Turriano: *Los veintiún libros de los ingenios y máquinas.* BN. Ms. 3372-76.

(fol. 1-264); pero el códice acusa la intervención de otros escribanos que, aunque mantuvieron el cuidado del trazo, no lograron la misma calidad de la letra. Con todo, se trata de una bonita y legible cursiva del siglo XVI que en títulos y cabeceras se alterna con letras más antiguas en un propósito de ennoblecimiento y adorno.

Una orla de gusto manierista adorna el margen interior de la primera hoja. Se realza con una discreta policromía de tintas roja, verde y amarilla; una capital historiada con el mismo juego de colores da comiezo al texto. En el cuerpo de la obra desaparece el uso de tintas de color; los adornos de los diferentes libros se reducen a rasgueos de caligrafía o a alguna decoración de tipo vegetal siempre en tinta sepia.

El mantenimiento de generosos márgenes, el tipo de letra y la presencia de esa sobria pero cuidada decoración indican que esta copia, concebida con especial cuidado, fue un trabajo pasado a limpio a partir de borradores previos.

En el texto se intercalan 440 dibujos de una indudable calidad en los que se representan las máquinas de arquitectura hidráulica que se utilizaban para la construcción de puentes, los ingenios que se movían por la fuer-

nal of Aragon and in the description of the towns and places of Spain with the Master Engineer Esquivel.

The date of the manuscript is also controversial. Reti proposed 1569 as a possible date because Palladio is missing from the list of authors mentioned. García-Diego suggested 1595, based on paleographic data. García Tapia puts forth the date 1570, the year when Lastanosa was exempt from royal service and would have had time to write the book at his retreat in the Alto Aragon.

Bibliography

Los veintiún libros de los ingenios y máquinas, prólogo de J. A. ANTONIO GARCÍA-DIEGO, Madrid, Turner; J. ANTONIO GARCÍA-DIEGO, «El manuscrito atribuido a Juanelo Turriano de la Biblioteca Nacional de Madrid» in *El científico español ante su historia. La ciencia en España entre 1750-1850*, Madrid, 1980; NICOLÁS GARCÍA TAPIA, *Los 21 libros de los ingenios y de las máquinas. Su atribución.* Universidad de Valladolid, 1984.

za del agua y los que servían para elevarla. Aunque se trata de un dibujo científico, hay una intencionalidad artística que se trasluce: los artificios se sitúan siempre que es posible en un marco natural, con una referencia humana: el paisaje y los hombres del siglo XVI están presentes en la ilustración del códice.

La autoría de este manuscrito es uno de sus puntos más discutidos. La portada del siglo XVII atribuye a Juanelo Turriano la paternidad del texto y durante años se le consideró el autor, basándose únicamente e la portada como fuente de autoridad. Los trabajos de Ladislao Reti y de José A. García-Diego demostraron el error de esta atribución. García-Diego subraya que un texto castellano de la extensión y características de este no le habría sido posible escribirlo a Turriano, ya que su conocimiento de esta lengua era muy escaso, y que además los lugares citados no coinciden con los que el matemático y astrónomo nacido en Cremona —constructor de planetarios y autómatas al servicio de Carlos V y Felipe II— había podido conocer ni en Italia ni en España. El conocimiento de extensas zonas de Aragón y Cataluña que demuestra tener el autor del tratado y la presencia de este dialecto en el texto han llevado a García-Diego a suponer que un aragonés escribió el códice y vertió en él todo lo que sabía del agua y sus utilizaciones en España, ayudado por algún italiano que le aportó información sobre la arquitectura hidráulica en su país, probablemente Gianfrancesco Sitoni, milanés, que fue ingeniero ordinario de la Regia Ducal Camera y trabajó en España durante años al servicio de Felipe II.

García Tapia atribuye al aragonés Pedro Juan de Lastanosa la autonomía del códice. Lastanosa, que estudió en Francia y Bélgica y vivió también en Italia, estuvo al servicio de Felipe II como ingeniero mecánico y participó en la inspección de obras d el Canal Imperial de Aragón y en la descripción de pueblos y lugares de España con el maestro Esquivel.

La datación del manuscrito también ha estado sujeta a polémica, Reti dio como posible la de 1569, basándose en que entre los autores que se citan en él no está Palladio. García-Diego propuso la fecha de 1595 basándose en datos paleográficos. Por su parte, García Tapia lo data en 1570, año en que consta que Lastanosa estuvo exento del servicio real y pudo haber tenido el tiempo suficiente para redactarlo en su retiro del Alto Aragón.

Biliografía

Los veintiún libros de los ingenios y máquinas. Prólogo J. Antonio García-Diego. Madrid, Turner, 1983.—J. A. GARCÍA-DIEGO. «El manuscrito atribuido a Juanelo Turriano de la Biblioteca Nacional de Madrid», en *El científico español ante su historia. La Ciencia en España entre 1750-1850.* Madrid, 1980.—N. GARCÍA TAPIA.: *Los 21 libros de los ingenios y de las máquinas. Su atribución.* Valladolid Universidad, 1984.

PSEUDO JUANELO TURRIANO: *Los veintiún libros de los ingenios y máquinas. BN. Ms. 3372-76.*

31. SALADINO DE ASCOLI

Compendio de los boticarios.../ trasladado del latín en lengua vulgar castellana por el licenciado Alonso Rodríguez de Tudela.
En Valladolid: por Arnao Guillén de Brocar, XXV de noviembre 1515.
LVIh. 4°. Sig. a-g⁸. Title page woodcut. Historiated initials. Paragraph marks.

Madrid, Biblioteca Nacional, R 4125

The *Compendio de los boticarios* (Apothecarie's Manual) is perhaps the first book of a medical nature specifically written for pharmacists. For centuries it has been considered the classic text on the art of pharmacy.

The author was a physician at the court of the Prince of Taranto, Giovanni Antonio de Balzo Orsino in the middle of the 15th century. This work was published in Latin with the title *Compendium aromatariorum* in both Bolonia and Ferrara in 1488. Alonso Rodríguez, the Spanish translator was probably a native of Tudela, and himself a physician or apothecary. He also translated the *Albuchasis* an Arabic treatise on medicine printed by Brocar in 1516.

The *Compendio* is a very rare work despite its scant literary value. Divided into seven parts, the first part is particularly important because it contains a program of studies required of apothecaries and a list of recommended books in this field. The second chapter deals with the names of the medicines in Nicolao's *Antidotario* and their descriptions in alphabetical order. The third, on weights and measures and their names and doses of medicines is very useful because it provides an insight into the measures used by the Ancients and the Arabs in particular. The fourth deals with the preparation of syrups and ointments; the fifth with flowers, seeds and roots; the sixth with the preparation of medicines; and the last with the way to organize all the needs of an apothecary's shop.

The printer, Arnao Guillén de Brocar, came from France, probably from Brocq, a town in the diocese of Lescar, whose missal he printed in 1495. According to the colophon, his first known work is a missal printed in Pamplona on January 18, 1490. In 1502 he had already left Pamplona and in the following year he printed Nebrija's *Grammar* in Logroño. Influenced by Nebrija, Cardinal Cisneros commissioned Brocar to print the *Biblia Complutense*, the famous polyglot Bible from the University of Alcalá de Henares, and by 1511 he was already printing in this town. Later he worked in Valadolid between 1515 and 1519 and in Toledo from 1518 to 1521. Brocar is one of the first great printers in Spain.

This small book is printed in two different sizes of Gothic type with wide margins; titles and chapter heading are in large type. In some chapters the text appears in two columns. The initials are woodcuts with human figures. A woodcut on the title page framed by plant motifs depicts two physicians holding a phila and a box. According to Salvá, they are Sts. Cosmas and Damian, the patron saints of physicians. the name 'Saladino' is written at the top of the page. The table begins on fol. 53

31. SALADINO DE ASCOLI

Compendio de los boticarios.../ trasladado del latín en lengua vulgar castellana por el licenciado Alonso Rodríguez de Tudela. — [En Valladolid: por Arnao Guillen de Brocar, XXV de noviembre 1515]. — LVI h.; 4.°.
Sing. a-g⁸
Port. xilográfica enmarcada por orlas vegetales — Inic. historiadas. — Calderones.

Madrid, Biblioteca Nacional, R. 4125

El *Compendio de los boticarios* es quizá el primer libro de materia médica dedicado a los farmacéuticos, y durante siglos ha sido considerado como el texto clásico del arte de la farmacia.

Su autor fue médico en la corte del príncipe de Taranto, Giovanni Antonio de Balzo Orsino, a mediados del siglo XV. La obra fue publicada en latín, con el título de *Compendium aromatariorum* en Bolonia, 1488, y el mismo año en Ferrara.

La traducción castellana es de Alonso Rodríguez, probablemente natural de Tudela, que debió ser médico o farmacéutico y tradujo también el *Albuchasis,* tratado árabe de medicina, impreso por Brocar en 1516.

El *Compendio* es una obra muy rara, a pesar de su escaso valor literario.

Consta de siete partes, de las cuales la primera es especialmente importante porque contiene un programa de los estudios necesarios al farmacéutico y una lista de libros más recomendados.

El segundo capítulo trata de los nombres de las medicinas incluidas en el *Antidotario* de Nicolao, «escritas con su declaración según la orden del abc». El tercero, de los pesos y sus nombres y de las dosis de las medicinas, es de gran utilidad para conocer las medidas usadas por los antiguos, sobre todo por los árabes. El cuarto trata de la manera de confeccionar jarabes y ungüentos, el quinto de las flores, simientes y raíces, el sexto de la elaboración de medicinas y el séptimo y último de la manera de ordenar la botica con todas las cosas necesarias.

El impresor, Arnao Guillén de Brocar, procedía de Francia, probablemente de Brocq, una localidad de la diócesis de Lescar, cuyo misal imprimió en 1495. Su primera obra conocida es un misal impreso en Pamplona en 1490, el 18 de enero según el colofón. En 1502 había abandonado Pamplona y en 1503 imprimió en Logroño la Gramática de Nebrija. Por influencia de Nebrija, Cisneros le encargó la impresión de la Biblia complutense, y en 1511 ya imprimía en Alcalá. Imprimió también en Valladolid, entre 1515 y 1519, y en Toledo de 1518 a 1521. Fue uno de los primeros grandes impresores españoles.

El libro, de pequeño formato, está en letra gótica de dos tamaños, con amplios márgenes, títulos y comienzos de capítulo en tipos mayores. El texto en algunos capítulos a dos columnas. Las iniciales, grabadas en madera, decoradas con figuras humanas.

La portada tiene un grabado xilográfico rodeado de

(numbered erroneously, as are the following through fol. 56) in two columns. According to the colophon, it was added by Rodríguez de Tudela because it was 'very necessary' and 'useful and valuable for the general public'.

In some copies folios 57 and 58 appear with the signature h[2] containing the privilege of printing and selling granted to Rodríguez de Tudela by the Queen and her son Don Carlos. It must have been printed after the death of King Ferdinand in 1516.

The hand-written ex-libris with the name 'Mancio de Santullano' appears on fol. 56v, followed by a second one, 'José Sánchez de León, a 28 de mayo de 1654'. There are handwritten notes in the margins and corrections in the text.

Bibliography
REGISTRO COLÓN, 4067 (a). — GALLARDO, 3681. — SALVÁ, 2748. — HEREDIA, 500. — ALCOCER, 49. — NORTON, 1316.

orla con varios motivos florales, que representa a dos médicos sosteniendo una redoma y una caja. Según Salvá, son San Cosme y San Damián, patronos de los médicos. En la parte superior, en letra gótica, «Saladino». En el f. 53 (mal numerado, así como los posteriores hasta el 56) comieza la tabla, a dos columnas, que según el colofón fue añadida por Rodríguez de Tudela por ser «muy necesaria» y por «la utilidad y biē publico».

En algunos ejemplares aparecen unos f. 57 y 58, con signatura h[2], que contienen el privilegio de impresión y venta concedido por la Reina y su hijo Don Carlos a Rodríguez de Tudela. Se debió de imprimir después de 1516, fecha de la muerte de Don Fernando.

En el f. 56 v, blanco, ex-libris manuscrito: «Mancio de Santullano. Toledo». Otro a continuación: «José Sánchez de León. A 28 de mayo de 1654».

Hay notas manuscritas en los márgenes y correcciones en el texto.

Bibliografía
REGISTRO COLÓN, 4067 (a). — GALLARDO, 3681. — SALVÁ, 2748. — HEREDIA, 500. — ALCOCER, 49. — NORTON, 1316.

32. MONTAÑA MONSERRATE, Bernardino

Libro de la Anathomia del hombre / nuevamente compuesto por el doctor Bernardino Montaña de Monserrate, médico de su Magestad... juntamente con una declaració de un sueño que soño el illustrissimo señor de Luys Hurtado de Mendoca, marques de Mondejar...—Impresso en Valladolid: en casa de Sebastián Martínez, 1551.—[8], CXXXVI l.; ill.; fol. Sig.: ×[4], A-R[8].—Gothic type.—Woodcuts.—2 color title page.—Parchment binding.—Colophon.

Madrid, Biblioteca Nacional, R 2461

The Libro de la *Anathomia del hombre* (Book on Human Anatomy) is a mature work of one of the Emperor Charles V's physicians and a professor of medicine at the University of Valladolid. Bernardino Montaña intended to write a synthesis of 'everything necessary concerning the human body for medical purpose, separating and excluding all unnecessary things'. According to Montaña, most anatomical treatisees discouraged possible readers because they were too tedious and longwinded.

In regard to layout and composition, the same criteria is followed as for the text —manageability and readability— both indispensible for a manual of this type.

Following the custom for scientific books, the body of the text is printed in Gothic type and roman lettering is used for secondary texts such as the index, dedication and margin notes. The layout also follows didactic lines. Well-spaced paragraphs have a paragraph mark at the beginning for easy reading and retention of content. The text is framed and the fillets leave side margins wide enough for printed notes and handwritten annotations.

Two works were published in the same edition, the *Libro de la Anathomia del hombre,* which is divided into two parts, the first made up of twelve chapters and the

32. MONTAÑA MONSERRATE, Bernardino

Libro de la Anathomia del hombre / nuevamente compuesto por el doctor Bernardino Montaña de Monserrate, médico de su Magestad... juntamente con una declaració de un sueño que soño el illustrissimo señor don Luys Hurtado de Mendoca, marques de Mondejar... — Impresso en Valladolid: en casa de Sebastian Martinez, 1551. — [8], CXXXVI h.: il.; fol. Sig.: + 4, A-R[8]. — Letra gótica. — Grabados xilográficos. — Portada a dos tintas — Encuadernación de pergamino. — Colofón.

Madrid, Biblioteca Nacional, R. 2.461

El *Libro de la Anathomia del hombre* es obra de madurez de uno de los médicos del emperador Carlos V, catedrático de la Universidad de Valladolid. El propósito de Bernardino Montaña fue escribir un libro sintético donde se contuviese «todo lo necesario acerca de la compostura del cuerpo humano, para el fin y el propósito médico, apartadas y echadas fuera todas las otras cosas inútiles»; los tratados de anatomía, según Montaña, solían disuadir a los posibles lectores por lo prolijos y farragosos.

El libro se concibe también materialmente con el mismo propósito que rige su contenido: manejabilidad, legibilidad, requisitos indispensables de un manual de estudio, están presentes en él.

Siguiendo la costumbre de los libros científicos, el cuerpo de la obra está tipografiado en letra gótica mientras que la romana se emplea para los textos secundarios: índice, dedicatoria y anotaciones marginales. La distribución del texto sigue también una intención didáctica: párrafos espaciados cuyo principio se destaca por un calderón para facilitar la lectura y retención del contenido. El texto está enmarcado; los filetes dejan márgenes late-

second two; and *Sueño del Marqués de Mondéjar* (Dream of the Marquis of Mondéjar), which, according to the author, is a summary of the previous one and in addition, it is 'a statement dealing with other subjects not necessary for pshysicians, but pleasing to those who are curious and have a desire for knowledge'.

The scientific illustrations consist of thirteen woodcuts (fols. 29v-35v). Three depict the muscles; two, the circulatory system; two, the nervous system; one, the seminal vessels; one, the placement of the viscera; and four, the bones or skeletal structure, including the bones in the hands.

Bernardino de Monserrate's work is based on traditional sources. Among the authorities mentioned are Galen, Guy de Chauliac, Aristotle, Hippocrates and Avicenna. Despite the fact that Vesalius had published his *De humani corporis fabrica* in 1543 and had been to Spain as physician to Charles V, Monserrate does not mention this key figure in 16th-century anatomical research.

Most outstanding in the *Anathomia* is the study of the circulation of blood and his theories on the anatomy and physiology of the nervous system. It is from a linguistic point of view, however, that this work stands out, for it follows the working methods of the great scholars of the Spanish Renaissance. These scholars used Spanish as the language for scientific texts rather than Latin, which had been traditionally used until this time. Like Andrés Laguna in his translation and notes to *Dioscorides*, Monserrate revindicates his vernacular tongue saying that 'I have chosen to write this book in Spanish so that many surgeons and other sensible men who do not know Latin might be able to read it, and also because I find that in these times physicians are so fond of Latin that they put all their efforts into the language. On the other hand, in regard to doctrine, which is more to the point, they have no more thought of it than if they had not read it. And this is one of the main reasons why one finds few physicians today who know medicine, but many who write about it'. This method followed by the scientists of the Renaissance had important consequences for the consolidation of the medical lexicon, for when Spanish terms were used, their Latin equivalent was also given.

Bibliografía

PALAU, X., p. 79. — GALLARDO , n.º 3.114. — A. CHICHILLA: *Anales históricos de la medicina en general y bio-ibliográficos de la española en particular*, p. 252. — A. HERNÁNDEZ MOREJÓN: *Historia bibliográfica de la medicina española*, p. 354. — A. SARRIÁ RUEDA: *[Prólogo] a la edición facsímil*. Madrid Ministerio de Educación y Ciencia, 1973.

rales para anotaciones impresas y para las manuscritas que puedan hacerse.

En la edición de este libro se unieron dos obras, el *Libro de la Anathomia del hombre*, dividido en dos partes de doce capítulos la primera y dos la segunda, y el *Sueño del Marqués de Mondéjar* que según el autor es una recapitulación de la obra anterior y además «una declaración en la que se tratan a bueltas de otras cosas algunas materias que puesto que para los médicos no son necessarias, pero son apazibles a algunos curiosos y amigos del saber».

Trece grabados xilográficos al fin del libro son la ilustración científica que apoya el tratado f. CXXIX v. a f. CXXXV v.: tres están dedicados al sistema muscular, dos al sistema sanguíneo, dos al nervioso, uno a los vasos seminales, uno a la situación de las vísceras, y cuatro al sistema óseo, dos de ellos mostrando los huesos de la mano.

La obra de Bernardino Montaña parte de las fuentes tradicionales; cita como autoridades a Galeno, Guy de Chauliac, Aristóteles, Hipócrates y Avicena, y aunque Vesalio había editado en 1543 el *De humani corporis fabrica* y había visitado España como médico de Carlos V, Monserrate no alude a esta figura clave de la investigación anatómica del siglo XVI.

Del trabajo de la *Anathomia del hombre* destaca su estudio sobre el sistema de la circulación de la sangre y sus teorías sobre la anatomía y fisiología del sistema nervioso. Pero sobre todo desde el punto de vista lingüístico, esta obra resulta muy importante, porque se inscribe en esa línea de trabajo que grandes investigadores del Renacimiento español se impusieron, y que fue la de impulsar el uso del castellano como lengua científica frente al empleo sistemático de la lengua latina para todos los tratados de estudio. Como Andrés Laguna en la traducción y anotaciones a Dioscórides, Monserrate reivindica su lengua vernácula «e holgado de escrevir este libro en romance porque muchos cirujanos y otros hombres discretos que no saben latin se querran aprovechar de leerlo y tambien porque hallo que en este tiempo los médicos están tan aficionados al latín que todo su pensamiento emplean en la lengua y lo que haze al caso, que es la doctrina, no tienen mas pensamiento dello que si no la leyessen. Y esta es una de las causas potissima por la qual el dia de oy se hallan pocos médicos que sepan medicina y muchos que la escrivan». Esta labor que se impusieron los científicos renacentistas tuvo una gran trascendencia la consolidación del léxico, ya que el empleo de términos en castellano se hacía dando la palabra en latín.

Bibliografía

PALAU, X., p. 79. — GALLARDO , n.º 3.114. — A. CHICHILLA: *Anales históricos de la medicina en general y bio-ibliográficos de la española en particular*, p. 252. — A. HERNÁNDEZ MOREJÓN: *Historia bibliográfica de la medicina española*, p. 354. — A. SARRIÁ RUEDA: *[Prólogo] a la edición facsímil*. Madrid Ministerio de Educación y Ciencia, 1973.

33. IBN AL-BAUTAR (Abu Mohammad ᶜAbd Allah ibn Ahmad al-Andalusi alMalaqli)

Al-ŷami fi-tibb [Treatise on Medicine] *also called Ŷamio mufradât al-adwiya* (Treatise on medicinal plants and simples). 13 Ramadan 966 Hegira [19 June 1559]. Paper. [238]h.p. 262 × 175mm. *Oriental script in small letters. Leather binding. 280 × 180 mm.*

Madrid, Real Monasterio de El Escorial, Ms. 839

Ibn al-Baytar was a famous botanist and farmacologist who was born in Malaga at the end of the 6th (12th) century. He studied in Seville where he worked with his teachers al-Nabati and Abu-l-haŷŷaŷ. Around 617 (1220) he emigrated to the East where Sultan Ayyubi of Cairo appointed him chief herbalist. He later moved to Damascus where he taught and died in 646 (1248).

In the work al *Ŷamic fi-l-tibb,* dedicated to Sultan Ayyubí sal-Malik al-Salih, the author list in alphabetical order some 1400 medicinal remedies or simples belonging to the animal, vegetable and mineral kingdoms, using as a basis his own observations and over 150 authorities (Ibn Sina, al-razi, al-Gafiqi). This work was extremely influential even outside the Muslin world.

This copy is decorated with a double border in red ink framing the text of each page. The title illuminated in blue, red and gold forms a frame with plant motifs on the top.

There is an edition of this work from Cairo done in 1291 (1874), a good French translation by L. Leclerc (Paris, 1877-83) and a German one by J. von Sontheimer (Stuttgart, 1840-42).

Bibliography
Edición de Müller, II, 133.—BROCKELMANN, I, 492.—SARTON, *Introduction,* II, 663.r. R. DIETZ, *Elenchus materiae medicae Ibn Boitharis...,* pars prima. Leipzig, 1883.—L. LECLERC, «Etudes historiques et philogiques sur Ebn Beithar», en *JA,* 1862, 433-59—MEYERHOF. *Al-Andalus,* III, 31, 1935—C. DUBLER, «Ibn Baythar en armenio», *Al-Andalus,* XXI, 1956—SIMONET, *Glosario,* CLII y notas.—DÉRENBOURG, II, 839.

34. PALLADIO, Andrea

Libro primero de la Architectura de Andrea Palladio.../traduzido de toscano en castellano por Frâcisco de Praues, Architecto y Maestro Mayor de obras de su Magestad...—En Valladolid: por Iuan Lasso, 1625.—[4], 38 l.: ill.; fol. Sig.: &⁴, A-T². —Engraved title page.—Woodcut plates.—Seal of the Royal Library.—Parchement binding.

Madrid, Biblioteca Nacional R.16097

The first Spanish translation of Andrea Palladio's work was done by Francisco de Praves and dedicated to Don Gaspar de Guzmán, Count-Duke of Olivares.

Although Praves had planned to do the translation of all four books by Palladio, only the first was printed.

33. IBN AL-BAUTAR (Abu Mohammad ᶜAbd Allah ibn Ahmad al-Andalusi alMalaqli)

Al-Yamiᶜ fi-l-tibb [Tratado de medicina] llamado también *Yamiᶜ mufradât al-adwiya* [Tratado de medicamentos simples].—13 Ramadan 966 Hégira (19 junio 1559).—[238] h.—262× 175 mm. Papel.—Escritura oriental en pequeños caracteres.—Encuadernación 280 × 180 mm.

Madrid, Real Monasterio de El Escorial, Ms. 839

Ibn al-Baytār fue un famoso botánico y farmacólogo originario de Málaga, donde nació a finales del siglo VI/XII. Hizo sus estudios en Sevilla, donde trabajó con sus maestros al-Nabātī y Abū-l-Haŷŷaŷ. Hacia 617/1220 emigró a Oriente, donde el sultán ayyubí del Cairo le nombró jefe de los herboristas. Más tarde se instaló en Damasco, donde ejerció la docencia, y donde murió en 646/1248.

En la obra *al-Ŷamiᶜ fi-l-tibb,* dedicada al sultán ayyubí al-Malik al-Sālih, el autor presenta por orden alfabético unos 1.400 simples pertenecientes a los reinos animal, vegetal y mineral, fundamentándose en sus propias observaciones y en más de 150 autoridades (Ibn Sīnā, alRāzī, al-Gāfiqī). Esta obra ejerció una influencia notable tanto en el interior como en el exterior del mundo musulmán.

Esta copia está adornada con una orla doble a tinta roja que enmarca el texto de cada hoja. El título se destaca con miniado.

De esta obra existe una edición de El Cairo (1291/1874), una buena traducción francesa de L. Leclerc (París, 1877-83), y una alemana de J. von Sontheimer (Stuttgart, 1840-2).

Bibliografía
Edición de Müller, II, 133.—BROCKELMANN, I, 492.—SARTON, *Introduction,* II, 663.r. R. DIETZ, *Elenchus materiae medicae Ibn Boitharis...,* pars prima. Leipzig, 1883.—L. LECLERC, «Etudes historiques et philogiques sur Ebn Beithar», en *JA,* 1862, 433-59—MEYERHOF. *Al-Andalus,* III, 31, 1935—C. DUBLER, «Ibn Baythar en armenio», *Al-Andalus,* XXI, 1956—SIMONET, *Glosario,* CLII y notas.—DÉRENBOURG, II, 839.

34. PALLADIO, Andrea

Libro primero de la Architectura de Andrea Palladio.../ traduzido de toscano en castellano por Frâcisco de Praues, Architecto y Maestro Mayor de obras de su Magestad... — En Valladolid: por Iuan Lasso, 1625. — [4], 38 f.: il.; fol. Sig.: &⁴, A-T². — Portada grabada. — Grabados xilográficos. — Sello de la Biblioteca Real. — Encuadernación pergamino.

Madrid, Biblioteca Nacional, R. 16097

La primera traducción impresa al castellano de la obra de Andrea Palladio fue esta que Francisco de Praves dedicó a don Gaspar de Guzmán, conde-duque de Olivares.

Plans for other publications such as the ten books by Vitruvius, with a commentary by Daniel Barbaro, and the book by Cortés on quarrying were never fulfilled. Thus, the only bibliographic work remaining of this important 17th-century architect from Valladolid is his impeccable and highly accurate translation of *The First Book of Architecture*.

The book printed in Valladolid in 1625 attempts to follow the presentation and layout of the original work, *I quattro libri dell'Architettura*, published by Domenico de Franceschi in Venice in 1570. The architectural title page is an exact copy, signed by 'N. Le Cartel sculp.', of the Venetian edition. It consists of a title page with a broken pediment upheld by Corinthian columns. The base contains allegorical figures holding measuring instruments and Architecture, in the guise of an enthroned ma-

ABU MUHAMMAD^C ABD ALLAH IBN AHMAD AL-ANDALUSI AL-MALAQUI. *Al-Yami^c fi-l-tibb. BE Ms. 839.*

Aunque Praves proyectó la traducción de los cuatro libros de Palladio no llegó a imprimirse más que la versión del primero. Otros planes editoriales, como la publicación de los diez libros de Vitruvio comentados por Daniel Barbaro y el libro de Cortes de fábricas de cantería, tampoco llegaron a realizarse y el único trabajo bibliográfico que ha quedado de este importante arquitecto vallisoletano del siglo XVII es su impecable y rigurosa traducción del *Libro primero de la Arquitectura*.

Impreso en Valladolid en 1625, el libro busca acomodarse a la presentación y maqueta que había tenido la edición de la obra original *I quattro libri dell'Architettura* hecha por Domenico de Franceschi en 1570 en Venecia. La portada arquitectónica de la traducción de Praves es una copia fiel, firmada por «N. Le Cartel sculp.», de la edición veneciana: una portada con frontón partido sostenido por columnas corintias; sobre el basamento, figuras alegóricas sosteniendo instrumentos de medición; en medio del frontón, la Arquitectura como una matrona entronizada trazando planos sobre un libro; en el centro, un escudo en el que aparece Afrodita surgiendo del mar, este medallón fue sustituido en la edición de Valladolid por el escudo del conde-duque de Olivares sobre montado por la Corona y rodeado de escudetes de castillos y leones.

El formato del libro también se mantuvo, un in-folio. La tipografía tuvo pequeñas variaciones: el cuerpo de la obra mantuvo el mismo tipo, la romana, las cabeceras de folio, las indicaciones de capítulo y los epígrafes se hicieron en cursiva en la edición de Valladolid, mientras que en la edición original iban en mayúsculas romanas.

Las veintiocho xilografías a toda página que ilustran el texto son un re-dibujo de las originales, de una gran fidelidad de trazo a las que ilustraron la edición veneciana, muestran que sin embargo la calidad de la madera empleada en la de Valladolid fue inferior.

Los *Quattro Libri dell'Architettura* tocaban cada uno de los aspectos arquitectónicos, desde las proporciones hasta la planificación urbana. La obra, que estaba imbuida en ese sentido de la *gravitas* que el autor sacó del estudio de la antigua Roma, tuvo una influencia espectacular en el resto de Europa, especialmente en Inglaterra, donde va ligada al nombre de Inigo Jones.

En España existían traducciones manuscritas anteriores a esta impresa. El *Libro primero de la Arquitectura*, manuscrito fechado en 1616, depositado en el Colegio de Arquitectos de Madrid, es una versión realizada sobre la edición italiana de 1581 que pudiera ser la que Francisco de Praves hizo para la edición impresa de Valladolid.

Francisco de Praves, hijo de uno de los más importantes arquitectos del Siglo de Oro, desarrolló su actividad como arquitecto en Valladolid que en el momento era el foco de arquitectura más importante del clasicismo de herencia herreriana. En el primer cuarto del siglo XVIIIse construyen allí los claustros de Nuestra Señora de Prado, muy semejante el primero al de El Escorial,

tron drawing plans in a book, appears in the middle of the pediment. In the center is a shield with Aphrodite emerging from the sea. This inset was replaced in the Valladolid edition with the coat-of-arms of the Count-Duke, a crest and escutcheons of castles and lions.

The book also kept the original folio format. There were slight variants in the type but the body of the work was in the same roman type. Folio headings, chapter indications and epigraphs were in cursive in the Valladolid edition, whereas roman capitals were used in the original.

The 28 full-page woodcut illustrations in the text were redrawn from the original. They imitated the lines of the Venetian edition faithfully, but the wood used for the Valladolid edition was of an inferior quality.

The *Quattro Libri dell'Architectura* touched on every aspect of architecture, from proportions to urban planning. The work, imbued the *gravitas* that the author had absorbed from his studies of ancient Rome, had a remarkable impact on the rest of Europe, particularly on England, where it is linked to the name of Inigo Jones.

In Spain there were previous manuscript translations of this work. There is a manuscript version based on the 1581 Italian version of the Libro Primero dated 1616 in the Colegio de Arquitectos of Madrid, which may have been the one Francisco Praves did for the printed edition in Valladolid.

Francisco de Praves, the son of one of the most important architects of the Siglo de Oro, worked as an architect in Valladolid at the time when this city was the most important architectural center of Herrerian classicism. During the first quarter of the 17th century, the cloister of Nuestra Señora del Prado, very similar to the one in the Escorial, the Chancery and the façade of Las Angustias were built in this city. The church and Doric façade of the parish church of San Martín are attributed to Francisco de Praves. Hence, the great merit of this translation of Palladio's work lies in the fact that it was done by a specialist in his field.

Bibliography
PALAU, XII p. 237. — E. L LAGUNO y AIROLA.: *Noticias de los arquitectos y arquitectura de España*, pp. 142-43. — A . BONET CORREA.: *Bibliografía de arquitectura, ingeniería y urbanismo en España*. p. 101, n.º 474. — *Palladio e la sua eredità nel mondo*. Venecia, 1980. — A. BUSTAMENTE GARCIA.: *Arquitectura clasicista del foco vallisoletano*. Valladolid, Institución Simancas, 1980.

el edificio de la Chancillería, la fachada de Las Angustias; a Francisco de Praves se le atribuye en concreto la iglesia y portada dórica de la parroquia de San Martín.

La traducción de la obra de Palladio estuvo realizada por un especialista en la materia y de ahí su gran calidad.

Bibliografía
PALAU, XII p. 237. — E. LLAGUNO y AIROLA.: *Noticias de los arquitectos y arquitectura de España*, pp. 142-43. — A . BONET CORREA.: *Bibliografía de arquitectura, ingeniería y urbanismo en España*. p. 101, n.º 474. — *Palladio e la sua eredità nel mondo*. Venecia, 1980. — A. BUSTAMENTE GARCIA.: *Arquitectura clasicista del foco vallisoletano*. Valladolid, Institución Simancas, 1980.

---

35. CARDUCCIO, Vicenzo

Diálogo de la pintura: su defensa, origen, esencia, definición, modos y diferencias..., por Vicenzio Carducho, de la Ilustre Academia de la nobilísima ciudad de Florencia... Siguêse a los Diálogos informaciones y pareceres en favor del Arte, escritas por varones insignes en todas las letras.[en Madrid]: por Francisco Martínez, 1633 (1634).—[8], 229, [13] l. ill.; 4.º

35. CARDUCCIO, Vincenzo

Diálogo de la pintura: su defensa, origen, esencia, definición, modos y diferencias.../ por Vincenzio Carducho, de la illustre Academia de la nobilissima ciudad de Florencia... Siguêse a los Diálogos informaciones y pareceres en fabor del Arte, escritas por varones insignes en todas las letras. — [en Madrid]: por Francisco Martinez, 1633 (1634). — [8], 229, [13] h.: il.; 4.º

Sig.: &-2&⁴, A-0⁴, P², Q-T⁴, V², X-Z⁴,
2A-3M⁴.—Engraved title page and
illustrations.—Parchment binding.—Colophon.

This work by the Florentine artist residing in Spain Vicenzo Carduccio, is considered the best Spanish book on painting of its time. It is a scholary work composed in the form of dialogues in which Art explains and defines her position in life. It is especially important for its information on Spanish art and 17th-century collections of paintings which are no longer in existence. This outstanding work is an invaluable source for the study of Spanish painting during the time of Philip IV.

The *Diálogo de la pintura* (fols. 1-162) is divided into eight treatises in which the Teacher and his Pupil discuss a specific topic. It begins with a speech of Aristotelian inspiration on the difficulty of Art. Here Carducho states his most important pedagogical concept of Art «dibujar, especular, más dibujar» (draw, think, draw more). He expounds his practical idea of drawing, stressing the importance of copying the works of the great masters of the past and present. The origin of painting, its definition and essence, the theory and practice of painting, perspective, drawing and color, differences and styles of painting, vocabulary and terms as well as the state of painting in Spain are the subjects discussed in the following conversations.

At the beginning of each Dialogue there is a full-page engraving (180 × 125 mm). Three of they are signed 'Frcº Fer. f.' and the other five are signed 'Frc.º Lop. f'. «The subjects are allegories on art and painting developed around a motto inscribed on a tablet incorporated into the drawing.

As a literary embellishment, the end of the *Dialogues* contains poems written by famous Golden Age authors such as Lope de Vega, López de Zárate and Pérez de Montalbán. There is a clear desire to join Poetry and Painting as sister arts. The printer used capital letters to make the didactic intent of the poetic discourse stand out.

The significance of the *Diálogos de la pintura* goes beyond the fact that it is the first Spanish treatise on painting. The work itself is a valuable document reflecting the situation of historical transition that art was undergoing in 17th-century in Spain. The gradual disappearance of Renaissance esthetic ideas and the beginning of a new naturalistic trend had not yet been consolidated on a theoretical basis. The*Dialogues* reflect this conflicting situation in which Renaissance classical ideas and tastes confront the principles of the new asthetic philosophy of the Baroque. Gradually these principles begin to emerge in the belief that usefulness is one of the most important ends of painting and that art includes the acceptance of a plurality of styles and artistic schools.

The fundamental academic nature of the work is reinforced by the large number of documentary facts it

Sig.: &-2&⁴, A-0⁴, p², Q-T⁴, V², X-Z⁴,
2A-3M⁴. — Portada grabada. — Grabados calcográficos. — Encuadernación de pergamino. — Colofón.

El libro de Vincenzo Carduccio se considera el mejor libro español sobre pintura. Este trabajo de investigación, dispuesto en forma de diálogos, en los que el Arte explica y defiende su posición en la vida, es especialmente importante porque contiene noticias de artistas españoles y de colecciones de pintura existentes en el siglo XVII desaparecidos hoy en día. Esta obra notable del pintor florentino afincado en España, es una preciosa fuente de estudio de la pintura española durante el reinado de Felipe IV.

El *Diálogo de la pintura* [f. 1-162] se divide en ocho tratados a lo largo de los cuales el Maestro y el Discípulo debaten sobre un tema propuesto. Se inicia con un discurso de inspiración aristotélica sobre la dificultad del Arte, en el que Carducio expone el precepto general más importante de su concepción pedagógica del arte: «dibujar, especular, más dibujar» y desarrolla una concepción práctica del dibujo en la que destaca la importancia de copiar las obras de los grandes maestros antiguos y modernos. El origen de la pintura, su definición y esencia, teoría y práctica de la pintura, perspectiva, dibujo y color, diferencias y modos de pintar, y voces y términos y estados de la pintura en España, son los restantes temas propuestos en las conversaciones.

Al frente de cada Diálogo va un grabado calcográfico a toda página [180 × 125 mm.] firmados «Frc.º Fer. f.» tres de ellos y «Frc.º Lop. f.» los cinco restantes. Son temas alegóricos sobre la Pintura y el Arte, que se desarrollan en torno a un lema inscrito en una cartela que se incorpora al dibujo.

Como adorno literario se incorporan al fin de los Diálogos poesías de autores famosos del Siglo de Oro: Lope de Vega, López de Zárate, Pérez de Montalbán, en un claro intento de aunar Poesía y Pintura como artes hermanas. El impresor utilizó las versales para resaltar dentro del cuerpo de la obra el discurso poético del didáctico.

La importancia de los *Diálogos de la Pintura* va más allá de ser el primer tratado español sobre pintura. En sí misma la obra es un precioso documento que refleja la situación histórica de transición que el arte estaba viviendo en la España del XVII ; la disolución de las concepciones estéticas renacentistas y el inicio de una nueva tendencia, el naturalismo, todavía sin una consolidación teórica. Los Diálogos recogen esa situación contradictoria en la que frente a conceptos y gustos clásicos, de sabor renacentista, comienzan a esbozarse los nuevos principios que anuncian la nueva filosofía estética del barroco: la afirmación de la utilidad como uno de las más importantes fines de la pintura y la aceptación de la pluralidad de estilos y escuelas artísticas.

contains. This data enables us to make a close look at the artistic reality of Spain, the attempts to create a Painting Academy and information on the outstanding art collection of the time.

From a linguistic point of view, Carduccio's work contributes one of the first vocabularies of artistic terms in the Spanish language.

The second work in this book is the *Memorial informatario por los pintores* (Report in favor of Painters). This work is addressed to the Fiscal del Consejo de Hacienda (The Internal Revenue Department) and deals with the lawsuit brought by the artists against the government. Since 1637 the state had been demanding that artists pay taxes on their works of art. Lope de Vega, Juan de Jáuregui, José de Valdivieso and Antonio de León, among others, endorse, with their texts, the brief submitted by the painter's lawyer, Alonso de Butrón, to the Consejo. In the prologue Carduccio acknowledges the support of these artists, 'It is also fair that I thank not only the interested spectators, but also the professors of painting who have carefully kept watch in its defense against those attempting to register art as if were a country hick and assess it as if it were a commoner to have to pay a sales tax on its works.'

The artists won their lawsuit. King Philip IV enacted a royal decree by which they were exempt from paying taxes on their works of art.

Bibliography
PALAU, III, p. 163 — SALVÁ, N.° 2564. — F. CALVO SERRALLER. Edición, prólogo y notas a la edición facsímil de Madrid, Turner, 1979.

La naturaleza esencialmente académica de la obra se refuerza por la gran cantidad de datos documentales recogidos que permiten acercarse a la realidad artística de España, los intentos de creación de una Academia de pintores, la noticia de las principales colecciones de obras de arte.

Desde el punto de vista del lenguaje, la obra de Carduccio aporta uno de los primeros vocabularios de términos artísticos en lengua castellana.

La segunda obra que va en este libro es el *Memorial informatorio por los pintores,* escrito que dirigen al fiscal del Consejo de Hacienda sobre el pleito que tenían planteado los artistas contra la Administración, que desde 1637 les venía exigiendo el pago de alcabalas. Lope de Vega, Juan de Jáuregui, José de Valdivieso y Antonio de León, entre otros, suscriben con sus textos el Memorial que el abogado de los pintores, Alonso de Butrón, eleva al Consejo. En el Prólogo, Carduccio reconoce el apoyo de estos artistas: «También es justo que pida agradecimiento no solo a los curiosos, sino a los professores de la Pintura por aver velado cuidadoso en defensa della contra los que pretenden empadronarla como a villana y gravarla como a pechera y mecanica a que pague alcabala de sus obras...»

El pleito fue ganado por los artistas: el rey Felipe IV promulgó una Real Cédula por la que quedaron eximidos de pagar impuestos.

Bibliografía
PALAU, III, p. 163 — SALVÁ, n.° 2564. — F. CALVO SERRALLER. Edición, prólogo y notas a la edición facsímil de Madrid, Turner, 1979.

---

36. GAZTAÑETA, Antonio de

Proporciones de las medidas mas essempciales /dadas por el theniente general de la Armada Real del Mar Oceano Don Antonio de Gastañeta... para la fábrica de navíos y fragatas de guerra, que puedan montar desde ochenta cañones hasta diez...: con las explicaciones de la construcción de la varenga maestra, plano y perfil particular de un navío de setenta cañones...—En Madrid: por Phelipe Alonso..., 1720.
[1] en bl., [5], 31, [2] h., [1] h. de plate pleg.; fol.—Sign.: []⁴, 99², A-G², []², H-P², Q¹.—31 pp. printed on two sides.—1 etching folded. fol. Seal of the Royal Library.

Madrid, Biblioteca Nacional 3/52583

A woodcut with the royal coat-of-arms appears on the title page. Page 2 contains the royal decree by Philip V. After the king had received a report dated September 20, 1720, he ordered that the rules and proportions designed by Gaztañeta for the construction of vessels in the shipyards of Spain and the Indias be observed and that builders and workers may not change them. He also ordered them to be printed so that his individual subjects could take advantage of them. In the prologue to the read-

36. GAZTAÑETA, Antonio de

Proporciones de las medidas mas essempcciales dadas por el theniente general de la Armada Real del Mar Oceano Don Antonio de Gastañeta... para la fábrica de navios y fragatas de guerra, que puedan montar desde ochenta cañones hasta diez...: con las explicaciones de la construcción de la varenga maestra, plano y perfil particular de un navio de setenta cañones... — En Madrid: por Phelipe Alonso..., 1720.
[1] en bl., [5], 31, [2] h., [1] h. de grab. pleg.; fol.— Sign.: []⁴, []², H-p², Q¹.—Hojas impresas por ambas caras.—Sello de la Biblioteca Real.—Enc. ter.°

Madrid, Biblioteca Nacional, 3/52583

En port. grab. xilográfico con escudo real. En h. [2], cédula real por la cual el Rey, tras haber recibido con fecha de 20 de septiembre de 1720 un papel, ejecutado por su orden, manda se observen las reglas y proporciones diseñadas por Gaztañeta pra la construcción de bajeles en los astilleros de España e Indias, sin que constructores u operarios puedan alterarlas, y ordena se impriman para que los particulares, sus vasallos, puedan hacer

CARDUCCIO, VINCENZO. *Diálogo de la pintura.* Madrid: Francisco Martínez, 1633. *BN R/1329.*

er (pp. 3-5), Gaztañeta, who refers to his professional experience as a sailor, establishes a basic principle with regard to ships. He makes a distinction between the construction of a warship and a merchant ship. Before then, in the 17th century, ships were often hired out to private individuals by the State and outfitted for their new use, either for trade with the Indies or for war. He mentions the five qualities that all good ships should have, based mainly on their navigability, stability, endurance of the sails and that the lowest placed rows of artillery should always be above the water line. He also refers to his experience as a shipbuilder, listing several ships and frigates he had made. For him, the three main parts of the ship's body are the longitude, latitude and height. The longitude is the fundamental measurement and governs the width and height. These three, in turn, should determine the remainig parts. Thus the result is a floating body that is as safe as possible and storm resistant. He claims that ships built according to his standards will have other advantages; aside from greater stability, they do not need ballast in port and it is easier to uncover their keels for repair. He also mentions that two of his

uso provechoso de ellas. En el prólogo al lector, h. [3] a [5] de preliminares, Gaztañeta, que alude a su experiencia profesional como marino, establece un principio básico en lo que a navíos se refiere y es la independencia entre la construcción de un navío de guerra y uno mercantil. Téngase en cuenta que en la época de los Austrias no era infrecuente el alquiler de barcos particulares por el Estado, siendo luego acomodados a su nuevo uso, bien fuera para cubrir la carrera de Indias o para la guerra. Cita las cinco cualidades que debe tener todo un buen navío basadas fundamentalmente en su gobernabilidad, estabilidad, aguante de las velas y en que la artillería de las líneas más bajas quedara siempre levantada del agua. Se refiere a su experiencia como constructor naval, enumerando los diversos bajeles y fragatas que había realizado. Las tres principales partes del cuerpo del navío son para él la longitud, latitud y altitud. La longitud es la fundamental y a ella deben acoplarse lo ancho y lo alto, y a estos tres el resto, de forma que el resultado sea un cuerpo flotante, el más seguro posible y resistente a los temporales. Afirma que los navios que se fabriquen ateniéndose a sus normas tendrán, entre otras ventajas, aparte de una mayor estabilidad, no necesitar de lastre para estar sin riesgo en los puertos y ser más sencillo descubrir sus quillas para el carenado. Dos de sus barcos, según explica él mismo, fueron apresados por los holandeses y, conducidos a Amsterdam, se ordenó que se sacaran de ellos los modelos.

El texto comienza con las proporciones y medidas para construir un bajel de guerra que deba montar 70 cañones. Al verso de la h. 6, da las que corresponden a uno de 80 cañones de diversas libras de bala según vayan en la 1.ª, 2.ª batería o en el alcázar y castillo de proa, esquema que sigue al dar las medidas para bajeles de 60, 50, 40 y 30 cañones. En la h. 13 da las proporciones correspondientes a una fragata de 10 cañones de artillería de 6 libras de bala en la cubierta.

En los márgenes del texto es donde aparecen las medidas de cada parte del navío, expresadas en codos y pulgadas. En la h. 14 explica cómo todas las proporciones que da van arregladas según el codo real, que consiste en «dos tercias de la vara de Castilla, medida de Avila, y una de las 23 partes de las dos tercias más; añadiéndose a las expresadas dos tercias...». Este codo se divide a su vez en 24 partes iguales llamadas pulgadas.

Entre las hs. 14 y 15 va intercalado una cuadernillo de 2 hs. que contiene la «Tabla de las proporciones... que se deben observar en la construcción de los baxeles, desde el mayor de 80 cañones al menor de 10, que puede servir para fragata ligera».

En las hs. 15 a 18 va la explicación de la varenga maestra y su construcción y la de la popa llana. Como ya hizo Garrote en 1961, Gaztañeta no deja al arbitrio de carpinteros esta pieza fundamental del navío, sino que fija razonadamente su forma y puntualiza su trazado.

A partir del verso de la h. 18 hasta la h. 32 explica

ships were seized by the Dutch and taken to Amsterdam to be copied.

The text begins with the proportions and measurements for constructing a warship carrying 70 cannons. Page 6v contains the measurements corresponding to a ship carrying 80 cannons with balls of different weight according to their placement in the first or second battery or on the quarter deck and foreccastle. He follows the same idea for measurements of ships carrying 60, 50, 40 and 30 cannons. On page 13 he gives the proportions for a 10-cannon frigate with six pound cannon balls placed on the deck.

The measurements for each part of the ship appear in the margins of the text, expressed in *codos* (cubits or half-yards) and inches. On page 14 he explains how all the proportions are arranged according to the royal *codo* which consists of «two-thirds of the Castilian yard, a measure of Avila, and one of the 32 parts of the remaining two-thirds, adding to these two thirds». This *codo* is in turn divided into 24 equal parts called inches.

A two-page booklet is inserted between pages 14 and 15 containing the «Table of proportions to be followed in constructing vessels, from the largest carrying 80 cannons to the smallest with 10, which can be used as a light frigate».

The explanation and construction of the main headrail and stern are found on pages 15 to 18. As Garrote already did in 1691, Gaztañeta does not leave this fundamental part of the ship to the judgment of carpenters; instead, he establishes its shape in a logical manner.

From page 18v to 32 he explains the plans for constructing a vessel that can carry 70 cannons, as well as the length, width and thickness of the materials. The plan is at the end of the text on a folded page; it is an oblong etching (670 × 375 mm). It was drawn by Gaztañeta and etched by Francisco Gazán, a Catalan engraver who moved to Madrid at the beginning of the century.

Antonio de Gaztañeta was born in Motrico, in the province of Guipúzcoa, in 1656. In 1672 he made his first voyage on one of the King's galleons, having already been taught mathematics, as he states in the prologue to this work. Between 1672 and 1684 he made eleven trips to Buenos Aires, Tierra Firme and New Spain. As of 1684 and by order of King Charles, he served in the Royal Armada of the Ocean. In 1713 he collaborated with Bernardo Tinagero on a project for the construction of ten warships in the shipyards of Havana. Gaztañeta drew the plans and graphic illustrations for these ships. During his lifetime he sailed at the head of various squardrons in the service of the Crown. He died in Madrid in 1720.

His work was the result of his practical experience as a navigator and ship builder. In contrast to previous 17th-century treatises which were largely empirical,

el plano para construir un bajel capaz para llevar 70 cañones, así como el largo, grueso y ancho de los materiales. El plano va al fin del texto en h. plegada; es un grabado al aguafuerte de 670 x 375 mm. apais. Fue dibujado por Gaztañeta y grabado por Francisco Gazán, grabador catalán que se trasladó a Madrid a comienzos de siglo.

Antonio de Gaztañeta nació en Motrico, provincia de Guipúzcoa, en 1656. En 1672 emprende su primer viaje en un galeón del rey, habiendo sido ya instruido en las Matemáticas, como él mismo afirma en el prólogo de esta obra. Entre 1672 y 1684 realizó 11 viajes en navíos a Buenos Aires, Tierra Firme y Nueva España. A partir de 1684 pasa a servir, por orden del rey Don Carlos, en la Real Armada del mar Océano. En 1713 colabora con Bernardo Tinagero en un proyecto para construir en el astillero de La Habana 10 barcos de guerra, de los que Gaztañeta traza los planos y representaciones gráficas. Durante toda su vida navegó al mando de diversas escuadras al servicio de la Corona. Falleció en Madrid en 1720.

Su obra fue fruto de su experiencia como navegante y de su práctica como constructor naval. Frente a los tratados anteriores del siglo XVII, que reflejan cuán empírica era en esos años la construcción naval, el de Gaztañeta supone un avance hacia la construcción racional y científica del navío de guerra.

Bibliografía
FERNÁNDEZ DE NAVARRETE. *Biblioteca Marítima Española*. T. I. , pp. 133-137.— ARTIÑANO Y GALDÁCANO. *La Arquitectura naval española (en madera)*. Madrid, El autor, 1920.—PALAU n.º 100.976.

Gaztañeta's work is a step toward the rational and scientific construction of warships in the following century.

Bibliography

FERNÁNDEZ DE NAVARRETE, *Biblioteca Marítima Española, I, p. 133-37;* ARTIÑANO Y GALDÁCANO: *La arquitectura naval española (en madera),* Madrid, 1920; PALAU, n.º 100976.

Relación de Michoacan. S. XVI. *BE c IV-5.*

y pues pasados alennos dias los chichimecas tomaron aaricaueri
ybinieron se amoraz aunlugar llamado tarimichu diro varrio depñ
gro yalli crecio la mochacha y casose conella pauacume el hemenio
y dizo se preñada la moça dela lagnna ypario un giso y llamaronle
tariacueri q̃ fue despues senor y comolosnpiesen los senores dela
lagnna llamaron acuriparaxa ydixeronle ben aca gã en nos
dixo q̃ sacaste una muger alos chichimecas y respondio el no casi
senores yo a que proposito se la auia delleuar yo ando denotepes
comdo con hez ypoma ami giso enla canoa paq̃ hemase ydexa
peso con on cuelo yla poma para hemar y llegue aunlugar llamas
bar111a lopotacoyo ytemendo gana de orinar me dixo padre quiero
Corinar yo le dixe ube giso yorina y llegue ala orilla y comosaltas

II₃ LOS DESCUBRIMIENTOS Y LOS VIAJES

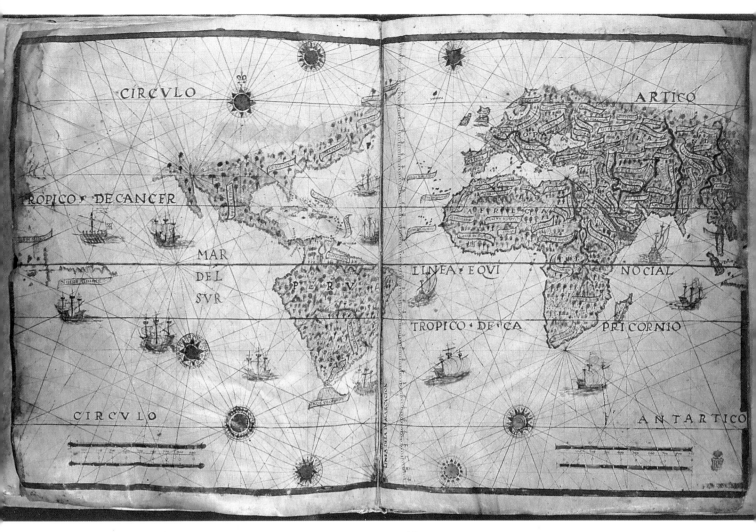

MEDINA, PEDRO: *Suma de Cosmografía*. S. XVI. *BN Ms. Res. 215.*

Carlos Fuentes

América, dice el historiador mexicano Edmundo O'Gorman, no fue descubierta: fue inventada. Todo descubrimiento es un deseo y todo deseo, una necesidad. Inventamos lo que descubrimos; descubrimos lo que imaginamos. Nuestra recompensa es el asombro.

Describimos lo maravilloso, como Bernal Díaz, el cronista de la conquista de México, describe la capital lacustre de los aztecas tendida a sus pies: «... parecía a las cosas de encantamiento que cuentan en el libro de Amadís... y aún algunos de nuestros soldados decían que si aquello que venía si era entre sueños...».

El descubridor no sólo quiere descubrir la realidad; también quiere descubrir la fantasía. El bestiario de Indias nos habla de manatíes con tetas de mujer, tiburones machos con miembros viriles duplicados, tiburones hembras que, míticamente, sólo paren una vez en toda su vida; peces voladores, leviatanes cuajados de conchas, tortugas que desovan nidadas de seiscientos huevos de tela delgada, playas de perlas inmensas bañadas por el rocío, vacas marinas y vacas corcovadas, salamandras, unicornios, sirenas, amazonas...

Todo deseo tiene un objeto y este objeto, como sugiere Buñuel, es siempre oscuro, porque queremos no sólo poseer sino transformar el objeto de nuestro deseo. No hay deseo inocente: no hay descubrimiento inmaculado; no hay viajero que, secretamente, no se arrepienta de dejar su tierra y tema no regresar nunca a su hogar. El deseo nos arrastra porque no vivimos solos: todo deseo es imitación de otro deseo que queremos compartir, poseer para nosotros y suprimir la diferencia entre el objeto y nosotros. El viaje, el descubrimiento, desemboca en la conquista: queremos el mundo para transformarlo.

Colón descubre en las islas la edad de oro y el buen salvaje. A éste lo envía encadenado a España; y el paraíso terrestre es incendiado, herrado, explotado. La melancolía de Bernal Díaz es la de un peregrino que encuentra la visión del paraíso y en seguida debe destruir lo que ama: el asombro se convierte en dolor pero ambos son salvados por la memoria; ya no deseamos para viajar, descubrir, conquistar; ahora recordamos para no volvernos locos y poder dormir.

La historia es la violencia que, como Macbeth, asesina al sueño. La gloria depende de la muerte y se revela, desenmascarada, como muerte. Bernal, el cronista, el escritor, sólo puede recordar: allí el descubrimiento sigue siendo maravilloso, el jardín sigue intacto, el fin es un nuevo comienzo y la destrucción de la guerra coexiste con la aparición de un mundo nuevo, nacido de la catástrofe.

Viajes, descubrimientos, conquistas: los libros que contienen estas palabras evocan en mí, mexicano, el pasaje de varios rostros: los de los dioses en fuga; los de los conquistadores que se parecen a la antigua descripción de los dioses; y los rostros del sol, la naturaleza y la tierra que, en las palabras del mito maya del Chilam Balam, pueden ser mordidos por acontecimientos terribles, oscurecidos y extinguidos.

Recomponer el rostro primero del hombre, el rostro feliz, es la misión del viaje de Utopía: América aparece primero como la Utopía que lavará a Europa de sus pecados históricos. Pero, en seguida, Utopía es destruida por los mismos que viajan en su busca.

La buscan en el espacio: las tierras inmensas del nuevo mundo, la naturaleza infinita, inconmensurable. Esto no es posible; Utopía es el lugar que no es: U Topos. No hay utopía en el espacio. ¿La hay en el tiempo? Eso piensan todos los viajeros utópicos, de Tomás Moro en el siglo XVI a Alejo Carpentier en el siglo XX. No permanecen en el tiempo de Utopía, regresan a contarnos de su existencia y jamás pueden regresar. Este es el viaje más melancólico de todos.

La memoria y el regreso nos permiten darnos cuenta de que vivimos rodeados de mundos perdidos, de historias desaparecidas. Esos mundos y esas historias son nuestra responsabilidad: fueron creados por hombres y mujeres. No podemos olvidarlos sin condenarnos a nosotros mismos al olvido. Debemos mantener la historia para tener historia; somos los testigos del pasado para seguir siendo los testigos del futuro.

Entonces nos damos cuenta de que el pasado depende de nuestro recuerdo aquí y ahora, y el futuro de nuestro deseo aquí y ahora. Memoria y deseo son imaginación presente; este es el horizonte de nuestros descubrimientos constantes, este el viaje que podemos emprender cada día.

La rueda de fuego, después, vuelve a girar y nos arroja a la repetición de la violencia y la muerte. Salvemos el instante que es nuestro descubrimiento inminente.

Carlos Fuentes

America, says the Mexican Historian Edmundo O'Gorman was not discovered: it was invented. Every discovery is a desire and every desire, a necessity. We invent what we discover: we discover what we imagine. Our reward is called enchantment.

We describe the marvelous, as Bernal Díaz, the chronicler of the conquest of Mexico, did when he came upon the lake city of the Aztecs: «... like an enchanted vision from the tale of Amadis. Indeed, some of our soldiers asked whether it was not all a dream...».

The discoverer wants not only to discover reality, but fantasy as well. The bestiary of the Indies speaks of giant fish with women's breasts, of male sharks with two gigantic sexual organs, of female sharks who give birth but once in their lifes, of flying fish and whales overdecked with brilliant shells, of turtles that spawn six hundred eggs in one swoop, of beaches where immense pearls are bathed by the dew, of marine cows and humped cows, of salamanders, and unicorns, sirens and amazons...

All desires have their objects and these, according to Buñuel, are always obscure, because we not only want to possess but to transform the object of our desire. There are not innocent desires; no inmaculate discoveries; there is no traveler who, secretely, does not repent of leaving his land and fears that he will never go home again.

Desire drags us away because we are not alone; a desire is the imitation of another desire that we want to share, to possess for ourselves and, then, to supress the difference between the object and ourselves. The voyage, the discovery, ends in the conquest: we want the world in order to transform it.

Columbus discovers in the islands the Golden age and the noble savage. He sends the latter, in chains, to Spain. And the earthly paradise is burnt, branded and exploited. The melancholy of Bernal Díaz is that of a pilgrim who discovers the vision of paradise and is then forced to kill what he loves: astonishment becomes pain but both are saved by memory; we no longer desire to travel, discover and conquer: now we remember so as not to go mad and to evade insomnia.

History is the violence that, like Macbeth, murders sleep. Glory offers death and, when unmasked, appears as death itself. Bernal, the chronicler, the writer, can only remember: there, in his memory, the discovery remains forever marvelous. The garden is intact, the end is a new beginning and the destruction wrought by war coexists with the appearance of a new world, born from catastrophe.

Voyages, discoveries, conquests. The books that contain these words evoke in me, as a Mexican, the passage of many faces: the faces of the fugitive gods; the faces of the *conquistadores* who reseembled the ancient descriptions of the gods; and the faces of the sun, of nature and the earth which, in the words of the Mayan myth of Chilam Balam, are also faces that can be bitten by terrible events, darkened or extinguished.

To recreate the first face of man, the happy face, is the mission of the trip to Utopia. America first appears as the utopia that will cleanse Europe of its historical sins. But, immediately, Utopia is destroyed by the same men who travel in search of it.

They search for it in space: in the immense lands of the New World, in a nature boundless, infinite. This is not possible; Utopia is the place that is not: *U Topos.* There is no Utopia in Space. Is there a Utopia in time? This is what all Utopian travelers, from Thomas More in the XVI Century to Alejo Carpentier in the XX Century, believe. They do not remain, however, in the time of Utopia; they return to tell us of its existence and cannot go back. This is the saddest voyage of them all.

To remember; to return. We can then realize that we live surrounded by lost worlds, by disappeared histories. These worlds and the histories are our responsibility: they were made by men and women. We cannot forget them without condemning ourselves to being forgotten. We must maintain history in order to have history; we are the witnesses of the past so as to have a future.

We then understand that the past depends on our memory here and now, and the future on our desire, here and now. Memory and desire are our present imagination: this is the horizon of our constant discoveries and this the trip we can renew each day.

The wheel of fire, later, turns again and throws us into the hands of violence and dead repeated. Let us save the instant. It is our imminent discovery.

37. BREIDENBACH, Bernardus

Viaje a Tierra Santa. [Traducción y prólogo de Martín Martínez de Ampiés].—[Zaragoza: Pablo Hurus, 16 de enero 1498].—[1], II-CLXXXVIII, [17]l. (205l.); fol. Sign. a^{8+3}, b-e^8, f^{4+8}, g$^{4+2+2+4+4}$, h $^{6+4+6}$, i^6, k-qq^8, r^6, s-x^8, y^4, z^8, r^6
Gothic letters in 3 sizes.—2 cols.—43-44 lines.—Woodcut initials, Printer's shield.—13 folded woodcuts. Woodcuts included in the text.

Madrid, Biblioteca Nacional Inc. 727

The *Viaje a Tierra Santa* was the first in a series of pilgrim's tales begun by Pablo Hurus and Martín Martínez de Ampiés in Saragossa which would be reprinted many times and widely circulated.

It had already been published in Latin and German in Marburg by the illustrator himself, with type by Peter Schöffer. The work narrates the journey of Bernhard von Breydenbach to the Holy Land accompanied, among others, by the painter Erhard Reuwich, who made sketches of the cities they visited. His drawings were used to carve the wood blocks for the illustrations of the Latin and German versions as well as successive editions.

The Dominican friar, Martín Roth, rector of the school of Heidelberg, gave the story of the journey its final shape, greatly enriching the historical and religious aspects.

It was translated into French and Flemish. Pablo Hurus undertook the Spanish version and entrusted the translation to one of his many collaborators, Martín Martínez de Ampiés, from Sos. Because both he and Hurus had a thorough background in the humanities, he was clearly aware of the cultural implications of his work.

Pablo Hurus' workshop was one of the best in 15th century Spain. He worked in this country from 1477 to 1499, at which time he returned to his own country. From 1488 to 1490 the shop was run by his brother Juan. Both were natives of Constance, Germany. They began with a small printshop, but by 1488 it had become one of the most active in Spain and produced some very praise worthy books.

The edition of the *Journey to the Holy Land* contains more illustrations than most of Hurus'books. Thanks to his close ties with German printers, he brought the wood blocks of the first editions based on drawings by Reuwich from Germany and added many other illustrations. Aside from the 33 folding woodcuts with scenes of Rome, Venice, Corfu, Rhodes and Jerusalem, etc., 66 illustrations of scenes from the Gospel have been inserted, many of which had been used by Hurus in previous printings. The Saragossa copy is more richly illustrated than the original German versions.

With the publication of these works, illustrators began to lose their anonymity. The illustrations taken from nature, implies a conscious application of technique to the specific purpose of illustrating a text.

37. BREIDENBACH, Bernardus

Viaje a Tierra Santa / [Traducción y prólogo de Martín Martínez de Ampiés]. — [Zaragoza: Pablo Hurus, 16 enero 1498]. — [1], II-CLXXXVIII, [17] h. (205 h.); fol. Sign. a^{8+3}, b-e^8, f^{4+8}, g$^{4+2+2+4+4}$, h^{6+4+6}, i^6, k-q^8, r^6, s-x^8, y^4, z^8, r^6. Letra gótica 3 tam. — 2 col. de 43-44 líneas. — Iniciales grab. — Escudo tip. — 13 xilografías pleg. — Grab. xilográficos intercalados en el texto.

Madrid, Biblioteca Nacional, Inc. 727

El *Viaje a Tierra Santa* es la primera obra de la serie de relaciones de peregrinos que iniciaron Pablo Hurus y Martín Martínez Ampiés en Zaragoza, y que habrían de ser muy reeditadas y difundidas.

Se había editado ya en 1486 en latín y en alemán, en Maguncia, por el propio ilustrador, con tipos de Peter Schöffer. La obra contiene la narración del viaje de Bernhard von Breydenbach a Tierra Santa, acompañado entre otros por el pintor Erhard Reuwich, que copió del natural las vistas de las ciudades que visitaban. Sus dibujos sirvieron para vaciar las maderas de los grabados que ilustran las ediciones latina y alemana, así como las posteriores.

La relación del viaje recibió forma definitiva del dominico Martín Roth, rector de la escuela de Heidelberg, quien la enriqueció en sus aspectos histórico y teológico.

Se tradujo al francés y al flamenco. Pablo Hurus emprendió la edición castellana, encargando la traducción a uno de sus principales colaboradores, Martín Martínez de Ampiés, natural de Sos, de formación humanista, que, lo mismo que el propio Hurus, tenía clara conciencia de la transcendencia cultural de su obra.

El taller de Pablo Hurus fue uno de los mejores de España en el siglo XV. En él trabajó desde 1477 hasta 1499, año en que volvió a su país. Desde 1488 a 1490 fue regentado por su hermano Juan. Ambos procedían de Constanza, Alemania. Al principio tuvieron una imprenta modesta, pero hacia 1488 se convirtió en una de las más activas de España y produjo libros muy notables.

La edición del *Viaje a Tierra* Santa es más rica en ilustraciones que la mayor parte de las impresiones de Hurus. Bien relacionado con los impresores alemanes, trajo de Alemania las maderas de las primeras ediciones, hechas sobre los dibujos de Reuwich, y añadió otras muchas ilustraciones. Además de las 33 xilografías plegables con vistas de Roma, Venecia, Corfú, Rodas, Jerusalén, etc., hay sesenta y seis grabados intercalados representando escenas evangélicas, muchos de los cuales ya habían sido utilizados por Hurus en impresiones anteriores. El ejemplar de Zaragoza está mucho más ricamente ilustrado que los originales alemanes.

Con estas obras los ilustradores de libros comienzan a salir del anonimato. La ilustración tomada del natural supone una aplicación consciente de la técnica al propósito concreto de ilustrar un texto. Reuwich fue un pintor realista, con un concepto moderno de la ilustra-

Reuwich was a realistic painter with a modern conception of illustration that would be put into practice by 19th-century illustrators of travel books.

In the Spanish translations, Breydenbach's text is preceded by a Treatise on Rome, composed by Martínez Ampiés and directed to pilgrims who had to go to Rome to get permission from the Pope before undertaking their pilgrimages to the holy places. It is a history of Rome in summary form with a description of its temples and indications of the Roman pilgrimage churches. It is divided into four parts; the first three narrate the trip and the fourth refers to three recent historical events, the capture of Constantinople by the Turks, the siege of Rome and the taking of Otranto.

The book mixes comments by previous authors with first hand observations to which Martínez de Ampiés adds his own remarks. Allongside a harsh attack on Gypsies, he writes an exalted tribute to the Catholic Monarchs.

The title in large Gothic type stands alone in the middle of the title page. A full-page woodcut appears on the verso. Among the many illustrations in the text, those depicting the Arabic, Hebrew, Greek, Chaldean, Jacobite, Armenian and Idian or Abyssinian alphabets deserve special attention.

Bibliography
ROJO, 408. — HAEBLER, 75. — VINDEL, v. 4, p. 255, n.º 84. — HAIN, 3965. — GESAMKATALOG, 5082. — BRITISH MUSEUM 52193. — Ediciones: *Viaje a Tierra Santa.* Prólogo de J. Moll. Madrid, Ministerio de Educación y Ciencia, 1974 — Frank WEITENKAMPF: *The illustrated book.* Cambridge, Harvard University Press, 1938. — J. M. SÁNCHEZ: *Bibliografía zaragozana del siglo XV*, Madrid, 1908.

ción, que en el siglo XIX llevarán a la práctica los ilustradores de libros de viajes.

En la traducción castellana precede al texto de Breydenbach un *Tratado de Roma,* compuesto por Martínez Ampiés y destinado a los peregrinos, que tenían que pasar por Roma para solicitar licencia del Papa antes de iniciar la peregrinación a los Santos Lugares. Es una historia de Roma resumida, con la descripción de sus templos y la indicación de las iglesias estacionales romanas.

Consta de cuatro partes: las tres primeras contienen la narración del viaje y la cuarta refiere tres hechos históricos recientes: la toma de Constantinopla por los turcos, el asedio de Roma y la toma de Otranto.

En la obra se mezclan comentarios de autores anteriores con observaciones de primera mano, a las que Martínez de Ampiés añade sus propios comentarios. Junto a un duro ataque contra los gitanos incluye un exaltado elogio de los Reyes Católicos.

La portada tiene sólo el título en el centro, en grandes caracteres góticos. Al verso, una xilografía a toda plana. Entre los numerosos grabados que adornan la obra, merecen especial atención los que representan los alfabetos árabe, hebreo, griego, caldeo, jacobita, armenio e indiano o abisinio.

Bibliografía
ROJO, 408. — HAEBLER, 75. — VINDEL, v. 4, p. 255, n.º 84. — HAIN, 3965. — GESAMKATALOG, 5082. — BRITISH MUSEUM 52193. — Ediciones: *Viaje a Tierra Santa.* Prólogo de J. Moll. Madrid, Ministerio de Educación y Ciencia, 1974 — Frank WEITENKAMPF: *The illustrated book.* Cambridge, Harvard University Press, 1938. — J. M. SÁNCHEZ: *Bibliografía zaragozana del siglo XV*, Madrid, 1908.

---

38. MANDEVILLE, John

Libro de las maravillas del mundo.— [Fue imprimida en Valencia. s. n., 13 de octubre, 1524].—LXIIII.: ill.; fol.
Sig.: A-H⁸.—Two color title page.—Woodcuts interspersed in the text.—Gothic lettering.—Handwritten notations.—Colophon.—On the endpaper, 'Pascual de Gayangos'.—Stiff marbled binding.

Madrid, Biblioteca Nacional R. 13148

The *Book of the Marvels of the World* has all the magic and mystery promised in its title. Information about the author is not clear and historians have interpreted facts on this 14th-century English traveller in such different ways that even the authorship of the book has been denied. Together with his name, scholars have proposed the names of Jean de Bourgogne, Jean d'Outremeuse and even an anonymous European.

Johan de Mandavila, as he signs in the book, explains at the end of the work how and why he wrote it: 'I left my country and spent the year of grace of one thousand CCC and XXII years at sea and since have walked many miles and many lands and have been in good company and in many pleasant events and great

---

38. MANDEVILLE, John

Libro de las maravillas del mundo. — [Fué imprimida en Valencia: s. n., 13 de octubre, 1524]. — LXIIII h.: il.; fol.
Sig: A-H⁸ — Portada grabada a dos tintas. — Grabados xilográficos intercalados en el texto. — Letra gótica. — Anotaciones manuscritas. — Colofón. — En la guarda de Pascual de Gayangos. — Encuadernación de pasta.

Madrid, Biblioteca Nacional, R. 13148

El *Libro de las maravillas del mundo* tiene la magia y el misterio que promete su título. Las noticias sobre su autor son confusas y los investigadores han interpretado los datos relativos a este viajero inglés del siglo XIV de formas tan diversas que incluso la autoría del libro le ha sido negada; se han barajado junto con su nombre el de Jean de Bourgogne, Jean d'Outremeuse, y hasta se ha pensado en un anónimo autor europeo, quien, de manera deliberada, habría camuflado con pistas falsas su verdadera personalidad.

Johan de Mandavila, como se firma en el libro, explica al final de la obra cómo y por qué la escribió «me partí de mi tierra y passé la mar en el año de la gracia y salud de la natura humana de mil y CCC y XXII años

Relación de Michoacan. S. XVI. *BE c IV-5.*

happenings. Now in my old age I have come to rest and remembering things past I have written as best I can the things I heard and saw in the lands I visited and came back to my country in the year of the birth of one thousand CCC and LVI and when I left my homeland I was XXIII years old.'

Throughout the 104 chapters, 43 in the first part where he relates the marvels he saw in his travels, and 61 in the second dedicated to the Indies and to monstrous men, Mandeville reports fantastic pieces of news, from the description of the lands of Egypt and the graneries of Joseph to trees bearing flour, wine and honey.

The text, written in Gothic lettering in two columns, enhances the extraordinary nature of the narration interspersed with woodcut illustrations. These are small woodcuts (75 × 70 mm), occasionally framed in a geometric motif. Some of the engravings such as those of a religious nature, seem to be taken from other books. For example, in the description of the inn at Bethlehem, the illustration is a capital letter, a historiated 'D' depicting the Nativity, the meeting of St. Anne and the Virgin (fol. 21), the Baptism of Christ (fol. 23) and the Annunciation (fol. 24v). These religious illustrations have a different quality, better technique and purity of line than the other woodcuts depicting strange beings and objects encountered by Mandeville in his travels.

y despues aca he andado muchos passos y tierras y he estado en compañías buenas y en muchos y diversos fechos lindos y en grandes empresas, agora soy venido a reposar en edad de viejo antiguo y acordadome de las cosas pasadas he escripto como mejor pude aquellas cosas que vi y oy por las tierras por donde anduve, tornado a mi tierra en el año del nascimiento de mil y CCC y LVI y quando parti de mi tierra avia XXIII años». A lo largo de los ciento cuatro capítulos —cuarenta y tres en la primera parte, donde cuenta las maravillas que vio andando por el mundo, y sesenta y uno en la segunda, dedicado a las Indias y a los hombres monstruo— Mandeville relata fantásticas noticias, desde la descripción de la tierra de Egipto y de los graneros que hizó José, hasta la de los árboles que dan harina, vino y miel.

El texto, escrito en letra gótica, a dos columnas, subraya lo portentoso del relato con grabados que se intercalan. Son pequeñas xilografías —70 × 75 mm. generalmente— que a veces se inscriben en una orla de adornos geométricos. Algunos de los grabados, los de tema religioso, parecen aprovechados de ediciones de otros libros: por ejemplo, en la descripción del portal de Belén la ilustración es una capital —una D— historiada con la representación del Nacimiento, el encuentro de la Virgen y Santa Ana [fol. 21], el Bautismo de Jesucristo [fol. XXIII], la Anunciación [fol. XXIV v.]; estos grabados religiosos tienen una calidad distinta, mayor técnica y pureza de líneas que el resto de las xilografías, donde se representan los extraños seres y objetos que Mandeville encontró en sus viajes.

La portada del libro se diseñó de un modo lleno de atractivo: inscrita en una orla rectangular, formada por bandas con adornos vegetales, cuatro xilografías de los más espectaculares seres ocupan el centro visual; al pie de estas estampas —dispuestas dos a dos— el título de la obra en grandes caracteres góticos. Se reforzó la decoración con el empleo de colores: las xilografías fueron entintadas en rojo y negro —el negro se empleó para la línea— los textos en rojo, la orla exterior en negro. Además, un reclamo publicitario «El que quiere muchas cosas saber compre éste libro y sabrá cosas que se espantará».

El libro no necesitaba propaganda, era un texto conocido en Europa desde más de siglo y medio, por donde había circulado en copias manuscritas y posteriormente en ediciones impresas, traducida a las lenguas vernáculas de cada país. En España, hizo una impresión un valenciano en 1521, Jorge Costilla, que diez años más tarde volvió a repetir; en 1540 la imprimió también en Valencia Juan Navarro. De la edición de 1521 y de la de 1540 se conocen los ejemplares que en la actualidad se conservan en la Bristish Library. De esta edición de 1524, según el Catálogo Colectivo del siglo XVI, no hay más ejemplar que este de la Biblioteca Nacional de Madrid, que procede del fondo de Pascual de Gayangos, cuyo sello consta en la portada. En la hoja de guarda una anotación manuscrita del propio Gayangos advierte sobre la

The title page, inscribed in a rectangular border made up of bands with plant ornamentation, was designed in a most attractive manner. Four woodcuts of the most spectacular beings imaginable, placed in pairs, occupy the visual center. The title of the work appears at the foot in large Gothic letters. Color was used to enhance the decoration. The woodcuts are done in red and black, black for the line, the text in red, and the outer edge in black. In addition, there was a publicity blurb saying that 'he who wishes to know many things should buy this book and he will learn astounding things'.

This book did not need any publicity. The text had been known in Europe for over one hundred and fifty years, and it had circulated first in manuscript and then in printed form and had been translated into the vernacular languages of many countries. In Spain it was printed in Valencian in 1521 by Jorge Costilla, who reprinted it ten years later. In 1540 it was also printed in Valencia by Juan Navarro. There are copies of the 1521 and 1540 editions in the British Library. According to the Union Catalog of the 16th century, the only existing copy of the 1524 edition is this one in the Biblioteca Nacional, formerly in the collection of Pascual de Gayangos. There is a note written by Gayangos on the endpaper in which he notes the rarity of these editions. 'There is an earlier edition by Jorge Costilla of 1521, in folio, and another by Juan Navarro of 1540. I have not been able to see the one mentioned by Barcia also from Valencia of 1515.'

There are over 300 codices of this book in Europe. The one in the library of the Escorial is written in Aragonese.

The *Libro de las maravillas,* a book that filled the idle hours of Europeans in the Middle Ages and the Renaissance, was based not only on the knowledge and experience of the author but on written sources as well: the *Peregrinatio* by Odorico de Pordenone, the *Historia mongolorum* of Giovanni de Piano Carpini and classical texts of the Middle Ages which were used by all writers such as Pliny's *Historia Natural,* Vicent de Beauvais' *Speculum* and the innumerable *Bestiaries.* But over and beyond this body of knowledge, a kind of encyclopedia of the time, the author superimposed his own observation, his vast scientific and geographical knowledge, which imbued his tales with great credibility and a wealth of attractions.

Bibliography

PALAU, p. — B — G. SANTONJA. Prólogo a la edición de Madrid: Visor, 1984. — A. STEINER: *The date of composition of Mandeville's Travels.* Speculum, 9, 1939. — M. LETTS: *Sir John Mandeville: The man and his book.* London, Batchworth, 1949. — Edición del ms. «Cotton Titus» C. XVI, in the Bristh Museum by P. Hamelius. London, Milford, 1919. — Edición del ms. de El Escorial por Pilar Liria.

rareza de estas ediciones: «Hay otra edición anterior de Jorge Costilla, 1521, en folio, y citaré otra de Juan Navarro, 1540. La mencionada por Barcia como del año 1515 (también de Valencia) no la he llegado a ver.»

De los códices que se conservan de este texto en Europa —y que son más de trescientos— uno se conserva en la Biblioteca de El Escorial, está escrito en aragonés.

El *Libro de las maravillas,* lectura que entretuvo el ocio de los europeos en el medievo y el Renacimiento, partía no sólo del conocimiento y experiencia de su autor, sino también de fuentes escritas: la *Peregrinatio* de Odorico de Pordenone, la *Historia mongolorum* de Giovanni de Piano Carpini, y textos clásicos de la Edad Media de los que partieron los autores: la *Historia Natural* de Plinio, el *Speculum* de Vincent de Beauvais y los innumerables *Bestiarios.* Pero a ese corpus de lecturas —que por otra parte eran las enciclopedias de uso en esa época— se sobrepone la capacidad de observación del autor, su gran conocimiento científico y geográfico, que hacen que las narraciones adquieran una verosimilitud y una riqueza llena de atractivos.

Bibliografía

PALAU, p. — B — G. SANTONJA. Prólogo a la edición de Madrid: Visor, 1984. — A. STEINER: *The date of composition of Mandeville's Travels.* Speculum, 9, 1939. — M. LETTS: *Sir John Mandeville: The man and his book.* London, Batchworth, 1949. — Edición del ms. «Cotton Titus» C. XVI, in the Bristh Museum by P. Hamelius. London, Milford, 1919. — Edición del ms. de El Escorial por Pilar Liria.

39. COLOMBUS, Christopher

Diario de navegación del primer viaje de descubrimiento de las Indias.—Relación de su tercer viaje (Copiados o

39. COLÓN, Cristóbal

Diario de navegación del primer viaje de descubrimiento de las Indias. — Relación de su tercer viaje (Copiados o extractados por Fray Bartolomé de las Casas).

extractados por Fray Bartolomé de las Casas).—16th. cent.—76 l.—48 lines aprox.—305 × 210 mm.

Madrid, Biblioteca Nacional, ms. Vitr. 6-7

We know that Colombus gave the original copy of his *Diary* of the first voyage to America to the Catholic Rulers in Barcelona in May, 1493. Probably several copies were made, the first being for the Admiral himself. Additional copies were used by Andrés Bernáldez, Fernando Colón and Fray Bartolomé de las Casas, who needed it for his *Historia de las Indias* (History of the Indies) and transcribed or extrated folios 1-67. Because Columbus' original and the first copies made were lost, Las Casas' transcript is the principal proof of the existence of the *Diary* of the discovery. The original had already disappeared in the 16th century, or it was not available, for Las Casas himself had to make do with a copy not free from errors. As he says in his text, he sometimes leaves a gap when he is transcribing the material because he feels the word is incorrect or unclear.

Although the actual text of the *Diary* was not published until 1825, there is documentary proof that earlier attempts had been made to do so. The Archivo de Indias has preserved the printing privilege in favor of Luis Colón, dated in Valladolid on March 9, 1554. Nevertheless, this crucial document, of which Luis Colón undoubtedly had a copy at that time, never saw the light of day. It just disappeared completely. Except for a less reliable summary than the one by Las Casas, published by Fernando Colón in the Italian version of the history of his father, the document lay forgotten for three centuries in the private library of the Duque del Infantado from which it was rescued by the distinguished scholar, Fernández de Navarrete, in the first quarter of the 19th century. From that time on it spread rapidly throughout the world.

This is a day by day report of the highlights of the voyage, clearly written for the purpose of informing the monarchs of the events of the voyage and placing them on record. Although it is difficult to tell what was literally written by Columbus himself, and what was added or adapted by Las Casas, at times we can clearly identify Colombus' prose. It contains many words in Portuguese, albeit very expressive, in which he narrates with a rich vocabulary and feeling the events and details of everything he saw during the trip. Two characteristics of the fascinating personality of the author show through the diary: his profound humanistic background and his personal bent for fantasy.

Since there is no report on the second voyage to America, Las Casas himself (fols. 67v-76) reproduced, after the *Diary,* the *Letter* to the monarchs in 1498 in which Colombus describes his third voyage. Upon arriving on the American continent for the first time, the Admiral again gives proof of his brilliant intuition and writes to the King and Queen of Spain in a passage that indicates his awarenees of the magnitude of his discov-

S. XVI. — 76 fols., 48 lín. aprox., 305 × 210 mm.

Madrid, Biblioteca Nacional, ms. Vitr. 6-7

Sabemos que el original del *Diario* del primer viaje de Colón a América fue entregado por éste a los Reyes Católicos en Barcelona, en mayo de 1493. Del *Diario* se debieron de sacar varias copias —la primera de ellas se hizo para el propio almirante— que fueron utilizadas por Andrés Bernáldez, Fernando Colón y, finalmente, por Fray Bartolomé de las Casas, que lo utilizó en su *Historia de las Indias* y lo transcribió o extractó en los folios 1 a 67 de este manuscrito. Habiéndose perdido tanto el original colombino como las copias de él sacadas, la transcripción de Las Casas constituye el principal testimonio del Diario del descubrimiento. Ya en el siglo XVI el original habría desaparecido o sería poco accesible, pues el propio Las Casas tuvo que conformarse con una copia no exenta de errores, según hace constar en algún lugar, y hay veces en que al transcribir un texto deja un hueco en blanco por considerar una palabra errónea o poco clara.

Aunque la edición del texto del *Diario* no se llevó a cabo hasta 1825, tenemos constancia documental de que se intentó antes; en el Archivo de Indias se conserva el privilegio para su impresión, a favor de don Luis Colón, fechado en Valladolid a 9 de marzo de 1554. Sin embargo, tan trascendental documento, del que indudablemente debía poseer copia Luis Colón en la fecha citada, no sólo no llegó a ver la luz, sino que desapareció totalmente en su versión íntegra. Salvando un resumen menos fiel que el de Las Casas, que publicó Fernando Colón en la versión italiana de la Historia de su padre, el documento permaneció sumido en el olvido durante tres siglos en la biblioteca particular del Duque del Infantado, de la que lo rescató el benemérito don Martín Fernández de Navarrete en el primer cuarto del siglo XIX, difundiéndose seguidamente con rapidez por todo el mundo.

Se trata de una relación día a día de los hechos notables del viaje, llevada a cabo con el claro propósito de informar a los reyes de los acontecimientos del viaje y de dejar constancia de los mismos. Aunque es difícil discernir lo que fue escrito literalmente por Colón y lo añadido o refundido por Las Casas, en ocasiones podemos distinguir claramente el verbo colombino, pleno de portuguesimos pero enormemente expresivo, en el que narra con riqueza de léxico y sentido de la naturaleza los acontecimientos del viaje y los pormenores de todo aquello que aparecía ante su vista. Se ponen de manifiesto en este diario dos características propias de la fascinante personalidad de su autor: su profunda formación humanística y su inclinación personal a la fantasía.

No existiendo relación del segundo viaje a América, el propio Las Casas reprodujo (fols. 67v.-76), después del *Diario* del primero, la *Carta* enviada a los reyes en 1498, en que Colón relata su tercera navegación. Al llegar al continente americano por primera vez, el almi-

ery: «Your Highnesees have here another world where our holy faith can be greatly increased and from whence many benefits can be derived.»

Bibliography

Colección de viajes y descubrimientos que hicieron por mar los españoles desde fines del siglo XV... Por D. M. FERNÁNDEZ DE NAVARRETE. I: *Relaciones, cartas y otros documentos concernientes a los cuatro viajes que hizo el Almirante D. Cristóbal Colón...* Madrid, 1825. — *Raccolta di documenti e studi, pubblicati dalla R. Comissione Colombiana pel Quarto Centenario della scoperta dell'America.* Roma, 1894-1902, 6 part. en 15 vol. — R. MENÉNDEZ PIDAL: *La lengua de Cristóbal Colón. Madrid, 1942 (Col. Austral, 283).* — J. GUILLÉN TATO: *El primer viaje de Cristóbal Colón.* Madrid, 1943. — *Diario de Colón. Libro de la primera navegación y descubrimiento de las Indias.* Edición y comentario preliminar por Carlos Sanz [ed. facsímil]. Madrid, 1962, 2 vols. (Bibliotheca Americana Vetustissima). — *Descubrimiento del continente americano. Relación del tercer viaje, por don Cristóbal Colón.* Edición facsímil... Edición y comentario preliminar por Carlos SANZ. Madrid, 1962 (Bibliotheca Americana Vetustissima). — Cristóbal Colón: *Diario del descubrimiento...* Estudios, edición y notas por Manuel ALVAREZ. Madrid, 1976, 2 vols. (Ediciones del Excmo. Cabildo Insular de Gran Canaria).

[M. Sánchez Marina
Head of Manuscript Section
Biblioteca Nacional]

40. RELACION DE MICHOACAN

16th century, between 1539 and 1543.—144 sheets.—arabic and roman foliation.—6 blank endpapers at the beginning and three at the end.—Script of the second third of the 16th century.—44 color illustrations, 180 × 50 mm. *From the library of Lic. D. Diego González, Prior of Roncesvalles.— Binding from the first period of the Escorial workshop.—Gilt edges.—220 × 170 mm.*

Biblioteca de El Escorial cIV-5

The *Relación de Michoacán* (Report on Michoacán) is an invaluable source for the study of the history, ethnology and ancient inhabitants of Michocán, Mexico. Like other Spanish missionaries who wrote down stories or reports on the traditions, life and customs fo the American Indians, this anonymous Franciscan listened to the oral tales of the Tarascan elders and recorded them in this account.

Little is known about the author except that he was a Franciscan whose portrait probably appears on the first page. He must have been a friar who took a great interest in the native traditions and had won the confidence of the natives. Although it has been attributed to Fray Martín de Jesús or de la Coruña, who is praised in the account, it seems more likely that Fray Jerónimo de Alcalá was the author. He wrote a *Doctrina cristiana en lengua de Michoacán* (Christian Doctrine in thee Michoacán Language) and was higly esteemed by the natives. In any case, he was a forerunner of modern ethnological research methods which emphasize the value of the informant. He was also a good arranger and compiler, which makes the document more valuable as a cornerstone of

---

rante da muestras de nuevo de su genial intuición, y escribe a los reyes de España, manifestándose consciente de la grandeza de su descubrimiento: «Vuestras Altezas tienen acá otro mundo, de adonde puede ser tan acrecentada nuestra santa fe y de donde se podrán sacar tantos provechos».

Bibliografía

Colección de viajes y descubrimientos que hicieron por mar los españoles desde fines del siglo XV... Por D. M. FERNÁNDEZ DE NAVARRETE. I: *Relaciones, cartas y otros documentos concernientes a los cuatro viajes que hizo el Almirante D. Cristóbal Colón...* Madrid, 1825. — *Raccolta di documenti e studi, pubblicati dalla R. Comissione Colombiana pel Quarto Centenario della scoperta dell'America.* Roma, 1894-1902, 6 part. en 15 vol. — R. MENÉNDEZ PIDAL: *La lengua de Cristóbal Colón. Madrid, 1942 (Col. Austral, 283).* — J. GUILLÉN TATO: *El primer viaje de Cristóbal Colón.* Madrid, 1943. — *Diario de Colón. Libro de la primera navegación y descubrimiento de las Indias.* Edición y comentario preliminar por Carlos Sanz [ed. facsímil]. Madrid, 1962, 2 vols. (Bibliotheca Americana Vetustissima). — *Descubrimiento del continente americano. Relación del tercer viaje, por don Cristóbal Colón.* Edición facsímil... Edición y comentario preliminar por Carlos SANZ. Madrid, 1962 (Bibliotheca Americana Vetustissima). — Cristóbal Colón: *Diario del descubrimiento...* Estudios, edición y notas por Manuel ALVAREZ. Madrid, 1976, 2 vols. (Ediciones del Excmo. Cabildo Insular de Gran Canaria).

[M. Sánchez Mariana
Jefe de la Sección de Manuscritos
Biblioteca Nacional]

40. RELACION DE MICHOACAN

Siglo XVI, entre 1539 y 1543. — 144 hojas de papel, foliadas con numeración arábiga y romana, 6 h. de guarda al principio y 3 al fin, en blanco. — Letra del segundo tercio del siglo XVI, a plana entera. — 44 il. en color. — 180 × 150 mm. — De la librería del Lic. D. Diego González, prior de Roncesvalles. — Enc. de El Escorial, primera época. — Cortes dorados. — 220 × 170 mm.

Biblioteca de El Escorial c IV-5

La *Relación de Michoacán* es una fuente de gran valor para el estudio de la historia y la etnología de Michoacán. México. y sus antiguos habitantes. Como en las otras crónicas, historias o relaciones hechas por misioneros españoles sobre las tradiciones, la vida y las costumbres de los pueblos indígenas americanos, el anónimo fraile franciscano autor de esta *Relación* tomó de viva voz de los viejos Tarascos la narración de sus historias, que sabían de memoria.

Del autor poco se sabe, salvo que fue franciscano, probablemente el que aparece en la ilustración de la primera página. Debió de ser un religioso amante de las tradiciones indígenas y con acceso a la confianza de los nativos. Se ha atribuido a fray Martín de Jesús o de La Coruña, a quien se elogia en la propia relación. Más atinada parece la atribución a fray Jerónimo de Alcalá, autor de la *Doctrina Cristiana en lengua de Michoacán* y persona muy estimada por los indígenas. Era, en cualquier caso, un precursor de las mejores técnicas de investigación etnológica, donde el mérito se hace recaer sobre los infor-

---

Relación de Michoacan. S. XVI. BE c IV-5.

alferez

offi de haz er quina

çapateros

mercaderes

losq̃ vubē Elos altos

plateros

carteros

q̃ dan de comer

curtidores

navajeros

historical, anthropological and even literary studies on the Purépecha peoples.

Thee subject of the manuscript entitled *Relación de las ceremonias y ritos y población y governación de los indios de la provincia de Michoacán* (Report on the ceremonies, rituals, population and government of thee Indians of thee province of Michoacán) answers the same questions that Sahagùn would pose later on about Mexico: where the inhabitants of Michoacán came from, how they settled and conquered this province, what kind of government they had, what their customs were, and how the Spaniards conquered them.

The *Relación* is divided into three parts: its most important gods and the ceremonies performed in their honor; how the Cazonzi's ancestors populated and conquered this province; the type of government they had until the Spaniards arrived, ending with the death of the Cazonzi.

Although most of the first part is missing, it does not detract from the coherence and harmony of the remaining sections. One part may have been lost when the Viceroy don Antonio de Mendoza, the recipient of the material, was transferred to Peru. The length of this first part is unknown, but considering that the second part has 85 pages and the third 53, we may assume that the first one was very explicit about the mytical origin of the origial inhabitants, their theogony and cosmogony. Only one page of the first part has been preserved and the order of the other parts has been changed. In subsequent editions, however, the logical order has easily been reconstructed, since the prologue explains the original plan of the work. Both Arabic and Roman numerals are used in the foliation. The Arabic foliation is complete and by folios written on the uper right. It probably refers to the pages preserved today and must have been made after the book was already bound. The Roman pagination is by single sheets written on the lower night only in the second part and is probably prior to the binding.

The text is written in a Spanish that tries to adapt itself to the speech and sentence construction of Purépecha speakers. The description of the customs and costumes shows keen observation and psychological penetration.

The manuscript was probably written in Tzinzuntzan, or Huitzitzillán, the capital of the Michoacán Kingdom, even though it is always referred to as Ciudad de Michoacán, a title granted to the city by royal degree on September 28, 1534. It must have been done somewhere between 1539, the year of the first visit of Viceroy Mendoza to Michoacán and 1543, the date of the death of don Pedro Panza, a key person in the elaboration of the manuscript. The book mentions that he is the governor of the province. He is probably depicted as one of the men handing the manuscript to the viceroy in the company of the compiler.

The Escorial manuscript is a volume in quarto (220 × 170 mm), written on rag paper with watermarks

mantes, y excelente ordenador del material recogido, lo que da más valor al documento, piedra angular de los estudios históricos, antropológicos y aun literarios sobre el pueblo purépecha.

El tema del manuscrito, titulado *Relación de las ceremonias y ritos y población y gobernación de los indios de la provincia de Michoacán* responde a las preguntas que luego se hará Sahagún para México: de dónde vinieron los pobladores de Michoacán, cómo poblaron y conquistaron esta provincia, qué gobierno tenían, qué costumbres y la forma de conquista por los españoles.

La *Relación* se compone de tres partes: I. De sus dioses más principales y las fiestas que les hacían. II. De cómo poblaron y conquistaron esta provincia los antepasados del Cazonzi. III. De la gobernación que tenían hasta que vinieron los españoles a esta provincia y hace fin en la muerte del Cazonzi.

La primera parte falta casi por completo, lo que no disminuye la coherencia y armonía de lo que logró sobrevivir. El traslado al Perú del virrey Don Antonio de Mendoza, a quien fue entregado, puede ser la causa de esta pérdida. La extensión de esta parte no se conoce, pero teniendo en cuenta que la segunda consta de 85 hojas y la tercera de 53, hay que pensar que la primera debió de ser muy explícita sobre el origen mítico de los pobladores, su teogonía y su cosmogonía. Sólo se conserva una hoja de esta primera parte. El resto tiene la ordenación alterada. En las ediciones posteriores se ha reconstruido fácilmente la ordenación lógica, ya que el prólogo explica el plan original de la obra.

Hay una foliación arábiga y otra romana. La primera, completa, correlativa, por folios, en la parte superior derecha, debe de referirse a las hojas que actualmente se conservan y se debió de poner una vez encuadernado el manuscrito. La romana, no correlativa, sólo de la parte segunda, va en la parte inferior derecha de las páginas que la tienen y probablemente es anterior a la encuadernación. Es por pliegos, no por folios.

El texto está escrito en un castellano que busca ceñirse al modo de decir y construir de los que hablan el purépecha. La descripción de los atavíos y las costumbres denota una fina observación y profundidad psicológica.

El manuscrito debió de escribirse en Tzintzintzan o Huitzitzillan, capital del reino de Michoacán, aunque para designarla siempre se utiliza el nombre de Ciudad de Michoacán, título que había logrado la población por la cédula real del 28 de septiembre de 1534. Este ya es un dato con respecto a la fecha, pero además hace referencia a la primera visita del virrey Mendoza a Michoacán a fines de 1539 y debió hacerse entre este año y 1543, en que muere Don Pedro Panza, personaje central en la elaboración del manuscrito y de quien se dice en él que es gobernador. Debe de ser uno de los que aparecen entregando el manuscrito al virrey en compañía del fraile compilador.

Es un volumen en cuarto, de 220 por 170 mm., en

of the 'hand with flower' type, similar to other Mexican codices of New Spain from 1525 to 1542 and even later. The endpapers are not watermarked. The writing of at least three different copyists can be distinguished. The 16th-century cursive shows influences of italic writing. Some of the sheets are blank. Corrections and crossings out are scarce, although they are frequent in the paintings.

It is illustrated by 44 drawings which are explained in the text and were done by an artist in all but nine of the empty spaces left by the amanueses. Most of them are colored and this was evidently done after the original design since the coloring hardly follows the lines of the drawing and sometimes covers up corrections aand even parts of the text.

The document has 140 pages and is divided into unnumbered chapters. It has very narrow margins, is written in gray ink and its stand out because they are written with larger letters.

The lower two thirds of the title page bears the scene of a Franciscan friar giving the report to the viceroy. The rest of the page carries the following title: 'Relación de las ceremonias y rrictos y de la población y gobernación de los yndios de la provincia de mechnacan y echa al illustrisimo sr don antonio de mendoça virrey y governador de esta nueva españa por su mg'

The report is bound in light chestnut-colored leather, has gilding stamp on the sides. Each of these has three lines one of which is thick and the other two are thin. Between there is a dry and ungilded coat- of-arms which is made up of a slightly baroque modillion containing a gridiron which is the heraldic symbol of the monastery and is typical of the earlier period, thus indicating that the manuscrit was bound towards the end of the sixteenth century. The head is gilded.

The first owner of the manuscript was don Antonio de Mendoza for whom it was written. It was unpublished until the second half of the nineteenth century. It entered the Royal Library at the end of the sixteenth or the beginning of the seventeenth century.

On the inside cover there is a hand-written ex-libris: 'Librería de San Lorenzo el Rl Esc'.

The 44 illustrations are numbered by pencil.

Pages 141-143 verso contain a *Calender used by all the natives to account for time until just today, set in the shape of a wheel so as to be better understood*, dating from 1549.

Bibliography
Ediciones. Madrid, 1869. Ed. de Florencio Janer. — Morelia (México), 1903. Ed. de Nicolás León. — Madrid, Aguilar, 1956. Transcripción, intr. y notas por José Tudela. Estudio preliminar Paul Kirchhoff. — Morelia (México), Fimax, 1980. Versión paleográfica, separación de textos, ordenación coloquial, estudio preliminar y notas de Francisco Miranda. ZARZO CUEVAS, C IV-5. MIGUÉLEZ, p. 206.

41. MARTINES, Joan

Atlas.—1587.—19 maps.—580 × 800 mm folded to 58 × 39 cm.—Vellum.—16th cent. leather binding

Madrid, Biblioteca Nacional, Vitr. 4-20

papel de hilo, con filigranas del tipo de la «mano con flor», como las de otros códices mejicanos de Nueva España de 1525 a 1542 y aún posteriores. El papel de las guardas no lleva filigranas. Se distinguen al menos tres escribanos diferentes. La letra es cursiva típica del siglo XVI, influida por la escritura itálica. No se utilizaron todas las hojas ni todas las caras de las mismas. Las correcciones y tachaduras son escasas, aunque son frecuentes en las pinturas.

Está ilustrado con 44 dibujos que explican en texto y que fueron realizados por el artista en los huecos que dejaron los amanuenses, quedando lugar para otros nueve que no se hicieron. La mayor parte de las pinturas están coloreadas y al parecer se hicieron después de realizado el diseño, pues el color se sobrepone a la traza y no la respeta; a veces cubre las correcciones de ésta y aun partes del texto.

Consta de 140 hojas, divididas en capítulos sin numerar y sin apenas márgenes, en tinta gris, con los títulos en letra más grande.

La portada, ilustrada en sus dos tercios inferiores por la escena de la entrega del manuscrito al virrey hecha por un fraile franciscano, lleva encima el título: «Relación de las ceremonias y rrictos de la población y gobernación de los yndios de la provincia de mechnacan y echa al illustrisimo sr don antonio de mendoça virrey y governador de esta nueva españa por su mg».

La encuadernación es en piel color castaño claro, con hierros en seco de tres filetes, uno grueso y dos finos a los lados y en medio de las dos tapas un escudo también en seco, sin dorar, formado por una cartela ligeramente barroca conteniendo la parrilla, símbolo heráldico del monasterio, propia de la primera época, lo que indica que se encuadernó a fines del siglo XVI. Tiene dorado el corte superior.

El primer poseedor del manuscrito fue D. Antonio de Mendoza, para quien se escribió. Permaneció inédito hasta la segunda mitad del siglo XIX. Debió de ingresar en la Real Biblioteca a fines del XVI o principios del XVII.

En la contraportada, ex-libris manuscrito: «Librería de San Lorenzo el Esc.»

Las 44 il. están numeradas a lápiz.

Los folios 141-143v contienen un *Calendario de toda la indica gente por donde han contado sus tiempos hasta oy agora nuevamente puesto en förma de rueda para mejor ser entendido*, de 1549.

Bibliografía
Ediciones. Madrid, 1869. Ed. de Florencio Janer. — Morelia (México), 1903. Ed. de Nicolás León. — Madrid, Aguilar, 1956. Transcripción, intr. y notas por José Tudela. Estudio preliminar Paul Kirchhoff. — Morelia (México), Fimax, 1980. Versión paleográfica, separación de textos, ordenación coloquial, estudio preliminar y notas de Francisco Miranda. ZARZO CUEVAS, C IV-5. MIGUÉLEZ, p. 206.

41. MARTINES, Joan
Atlas. — 1587 — 19 mapas. — 580 × 800 mm. pleg. a 58 × 39 cm. — Vitela. — Encuadernación de piel.

Madrid, Biblioteca Nacional, vitrina 4-20

This truly magnificent manuscript atlas consists of nineteen double folio maps that take up almost the entire page framed in filleted borders of different colors. The maps, splendidly illuminated with color washes and gold and silver leaf, are pasted together in twos. The luxurious 16th century binding is done in red leather. Four rectangles frame the coat-of-arms of Philip II and those of his kingdoms in the Iberian Peninsula, Italy and Flanders. The decoration of the outermost frame is composed of ovals with stylized fleur-de-lis; the next contains small animals symbolic of the king's virtues such as the pelican, hare and falcon, or pertaining to heraldry, the double-headed eagle and the dragon; the third is a narrow band with Roman military trophies which set off the center section decorated with delicate floral motifs in the shape of scrolls on a background of gold dots interspersed with small animals.

The collection is made up of six *portulanos,* nautical charts of harbors and coast-lines, two world maps with different projections and eleven maps showing mountains, waterways and towns. The maps are quite archaic looking with decorative elements of quasi-medieval forms and signs, even though the information included belongs to the latter half of the 16th century. Martines has eliminated the figures of kings and banners common in medieval *portulanos* and, in some cases, has substituted coats-of-arms. He still uses semi-Gothic lettering in red and black for toponyms and roman small capitals to emphasize regions and geographical irregularities. The mountain chains are depicted in different colors shaded in silver and gold; water is shown in blue with silver highlights and the shoreline is outlined in gold. Towns are represented by groups of houses around a church or castle, at times, with a bird's eye panorama. Ships with sails unfurled navigate seas and oceans crisscrossed with networks of courses. There are splendid compass roses in red, blue, green and gold, with sixteen or thirty-two courses. The scale in leagues is represented by logs in colored boxes. Parallels and meridians are indicated in only two of the world maps.

Joan Martines' *Atlas* is of great interest because it represents the synthesis of two coexisting cartographic trends. First, there is the traditional Majorcan school which specialized in making manuscript harbor charts of the Old World still permeated by a medieval flavor; these works are very beautiful from a decorative viewpoint, but obsolete as to their information. Second, there is the Dutch cartographic school typical of the Renaissance mentality, which used new forms of cartographic representation adapted to intaglio ingraving and applied recent research in the fields of astronomy and mathematics, continually incorporating new geographic information gleaned from the voyages of discovery of the time. In other words, Martines' maps have new contents in traditional wrappings.

In his study of this work, I. Raynaud-Nguyen

Este magnífico atlas manuscrito consta de 19 mapas a doble folio cuyo dibujo ocupa casi toda la extensión de las hojas, recuadradas con filetes de distintos colores. Espléndidamente iluminados con aguadas de colores y panes de oro y plata, los mapas están pegados de dos en dos y llevan una rica encuadernación del siglo XVI de piel roja en la que cuatro recuadros sirven de marco al escudo de Felipe II con las armas de sus reinos en la Península Ibérica, Italia y Flandes. La decoración del recuadro exterior es una estilización de flores de lis dentro de óvalos, la del siguiente tiene pequeños animales, quizá de carácter simbólico relacionados con las virtudes del Rey: el pelícano, la liebre, el halcón; o heráldico: el águila bicéfala, el dragón, etc.; más dentro hay una estrecha franja con trofeos militares romanos que delimita la parte central adornada con delicados motivos florales que forman roleos sobre un fondo tachonado de puntos también dorados entre los que corren pequeños animalillos.

Forman el conjunto seis cartas náuticas o portulanos en los que sólo hay información en la zona costera; dos mapasmundi de distinta proyección y once mapas en los que se indica la orografía, hidrografía, poblaciones, etc. Tienen los mapas una apariencia bastante arcaizante, con elementos decorativos, formas y grafías casi medievales, sin embargo la información que proporcionan era la conocida en la segunda mitad del siglo XVI. Martines ha suprimido las figuras de reyes y los estandartes tan frecuentes en los portulanos medievales, que ha sustituido por escudos en algunos casos. Sigue utilizando letra semigótica en dos colores, rojo y negro, para la toponimia, aunque para indicar las regiones y los accidentes geográficos importantes que quiere resaltar utiliza la versalita romana. La orografía es escenográfica, representada por cadenas de montes de distintos colores sombreados con oro y plata; la hidrografía en azul con toques de plata y las costas perfiladas en oro. Representa las poblaciones por agrupaciones de casas alrededor de una iglesia o castillo, y a veces con una diminuta vista panorámica. Por los mares y océanos cubiertos de arañas de rumbos, navegan barcos con las velas desplegadas. Espléndidas rosas de los vientos en rojo, azul, verde y oro de 16 ó 32 rumbos. Escala gráfica representada por troncos de legua dentro de filacterias de colores. Sólo están indicados los paralelos y meridianos en los dos mapasmundi.

Este atlas de Joan Martines es muy interesante, pues representa la síntesis de dos de las corrientes cartográficas que convivían en ese momento: la tradicional de la escuela mallorquina especializada en hacer portulanos manuscritos del Viejo Mundo, aún con resabios medievales, muy bellos desde el punto de vista decorativo pero ya obsoletos en cuanto a su información; y la escuela cartográfica de los Países Bajos, típica de la mentalidad renacentista que utiliza nuevas formas de representación cartográfica adaptadas al grabado calcográfico que les sirve de medio de expresión y que aplica las recientes investigaciones en el campo de la astronomía y las matemáticas e incorpora continuamente los conocimientos geográficos nuevos aportados por los continuos viajes de exploración que se realizaban en ese momento. Se

points out that it is basically a manuscript version of the engraved atlases of the time, specifically the edition of the first atlas in the modern sense of the word published by Abraham Ortelius in Amsterdam in 1570. In some cases Martines also used Venetian sources and only very rarely Portuguese or Spanish ones which would have been more accurate and up-to-date for the American territories and the Far East.

Very little is known of Joan Martines except for information on the signatures of his maps. He lived in Messina at least from 1556 to 1587, and was named Royal Cosmographer by Philip II before 1591 when he went to live in Naples.

The island of Sicily was incorporated into the crown of Aragon by Peter III en 1282 and remained a part of Spain, save short exceptions, until the Treaty of Utrecht in 1713. Its location in the middle of the Mediterranean, equidistant from Gibraltar, Suez and Odessa, was a key factor in the control of the Italian coast, northern Africa, and at the same time an advance guard against the Turks and a barrier to their westward progress. There must have been frequent emigrations of Jews from the kingdom of Aragon to the island, among the Majorcan cartographers who revitalized their school on the new island. It was in this tradition that Joan Martines, whose Aragonese ancestry is undeniable, was trained.

The known work of Joan Martines is very extensive. According to Ibáñez Cerdá, it comprises more that thirty maps and atlases from 1556 to 1591 (1). Undoubtely, the richest and most complete work is this *Atlas* in the Biblioteca Nacional which, when it fell into the hands of Philip II, probably convinced the king to appoint him Royal Cosmographer.

The nineteen maps included in the Atlas are as follows:

I. WORLD MAP with eastern and western hemispheres correspondig to the Old and New Worlds in equidistant orthographic projections. At the top is the title: *Typus orbis terrarum* and on the bottom, the signature and date: *Joan Martines En Messina Añy 1587.* It is the only map with a raised title and signature. The names of the winds, in eight red, blue and gold phylacteries, surround the map. Parallels and meridians appear in black every 10.º and are marked in red at the equator; the tropics and polar circles are represented by straight lines. Perhaps based on Mercator's prototype, America appears deformed in the southern part in the characteristic manner of the Dutch school of Cartography.

II. MAP OF THE MEDITERRANEAN, NORTH EAST ATLANTIC AND BLACK SEA COASTLINES. Nautical chart with its center at the Tyrrhenian Sea. Six beautiful compass roses adorn this harbor chart typical of the Majorcan shool of cartography.

III. IRELAND, IV. SCOTLAND, V. ENGLAND. In making these maps Martines followed the one

puede decir que dentro de una envoltura antigua hay un contenido nuevo.

I. Raynaud-Nguyen, en su estudio de esta obra, señala que es en gran parte una versión manuscrita de los atlas grabados de la época, en concreto de la edición del primer atlas, en el sentido moderno de la palabra, que había editado Abraham Ortelius en Amsterdam en 1570. Martines también utilizó en algún caso fuentes venecianas y muy raramente portuguesas y españolas, que sin embargo hubieran sido las más exactas y actualizadas para los territorio americanos y de Extremo Oriente.

Pocos datos personales se conocen acerca de Joan Martines, sólo lo que dicen las firmas de sus mapas: que vivió en Mesina, al menos desde 1556 a 1587 y que entre este año y 1591 fue nombrado por Felipe II cosmógrafo real y se trasladó a vivir a Nápoles.

La isla de Sicilia fue incorporada a la Corona de Aragón por Pedro III en 1282 y permaneció unida a España, salvo pequeños lapsos de tiempo, hasta el Tratado de Utrecht en 1713. Su situación en el centro del Mediterráneo (es equidistante de Gibraltar, Suez y Odessa) era clave para el control de la costa italiana, del norte de Africa y era al mismo tiempo una avanzadilla contra los turcos y una barrera que les impedía el paso hacia occidente. Las emigraciones de judíos del reino de Aragón a la isla debieron ser frecuentes y entre ellos pasaron cartógrafos mallorquines que revitalizaron su escuela en la nueva isla. En esta tradición se formó Joan Martines, cuya ascendencia aragonesa es pues indiscutible.

La obra conocida de Joan Martines es muy extensa: más de una treintena de piezas entre mapas y atlas, fechadas entre 1556 y 1591 (1), pero, sin duda, la más rica y completa es este atlas de la Biblioteca Nacional de Madrid, que al llegar a manos de Felipe II probablemente le supuso el nombramiento de cosmógrafo real.

Los mapas que forman el atlas, 19, son los siguientes:

I. MAPAMUNDI, con los hemisferios oriental y occidental correspondientes al Viejo y Nuevo Mundo, en proyección ortográfica equidistante.

En la parte superior el título: *TYPVS ORBIS TERRAVM* y en la inferior la firma y fecha: *Joan Martines En Messina Añy 1587.* Es el único mapa con título destacado y firma. En ocho filacterias rojas y azules alternativamente, y oro, los nombres de los vientos rodean el mapa. Paralelos y meridianos en negro de 10.º; destacados en rojo el Ecuador, los trópicos y círculos polares representados por líneas rectas.

Quizá basado en el prototipo de Mercator, América aparece deformada en la parte sur de una manera característica de la escuela cartográfica de los Países Bajos.

II. PORTULANO DEL MEDITERRANEO, ATLANTICO NOR-ORIENTAL Y MAR NEGRO. Carta náutica con el centro en el Mar Tirreno. Seis rosas de los vientos bellamente decoradas adornan este portulano típico de la escuela mallorquina de cartografía.

III. IRLANDA, IV. ESCOCIA, V. INGLATERRA.

---

(1) See the relation included by Ibáñez Cerdá in the prologue to the facsimilie in the Biblioteca Nacional, Madrid, 1973.

(1) Véase la relación que incluye Ibáñez Cerdá en la introducción al facsímil de la Biblioteca Nacional. Madrid, 1973.

published by Ortelius in this 1570 edition of the *Theatrum Orbis Terrarum* (no. 6: *Angliae, Scotiae et Hierniae sive Britannicar: Insularum Descriptio*). He has divided it into three greatly enlarged parts giving them a more archaic look, but the data is taken from Ortelius. After 1573 the Ortelius includes individual maps of Ireland, Scotland and England in later editions of the *Theatrum* that are much more complete and accurate than the general one, but Martines was probably not aware of them. Raynaud-Nguyen suggests that Martines may have drawn these maps in preparation for the invasion of the British Isles by Spain with its Invincible Armada in 1588, but it is more logical that more accurate data would have been used.

VI. SICILY. Logically this is the most complete and richly illuminated map of the *Atlas*, for it was Martines' own country. The island appears divided into the three large administrative regions established since the Muslim occupation in 827, Val de Mona, Val de Mazara and Val de Valdenoto, differentiated by the colors of the mountains in greens, blues and oranges. In the middle of the island is the Aragonese coat-of-arms and to the east is Mount Etna, disproportionately large, covered with volcanic ash and spewing great flames. The entire territory is covered with small towns huddled together around their churches. Palermo, Messina, Catania, Siracusa and Trapani stand out and are drawn with their walls, churches and houses in an almost miniature technique. The coast shows watchtowers and eight sailing ships. Two splendid compass roses complete the decoration.

VII. AEGEAN ISLAND. Martines probably used Venetian sources for this nautical chart, whereas for the map of CYPRUS (VIII) he practically copied no. 39, *Cyprus Insula*, from Ortelius, although he tripled the scale.

IX. WORLD MAP. This is an oval projection of the Ortelius type, surrounded by eight puffing heads with phylacteries containing the names of the winds. It is almost an exact replica of the *Typus Orbis Terarum* no. 1 of Ortelius' Atlas. Map X of SOUTHEAST ASIA copies no. 48 by Ortelius. Map XI of PERSIA copies no. 49 and for Map XII, *AYAMAN, Olim ARABIA FELIX*, the basis in Ortelius' map no. 50, *Turcici Imperii Desccriptio*, but it includes only the Arabian Peninsula and increases the scale. The ruins of Babylon stand out next to the Euphrates where drawings of strange constructions, perhaps the Hanging Gardens, appear. In Mecca he writes the inscription «proti di ferro dove stá sepelit maxometto» next to some mountains in which some tiny red doors are seen crowned with a half moon.

XIII. AFRICA. This shows the Africa continent, the coasts of Brazil, part of the Iberian Peninsula and the coasts of Arabia. He used as his base Ortelius' map no. 4, *Africa Tabula Nova*, but there are traces of other sources, probably Portuguese, in the area of the Gulf of Guinea and the mouth of the Niger with different lowlands, small island and diverse toponomy.

XIV. EASTERN PACIFIC OCEAN. Nautical

Martines se ha basado para hacer estos mapas en el que publicó Ortelio en su edición del *Theatrum Orbis Terrarum* de 1570 con el n.º 6: *Angliae, Scotiae et Hiberniae sive Britannicar: Insularum Descriptio*. Lo ha fragmentado en tres partes, agrandándolas mucho y dándoles una apariencia más antigua, pero los datos que refleja son los de Ortelius. Este, a partir de 1573, incluye a su vez en las ediciones sucesivas del *Theatrum* mapas individuales de Irlanda, Escocia e Inglaterra, mucho más completos y exactos que el general, pero Martines no los debió de conocer.

I. Raynaud-Nguyen sugiere que Martines pudo hacer estos mapas como preparación de la invasión de las Islas Británicas por España con la Armada Invencible, que tuvo lugar en 1588, pero es más lógico que se utilizara información más precisa.

VI. SICILIA. Es el mapa más completo y ricamente iluminado del atlas, cosa lógica pues era la patria de Martines. La isla aparece dividida en las tres grandes regiones administrativas que tuvo desde la ocupación musulmana en 827: el *Val de Mona*, el *Val de Mazara* y el *Val de Valdenoto* y los diferencia por el color de sus montañas: verdes, azules y naranjas. En el centro de la isla el escudo de Aragón, y al este, de un tamaño desproporcionadamente grande, el volcán Etna cubierto de cenizas y echando grandes llamaradas. Todo el territorio aparece cuajado de pequeñas poblaciones que se apiñan en torno a iglesias y destaca las de Palermo, Mesina, Catania, Siracusa, Trápani, dibujándoles sus murallas, iglesias y casas casi con la técnica de un miniaturista. En la costa dibuja las torres de vigilancia y en el mar ocho navíos con las velas desplegadas y dos espléndidas rosas de los vientos completan la decoración.

VII. ISLAS DEL MAR EGEO. Para hacer esta carta náutica, Martines probablemente utilizó una fuente veneciana, mientras que en el mapa de CHIPRE (VIII) ha copiado prácticamente el n.º 39 del *Theatrum* de Ortelio: «*Cyprus Insula*», aunque ha triplicado su escala.

IX. MAPAMUNDI. Es una representación oval de tipo Ortelio y está rodeado de ocho cabezas de soplones con filacterias que contienen los nombres de los vientos. Copia casi exactamente el *Typus Orbis Terrarum*, n.º 1 del atlas de Ortelio. En su mapa X, que representa el SUDESTE ASIATICO, copia el 48 de Ortelius; en el XI, PERSIA, el 49 y para el XII: *AYAMAN, Olim ARABIA FELIX* se ha basado en el mapa 50 de Ortelio: «*Turcici Imperii Descriptio*», pero desglosando de él sólo la península arábiga y aumentando la escala. Destaca junto al Eufrates las ruinas de Babilonia, dibujando unas extrañas construcciones, quizá los jardines colgantes, y en la Meca pone la leyenda: *porti di ferro dove stá sepelito maxometto*, junto a unas montañas donde se ven unas pequeñísimas puertas rojas coronadas por una media luna.

XIII. AFRICA. Representa el continente africano, las costas del Brasil, parte de la Península Ibérica y costas de Arabia. Básicamente ha utilizado el mapa n.º 4 de Ortelio: «*Africae Tabula Nova*», pero hay trazas de otras fuentes, probablemente portuguesas, en la zona del Golfo de Guinea y en la desembocadura del Niger, donde indica bajos, pequeñas islas y toponimia diferente.

chart of the eastern coast of the Americas from Mexico to the Straits of Magellan and the northern coast of New Guinea. For this map Martines used the western part of Ortelius'map no. 2, *Americae sive novi orbis nova descriptio*.

XV. SOUTH AMERICAN. This map is almost rectangular as is customary in Flemish maps, for Martines has once more used map no. 2 by Ortelius, though he enlarged it and eliminated the border between Spanish and Portuguese territory in Brazil which had been annexed when Philip II became king of Portugal in 1580.

The *Atlas* ends with four *portulanos*, the most beautiful of which is no. XVI, representing the NORTH ATLANTIC; followed by XVII, WEST ATLANTIC; XVIII, WESTERN MEDITERRANEAN; and XIX, EASTERN MEDITERRANEAN.

Bibliography

DOMINGUEZ BORDONA: Inv. 887. — A. CORTESAO: *Cartografía e cartógrafos portugueses dos seculos* XVI e XVII, 1935. Vol. II, pp. 233-236. — J. IBÁÑEZ CERDÁ: *Introducción a la edición facsímil del Atlas de Joan Martines. 1587*, Madrid, Ministerio de Educación y Ciencia, 1973. — Isabelle RAYNAUD-NGUYEN: *Comentario de los mapas 8 y 10 del atlas en la obra de Monique de La Roncière y Michel Mollat: Les portulans, cartes marines du* XIIIe *au* XVIIe *siècle*, 1984, pp. 242-243.

[Elena Santiago
**Head of Fine Arts Section
Biblioteca Nacional]**

---

42. MEDINA, Pedro de

Suma de Cosmographia fecha por el maestro Pedro de Medina.—16th century.—[19]l.—350 × 280 mm.; fol.—Parchment.—Woodcuts.—Parchment binding.—Seal of Pascual Gayangos.

Madrid, Biblioteca Nacional, Mss. Res 215.

This manuscript contains ten drawings accompanied by explanatory text and schematic depictions of the tides. It is actually a book of full-page drawings accompanied by a brief text which is less important than the illustrations. The first lines of each text and the drawings have been carefully gilded and polychromed. Each drawing occupies an entire folio with the accompanying text on the opposite page. The manuscript is handwritten by the author, but the illustrations were done by another person, even though they were probably copied from other books by Medina himself. The manuscript is unusual in that it has drawings and information that have nothing to do with nautical subjects. Pasted on fols. 15v and 16, for example, there are printed cutouts of sibyls in niches. Above each figure on folio 16 are the words 'Past, present and future time'. The two figures on the opposite page point out of their frames to a clock dial drawn in ink and followed by some lines of a poem.

The third page of the manuscript contains the words 'belonging to Canon Mayáns'. This man, also known as Gerónimo Ayanz, was a member of the Academy of Science of Philip II and the author of a 1610 proposal to solve the problem of longitude. Pascual de Gayangos' seal appears on the verso of the same page, although this

---

XIV. OCEANO PACIFICO ORIENTAL. Carta náutica con la costa oeste americana, desde México al estrecho de Magallanes y la costa norte de Nueva Guinea; para hacerlo Joan Martines ha utilizado la parte oeste del mapa de Ortelio n.º 2: «*Americae sive novi orbis nova descriptio*».

XV. AMERICA DEL SUR. De forma casi rectangular, como es habitual en los mapas flamencos, pues se ha basado en el citado mapa 2 de Ortelio, aunque agrandándolo y suprimiendo la frontera que separaba los territorios españoles de los portugueses en Brasil, que se había anexionado al ser nombrado en 1580 Felipe II rey de Portugal.

Termina el atlas con cuatro portulanos: XVI. ATLANTICO SEPTENTRIONAL; XVII. ATLANTICO OCCIDENTAL; XVIII. MEDITERRANEO OCCIDENTAL Y XIX. MEDITERRANEO ORIENTAL, entre los que destaca el primero por su gran belleza plástica.

Bibliografía

DOMINGUEZ BORDONA: Inv. 887. — A. CORTESAO: *Cartografía e cartógrafos portugueses dos seculos* XVI e XVII, 1935. Vol. II, pp. 233-236. — J. IBÁÑEZ CERDÁ: *Introducción a la edición facsímil del Atlas de Joan Martines. 1587*, Madrid, Ministerio de Educación y Ciencia, 1973. — Isabelle RAYNAUD-NGUYEN: *Comentario de los mapas 8 y 10 del atlas en la obra de Monique de La Roncière y Michel Mollat: Les portulans, cartes marines du* XIIIe *au* XVIIe *siècle*, 1984, pp. 242-243.

[Elena Santiago
**Jefe de la Sección de Bellas Artes
Biblioteca Nacional]**

---

42. MEDINA, Pedro de

Suma de Cosmographia fecha por el Maestro Pedro de Medina. Siglo XVI — [19] h. — *350 × 280* mm. Pergamino. — Grabados. — Encuadernación en pergamino. — Sello de la Biblioteca de Pascual de Gayangos.

Madrid, Biblioteca Nacional, Mss. Res. 215

Ejemplar tamaño folio, manuscrito sobre pergamino. Está compuesto de diez figuras acompañadas de texto y una representación esquemática de las mareas. Es, en realidad, un libro de figuras acompañadas de un pequeño texto explicativo, y no un texto acompañado de ilustraciones. Son de gran importancia las figuras que ocupan el folio completo, y los textos son meramente breves explicaciones. Es, pues, un libro para mirar más que un texto para leer. Las primeras líneas de cada uno de los textos y los dibujos están cuidadosamente dorados y pintados en muchos colores. Cada figura ocupa todo el folio y el texto que la acompaña está en la página opuesta. El manuscrito es autógrafo, pero las ilustraciones están hechas por otra mano; aunque con toda probabilidad copiadas de otros libros del propio Medina. Este manuscrito tiene una característica particular: contiene material y figuras que no tienen ningún significado náutico. Pegado sobre los folios 15 v. y 16 hay grabados, impresos en papel y recortados, de cinco figuras femeninas, con apariencia de sibilas, que están de pie en nichos. Cada una de las tres figuras que ocupan el folio 16, tiene un título escrito encima: Tiempo pasado, Tiempo presente, Tiempo futuro. Las dos figuras de la página

manuscript is not listed in the catalog of his collection.

Both this *Suma* and the one in the Biblioteca Columbina of Seville are written for laymen and therefore do not pay much attention to nautical instruments for navigators themselves. The series of Pedro de Medina's scientific books contains illustrations, rules and notes on astrology, philosophy and navigation. This *Suma de cosmographia* is considered to be an extract of his great work, the *Arte de Navegar* (Art of Navigation).

Pedro de Medina lived in the Seville of the 16th century, one of the most exciting periods in Spanish history. Born in 1493 on the eve of the initation of Spain's overseas venture, he lived in a city that was the center of his country's nautical activities and the point of departure for ships leaving for the New World.

By 1538 he had already completed his nautical studies and has 'some notion of how to make maritime and regulation charts and was familiar with astrolabes, quadrants, compasses and cross staves and all the other instruments necessary for navigation in the Indies'. He had also done a 'new measurement of the height of the sun and the polestar and a book on cosmography'. The Consejo de Indias, the advisory council for the New World, became aware of his work and the king licensed Medina to draw the charts, regulations and navigational instruments for these territories, with prior approval of the chief navigator and cosmographers. He wished to become a cosmographer in the very active Casa de Contratación, a kind of clearing house and chamber of commerce for the Indies created by Isabella and Ferdinand. Thanks to this official organization, Seville became the world center for mariners, manufacturers, businessmen, captains and admirals. As an honorary member of this entity, he was often present at meetings of the cosmographers of the Consejo in Valladolid, and he was called upon to supersive the examinations of first mates and boatswains. Nevertheless, he was never appointed to his desired post, undoubtely because of the opposition of navigators who were offended by his attacks in his first works on navigation.

Pedro de Medina's first book, the *Arte de Navegar*, published in Valladolid in 1545, was one of the first of its kind in the world on this subject. The pilots and cosmographers of the Casa de Contratación denied him their approval, alleging that they had found over seventy errors and incorrect information. But the book was soon translated into French, Italian and English and a number of editions were reprinted in Spanish as proof of the interest it had aroused.

Medina's books and studies on cosmography are evidence of stimulation derived from recent geographic discoveries. Even though Medina was primarily a theoretician and scholar, his books do give sailors and navigators practical nautical information. His great interest led him to the study of the astronomical sciences and, as a result, to the art of navigation in a safe and rapid manner.

opuesta, señalan fuera de sus marcos hacia la esfera de un reloj, dibujado con tinta y acompañado de un verso.

En la tercera página del manuscrito aparece escrito «del Caño (canónigo) Mayans», también conocido como Gerónimo Ayanz, que fue miembro de la academia científica de Felipe II y autor de un esquema para resolver el problema de la longitud, que presentó en 1610. En el verso de la misma página aparece el sello de Pascual Gayangos. Sin embargo este manuscrito no figura en el Catálogo de la Colección de Gayangos.

Tanto esta Suma como la de la Biblioteca Colombina, de Sevilla, están escritas para un público poco especializado y consecuentemente no dan importancia a los aparatos científicos necesarios para los navegantes. Dentro del conjunto de libros científicos de Pedro de Medina, la Suma de Cosmographia está considerada un extracto de su gran obra el *Arte de navegar*. Contienen demostraciones, reglas y avisos de astrología, filosofía y navegación.

Pedro de Medina vivió en Sevilla en el siglo XVI. Su vida se desarrolla en uno de los períodos más interesantes de la historia de España. Nacido en 1943, cuando acababa de realizarse la gesta de ultramar, vivió en la ciudad de Sevilla, centro de la empresa náutica española y punto de partida de los barcos hacia el Nuevo Mundo.

Hacia 1538 ya había realizado sus estudios náuticos, y tenía «noticia de hacer cartas de marear, y regimentar, astrolabios y cuadrantes, y agujas, y ballestillas, y todos los otros instrumentos necesarios para la navegación en las Indias»; había hecho «un nuevo regimento de la altura del sol y del norte, y un libro de Cosmografía». El Consejo de Indias supo de todo esto, y el Rey dio a Medina cédula para que pudiera trazar las cartas, regimientos y demás instrumentos de navegación, previa aprobación del piloto mayor y de los cosmógrafos. Tuvo un gran interés en ingresar en calidad de cosmógrafo en la activísima Casa de Contratación, en torno a la cual bullía Sevilla entera y que por ella Sevilla se había convertido en centro mundial del nauta, del industrial, del comerciante, de los hombres de armas y de mar. Fue miembro honorario de la Casa, solía ser requerido y concurría a las juntas que, en Valladolid, tenían los cosmógrafos en el Consejo de Indias; era llamado para presenciar los exámenes de los pilotos y maestres de naves; pero no lograba conseguir el puesto codiciado a causa, indudablemente de la oposición de los pilotos, heridos por los ataques de que les hizo objeto al defender sus primeras obras náuticas.

El primer libro de Pedro de Medina, que con el título *Arte de navegar*, publicó en Valladolid en 1545, fue uno de los primeros escritos en el mundo sobre tales materias. Los pilotos y cosmógrafos de la Casa de Contratación le negaron su aprobación, diciendo hallar en él setenta y tantos errores y cosas falsamente dichas. Este libro fue muy pronto vertido al francés, al italiano, y al inglés; hubo una gran profusión de ediciones, lo que aprueba el interés que despertó.

Los libros y trabajos sobre cosmografía de Pedro de Medina muestran el estímulo científico derivado de los

Bibliography

P. DE MEDINA: *Suma de Cosmographia*. Edición facsímil de manuscrito caligrafiado e ilustrado por su autor en 1561. Prólogo de R. Estrada. Sevilla, 1948. — P. DE MEDINA: *The Libro de Cosmographia of 1538* by Pedro de Medina. Translated and with an Introduction by Ursula Lamb. Chicago, The University Chicago Press, 1972. — E. CRONE: *Pedro de Medina, son manuel de navigation et son influence sur le développement de la Cartographie aux Pays Bas*. Madrid, S. Aguirre, 1953. — P. DE MEDINA:*Obras de Pedro de Medina*. Edición y prólogo de Angel González Palencia. Madrid, Consejo Superior de Investigaciones Científicas, 1944. — M. DE LA PUENTE Y OLEA: *Los trabajos geográficos de la Casa de Contratación*. Sevilla, Escuela de·tipografía y librería Salesianas, 1900.

descubrimientos geográficos. Medina fue un teórico, estudioso en alto grado; sin embargo, dio en sus obras el saber práctico a los hombres de mar o pilotos. Su gran afición le impulsó al estudio de las ciencias astronómicas y, como consecuencia de esto, hacia el arte que entonces se hallaba en plena boga: el arte de marear, o ciencia de conducir un barco de un punto a otro con seguridad y rapidez, a través de los mares.

Bibliografía

P. DE MEDINA: *Suma de Cosmographia*. Edición facsímil de manuscrito caligrafiado e ilustrado por su autor en 1561. Prólogo de R. Estrada. Sevilla, 1948. — P. DE MEDINA: *The Libro de Cosmographia of 1538* by Pedro de Medina. Translated and with an Introduction by Ursula Lamb. Chicago, The University Chicago Press, 1972. — E. CRONE: *Pedro de Medina, son manuel de navigation et son influence sur le développement de la Cartographie aux Pays Bas*. Madrid, S. Aguirre, 1953. — P. DE MEDINA:*Obras de Pedro de Medina*. Edición y prólogo de Angel González Palencia. Madrid, Consejo Superior de Investigaciones Científicas, 1944. — M. DE LA PUENTE Y OLEA: *Los trabajos geográficos de la Casa de Contratación*. Sevilla, Escuela de tipografía y librería Salesianas, 1900.

43. MORENO, José

Viaje a Constantinopla en el año 1784 / escrito de orden superior [por Joseph Moreno].—Madrid: en la Imprenta Real, siendo su regente don Lázaro Gaiger, 1790.—[16]; 360, XXXIIIp.,[1], 24l 7 plate.; fol. Sig.:[]², a-c²,A-4X²,A-G²,H³.—Copper plate engravings.—Seal of the Stationer's Office and Pascual de Gayangos.—Stiff marbled binding.—Super-libros.

Madrid, Biblioteca Nacional, 2/70935

On September 14, 1782 Spain signed a peace treaty with the Turkish court in Constantinople and once again the sea routes to the Levant were opened. Spain wanted to increase trade with Russia and Poland without having to contend with Turks or pirates. Spain prepared a fleet which «though unassuming and not ostentaious, would nevertheless demonstrate the power of those who sent it and the significance of the occasion.» Thus it was readied for the traditional exchange of gifts. Because the voyage was a good way to observe the Mediterranean coast and the Dardanelles, the government sent qualified men to undertake a study of this type. Aristízabal, Ruiz de Apodaca, Juan María de Villavicencio and Winthuissen were entrusted with the task. Upon his return, the commander-general Aristízabal, presented his king with a report that included observations on politics and the military, information on population, civil and religious customs in addition to nautical routes. All were accompanied by a series of drawings. They were the work of professional men, «Neither the study of the protocol and ceremonies of the Orient, nor the boisterous feasts distracted the memory of those men who travelled to foreign shores as Enlightened Spaniards, with the hope of returning to become more useful in the service of their country.»

On the basis of this report and others given to him by the State Department, José Moreno drafted this work. What started out to be a mere description of a trip by Spaniards to Constantinople, became the social and political history of 18th-century Turkey.

The work is divided into three parts. The first five chapters of the first part deal with the trip; the second is de-

43. MORENO, José

Viaje a Constantinopla en el año 1784/escrito de orden superior [por Joseph Moreno]. — Madrid: en la Imprenta Real, siendo su regente don Lázaro Gaiger, 1790. — [16], 360, XXXIIIp., [1], 24 h. de grab.; fol. Sig.:[]², a-c², A-4X², A-G², H³. — Grabados calcográficos. — Sellos de Stationer Office y de Pascual de Gayangos. — Encuadernación pasta. — Super-libros.

Madrid, Biblioteca Nacional 2/70935

El 14 de septiembre de 1782 España firma la paz con la corte de Turquía y se abren de nuevo las escalas marítimas de Levante; España busca ensanchar el comercio exterior sin el estorbo de turcos ni piratas, con Rusia y Polonia. La firma del tratado se hizo en Constantinopla; tradicional intercambio de regalos se aprestó una escuadra que «sin afectada ostentación significase el poder de quien lo enviaba y la importancia del asunto». Como la navegación prometía campo para observar las costas del Mediterráneo y el canal de Constantinopla, se nombraron oficiales preparados y capaces de realizar un viaje de estudio: Aristízabal, Ruiz de Apodaca, Juan María de Villavicencio, y Winthuisen quedaron encomendados de la misión. Al regreso el comandante general Aristízabal presentó a Carlos III el informe en el que se incluían además de los derroteros de navegación, observaciones sobre política y ejército, datos de población, costumbres civiles y religiosas y se acompañaba la memoria con una serie de dibujos. Fue el trabajo de unos profesionales a los que «ni el estudio de la formalidad y ceremonias orientales, ni el bullicio de los festejos fueron poderosos para distraer en ellos la memoria de que viajaban como hombres ilustrados que pisan tierras extrañas con ánimo de volver más útiles a su patria».

José Moreno, con este informe y otros documentos que le pasó la Secretaría de Estado, redactó la obra que, pretendiendo ser la descripción de un viaje de españoles a Constantinopla, se convirtió en una historia política y social de Turquía en el siglo XVIII.

voted to the study of the Turkish government and peoples, and the third, a very short part, to the return trip.

Two appendices are included at the end of the book. A list of wind directions, height and length, corrections of common maps; in other words, all the technical information which, though essential in a work of scientific nature such as this one, would bore the average reader had it been included in the main body of the text, was included in the first appendix. The second appendix is a summary of another voyage to Cyprus and the Syrian coasts made in 1788 in honor of the Emperor of Morocco.

Twenty-five engravings accompany the narration. The first, unnumbered, is the *Carta plana desde Cartagena a Constantinopla,* a double page intaglio engraving (220 × 310 mm) signed by «F. Bausá, constr.» and «J. de la Cruz, grab. 1790.» The remainder of the illustrations are numbered on the plates. In the first part there are engravings of fortifications and maps; in the second they are combined with depictions of ethnic types and views of Constantinople. The drawings were based mainly on originals by Aristizábal. A team of students from the Academy of Fine Arts was given the task of preparing the definitive drawings to be used for the plates made by the engravers of the Academy. The art work has the added attraction of being a first effort, entrusted to promising students from this institution. Drawings by J. Velázquez, J. Enguídanos, A. Aguado and engravings by J. Barcelón, J. Vázquez and S. Brieva were included. According to José Moreno, the reason the publication was delayed because these young artists did not finish the plates on time.

Aside from these engravings, the work is ornamented with intaglio emblems and headings with Neoclassical motifs. The book begins and ends with an engraving. An allegory of Spain with her crown, holds in her left hand a chain and in her right the motto «Español, vuelve por donde salías» (Spaniard, return the way you came), while at her feet two cupids play with the flag and a lion holds the sword and the globe of the world, a symbol of justice and sovereingty. The engraving is signed «J. Maca, inv. y dib.» and «J. Vázquez, grab, 1790.» On the title page appears the date 1790. A print of a natural harbor framed in a border from which a garland hangs together with two medallions, symbols of Castile and Leon, also is depicted. It is surmounted by furled sails, world maps and measuring instruments signed «Aguado inv.» and «Barcelón grab.» in the shape of a cul-de-lampe.

Because of its layout and printing, this typical product of 18th-century Spanish craftsmanship was acquired by Pascual de Gayangos during his stay in London. It was deposited in the Biblioteca Nacional in the 19th century. The covers bear a gold super-libros with the text «Nobilis ira. Avito. Viret Honore.»

Bibliography

PALAU, X, p. 230; FERNÁNDEZ NAVARRETE, *Biblioteca marítima española, p. 99.*

La obra se divide en dos partes: los cinco capítulos de la primera tratan del viaje, los trece de la segunda se dedican al estudio del gobierno y del pueblo turcos, la tercera, muy breve, narra el viaje de regreso.

Al final del libro se incluyen dos apéndices. En el primero se incluye la relación de rumbos de vientos, alturas y longitudes, correcciones de los mapas comunes, es decir toda la información técnica que, siendo indispensable en una obra con propósito científico como es esta, resultaría sin embargo pesada para un lector medio si se hubiese incluido dentro del cuerpo del texto. El apéndice segundo es un resumen de otro viaje a Chipre y costas de Siria realizado en 1788 en obsequio del Emperador de Marruecos.

La narración está acompañada de 25 grabados. El primero, sin numerar, es la *Carta plana desde Cartagena a Constantinopla,* grabado calcográfico a doble página [220 × 310 mm.] firmado por «*F. Bausá constr.*» y «*J. de la Cruz grab. 1790*»» El resto de las estampas van numeradas en la plancha; en la parte primera son grabados de fortificaciones y mapas, en la parte segunda se mezclan con representaciones de tipos humanos y vistas de Constantinopla. Los dibujos se hicieron en gran parte los originales de Aristizábal; un equipo de jóvenes de la Academia de San Fernando se encargó de preparar los dibujos definitivos sobre los que se harían las planchas, los burilistas de la Academia. La obra gráfica del libro tiene valor de primicia, ya que fue encargada a las jóvenes promesas de la institución. Dibujos de J. Velázquez, J. Enguildanos, A. Aguado, y grabados de J. Barcelón, J. Vázquez, S. Brieva; según José Moreno fue precisamente el encomendar el trabajo a este equipo lo que retrasó la aparición de la obra, ya que no tuvieron las planchas a tiempo.

Al margen de estos buriles, la obra se adorna con viñetas calcográficas y cabeceras en las que aparecen temas neoclásicos. Dos grabados abren y cierran el libro: una alegoría de España que, coronada, sujeta con la izquierda una cadena y señala con la mano derecha el lema «Español vuelve por donde solías», mientras a su pies dos amorcillos juegan con la bandera y un león sostiene la espada y la bola del mundo, símbolo de la justicia y la soberanía, firmada por «J. Maca inv. y dib.» y «J. Vázquez grab. 1790» en la portada; una estampa de un puerto natural enmarcada en orla de la que pende una guirnalda que se remata con dos medallones, símbolos de Castilla y León, y se sobremonta con velas plegadas, mapamundi e instrumentos de medición firmada «Aguado inv.» y «Barcelón grab.» forma una base de lámpara con la que termina la obra.

Esta obra, que por su maquetación e impresión es un producto típico de la imprenta española del siglo XVIII, fue adquirida por Pascual de Gayangos durante su estancia en Londres y se incorporó a la Biblioteca Nacional en el siglo XIX. Las tapas ostentan un super-libros dorado con la leyenda «Nobilis ira. Avito. Viret. Honore».

Bibliografía

PALAU, p. 230. — FERNÁNDEZ NAVARRETE: *Biblioteca marítima española, p. 99.*

III. EL OTRO

Claudio Guillén

De los otros al otro.

En el principio no hubo otro. Y las estrellas en el segundo día se separaron de los mares y hubo tarde y hubo mañana. Y el hombre regía, como un dios, a los peces y al ganado y a todo lo que vuela y todo lo que repta sobre la tierra. No hubo ~~conocimiento~~ en él. Así unido a todas las cosas desde arriba, se modeló a sí mismo de la tierra, así como a la mujer también fue modelada por las mismas manos con la tierra de su cuerpo, de cualquier ser, ~~siendo~~ otro en cuerpo o en espíritu.

Poco antes de su destierro entre los cuatro ríos de Eden, tendría que ver las diferencias con sus propios ojos antes de poder evaluarles, desearles o detestarles. Primero sus ojos reconocieron la desnudez exhibida por los dos cuerpos a la vez. Fue una diferencia tan compartida y tan corpórea que cuando sus cuerpos se juntaron en deseo, se decía que él le conocía a ella y que su unión fue conocimiento. Otras diferencias que podrían sentirse por envidia atribuida a la preferencia de Dios se convirtieron en la muerte de un hermano y el exilio del asesino, padre de Enoc, constructor de ciudades y antepasado de miles y millones. Porque a Set se le hizo a la imagen de Adán, que se reconocía a sí mismo en su hijo y en toda su ascendencia.

Ante todo hubo otros. Hubo otras ciudades, tribus, familias, regiones lejanas, paises despreciados y culpados. Hubo los que poseían más esclavos, más ganado y más bienes. Entre ellos hubo jóvenes hermosas que fueron casadas con otros y traídas a sus ciudades. Entre ellos hubo enemigos y sinvergüenzas y pecadores que fueron identificados y denunciados por las señales de su conducta.

Asimismo, en otra cultura a orillas del mar común, a los hombres y a las mujeres se les conocía y se les juzgaba por su comportamiento. La sabiduría fue el consejo de los fuertes y la secuela de la acción el esfuerzo el sufrimiento. El guerrero legendario que había visto a muchos hombres y muchas ciudades no se contentó con su triunfo en la guerra y por fin se reunió con el centro de su isla y su palacio. Decían los sabios que el hombre tenía que conocerse, tenía que dominar los resortes interiores de sus acciones, tenía que identificar los instantes cruciales de su vida pasada y sus orígenes. El reconocimieto en su dolor sería auto-reconocimiento.

En Grecia, un escritor fácil, ducho en resúmenes y reconciliaciones, demostraba que las vidas de los grandes hombres eran paralelas. y argumentaba además que el exilio era una dicha y una suerte feliz. No es una calamidad —escribió— que la destierren a otras islas y otras ciudades si el mismo sol, la misma luna y las mismas estrellas nos iluminan a todos desde arriba. El primer cínico exigió a Alejandro Magno que no se pusiera entre él y el sol. Uno de los primeros estóicos compuso un himno al sol para cantar las alabanzas de la simpatía del hombre con el cosmos. Otros estóicos de Roma inventaron la voz *humanitas*. Cuando un famoso poeta ro-

mano, conocido por su arte de amar, fue desterrado más allá de la civilización, entre otros pueblos que, según el emperador que le castigó, se les consideraba como bárbaros, añoraba infatigable el centro perdido, hasta el día en que compuso un poema en la lengua de los bárbaros y se calentó, poco antes de morir, al sol que brillaba sobre la embocadura del Danubio.

Pocos años antes, junto al mar común, el más valiente de los profetas pidió a sus gentes conquistadas por los romanos que aprendieran a perdonar a sus enemigos. Exigió aún más a sus discípulos, que amasen a sus enemigos y que rezasen por sus perseguidores. Les pidió que no juzgasen los errores de los otros para que ellos no les juzgaran a su vez. Este aprendizaje de perdón y compasión iba a la par con el autoconocimiento y el auto-reconocimiento de sus discípulos y la comprensión de sustancia común. El pecador no era otro. El pecador era otra versión de uno mismo.

Noli foras ire: no había necesidad, en la opinión de los más ilustres de los obispos, de salir de uno mismo, porque Dios está en todas partes y más palpablemente en el alma de uno mismo. la vida contemplativa para los monjes en sus monasterios no sería el escrutinio de otros seres humanos sino el castigo de su propio cuerpo y el cultivo del espíritu a través de la oración y el estudio. *Occulta cordis;* aun cuando era necio ignorar el retiro del corazón oculto, aun más necio sería interesarse por penetrar en ese retiro. El andar, la faz y los gestos del héroe y el santo hablaban sin equívocos por su corazón. Así, la aparición del gran Emperador del Oeste cuando sus caballeros volvían del encuentro sangriento más allá de los Pirineos. Así, el aplomo y la fuerza del guerrero español desterrado por su rey cuando reunió las tierras escindidas de la península y volvió a Castilla, vencedor del exilio, admirado por todos por su ser manifiesto y entero.

No voy a contar aquí otro cuento que empezó como después el descubrimiento del otro, dudoso e interminable, y el exilio del otro, ahora distinto de mi mismo en el grado exacto en que sus actos y los míos son una traición de nuestras identidades separadas. Es bien conocida la progresión hacia la división del hombre interior y exterior, las llagas de nuestro conocimiento y las alteraciones en esta auto-percepción, al igual que las condiciones de la alteridad. Muchas figuras y figuraciones se elevan sobre esta progresión: un historiador florentino, diplomático y teórico del desimulo; pícaros españoles, sobrevivientes en la batalla de los ingenios que se unen en apariencia a un juego cuyas reglas desprecian con toda su alma: un rey británico en un teatro de Londres que hace añicos a un espejo en que vio su cara y la sombra de su ser que desaparecía; impresores venecianos de cartas privadas para que la gente a quien no están dirigidas las lean sin disimulo; el caballero de la Mancha, luchando contra todo por la indivisibilidad de su persona; el silencio de poeta visionario y exiliado en Abisinia que dijo, 'Yo soy un otro'. Por que este cuento —el itinerario de la ignorancia— apenas acaba de empezar.

Claudio Guillén

From the Others to the Other

In the beginning there was no other. The stars on the second day were divided from the seas and the evening was different from the morning. Man commanded, godlike, the fishes and the cattle and all that flies and all that crawls upon the earth. There was no awareness in him, thus joined to all things from above, he modeled himself from the soil, as woman too would be modeled by the same hands from the soil of his body, of anyone being another in body or in spirit.

Shortly before his banishment among the four rivers of Eden, the differences had to be seen with his own eyes before they could be evaluated, desired or detested. His eyes first recognized the nakeness exhibited by both bodies at once. it was a difference shared and so corporeal that when their bodies were joined in desire, it was said that he knew her and that their union was knowledge. Other differences that could be sensed by envy, attributed to God's preference turned into a brother's murder and the exile of the murderer, the father of Henok, builder of cities and ancestor to thousands and millions. For Seth was made in the image of Adam, who could recognize himself in his son and in his entire descendance.

First of all there were others. There were other cities, tribes, families, distant regions, countries ignored and blamed. There were those who owned more slaves, more cattle and more goods. Among them were beautiful young women whom others married and brought to their cities. Among them were enemies and scoundrels and sinners who were indentified and denounced by the signs of their conduct.

Similarly, in another culture bordering on the common sea, men and women were know and judged by their behaviour. Wisdom was the counsel of the strong and the aftermath of action, effort or suffering. The legendary warrior who visited many cities and men, not content with his triumph in war, finally rejoined the center of his island and palace. Man was told by the sages to know himself, to control the inner springs of his actions, to identify the crucial instants in his life and in his origins. Recognition, in pain was self-recognition.

In Greece a facile writer, adept at summaries and reconciliations, showed that the lives of great men were parallel, and argued as well that exile was a boon and a happy chance. It is no calamity, he wrote, to be banished to other islands and other cities as long as the same sun, the same moon and the same stars shine on all of us. The first Cynic had requested that Alexander the Great stop standing between him and the sun. An early Stoic composed a hymn to the sun, singing the praises of man's sympathy with the cosmos. Later, Roman Stoics coined the term *humanitas*. When a famous Roman poet known for his art of love was banished beyond the limits of civilization to live among other peoples whom he could regard as barbarians, in agreement with the emperor who had punished him, he yearned untiringly for the lost center, until the day he composed a poem in the barbarian's tongue and warmed himself, not long before dying, in the sun shining over the mouth of the Danube.

Just a few years earlier the boldest of prophets near the common sea asked his people, conquered by the Romans, to learn how to forgive their enemies. He asked his followers even more, to love their enemies and to pray for their persecutors. He asked them as well not to judge the errors of others, so that others would not judge their errors. The apprenticeship of forgiveness and compassion went hand in hand with his follower's self recognition and self-knowledge and the grasping of a common substance. The sinner was not an other. The sinner was another version of oneself.

Noli foras ire: there was no need, in the view of the most illustrious of bishops, to go outside oneself, for God is to be found everywhere and most palpably in one's own soul. The contemplative life, for the monks in their monasteries, would not be the scrutiny of other human beings but the punishment of their own bodies and the cultivation of the spirit through prayer and study. *Oculta cordis:* foolish though it was to ignore the retreat of the hidden heart, it was even more foolish to be interested in penetrating that retreat. The walk, the face and the gestures of the hero and the saint spoke unequivocally for their hearts. Thus the appearance of the great Emperor of the West as his knights returned from the bloody encounter across the Pyrenees. Thus the poise and strength of the Spanish warrior banished by his king as he rejoined the sundered lands of the peninsula and returned to Castile, a victor over exile, admired by all for his manifest and undivided self.

I shall not tell here another tale that began shortly after the discovery of the other, dubious and unending, and the exile of the other, now distinct from myself in the exact degree in which his and my acts are a betrayal of our separate identities. The progression toward the division of inner and outer man, the laceration of our awareness and the alterations in this self-perception as the condition for the consciousness of alterity is well known. Many figures and figurations tower over this progression: a Florentine historian, diplomat and theorist of dissimulation; Spanish rogues, survivors in the battle of wits who outwardly join a game whose rules they despise in their souls; a British king on a stage in London, shattering to pieces a mirror in which he saw his face and the shadow of his disappearing self; Venetian printers of private letters to be read indiscreetly by those to whom they were not addressed; the knight of la Mancha, struggling against all odds for the indivisibility of his person; the silence of the visionary poet and exile in Abyssinia who said. 'I am another'. For this tale —the itinerary of an ignorance— has only just begun.

III₁ LA COMUNICACION

ICIAR, JUAN DE: *Recopilación subtilissima intitulada*

44. NEBRIJA, Antonio de

44. NEBRIJA, Antonio de

Introductiones latinae.—Spain.—ca. 1486.— II + 96 fols., 184 × 120 mm.—Vellum.

Madrid, Biblioteca Nacional, Vit 17-1

The *Intoductiones latinae,* Nebrija's major work, was not originally a grammar in the proper sense of the word, but simply an approach to the study of Latin. It was a book for students that eventually evolved into a reference work. 'I was the first,' he writes, 'to set up the shop of Latin in Spain and, in the end, all that is known of Latin in Spain must be referred to me'. The *Aelii Antonii Nebrissensis introductionum latinarum secunda editio* (The Second Edition of Elio Antonio Nebrija's Introduction to Latin) is in reality a second version, which Nebrija called a second edition. The first version, entirely in prose, is divided into two books. It was printed for the first time in Salamanca in 1481 and dedicated to Cardinal Mendoza.

The second version, dedicated to Gutierre de Toledo, the brother of the Duke of Alba (the first printing was probably done in Salamanca in 1485), is divided into five books. The third edition (1495), dedicated to Queen Isabella, is the one that has been reedited most often. Later on Nebrija himself translated it into Spanish.

The second version contains a number of fragments in verse, after the fashion of Alejandro de Villa Dei, as a concession to the traditional methods of teaching Latin grammar. The first book contains declensions and conjunctions, parts of speech and grammatical exceptions. The second deals with the rules of gender, declensions, irregular verbs, the preterite and the supine, rendered in hexameters. The third, or 'Erothemata', contains theoretical grammar in a series of questions and answers, together with a treatise on figures of speech. The fourth deals with sentence construction, parts of speech and verbs in particular. The fifth, in verse, deals with prosody and metrics, with rules of accentuation in Greek and Hebrew as well as Latin.

Antonio, a native of Lebrija (Nebrissa in Latin), adopte the name 'Elio' to go before his given name because he considered himself to be the spiritual heir of the ancient Romans. He brought an innovative and tenacious temperament to his vocation as a philologist and grammarian. Born in 1442, at the age of 19 he left for Italy where he was a scholarship student at the College of San Clemente in Bologna. He was a protegé of Ferdinand and Isabella and Cardinal Cisneros, a man who was well aware of his merits. Juan de Zúñiga, the grand master of the military order of Alcántara, became his patron in 1486. This enabled Nebrija to give up teaching grammar and poetry in Salamanca, where he had taught since 1476, to devote his time to writing until 1505, the date of Zúñiga's death.

In 1509 he was awarded the Chair of Rhetoric at Salamanca, where he prepared to do battle against the 'bar-

Introductiones latinae. — España, hacia 1486. — II+96 fol., 184×120 mm. — Vitela.

Madrid, Biblioteca Nacional, Vit. 17-1

Las *Introductiones latinae,* la obra principal de Nebrija, no fue al principio una gramática propiamente dicha, sino un camino para iniciarse en ella, un libro para escolares que con el tiempo fue aumentando hasta convertirse en una obra de consulta. «Yo fui el primero, escribe, que abrí tienda de la lengua latina en España, y todo lo que en ella se sabe de latín, se ha de referir a mí». Las *Aelii Antonii Nebrissensis introductionum latinarum secunda editio* son en realidad una segunda redacción, a la que Nebrija llamó segunda edición. La primera redacción, impresa por primera vez en Salamanca en 1481 y dedicada al Cardenal Mendoza, está dividida en dos libros y redactada enteramente en prosa.

La segunda, dedicada a Gutierre de Toledo, hermano del Duque de Alba (la primera impresión debió de hacerse en Salamanca, 1485), está dividida en cinco libros, así como la tercera, dedicada a la Reina Isabel, que es la que alcanzó más ediciones a partir de la de Salamanca, en 1945. El propio Nebrija la tradujo más tarde al castellano.

Esta segunda redacción añade a la primera algunos fragmentos versificados, al modo del *Doctrinal* de Alejandro de Villa Dei, como concesión a los métodos antiguos de enseñanza de la gramática latina. El primer libro contiene la declinación y la conjugación, las partes de la oración, accidentes gramaticales, etc. El segundo las reglas de los géneros, declinación, accidentes del verbo y pretéritos y supinos, en versos hexámetros. El tercero, llamado Erotemata, contiene en preguntas y respuestas la gramática teórica, con el tratado de las figuras. El cuarto trata de la construcción de las partes de la oración, especialmente del verbo. El quinto contiene, en verso, la prosodia y la métrica, con reglas de acentuación no sólo de la lengua latina, sino de la griega y la hebrea.

Antonio, natural de Lebrija (en latín Nebrissa) antepuso a su nombre Elio, porque se consideraba descendiente espiritual de los antiguos romanos. Unió a su vocación de filólogo y gramático un carácter innovador y tenaz. Nació en 1442 y a los diecinueve años partió para Italia, donde estudió con una beca en el colegio de San Clemente de Bolonia. Fue protegido por los Reyes Católicos y por Cisneros, que comprendió su valía. El maestre de Alcántara Juan de Zúñiga le brindó su protección, gracias a la cual pudo interrumpir en 1486 la docencia de la gramática y la poesía, que desempeñaba en Salamanca desde 1476, para dedicarse a escribir hasta 1505, fecha de la muerte de Zúñiga.

En 1509 obtuvo la cátedra de retórica en Salamanca y se dispuso a luchar contra los bárbaros que destrozaban el latín por ignorarlo.

barians' who were destroying Latin through their ignorance.

A humanist in every sense of the word, he believed that all the treasures of human knowledge could be unlocked with the key of grammar and language.

Offended because he did not obtain the Chair of Grammar at Salamanca, he retired to Seville in 1513 until Cisneros invited him to Alcalá, where he died on June 2, 1522.

The book displayed here is a vellum manuscript, written and illuminated at the end of the 15th century for the master of Alcántara, Juan de Zúñiga, son of the second Count of Plasencia. It is written in a very meticulous humanistic script with polychrome initials and capitals on a background of gold leaf. It is written in gray ink with red titles, some of which are missing in a few of the books. There are marginal comments in a different hand from the text in the first part. The rest of the work is written without paragraphs but with broad margins. There are three vellum end papers at the beginning, two left blank and a third with a beautiful full page miniature on the verso. At the end there is one blank flyleaf.

The chief interest of this luxurious manuscript lies in the miniature at the beginning of the text. It shows Nebrija in his professorial robes lecturing in the house of his patron, Juan de Zúñiga. Because it was done in Spain while the grand master was still alive, it may be assumed that the heads are portraits, more or less true likenesses of the living models.

Nebrija's benefactor is seated in a beautiful canopied gold chair in the middle of the room. At his side and to the left there are three young woman, probably his sisters, and among the pupils attending the class, the one who appears in the foreground wearing a red cap and the cross of Alcántara on his breast may be Nebrija's oldest son.

The manuscript miniature is representative of Spanish illuminations done in grisaille, a technique that reached a high level of excellence under French and Dutch masters. The silvery tones and sombre hues of the grisaille replace the usual gold and brilliant coloring to give an impression of mourning, for there are only a few touches of color on the faces and costumes.

The miniature is framed in an exquisite border of gray and gold, with leaf motifs, birds and a child. To the left is a magpie with its beak open and in the lower portion there is a pomegranate.

A similar type of decoration covers the inner, upper and lower margins of the recto of the first folio; the outer margin is blank. The coat-of-arms of the house of Zúñiga, born by two cherubs, appears in the lower portion of the border. The text proper begins on this page.

The exquisite binding is done in the Hispano-Moorish style with four gilded clasps and corners and gold ribs.

Humanista integral, considera que todos los tesoros del saber humano se abren mediante la llave de la gramática y el idioma.

Despechado por no haber obtenido la cátedra de gramática en Salamanca en 1513 se retiró a Sevilla, pero Cisneros le invitó a trasladarse a Alcalá, donde murió el 2 de junio de 1522.

El ejemplar expuesto es un manuscrito en vitela, escrito e iluminado a fines del siglo XV para el maestre de Alcántara don Juan de Zúñiga, hijo del segundo Conde de Plasencia. Tiene una esmerada caligrafía de tipo humanístico con iniciales y capitales de colores sobre planchas de oro bruñido. La tinta es gris, con títulos en rojo que faltan en algunos libros. Hay comentarios marginales en letra distinta de la del texto en la primera parte. El resto de la obra está escrito a renglón seguido, con amplios márgenes. Hay tres hojas de guarda al principio, dos en blanco y la tercera con una hermosa miniatura a toda página en el verso, en vitela. Al final, una en blanco.

El interés principal de este lujoso manuscrito está en la miniatura del principio del texto. Representa a Nebrija explicando en cátedra en casa de su protector, Don Juan de Zúñiga. Por haber sido hecha en España y en vida del maestre, puede suponerse que las cabezas son retratos, más o menos parecidos al natural.

En el centro de la estancia se ve al mecenas sentado en lujosa silla de oro y bajo dosel. A su lado y a la izquierda tiene a tres jóvenes, que podrían ser sus hermanas, y entre los discípulos que asisten a la lección el que aparece en primer término con bonete rojo y la cruz de Alcántara en el pecho podría ser el hijo mayor de Nebrija.

Esta miniatura hace al manuscrito representativo del arte castellano influenciado por la técnica de la grisalla, que llevaron a un alto grado de perfección los maestros holandeses y franceses. En la grisalla, el oro y los colores brillantes son sustituidos por tintas sombrías y plata, que dan sensación de luto, sin otro aditamento que unos toques de colorido natural en rostros y ropajes.

En esta miniatura el gris está atenuado por la coloración de los rostros y manos y por los verdes, azules, algún rojo y algo de oro de los vestidos. Rodea la miniatura una preciosa orla, en gris y oro, con motivos vegetales, diferentes pájaros y un niño. A la izquierda hay una urraca con el pico abierto, y en la parte inferior una granada.

Una decoración marginal análoga cubre los márgenes superior, interior e inferior del f. 1 recto, quedando en blanco el margen exterior. En la parte inferior de la orla figura el escudo de armas de la casa de Zúñiga, sostenido por dos angelotes. En este folio 1 r. comienza el texto.

Preciosa encuadernación mudéjar con cuatro corchetes de metal dorados. Nervios y cantos dorados.

Bibliografía

J. Domínguez Bordona, *Exposición de códices miniados,* Madrid, Sociedad Española de Amigos del Arte, 1929; Durrieu, *Manuscrits d'Espagne*

Bibliography

J. Domínguez Bordona, *Exposición de códices miniados*, Madrid, Sociedad Española de Amigos del Arte, 1929; Durrieu, *Manuscrits d'Espagne remarquables par leurs peintures*, París, 1893; A. Odriozola, *La caracola del bibliófilo nebrisense*, Madrid, 1947; Paz y Meliá, «Códices más notables de la Biblioteca Nacional, RABM, II, 1898. F. Rico, *Nebrija frente a los bárbaros*, Salamanca, 1978.

remarquables par leurs peintures, París, 1893; A. Odriozola, *La caracola del bibliófilo nebrisense*, Madrid, 1947; Paz y Meliá, «Códices más notables de la Biblioteca Nacional, RABM, II, 1898. F. Rico, *Nebrija frente a los bárbaros*, Salamanca, 1978.

45. ALCALA, Pedro de

Arte para ligeramete saber la legua araviga.—[Granada: por Juan Varela, ¿1505?].—[48]l.—4.°
Sig.: a.f⁸.—Woodcut title page and initials.—Arabic characters in wood.—Leather binding tooled in blind, signed by A. Ménard.
Bound together:—*Vocabulista aravigo en letra castellana* / [por Pedro de Alcalá].—[Granada: por Juan Varela, 5 de febrero 1505].—[270]l..—4.°.—Sig.: a-z⁸, A-K⁸, L⁶.—Gothic lettering in 2 sizes.—2 cols.—Arabic characters in wood.—Woodcut title page.—Colophon.— Printer's shield. Woodcut coat-of-arms of the Catholic Kings.

Madrid, Biblioteca Nacional R 2158

The interest in language, characteristic of the period of the Catholic Rulers, Ferdinand and Isabella, coincides, after the conquest of Granada, with the need to promote the use of Spanish among Arabic speakers. For this reason, the first archbishop of Granada, Fray Hernando de Talavera, encouraged the publication of a Hispano Arabic dictionary, the first in the world for the translation of a modern language into Arabic. This dictionary, entitled *Vocabulista aravigo en letra castellana,* was compiled by Fray Pedro de Alcalá, a Franciscan Arabist. It was preceded by a grammar called *Arte para ligeramente saber la lengua arábiga.* Judging from the prologue addressed to Fray Hernando de Talavera, it must have been written by the same author because he says, 'I beg your Lordship to order that this brief rulebook be printed together with the *Vocabulary* that I interpreted in the Arabic Tongue'.

Both works were printed in Granada by Juan Valera de Salamanca. In the dictionary the printing information is given in the colophon, and in the grammar it may be deduced from the prologue and the kind of type used. A handwritten note on the title page of the *Arte* in the same hand as the ex-libris reads: 'Printed in Granada by Juan Valera, 1505.'

It was no easy task to print because of having to use Arabic characters so often. Thus, in a paragraph entitled ' To the Reader of the Present Work', the author to excuse the shortcomings of the printing by asserting that the printers were completely unfamiliar with the Arabic tongue.

Juan Valera de Salamanca, who lived in Sevilla in 1501, moved to Granada in 1504 at the request of the archbishop. He printed several works in that city between 1504 and 1508, when he moved back to Seville. He left his native city for Toledo and then returned to

45. ALCALA, Pedro de

Arte para ligeramente saber la lengua araviga. — [Granada: por Juan Varela ¿1505?]. — [48] h.; 4.°.
Sign. a-f⁸. — Letra gót. 2 tam. — Port. grab. xilográfica. — Inic. y grab. xil. — Caract. árabes grab. en madera. — Enc. piel con hierros, firmada por A. Ménard. Encuadernado con: *Vocabulista aravigo en letra castellana* / [por Pedro de Alcalá]. — [Granada: por Juan Varela, 5 de febrero 1505]. — [270] h.; 4.°. — Sign. a-z⁸, A-K⁸, L⁶. — Letra gót. 2 tam. — Texto a do col. — Caracteres árabes grab. en madera. — Port grab. — Esc. tip. — Colofón. — Esc. xilográfico de los Reyes Católicos.

Madrid, Biblioteca Nacional, R. 2158

El interés por la lengua que caracteriza la época de los Reyes Católicos se une después de la conquista de Granada a la necesidad de que los árabes usen la lengua castellana. Por ello, el primer Arzobispo de Granada, fray Hernando de Talavera, impulsó la edición de un diccionario hispano-árabe, el primero que se componía en el mundo para traducir a la arábiga una lengua moderna. Este diccionario, publicado con el título de *Vocabulista aravigo en letra castellana* bajo la dirección de fray Pedro de Alcalá, religioso franciscano y arabista, fue precedido por una gramática, *Arte para ligeramente saber la lengua araviga,* que a juzgar por el prólogo dirigido a fray Hernando de Talavera, debe ser del mismo autor: «Suplico yo a vuestra... señoría, mande que esta breve arte o obrecilla en uno con el *Vocabulista* que yo interpreté en la lengua araviga sean puestos en impresión».

Ambas obras fueron impresas en Granada, por Juan Varela de Salamanca. En el *Diccionario* constan los datos de impresión en el colofón, y los de la *gramática* se deducen del prólogo y los tipos. En la portada del *Arte* una nota manuscrita, con la misma letra del exlibris, dice: «Impressa en Granada, por Juan Varela. Año de 1505».

No era empresa fácil imprimir empleando frecuentemente caracteres arábigos, y así se explica que en el *Arte,* para disculpar las imperfecciones de la impresión, alegue el autor en un párrafo titulado «Al lector de la presente obra», el desconocimiento de la lengua árabe por parte de los maestros de impresión.

Juan Varela de Salamanca, del que se sabe que en 1501 vivía en Sevilla, se trasladó a Granada en 1504 a instancias del Arzobispo e imprimió varias obras en esta ciudad entre 1504 y 1508, año en que se trasladó de nuevo a Sevilla, y después a Toledo, para volver definitivamente a Sevilla, donde imprimió durante el primer cuarto de siglo. De su taller de Granada salieron los primeros im-

Seville permanently, where he was active as a printer during the first quarter of the century. The first publications in Granada illustrated with woodcuts came from his printshop. After he left for Seville prints no longer appeared in from Granada for many years.

His printer's device has only been found in two books, the *Vocabulary* and the *CCC* by Juan de Mena. It is unsual on that it depicts a ship at sea, passing in front of a promontory where there is a tower. Above this rises an archbishop's cross with the initials 'IS' (Juan de Salamanca) at its foot. There is a legend in Latin in a circle; at the lower extremes there is fruit and leaves, and at the upper extremes, two boughs of a pomegranate tree ('granado') with fruit, perhaps allusive to the city where this device was used and printed. In Seville he used a different mark.

The woodcuts illustrating these two works may be the work of Varela himself or of some other artist in his shop. The archbishop's coat-of-arms appears on both title pages occupying the three upper quarters, with the title underneath in Gothic lettering. On the verso of the title page a full-page woodcut shows the author presenting the book to the archbishop. Both were made in Granada, together with the coats-of-arms of the printer and the Catholic Rulers. At the end of the *Rules* on fol. 48 v. another woodcut, more refined than the first, which may have come from Flanders, shows King David framed in a four-part Renaissance border.

The *Arte* is printed on Ghotic letters of two different sizes, in 31 lines, with ornamented initials. Folios 42v to 47 dealing with the Ordinary of the mass, are in two different kinds of ink. The book begins with the prologue followed by the first chapter 'On the Parts of Speech in Arabic.' Chapter 37 contains an Arabic alphabet in large print. At the end there is a table of contents and the image of King David. Neither the author, nor the printer or the place date of printing are mentioned in the book. In a later edition the first chapter begins with words 'On the Arabic alphabet', which appear on page 37 of the first edition. Both editions are extremely rare.

The *Vocabulary* or dictionary, also in Gothic letters, in two or four columns, with 31 lines, begins with a prologue followed by 'Very Helpful and Necessary Rules and Instructions for All Those Who Wish to Benefit From This Vocabulary'. The dictionary itself follows, beginning with the verbs. There are ornamented initials, Arabic characters, the colophon and printer's shield. At the end is the coat-of-arms of the Catholic Kings.

On the first title page, ex-libris mss.: 'A Collegii Balearis Societatis Jesu... D. Raimundi de Veri',

The 19th-century binding, signed by A. Ménard, is decorated in an imitation Renaissance style.

Bibliography
Arte Reg. Col 3.295; SALVÁ 2.189; G ALLARDO, 87; NORTON, 348. *Vocabulista* Reg. Col 3.295; SALVÁ, 2.191; GALLARDO, 89; NORTON, 349. J. HAZAÑAS y la RÚA, *La imprenta en Sevilla*, Sevilla, 1945; F. J. NORTON, *Printing in Spain 1501-1520*, Cambridge, University Press, 1966.

presos ilustrados con grabados en madera de esta ciudad.

Su marcha a Sevilla coincide con la falta de grabados en los impresos granadinos durante muchos años.

La marca de impresor, que sólo se ha encontrado en dos libros, el *Vocabulista* y las *CCC* de Juan de Mena, es muy curiosa: representa una nave en el mar, pasando por delante de una punta o promontorio en el que hay una torre. Sobre esto se eleva una cruz arzobispal a cuyo pie se ven las iniciales IS (Juan de Salamanca). En un círculo, una leyenda en latín, en los extremos inferiores hojas y frutos y en los superiores dos ramos de granado con sus frutos, como aludiendo al lugar en que hubo de grabarse y emplearse esta marca. En Sevilla usó otra marca diferente.

Los grabados que ilustran estas dos obras pueden ser obra del mismo Varela o de algún artista de su taller. En ambas portadas aparece el escudo del Arzobispo, ocupando los tres cuartos superiores, y debajo el título en letra gótica. Al verso de la portada un grabado a toda plana representa al autor presentando el libro al Arzobispo. Ambos son elaborados en Granada, así como el escudo de impresor y el de los Reyes Católicos. Al fin del *Arte*, en el f. 48v, otra xilografía, que puede proceder de Flandes, menos tosca que las anteriores, representa al rey David, rodeada de orla renacentista en cuatro piezas.

El *Arte* está impreso en letra gótica de dos tamaños, en 31 líneas, con iniciales decoradas. Los f. 42v al 47, que tratan del ordinario de la misa, a dos tintas. Comienza con el prólogo, al que sigue el capítulo primero, «de las partes de la oración en lengua araviga». Al final la tabla y la imagen del rey David. En el capítulo 37, alfabeto árabe en grandes caracteres. No aparece el nombre del autor, ni el del impresor, como tampoco el lugar y fecha de impresión. Hay otra edición, posterior, que comienza el capítulo primero por «Del abc aravigo» que en esta primera está en la hoja 37. Ambas son de extrema rareza.

El *Vocabulista,* o diccionario, también en caracteres góticos a dos o cuatro columnas, de 31 líneas, comienza con un prólogo al que sigue una «Regla y dotrina muy provechosa y necesaria para todos los que se quieren aprovechar deste vocabulista». A continuación el diccionario, que empieza por los verbos. Iniciales decoradas, caracteres árabes, colofón y escudo de impresor. Al fin, escudo de armas de los Reyes Católicos.

En la primera portada, ex libris mss.: «A Collegii Balearis Societatis Jesu... D. Raimundi de Veri».

Encuadernación del s. XIX imitando decoración renacentista, firmada por A. Ménard.

Bibliografía
Arte Reg. Col. 3295. SALVÁ, 2189. GALLARDO, 87. NORTON, 348. — *Vocabulista.* Reg. Col. 3295. SALVÁ 2191. GALLARDO 89. NORTON 349. — J. HAZAÑAS Y LA RÚA: *La imprenta en Sevilla*. Sevilla, 1945. — F. J. NORTON: *Printing in Spain 1501-1520*. Cambridge. University Press, 1966.

ᶜIZZ AL-DIN AL ZANŸANI. *Al-ᶜIzzi fi-l tasrif. [Tratado de las flexiones gramaticales].* 1547. *BE Ms. 163.*

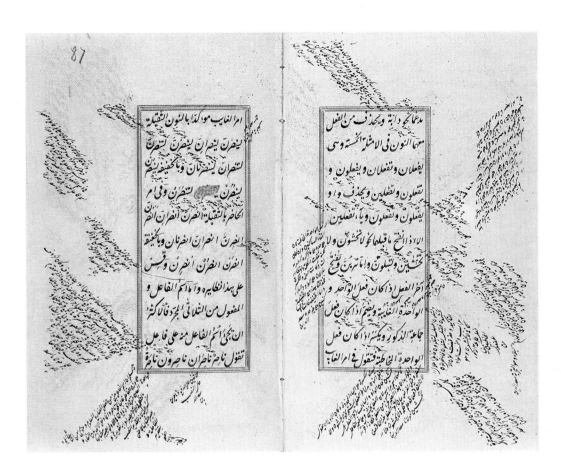

ʿIzz al-Din al Zanŷani. *Al-ʿIzzi fi-l tasrif. [Tratado de las flexiones gramaticales].* 1547. *BE Ms. 163.*

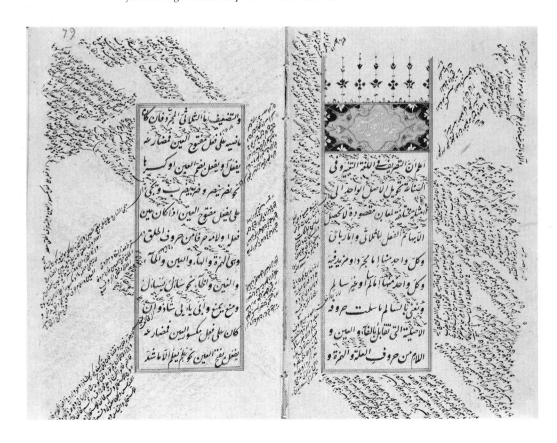

46. ʿIZZ AL-DÎN AL-ZANŶANI

Al-ʿIzzi fi-l-tasrif Treatise on Gramatical Inflections
956 Hegira (1547).
Paper. 29 pp. 165 × 110mm. Oriental script. Leather binding. shield in blind with symbol of monatery with papal tiara.

Real Monasterio de El Escorial, Ms. 163

The author is an Arabic grammarian who lived in the first half of the 7th (13th) century. The place and date of his birth are unknown, and the author himself seems to have included only minimal information about his life in his works in which he says that he spent most of his life in the cities of Mosul and Baghdad. He must have died after 655 (1257).

This work on the theories of inflection is probably his most famous one. it was published for the first time together with a Latin translation by J. Bapt. Raymundus in Rome in 1610. From 1818 until the present it has been the object of several Oriental editions wich usually include two other works on the same subject by different authors contained in the Escorial manuscript. The *Treatise on Reflections* is found in fols. 78-107.

This same library houses two related manuscripts: Omar At-Taftâzâniʿs commentary on this manual. *A Summary on Conjugation, 921 (1515)* Ms. 139 and Izz ed-Dînʿs *Treatise on the Theory of Inflections*, 990 (1582).

Bibliography
DERENBOURG, I, 163.

46. ʿIZZ AL-DÎN AL-ZANŶANI

Al-ʿIzzi fi-l-tasrif [Tratado sobre las flexiones gramaticales] 956 Hégira (1547).—[29] h. 165 × 110 mm. Papel. — Escritura asiática. — Ecuadernación 135 × 120 mm.

Real Monasterio de El Escorial Ms. 163

El autor es un gramático árabe que vivió en la primera mitad del siglo VII/XIII. Se ignora el lugar y la fecha de su nacimiento, y apenas si tenemos algunas indicaciones de su vida (incluidas por el propio autor en algunas de su obras), que parece haber transcurrido principalmente entre Mosul y Bagdad. Debió de morir con posterioridad a 655/1257.

Esta obra, dedicada a las teorías de la flexión, es quizá su más famosa. Fue editada por primera vez junto con una traducción latina (de J. Bapt. Raymundus), en Roma en 1610. Desde 1818 hasta nuestros días ha sido objeto de múltiples ediciones orientales, generalmente acompañadas de los otros dos opúsculos sobre el mismo tema, obra de diferentes autores, que se contienen en este manuscrito de El Escorial en que *al-ʿIzzí* va incluido.

En esta misma Biblioteca se conservan dos manuscritos que son el comentario de Omar At-Taftâzâni sobre este manual [*Resumen sobre la conjugación*, 921 Hégira (1515) Ms. 139, y *El tratado de ʿIzz ed-Dîn sobre la teoría de las flexiones* 990 Hégira (1582)].

Bibliografía
DERENBOURG, I, 163.

47. LUCAS, Francisco

Arte de escrevir de Francisco de Lucas: dividida en quatro partes. Va en esta última impression ciertas tablas que no estavan impressas / corregido y emendado por el mismo autor...—En Madrid: en casa de Francisco Sanchez..., 1580.
[8], 96 [i.e. 110]l.: ill; 4.º.—Sign.: 9⁴, C⁴, A-F⁴, G⁸, H-N⁴, O⁸, P⁴, Q-R⁸, S-T⁴, V⁶, X-Z⁴.

Madrid, Biblioteca Nacional R/2753

This edition of the *Art of Writing* or *Penmanship* by Francisco Lucas follows the earlier 157⁷ edition line for line, but with a few variants. The title page bears the same engraving of the royal coat-of-arms, but specifies that certain tables are appended and that this edition has been corrected by the author. The preliminaries are the same as in the earlier edition. The publishing privilege, valid for eight years, is dated San Lorenzo el Real, July 20, 1577. The dedication, addressed to Philip II, says that this work is intended to help Prince Ferdinad learn the various kinds of handwriting. After the engraving and two poetic compositions in praise of the author on the last three pages of the preliminary remarks, the author refers in the prologue to the first abridged edition of his treatise. This edition was printed in Toledo in 1571 with the title *Instrucción muy provechosa para aprender a escribir, con aviso particular de la traça y hechura de las letras de Redondilla y Bastarda* (Very Profitable Instructions to Learn

47. LUCAS, Francisco

Arte de escrevir de Francisco de Lucas: dividida en quatro partes. Va en esta última impression ciertas tablas que no estavan impressas/corregido y emendado por el mismo autor... — En Madrid: en casa de Francisco Sánchez..., 1580.
[8], 96 [i. e. 110] h.: il; 4.º — Sign.: 9⁴, C⁴, A-F⁴, G⁸, H-N⁴, O⁸, P⁴, Q-R⁸, S-T⁴, V⁶, X-Z⁴.

Madrid, Biblioteca Nacional R/2753

Esta edición del *Arte de escribir* de Francisco de Lucas sigue a plana y renglón la anterior de 1577, pero con algunas variantes. La portada lleva grabado el mismo escudo real, pero ya especifica que van añadidas ciertas tablas y que es edición corregida y enmendada por el autor. Los preliminares son los mismos que los de aquélla. El Privilegio, por ocho años, está fechado en San Lorenzo el Real a 20 de julio de 1577. La dedicatoria va dirigida a Felipe II, al que expone como finalidad de su obra que el príncipe don Fernando pueda aprender con facilidad estas letras. Tras la aprobación y dos composiciones poéticas en alabanza del autor, en las tres últimas hojas de preliminares éste, en el Prólogo al lector, hace alusión a la primera edición abreviada de su tratado que se había impreso en Toledo en 1571 con el título de «Instruccion muy provechosa para aprender a escrevir, con aviso particular de la traça y hechura de las letras de Redondilla y Bastarda...»; con él había conseguido abreviar la diver-

How to Write, with Special Attention to the Drawing and Formation of Letters in Small Round Hand and Littera Bastarda or Italics). In this treatise he had successfully condensed the various ways to write these scripts. Now he decided to finish his work, beginning with the 1577 edition, by including four other kinds of script.

The first part of the text, to which the greatest number of chapters is devoted, deals with *littera bastarda* or italics. Here he establishes the proportions, degree of slant and space to be observed between letters. As in the other parts, it is followed by pages with the corresponding plate illustrations. In contrast to the 1577 edition, the 1580 edition has four additional sheets in this section corresponding to signatures G^5 to G^8, with examples of italic calligraphy.

Secondly, he deals with the type of round hand called *redondilla* in order to differentiate if from book type which he will discuss later on. As in the first section, he gives the rules for its execution and illustrated the script in the plates corresponding to the signatures Q^3 to Q^8.

The third group of chapters is devoted to the platens and ancient script. By «ancient» he means the round printing characters used at that time and known today as Elzevir type. He explains that he has given very few calligraphic examples of these two types of script because of the difficulty of cutting the letters in wood and the scarcity of engravers who knew how to do it. In the fourth and last part, the shortest section, he deals with Latin and round hand book script. Latin script was the capital or upper case print letter in its simplest form, which corresponds to Elzevir type. Round hand book script was used in choir and prayer books.

Francisco Lucas definitively established the style of Spanish italics *(littera bastarda)* in its proportions, curvature and general appearance. He introduced a new way of drawing the letters, proposing that they be drawn with a single motion of the hand, without lifting the pen from the paper, and not in several strokes as they had been done before. Nevertheless, he rejected any ligature between the letters «because the less interconnected the script, the more legible and splendid it will be.» The process of formation and definition of Spanish *littera bastarda,* which had begun with Juan de Iciar's *Ortografía práctica,* will culminate years later with Pedro Díaz Morante, who was the first to use the ligature.

Lucas was born around 1530 in Seville, a city where he taught for many years before moving to Madrid in 1570, where he opened a school of calligraphy. The following year in Toledo he published the first edition of his *Art of Writing.* At court he may have been Prince Ferdinand's writing master until the prince's death in 1578. It is probably safe to say that Lucas was still alive in 1580, if we take into account that the edition of his *Art of Writing,* wich appeared in that year, is said to have been corrected by the author himself.

sidad con que se escribían estos dos tipos de letras y decide completarlo a partir de la edición de 1577 con la inclusión de otras cuatro.

En la primera parte del texto se ocupa de la letra bastarda que es a la que dedica un mayor número de capítulos; en ellos establece su proporción, inclinación que debe tener, la separación que ha de haber entre letras, palabras y renglones, cómo trazar las mayúsculas, etc. A continuación del texto siguen, como en el resto de las otras tres partes, las hojas correspondientes de láminas. Lleva esta edición de 1580 respecto a la de 1577 añadidas en este apartado 4 hojas con muestras caligráficas de bastarda que corresponden a las signaturas G^5 a G^8.

En segundo lugar, trata de la letra redonda, que denomina redondilla para diferenciarla de la redonda de libros, de la que trata más adelante, da, del mismo modo las normas para su escritura y en la parte de láminas, lleva también añadidas esta edición 6 hojas que corresponden a las signaturas Q^3 a Q^8.

Dedica el tercer grupo de capítulos a las letras grifa y antigua. Con la denominación de antigua se refiere a los caracteres redondos de imprenta, entonces en uso, y hoy llamados elzevirianos. De estas dos da escasas muestras caligráficas debido, según explica él mismo, a la dificultad del corte de estas letras en tabla y a la escasez de grabadores que supieran hacerlo. En la cuarta y última parte, que es la más breve en cuanto a texto, se ocupa de las letras latina y redonda de libros. La latina era la versal, capital o mayúscula de imprenta en su forma más sencilla, que es la correspondiente al tipo elzeviriano. La redonda de libros era la usada en los libros de coro y rezo.

Francisco Lucas fue el que configuró definitivamente la letra bastarda española en cuanto a sus proporciones, curvatura y fisionomía. Inició un nuevo modo de trazar las letras proponiendo que se hiciera de un solo golpe de mano, sin alzar la pluma, y no en varios tiempos, que era como hasta entonces se ejecutaba. Rechazó sin embargo el ligado entre ellas «...porque cuanto la letra fuere menos ligada, tanto mas sera legible y vistosa». Será, años más tarde, con Pedro Díaz Mocante, que fue el que utilizó por vez primera el ligado, con el que culmine el proceso de formación y definición de la letra bastarda española que había comenzado en España con la ortografía práctica de Juan de Iciar.

Nació en torno a 1530 en Sevilla, ciudad donde ejerció el magisterio durante algunos años, hasta que en 1570 se traslada a Madrid, donde abrió una escuela de caligrafía. Al año siguiente publicó en Toledo la primera edición de su *Arte de escribir.* En la corte fue posiblemente maestro de escritura del príncipe Don Fernando hasta que éste falleció en 1578, fecha en que volvería seguramente a dedicarse a la enseñanza. En 1580 puede que viviera aún, si se tiene en cuenta que en la edición de su *Arte de escribir* que aparece este año se dice que va corregida por el propio autor.

Bibliography
E. Cotarelo y Mori, *Diccionario biográfico y bibliográfico de calígrafos españoles*, pp. 426-34; C. Pérez Pastor, *Bibliografía madrileña*, II, p. 76; *Salvá, no. 2310*.

Bibliografía
E. Cotarelo y Mori: *Diccionario biográfico y bibliográfico de calígrafos españoles*. pp. 426-434. — C. Pérez Pastor: *Bibliografía madrileña*, II, p. 76. — Salvá, n.° 2310.

48. ARTE *llamada Quichua y en la lengua Española…*—En los Reyes [Lima]: por Antonio Ricardo, 1586.
[Lima]: por Antonio Ricardo, 1586.
[8], [176], 40 h.—Sign.: g^8, A-K^8, L^4, A-L^8, M^4, Aa − Ee^8; 8.°

Madrid, Biblioteca Nacional R/9166

The title page bears a woodcut with the coat-of-arms of the Viceroy of Peru, Don Fernando de Torres y Portugal, Count of Villar, to whom the printer Antonio Ricardo addresses the preface. This is followed by the preliminaries with the Royal Provision dated in Reyes, August 12, 1584. This royal provision refers to the Provincial Council held in Lima in 1583 which decreed that a draft of a primer, catechism, guide to confession and preparation for death be translated into the languages of Peru, Quechua and Aymara. This was to be done to improve the religious instruction of the native inhabitants and the education of the priests. In this Provision the Royal 'Audiencia' grants Antonio Ricardo permission to publish this work in Lima in 1584. In the prologue to the reader the author explains why he decided to compile this vocabulary in Quechua. His purpose is to contribute to the teaching and understanding of the catechism, a guide to confession and the book of sermons.

The text begins with the Quechua-Spanish vocabulary, composed of 81 pages in two columns, followed by three pages of annotations. The second part of the vocabulary is Spanish-Quechua, with 92 pages in two columns. The rules of the Quechuan language are included at the end in 40 foliated leaves.

The work was reprinted in Seville in 1603 by Clemente Hidalgo, but with a different structure. Here the rules come first and the vocabulary is at the end. One copy of this printing has been preserved in the John Carter Brown Library. It was printed again in 1614 by Francisco del Canto in Lima.

There are various hypotheses about the possible author of the *Rules and Vocabulary*. Brunet attributed it to Domingo de Santo Tomás, a Dominican who published a grammar or rulebook and a vocabulary of Quechua in Valladolid in 1560. Ludwig and Leclerc held that the author was the Jesuit priest, Diego González Holguín, who wrote a *Gramática y Arte nueva* and a *Vocabulario* printed in Lima in 1607 and 1609 respectively.

José Toribio Medina, who rejected both hypotheses, believes that the author of this work is the Jesuit Diego de Torres Rubio, who, according to the chroniclers of the order, knew Quechua and Aymara perfectly. He also wrote a *Rulebook and Vocabulary* of Aymara published in Lima in 1616.

48. ARTE *llamada Quichua y en la lengua Española…*—En los Reyes [Lima]: por Antonio Ricardo, 1586.
[Lima]: por Antonio Ricardo, 1586.
[8], [176], 40 h.—Sign.: g^8, A-K^8, L^4, A-L^8, M^4, Aa − Ee^8; 8.°

Madrid, Biblioteca Nacional R/9166

La portada lleva grabado xilográfico con el escudo del virrey del Perú don Fernando de Torres y Portugal, conde del Villar, a quien le dirige el Proemio el impresor Antonio Ricardo. Prosiguen los preliminares con la Provisión Real, fechada en los Reyes a 12 de agosto de 1584 en la cual se alude al Concilio Provincial celebrado en Lima en 1583 que ordenó que se hiciera una Cartilla, catecismo, confesionario y preparación para la muerte y que se tradujera a las dos lenguas del Perú, la quechua y la aymara; todo ello para el mejor adoctrinamiento de los naturales y formación de los sacerdotes. En esta Provisión la Real Audiencia concede a Antonio Ricardo licencia para la impresión de dicha obra, cosa que hizo en Lima en 1584. En el prólogo al lector el autor explica la razón que le ha llevado a la confección de este *Vocabulario* en la lengua quechua y que no es otra cosa mas que contribuir a la mejor enseñanza y comprensión del *Catecismo, confesionario y sermonario*.

El texto comienza con el vocabulario quechua-castellano, que comprende 81 hs. a dos columnas, a las que siguen 3 hs. de anotaciones. La segunda parte del vocabulario corresponde al castellano-quechua, 92 hs. con texto a dos columnas. Al fin va el arte de la lengua quechua en 40 hs. foliadas.

En el siglo XVII la obra se imprime de nuevo en Sevilla por Clemente Hidalgo en 1603, pero estructurada de forma diferente ya que aparece en primer lugar el Arte y al fin el Vocabulario; de esta impresión se conserva un ejemplar en la John Carter Brown Library. En 1614 la imprime de nuevo en Lima Francisco del Canto.

Existen en lo que respecta al posible autor de este Arte y Vocabulario varias hipótesis: Brunet lo atribuía a Domingo de Santo Tomás, dominico que publicó en Valladolid en 1560 una *Gramática* o *Arte* y un *Vocabulario* de esta lengua. Ludewig y Leclerc afirmaban que su autor era el jesuita Diego González Holguín que escribió una *Gramática y Arte nueva* y un *Vocabulario* que se imprimieron en Lima en 1607 y 1608 respectivamente.

José Toribio Medina, rechazando ambas atribuciones, considera que el autor de esta obra fue el jesuita Diego de Torres Rubio, perfecto conocedor según los cronistas de la Orden de las lenguas quechua y aymara; de esta última salen a la luz en Lima en 1616 un *Arte y Vocabulario* escritas por él.

Bibliography

PALAU, I, 17728; J. T. MEDINA: *La imprenta en Lima*, Santiago de Chile, 1904-7; CONDE DE LA VIÑAZA: *Bibliografía española de lenguas indígenas de América*, Madrid, 1892.

Bibliografía

A. PALAU: I, 17728. — MEDINA: *La imprenta en Lima*. Santiago de Chile, 1904-7. — Conde de la VIÑAZA: *Bibliografía española de lenguas indígenas de América*. Madrid, 1892.

49. ICIAR, Juan de

Recopilación subtilissima intitulada Ortographia pratica: por la qual se enseña a escrevir... todas las suertes de letras que mas en nuestra España y fuera della se usan / hecho y esperimentado por Juâ de Yciar...; y cortado por Iuan de Vingles.Çaragoca: Bartolomé de Nagera, 1548.—[69] l; ill.; 4.°. Sign.: [A]^4, B-C^8, D^{10}, E-H^8, I^7

Madrid, Biblioteca Nacional, R/8611

This is the first important Spanish treatise on calligraphy. The title page contains an architectural engraving with a portrait of the author in the act of writing framed in a semicircle. It is signed «JDV» whose initials correspond to Jean de Vingles, a French engraver who collaborated with Iciar in the publication of this text. The work is dedicated to Fernado de Aragón, Duke of Calabria, whose coat-of-arms appears on the verso. In the dedication beginning on page 3r, the author says that he thought it would be useful to compile examples of the different types of writing then in use in Spain and in other countries so that they might remain as models for the future, because after the invention of the printing press people would not take the same trouble as before to learn to write properly.

Poetic compositions in praise of the author follow the dedication and on page 4v there is an engraving with the author's portrait, also signed by Jean de Vingles. There is some question about whether he was responsible for both the drawing and the engraving, or whether this is a self-portrait and Vingles merely engraved it.

In the first pages of the text Iciar provides information ranging from useful rules for the reading teacher to a description of the tools a good copyist would need: formulas for inks, how to distinguish between good papers, what to look for in different types of pens and how to use them. Later he discusses the different kinds of script, beginning with the chancery cursive or *lettera cancellaresca*. In his treatment of Aragonese script he expresses the opinion that the various types of chancery cursive (Roman, Venetian, Neapolitan) that he has seen in the books of Vicentino, Tagliente and Palatino differ from each other only in certain long strokes here and there, or in size, some being larger or smaller, and that they correspond to one kind of round hand and one kind of series known as Aragonese, the scripts used in Aragon, Catalonia and Valencia.

Modern national scripts were developed in the chanceries of the Italian states, where the dissemination of innovations in typography exerted an influence on their evolution. At first typographers imitated the characters of handwritten script, and later on, calligraphers were influenced by the printer's more stylized characters.

49. ICIAR, Juan de

Recopilación subtilissima intitulada Ortographia pratica: por la qual se enseña a escrevir... todas las suertes de letras que mas en nuestra España y fuera della se usan / hecho y experimentado por Iua de Yciar...; y cortado por Iuan de Vingles... — Impresso en Çaragoça: por Bartholome de Nagera, 1548.
[69] h.: principalmenyte il.; 4.°. — Sign.: [A]^4, B-C^8, D^{10}, E-H^8, I^7.

Madrid, Biblioteca Nacional R/8611

Portada grabada arquitectónica en cuya parte superior, dentro de un semicírculo, figura un retrato del autor en actitud de escribir; está firmada por «IDV», siglas que corresponden a Juan de Vigles, grabador francés que colaboró con Iciar en la edición de este texto que puede considerarse como el primer y más importante tratado español de caligrafía. Al verso de la portada aparece el escudo de armas de don Fernando de Aragón, duque de Calabria, al que está dedicada la obra. En la dedicatoria que comienza en el recto de la h. 3, expone el autor cómo después de la invención de la imprenta y corriéndose el peligro de que no se tenga la misma preocupación por conocer perfectamente la escritura a mano, le ha parecido útil recopilar los tipos de escritura más utilizados en España y fuera de ella con el fin de que queden como modelos a seguir para los siglos venideros. Siguen a continuación unas composiciones poéticas en alabanza del autor y el verso de la hoja 4 es un grabado con retrato del autor, firmado también por Juan de Vingles; se ha discutido si éste fue autor del dibujo y del grabado o si bien es un autorretrato y Vingles se limitó a grabarlo.

En las primeras hojas del texto Iciar da desde unas normas útiles para el maestro que enseña a leer, hasta una descripción de los elementos necesarios para el buen escribano: recetas de tintas, modos de conocer el buen papel, cualidades que han de tener las plumas y cómo utilizarlas. Va recogiendo después los diferentes tipos de letra que inicia con la cancilleresca. Al tratar de la letra aragonesa opina que las diversas letras cancillerescas: romana, veneciana, napolitana, etc., que ha observado en los libros de Vicentino, Tagliente o Palatino no se diferencian entre sí más que en algún rasgo tirado o en ser grande o pequeña y que todas ellas se corresponden con una sola letra redonda y una tirada llamadas aragonesas que son las que se usan en los reinos de Aragón, Cataluña y Valencia.

Las modernas letras nacionales se crean en las cancillerías de los estados italianos; en el proceso de formación de éstas ejerció cierta influencia la difusión de las innovaciones tipográficas y es que si bien en un primer momento, cuando surge la imprenta, son los tipógrafos los que imitan los caracteres de las letras escritas a mano exis-

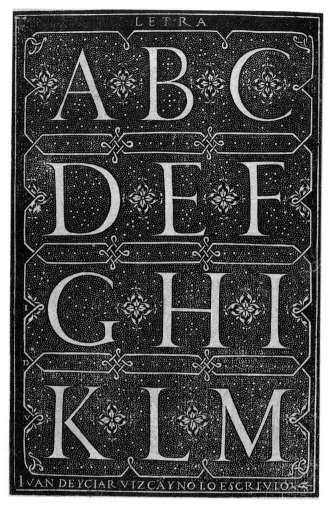

ICIAR, JUAN DE: *Recopilación subtilissima intitulada Ortographia practica.* Zaragoza: Bartolomé de Nágera, 1548. BN R/8611.

Copyists and calligraphers would embellish their writing with connecting ligatures and round their end strokes.

Depending on their origin, these new types of script were known as Roman, Venetian, Florentine or Milanese or other chancery cursive scripts *(lettere cancellaresche).* From Italy they spread to the rest of Europe, where Gothic models were still in use. In Spain, the kingdoms of Aragon (Iciar worked for several years in Saragossa) were the first to accept these innovations in calligraphy. This new script came to be known in Spain as Spanish *littera bastarda.* Although it was not invented by Iciar, he was the one who perfected it, taking his models from the Italians, especially from Palatino, in examples of chancery cursive script, Castilian or formed script, and a combination of italic or court script, or script from the royal provision.

To write this treatise on calligraphy the author relied on the assistance of Jean de Vingles, who did the engravings of the calligraphic samples. At the end of the text Iciar explains how the book was printed, «All these different types of script are printed backwards on Aza-

tentes, en un segundo proceso van a ser los calígrafos los que se veran influidos por los nuevos y más estilizados caracteres utilizados por los impresores. Escribanos y calígrafos dotan a la escritura de nexos y redondean sus rasgos terminales.

Según su procedencia estas nuevas letras serán llamadas cancillerescas romana, veneciana, florentina, milanesa, etc. De Italia se difunde al resto de los países europeos que seguían aún utilizando los modelos góticos. En España los reinos de Aragón, y téngase en cuenta que Iciar trabajó varios años en Zaragoza, serán los primeros en recibir las novedades caligráficas, la nueva letra se conocerá también en nuestro país como bastarda española, que si bien no fue creada por Iciar fue éste el que la llevó a su perfección tomando modelos de los italianos, especialmente de Palatino, muestras de cancilleresca, castellana o formada y mezcla de itálica o cortesana o de provisión real.

Para escribir este tratado de caligrafía, el autor contó, como ya se ha explicado anteriormente, con la colaboración de Juan de Vingles que fue el grabador de las muestras caligráficas de Iciar, éste al fin del texto nos explica cómo se ha realizado el libro: «... todas estas suertes de letras estan escriptas al reves en unas tablas de Azarollera... para que salgan al derecho... y despues de escriptas en las tablas estan gravadas o cortadas a punta de cuchillo... Sepan que todas las letras que salen blancas estan cortadas en hondo y todas las que son negras estan granadas en alto, assi como estan las de la emprenta. Asi estan hechas segun afirman los libros italianos que tratan de la materia...». Más adelante él mismo aclara que fue el primero en tratar de esta materia en España.

En Zaragoza a lo largo del siglo XVI se hicieron varias ediciones; la segunda es de 1550 impresa por Pedro Bernuz, la tercera la imprimió Esteban de Nájera en 1553. A partir de la cuarta que aparece en 1555 la obra sufre algunas alteraciones; se suprimieron en esta y en las posteriores algunas explicaciones teóricas, muestras; aparecen repetidas algunas láminas y quedan incompletos algunos abecedarios. Se incluye incluso a partir de la 5.º un Arte de contar compuesto por Juan Gutiérrez que pasa a figurar en la portada de la 6.ª, impresa en 1564.

Bibliografía

E. COTARELO Y MORI: *Diccionario biográfico y bibliográfico de calígrafos españoles.—* v.I. pp. 350-392. — J. DE ICIAR: *Ortographia pratica.* Introducción de Justo García Morales. Madrid, 1973 (Colección Primeras Ediciones, 1). — J. M. SÁNCHEZ: *Bibliografía aragonesa del siglo* XVI. v.I. pp. 362-364.

rolla plates so that they would come out on the right side. After being written on the plates, they are engraved or incised with the tip of a knife. Let it be known that all the letters that come out white are carved out in depth and that all that black are carved in relief, just like the letters of the printing press. Thus they are made as described in Italian books on the subject.» Further on he makes it clear that he was the first to deal with this subjet in Spain.

Several editions of the work were produced in Saragossa throughout the 16th century. The second edition of 1550 was printed by Pedro Bernuz and the third by Esteban de Nájera in 1553. Beginning with the fourth edition, which appeared in 1555, the work underwent some changes. In this and subsequent editions some writing samples and theoretical explanations were deleted, some engraved plates are repeated and some of the tables of the alphabet are incomplete. From the fifth edition on, an *Art of Story-telling* by Juan Gutiérrez is included, which is mentioned on the title page of the sixth edition, printed in 1564.

Bibliography

E. CATORELO Y MORI: *Diccionario biográfico y bibliográfico de calígrafos españoles.*— v.I. pp. 350-392. — J. DE ICIAR: *Ortographia pratica.* Introducción de Justo García Morales. Madrid, 1973 (Colección Primeras Ediciones, 1). — J. M. SÁNCHEZ: *Bibliografía aragonesa del siglo* XVI. v.I. pp. 362-364.

---

50. ALDERETE, Bernardo

Del origen y principio de la lengua castellana ò romance que oi se usa en España/por el doctor Bernardo Alderete.—En Roma: acerca de Carlo Wllietto, 1606.—[8], 371, [18] p.; 4.° (22 cm)
Sign. ★⁴, A-F⁴, C-Z⁸, 2A-2D⁸, 2E⁴.
Engraved title page with architecture and allegorical figures: 'Philippus Thomassinus sculpsit'.—Royal-coat-of-arms in the center of the title page.

Madrid, Biblioteca Nacional R/3450

On the Origin and Beginnings of the Castilian Tongue is, as its author states in the prologue, the first work of its kind, 'a work no doubt full of hazards and difficulties, since it is the first to be written and published on this subject'. It is the earliest example of the historical and comparative approach to grammar which culminates in the 19th century. 'Since nobody until now had undertaken this great project, I considered it sufficient to begin, leading the way, so that others with greater glory might follow.' The work occupies an important place in the history of phonetics. Nonetheless, histories of philology do not often mention Alderete, or they mention him only in passing, due to the bibliographic rarity of his works and the scarcity of studies on them.

Bernardo José de Alderete was born in Malaga on August 21, 1560 and died in Cordoba on October 4, 1641. His Christian name was simply Bernardo, but upon the death of his brother José he assumed his name

50. ALDERETE, Bernardo

Del origen y principio de la lengua castellana ó romance que oi se usa en España / por el doctor Bernardo Alderete. — En Roma: acerca de Carlo Wllietto, 1606. — [8], 371, [18] p.; 4.° (22 cm.).
Sign. ★⁴, A-F⁴, C-Z⁸, 2A-2D⁸, 2E⁴
Portada arquitectónica calcográfica alegórica: «Philippus Thomassinus sculpsit». — Escudo real en el centro de la portada.

Madrid, Biblioteca Nacional, R/3450

Del origen y principio de la lengua castellana es, como afirma su autor en el prólogo, la primera obra en su género, «obra sin duda llena de dificultad, i puesta en gran peligro; lo uno por ser la primera que en esta razón se ha escrito, i sale a luz...», y punto de partida de todos los estudios posteriores referentes a gramática histórica y comparada, que han alcanzado su desarrollo en el siglo XIX. «... Como hasta aqui nadie avia acometido esta gran empresa, tuve por bastante el començarla, abriendo camino, para que otros con maior gloria la prosigan...» Ocupa un lugar importante en la historia de las leyes fonéticas. Sin embargo, las historias de la filología frecuentemente no citan el nombre de Alderete, o lo hacen superficialmente, debido sobre todo a la rareza bibliográfica de sus obras y a la falta de estudios sobre ellas.

Bernardo José de Alderete, o Aldrete, nació en Málaga el 21 de agosto de 1560 y murió en Córdoba el 4 de octubre de 1641. Su nombre de pila era sólo Bernardo, pero a la muerte de su hermano José se añadió el nombre de éste, en recuerdo de su gran amistad. Se ha creí-

as well, in memory of their great friendship. For a long time it was believed that he lived between 1565 and 1645, but recent research has corroborated the dates given here.

Some of his biographers maintain that he lived in Rome from 1613 to 1615, but this has not yet been confirmed. The publication of the *Origin* was negotiatied in Spain by the author; and the reason that it was printed in Rome is explained by the author in his prologue: 'It was printed in Rome because the language originated there and the book should also have its origin there, not such much for convenience's sake, but because, for some reason, all licences for printing books in Spain again have been suspended.'

In his linguistic works, the *Origin* and *Varias antigüedades de España, Africa y otras provincias (Varies Antiquities of Spain, Africa and Other Provinces)*, Alderete tries to demonstrate that the Castilian language descends from Latin through a process of corruption. In both works he argues for this line of descent against others who sought a more noble origin in earlier antiquity.

When these works made their appearance, every aspect of human life was being transformed. The classical humanities were being cultivated once more, the national character was in the process of formation, and the individual and individual consciousness —the triumph of man himself— enjoyed an intellectual hegemony. Language, one of the things directly related to man, became an object of special concern.

Throughout the 16th century the vernacular languages were being reevaluated. This process had begun centuries earlier, but a definite break with the medieval world had not yet been made. Continuity with the past was assured in that Latin remained the literary and scientific language, par excellence. Continuity was also sought in an effort to link vernacular languages with their Latin model, proximity being the measure of perfection. 'It is from this select tongue that the Castilian tongue descends, and as the noble daughter of such an excellent mother, it enjoys a large share of its parent's splendor and brilliance, such that both have spread to the farthest ends of the globe.'

Alderete deals with the origins of the Castilian tongue at a time when the long process of its introduction had been consolidated and its capacity to express the most varied and noble nuances of the human mind had generally been acknowledged. But Alderete writes with an eye toward Latin and associates the nobility of Spanish with its Latin ancestry.

The *Origin* is divided into three books. The first two deal with the Romanization of the Iberian Peninsula and the fact that Latin was the vernacular language of Spain. He argues for the grandeur and popularity of Latin because of the ends it served as an instrument for the spread of Christianity, its cultivation by the Roman governors who favored the use of Latin and forced the provinces to accept it, and its content: 'In it are recorded the arts

do, durante mucho tiempo, que vivió entre 1565 y 1645, pero las investigaciones más recientes sobre su biografía autentifican las fechas citadas.

Estudió cánones en la Universidad de Osuna, y fue historiador, arqueólogo y gramático. Fue canónigo de la Catedral de Córdoba, y racionero en dicha Catedral, así como beneficiado en la Iglesia de Santo Domingo de Ciruela y en Cazorla.

Algunos de sus biógrafos afirman que vivió en Roma entre 1613 y 1615, pero esto es algo aún sin esclarecer. La edición de *Del origen* fue gestionada por el autor en España, y la razón de que fuera impresa en Roma nos la da él mismo en el prólogo: «i se estampó en Roma, porque donde tuvo origen la lengua, allí lo tenga también el libro, que trata de su principio, aviendo obligado a ello no tanto la comodidad como estar detenidas en España, por algunas causas... todas las licencias de imprimir libros de nuevo».

En su obra lingüística, compuesta por *Del origen...* y *Varias antiguedades de España, Africa y otras provincias,* Alderete trata de demostrar que la lengua castellana procede del latín por corrupción. En ambas obras, afirma esta procedencia contra quienes buscaban un origen más noble en la mayor antigüedad.

En el momento histórico en que aparecen, de transformación de todos los aspectos de la vida humana, de retorno al cultivo de la humanidad clásica y al mismo tiempo de formación del carácter nacional, de hegemonía del individuo y de la conciencia individual, de triunfo del hombre, la lengua, una de las cosas directamente relacionadas con éste es objeto de especial atención.

A lo largo del siglo XVI se acentúa la revalorización de las lenguas vulgares, iniciada siglos antes, aunque la ruptura con el mundo medieval no es aún definitiva. La continuidad se basa en que el latín sigue siendo la lengua literaria y científica por excelencia. También en querer acercar las lenguas vulgares al modelo latino, siendo su adecuación a éste la medida de su perfección: «Desta lengua escogida muestro que desciende la castellana, i como hija noble de tan excelente madre, le cabe gran parte de su lustre i resplandor, con que ambas se han estendido hasta los últimos fines del Orbe».

Alderete trata del origen de la lengua castellana en un momento en que el largo proceso de implantación de esta lengua se encuentra ya consolidado, y su capacidad para expresar los más variados y nobles matices de la mente humana, generalmente aceptada. Pero lo hace volviendo la vista al latín y relacionando la nobleza del castellano con su filiación latina.

Del origen se divide en tres libros. En los dos primeros trata de la romanización de la Península y del hecho de que el latín fuera la lengua vulgar de España. Justifica la grandeza y popularidad del latín por su finalidad (servir de instrumento a la expansión del cristianismo), cultivo (los gobernantes romanos favorecieron el uso de la lengua latina y obligaron a las provincias a aceptarla) y contenido: «en ella tenemos escritas las artes i sciencias,

and sciences and, what is foremost, all that concerns our Christian faith.'

In the third book the author studies the non-Latin constitutive elements of Spanish. The last chapter is an encomium on the language, offsetting the concern shown earlier to clarify its origin and evolution. Our language is important, he says, not only because of its Latin origin but because it possesses excellent qualities in abundance, which ought to be explasized through use, 'the master of language.'

Bibliography

N. ANTONIO: *Bibliotheca Hispana Nova*. PALAU I, p. 183.— I, p. 221. — H. BAHNER: *La lingüística española del Siglo de Oro*. Madrid, 1966. — J. MARTÍNEZ RUIZ: «Cartas inéditas de Bernardo J. de Alderete (1608-1626)». *BRAE*, enero-abril 1970. J. A. MOLINA REDONDO: «Ideas lingüísticas de Bernardo de Alderete». *RFE*, LI, 1968. L. NIETO JIMÉNEZ: *Ideas lingüísticas de Alderete*. Prólogo a la ed. facsímil del *Del origen...* Madrid, CSIC, 1975.

51. BONET, Juan Pablo

Reduction de las letras y arte para enseñar a ablar a los mudos / por Juan Pablo Bonet.—Madrid: Francisco Abarca de Angulo; 1620.—[26],308,[4]p.,[8]l of grav; [1]l.of grav. pleg; 4°.—Sign.: g-gg⁴, g⁴, A-Z⁴, Aa-Ag⁴.

Engraved architectural title page, «Diego Astor fecit 1619.»

Madrid, Biblioteca Nacional R/8155

The preliminaries begin with a list of authors cited in the book, which reveals how aware Bonet was of Latin sources when considering the teachings of his predecessors. His primary source was a collection of Latin grammarians published by Putsch in 1605 and, in particular, the *Ars grammatica* by Marius Victorinus. Among the Spanish grammarians he mentions are Nebrija, Simón Abril, Alderete, «El Brocense» and Covarrubias. The publishing privilege for the kingdom of Castile, good for ten years, is dated Madrid, May 23, 1620. The book also has a publishing privilege for Aragon for the same period of time dated June 4, 1620. The censors' statements are included between the two. Several lauditory compositions in Greek and Latin and two in Spanish, one by López de Zárate and another in *décimas* (stanzas of ten octosyllabic lines) by Lope de Vega, precedes the author's dedication of the work to Philip II. Further on, the author explains what prompted him to begin investigating the problems of teaching language to deaf-mutes. At one time he was secretary to the High Constable of Castile, Juan Fernández de Velasco, and was in charge of speech therapy for the constable's brother, who was a deaf-mute. The point of departure for his method is the regularization of the letters of the alphabet as a way to surmount the difficulties posed in the teaching of language to deaf-mutes. He deals with this problem in his first book, entitled *Reducción de las letras* (Regularization of the Letters), because in his time these letters had many different designations. In the second more practically oriented section, he deals with the technique for teach-

---

i lo que es sobre todo, lo que a nuestra religion Christiana toca».

En el tercer libro estudia los elementos constitutivos del español no latinos. El último capítulo de la obra es una alabanza de la lengua, contrapartida de la preocupación mostrada antes por esclarecer su origen y evolución. Nuestra lengua es importante, no sólo por su filiación, sino porque posee cualidades sobradas, que deben ponerse de relieve con el uso, «dueño de la lengua».

Bibliografía

N. ANTONIO: *Bibliotheca Hispana Nova*. PALAU I, p. 183.— I, p. 221. — H. BAHNER: *La lingüística española del Siglo de Oro*. Madrid, 1966. — J. MARTÍNEZ RUIZ: «Cartas inéditas de Bernardo J. de Alderete (1608-1626)». *BRAE*, enero-abril 1970. J. A. MOLINA REDONDO: «Ideas lingüísticas de Bernardo de Alderete». *RFE*, LI, 1968. L. NIETO JIMÉNEZ: *Ideas lingüísticas de Alderete*. Prólogo a la ed. facsímil de *Del origen...* Madrid, CSIC, 1975.

51. BONET, Juan Pablo

Reduction de las letras y arte para enseñar a ablar a los mudos/por Juan Pablo Bonet...— En Madrid: por Francisco Abarca de Angulo, 1620 [26], 308, [4] p., [8] h. de grab., [1] h. de grab. pleg.; 4.°. —Sign.: g-gg⁴, g⁴, A-Z⁴, Aa-Ag⁴.

Madrid, Biblioteca Nacional R/8155

Portada grabada arquitectónica «Diego de Astor fecit 1619». Los preliminares se inician con un listado de autores citados en el libro a través del cual puede apreciarse en qué alto grado tuvo Bonet en cuenta a los autores latinos a la hora de recoger las enseñanzas de los que le habían precedido. Fundamentalmente utilizó la colección de gramáticos latinos publicada por Putsch en 1605 y en especial el *Ars grammatica* de Mario Victorino; entre los gramáticos españoles cita a Nebrija, Simón Abril, Aldrete, el Brocense y Covarrubias. El privilegio para los reinos de Castilla es por diez años y está fechado en Madrid a 23 de mayo de 1620. Lleva también privilegio para Aragón para el mismo espacio de tiempo y con fecha 4 de junio de 1620. Entre ambos, y después de este último van incluidas las diversas censuras. Preceden a la dedicatoria del autor varias composiciones laudatorias latinas, griegas y dos castellanas, una de López de Zárate y otra que son unas décimas de Lope de Vega. Dedica su obra a Felipe II y a continuación en el prólogo expone las razones que le movieron a iniciar sus investigaciones sobre los problemas de la enseñanza del lenguaje a los sordomudos: él era entonces secretario del condestable de Castilla don Juan Fernández de Velasco, cuyo hermano era sordomudo, y Bonet se encarga de su demutización.

El punto de partida de su método lo inicia con la reducción de los nombres de las letras, que en su tiempo tenían gran diversidad de denominaciones, para poder superar los inconvenientes que de ello se derivaban en relación con la enseñanza de la palabra a los sordomudos; en el libro primero titulado «Reduction de las letras» se

ing them to talk. He describes his methodology together with an in-depth study of the points of articulation, compelled by the need to spell out exactly to the student what position of the speech organs was required for the pronunciation of each sound. He analyses each sound and describes not only the position of the lips or tongue but all the other speech organs as well.

Eight engraved pages between pp. 130 and 131 make up an «Example of an Alphabet for Sign language,» «Aug. Boullals pt.»

The folded page contains a table of abbreviations and ligatures in Greek.

Bonet has a precedent in Spain in the work of the Benedictine monk Pedro Ponce de León (1520-1580), who instituted the teaching of language to deaf-mutes. Both rejected lip reading as an essential part of instruction, although today it is held to be indispensable in therapeutic methods. Some years later, in Cordoba in 1629, Manuel Ramírez de Carrión published his *Maravillas de la naturaleza* (Marvels of Nature). This work and the *Regularization of Letters* constitute the most important early works on the subject. In France in the 18th century the Abbot L'Epée would resume investigation in this field, and Sicard, several years later, will perfect L'Epée's system.

Juan Pablo Bonet was born in Jaca in 1560. He participated in the military expeditions against the Barbary pirates and later in the wars in Italy for the control of Milan and the Savoy. He had a perfect command of classical languages in addition to French and Italian. He served as secretary to the High Constable of Castile and was in his service when he first undertook his work with deaf-mutes. He died in Madrid in 1633.

Bibliography

J. BONET.: *Reducción de las letras y arte para enseñar a hablar a los mudos.* Nueva edición anotada, comentada y precedida de un estudio por Jacobo Orellana Garrido y Lorenzo Gascón Portero. Madrid, 1930. — PÉREZ PASTOR: *Bibliografía madrileña*, II, n.ª 1649. — . T. NAVARRO TOMÁS. *Revista de filología Española*, VII, 1920, pp. 150-177.

---

52. MERINO, Andrés

Escuela paleographica, ó de leer antiguas, desde la entrada de los godos en España hasta nuestros tiempos dispuesta por el P. Andrés Merino de Jesu-Christo...; [gravadas las letras por Don Francisco Assensio y Mejorada].—Madrid: por D. Juan Antonio Lozano, 1780.—[36], *443 p.*: [61] ill. fol.
Sign.:[]³, x-2x²,3x¹, &-4&², a4l², 4m⁴.—Port.
Architectural engraved frontispiece by José Asensio.—59 engravings, full page: 'P. Andreas scripsit, Moreno scᵗ', 'Mansilla scᵗ', 'Asensio scᵗ', 'Nemesio López grabó'.

Madrid, Biblioteca Nacional 3/52310

The *Escuela paleographica* o *Escuela de leer letras cursiva antiguas y modernas,* is the title of the work on the frontispiece preceding the title page. According to José Gonzalo de las Casas, it is the 'best practical work on paleography written in Spain'. In 1857 de las Casas repub-

ocupa de ello, mientras que en el segundo, más práctico, trata del arte de enseñarles a hablar, expone sus métodos y realiza un profundo estudio de las articulaciones, motivado por la necesidad de precisar exactamente al alumno la posición de los órganos del lenguaje para la pronunciación de cada sonido. Cada uno de estos los va analizando y describe la posición no sólo de la lengua o los labios, sino del resto de elementos articuladores.

Entre las pp. 130 y 131 lleva 8 hs. de grab. que son el «Abecedario demonstrativo para ablar con la mano» «Ang. Boullals f⁷.»

La h. plegada es un Indice de abreviaturas y ligaduras de la lengua griega.

Bonet tiene en España un precedente en la obra del benedictino Pedro Ponce de León (1520-1580), quien inició la enseñanza del lenguaje a los sordomudos. Ambos desecharon la lectura labial como enseñanza necesaria, siendo hoy sin embargo un elemento esencial seguido en los métodos de demutización. Unos años más tarde Manuel Ramírez de Carrión publicó en Córdoba sus *Maravillas de la naturaleza* (1629), que junto con la *Reduction de las letras* son las dos obras antiguas más importantes que tratan esta materia. En el siglo XVIII en Francia el abate L'Epée reiniciará las investigaciones y perfeccionará su sistema algunos años más tarde Sicard.

Juan Pablo Bonet nace en Jaca en 1560; participó en las expediciones militares contra los piratas berberiscos y posteriormente en las guerras con Italia por el dominio del Milanesado y la Saboya. Dominaba perfectamente las lenguas clásicas, además del italiano y el francés. Secretario del condestable de Castilla, es estando a su servicio cuando inicia sus trabajos sobre el método de hacer hablar a sordomudos. Muere en Madrid en 1633.

Bibliografía

J. BONET.: *Reducción de las letras y arte para enseñar a hablar a los mudos.* Nueva edición anotada, comentada y precedida de un estudio por Jacobo Orellana Garrido y Lorenzo Gascón Portero. Madrid, 1930. — PÉREZ PASTOR: *Bibliografía madrileña*, II, n.ª 1649. — . T. NAVARRO TOMÁS. *Revista de filología Española*, VII, 1920, pp. 150-177.

---

52. MERINO, Andrés

*Escuela paleographica, o de leer letras antiguas, desde la entrada de los godos a España hasta nuestros tiempos/*dispuestas por el P. Andrés Merino de Jesu-Christo...; [gravadas las letras por Don Francisco Assensio y Mejorada].—Madrid: por D. Juan Antonio Lozano, 1780.—[36], 443 p.: [61] il.; fol.
Sign.: []³, x-2x², 3x¹, &-4&², a-4l², 4m⁴.—Port. frontispicia calcográfica arquitectónica, grab. por José Asensio.—59 grab. a toda plana: «P. Andreas scripsit, Moreno scᵗ», «Mansilla scᵗ», «Assensio scᵗ», «Nemesio López grabó».

Madrid, Biblioteca Nacional 3/52310

La *Escuela paleographica,* o *Escuela de leer letras cursivas antiguas y modernas,* como se titula la obra en el fron-

---

ICIAR, JUAN DE: *Recopilación subtilissima intitulada Ortographia practica.* Zaragoza: Bartolomé de Nágera, 1548. *BN R/8611.*

DESCRITO EL CAPA GOCA

lished this work at the first volume all the practical studies of national and foreign authors. His purpose was the same as Andrés Merino's in 1780. He wanted to publish his *Escuela* to aid those who wished to read in the National Archives, 'almost completely condemned to be consumed by dust and termites', Merino's work updated and improved his predecessors texts in the study of Spanish scripts. The defects of works like those of Cristóbal Rodríguez and Blas Antonio Nasarre, says the author is especially due to the 'bad engraving of the letters, which makes most ancient writings even more obscure than they really are'. The great merit of this work lies in its plates, engraved from the designs of letters made by the author himself.

Andrés Merino de Jesucristo belonged to a religious teaching order of Escolapians. He was a statesman and Arabist. He was born in Elciego, Alava in 1733 and died in Valencia in 1787. A humanist, draftsman, calligrapher and engraver, he began his professional career in the Schools of San Fernando and San Antón in Madrid, where he was an outstanding teacher of Latin and Rhetoric and a provincial consultant and rector.

He also devoted himself to scientific work and pedagogical studies. Shortly before his death, Charles III assigned him a pension of thirty thousand reals to publish his works. He is listed in the catalog of authorities of the Spanish Academy.

The purpose of this work is to teach the reading of ancient scripts, from the coming of the Goths to the 17th century, 'which is the real period of paleography in Spain'. The chronological order attempts to facilitate the knowledge of characters in general and the period when they were used, 'which will help to distinguish legitimate scripts from those which are not'.

The main body of the work is dedicated to documents in Latin and Spanish, although Portuguese, Valencian and Catalan are included in an appendix, since the author considered that a person who was well-versed in Castilian script was also capable of understanding other writings. He attributes the origin of Spanish lettering to the Greek and Roman alphabets.

This work, printed by Juan Antonio Lozano, printer to the king, is an example of the beautiful 18th-century editions in-folio, combining roman round and cursive, with wide margins, decorated endings and framed beginnings.

Each plate is accompanied by a transcription of the text. An attempt is made to specify where the examples come from in order to prove their authenticity. The plates, mostly drawn by Andrés Merino, were engraved by such prestigious artists as Asensio, Mansilla and Moreno Tejada.

Francisco Asensio y Mejorada worked for the palace library and produced noteworthy etchings and engravings. José Asensio Torres, Professor of Engraving at the School of San Fernando, and an excellent copper

tispicio que precede a la portada, es «la mejor obra práctica de paleografía escrita en España» según José Gonzalo de las Casas, quien en 1857 la reeditó al principio de sus *Anales de la Paleografía Española*, obra antológica que en el primer tomo recoge todos los estudios prácticos de autores nacionales y extranjeros con el mismo fin que en 1780 llevó a Andrés Merino a publicar su *Escuela*: facilitar la lectura de los Archivos Nacionales, «condenados casi en su totalidad a ser consumidos por el polvo y la carcoma». La obra de Merino viene a actualizar y mejorar la de sus predecesores en el estudio de las letras españolas, Cristóbal Rodríguez y Blas Antonio Nasarre, de cuya obra afirma el autor que los defectos se deben sobre todo a lo «mal grabado de sus letras, lo que añade más oscuridad a la que por su naturaleza tienen la mayor parte de los escritos antiguos». Son las láminas el mayor mérito de esta obra, grabadas sobre el diseño de las letras hecho por el propio autor.

Andrés Merino de Jesucristo fue religioso escolapio, político y arabista. Nació en Elciego (Alava) en 1733 y murió en Valencia en 1787. Humanista, dibujante, calígrafo y grabador, comenzó su carrera profesional en los Colegios de San Fernando y San Antón de Madrid, en los que destacó como profesor de latín y de retórica; en el segundo fue consultor provincial y rector. Se entregó a trabajos científicos y estudios pedagógicos, y poco antes de su muerte, Carlos III le asignó una pensión de treinta mil reales para publicar sus trabajos. Está en el catálogo de autoridades de la Academia Española.

La obra está destinada a la enseñanza de la lectura de las letras antiguas, desde la entrada de los godos hasta el siglo XVII «que es el verdadero período paleográfico de España». La ordenación cronológica pretende facilitar el conocimiento de los caracteres en general y del tiempo en que se usaron, «lo que sirve para distinguir las escrituras legítimas de las que no lo son».

El cuerpo de la obra se dedica a los documentos en latín y en castellano, aunque a modo de apéndice se han añadido los portugueses, valencianos y catalanes, considerando el autor que quien esté bien versado en las letras de Castilla quedará bien instruido para entender los otros escritos. Pone el origen de la letra española en los alfabetos griego y romano.

Juan Antonio Lozano, impresor del rey, dejó en esta obra un ejemplo de las bellas ediciones en folio del XVIII, combinando redondas y cursivas, con amplios márgenes, finales decorados y grecas en los comienzos.

Cada lámina va acompañada de la transcripción del texto. Se procura especificar de dónde se han sacado los ejemplares, para dar prueba de su autenticidad. Las láminas, dibujadas en su mayoría por Andrés Merino, están grabadas por Asensio, Mansilla y Moreno Tejada, grabadores de gran prestigio.

Francisco Asensio y Mejorada estuvo empleado en la Biblioteca Real, y son notables sus aguafuertes y buriles. José Asensio Torres, profesor de grabado en la Escuela de San Fernando y excelente grabador en cobre, du-

engraver, did the letters on the plates of the National Chalcographic Works for many years. Nemesio López was a pupil of Palomino and Moreno Tejada, engraver to Charles IV. Sánchez Mansilla was also an important letter engraver.

The typographic title page is preceded by a beautiful engraved frontispiece with an architectural frame decorated with leaves and flowers. The foot of the page has an inscription, 'Ornament engraved by Josef Asensio'. The title page, combining different types of letters reads, 'Letters engraved by don Francisco Asensio y Mejorada'.

The 18th-century binding is in leather with gold tooling on the spine.

Provenance: Seal on the title page, 'from the Library of D. Ag. Durán, acquired by the government in 1863'.

Bibliography
PALAU,, IX, 110;J. G. DE LAS CASAS, *Anales de paleografía española,* Madrid, 1857; E. PAÉZ, *Repertorio de grabados españoles,* Madrid, 1983.

rante muchos años grabó las letras de las láminas de la Calcografía Nacional.

Nemesio López fue discípulo de Palomino y Moreno Tejada, grabador de la hermosa cabecera calcográfica con que comienza el texto, fue académico de San Fernando y grabador de cámara de Carlos IV. Sánchez Mansilla fue un importante grabador de letras.

La portada tipográfica va precedida de una bella portada frontispicia grabada en metal, con marco arquitectónico adornado por hojas y flores, al pie de la cual dice: «Gravado el Adorno por Josef Assensio». En esta portada, que combina diferentes tipos de letras, dice al final: «Gravadas las letras por Don Francisco Assensio y Mejorada».

Encuadernación en piel de la época, hierros dorados en el lomo.

En la portada, sello: «Libreria de... D. Ag. Duran. Adquirida por el Gobierno en 1863».

Bibliografía
PALAU, IX, 110.—JOSÉ GONZALO DE LAS CASAS: *Anales de paleografía española.* Madrid, 1857.—Elena P'AEZ: *Repertorio de Grabados Españoles.* Madrid, 1983.

Ragguaglio delle nozze della maestá di Filippo Quinto e di Elisabetta Farnese. Parma: Stamperia di SAS, 1717. *BN ER/2886.*

Auoroa da cronica delRei dom Joham primeiro Rei de purtugal deste nome.

53. CRONICA *del rei en Jacme I.*
Catalunya. — Siglo XIV. — [200]h. — 280 × 220
mm. — Pergamino. — Encuadernación de piel.

Biblioteca Universitaria de Barcelona

53. CRONICA *del rei en Jacme I.*—Catalunya.—Siglo XIV.—[200]h.—280 × 220 mm.—Pergamino. Encuadernación de piel.

Barcelona, University Library

The *Libre deis feyts del rei en Jacme* must be considered as the personal memoirs of James I the Conqueror. This work marks the beginning of a series of masterworks of medieval Catalan historiography which includes the Chronicles of Bernat Desclot and Ramón Muntaner and ends with another royal work, *Libre de Pedro el Ceremonioso,* almost a century and a half later.

Scholars accept the fact that this work was written by James I in the Medieval sense of the term, that is, the king intervened directly in recalling facts and dictating the main events of his private and public life to his collaborators. His initial material was organized and elaborated on even after the death of the king. Although there is en earlier Latin version done by Fray Marsili in 1313, the oldest manuscript preserved in the original Catalan was copied in the monastery of Poblet where the king is buried. It was ordered by the Abbot Ponç de Copons, copied by Celesti Destorrents an finished on the day of St. Lambert, September 17, 1343.

Written in 1244 and 1277 during the lifetime of the king, it balances the living, detailed expression of the most important events closest to their happening with the brief mention of other more remote and nebulous events in the past. The campaigns leading up to the conquest of the kingdoms of Majorca, Valencia and Murcia are set forth in a marked epic tone, along with intimate and very human touches. There is a famous story of the swallow that had built its nest in the royal tent at Burriana in which the king ordered that the tent should not be taken down until the swallow «with her children» had left the nest. The dialogues are spontaneous, lively and unaffected and are rendered in a mature but colloquial Catalan. These royal memoirs are very different from the official hagiography of so many other medieval and modern works.

There are blue and red historiated initials with Renaissance borders. Folio XXVII contains a large miniature depicting the banquet in which Pere Martell proposes the conquest of Majorca to the king and his nobles. This is the only miniature preserved with the codex. Another one, between fols. LXV an LXVI was torn out. The background of the miniature is not consistant. A red and gold striped curtain serves as a backdrop for James I and behind the nobles is a netting with tiny red and blue flowers. This background will later be reproduced in the codices copied in the Royal Scrivener's Office. It also appears in the decoration of initials.

Although the Italo-Gothic illumination is typical of the period, the Chronicle also has certain decorative features which mark its illustration as distinctly Catalan,

El *Libre dels feyts del rei En Jacme* debe ser considerado como unas memorias personales del rey Jaime I, el Conquistador. Inicia el conjunto de obras maestras de la historiografía medieval catalana que, después de casi siglo y medio, se cierra con otra obra real, el *Libre* de Pedro el Ceremonioso. Entre ambas, las crónicas de Bernat Desclot y Ramón Muntaner.

Escrita por Jaime I, en el concepto medieval de la expresión, la directa intervención real, recordando los hechos y dictando a sus colaboradores los principales acontecimientos de su vida privada y pública, es aceptada por la crítica. Ello no impide que sus materiales fuesen ordenados y elaborados, incluso después de la muerte del Rey. El manuscrito más antiguo conservado del original catalán —existe una versión latina, realizada en 1313 por fray Pere Marsili— se copió en el monasterio de Poblet, donde yacían sus restos mortales, por Celesti Destorrents, por orden del abat Ponç de Copons, terminándose el día de San Lamberto, 17 de septiembre de 1343.

Redactado en dos momentos de la vida del Rey, en 1244 y 1277, equilibra la exposición viva y detallada de los hechos que considera más importantes y más cercanos a la época de su evocación con la breve mención de otros, incluso con algunas confusiones, reflejo del tiempo pasado. Las campañas que llevaron a la conquista de los reinos de Mallorca, Valencia y Murcia, con sus gestas y las de sus caballeros, son expuestas en un marcado tono épico, lo que no impide la inclusión de notas íntimas y de carácter humano. Famoso es el caso de la golondrina que construyó su nido en la tienda real, levantada en Burriana: el Rey ordenó que no fuese desmontada hasta que la golondrina «con sus hijos» hubiesen abandonado el nido. Con estilo espontáneo, en un catalán vivo, sin afectación, sus diálogos muestran una lengua madura, en plena naturalidad coloquial. Libro de memorias reales, de la historiografía oficial y turiferaria de tantas otras obras medievales y modernas.

Este códice está realizado sobre pergamino. Tiene 200 folios útiles más una hoja al principio y otra al final. Lleva una numeración romana [I-CCI] en la que se repite el número LXVIII. Escrito con letra gótica, se adorna con once iniciales historiadas con la efigie del rey, en rojo y azul, de las que arrancan orlas renacentistas. Tiene en el fol. XXVII una gran miniatura en la que se representa el banquete en que Pere Martell propone al rey y a sus nobles la conquista de Mallorca.

Esta es la única miniatura que conserva el códice —originariamente tuvo otra entre los folios LXV y LXVI que fue arrancada—.

El fondo de la miniatura no es uniforme: una cortina de color rojo rayada en dorado sirve de fondo a Jaime I, tras los nobles un fondo de malla con florecillas rojas

LOPES, FERNÃO: *Crónica de D. Joâo I.* S. XVI. *BN Vit. 25-8.*

such as the decoration of the margins and borders which stands out from the rest of the manuscript.

Provenance: The first owner of the Chronicle was the monatery of Santa María de Poblet. In 1619, according to the prologue of the copy of the manuscript, it was owned by Joaquín Llatzer Bolet, and later came into the hands of the canon of Lérida, José Jerónimo Basora in 1655. The canon willed it, along with an important collection of manuscripts, to the library of San José de los Carmelitas Descalzos in Barcelona. After Disentailment it became part of the library of the University of Barcelona in 1855.

Bibliography

F. M. ROSELL: *Inventario general de manuscritos de la Biblioteca Universitaria de Barcelona*. Madrid, 1958, n.°1. — *Domínguez Bordona* I, 121. — *Exposición de códices miniados españoles*, n.° 96. — DOMÍNGUEZ BORDONA. *Miniatura*. Ars Hispaniae. — BOHÍGAS: «La ilustración y decoración de manuscritos en Cataluña». — *Exposición conmemorativa del VII Centenario de Jaime I el Conquistador. Madrid, 1977.* — *Historia General de las Literaturas Hispánicas*. Barcelona, 1949.
RUBIÓ Y BALAGUER. *Literatura catalana*, p. 700-2. — Edición: Barcelona, 1873. — Barcelona, Universidad, 1972. (Facsímil).

y azules que más tarde se reproducirá en los códices copiados en la escribánia real. Este mismo fondo ha servido para la decoración de las iniciales.

El miniado del códice está dentro del estilo italogótico imperante en ese período, sin embargo la *Crónica* presenta rasgos decorativos que definen su ilustración como catalana; es precisamente la decoración marginal y la orla lo que independizan el miniado del manuscrito y lo definen dentro de una escuela de iluminación nacional.

El primer poseedor de la Crónica fue el monasterio de Santa María de Poblet. En 1619, según consta en el prólogo de la copia de este manuscrito que se hizo en esa fecha, lo poseía Joaquin Llatzer Bolet; en 1655 estaba en manos del canónigo de Lérida José Jerónimo Basora quien lo legó, junto con una importante colección de manuscritos, a la librería de San José de los carmelitas descalzos de Barcelona; por la ley de desamortización de bienes elesiásticos pasó en 1855 a formar parte del fondo de la Biblioteca Universitaria de Barcelona.

Bibliografía

F. M. ROSELL: *Inventario general de manuscritos de la Biblioteca Universitaria de Barcelona*. Madrid, 1958, n.°1. — *Domínguez Bordona* I, 121. — *Exposición de códices miniados españoles*, n.° 96. — DOMÍNGUEZ BORDONA. *Miniatura*. Ars Hispaniae. — BOHÍGAS: «La ilustración y decoración de manuscritos en Cataluña». — *Exposición conmemorativa del VII Centenario de Jaime I el Conquistador. Madrid, 1977.* — *Historia General de las Literaturas Hispánicas*. Barcelona, 1949.
RUBIÓ Y BALAGUER. *Literatura catalana*, p. 700-2. — Edición: Barcelona, 1873. — Barcelona, Universidad, 1972. (Facsímil).

54. LOPES, Fernão

Crónica de João I (Chronicle of John I of Portugal). Portugal. 16th century.
Parchment codex. 5 + 146 pp. 2 cols. 535 × 385 mm. Manueline Gothic script. Parchment binding with gold tooling. 555 × 405 mm.

Madrid, Biblioteca Nacional, Vit. 25-8

The Portuguese chronicler, Fernão Lopes, one of his country's best medieval historians, was officially appointed by King Duarte to write the biographies of the kings of Portugal in 1434. This was the time of national unification, the development of centralized power and the existence of a national consciousness in the wake of the country's triumph over Spain's attempts to dominate its neighbor. These favorable conditions stimulated the growth of a literary genre that would serve as a vehicle for the celebration of the nation's heroes and the collective national experience.

The codex of the *Chronicles of John I of Portugal* preserved in the National Library of Madrid is a luxury copy dating from the first quarter of the 16th century.

Written in Manueline Gothic script, the text is arranged in two columns. The manuscript begins with a table of contents (fol. 1r-5v). An exquisite iluminated initial contains exotic animals drinking at a Renaissance fountain, a cupid astride a unicorn and a flock of birds in flight.

The foliation of the chronicle, contemporary with

54. LOPES, Fernão

Crónica de D. João I. — Portugal. — SigloXVI. —5+ 146h., —535×385 mm. — Pergamino.
— Encuadernación pergamino con hierros dorados, 555×405 mm. **Madrid, Biblioteca Nacional Vit. 25-8**

El cronista Fernão Lopes, uno de los mejores historiadores del medievo portugués, fue encargado oficialmente por el rey don Duarte en 1434 para que redactase la bibliografía de los reyes de Portugal. Era el momento de la unificación nacional: la conciencia del país victorioso contra las tentativas españolas y el desarrollo del poder central eran condiciones propicias para que floreciese un género literario que sirviese de marco para la exaltación de los héroes y de las vivencias nacionales.

El códice de la *Crónica de Juan I de Portugal* que conserva la Biblioteca Nacional de Madrid es una copia de lujo del primer cuarto del siglo XVI.

Escrito con letra gótico manuelina, el texto está dispuesto en dos columnas. El manuscrito se inicia con el índice [f.1r. a 5v.], una exquisita capital miniada se remata por una fontana renacentista donde abrevan animales exóticos, un amorcillo a lomos del unicornio y un vuelo de pájaros.

La *Crónica* lleva una foliación contemporánea a la redacción del códice en gruesos números romanos a tinta roja. Se inicia en el f.Ir. pero la numeración acaba en el f. CXV y el texto sigue otra hoja más.

El manuscrito contiene la primera parte de la *Cró-*

the codex itself, is in large Roman numerals in red ink. It begins with fol. Ir and ends on fol. CXV, but the text continues on one more leaf.

The manuscript contains the first part of the chronicle. Its format, composition and script suggest that it belongs to the collection «Leitura Nova» (New Readings) begun by King Manoel and continued by John III. According to Reynaldo dos Santos, the miniatures enable us to date the codex at the beginning of the reign of John the Pious.

Other details also present unmistakable evidence for the correct dating of the codex such as the absence of Manueline globes, always present in works of art associated with King Manoel the Fortunate; the costumes and men's beards worn in a style adopted by John III following the fashion of the courts of Francis I of France and Charles V of Spain; and above all, the miniature on fol. 33v in which a man is unloading a sack of coins, some of which have been identified by the historian and numismatist Damião Peres as those struck at the beginning of the reign of John III.

The frontispiece of the manuscript is decorated with a border representing a Renaissance archway. Above, underneath an ogee arch is the coat-of-arms of John I with the ten castles and escutcheons over the cross of Avis, at the sides is the king's motto, «Por bem». Below is the royas coat-of-arms flanked by the inscription «Salus vite». The margins are adorned with grotesques and two cupids.

The chronicle itself is embellished with numerous miniatures and historiated capitals. Illustrations are not unusual for their size, but they do stand out for their exquisite workmanship. The miniatures, generally one or two per page, occupy the inner and outer margins. The miniaturist establishes an amusing interplay between the historiated capitals and the miniatures as he links the theme begun in the field of the capital to the field of the miniatures in the margin. The scenes are full of humor and imagination.

These miniatures were attributed by Durrieu to Antonio de Holanda on the basis of Flemish elements in some of the compositions. Reynaldo dos Santos attributes them to Alvaro Pires, the illuminator of «Leitura Nova» and some of the best codices from the reigns of Manuel and John III. Pires, active around 1509-1539, was one of the most prominent Portuguese illuminators. The style of this miniaturist is evident above all in the drawing and modeling of the many nudes in the chronicle.

The parchment binding dates from the 19th century. The borders and spine are gold tooled and a lettering panel on red leather contains the words «Lopez Fernan. Cronica del rei dom Joham primeiro de Portugal. Iᵃ parte.»

Bibliography

DURRIEU, p. 58. — R SANTOS. *As iluminuras da Crónica de D. João I de Fernão Lopes em Madrid.* Coloquio, n.º 29, 1964. — L. F. Lindley CINTRA. «Nótula sobre os manuscritos das obras de Fernão Lopes». *Colo-*

nica. Por el formato y la composición y la letra se puede integrar en la colección «Leitura Nova» que inició el rey Don Manuel y continuó don Juan III. Según las investigaciones de Reynaldo dos Santos las miniaturas permiten fechar el códice en el inicio del reinado del Piadoso.

La ausencia de las esferas manuelinas, siempre presentes en todas las obras de arte relacionadas con el Venturoso; la indumentaria de los personajes, las barbas que llevan los hombres, moda adoptada por Juan III de Portugal a imitación de las cortes de Francisco I de Francia y Carlos V de España; y sobre todo la miniatura del folio 33v. en la que un hombre descarga un saco de monedas entre las que se ven unas identificadas por el historiador y numísmata Damião Peres, como las que se acuñaron al inicio del reinado de Juan III.

El frontispicio del manuscrito se adorna con una orla que reproduce una arcada renacentista. Arriba, bajo un arco conopial, el escudo de don Juan I con los diez castillos y los escudetes sobre la cruz de Avis, a los lados la divisa del rey «Por bem». Abajo un escudo regido flanqueado por la inscripción «Salus vitae». Los márgenes llevan adornos de grotescos y dos amorcillos.

El cuerpo de la *Crónica* está adornado con numerosas miniaturas y capitales historiadas. La ilustración no es espectacular por su tamaño pero sí por su exquisita factura. Las miniaturas ocupan los márgenes exteriores e interiores, suele haber una o dos por hoja: se yuxtaponen a las capitales historiadas, con las que el miniaturista establece una graciosa interrelación: el tema que se inicia en el campo de la capital se continúa en el de la miniatura marginal. Las escenas están llenas de imaginación y de humor.

La autoría de las miniaturas fue atribuida por Durrieu a Antonio de Holanda basándose en los elementos flamencos que presentan algunas miniaturas. Reynaldo dos Santos las atribuye a Alvaro Pires, iluminador de «Leitura Nova» y de algunos de los mejores códices manuelinos y juaninos. Pires, cuya actividad se desarrolla hacia 1509-1539, fue uno de los más notables iluminadores portugueses. El estilo de este miniaturista se evidencia sobre todo en el dibujo y modelado de los desnudos muy abundantes en la *Crónica.*

De la primera parte de la *Crónica del rey Juan I* hay otros dos códices: el de la Torre do Tombo [ms. n.º 353] y el Bristish Museum [add. Mss. 20946]. Por el texto el manuscrito de la Torre do Tombo parece el más antiguo, el más cercano a la fuente original, redactado en el reinado del rey don Manuel; sin embargo el de la Biblioteca Nacional de Madrid es el más importante desde el punto de vista de la abundancia y riqueza de la iluminación.

La encuadernación del ejemplar está realizada en pergamino. Una orla de hierros dorados adorna las tapas. El lomo lleva una retícula de hierros dorados y un tejuelo sobre la piel roja «Lopez Fernan. Crónica del rei dom Johan primeiro de Portugal. 1.ᵃ parte». Es del siglo XIX.

quio, n.º 29, 1964. — Luis F. Lindley CINTRA. Prefacio a la edición de Lisboa; Imprensa Nacional-Casa da Moeda, 1973. — DOMÍNGUEZ BORDONA, I, n.º 934.—S DESWARTE. Les enluminieres de la Leitura Nova. París, 1977.

Bibliografía
DURRIEU, p. 58. — R SANTOS. As iluminuras da Crónica de D. Joâo I de Fernâo Lopes em Madrid. Coloquio, n.º 29, 1964. — L. F. Lindley CINTRA. «Nótula sobre os manuscritos das obras de Fernâo Lopes». Coloquio, n.º 29, 1964. — Luis F. Lindley CINTRA. Prefacio a la edición de Lisboa; Imprensa Nacional-Casa da Moeda, 1973. — DOMÍNGUEZ BORDONA, I, n.º 934.—S DESWARTE. Les enluminieres de la Leitura Nova. París, 1977.

55. TRIUNFO DE MAXIMILIANO

16th-17th centuries.— 87 fols.— 905 × 460 mm.

Codex on Vellum.—Louis XV Frech tooled binding.

Madrid, Biblioteca Nacional, Res. 254

There are two extant manuscripts with miniatures of the *Triumph of the Emperor Maximilian I,* one in the Albertina of Vienna and the other in the Biblioteca Nacional of Madrid. A work with the same title by Hans Burckmaier, a pupil of Dürer, came out in between these two. The Vienna manuscript, probably from the period of Maximilian and ordered by the emperor himself, served as the basis for the series of 135 prints engraved in Burckmaier's studio between 1516 and 1519. These prints inspired the manuscript in the Biblioteca Nacional which was probably done at the end of the 16th or beginning of the 17th century.

The 87 pictures of the Madrid manuscript unfold with great splendor the solemn cortege of the emperor and his family, kings and princes of the house of Austria and nobles of the empire, not to mention the usual court figures of musicians, jesters and hunters. Although the text is completely visual in nature, brief texts in German, written on banners and placards carried by the noblemen and occasional circumstantial verse in praise of the emperor explain the contents of the pictures.

The three works mentioned are a pictorial interpretation of a text written by Marco Treitz Sauerwein, secretary to the emperor, according to Maximilian's wishes.

Little is known specifically about the source of the Madrid codex. Rosell points out, however, that it must have been included in the collection of books brought by Philip V from France because the binding of tooled leather with escutcheons, clasps bronze corner-pieces is in the style of Louis XV.

Bibliography

I. Rosell y Torres . «El Triunfo de Maximiliano I. Libro de miniaturas en Vitela:..» en *Museo Español de Antigüedades,* I, 1872, pp. 409-416. DURRIEU. *Mss. d'Espagne,* p. 73.—DOMÍNGUEZ BORDONA. *Mss. con pinturas,* I, núm. 868.— *Minatures espagnoles,* num. 126, pp. 78-79.

55. TRIUNFO DE MAXIMILIANO

Vitela 87, fol., 460 × 905 mm.—Siglos XVI-XVII.

Madrid, Biblioteca Nacional, Res. 254

Se conocen del *Triunfo del Emperador Maximiliano I* dos manuscritos miniados: el que se conserva en la colección Albertina de Viena y el que posee la Biblioteca Nacional de Madrid. Entre uno y otro se sitúa la obra, del mismo título, planeada por Hans Burckmaier, discípulo de Durero. El manuscrito de Viena, probablemente de la época del Emperador y ejecutado por orden suya, sirvió de base para la serie de 135 estampas grabadas en el taller de Burckmaier entre 1516 y 1519. Estas inspiraron el ejemplar de la Biblioteca Nacional de Madrid, que debió de ser ejecutado del siglo XVI o principios del XVII.

A lo largo de los 87 cuadros del manuscrito matritense se despliega con gran brillantez el solemne cortejo en el que participan el Emperador Maximiliano y la familia imperial, los reyes y princesas de la Casa de Austria, los nobles del Imperio, sin olvidar a personajes de la Corte (músicos, cazadores, bufones...). Aunque todo es visual, breves textos en alemán explican el contenido de los cuadros —a veces versos circunstanciales de elogio del Emperador— escritos en oriflamas o en cartelas que portan los caballeros.

Las tres obras mencionadas hacen gráfico un texto escrito por Marco Treitz Sauerwein, Secretario del Emperador, por dictado de éste.

De la procedencia del códice de Madrid no se tienen datos concretos. Aunque —como señala Rosell— por las características de la encuadernación, de piel labrada con escudos, broches y cantoneras de bronce, en estilo francés de la época de Luis XV, debió de formar parte de la colección de libros que Felipe V trajo de Francia.

Bibliografía

I. Rosell y Torres . «El Triunfo de Maximiliano I. Libro de miniaturas en Vitela:..» en *Museo Español de Antigüedades,* I, 1872, pp. 409-416. DURRIEU. *Mss. d'Espagne,* p. 73. — DOMÍNGUEZ BORDONA. *Mss. con pinturas,* I, núm. 868.—Minatures espagnoles, núm. 26, pp. 78-79.

56. RAGGUAGLIO delle nozze della maestà di Filippo Quinto e di Elisabetta Farnese...: solennemente celebrata in Parma l'anno 1714, ed ivi benedette dall'cardinale...Ulisse Giuseppe Gonzzadini... —In Parma: nella Stamperia di S.A.S., 1717.—115 p., [4]l. of plates folded., [1] l. of plate; fol.

56. RAGGUAGLIO delle nozze della maestà di Filippo Quinto e di Elisabetta Farnese...: solennemente celebrata in Parma l'anno 1714, ed evi benedette dall'cardinale... Ulisse Giuseppe Gozzadini...—In Parma: nella Stamperia di S.A.S., 1717.—115 p., [4] h. de grab. pleg., [1] h. grab.; fol.

Sig.: A-N⁴, O⁶.—Cooper plate engraving.—Seal of the Royal Cibrary.—18th century tooled leather binding.

For many centuries the mystique of royalty was handed down to the public through the art of book illustration. The presentation of these books of festivities sponsored by the court was equal to the display and sumptuousness of the events themselves. Seventeenth and eighteenth century engravings document significant happenings and interpret them through the canons of symbolism and allegory to emphasize their grandeur. The *Ragguaglio de le nozzi,* an exquisite example of this type of book, describes the pomp and splendor of the betrothal of Philip V of Spain to Isabella Farnese celebrated in Parma in September 1714.

The king, dressed in armor and holding his general's baton, stands on some stairs and contemplates a portrait of Isabella Farnese held up by an angel, a messenger of the gods and old man crowned with laurels. Three matrons surround the king. In the foreground to the left stands Justice with her scales and swords; at the feet of the monarch is Abundance with her cornucopia and compass, the symbol of equity and truth, with an eagle, the symbol of royalty an power, on her head; Cupid, seated at the feet of Abundance, holds an olive branch in one hand and a hare, the symbol of Spain, in the other. In the background, Monarchy, with a crown on her head, points to a statue of Prince Farnese. In the foreground on the right an old man, symbolizing a river, pours water from a jug. In the background behind a curtain drawn aside by a cherub, galleons plow the seas.

This engraved frontispiece is signed by Ilario Spolverino, who designed and drew it, and by Giambattista Sintes, engraver to the Duke of Parma, who engraved it in Piacenza in 1718. Sintes, a Roman engraver, pupil of Farjat and a member of the Congregazione dei Virtuosi, devoted himself almost exclusively to the reproduction of drawings.

The second engraving is the one exhibited here. It shows Cardinal Gozzadini entering the city of Parma for the wedding. It is an unusually large print (620 × 910 mm), engraved on a single plate and folded in six to fit the book. This engraving is an exceptional documentary source because of its wealth of material on genealogy, architecture and ceremonial etiquette. The composition is divided into eight longitudinal parts showing the procession of the wedding party. All the participants in this auspicious occasion wind around the walls of Parma, complete with curious onlookers, to enter through the gate of San Michele and pass before the church of La Scala, the palace of the prince and finally arrive at the cathedral and baptistry. This is a procession of the nobility and the church with their respective entourages. Carriages and horses with their trappings complete this display of luxury. All the elements are numbered and below the engraving there is a reference index. The engraving,

Sig.: A-N⁴, O⁶. — Grabados calcográficos. — Sello de la Biblioteca Real. — Encuadernación piel con hierros dorados.

Madrid, Biblioteca Nacional ER 2886

La mística de la realeza fue durante siglos difundida al público a través de la imprenta y la estampa. El libro de fiesta, patrocinado por la corte adecua su presentación al empaque y suntuosidad de tales eventos. El grabado durante los siglos XVII y XVIII documenta los grandes acontecimientos interpretándolos bajos los cánones del simbolismo para reforzar su grandeza. El *Ragguaglio de le nozze* es un precioso ejemplo de este tipo de libros, en el que se recoge el fasto de los esponsales de Felipe V de España con Isabel de Farnesio que se celebró en el mes de septiembre de 1714 en la ciudad de Parma.

Cuatro grabados calcográficos acompañan a la narración de la ceremonia y las fiestas que siguieron; los cuatro son documentales; uno más, el que sirve de portada frontispicia, alegórico.

Desde unas gradas, el rey vestido con la coraza y portando el bastón de mando contempla el retrato de Isabel de Farnesio que le presentan un ángel, mensajero de los dioses, y un anciano coronado de laureles. Tres matronas rodean al rey: en primer término, a la izquierda, la Justicia con la balanza y la espada, a los pies del monarca la Abundancia con una cornucopia y un compás, símbolo de la equidad y de la verdad, sobremontada por un águila, símbolo de la realeza y el poder; un amor sostiene en una mano la rama de olivo y una liebre en la otra, símbolo de España, está sentado a los pies de la Abundancia; en último término la Monarquía llevando la corona en la cabeza señala la estatua del príncipe Farnesio. A la derecha, en primer término, la representación de un río, anciano que vierte las aguas de un cántaro. Al fondo, tras un cortinaje sostenido por un angelote, los galeones surcan el mar.

Este grabado frontiscipio está firmado por Ilario Spolverino que lo inventó y lo dibujó y Giambattista Sintes, grabador al servicio del duque de Parma que lo realizó en Piacenza en 1718. Sintes, discípulo de Farjat, era un grabador romano que se dedicó casi exclusivamente a reproducir dibujos y fue miembro de la *Congregazione dei Virtuosi.*

El segundo grabado, que es el que se muestra en esta Exposición, visualiza la entrada del cardenal Gozzadini en la ciudad de Parma para la celebración de la boda. Es una estampa de dimensiones excepcionales [620 × 910 mm.] realizada en una sola plancha y que va plegada en seis para uniformarse al tamaño del libro. Por la abundancia de material genealógico, arquitectónico y protocolario que aporta, este grabado es un documento excepcional. La composición está divida en ocho tramos longitudinales que muestran el paso del cortejo: desde la porta San Michele, por donde ingresan, van bajando todos los participantes en el fasto, rodean los muros de Parma —a los que se asoman los curiosos— y pasan por delante de la iglesia della Scala, el palacio del príncipe, para

dated 1716, is signed by Theodore Vercruysse, who based it on a drawing by the painter Ilario Spolverino. Vercruysse was a Flemish engraver from Amsterdam who worked in Florence copying works in the Uffizi Gallery between 1707 and 1726, together with the Italian artists Mogalli, Lorenzini and Piachianti.

The three other engravings are clearly documentary: the façade of the Duomo of Parma (480 × 530 mm), made to scale by the engraver M. Francis; interior of the Duomo (480 × 680 mm) and floor plan (560 × 860 mm).

The five engravings are also illuminated. The images of this courtly book are truly spectacular because of the use of color and gold and large size.

The 18th century binding is done in tobacco-colored leather with gold tooling on the cover and edges. The ribs are raised and the spine is gold tooled. It bears the fleur-de-lis, symbol of the new royal house of Bourbons which had recently ascended the throne of Spain with the first king Philip V, the protagonist of this book.

Provenance: This volume belonged to the Biblioteca Real. Judging from its illumination and rich protective binding, it was a presentation copy intended as a gift for the monarchs.

Bibliography
THIEM-BECKER, XXXI, p. 92. — WURZBACH, 2. — *Exposición «El ocio en la Biblioteca Nacional»*, Madrid, 1985, n.° 257.

finalmente llegar a la catedral, junto a la que se encuentra el baptisterio. Es el desfile de la nobleza y de la Iglesia con todo el séquito que ambas instituciones llevan tras sí. Carrozas, caballos enjaezados completan este despliegue de lujo. Todos los elementos que aparecen están marcados con un número, al pie del grabado hay un índice en el que se da la referencia. El grabado está firmado por Teodoro Vercruysse en 1716, quien lo realizó sobre un dibujo del pintor Ilario Spolverino. Vercruysse era un grabador flamenco, nacido en Amsterdam, que trabajó en Florencia entre 1707 y 1726 en la reproducción de obras de la Galleria Uffizzi junto con los artistas italianos Mogalli, Lorenzini y Piachianti.

Los otros tres grabados que se incluyen son claramente documentales: la fachada del Duomo de Parma [480 × 530 mm.], realizado a escala por el grabador M. Francia; el lado interior del Duomo [480 × 680 mm.], y la planta [560 × 860 mm.].

Los cinco grabados se realzaron con la iluminación. El empleo del color y el oro unido a las dimensiones, hacen que la ilustración de este libro cortesano se convierta en una imagen deslumbrante.

El ejemplar perteneció a la Biblioteca Real y fue, como lo prueban su iluminación y la rica encuadernación que lo protege, una copia especial regalada a los monarcas.

La encuadernación del siglo XVIII está realizada en piel tabaco con una orla de hierros dorados en las tapas y en los cantos; los nervios están resaltados y el lomo cuajado con hierros dorados que representan la flor de lis, símbolo de la nueva casa real, la de los Borbones, que acababa de entrar en España con el rey que protagoniza este libro, Felipe V.

Bibliografía
THIEM-BECKER, XXXI, p. 92. — WURZBACH, 2. — *Exposición «El ocio en la Biblioteca Nacional»*, Madrid, 1985, n.° 257.

III₃ EL OCIO

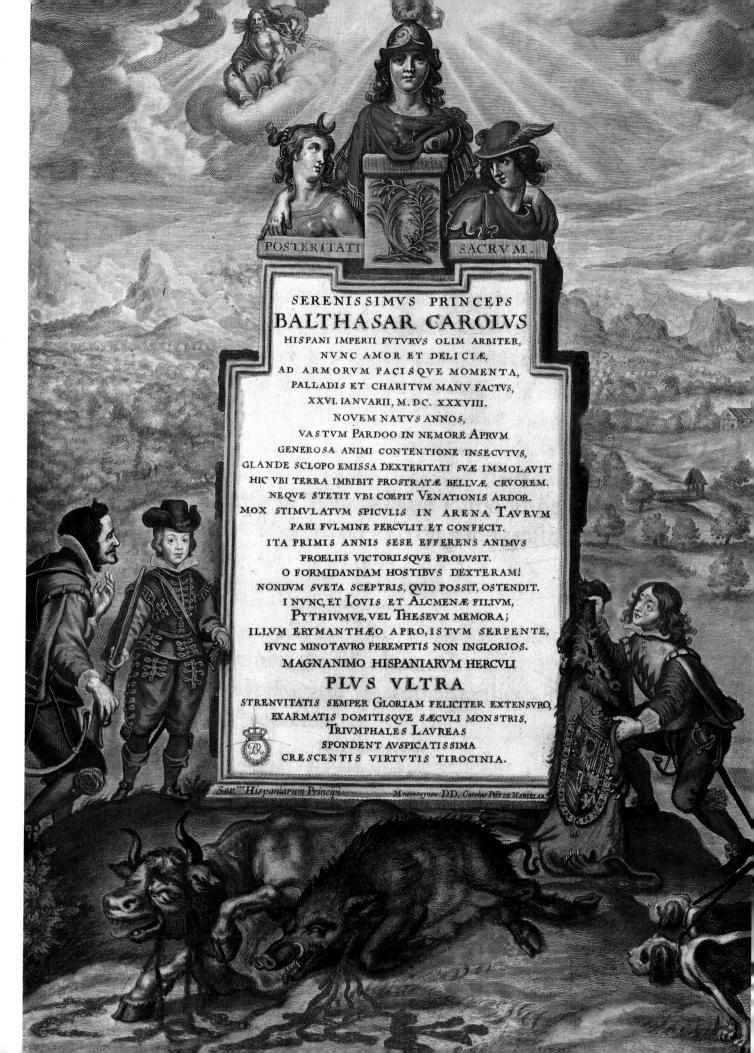

POSTERITATI   SACRVM.

SERENISSIMVS PRINCEPS
BALTHASAR CAROLVS
HISPANI IMPERII FVTVRVS OLIM ARBITER,
NVNC AMOR ET DELICIÆ,
AD ARMORVM PACISQVE MOMENTA,
PALLADIS ET CHARITVM MANV FACTVS,
XXVI. IANVARII, M. DC. XXXVIII.
NOVEM NATVS ANNOS,
VASTVM PARDOO IN NEMORE APRVM
GENEROSA ANIMI CONTENTIONE INSECVTVS,
GLANDE SCLOPO EMISSA DEXTERITATI SVÆ IMMOLAVIT
HIC VBI TERRA IMBIBIT PROSTRATÆ BELLVÆ CRVOREM.
NEQVE STETIT VBI COEPIT VENATIONIS ARDOR.
MOX STIMVLATVM SPICVLIS IN ARENA TAVRVM
PARI FVLMINE PERCVLIT ET CONFECIT.
ITA PRIMIS ANNIS SESE EFFERENS ANIMVS
PROELIIS VICTORIISQVE PROLVSIT.
O FORMIDANDAM HOSTIBVS DEXTERAM!
NONDVM SVETA SCEPTRIS, QVID POSSIT, OSTENDIT.
I NVNC, ET IOVIS ET ALCMENÆ FILIVM,
PYTHIVMVE, VEL THESEVM MEMORA;
ILLVM ERYMANTHÆO APRO, ISTVM SERPENTE,
HVNC MINOTAVRO PEREMPTIS NON INGLORIOS.
MAGNANIMO HISPANIARVM HERCVLI
PLVS VLTRA
STRENVITATIS SEMPER GLORIAM FELICITER EXTENSVRO,
EXARMATIS DOMITISQVE SÆCVLI MONSTRIS,
TRIVMPHALES LAVREAS
SPONDENT AVSPICATISSIMA
CRESCENTIS VIRTVTIS TIROCINIA.

Ser.ᵐᵒ Hispaniarum Principi   Mnemosynon D.D. Carolus Pⁱⁱˢ de Marselar.

57. ABŪ NASR MOHAMMAD IBN TARJĀN AL-FĀRĀBĪ

Kitāb al-mūsīqà [Book of Music].—14th century.—91 pp. 235c170.—Paper.—19th century red leather binding with flaps. pen ink illustrations.

Madrid, Biblioteca Nacional, Res. 241

Alfarabi is one of the most eminent and renowned of Muslim philosophers. Such was his reputation that he was nicknamed «the second master», the first understood to be Aristotle.

Little is known about his life. Of Turkish descent, he was born in Turkestan and died in Damascus in 389 (950) when he was apparently over eighty years old.

His philosophy teacher was a Nestorian Christian of the Greek school of Alexandria. Alfarabi was also in contact with the Aristotelian school of Baghdad. He largely continues the tradition of Byzantine civilization as one of the key figures in the transmission of Greek philosophy to the Islamic world.

More than a hundred works, most of them on logic, metaphysics, ethics and politics have been attributed to him. This work deals with the principles of music, voice, tone and instruments. It is divided into parts and sections ending with Part III. It is written in Maghrebi characters and illustrated with pen-and-ink drawings depicting instruments and musical figures.

This manuscript belonging to the Biblioteca Nacional was identified by Dèrenbourg as no. 911 in the Escorial Library. There are two copies of this codex, one in the Biblioteca Ambrosiana of Milan and the other in the Library at Leiden.

The red leather binding with flaps is a nineteenth-century imitation of typical Arabic bookbinding and is signed by Grimaud.

Bibliography
DOMÍNGUEZ BORDONA, I, no. 997; GUILLÉN ROBLES, no. 602; DÉREN-BOURG, *Notes*, p. 46; *Alfonso X, Toledo*, 1984, no. 771; *Exposición Histórico-europea*, no. 86.

57. ABŪ NASAR MUHAMMAD IBN TARJĀN AL-FĀRĀBĪ

Kitäb al-mūsīqà. — Siglo XIV. — 91 h. — 235 × 170 mm. — Papel. — Encuadernación piel roja.

Madrid, Biblioteca Nacional Res. 241

Alfarabi es uno de los más eminentes y más célebres filósofos musulmanes, hasta el punto de recibir el sobrenombre de «segundo maestro», siendo el primero Aristóteles.

Se sabe poco de su vida. De origen turco, nació en el Turkestán y murió en Damasco, al parecer con más de ochenta años, en 389/950.

Su maestro en filosofía fue un cristiano nestoriano perteneciente a la escuela griega de Alejandría, y estuvo también en contacto con la escuela aristotélica de Bagdad. Perpetúa en gran manera una tradición de la civilización bizantina y es una de las piezas claves de la transmisión de la filosofía griega al mundo del Islam.

Se le atribuyen más de cien obras, la mayor parte de ellas de lógica, metafísica, ética y política. La que aquí nos ocupa trata de los principios de la música, voces, tonos e instrumentos. Está dividido en partes y secciones, finalizando en la parte III. Carácter magrebí. Se adorna con dibujos a pluma que reproducen instrumentos y figuras musicales.

Este manuscrito de la Biblioteca Nacional fue identificado por Derenbourg como el número 911 de la Biblioteca de El Escorial. De este códice existen dos copias, una en la Ambrosiana de Milán y otra en la de Leiden.

La encuadernación de piel roja es de solapa. Va firmada por Grimaud y es una imitación decimonónica de las típicas encuadernaciones árabes.

Bibliografía
DOMÍNGUEZ BORDONA, I, n.° 997. — GUILLÉN ROBLES, n.° 602. — H. DERNBOURG, *Notes*, p. 46. — *Alfonso X.* Toledo, 1984, n.° 171. — *Exposición Histórico-Europea*, n.° 86.

---

58. LIBRO *del juego de las suertes*. Agora de nueuo reconocido y ememdado mudada la cuenta dalguarismo en cuenta llana porque mas facilmente entenderse pueda..—Valentia: [Juan Joffre], 1528. XXXVIII [i. e. XXXVI]l.: ill. (madera); fol.—Sign.: A⁸, B¹², C-D⁸.—Gothic letterig.—Colophon.—Printed on both sizes.—Ex-libris Salvá and on the inside Conde de Benahavis.—Shagreen binding tooled in blind with gilt edges.

Madrid, Biblioteca Nacional R/9015

The title page has a four-part border and title in red ink with a woodcut initial. *The Book of Games of Chance* is merely a game consisting in the random guessing of answers to a series of fundamental questions on life. In

MARSELLAR, CHARLES PHILIPPE. *Serenissimi Hispaniarum Principis Balthasaris Caroli Venatio.* Bruxellae, 1642. *BN R/7271.*

58. LIBRO *del juego de la suertes*. Agora de nueuo reconocido y emendado τ mudada la cuenta dalguarismo en cuenta llana porque mas facilmente entenderse pueda. — Valentia: [Juan Joffre], 1528. XXXVIII [i.e. XXXVI] h.: il. (madera); fol. — Sign.: A⁸, B¹², C-D⁸. — Colofón. — L. gót. — Hojas impresas por ambas caras. — Exlibris de Salvá en las tapas y en el interior del Conde de Benahavis. — Enc. piel de zapa con hierros y cort. dor.

Madrid, Biblioteca Nacional R/9015

Portada con orla de cuatro piezas y título a tinta roja con inicial xilográfica. El libro de las suertes no es sino un juego consistente en la adivinación, mediante el azar, de las respuestas a una serie de preguntas fundamentales sobre la vida. En el prólogo, que figura al verso de la port., se justifica el pasatiempo como un posible entretenimiento más de la ociosidad, madre de todos los vi-

the prologue on the verso of the title page, this pastime is justified as just one more possible way to wile away idleness, the mother of all vices, and its unimportance is stressed by stating that the solutions to different questions are just jokes (burlas) and foolish remarks (disparates). Ultimately, it says, the good Catholic finds in the Gospel the only true, eternal fortune, according to his good or bad behavior.

In spite of this warning, the book was included in the Index of books prohibited by the Inquisitor Hernando de Valdés in 1559 at a historical moment in Spain when the heterodox humanistica liberty of the first part of the century was giving way to the intransigent line of the Spain of the Counter-Reformation.

On page 2 after the prologue, an explanation is given of how to use the parts of the book. The first, with the wheel of fortune in the center, contains 20 questions; the second contains the kings, the third, the signs, the fourth, the spheres and the last the prophets, where the final answer is found.

The part of the kings begins on the verso of page 2 and covers 5 pages. Woodcut illustrations on each page depict four kings sitting in a frame. Each of these kings sends 20 signs in search of fortune. These signs (sun, moon, star, scorpion, heart, etc.) appear in the middle of the page with 6 surrounding columns containing wood cuts of the 56 possible combinations of three dice. This is where the luck of the person wishing to read the future intervenes. He throws the three dice and looks on the page of signs for the one corresponding to the combination of his thrown dice. Underneath there is an indication leading to the next section, one of the 20 spheres and a river. The symbols of the spheres (sun, moon, Mercury, Saturn, Jupiter, Mars, etc.), are woodcuts in the middle section. They are surrounded by two concentric circles on which are printed in 56 circles, the names of the different rivers. Once the river is found inside the correponding sphere, it indicates which prophet is to be addressed and which verse is to be read. The final section of the prophets covers pages 25 to 28. These are woodcut illustrations on the upper part of the pages inside a frame. Below are different printed and numbered tercets giving answers to the initial question. In this part the page numbers jump from 32 to 35. At the end of page 38 there is a colophon, «This Book of Chance was published by Juan Joffre in the metropolitan city of Valencia, and was finished on the XXXj of July, of the year MDxxviij». On the verso there is a woodcut depicting a savage with a club, accompanied by a band inscribed with a threatening message for those using the book with evil intentions.

There are three editions of this work in Spanish. The first, of which there is no known copy and which is known only through the meticulous registry of the Biblioteca Colombina, was published in Milan in 1502. The second edition was published in Velencia by Jorge Costilla in 1515. The third edition, exhibited here, was

cios, y se resta importancia a su trascendencia afirmando que las soluciones a las diversas preguntas no son sino puras «burlas» y «disparates». A fin de cuentas, afirma, el buen católico tiene en el Evangelio la única suerte eterna verdadera en función de que obre bien o mal.

Pese a todo, el libro sería incluido en el *Índice de libros prohibidos* del inquisidor Hernando de Valdés en 1559, en un momento histórico español en el que la libertad heterodoxa y humanista de la primera parte del siglo da paso a la línea intransigente de la España de la Contrarreforma.

En la h. 2, a continuación del prólogo, se explica el modo de utilizar el libro, que va dividido en varias partes: la primera, con la rueda de la fortuna en el centro, contiene 20 preguntas; la segunda contiene los reyes, la tercera los signos, la cuarta las esferas y la última los profetas, donde se encuentra la respuesta final.

La parte de los reyes comienza en el verso de la h. 2 y se extiende cinco páginas. Son grabados xilográficos que representan en cada una de las páginas cuatro reyes sentados rodeados de orla. Cada uno de estos reyes envía a buscar la suerte a 20 signos. Estos (sol, luna, estrella, escorpión, corazón, etc.) aparecen grabados en el centro de la página y a su alrededor seis columnas que contienen grabadas en madera las 56 combinaciones posibles de tres dados. Es entonces cuando interviene la suerte del que busca la adivinanza del futuro. Este tirará tres dados y localizará en la página del signo que le correspondió la combinación igual a su tirada; debajo de ella figura una indicación que le conduce a la parte siguiente, a una de las 20 esferas y a un río. Los símbolos de las esferas (Sol, Luna, Mercurio, Saturno, Júpiter, Marte, etc.) aparecen grabados en la parte central, son grabados en madera, y van rodeados de dos círculos concéntricos en los cuales están impresos en 56 casillas circulares los nombres de diversos ríos. Una vez buscado el río dentro de la esfera correspondiente, éste indica a cuál de los profetas hay que dirigirse y a qué verso. Esta última parte de profetas se extiende desde la hoja 25 a la 28; aparecen éstos grabados en la parte superior de las páginas en un recuadro y son asimismo grabados xilográficos. Debajo de ellos van impresos y numerados diversos tercetos que dan la respuesta a la pregunta inicial. En esta parte salta la paginación de la hoja 32 a la 35. Al fin de la hoja 38 va el colofón: «Fue sacado el p̄sente libro de las suertes por Juan Joffre ē la metropolitana ciudad de Valēcia. Acabose a XXXj dias a Julio Año MDxxviij». Al verso grabado xilográfico que representa la figura de un salvaje con maza acompañado de una cinta con un lema amenazante para quien utilice el libro con intención de hacer el mal.

En lengua castellana se conocen tres ediciones de esta obra. La primera se publicó en Milán en 1502, de la que no se conoce ningún ejemplar, y de la que se tiene noticia por el minucioso Registro de la Biblioteca Colombina. La segunda edición se publicó en Valencia en 1515, impresa por Jorge Costilla. A la tercera: Valencia, Juan Joffre 1528, pertenece el presente ejemplar, en cuya por-

published by Juan Joffre in Valencia in 1528. The title page states that the numbers of the pages have been corrected and changed in order to make it more comprehensible. In effect, the earlier 1515 edition had the numbers of the sphere circles and the prophetic verses in Arabic numerals and in this 1528 version they are changed to Roman numerals, which were the most widely used in the 16th century. Arabic numerals began to dominate in the 17th century. In addition to these editions there is another possible one of 1535 whose only version seems to be in the National Library at Vienna.

The *Libro del juego de las suertes* is attributed to Lorenzo Spirito, an Italian poet born in Perugia around 1430. The original edition of the Italian test was published in Vicenza in 1473 with the title *Delle Sorti*. This was followed by 11 editions in Italian, the last one in 1553. Seven editions were published in French. Spirito's real name was Gualteri. His pseudonym apparently refers to his lively character. He was fined and spent a year in prison for a document satirizing the preachers of his city. He wrote various poems wehich were very popular in his time and the translated Ovid's *Metamorphosis* into Italian.

The printer, Juan Joffre, a native of Briançon, worked in Valencia during the first half of the 16th century. The works that came out of his printshop during the great popularity of woodcut illustration show a mixture of Italian, Germanic and local elements.

Bibliography

Libro del juego de las suertes. Valentia, 1528. Estudio preliminar de Javier Ruiz. Madrid, Miraguano (Libros de los Malos Tiempos). — PALAU, n.ª 137873. — SALVÁ., n.º 2522. — VINDEL: «Solaces Bibliográficos», p. 55-69.

tada figura que es enmendada y cambiada la cuenta del guarismo en la cuenta llana para que pueda más fácilmente entenderse. En efecto, la edición anterior de 1515 llevaba la numeración de las casillas de las esferas y de los versos de los profetas en números arábigos y en ésta de 1528 se vuelve a la numeración en romanos, que era la más extendida y común durante el siglo XVI. Los arábigos comenzaron a imponerse en el XVII. A estas ediciones podría quizás añadirse una de 1535 cuyo ejemplar único parece que se conserva en la Biblioteca Nacional de Viena.

La autoría del *Libro del juego de las suertes* se atribuye a Lorenzo Spirito, poeta italiano nacido en Perusa hacia 1430. La edición original del texto italiano se publicó en Vicenza en 1473 con el título *Delle Sorti*. A ésta siguieron otras 11 ediciones en italiano, la última de 1553. En francés se publicaron siete ediciones. El verdadero apellido de Spirito era Gualteri, y se le puso en función, al parecer, de su vivo carácter. Fue multado y sufrió un año de prisión por un escrito en el que satirizaba a los predicadores de su ciudad. Escribió varias poesías que gozaron de gran éxito en su época y tradujo al verso las *Metamorfosis* de Ovidio.

El impresor Juan Joffre, natural de Briançon, trabaja en Valencia durante la primera mitad del siglo XVI. Las obras que salen de su taller, en un momento de gran auge del grabado xilográfico, revelan en las ilustraciones mezcla de elementos italianos, germánicos y otros de carácter más local.

Bibliografía

Libro del juego de las suertes. Valentia, 1528. Estudio preliminar de Javier Ruiz. Madrid, Miraguano (Libros de los Malos Tiempos). — PALAU, n.ª 137873. — SALVÁ., n.º 2522. — VINDEL: «Solaces Bibliográficos», p. 55-69.

---

59. MILAN, Luis

Libro de motes de damas y caualleros intitulado el juego de mádar/Copuesto por don Luys de Milan, dirigido a las damas. [Impressa... en... Valecia: por Francisco Diaz Romano, 28 octubre 1535]
[204] p., [4] p.bl.: ill.; (50 × 75 mm).—Sign.: A-N⁸.—Gothic letter.—Colophon.—Tooled leather binding.

Madrid, Biblioteca Nacional R/7271

This is the only extant copy of the first edition of this work, perhaps because it was intended as entertainment. It is, in fact, a book of courtly games.

The framed title page is followed by a woodcut print depicting three courtly ladies. The prologue consists of 13 pages of text in 11 lines of Gothic type which is uses throughout the text and is divided into two parts. The first is the author's dedication to the ladies, whom he addresses in an elaborately developed series of invocations: 'Dazzling stars, glory of knighthood, resplendent looking-glass...'

In the second part he explains how to play. The gentleman holds the book closed in his hands and asks a lady to open it; on the page she opens and on the page directly opposite, they will find the engraved pictures of

59. MILAN, Luis

Libro de motes de damas y caballeros intitulado el juego de mādar / Cōpuesto por don Luys de Milan, dirigido a las damas. [Impressa... en... Valēcia: por Francisco Diaz Romano, 28 octubre 1535]
[204] p., [4] bl.: il; 7,5 cm. apais.—Sign.: A-N⁸.
—L. got.—Colofón.—Enc. piel con hierros dorados.

Madrid, Biblioteca Nacional R/7271

Es el único ejemplar que se conserva de la edición príncipe de esta obra, quizá debido a su finalidad lúdica y de pasatiempo, ya que se trata de un libro de juegos cortesano.

Está falto de dos hs. La portada va enmarcada por orlas y le sigue una página grabada xilográfica que representa a tres cortesanas. El prólogo comprende 13 p. de texto de 11 líneas y letra gótica, que es la utilizada en todo el texto, y va dividido en dos partes: la primera es la dedicatoria que el autor hace a las damas, a las que dirige varias advocaciones que va desarrollando a lo largo de ella: «Estrellas relumbrantes, gloria de los caballeros, espejo de gala...», etc. En la segunda parte el autor explica el modo de jugar: El caballero tendrá cerrado el libro en las manos y pedirá a una dama que lo abra, en la página en que quede abierto encontrarán grabados opues-

a lord and a lady, and beside each one, three or four lines of text called *motes* (mottoes). The *mote* beside the lady must be read by her to the gentleman; it is what she orders him to do; he, in turn, must read to her the *mote* assigned to him in response before obeying her command. If he refuses to obey, he will be punished by the ladies in whatever way the deem fit and expelled from the room. The game is repeated with several different ladies and gentlemen until the ladies declare that the game is over.

The rest of the pages up to the end of the text consist of woodcut prints depicting lords and ladies framed by geometric and leaf-pattern borders. There are eight models of each repeated alternately throughout the work.

The text of the mottoes is in the center of the page written in verse of simple and varied meter (*redondillas* or quatrains of octosyllabic lines in abba; *quintillas,* or five-line stanzas, etc.)

The last page contains the colophon. The binding is signed by Grimaud.

As a book of courtly games, the book is of great interest because it refers to other games cultivated at the court at that time such as the game of 'el abejón' (the bumblebee), 'la esgrima' (fencing) and 'Pasagonzalo'.

Luis Milán was a member of the court of the viceroys of Valencia, presided over by Doña Germana de Foix, who was formerly wed to King Ferdinand, the Marquis of Brandenburg and the Duke of Calabria, Ferdinand of Aragon. Between 1526 and 1536 the Valencian court was at the height of its glory. Open to the influence of the italian Renaissance courts, it became a center of culture and refinement where courtly festivities involving music, poetry and farce abounded. Milán may be considered the prototype of the cultivated and versatile courtier. As a musician he published the *Libro de música de vihuela intitulado el Maestro* (A Book of Music for the *Vihuela* called the Master), in Valencia, in 1536, the first of a series of treatises on this instrument, a kind of small guitar, to appear in Spain throughout the 16th century (see no. 60 of this catolog).

The previous year he had published his *Book of Mottoes* described here, which may be classified within the style of traditional lyric still cultivated in the 16th century, with its legacy of courtly poetry from the 15th century songbooks. The survival of its metrical patterns may perhaps be attributed to the need for entertainment, with and impromptu composition felt in the courtly milieu. The work was reprinted by Aribay in 1874 together with the text of *El cortesano* (The Courtier). In 1951 it was published in facsimile.

In 1561 he published his third work, *The Courtier,* in which he describes the poetic jousts, soirées, tournaments and celebrations popular at the Valencian court. Written in prose and verse, it includes at the end two farces for the stage in which several characters converse in Valencian and Spanish.

tos en cada página una dama y un caballero y al lado de cada uno 3 ó 4 líneas de texto, los motes; el mote que está junto a la dama es el que ésta leerá al caballero y es lo que le manda hacer; éste tiene a su vez en la página opuesta el mote con el que responderá a la dama antes de obedecer a su mandado. Si se negara será castigado por las damas a lo que les pareciere y echado luego de la sala. El juego se repetía con varios caballeros y damas hasta que éstas lo mandaban cesar.

El resto de las páginas, hasta el fin del texto, son grabados xilográficos, enmarcados por orlas de tipo geométrico y de tema vegetal, que representan a damas y caballeros, de cada uno de ellos hay unos ocho modelos que se repiten y alternan a lo largo de la obra. En el centro de la página van las líneas de texto, los motes, expresados en versos de métrica primitiva y variada (redondillas, quintillas, etc.).

En la última página lleva el colofón. La encuadernación de este ejemplar va firmada por Grimaud.

Como libro de juegos cortesano la obra hace alusión, dato que es de gran interés, a otros juegos que se practicaban en la corte de época como el de «el abejón», el de «la esgrima» y el de «Pasagonzalo».

La obra de Luis Milán se produce en la corte de los virreyes de Valencia Dª Germana de Foix, casada anteriormente con el rey Fernando el Católico y con el Marqués de Brandemburgo, y el duque de Calabria don Fernando de Aragón. Entre los años 1526 y 1536 conoce la corte valenciana su mayor apogeo recibiendo en este período las influencias de las cortes italianas renacentistas, y convirtiéndose en un centro de cultura y refinamiento social donde abundan las fiestas cortesanas en las que se cultiva la música, la representación de farsas y la poesía. Milán puede ser considerado como el prototipo del cortesano cultivado y polifacético. Como músico publicó en 1536 en Valencia el *Libro de música de vihuela de mano intitulado el Maestro,* que es el primer *tratado* para este instrumento de toda una serie que aparece en España a lo largo del siglo XVI.

Un año antes había publicado su *Libro de motes,* este que se expone, que podría encauzarse dentro de las corrientes de lírica tradicional que prosiguen durante el siglo XVI y en las que perviven los moldes tradicionales del amor cortés de los cancioneros españoles del siglo XV; debido quizá, en lo que se refiere a los metros empleados, al carácter de entretenimiento, habilidad y rapidez compositiva que el ambiente cortesano imponía a sus poetas. La obra se reimprimió de nuevo en Madrid por Aribau y Cia. en 1874, juntamente con el texto de *El Cortesano.* En 1951 se realizó edición facsímil.

En 1561 sale a la luz su tercera obra, *El Cortesano,* en la cual nos describe las justas poéticas, saraos, torneos y celebraciones de la corte valenciana. Escrita en prosa y en verso, incluye al fin dos farsas representables en las que algunos personajes dialogan en valenciano y castellano.

He was born in Valencia or Játiva around 1500. Because of his poetic, musical and courtly abilities he was a key figure at the court of the Vicereine Doña Germana de Foix, who died in 1536. In this same year he published the *Libro de música de vihuela*, dedicated to King John III of Portugal, a country in which he probably spend several years. He died around 1562.

Bibliography

Luis MILÁN: «*Libro de motes de damas y caballeros*». *Valencia, 1535*. Edición facsímil. Con un estudio de Justo García Morales. Barcelona, Torculum, 1951. —A. PALAU, nº169129.

Nació en Valencia o Játiva en torno a 1500. Por sus cualidades cortesanas, poéticas y musicales, fue un hombre clave en la corte de la virreina Dª Germana de Foix, que falleció en 1536. En este año publica *El Cortesano*, que dedica al rey Juan III de Portugal, siendo muy probable que estuviera en este país algunos años. Murió alrededor de 1562.

Bibliografía

Luis MILÁN: «*Libro de motes de damas y caballeros*». *Valencia, 1535*. Edición facsímil. Con un estudio de Justo García Morales. Barcelona, Torculum, 1951. —A. PALAU, nº169129.

---

60. MILAN, Luis

Libro de música de vihuela de mano, intitulado El maestro... / compuesto por don Luys Milan...—[Valencia: por Francisco Díaz Romano], 1535 (4 diciembre 1536).
II-VI, [95] l.: ill.; fol.—Sign.: A^2 ^{6}, B^6, C-D^6, E^2 ^{6}, F-G^6, H^8, I-P^6, Q^4, R^6.—Colophon. Pages printed on both sides. Seal of the Royal Library.

Madrid, Biblioteca Nacional R/9281

The work begins on folio 2 with a two-tone title page surrounded by a four-part border. This copy and others mentioned in catalogs begin on this page. Some scholars believe that the first page was probably a half title and others, such as Gallardo, assume that it could have been a portrait of the author.

On the verso a woodcut depicts the figure of a seated king with the inscription 'inuictissimus rex lusinatorum', and below is a coat-of-arms. The work is dedicated to King John III of Portugal. The prologue opens with a woodcut initial and this dedication. This is followed by a statement by the author on the purpose of the treatise, which is to devise a method for teaching beginners to play the instrument. He established the fundamental principles for playing a well-tempered 'vihuela', a type of guitar. He includes instructions on how to tune it properly, string it with good strings and give it the right pitch. A woodcut inserted in the text of the recto of page 4 shows a vihuela and how to tune it. He describes several ways of doing it correctly and then gives the basic principles which can be useful for all beginners.

On page 6 he describes the structure of *El Maestro* (The Teacher). It is divided into two books. The first is made up of eight notebooks containing rules and instructions for using the book. The second and third have simple music so that the pupil can begin to learn the hand positions. The fourth and fifth have several one and two finger exercises. The sixth and seventh contain musical exercises of a more difficult nature and the last has music to sing and play in Spanish and Portuguese.

Music to play and sing in the last notebook includes *villancicos,* some of which are in Portuguese, and the rest are *romances* (ballads) and sonnets. The notation is in two colors, with the voice indicated in red.

60. MILAN, Luis

Libro de música de vihuela de mano, intitulado El maestro..., / compuesto por don Luys Milan... — [Valencia: por Francisco Díaz Romano], 1535 (4 diciembre 1536).
II-VI, [95] h.: il.; fol. — Sign.: A^2 ^{6}, B^6, C-D^6, E^2 ^{6}, F-G^6, H^8, I-P^6, Q^4, R^6. — Colofón. — Hojas impresas por ambas caras. — L. got. — Sello de la Biblioteca *Real.* — Enc. hol.

Madrid, Biblioteca Nacional R/9281

La obra comienza en el f. 2 con port. a dos tintas, rodeada por orla de cuatro piezas. Tanto éste como el resto de los ejemplares citados en repertorios comienzan en esta hoja, suponiendo algunos que la primera sería una anteportada, y otros, como Gallardo, que pudiera llevar el retrato del autor.

Al verso, grabado xilográfico que representa la figura de un rey sentado con la leyenda «inuictissimus rex lusitanorum», y en la parte inferior, escudo de armas. La obra está dedicada al monarca Juan III de Portugal; el prólogo, con inicial grabada xilográfica, comienza con esta dedicatoria, a la que sigue la declaración por parte del autor del fin de su tratado, y que es diseñar un método para enseñar a tañer el instrumento a un principiante. Establece los principios fundamentales para que la vihuela esté bien templada: darle su verdadera entonación, encordarla con buenas cuerdas y templarla por puntos de canto. En el recto de la h. 4 aparece intercalado en el texto un grabado xilográfico que representa una vihuela y que sirve para ilustrar el afinado de la misma; expone varios modos de hacerlo correctamente y a continuación los principios básicos útiles a todo principiante.

En la h. 6 traza la estructura de *El Maestro*: dividido en dos libros, el primero consta de ocho cuadernos. El primero, con las normas e instrucciones para la utilización del libro. El segundo y tercero contienen música fácil para que el alumno vaya haciendo disposición de manos. El cuarto y quinto incorporan diversos redobles para hacer dedillo y dos dedos. El sexto y séptimo, música a la que se incorporan algunas dificultades más y precisan ya soltura de manos y dedos. El último contiene música para cantar y tañer en castellano y portugués.

Al verso de sign. B se inician las primeras de las di-

On the verso of signature B is the first of several musical scores known as 'fantasies'. Milán uses the term *fantasía* in general terms to indicate solo instrumental music. There are six pieces on the verso of page signature B³ similar, according to Milan, in their airs and arrangements to pavans played in Italy, which justifies the use of the same term. Four were composed by him and the other two of Italian origin were arranged by him.

The second book begins with a statement by the author on the greater difficulty of the pieces included. It has 'fantasies' followed by Spanish and Portuguese *villancicos*, ballads and Italian sonnets. Just as in the first book, notation is in two tones for compositions to be sung accompanied by the vihuela. This part concludes with the 'Understanding and statement of tones used in measured music' (R⁵v and R⁶r). The colophon is at the end of the page and the correction of printig errors by the author on the verso.

The vihuela was a very popular musical instrument during the 16th century. At this time it became the instrument par excellence of Spanish court circles just as the lute was in other countries. A series of treatises emerged in Spain during this century, the first being this work by Luis Milán which served as a model for later ones.

Milán, a scion of a noble family, was born around 1500 in Játiva or Valencia. He received a very thorough education in which music was an indispensable element in the formation of all aristocrats and courtiers. He lived in Valencia for most of his life and took part in the refined and cultured environment of the court of the viceroys, Doña Germana de Foix and the Duke of Calabria. In 1536 he published *El Maestro* which is dedicated to John III of Portugal. For this he was rewarded with an income of 700 cruzados. The Vicereine died in 1536 and Milán probably lived in Portugal for several years. he died around 1560.

Bibliography

GALLARDO V.III, p. 806. — L. MILÁN: *El Maestro*. Edited, translated and transcribed by Charles Jacobs. University Park, etc., The Pennsylvania State University Press, 1971, 319 p. — PALAU 169131. — SALVÁ: V.II, n.° 2528.

versas partituras musicales que contiene el texto con las «fantasías». El uso que Milán hace del término fantasía es genérico; lo utiliza para indicar música de solo instrumental. Al verso de la hoja sign. B³ comienzan seis de ellas, de las que Milán dice que se parecen en su aire y compostura a las «pavanas» que se tocan en Italia, y por lo tanto las denomina de la misma forma. Cuatro han sido compuestas por él y de las otras dos es suya la compostura, siendo su origen italiano.

La música para tañer y cantar del último cuaderno incluye villancicos, algunos portugueses, y el resto son romances y sonetos. La notación va a dos tintas, yendo en rojo la respectiva a la voz.

El segundo libro comienza con la aclaración del autor acerca de la mayor dificultad que presentan las piezas incluidas. Comprende fantasías a las que siguen, a partir de la hoja con sign. Q², villancicos castellanos y portugueses, a los que siguen romances y algunos sonetos italianos. Al igual que en el libro primero, en las composiciones para cantar acompañadas de vihuela, la notación va a dos tintas. Concluye esta parte con la «Intelligencia y declaración de los tonos que en la música de canto figurado se usan» (verso de R⁵ y recto de R⁶); al fin de la hoja va el colofón y al verso la corrección de los errores de imprenta, realizada por el autor.

La vihuela es un instrumento musical que conoce su apogeo a lo largo del siglo XVI. Se convierte en esta época en el instrumento por excelencia de los círculos cortesanos españoles, del mismo modo que en otros países lo fue el laúd. A lo largo de este siglo surgen en España una serie de tratados de los que el primero fue el de Luis Milán, que serviría de modelo a muchos de los posteriores.

Milán nace en torno a 1500 en Játiva o Valencia; descendiente de noble familia, recibe una educación esmerada en la que el aprendizaje de la música era elemento indispensable en la formación de todo aristócrata y cortesano. Vive en Valencia la mayor parte de su vida en el ambiente refinado y culto de la corte de los virreyes D.ª Germana de Foix y el duque de Calabria. El 1536 publica *El Maestro* y la dedica al rey de Portugal Juan III, el cual le otorga una renta de 700 cruzados. Había fallecido la virreina en 1536 y se tiene como probable que Milán estuviese en Portugal algunos años. Falleció alrededor de 1560.

Bibliografía

GALLARDO V.III, p. 806. — L. MILÁN: *El Maestro*. Edited, translated and transcribed by Charles Jacobs. University Park, etc., The Pennsylvania State University Press, 1971, 319 p. — PALAU 169131. — SALVÁ: V.II, n.° 2528.

61. MARSELLAR, Charles Philippe

*Serenissimi Hispaniarum Principis Balthasatis Caroli
Venatio sive bellicae fortitudinis praeludia: nono aetatis
anno data, icone et illustrata... /Carolus Phŝ de
Marsellar].—[Bruxellae: s. n., 1642?].—12 pp. [1] l of
plate fol.—Cooper plate engraving.—Vellum and
paper.—Seal of the Royal Library. Leather binding.*

Madrid, Biblioteca Nacional, R 7271

Hunting in 17th-century illustrated books usually appears in its most decorative and ceremonial aspects. Along with riding and fencing, the art of hunting was an indispensible requisite in the education of the nobility. All over Europe books on the hunt were published in which the beautifully engraved illustrations became the most important protagonists. This type of publication necessarily had to be distinguished and de luxe in accordance with the high standards and demands of its aristocratic clientele.

Spain has had a long tradition and exceptional examples of this type of book, such as the *Libro de montería* (Book of Big Game Hunting) illuminated for Alfonso XI and preserved in the Royal Palace of Madrid. During the 17th century important books were published such as the *Origen y dignidad de la caza* (Origin and Dignity of Hunting) by Juan Mateos (Madrid, Francisco Martínez, 1634). In this work the engravings are a graphic document of a day of big game hunting by the royal family.

The book, dedicated by Charles Philippe Marsellar to Prince Baltasar Carlos, is a mere pretest for offering him a splendid engraving of the Flemish school. The *Venatio* is a unique work because of its format (510 mm), the use of two types of material, special treatment of the cooper plate engravings and typography.

The frontispiece depicts a typical Baroque allegory done on vellum (495×380). The center of the visual fields is a tablet with the title and dedications crowned by there busts depicting Mars on a pedestal flanked by Minerva and Mercury. The background is a magnificent Flemish landscape. To the right of the tablet a royal huntsman kneels before Prince Baltasar Carlos, who hands him an unloaded gun; to the left a young hunter displays a bearskin with the royal coat-of-arms. Beneath the tablet are two pieces of game, a wild bull and a boar, just shot by the prince, and a pair of hounds looking at the dying animals.

Mars, the god of war and symbol of force and power; Minerva, the goddess of war and protectress of Attica, and Mercury, the god of commerce and travel and the symbol of wealth, are all linked to the Prince. The Baroque play is established in the simultaneous depiction of two different levels. The first level is a moment in a day of hunting; the supernatural level in which the gods preside over the same scene introduces nuances to change the initial significance of the royal image.

The impeccable workmanship of the engraving, signed by Cornelius Galle, is enhanced by the beauty of

61. MARSELLAR, Charles Philippe

*Serenissimi Hispaniarum Principis Balthasaris Caroli
Venatio sive bellicae fortitudinis praeludia: nono aetatis anno
data, icone et stylo illustrata...[Carolus Phŝ de
Marsellar]. — [Bruxellae: [s.n.], 1642]. — 12p.,[1] h.
deg rab.; fol.
Grab. calcográfico. — Vitela y papel. — Sello de la
Biblioteca Real. — Encuadernación piel.*

Madrid, Biblioteca Nacional, R 7271

La caza en los libros ilustrados del siglo XVII aparece generalmente en sus aspectos más decorativos y ceremoniales. Como la jineta y la esgrima, el arte venatorio fue un requisito indispensable de la educación de los nobles. En toda Europa se publican libros relativos a estas materias en los que la ilustración, ejecutada en perfectas calcografías, viene a ser la protagonista del libro. La clientela aristocrática a la que iban dedicadas estas obras, exigía que la publicación fuese siempre un objeto distinguido y de lujo.

En España, los libros de caza tenían gran tradición y antecedentes tan excepcionales como el *Libro de montería*, de Alfonso XI, manuscrito que se conserva en la Biblioteca del Palacio Real de Madrid. Durante el siglo XVII se editan singularmente importantes el *Origen y dignidad de la caza* de Juan Mateos [Madrid: Francisco Martínez, 1634] en el que los grabados son el documento gráfico de un día de montería de la familia real.

El libro que Charles Philippe Marsellar dedica al príncipe Baltasar Carlos es un simple pretexto para ofrecerle un espléndido grabado de la escuela flamenca. El formato del libro [510 mm.], el empleo de dos tipos de materiales diferentes para su ejecución, el especial tratamiento de la calcografía y la tipografía empleada, convierten a la *Venatio* en una publicación singular.

Una alegoría típicamente barroca es el motivo de la portada frontispicia con que se abre el libro. Está realizada sobre vitela [495 × 380 mm.]. En el centro del campo visual, una lápida con la inscripción del título y la mención de los destinatarios, se remata por tres bustos: el dios Marte en un pedestal, flanqueado por Minerva —a la derecha— y Mercurio —a la izquierda—. Un maravilloso paisaje flamenco sirve de fondo a la estampa; a la derecha de la lápida un montero real hace la genuflexión ante el príncipe Baltasar Carlos, que le tiende la escopeta descargada. A la izquierda, un joven montero muestra una piel de oso en la que flanquea el escudo real; al pie de la lápida yacen las dos piezas que el príncipe acaba de cobrar, un toro salvaje y un jabalí, dos sabuesos en traílla contemplan la agonía de los animales.

Marte, dios de la guerra, símbolo de la fuerza y el poder; Minerva, diosa de la guerra y protectora del Atica, símbolo de la inteligencia, y Mercurio, dios del comercio y de los viajes, símbolo de la riqueza, se ligan al príncipe. El juego barroco se establece en la presentación simultánea de dos planos diferentes: la escena real de un momento en un día de caza y la irreal de los dioses que

the illumination that was done afterwards: the shading and gradation of tones in the landscape, the sfumato of the mountains blending into the sky, the vivid color of the costumes and the bleeding animals. Finally, the gold highlights of the epigraphic lettering of the dedication containing the title and name of the recipients, adds another commemorative note to the image and draws closer to classical antiquity.

Cornelius Galle did the engraving in Brussels in 1642. He was a member of a family of engravers descended from one of the great masters, Philippe Galle, who was the founder of a school of artists who specialized in book illustration.

Although this is a printed book to be reproduced several times, it is also unique because of its special treatment and purpose. It was a presentation copy for the royal family. Prince Baltasar Carlos, a youth who enjoyed the acclaim and affection of the court and his countrymen, was one of the favorite models of Golden Age artists. His image appears often in books, many of which are dedicated to him, and he was one of the best-loved models of Diego Velázquez.

Bibliography

M. FUNK: *Le livre belge à gravures*, p. 207; LE BLANC, p. 263; I. WURZBACK, p. 566; KRAMM, II, p. 530; NAGLER, IV, p. 566; *«Exposición El ocio en la Biblioteca Nacional»*, 1984, no. 97.

la presiden e introducen en el discurso nuevos y diferentes significados, cambian el sentido primario de la imagen.

A la ejecución impecable de la calcografía, firmada por Cornelius Galle, se suma la belleza que le da la iluminación que posteriormente se hizo: suavidad y gradación de tonos en el paisaje, esfumatura en los fondos montañosos que se confunden con el cielo, y viveza y color en las ropas de los personajes y en los animales desangrados. La letra epigráfica con la que se escribe el título y el nombre de los destinatarios —una nota más para solemnizar la imagen y acercarla a la antigüedad clásica— tiene toques de oro.

Cornelius Galle realizó el grabado en Bruselas en 1642; pertenecía a una familia de grabadores derivada de uno de los más importantes maestros, Philippe Galle, creador de una escuela de excelentes artistas del buril, que trabajaron casi exclusivamente en la ilustración de libros.

Este ejemplar que, aunque múltiple por ser un impreso, se convierte en pieza única por su especial tratamiento, fue copia de presentación para la familia real; el príncipe Baltasar Carlos, personaje que gozó de toda la simpatía y el cariño de la corte y el pueblo fue uno de los modelos preferidos de los artistas del Siglo de Oro; a menudo aparece su imagen en los libros que en gran número se le dedicaban. Diego Velázquez tuvo en él uno de sus modelos más queridos.

Bibliografía

M. FUNK: *Le livre belge à gravures*, p. 207; LE BLANC, p. 263; I. WURZBACK, p. 566; KRAMM, II, p. 530; NAGLER, IV, p. 566; *Exposición El ocio en la Biblioteca Nacional*, 1984, no. 97.

---

62. TAPIA Y SALCEDO, Gregorio de

Exercicios de la gineta al príncipe nuestro señor D. Balthasar Carlos / por Don Gregorio de Tapia y Salzedo... —En Madrid: por Diego Díaz, 1643. [26], 115, [4] p., [29] l. of plates.; 16 × 22 cm.— Sign.: []^1, a–c^4, A–P^4.—Stiff marbled leather binding.

Madrid, Biblioteca Nacional, R 3275

The frontispiece contains the name of the engraver 'Doña María Eugenia de Beer, engraved in Madrid'. The title appears inside an oval with baroque ornamentation, flanked by two horses in violent foreshortening. On each of the lower sides and below them are two landscapes. The typographic title page comes next followed by a copper plate engraving with the portrait of Prince Baltasar Carlos, to whom the work is dedicated. The portrait is encircled with the following legend, 'Baltasar Carlos, Prince of the Spains and the New World. At the age of 14. It is also signed by María Eugenia de Beer, who designed and engraved all the color plates in the text.

The dedication begins on signature a^2 in which Tapia refers to the great amount of writing on this subject

---

62. TAPIA Y SALCEDO, Gregorio de

Exercicios de la gineta al príncipe nuestro señor D. Balthasar Carlos / por Don Gregorio de Tapia y Salzedo... — En Madrid: por Diego Diaz, 1643 [26], 115, [4] p., [29] h. de grab.; 16 × 22 cm. apais. — Sign.: []^1, a–c^4, A–P^4. — Enc. pta.

Madrid, Biblioteca Nacional R/3275

Port. frontispicia «D.ª M.ª Euge. de Beer sculp. en Madrid», en la que el título, en óvalo con adornos barrocos, aparece flanqueado por dos caballos en violento escorzo. En los laterales inferiores y debajo de ellos dos escenas de paisaje. Sigue a continuación la port. tipográfica y tras ella una h. de grab. calcográfico que es un retrato del príncipe Baltasar Carlos, al que el autor dedica la obra; va rodeado por la siguiente leyenda en círculo: «Balthasar Carlos Principe de las Españas y Nuevo Mundo. De su edad XIV años». Va firmado también por M.ª Eugenia de Beer, que dibujó y grabó todas las láminas que ilustran el texto.

En la h. sign. a^2 comienza la dedicatoria en la que Tapia se refiere a la gran cantidad de escritos sobre esta

and says that he wishes to condense the information he has gathered to a simpler form.

The first eight pages contain the legal patents, censors' statements, publishing privileges and errata, dated Madrid, October to December 1643. The authorized price of the book on the recto of b⁴, however, bears the date January 12, 1644.

Included in the last four pages of the preliminaries is the prologue addressed to the reader. Here the author extols the advantages of the Spanish riding school *(monta a la jineta),* or riding with short stirrups and with knees bent, over the style of riding known as *monta a la brida,* with long stirrups, and expresses his aim to win adepts to the practice of the first type. He warns that he is not going to reiterate the principles of this art in his treatise because they are uninteresting and already wellknown. After the prologue there is a list of fourteen authors and their respective works on the subject, written at the end of the 16th-century and during the first forty years of the 17th, some in print and others in manuscript form. The author provides a completed bibliography and cites the most important texts written until then on the art of horsemanship, an indispensable requisite in the education of a gentleman. The 16th to 18th centuries saw the proliferation of works of this type on the Spanish Riding School and innovations in the art.

The text begins on page 1 with a compendium of the arms and attire for this type of riding. From page 41 on, the text is organized in chapters with a copper plate illustration at the end of each section. Each of the twenty eight chapters contains its corresponding engraving. The first six show the positions of the rider and the various skills involved in racing.

Chapters 7 to 13 deal with the art of bullfighting on horseback. The author begins with the oldest form, bullfighting with a lance *(lanza),* and continues with a discussion of bullfighting with a pike *(vara larga),* a sword *(espada)* or short lance *(varilla)* and an iron-tipped wood en lance *(rejón).* In chapter 10 he describes two movements for attracting the bulls *(enlazar),* which may be the first time they were mentioned in this century. He ends this series on bullfighting on horseback with «Del modo de desjarretar con media luna» (On how to hamstring a bull with a hacking knife) in chapter 13.

In chapters 14 to 17 the author discusses other kinds of festivities that took place on horseback in public squares involving the use of *cañas* (cane poles) and *adargas* (leather shields). In chapter 17 he gives a curious description of the bullring a in Madrid, began in 1617 and finished in 1619, with a seating capacity for 51.000 spectators.

The last ten chapters, from 18 to 28, all refer to the hunting of lions, bears, elephants, wild boar, deer, ostriches, fowl and hare. In some cases, as in the hunting of wild boar, three different methods are given: the lance, the *horquilla* (a type of fork) and the rapier. He also refers to game hunted this way by Charles I or Philip II.

materia y su aspiración de reducir los datos que ha recogido de ellos a formas más sencillas.

Hasta la h. [8] se extienden las licencias legales, censuras, suma del privilegio y fe de erratas que van fechados en Madrid en los meses de octubre a diciembre de 1643. La tasa, en el recto de la h. con sign. b⁴, lleva sin embargo la fecha de 12 de enero de 1644. En las cuatro últimas hs. de preliminares van incluidos el prólogo al lector en el que ensalza las ventajas de la monta a la jineta frente a la de la brida y expresa su pretensión de inclinar los ánimos a la práctica de este ejercicio, advirtiendo que no va a dar en su tratado los principios de este arte por ser desabridos de suyo y ya conocidos; y tras él un listado de 14 autores y de sus correspondientes obras sobre esta materia, escritas a finales del s. XVI y primeros cuarenta años del XVII, unas impresas y otras manuscritas. La bibliografía que da es bastante completa, citando los textos más importantes que se habían escrito hasta el momento sobre el ejercicio de la caballería, elemento indispensable en la educación del caballero, acerca del cual proliferaron a lo largo de los siglos XVI a XVIII varias preceptivas que recogían la práctica de la monta a la jineta, al tiempo que iban incluyendo las novedades que se introducían en ella.

Comienza el texto en la p. 1 con un compendio de las armas y aderezos de la jineta. A partir de la p. 11 va estructurado en diferentes capítulos, a cada uno de los cuales sigue una h. de grab. calcográfico que sirve para ilustrar cada uno de los apartados. Son en total 28 capítulos a los que acompañan sus correspondientes 28 grabados. En los seis primeros se ocupa de la postura del caballero y de diversas habilidades en las carreras.

Del toreo a caballo trata en los capítulos 7 al 13, que comprenden 20 páginas. Comienza con la modalidad más antigua que era la del toreo con lanza y prosigue con las del toreo con rejón, con vara larga y con espada o varilla. En el 10 describe dos suertes para enlazar a los toros que son posiblemente por vez primera referidas en este siglo. Finaliza esta serie dedicada a la lidia de los toros a caballo con «Del modo de desjarretar con media luna», expuesto en el capítulo 13.

En los que hacen los números 14 y 17 se ocupa de otros festejos que se realizaban en las plazas a caballo con cañas y adargas (escudos). Da en el 17 una curiosa descripción de la plaza de toros de Madrid, comenzada en 1617 y terminada en 1619, que tenía capacidad para albergar unos 51.000 espectadores.

Los últimos 10 capítulos, del 18 al 28, se refieren todos a temas de montería: caza de leones, osos, elefantes, jabalíes, venados, avestruces, aves y liebres. De alguna de ellas, como la del jabalí, da tres modos: con lanza, con horquilla y con estoque, haciendo alusión en ocasiones a piezas cobradas de esta manera por personajes reales como Carlos I o Felipe II. Son de interés asimismo sus reflexiones sobre qué tipo de caballo es el más adecuado para la realización de los diversos ejercicios caballerescos.

His reflections on the most appropriate type of horse for the performance of different chivalric exercises are also interesting.

A four-page table of contents of the chapters is included at the end. The entire text is framed in a double fillet and each section concludes with small type ornaments.

The author, the son of Don Gregorio de Cuero y Tapia, Philip IV's secretary of state, and Doña Catalina de Salcedo, was born in 1617. In 1639 he was made member of the military order of Santiago, by royal decree, and was a member of parliament from Madrid and a commissioner of the kingdoms of Castile and Leon in the 'Junta del servicio de Millones' (an agricultural tax callecting body for the crown).

Schooled in the sciences and letters, he wrote works on the order of Santiago, heraldry and poetry, in addition to this treatise on riding. He died in Madrid in 1671 when he was preparing to write a «Memoria de los ilustres varones de esta ciudad» (An account of the Illustrious Men of City).

María Eugenia de Beer, the daughter and pupil of the Flemish engraver, Cornelius de Beer, designed the engravings illustrating the treatise. She belongs to the second generation of Flemish engravers who worked in Spain in the second half of the 17th century. Her most important work is, perhaps, this series of engravings for Tapia y Salcedo's text. The style bears a certain resemblance to the work of artists of the circle of Velázquez.

Bibliography

Luis Ballesteros Robles: *Diccionario biográfico matritense, pp. 163-4.* — Cossío.*Los toros.* V. II. pp. 16-19 — Gallego: *Historia del grabado en España*, pp.169-70. — Palau, n.° 327464.

Al fin van cuatro páginas de índice de los capítulos de la obra. Todo el texto va enmarcado por un doble fileteado y al finalizar cada una de las partes aparecen pequeños adornos tipográficos.

Hijo de D. Gregorio de Cuero y Tapia, secretario de estado de Felipe IV y de D.ª Catalina de Salcedo, nació en 1617. En 1639 se le concede por Real Cédula el hábito de la Orden de Santiago. Fue procurador en Cortes de la villa de Madrid y comisario de los Reinos de Castilla y León en la Junta del servicio de Millones. Versado en ciencias y letras escribió, además de su *Tratado de la Jineta,* otras varias obras sobre la Orden de Santiago, temas de heráldica y composiciones poéticas. Falleció en Madrid en 1671 cuando comenzaba a escribir una Memoria de los varones ilustres de esta ciudad.

Los grabados que ilustran el tratado fueron diseñados y grabados por M.ª Eugenia de Beer, hija del también grabador flamenco Cornelio de Beer, del que fue discípula. Pertenece a la segunda generación de grabadores flamencos que trabajan en España en la segunda mitad del siglo XVII. Su obra más importante es quizá esta serie de grabados que acompaña a la obra de Tapia y Salcedo y que expresan en cuanto a estilo ciertos aires con algunos artistas del círculo velazqueño.

Bibliografía

Luis Ballesteros Robles: *Diccionario biográfico matritense, pp. 163-4.* — Cossío.*Los toros.* V. II. pp. 16-19 — Gallego: *Historia del grabado en España*, pp.169-70. — Palau, n.° 327464.

---

63. PEPE-HILLO

Tauromaquia o arte de torear a caballo y a pie / obra escrita por... Josef Delgado (vulgo) Hillo.—Corregida y aumentada con una noticia histórica sobre el origen de las fiestas de toros en España, adornada con 30 láminas... / por un aficionado.—Madrid: en la imprenta de Vega y Compañía..., 1804
[8], 103 p., 30l. of color plates.—Sing.: [ ]⁴, A-F⁸, G⁴;8.°

Madrid, Biblioteca Nacional. R/3688

The first edition of the *Tauromaquia* by Pepe-Hillo was published in Cadiz in 1796. This second edition, published in 1804, differs in several respects from the first. An historical section on bullfighting was added together with an appendix containing 30 engravings illustrating the different stages of the fight.

In the prologue the author confirms the current popularity and prestige enjoyed by this type of entertainment saying that, «It is first among all the diversions of our country». He justifies this new edition not only in terms of the historical information it includes but also because it clarifies the way in which the different precepts of bullfighting were described in the 1796 edition.

63. PEPE-HILLO

Tauromáquia o arte de torear a caballo y a pie/ obra escrita por... Josef Delgado (vulgo) Hillo. —Corregida y aumentada con una noticia histórica sobre el origen de las fiestas de toros en España, adornada con treinta láminas.../ por un aficionado. —Madrid; en la Imprenta de Vega y Compañía..., 1804
[8], 103 p., 30 h. de grab. col. —Sign.: []⁴, A-F⁸, G⁴; 8°

Madrid, Biblioteca Nacional R/3688

La primera edición de la *Tauromaquia* de PepeHillo se había publicado en Cádiz en 1796. Esta segunda edición que aparece en 1804 presenta diversas variantes respecto de aquélla. Lleva añadidas la parte histórica sobre las corridas de toros y al fin 30 grabados que ilustran las diversas suertes.

En el prólogo, su autor nos confirma el auge en que se encontraban en ese momento este tipo de festejos ya que «tienen el primer lugar entre todas las diversiones de nuestra nación», y justifica esta nueva edición en función no sólo de incluir los datos históricos, sino también de clarificar el modo como estaban expresados los diversos preceptos taurinos en la de 1796.

The first 26 pages of the book make up the historical material and the rules to be observed before the bull-fight begins. The rest of the text is structured in two parts. The first is divided into four chapters dealing with bullfighting on horseback; the rules and precepts involved in the art of goading and wounding the bull with a lance *(picar)*, as well as other stages or movements in fighting on horseback *(rejonear)* such as the knocking down of the bull *(derribo)* and attracting the bull's attention with the horse *(enlazar)* which had been discussed more exhaustively and in depth in earlier treatises such as the one by Daza.

The second part, devoted to fighting on foot is the more important of the two. It is divided into six chapters; the first and second deal with the rules for fighting with the cape and the various types of bulls and stages in the fight. In the third chapter on *banderillas* (goads), two types of movements *(suertes)* are described: the *cuarteto* (side step) and *la media vuelta* (the half turn), which were most frequently used at the time. The fourth chapter includes the stages carried out with the *muleta* (small cape), the stages involving the killing of the bull, the *descabello* (a technique for killing the bull with a sharp stab placed between the first and second vertebrae, in case the *estocada) (sword-thrust) fails, and the delivery of the coup-de-grâce with a dagger (apuntillar)*. Special movements *(suertes)* such as the *lanzada a pie* (the lance-thrust on foot), *picar a pie* (goading on foot), *mancornar* (forcing the bull's horn to the ground) and the ways to attract the animal *(enlazar)* are dealt with in chapter five, together with the necessary equipment for bullfighting. In the sixth chapter the author studies the offensive and defensive action of the bull. Next comes a supplement that includes the rules for bullfighting formulated by Eugenio García Baragaña publishes in Madrid in 1750. Baragaña's work was inspired by an anonymous 17th century manuscript formerly in the library of the Duke of Osuna and now in the Biblioteca Nacional. Entitled «Primer in Prose and Verse in which are Noted Certain Rules for Bullfighting on Foot», it brought together for the first time the rules for this type of bullfighting. García Baragaña expressed a concern to provide norms that would order and regulate the bullfight.

Pepe-Hillo's art of bullfighting, which appeared when bullfighting on foot had undergone a long process of development in the 18th century, aims, through knowledge accumulated about the different types of bulls, to eliminate the risk that they posed for the bull-fighter by giving the most effective means of fighting and maneuvering around them. He conceives of bull-fighting as a defensive posture and grants the matador numerous liberties that would seem excessive to later critics such as Francisco Montes in his *Complete Art of Bull-fighting* (Madrid, 1836).

The appendix contains 30 copper plate color engravings illustrating the various stages in bullfighting on horseback and on foot which were not included in the

Las primeras 26 p. del texto comprenden las noticias históricas y las normas que deben observarse antes del comienzo de la lidia. El resto del texto está estructurado en dos partes: la primera, dividida en cuatro capítulos, trata del toreo a caballo; las reglas y preceptos que recoge sobre el arte de picar y rejonear al toro, además de otras suertes a caballo como el derribo y modo de enlazar, habían tenido ya en tratados anteriores como el de Daza un tratamiento más exhaustivo y profundo.

Es la segunda parte, dedicada al toreo a pie, la que tiene mayor importancia. Está dividida en seis capítulos; en el primero y segundo se ocupa de las reglas para torear con la capa, de los diversos tipos de toros y suertes. En el tercero de las banderillas, definiendo dos tipos de suertes: el cuarteo y la media vuelta, que era el modo utilizado en su época. En el cuarto, de las suertes de muleta, de matar, de descabellar y apuntillar al toro. Las suertes especiales como la lanzada a pie, picar a pie, mancornar y enlazar las reses son tratados en el capítulo quinto, juntamente con la descripción de los instrumentos necesarios para la lidia. En el sexto estudia la acción ofensiva y defensiva del toro y a continuación comienza un suplemento que incluye una reglas del toreo que se habían impreso en Madrid en 1750 y de las que era autor Eugenio García Baragaña. Este se había inspirado al escribir su obra en un manuscrito anónimo del siglo XVII que se conservaba en la Biblioteca del duque de Osuna, hoy en la Biblioteca Nacional, que se titulaba *Cartilla en que se notan algunas reglas de torear a pie en prosa y verso* y en el que se recogían por vez primera los diversos preceptos sobre este tipo de toreo. García Baragaña expresaba ya su preocupación por dar una normativa que ordenara y regulara la lidia.

La *Tauromaquia* de Pepe-Hillo, que aparece cuando ha tenido un gran desarrollo el toreo a pie a lo largo del siglo XVIII, pretende mediante el conocimiento acumulado que se tenía ya de los diversos tipos de toros, eliminar los riesgos que sufría el torero, dando las formas de lidiarlos y sortearlos más adecuadas. Concibe el toreo como actitud defensiva y al diestro le están permitidas numerosas licencias que limitará por considerarlas excesivas Francisco Montes en su *Tauromaquia completa* que publica en Madrid en 1836.

Al fin del texto van 30 grabados calcográficos a color que ilustran diversas suertes del toreo a caballo y a pie. No iban incluidas en la edición de 1796 y se desconoce su posible autor. De esta edición de 1804 se hicieron tiradas, como la de este ejemplar, que llevan las láminas recortadas e incluidas al fin y otras en las que aparece el texto por un lado, y aparte encuadernados los grabados en blanco y negro. El grabado de tema taurino aparece en España a finales del siglo XVIII en diversas estampas sueltas. La primera serie con temas de lidia aparece en 1790, es obra del pintor, dibujante y grabador Antonio Carnicero y fue durante mas de un siglo el modelo en que se inspiraron, sobre todo a la hora de la com-

Primera suerte de capa con los toros boyantes.

PEPE-HILLO: *Tauromaquia o arte de torear a caballo y a pie.*
Madrid: Imprenta de Vega y Compañía, 1804. *BN R/3688.*

1796 edition. The name of the artist is not known. In some of the printings of the 1804 edition, such as this particular copy, these plates are cut out and included at the end, whereas in other impressions the engravings in black and white are bound separately from the text. Bullfight motifs appeared in Spain at the end of the 18th century as single sheet engravings. The first series on bullfight themes, the work of the painter, draftsman and atcher Antonio Carnicero, appeared in 1790. For more than a century it was the model for an endless number of popular wood engravings which inspired many Spanish and foreign artists, especially in the aspect of composition. The engravings in Pepe-Hillo's work are the first to illustrate a treatise on the precepts of bullfighting. Although some compositions are inspired by Carnicero's models, this engraver is more successful in depicting animals, as he manages to make his animals look more lifelike.

Today it is generally accepted that the matador Pepe-Hillo, who was illiterate, was not the author of this treatise and that the man who actually wrote it was José de la Tixera, a contemporary writer, friend of the bullfighter and a great aficionado of bullfighting. Tixera was also the author of *Las fiestas de toros* which was published in 1894 by Carmena y Millán. The first and second editions of the *Tauromaquia* contain the same rules for

posición, artistas españoles y extranjeros e infinidad de estampas populares grabadas en madera. Los grabados de la obra de Pepe-Hillo son la primera serie realizada para ilustrar un tratado sobre preceptiva taurina; algunas composiciones están inspiradas también en los modelos de Carnicero, pero aquí el grabador parece más acertado a la hora de reproducir las figuras animales y consigue que parezcan más reales que las de aquél.

Es hoy bastante aceptado que no fue el diestro Pepe-Hillo el autor de este tratado ya que era analfabeto, y que el que lo redactó fue José de la Tixera, escritor de la época, gran aficionado a los toros y amigo del torero, autor también de una obra titulada *Las fiestas de toros*, que publicó años mas tarde, en 1894, Carmena y Millán. La primera y segunda edición de la *Tauromaquia* recogen la misma preceptiva, si bien es esta segunda la más apreciada debido a que su nueva redacción y organización la hacen más clara y sencilla. A lo largo del siglo se realizaron diversas impresiones en 1827, 1834, 1875, 1879 y 1894.

Pepe-Hillo murió en la plaza de toros de Madrid el 11 de mayo de 1801 al entrar a matar al toro «Barbudo», de la ganadería de Peñaranda de Bracamonte. José de la Tixera relató el suceso en una *Carta* que se imprimió en Barcelona en ese mismo año. Goya realizó tres versiones diferentes sobre la cogida del diestro; la tercera de ellas,

bullfighting, but the second edition, with new editing and organization that make it clearer and simpler than the first, is the more highly regarded. It was reprinted several times during the 19th century, in 1827, 1834, 1875, 1879 and 1894.

Pepe-Hillo died in the bullring of Madrid on May 11, 1801 when he moved in to kill the bull «Barbudo» from the cattle ranch of Peñaranda de Bracamonte. José de la Tixera narrated the episode in a «Letter» that was printed that same year in Barcelona. Goya produced three different versions of the goring of the matador; the third one, an etching, es included as number 33 in his series of the *Tauromaquia*. Pepe-Hillo was born in Seville in 1754. He was a pupil of Costillares and he fought chiefly in Seville. He was a great rival of the bullfighter Pedro Romero until Romero retired from the bullring in 1799. He was gored 25 times during his lifetime. A member of the school of Seville in his style, Pepe-Hillo practiced a lively and flamboyant type of bullfighting. He revived and gave more importance to many *suertes* that already existed but were considered incidental and were not used very often. Bullfighting as we know it today owes a great deal of its structure and variety to him.

Bibliography

José María de Cossío. *Los toros. Tratado técnico e histórico.* 7ª ed. Vol. II y III. —A. Palau. num. 70064

grabada al aguafuerte, va incluida en su serie de la *Tauromaquia* con el num. 33.

Nació en Sevilla en 1754, fue discípulo de Costillares y toreó fundamentalmente en Sevilla, mantuvo una gran rivalidad con el torero Pedro Romero hasta que éste se retiró definitivamente de los ruedos en 1799. Sufrió a lo largo de su vida 25 cogidas. Perteneciente a la escuela sevillana, su toreo era alegre y gustaba del adorno. Revalorizó gran número de suertes que si bien existían en su época eran poco utilizadas por considerarse accesorias. La lidia, tal y como hoy la conocemos, le debe gran parte de su variedad y estructura.

Bibliografía

José María de Cossío. *Los toros. Tratado técnico e histórico.* 7ª ed. Vol. II y III. —A. Palau. num. 70064

Alfonso X el Sabio: *Cantigas de Santa María.* S. XIII. *BE.*

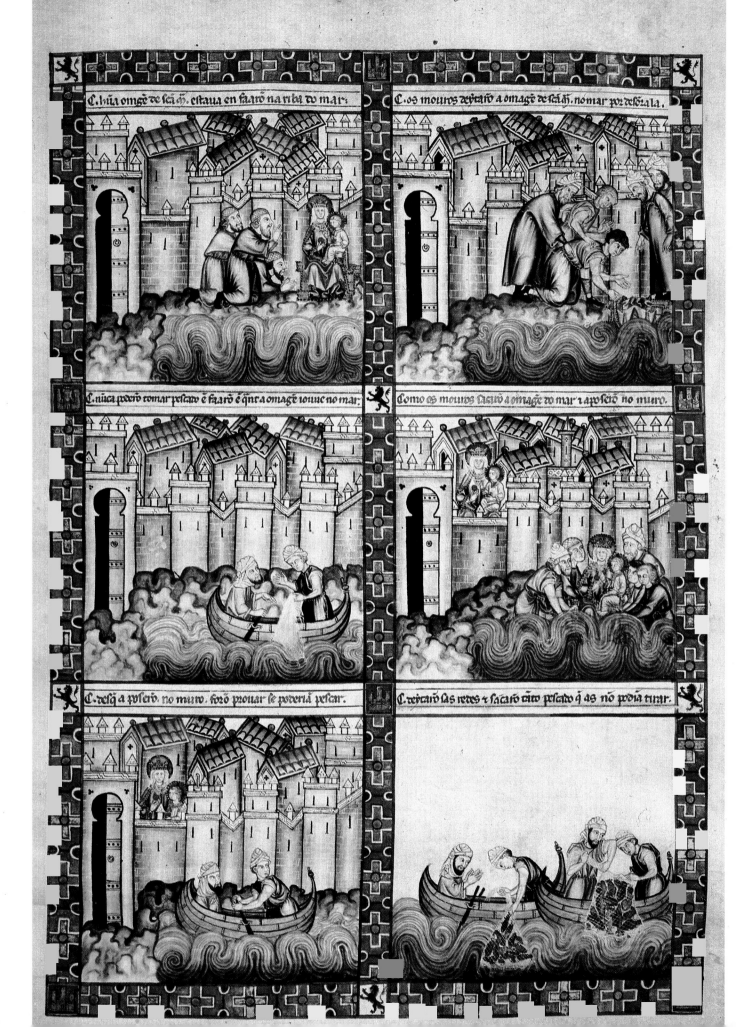

E hũa omagẽ de sca̅ ꝑ. estaua en faaro na riba do mar.

C os mouros deytaro a omagẽ de sca̅ ꝑ. no mar ꝑ deso̅rala.

E nũca poderõ tomar pescado e faaro e q̅nt a omage iouue no mar.

Como os mouros sacaro a omage do mar. e aposero no muro.

E despois a poserõ no muro. ꝑoro ꝑouar se poderiã pescar.

E deytaro sas redes e sacaro tãto pescado q̅ as nõ podiã tirar.

IV. LA CULTURA ESPAÑOLA

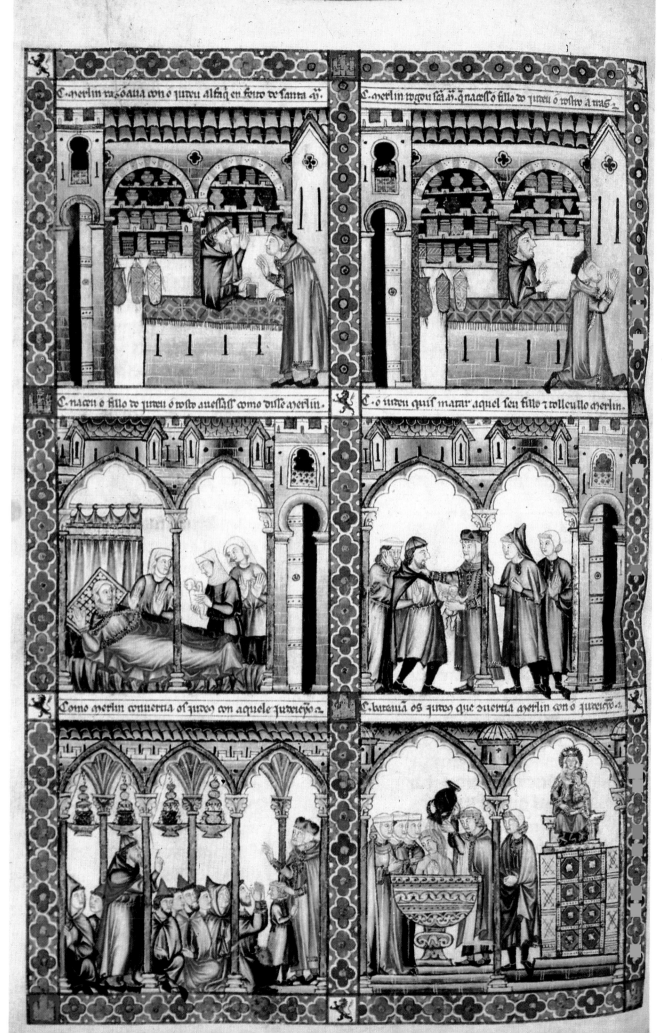

ALFONSO X EL SABIO: *Cantigas de Santa María.* S. XIII. *BE.*

IV₁ *SEFARAD Y LA ESCUELA*
DE TRADUCTORES DE TOLEDO

Como un ome fiava muyt en sca ma [t]icaua sempre.

C ania de seu auer a que quer que lli ꝑdes ꝑ amor sca ma...

C ...uia un touro a uas todas q fazia un caualeyro.

C o touro colleu depoys lo ome boo plo feri... rica ma o acor...

C o touro se leyxou caer en tena tendudo come morto.

C o touro se ergeu τ depoys nūca qs fez mal a nīuu.

Juan Goytisolo

Cuando en un reciente Encuentro de Escritores abogaba por el mestizaje e integración culturales en contraposición a las actuales tendencias peninsulares al ensimismamiento y exclusivismo, el propósito de mi intervención no fue siempre bien entendido. Defender la pluralidad de las culturas existentes en el ámbito del Estado es una cosa; erigir barreras entre ellas y encastillarse en la posesión de unas supuestas esencias nacionales o locales, otra muy distinta. Una cultura ovillada en la esfera de su autosuficiencia es, al menos potencialmente, una cultura etnocida, denegadora de la existencia e influjo de las demás. La falsificación deliberada del pasado historico; la poda, eliminación u ocultamiento de lo presuntamente foráneo empobrecen y adulteran el conocimiento de la propia realidad, obstaculizan su desenvolvimiento armonioso. El ideal de un pensamiento plural, receptivo y abierto, en los antípodas del privativo y autosuficiente implica, en primer término, un cambio de actitud hacia nuestra historia española, una voluntad integradora de todos aquellos aportes y elementos arbitrariamente evacuados de ella por una concepción estrecha y sectaria de una inmutable «identidad nacional». La historia de un pueblo no es otra cosa que la suma de las influencias exteriores que ha recibido.

Nadie, a estas alturas, podría negar la huella decisiva de Al Andalus en la formación de la cultura castellana desde sus mismos orígenes. No obstante, dicha admisión se realiza todavía en un contexto lleno de reservas mentales, regateos instintivos, escamoteos. Se reduce lo árabe a un pasado glorioso pero muerto: sin conexiones con la cultura y vida de hoy; se elimina subrepticiamente la enjundiosa, enriquecedora variedad de fenómenos de mutua impregnación, ósmosis, capilaridad producto de varios siglos de convivencia y sus espléndidas manifestaciones en el campo literario artístico de lo mudéjar. Seguimos estudiando la historia de los judíos y musulmanes peninsulares como la de los pueblos huéspedes pero ajenos, irreductiblemente opuestos al nuestro, y, a la par de dicha mutilación traumática, de-semitizamos y des-arabizamos las grandes creaciones del último. Semejante empresa de desposesión en aras de un patriotismo mal entendido, nos ha impedido ver durante siglos la originalidad y valor de la cultura surgida hace mil años en tierras castellanas, juzgándola erróneamente en función de unas coordenadas exclusivas cristianas y occidentales. Tal concepción, como sabemos hoy, no corresponde a la realidad: los frecuentes trasvases, a menudo a través de traductores judíos, de la literatura árabe a la castellana en el período de formación de ésta muestran muy al contrario la fuerza de la porosidad, del flujo circulatorio existente entre ambas: del Cantar del Mío Cid *al* Libro de buen amor, *pasando por la obra del infante don Juan Manuel, la nueva lengua empleada por sus autores es un magnífico ejemplo de la vitalidad y energía del mestizaje de lo románico con lo árabe, a partir de cuyo tronco se desarrollará el árbol frondoso de nuestra literatura. El papel desempeñado por los judíos en dicho compuesto o liga es desde luego fundamental: cuando España empezó a cobrar conciencia de sí misma era ya la célebre y luego añorada tierra de Sepharad.*

ALFONSO X EL SABIO: *Cantigas de Santa María.* S. XIII. *BE.*

Castilla se forjó y alcanzó su prodigiosa expansión gracias a la feliz absorción de diferentes corrientes culturales simbolizadas por la presencia en su suelo de los monjes de Cluny y la Escuela de Traductores hebreos de Toledo. La oportuna transmisión por los árabes del legado griego y literaturas orientales a Occidente convirtió a la España medieval en la encrucijada y crisol de las culturas entonces conocidas. Gracias a los traductores toledanos, Castilla sembró la semilla del saber clásico en toda Europa, desde Aristóteles a Euclides. Sin esta corriente vivificadora ni las Tablas alfonsíes ni la literatura influida por Calila y Dimna y otras recopilaciones árabes habrían podido existir ni desarrollarse. El que España no sacara un beneficio perdurable de estos fecundos intercambios y trasvases es un fenómeno cuya lectura correcta nos interesa sobremanera si pretendemos evitar que de una forma u otra se repita. El Toledo de los siglos XI y XII es el mejor ejemplo de una dinámica que puede truncarse y fenecer con la adopción de dogmas y actitudes retrógrados y puristas. Encerrada en sí misma durante la monarquía de los Austrias, Castilla fue la primera víctima de su falsa autosuficiencia: su paulatino ensimismamiento baldío y el cultivo de sus presuntas esencias liquidaron el espacio plural —románico, latino, griego, árabe y judío— en el que se templó su grandeza e incidieron a la postre negativamente en su intercambio y relación con las demás culturas periféricas surgidas en la Península.

La nueva democracia española nos brinda una oportunidad histórica que yo calificaría de única: la posibilidad de elaborar una unidad peninsular fundada en el respeto de las diferencias culturales y su comunicación fructífera, en la que la comunidad castellano-leonesa ha de asumir sin complejos el protagonismo que le otorga su posición histórica central e irremplazable. Su rico legado mudéjar y la universalidad encarnada por los traductores de Toledo son patrimonio de todos y no deben ser objeto en lo futuro de discriminaciones ni olvidos.

Juan Goytisolo

In the course of a recent writers symposium, when I advocated the mixture and integration of cultures in opposition to the current trend towards hermetic acttitudes and exclusivity, my proposal was not always well received or understood. To defend the plurality of existing cultures within the confines of the State is one thing; to erect barriers between them, to be walled up in possession of some supposed national or local essences is another. A culture nurtured within the sphere of its own self—suficiency commits potencial cultural ethnocide by denying the existence and influx of other cultures. The deliberate attempt to falsify past history, to trim off, eliminate or try to conceal what is allegedly alien, impoverishes and adulterates the knowledge of reality itself and hinders its harmonious evolution. The ideal of a pluralistic thought, receptive and open, at opposite poles to private and self—sufficient thinking, implies, first of all, a change in attitude towards our own history. Moreover, it implies a will to integrate all those contributions and elements arbitrarily eliminated from it by the narrow sectarian conception of an immutable 'national identity'. A people's history is nothing more than the sum of the foreign influences it has received.

At this late date no one can deny the decisive role of Al—Andalus in the formation of Castilian culture from its very beginnings. Nevertheless, this undeniable fact is admitted only in a context filled with mental reservations, instinctive roundabouts and avoidance of the issue in general. Arabic influence is reduced to a mere glorious but dead past without ties to present-day culture and life. Subreptitiously the fruitful, enriching variety of phenomena or mutual impregnation, osmosis, the decantation of several centuries of living—togetherness and its splendid results in the field of literature and Mudejar art is eliminated. We continue to study the peninsular Jews and Muslims as if they were guests, but also as foreigners irreducibly opposed to our own people. In adition to this traumatic mutilation, we de-Semitize and de-Arabize the great creations of the latter. This act of disposessions, of judging erroneously by exclusively Christian and Western criteria in the name of patriotic misunderstanding has, for centuries, prevented us from seeing the originality and value of the culture which arose around one thousand years ago in Castilian territory. We now know that this conception does not correspond to reality. The frequent decantations, often through Jewish translators of Arabic literature into Spanish during its formative period, are evidence to the contrary of the power of porosity and the circulatory flow existing between the cultures. From the *Poem of the Cid* to the *Book of Good Love*, by way of the works of the Infante Don Juan Manuel, the new language used by its mixture a magnificent example of the vitality and energy of the mixture of Romance and Arabic, from whose trunk will come forth the leafly tree of our literature. The role played by the Jews in this mixture or link is, of course, fundamental. When Spain first began to become aware of herself, this country was already the celebrated and afterwards longed-for land of Sepharad.

Castile forged her destiny and accomplished her prodigious expansion thanks to the felicitous absorption of different cultural currents symbolized by the presence on her soil of the monks of Cluny and the school of Hebrew translators of Toledo. The opportune transmission by the Arabs of the Greek legacy and oriental literature to the West made medieval Spain the crossroads and melting pot of the known cultures at that time. Thanks to the translators of Toledo, Castile sowed the seeds of classical learning, from Aristotle to Euclid, throughout Europe. Without this vivifying current, neither the *Alfonsine Tablets* nor the literature inspired by *Calila and Dimna* and other Arabic compilations could have existed or evolved. The fact that Spain did not take a more lasting advantage of these fruitful exchanges and decantations, is a phenomenon which, if we read it correctly, is of great interest to us if we try to avoid repeating it in some way or another. The Toledo of the eleventh and twelfth centuries is the best example of how a dynamic can be cut off and deadened by the adoption of dogmas and retrograde, purist attitudes. Locked up within herself during the monarchy of the Austrias, Castile was the first victim of her false self-sufficiency. Her gradual hermetic attitude was in vain, and the cultivation of her so-called essential being, eliminated the plural space —Romance, Latin, Greek, Arabic and Jewish— in which her grandeur was forged. Ultimately it had a negative effect on the exchange and relationship with the other cultures of the periphery which had also arisen in the peninsula.

The new Spanish democracy has given us a historical opportunity that I would consider unique: the possibility of working out a peninsular unity based on respect for cultural differences and their fruitful communication in which the Castilian-Leonense community may unashamedly assume its central and irreplaceable role of protagonist that its historical position has granted it. Its rich Mudejar legacy and the universality embodied in the translators of Toledo are the patrimony of all Spaniards, and should not be the object of future discrimination or oblivion.

Translated by Selma Margaretten

64. ALFONSO X EL SABIO

Libros del saber de Astronomía. Spain.—13th century.—410 × 300 mm. Vellum.—Modern leather binding, 425 × 320 mm.

Madrid, Universidad Complutense, Ms. 156

The scientific interest of Alfonso X focused mainly on the study of astronomy and its principal ally in the Middle Ages, astrology.

Not content to be a passive patron, the king was actively involved in the work done by the exceptional team he directed and coordinated. Although it is not easy to determine the extent and participation of each person who contributed to the work, the case of the *Books of Astronomical Wisdom* is an exception. Thanks to the prologues, we are able to identify some of the collaborators and their work.

Many of the works translated or compiled by the scholars came out jointly by order of the king in the form of three miscellaneous treatises on astronomy, astrology and magic. There are eleven different works in the astronomical treatises which make up the collection of *Libros del saber de Astronomía.*

The first treatise is a catalog of stars and the rest deal with the construction and use of various astronomical instruments. They are complete translations of Arabic works, revised translations more or less in keeping with the original or freely adapted by the translators and accompanied by prologues. Alfonso X wrote at least ten of them.

While the treatises were translated between 1255 and 1259, according to the prologues, the books themselves were not compiled until later, between 1276 and 1279. The prologues to the different treatises are all very similar; some are written in the first person and others in the third. The king's will is always indicated by the words 'por mandado del rey' [by the king's order] which figures in the prologues written by the translators.

The *Libros del saber de Astronomía* contain the following treatises on parchment folios:

Cuatro libros de las estrellas [Four books of the stars]. This work is derived from the *Kitâb al-kawakib al-thâbita al musawwar* by Abd al-Rahmân al-Sûfi, translated by Judah ben Moses and Guillén Arremon d'Aspa in 1256 and other sources to which were added the observations of the latitudes and longitudes of fourteen stars carried out by royal decree in Toledo in 1260. Alfonso took part in the revision of the work, deleting parts of the material which seemed superfluous to him. He also corrected the language, 'and then the aforesaid King righted it and ordered it composed and struck out the ideas he thought were commonplace and ambiguous.

Libro de la alcora [Book of the celestial globe]]. This book dealing with the celestial globe is a revised translation of the *Kitâb al-amal bilk al-fulkîya* by Qustâ ibn Lûqâ. The literal translation was done by Judah ben

---

64. ALFONSO X EL SABIO

Libros del saber de Astronomía.—España.—Siglo XIII.—201 h.—410 × 300 mm.—Vitela.—Encuadernación piel.—425 × 320 mm.

Universidad Complutense de Madrid Ms. 156

Los intereses científicos de Alfonso X se centraron principalmente en el estudio de la astronomía y de su principal asociada en el medievo, la astrología.

El rey no fue un mecenas pasivo y su actuación fue la de activo responsable de grupo que dispuso y coordinó la labor de un equipo excepcional. La aportación de cada uno de los miembros o la definición de su participación en las obras no es fácil pero el caso de los *Libros de saber de Astronomía* es una excepción y a través de sus prólogos se ha podido conocer el nombre y responsabilidad de algunos de ellos.

Muchos de los trabajos traducidos o compilados por sus investigaciones se editaron juntos por orden del rey formando tres misceláneas relativas a astronomía, astrología y magia. Los tratados astronómicos formaron la colección *Libros del saber de Astronomía,* que contiene once trabajos diferentes.

El primero de los trabajos es un catálogo de las estrellas, los restantes tratan de la construcción y uso de diversos instrumentos astronómicos. Se trata de traducciones completas de obras árabes, traducciones revisadas más o menos fieles al original, o tratados que los traductores adaptaron con mayor o menor libertad, acompañados de prólogos. Alfonso X escribió al menos diez de ellos.

Los tratados se tradujeron entre los años 1255 a 1259, según se dice en los prólogos, los *Libros* no se formaron hasta años más tarde, entre 1276 y 1279.

Los prólogos de los diferentes tratados son todos muy similares, algunos en tercera persona, otros en primera. La voluntad del rey aparece siempre con la fórmula «por mandado del rey», que figura en los prólogos escritos por los traductores.

En los *Libros del saber de Astronomía,* que ocupan folios de pergamino, se contienen los trabajos siguientes:

Los *Cuatro libros de las estrellas* [fol]. Deriva del *Kitâb al-kawâkib al-thâbita al-musawwar* de Abd al-Rahmân al-Sûfi traducido por Judah ben Moses y Guillén Arremon d'Aspa en 1256 y de otras fuentes árabes a las que se sumó la observación de las longitudes y latitudes de catorce estrellas que se llevó a cabo por orden real en 1260 en Toledo. Alfonso X participó en la revisión de la obra suprimiendo parte del material que le parecía superfluo, también corrigió el lenguaje «et despues lo endereço et lo mandó componer este Rey sobredicho, et tolló las razones que entendió eran soveianas et dobladas...».

Libro de la alcora[fol. 24]. Trata del globo celeste; es una traducción revisada del *Kitâb al-amal bilk al-fulkîya* de Qustâ ibn Lûqâ. La traducción literal la hicieron Judah ben Moses y Juan Daspa en 1259, la revisión se lle-

Moses and Juan Daspa in 1259 and revised in 1277. The first chapters were rewritten by the royal scholars by order of the king who also made sure that the work was accompanied by illustrative astrological diagrams.

Los dos libros de las armellas [Two books on armillary spheres]. Based on a work by al-Zarqâli, they were very much revised by the translator, Issac ibn Sid. The instrument described contains the equatorial, elliptical and horizontal rings which enabled mathematical problems to be solved mechanically. Auxiliary tables are included.

Los dos libros del astrolabio esférico [Two books on the spherical astrolabe]. The Arabic source is unknown, but the compiler, Isaac ibn Sid, could have put together a collection of several existing treatises without making a direct translation. The spherical astrolabe was a widely used instrument which made possible a great number of astrological observations and reductions.

Los dos libros del a. rolabio plano [Two books on the planar astrolabe]. The sources and persons responsible for the translation or compilation are unknown. Ptolemy is mentioned in the text.

Libro de atazir [Book of the flat astrolabe]. Composed by Isaac Ibn Sid, the book describes a planar astrolabe with an instrument computations. The Arabic word *tayîr* refers to paths of the stars.

Los dos libros de la lámina universal [Two books on the universal plate]. According to the prologue by Alfonso X, this instrument was invented in Toledo by Abû-l-Hasan Alí ibn Khalaf ibn Ghâlib al-Ansari of Cordova in the ll th century. The book is divided into five parts: construction and use of the instrument, astronomical geography, sun stars and moon. It was probably translated by Isaac ibn Sid, the author of the introduction which precedes the work.

Libro de la açafeha. [Book of the açafeha or astrolabe]. The treatise by Al-zarqâli was translated in 1255-56 by Fernando of Toledo and revised in Burgos in 1277 by 'Don Abraham Alfaqui,' also called 'Abraham the Jew and physician,' whom some authors call Abraham of Toledo, although he never appears linked to this city. Master Abraham lived in Burgos and may have been an influential jew in that powerful community in contact with Alfonso during his stay in that city in 1277. The book deals with the astrolabe invented by Al-Zaqâli and is divided into two parts; the first is dedicated to the king of Toledo, Yahyâ al-Ma'mûm [1037-1074], and the second to the king of Seville, Muhammad II [1068-1091].

Los dos libros de las láminas de los VII planetas [Two books on the plates of the seven planets]. One was written by Ibn al Samh and the other by al-Zarqâli in the ll th century. They deal with the aequatoria, astrolabes or planispheres which can determine the position of the planets without having to make computations.

El libro de los quadrantes [Book of quadrants]. The original Arabic source is unknown. The work was composed in 1277.

vó a cabo en 1277. Los primeros capítulos fueron redactados por los investigadores reales por encargo del rey, que también se interesó porque la obra fuese acompañada por diagramas astrológicos que la ilustrasen.

Los dos libros de las armellas [fol. 38]. Deriva esencialmente de al-Zarqâli pero muy elaborado por su traductor Isaac ibn Sid. El instrumento descrito contiene las armellas ecuatorial, elíptica y horizontal, que permitían resolver problemas matemáticos mecánicamente. Se acompaña con unas tablas auxiliares.

Los dos libros del astrolabio esférico [fol. 40]. No tiene una fuente árabe determinada; su compilador, Isaac Ibn Sid pudo utilizar varios de los tratados que sobre esta materia existían sin hacer una traducción directa sino más bien una compilación. El astrolabio esférico fue un instrumento universal que posibilitaba múltiples observaciones y reducciones astrológicas.

Los dos libros del astrolabio plano [fol. 66]. No se conocen fuentes ni responsabilidades de traducción o compilación. En el texto se cita a Ptolomeo.

Libro de atazir. Compuesto por Isaac Ibn Sid. El instrumento que se describe es un astrolabio plano que usaban los astrólogos para hacer cómputos. La palabra árabe tayîr se refiere al curso de las estrellas.

Los dos libros de la lámina universal. Según el prólogo de Alfonso X la *Lámina universal* fue inventada en Toledo por Abûl-l-Hasan 'Alî ibn Khalaf ibn 'Ghâlib al-Ansari de Córdoba, que vivió en el siglo XI. El tratado se divide en cinco partes: construcción y uso del instrumento, geografía astronómica, sol, estrellas y luna. Fue traducido por Isaac ibn Sid probablemente, autor de la introducción que le precede. [fol. 80 v.]

Libro de la açafeha. [fol. 106 v.]. El tratado de Al-Zarqâli fue traducido en 1255-56 por Fernando de Toledo y revisado en Burgos, en 1277, por «Don Abraham Alfaqui» también llamado «Abraham judío y físico», a quien algunos autores llaman Abraham de Toledo aunque nunca aparece conectado con esa ciudad. El maestro Abraham estuvo en Burgos —quizá fuese un judío influyente de esa poderosa comunidad— relacionado con Alfonso X, quien pasó una gran parte del año 1277 allí. El *Libro de la acafeha* trata del astrolabio inventado por Al-Zarqâli y se divide en dos partes, la primera dedicada al rey de Toledo Yahyâ al-Ma'mûm [1037-1074], la segunda dedicada al rey de Sevilla Muhammad II [1068-1091].

Los dos libros de las láminas de los VII planetas [fol. 153]. Uno escrito por Ibn al-Samh y el otro por al-Zarqâli en el siglo XI. Tratan de los aequatoria astrolabios o planisferios que permitían la determinación de la posición de los planetas sin necesidad de cómputo.

El libro de los quadrantes [fol. 166 v.]. No se conoce el original árabe. Isaac ibn Sid lo redactó en 1277.

Los cinco libros de los relojes [fol. 177]. Libro del reloj de la piedra de sombra, Libro del reloj del agua, Libro del reloj de plata viva, Libro del reloj de las candelas, Libro del reloj del palacio de las horas. Cuatro de estos libros los compuso Isaac ibn Sid, otro Samuel ha-Levi.

Los cinco libros de los relojes [Five books on clocks]. This work contains books on the sundial, water clock, quicksilver clock, candle clock, and clock of the palace of hours. Four were composed by Isaac ibn Sid and the other by Samuel ha-Levi.

The manuscript of the Books of Astronomy is written on large vellum folios and still preserves a part of the splendid illumination worthy of a codex of the Camara regia. The *Cuatro libros de las Estrellas* contains a graphic representation of the constellations, spheres inscribed in squares whose angles are decorated with typical Alfonsine arabesques in a beautiful combination of colors and gold. The *Cinco libros de los relojes* contains miniatures of scientific interest and esthetic value as well. As decorative complement to the text, the codex is ornamented with illuminated capitals and flourishes.

Throughout its history the manuscript has been illtreated and even vandalized. The 18th century manuscript index of the Universidad Complutense lists the *Libros del saber de astronomía* and the barbaric mutilations they had suffered. Single miniatures and sixty folios are missing. In 1980 the Centro Nacional de Restauración y Microfilmación undertook a remarkable restoration of this codex. The present binding, in imitation of the original austere medieval binding was also done at the center.

Provenance: The codex was in San Juan de los Reyes in Toledo until the 15th century. From there it was taken to the university at Alcalá de Henares and is presently in the library of the same Universidad Complutense in Madrid.

Bibliography
VILLA-AMIL Y CASTRO, p. 67-68.—DOMÍNGUEZ BORDONA, II, n.º 1183.—*Bibliography of old Spanish Texts*, n.º 2278.—*Exposición Histórico-europea, 1892-1893*, n.º 23.—*Exposición de códices miniados*, 1962, n.º 69.—DURRIEU, p. 47.—*Alfonso X*, Toledo 1984, n.º 218.—DOMÍNGUEZ BORDONA. *Exposición de códices miniados*, 1930, I, p. 494-7.—Edición de M. Rico Sinobas. Madrid, 1863.—J. M. TORROJA MÉNDEZ. *El sistema del mundo desde la antigüedad hasta Alfonso X el sabio*. Madrid, Instituto de España, 1980.—CÁRDENAS. *A study and edition of the Royal Scriptorium Manuscript o el Libro del saber de astrología de Alfonso X el Sabio*. Tesis doctoral inédita de la University of Wisconsin, 1984.

El manucrito de los *Libros del saber de astronomía* está realizado en vitela a tamaño de gran folio y conserva parte de la espléndida iluminación que como códice de la Cámara Regia le correspondía llevar. En *Los Cuatro libros de las estrellas* están las representaciones gráficas de las constelaciones, esferas inscritas en cuadros cuyos ángulos se adornan con los típicos arabescos alfonsíes en una preciosa combinación de tintas de colores y dorados. También *Los cinco libros de los relojes* llevan dibujos miniados en los que al interés científico se suma la belleza. Como decoración complementaria, el códice se adorna con capitales miniadas y rasgueadas.

El manuscrito sufrió a lo largo de su historia malos tratos y saqueos. En el índice de manuscritos de la Universidad Complutense realizado en el siglo XVIII se cita *Los libros del saber de astronomía* aludiendo a las bárbaras mutilaciones de que había sido objeto. Faltan miniaturas sueltas y sesenta folios.

El códice estuvo depositado hasta el siglo XV en San Juan de los Reyes en Toledo; de ahí pasó a la Universidad de Alcalá de Henares y hoy se encuentra en el fondo de la Biblioteca de esa misma Universidad, la Complutense de Madrid.

El Centro Nacional de Restauración y Microfilmación hizo un magnífico trabajo con este códice en 1980. La encuadernación actual es la que se hizo en ese mismo centro tratando de seguir la línea sobria de una encuadernación medieval.

Bibliografía
VILLA-AMIL Y CASTRO, p. 67-68.—DOMÍNGUEZ BORDONA, II. n.º 1183.—*Bibliography of old Spanish Texts*, n.º 2278.—*Exposición Histórico-europea, 1892-1893*, n.º 23.—*Exposición de códices miniados*, 1962, n.º 69.—DURRIEU, p. 47.—*Alfonso X*, Toledo 1984, n.º 218.—DOMÍNGUEZ BORDONA. *Exposición de códices miniados*, 1930, I, p. 494-7.—Edición de M. Rico Sinobas. Madrid, 1863.—J. M. TORROJA MÉNDEZ. *El sistema del mundo desde la antigüedad hasta Alfonso X el sabio*. Madrid, Instituto de España, 1980.—CÁRDENAS. *A study and edition of the Royal Scriptorium Manuscript o el Libro del saber de astrología de Alfonso X el Sabio*. Tesis doctoral inédita de la University of Wisconsin, 1984.

65. UBAYD ALLAH

Libro de las Cruces. Spain. 1259. Vellum 201pp. 245 × 160mm. 2 cols. French Gothic script. Read leather binding with gold tooling. 255 × 182mm.

Madrid, Biblioteca nacional, Ms. 9294.

'The *Book of Crosses* by ancient sages in which the scholar Oveydalla explained and spoke of the constellations of the revolutions of the planets which he found and was ordered to translate from Arabic to Castilian by the very noble king Don Alonso, son of the very noble king Don Fernando and the very noble queen Doña Beatriz,' is the first book on astrology written in Spanish. This is the original manuscript which came from the Cámara Regia of Alfonso X.

65. UBAYD ALLAH

Libro de las Cruces. — España. — 1259. — 201 h. — 245 x 160 mm. — Encuadernación piel roja, 255 x 182.

Madrid, Biblioteca nacional, Ms. 9294.

El *Libro de las Cruces* «que hicieron los sabios antiguos y que esplano Oveydalla el sabio e favlo en las constelaciones de las revoluciones de los planetas que hallo y mandó traslladar de arávigo en castellano el mui noble rey don Alonso hijo del muy noble rey don Fernando y de la muy noble reyna M.ª Beatriz», es el primer libro de astrología escrito en castellano. Este manuscrito es el original que salió de la Cámara Regia de Alfonso X, rey de España.

Tras una portadilla en papel, del siglo XVIII, comienza el texto [fol. 2 r. fol. 201 r.]. El códice está escrito sobre vitela, la letra gótica francesa es típica de la Cámara Regia, está escrito a dos columnas, a tinta negra.

The work is attributed to the Arabic astrologer Oveidala. According to the explicit, Jehuda fy de Mosse and Johan Daspa finished translating and copying the codex on February 26, 1259.. The scribe, according to Lloyd A. Kasten, was Johan Daspa, probably a native of the town of Aspá, Lérida. His assistant or adviser in translating from the Arabic was the king's scholar, Jehuda fy de Mosse alcohen.

The *Libro de las cruces,* together with the *Libro del saber de astronomía* and the *Tablas Alfonsíes,* bear witness to the king's interest in this science in which some critics have seen not only a desire for theoretical knowledge, but also concern for its practical application. This is evident in his liking for judiciary astrology and for drawing horoscopes in which he could see the influence of the stars on his daily life. The *Libro de las cruces* describes various stellar movements which might be related to Alfonso himself in an attempt to present him with cases interesting to him because of their bearing on the problems of his kingdom

There are several scientific drawings in the manuscript which consist of figures for making horoscopes. They are composed of circles divided into six equal sectors by means of six diametrically opposed radii; the six sectors, called stakes, correspond to the twelve mansions of the zodiac. The six radii form three diameters which cross in the middle of the figure, hence, the name *Libro de las cruces.* The circles of the figures vary in diameter, They are drawn in sepia with the stakes in the same color. The names of the planets are in red ink and the circles are inscribed in a border decorated with filigree work in alternating red, blue, green and violet.

The illumination consists of initials (10 × 10mm. and 20 × 20mm.) and alternating capitals in red and blue (40 × 45mm.) adorned with filigree work in the contrasting color. The ornamentation of the borders is completed with filigree work inside the writing area and flourishes in the margins and between the columns in red and blue.

After a half title on paper dating from the 18th century, the text begins (fol. 2r - fol. 20lr). The codex on vellum is written in two columns in black ink in the French Gothic script typical of the Cámara Regia.

Chapter headings appear at the top of the folio in blue and red ink with alternating letters and numbers. The rectos are numbered in Roman numerals; the versos bear the indication 'caplo', The foliation in ink is not contemporary with the codex.

This codex is also a valuable document from a philological point of view because it is done by Aragonese-speaking translators and is also dated. This information enables us to establish the chronology of certain linguistic aspects and study dialectal influences.

There are only two codices containing the text of the *Libro de las cruces,* this one in the Biblioteca Nacional and an abbreviated copy in which some of the forty five chapters of the work are summarized. The Biblioteca

La indicación de capítulo va en la cabecera del folio, jugando con las tintas de colores —azul y rojo— que se alternan en letras y números. En los rectos va la numeración en romanos, en los vueltos de los folios la indicación «caplo». La foliación a tinta no es contemporánea al códice.

La iluminación del manuscrito consiste en iniciales [10 x 10 mm. y 20 x 20 mm.] y en capitales [40 x 45 mm.] que alternan los colores entre el rojo y el azul y se adornan con una filigrana del color opuesto. Filigranas colocadas dentro de la caja de escritura y rasgueos en los márgenes y entre las columnas, manteniendo siempre el juego cromático del rojo y el azul, completan la decoración marginal del códice.

Los dibujos científicos que lleva el manuscrito consisten en figuras.

Las figuras para la formación de los horóscopos son la ilustración científica del manuscrito. Consisten en círculos divididos en seis sectores iguales mediante seis radios diametralmente opuestos; los seis sectores, llamados ángulos, y los seis radios, llamados estacas, se corresponden con las doce casas del Zodiaco. Los seis radios forman tres diámetros que se cruzan en el centro de la figura, siendo este el motivo de que el códice se denomine *Libro de las cruces.* Los círculos de las figuras varían bastante en diámetro. Están dibujados en sepia con las estacas del mismo color, los nombres de los planetas van en tinta roja; los círculos se inscriben en una orla decorada con filigranas alternando los colores entre el rojo, azul, verde y violeta.

Al astrólogo árabe Oveidala se atribuye la autoría del texto. Jehuda fy de Mosse y Johan Daspa, según consta en el explicit, terminaron el 26 de febrero de 1259 la traducción y escritura del códice. Según Lloyd A. Kasten el escriba fué Johan Daspa, posiblemente natural del pueblo leridano de Aspá, que tuvo como ayudante o como asesor en la traducción del original árabe al alfaquí del rey, Jehuda fy de Mosse alcohen.

El *Libro de las cruces,* junto con los *Libros del saber de Astronomía* y las *Tablas alfonsíes,* es buena prueba del interés del rey por esta ciencia, en el que algunos críticos han querido ver no sólo un deseo de conocimiento teórico sino también una preocupación por su aplicación práctica: su afición por la Astrología judiciaria, por el levantamiento de horóscopos que le permitiesen conocer la influencia de los astros sobre los actos de su vida. En el *Libro de las cruces* se exponen los movimientos estelares que pudieran tener relación con el propio Alfonso X, en un intento de presentarle casos que le pudieran interesar por estar relacionados con problemas de su reinado.

También desde el punto de vista filológico resulta un documento precioso este códice, por ser una traducción hecha por hablantes aragoneses y por ser un manuscrito fechado, con lo cual se puede establecer una cronología de ciertos aspectos lingüísticos y además estudiar las influencias dialectales.

Sólo hay dos códices que conservan el texto del *Li-*

Nacional manuscript is bound in red leather with thin gold borders. The decorated spine has raised ribs and the title is written on the lettering panel.

Bibliography

J. SÁNCHEZ PÉREZ. El libro de las cruces. *Isis,* XIV, 1930.—J. MILLÁS VILLACROSA, *Al-Andalus,* 1940.—Lloyd A. KASTEN Y Lawrence B. KIDDLE. Prólogo a la edición de Madrid, 1961.—*Alfonso X.* Toledo, 1984, n.º 214.—

bro de las cruces, este de la Biblioteca Nacional y una copia abreviada en la que se resumen algunos de los cuarenta y cinco capítulos de la obra. El manuscrito de la Biblioteca Nacional está encuadernado en piel roja; unos filetes dorados forman orla en las tapas, el lomo está cuajado y los nervios resaltados, en el tejuelo «Libro de las cruces».

Bibliografía

J. SÁNCHEZ PÉREZ. El libro de las cruces. *Isis,* XIV, 1930.—J. MILLÁS VILLACROSA, *Al-Andalus,* 1940.—Lloyd A. KASTEN Y Lawrence B. KIDDLE. Prólogo a la edición de Madrid, 1961.—*Alfonso X.* Toledo, 1984, n.º 214.—

66. ALFONSO X EL SABIO

Cantigas de Santa María.—Spain.—13th century. —[256 l.].—485 × 322 mm.
Vellum parchment codex.—Gothic *libraria* script in 2 cols.—1264 miniatures. Tooled leather binding. 503 × 338 mm.

Biblioteca Monasterio de El Escorial, T. I-1

«All books of songs in praise of St. Mary are to be kept in the church where our body is to be buried and are to be sung at the feasts of St. Mary. And if he who inherits our estate, by right and by our decision, wishes to have these books..., we instruct that he do..., something good and beneficial for the church where they shall be received so that they will be kept in a state of grace and sinlessness.»

The codex on exhibit is one of four known copies and there are references to the existence of a fifth. It consists of 256 pages on vellum with modern Arabic foliation. It is written in black ink in two columns, although occasionally in one centered column. The writing area has no fixed width but its height varies from 325 to 329 mm. When a two column format is used, one contains the musical notation and the other the text. The manuscript is incomplete, with folios missing at the beginning (the index begins with song CXLV); in the middle (songs XL and CL are missing); and CXLV, CXLVI, CLI and CXCV are incomplete.

It is written in Gothic humanistic script. The capital letters belong to the first simple ornamental style and the large initials at the beginning of the text are decorated with plant motifs. Rubrics and flourishes are in blue and red.

The beauty of the calligraphy and secondary decoration of the *Cantigas* is enhanced by the splendid miniatures, 1264 in all. These illuminations constitute an invaluable document not only for the perfection of their workmanship and chromatic richness but also for the wealth of iconographic information on a crucial period in Spanish life when three peoples, Christian, Arabic and Jewish, converged and lived together. It was a unique moment in medieval Europe which enriched its historical roots forever.

66. ALFONSO X EL SABIO

Cantigas de Santa María.—España.—Siglo XIII.—[256] h.—485 ×322 mm.
Pergamino avitelado.—Letra gótica.—Encuadernación piel con hierros.—503×338 mm.

Biblioteca de El Escorial T.I-1

«Todos los libros de los Cantares en loor de Sancta Maria sean todos en aquella iglesia do nuestro cuerpo se enterrare e que los fagan cantar en las fiestas de Sancta Maria. E si aquel que lo nuestro heredare con derecho e por nos, quisiere haber estos libros... mandamos que faga... bien et algo a la iglesia onde los tomare por que los haya con merced e sin pecado.»

En el segundo y último testamento otorgado por Alfonso X, en enero de 1284, el rey expresaba así su última voluntad acerca de los códices de las *Cantigas;* se conservaron, tal y como él dispuso, en la catedral de Sevilla, donde fue enterrado hasta que Felipe II los trasladó a la Biblioteca de El Escorial.

El códice exhibido —son cuatro los códices conocidos de las *Cantigas* y hay referencias que permiten suponer la existencia de algún otro— ocupa 256 hojas de pergamino avitelado que llevan una numeración arábiga moderna. Escrito a tinta negra, a dos columnas generalmente, aunque a veces aparezca una sola centrada. La caja de escritura no es fija en su ancho, pero sí en el alto [325 a 329 mm.]. Cuando la disposición es a dos columnas, en una se escribe la notación musical y en la otra el texto. El manuscrito está incompleto, faltan folios al principio —comienza el índice en la cantiga CXLV— y también en el interior —faltan las Cantigas XL y CL y están incompletas las CXLV, CXLVI, CLI y CXCV.

Está escrito en letra gótica libraria. Las mayúsculas pertenecen al primer estilo ornamental sencillo y las grandes iniciales del texto tienen decoración vegetal; las iniciales de párrafo está trazadas en azul y rojo, alternativamente con rasgueos de los mismos colores.

A la belleza de la caligrafía y de esta decoración secundaria suman las *Cantigas* lo espléndido de su miniado: mil doscientas sesenta y cuatro miniaturas, documento precioso no sólo por la perfección de su factura y por su riqueza cromática, sino también por la información iconográfica que aportan sobre un momento crucial de

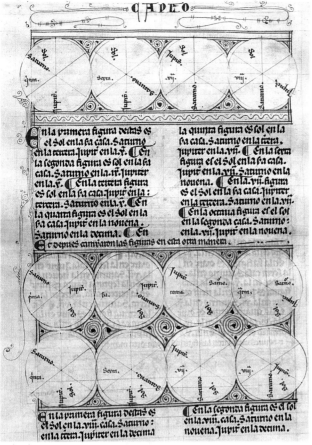

UBAYD ALLAH: *Libro de las cruces.* 1259.
BN Ms. 9294.

The full-page miniatures are, with one exception, divided into six compartments (150 × 110 mm) occupying the same dimensions as the writing area (334 × 223 mm). They are inscribed in a gold frame imitating a mosaic background in polychrome and gold influenced by Arabic tiles. In the corners are the coats-of-arms of Castile and Leon, a graphic description of the royal ownership of this codex.

The two miniatures at the beginning of the codex symbolize the book and its author. In folio 4 v (120 × 110 mm) occupying the width of a column, the king is depicted under a lobed Gothic arch and holds a parchment scroll; to the left and right under similar arches, seven singers accompany the monarch. In folio 5r, the miniature (110 × 230 mm) which also occupies the top half of the folio, depicts Alfonso X seated at a desk and holding an open book. The arcade extends to two arches on either side, housing scribes and musicians. The king dictates his songs and the musicians play «bow and quill» vihuelas, a kind of guitar, while four tonsured singers entone the melodies.

These *Cantigas* are, in effect, the most important lyrical monument of medieval Spain because they bring together poems set to music in Galician-Portuguese, the lyrical language par excellence. Following the ritual of troubador poetry, the king becomes the vassal of a lady

la vida española en el que la confluencia de tres culturas, cristiana, árabe y judía, fue un momento único en la Europa medieval y enriqueció para siempre sus raíces históricas.

Los miniados, a toda página, se dividen —excepto uno— en seis compartimentos [150 × 110 mm. cada uno] que ocupan las mismas dimensiones que la caja de escritura [334 × 223 mm. aprox.]. Van inscritos en un marco dorado imitando un mosaico —presencia de la azulejería árabe— donde los colores se alternan con el oro; en los ángulos, la presencia de los escudos de Castilla y León recuerdan gráficamente la dependencia de este códice regio.

Las dos primeras miniaturas con que se inicia el códice son símbolo del libro y de su autor: en el f. 4v., [120 × 110 mm.] ocupando el ancho de una columna, se representa al rey, sentado bajo un arco lobulado, inscrito en uno ojival, sosteniendo un rollo de pergamino: a derecha e izquierda, también bajo una arquería de características semejantes, siete cantores acompañan al monarca. En el f. 5r., la miniatura [110 × 230 mm.] ocupa, al igual que la anterior, la cabecera del folio; representa a Alfonso X sedente sosteniendo un libro abierto sobre una mesa. La arquería ahora se prolonga con dos arcos a cada lado que sirven para albergar a escribas y músicos: el rey dicta sus cantigas y tañen vihuelas de arco y péñola los músicos, mientras cuatro cantores tonsurados entonan las melodías.

En efecto, las *Cantigas* son el monumento lírico más importante de la España medieval, donde se recogen composiciones poéticas musicalizadas escritas en galaico-portugués —lengua lírica por excelencia—. El rey, siguiendo los ritos de la poesía trovadoresca, se convierte en vasallo de una dama, Santa María, y la rinde pleitesía y amor; ella es su Señor: «dona das donas, señor das señores» dirá el rey apropiándose del código del amor cortés.

Dentro de los códices alfonsíes, en los que el rey actuó como un mecenas activo se consideran las *Cantigas* como su obra personal: su unidad estilística, los datos biográficos que a veces se hacen presentes, las convierten en un producto propio. No cabe duda que el entorno del rey, ese círculo intelectual en el que se movió, tuvo su papel y su importancia también en esta obra: Juan Gil de Zamora, preceptor del infante don Sancho, había escrito un libro marial que sin duda sirvió al rey, el *Liber Mariae*, en el que de los setenta milagros narrados, cincuenta se encuentran en las *Cantigas*. Arias Nunes, figura destacada de la escuela trovadoresca galaico-portuguesa, era un habitual de la corte alfonsí y, probablemente, aportó su experiencia poética a la obra. Pero sobre las aportaciones, que debieron centrarse en aspectos de versificación o sugerencias temáticas, prima la conciencia de autor de Alfonso X «eu compuse», «eu fiz» son términos que con frecuencia se encuentran en las composiciones.

—St. Mary—, and renders her his homage and love. She is his Lord, «Lady of ladies, Lord of lords» says the king, in the code of courtly love.

Of all the Alfonsine codices in which the king participates actively, the *Cantigas* is considered to be his personal work. The stylistic unity and occasional biographical data make it his own creation. Undoubtedly the king's entourage, the intellectual circle in which he moved, had its role and significance in this work as well. Juan Gil de Zamora, tutor of the Infante Don Sancho, had written a book in praise of the Virgin which no doubt inspired the king. The *Liber Mariae* gives an account of seventy miracles, fifty of which are found in the *Cantigas*. Arias Nunes, an outstanding member of the Galaico-Portuguese troubador school, was also a habitué of Alfonso's court and probably contributed his poetic experience to the work. But beyond the contributions, centered on aspects of versification or thematic suggestions, is the awareness of the author, Alfonso X, who frequently interjects the words «eu compuse» and «eu fiz» (composed by me, made by me) in the compositions.

The *Cantigas* come from known sources: Latin Marians, such as Hildefonsus' *Murieldus, Colection of the Four Elements, Liber Mariae,* etc. Marian romances such as *Les Miracles de la Sainte Vièrge,* by Gautier de Coincy or the *Milagros de Nuestra Señora* by Gonzalo de Berceo, and general works that make up the cornerstone of medieval knowledge such as the *Speculum* by Vicent de Beauvais. In this case, however, creativity overrides this common material, patrimony of the period.

Several attempts have been made at classifying the *Cantigas:* in 1889 Valmar divided them into narratives and praise; Calcott classified them by types of miracles and William Davis Jr. classified them according to the activities of the Virgin in 1969. Martínez Montoya divided them according to the functions assumed in the *Cantigas* by the Mother of God; Filgueira Valverde classifies them by themes such as spiritual life, liberation from the devil, corporal and material wealth, cult of the Virgin and autobiographical and popular songs.

Aside from these classifications, there are two types of religious compositions, those composed to be sung in church, lyrical compositions such as the *Cantigas das cinco festas de Santa María* (Songs of the five feasts of St. Mary), the *Cantigas das cinco festas do Nostro Señor* (Songs of the five feasts of Our Lord) or the *Cantar dos sete pesares que viú Santa María do seu fillo* (Songs of the seven sorrows of St. Mary for her Son) and those composed for singing praises to the Virgin which, in spite of their narrative character, the lyrical vocation of the author is always evident in the rondels intercalated between the stanzas.

Each group of ten songs of miracles contains one of praise accompanied by a miniature depicting several musical instruments. From a musical point of view, it is not just the graphic representations of instruments unknown

Parten las *Cantigas* de fuentes conocidas, mariales latinos —como *Hildefonsus Murieldus, Colección de los cuatro elementos, Liber Mariae,* etc.— mariales romances —como *Les miracles de la Sainte Vierge*— de Gautier de Coincy, o los *Milagros de Nuestra Señora* de Gonzalo de Berceo— y de obras generales que fueron la base del conocimiento medieval como los *Speculum* de Vincent de Beauvais, pero sobre este material común, patrimonio de la época, la creatividad personal prevalece.

Se han intentado varias clasificaciones de las *Cantigas*: Valmar en 1889 las dividió en narrativas y de loor: Calcott lo hizo ateniéndose al tipo de milagros; en 1969 William Davis Jr. las clasificó según las actitudes de la Virgen; Martínez Montoya las dividió según las funciones que en las *Cantigas* asume la madre de Dios; Filgueira Valverde hace una clasificación temática: vida espiritual; liberación del demonio; cuerpo y bienes materiales; culto a María y Cantigas autobiográficas y familiares.

Al margen de estas clasificaciones, estas composiciones religiosas son de dos tipos: las que se concibieron para cantarse en la iglesia, composiciones líricas como las *Cantigas das cinco festas de Santa Maria,* o las *Cantigas das cinco festas do Nostro Señor* o el *Cantar dos sete pesares que viú Santa Maria do seu fillo,* y aquéllas que se compusieron para cantar los loores de la Virgen en las que, a pesar de su carácter narrativo, siempre se evidencia la vocación lírica del autor en los rondeles que se intercalan entre las estrofas.

Al margen de ser un corpus poético importantísimo y uno de los códices españoles más espléndidamente miniados, de las *Cantigas* se derivan otras informaciones que la hacen preciosa en igual medida. El estudio de las miniaturas acerca no sólo a la encrucijada histórica de las tres culturas en todos sus aspectos —trajes, costumbres, actitudes que reflejan la relación que existía entre ellas, peculiaridades arquitectónicas, etc.— sino también al estudio de otra de las artes cortesanas más destacadas del momento, la música.

Entre cada grupo de diez cantigas de miragres se intercala una de loor adornada con una miniatura en la que se reproducen numerosos instrumentos musicales. Pero no es sólo la representación gráfica de instrumentos hoy en día desaparecidos lo que las *Cantigas* aportan desde el punto de vista musical: la notación estuvo realizada por escritores especializados, la exactitud de la notación mesural modal no deja lugar a dudas sobre la pericia de los transcriptores. En las *Cantigas* hay melodías de ritmo modal —compás ternario—, otras de compas binario y unas terceras en las que se combinan ambos compases. Según la opinión de Lloréns Cisteró, no hay en Europa otro códice de monodia cortesana que pueda igualar a éste.

De las *Cantigas* se conserva el códice de la catedral de Toledo, ahora en el fondo de la Biblioteca Nacional, y que viene siendo considerado el más antiguo de los conocidos; el códice b.I.2 de El Escorial, que contiene cuatrocientas dieciséis cantigas y el que se conserva en la Bi-

today which has been handed down to us by the *Cantigas* but it is also the notation, set down by experts. The accuracy of the measured modal notation leaves no doubts about the skill of the transcribers. In the *Cantigas* there are melodies with modal rhythms in ternary or binary form or in combinations of the two. According to Lloréns Cisteró no other code of courtly monody is equal to this one in the Europe of this time.

In addition to being a very important poetic undertaking, one of the most splendidly illuminated Spanish codices and an important musical document, other information derived from the *Cantigas* makes it equally valuable. A study of the miniatures also reveals aspects of the historical crossroads of three cultures and the relationship between them, as well as information on costume, customs and architectural peculiarities.

The codex of the Cathedral of Toledo now in the collection of the Biblioteca Nacional is considered to be the oldest. Codex b.I.2 of the Escorial contains 416 songs and the one in the National Library of Florence contains 104. Manuscript T. I-1 of the Escorial, exhibited here, is the most important of the four for the number and richness of the miniature.

The original binding which presumably was magnificent has not survived. When it became a part of the collection of the Escorial it was rebound in the style of the first period of the monastery when Pedro del Bosque was in charge of the workshop. This is the typical hazel-colored leather binding over pine boards. It is tooled in blind and has a three-filleted border with a central lozenge bearing the institutional seal, a grill inscribed in an oval. The binding was reconstructed in 1974 by the Centro Nacional de Restauración de Libros y Documentos.

Bibliography

Ediciones: *El códice rico de las Cantigas de Alfonso X El Sabio*, Madrid: Edilán, 1979 [facsímil].—Madrid: Real Academia Española, 1889.—Coimbra, 1959. DOMINGUEZ BORDONA, n.º II, n.º 1647. Idem, Miniatura, En *Ars Hispaniae*, XVIII, p. 112.—J. R. CHATHAM: «A paleographic edition of the Alphonsine Collection of Prose Miracles of the Virgin», *Oelschlager Fetschrift*, Chapel Hill, 1976.—J. E. KELEER, and R. LINKER: «Las traducciones castellanas de las Cantigas de Santa María», *Bol. R. Ac. Esp.*, 54, 1974.—*Bibliography of Old Spanish Texts*, n.º 489.—DURRIEU: *Manuscrits d'Espagne*, 1893, pp. 45-46.—DOMINGUEZ BORDONA: «La miniatura española», 1929, pp. 75-83.—ZARCO CUEVAS, 1932, pp. 112-114.—J. CONTRERAS, Marqués de Lozoya: *Historia del Arte Hispánico*, 1934, I, p. 285.—GUERRERO LOVILLO: *Las Cantigas, estudio arqueológico de sus miniaturas*, Madrid, 1949.—Idem. *Miniatura gótica castellana. Siglos* XIII-XIV, Madrid, 1950, p. 16.—Exp. Códices miniados, n.º 68.—*Alfonso X El Sabio*, Toledo, 1984, n.º 167.—En: J. L. ALBORG: *Historia de la literatura española*, I, pp. 170-171.

blioteca Nacional de Florencia con ciento cuatro cantigas. El manuscrito T.I-1 de El Escorial es el más importante por el número y riqueza de miniaturas.

No se ha conservado la encuadernación primitiva, que presumiblemente sería espléndida. Al incoporarse al fondo de El Escorial se reencuardernó en el estilo de la primera época del monasterio, cuando el maestro Pedro del Bosque estuvo al frente del taller; consistió en la típica piel de color avellana decorada con hierros secos, formando una orla exterior de tres filetes con un losange central, en cuyo interior se estampó el sello institucional: las parrillas inscritas en el óvalo; la piel iba montada sobre una tabla de pino. En 1974, el Centro Nacional de Restauración de Libros y Documentos reconstruyó la encuadernación.

Bibliografía

Ediciones: *El códice rico de las Cantigas de Alfonso X El Sabio*, Madrid: Edilán, 1979 [facsímil].—Madrid: Real Academia Española, 1889.—Coimbra, 1959. DOMINGUEZ BORDONA, n.º II, n.º 1647. Idem, Miniatura, En *Ars Hispaniae*, XVIII, p. 112.—J. R. CHATHAM: «A paleographic edition of the Alphonsine Collection of Prose Miracles of the Virgin», *Oelschlager Fetschrift*, Chapel Hill, 1976.—J. E. KELEER, and R. LINKER: «Las traducciones castellanas de las Cantigas de Santa María», *Bol. R. Ac. Esp.*, 54, 1974.—*Bibliography of Old Spanish Texts*, n.º 489.—DURRIEU: *Manuscrits d'Espagne*, 1893, pp. 45-46.—DOMINGUEZ BORDONA: «La miniatura española», 1929, pp. 75-83.—ZARCO CUEVAS, 1932, pp. 112-114.—J. CONTRERAS, Marqués de Lozoya: *Historia del Arte Hispánico*, 1934, I, p. 285.—GUERRERO LOVILLO: *Las Cantigas, estudio arqueológico de sus miniaturas*, Madrid, 1949.—Idem. *Miniatura gótica castellana. Siglos* XIII-XIV, Madrid, 1950, p. 16.—Exp. Códices miniados, n.º 68.—*Alfonso X El Sabio*, Toledo, 1984, n.º 167.—En: J. L. ALBORG: *Historia de la literatura española*, I, pp. 170-171.

67. AVICENNA

Canonis totius medicinae libri quinque. 14th century. Vellum. 287h.. 397 × 250mm. 19th-century morocco leather binding. 415 × 250mm.

Madrid, Biblioteca Nacional, Ms. 1193.

Avicenna (Abû-Ali al Husain Ibn-Abdallâh ibn Sinâ) was in 370 (980) near Bukhara. His native language was

67. AVICENNA

Canonis totius medicinae libri quinque.—Siglo XIV.—287 h.— 397×250 mm.—Vitela.—Encuadernación tafilete 415×250 mm.

Madrid, Biblioteca Nacional Ms. 1193

El manuscrito de Abû-Ali al Husain Ibn-Abdallâh ibn Sinâ se adorna con iniciales en rojo y azul, con rasgos prolongados y capitales iluminadas que alternan su colorido con el de los títulos manteniendo siempre el juego de tintas rojo y azul a lo largo del códice.

Persian. In his youth he was already devoted to philosophy and participated actively in the political life of his time. He was named minister and imprisoned several times, prey to changes in fortune and the political and ideological rivalries of the Isfahan court. He died in Hamadan, Persia in 428 (1037).

In keeping with the encyclopedic idea of the sciences among Greek scholars, Avicenna united philosophy and the study of science and action at the same time. Thus, he was both a famous physician and philosopher.

His philosophical work is quite extensive, although it has come down to us in incomplete form. It includes works on the natural sciences and mathematics, but medicine is a separate part of his work. His most famous medical writing is the *Kanûn fi-l-tibb* (Canons of medicine) better know as *The Canons.* For seven centuries this work was one of the basic texts for the teaching and practice of medicine. The *Kanûn* is the sum total, in a clear and orderly manner, of all the medical knowledge of Avicenna's time, in addition to the author's own observations and experience. It is divided into five books. The first deals with general remarks on the human body, illness, health, treatment and therapy of a general nature. There is a French translation of the anatomical treatise by P. Koning, 1905, and an incomplete summary in English by Cameron Grunes, 1930. The second book includes general medical subjects and the pharmacology of medicinal simples. The third deals with pathology studied organ by organ. There is a German translation of the treatise on eye diseases by Hirschberg and Lippert, 1902. The fourth contains a famous treatise on fevers followed by a discussion of signs, symptoms, diagnoses and prognoses, minor surgery, tumors, fractures, wounds, bires and poisons. The fifth contains the pharmacopoeia.

The transmission of Greek science by the Arabs and, in turn, the translation of Arabic works into Latin, done principally in Spain in the 12th century, was responsible for the first Renaissance in southern Europe. Avicenna's major works, including the *Canons,* played an important part in this process. The *Kanûn* was translated in its entirety by Gerardo de Cremona in Toledo between 1150 and 1187. From this time on it became the basis for teaching medicine in every European university. Some 87 Latin and Hebrew translations were made and the work was still being used in the 17th century.

The text of this manuscript, with some variants and omissions, is identical with the edition of Lugduni, Jacobus Myt, 1522. Two folios between 88 and 89 and three between 268 and 269 have been cut out. Marginal notations from different periods indicate that the codex seems to have been used as a study copy.

Ibn Sina's manuscript is decorated with red and blue initials with flourishes and illuminated capitals whose colors alternate with those of the titles consistent with the play of red and blue throughout the codex.

The 18th-century binding is of morocco leather with gold tooling raised ribs, decorated spine and gilt edges.

Han sido cortados dos folios entre el 88 y el 89 y tres entre el 268 y 269. El códice muestra señales de haber sido una copia de estudio: numerosas anotaciones marginales de varias épocas aparecen por los márgenes.

Siguiendo la concepción enciclopédica de las ciencias que era tradicional desde los Sabios de Grecia, Avicena unió la filosofía al estudio de la naturaleza y consideró que la perfección del hombre radicaba a la vez en el cultivo de la ciencia y en la acción. En consecuencia fue tan ilustre médico como ilustre filósofo.

Nació en 370/980 cerca de Bujara, y el persa fue su lengua madre. Dedicado desde muy joven a la filosofía, tomó parte activa en la vida política de su tiempo, fue varias veces ministro y también varias veces encarcelado, presa de reveses de fortuna y de rivalidades políticas e ideológicas en la corte de Ispahan. Murió en Hamadan, Persia, en 428/1037.

Su obra filosófica es considerable, aunque nos ha llegado incompleta. Dentro de ella se incluyen obras de ciencias naturales y matemáticas, pero la medicina es objeto de obras aparte. De ellas la más célebre es *Kanûn fi-l-tibb, Cánones de la medicina,* más conocida por *Los Cánones,* obra que sirvió de base durante siete siglos a toda enseñanza y práctica de la medicina. El *Kanûn* es la suma, clara y ordenada, de todo el saber médico de la época de Avicena, incrementado por las propias observaciones y experiencia del autor. Está dividido en cinco libros. El primero trata sobre generalidades sobre el cuerpo humano, la enfermedad, la salud, el tratamiento y las terapéuticas de carácter general. (Existe traducción francesa del tratado de anatomía por P. Koning, 1905, y una adaptación que lo resume de manera incompleta, en inglés, por Cameron Grunes, 1930). El segundo comprende la materia médica y la farmacología de los simples. El tercero expone la patología especial estudiada por órganos (véase traducción alemana del tratado sobre las enfermedades de los ojos, por Hirschberg y Lippert, 1902). El cuarto contiene un célebre tratado sobre las fiebres, y luego una exposición sobre los signos, síntomas, diagnósticos y pronósticos, cirugía menor, tumores, fracturas, heridas, picaduras y venenos. El quinto contiene la farmacopea.

La transmisión de la ciencia griega por los árabes y la traducción de las obras de éstos al latín, realizada principalmente en España en el siglo XII, produjo el primer Renacimiento de la Europa meridional. Las obras principales de Avicena, entre ellas, los *Cánones,* tuvieron un papel destacado en este proceso.

El *Kanûn* fue traducido enteramente por Gerardo de Cremona en Toledo, entre 1150 y 1187, y a partir de estas fechas (en que se cuentan unas ochenta y siete traducciones, latinas y hebraicas) se convirtió en la base de la enseñanza de la medicina en todas las universidades europeas. Se enseñaba todavía en el siglo XVII.

Con algunas variantes y omisiones, el texto de este manuscrito coincide con la edición de Lugduni, Jacobus Myt, 1522.

Está encuadernado en tafilete avellana con hierros dorados, los nervios están resaltados, el lomo cuajado, el corte dorado. Es del siglo XVIII.

Bibliography

Inventario, 4, p. 76.— NICOLÁS ANTONIO, II, p. 365.— FABRICIUS, III, p. 39.— BROCKELMAN, I, 452-8.— G. C. ANAWATI. Mu'allafât Ibn Sina. Essai de bibliographie avicennienne. *Révue Thomiste, 1951, pp. 407-70.*

Bibliografía

Inventario, 4, p. 76.— NICOLÁS ANTONIO, II, p. 365.— FABRICIUS, III, p. 39.— BROCKELMAN, I, 452-8.— G. C. ANAWATI. Mu'allafât Ibn Sina. Essai de bibliographie avicennienne. *Révue Thomiste, 1951, pp. 407-70.*

68. YÂBIR IBN AFLAH AL-IŠBĪLĪ

Kitâb al-hay'a [Book of Astronomy].—14th century.—150 pp. 210×140 mm.—Paper.—Maghrebi script. 19th-century leather binding. 225×155 mm.

Madrid, Real Monasterio de El Escorial, Ms. 930

The author was born in Seville. Although his exact dates are not known, we can infer that he died around the middle of the twelfth century from the fact that his son knew Maimonides personally. His work on astronomy has come down to us with two different titles, this one in the Escorial and the other known as *Islāh al Maŷistī* (Revisión of the Almagest) in Berlin. The section on astronomy is preceded by a special chapter on trigonometry.

This work was translated into Latin by Gerard of Cremona and published in Nuremberg by Petrus Apianus in 1534.

The copy is illustrated with geometric figures in red ink which stand out in contrast to the black lettering of the text. The 19th-century bindig is done in dark leather and the front cover bears the shield of the monastery in blind tooling. The shield was designed by Felix Rosenski, the 19th-century librarian. In this case, the grills which are the symbol of St. Laurence are inverted in regard to their usual position in the monastery escutcheon and are crowned by the Papal tiara.

Bibliography

IBN AL-KIFTI: ed. Lippert, pp. 319, 393; HÂDJIDJĪ *K* HALÎHA, IV, 507; Steinschneider, *Zur pseudepigraphischen Literatur*, Berlin, 1862, 00. 14, 70; DUHEM, *Systèm du monde*, II, 172-179; SARTON, Introduction, II, 206, 1.005; III, 1.521; B. JUSTEL CALABOZO: *La Biblioteca del Escorial*, p. 279; *Exposición de manuscritos árabes de la Real Biblioteca del Escorial*, n.º 25.

68. YĀBIR IBN AFLAH AL-I''SBĪLĪ, conocido por Geber en la Edad Media

Kitâb al-hay'a (Libro de Astronomía)
Escorial Ms. 930
Copia del siglo VIII/XIV
225 × 155 mm.

Madrid, Real Monasterio de El Escorial, Ms. 930

El autor fue originario de Sevilla. No se puede determinar con certeza la época de su vida, pero del hecho de que su hijo conociera personalmente a Maimónides puede concluirse que debió morir hacia mediados del siglo XII. Escribió esta obra de astronomía, que existe bajo dos títulos diferentes: éste del Escorial, y como *Islāh al-Maŷistī* (Reforma del Almagesto), en Berlín. En su obra, Ŷabir critica algunas opiniones de Ptolomeo, cuyo *Almagesto* resume y apostilla. La parte astronómica va precedida por un capítulo especial dedicado a la trigonometría.

Esta obra fue traducida al latín por Gerardo de Cremona, traducción que a su vez fue publicada en Nuremberg por Petrus Apianus en 1534.

Bibliografía

IBN AL-KIFTI: ed. Lippert, pp. 319, 393; HÂDJIDJĪ *K* HALÎHA, IV, 507; Steinschneider, *Zur pseudepigraphischen Literatur*, Berlin, 1862, 00. 14, 70; DUHEM, *Systèm du monde*, II, 172-179; SARTON, Introduction, II, 206, 1.005; III, 1.521; B. JUSTEL CALABOZO: *La Biblioteca del Escorial*, p. 279; *Exposición de manuscritos árabes de la Real Biblioteca de El Escorial*, no. 25.

69. LEON HEBREO

Los Diálogos de Amor / de mestre león Abarbanel...; de nuevo traducidos en lengua castelana... [Opiniones sacadas de los más auténticos y antiguos filosofos que sobre el alma escribieron y sus definiciones / por el... doctor Aron Afia...]. En Venetia: s.n., 1568. *Parchment. 127 l. [1]l. blank; 4°. Pages printed on both sides. Sign.: †³, A-Q⁸. The work by Aron Afia begins on leave 116.*

Madrid, Biblioteca Nacional R. 11796

Jehudah Abrabanel (Lisbon, ca. 1460-ca. 1525), called León Hebreo in Spanish, was the oldest son of the famous Don Isaac Abrabanel. His Best-known work is the *Dialogues on Love (Dialoghi d'amore)* originally published in Italian in 1535. It is written inthe form of a dialogue between Filón and Sofía, whose names are symbolic of Abrabanel's basic idea, that love is the path to knowledge. The main subject of the three dialogues is that love

69. LEON HEBREO

Los Diálogos de Amor/de mestre León Abarbanel...; de nuevo traduzidos en lengua castellana... [Opiniones sacadas de los más auténticos y antigos philosophos que sobre la alma escrivieron y sus difiniciones/por el... doctor Aron Afia...].—En Venetia: [s. n.], 1568.—[3], 127 h., [1] h. en bl.; 4.° Sign.: †³, A-Q⁸.—La obra de Aron Afia comienza en la h. 116.—Hojas impresas por ambas caras.—Pergamino.—

Madrid, Biblioteca Nacional R. 11796

Yehudá Abrabanel, nació en Lisboa, ca. 1460, m. ca. 1525; llamado León Hebreo, fue el hijo mayor del famoso Don Isaac Abrabanel. La obra que le ha dado prestigio son los *Diálogos de amor*, publicados originariamente en italiano en 1535. La composición tiene forma de diálogo y los personajes dialogantes son Filón y Sofía. Los nombres ya señalan la concepción básica de Abrabanel:

is the dominating force and ultimate goal of the universe. Abrabanel investigates and expounds on the nature of love in God and man. He arrives at the conclusion that the objective of love is not possession but the lover's joy in the idea of beauty and goodness embodied inthe loved one. Love fills the universe and leads to the goal of the union of creation with supreme nature *(amore intellettuale di Dio)*, accepted as desired by God himself. This leads to a mutual movement, a circle of love supporting all the elements in the cosmos.

The work has often been printed and trasnlated into several languages. The first of many Spanish versions in the one by Guedella Iahia, a Portuguese Jew, presented in this exhibition. The prologue infeers that it is a work that 'pleased me more than others, on account of the subject, and considering the benefit the Spanish Nation would receive... if it has it in its language' (la cual obra contentandome mas que otra, por el subgecto, y considerando el beneficio que recibiría la nacion Espannola... si la tuviessen en su lengua). The Inca Garcilaso de la Vega's version is very famous and has often been reprinted. David Romano did the latest Spanish translation.

The 1568 Spanish and the 1586 one include a short philosophical treatise, *Opiniones de los más auténticos y antiguos philosophos que sobre la alma escribieron...* (Opinions of the most authentic and ancient philosophers writing on the soul...) This was a brief but unique piece whose author, Aharon Abiah, was a moral philosopher, a contemporary and possibly a fellow countryman of Abrabanel. The work is mentioned in Wolfio's *Biblioteca Hebrea*. The philosophers translated and discussed in it are Democritus, Arcesilaus, Anaxagoras, Empedocles, Plato, Avicenna and Averroës, among others.

Bibliography

José RODRÍGUEZ DE CASTRO: *Biblioteca española*, II, p. 371.

70. ABRAHAM BEN MEIER IBN EZRA

De nativitatibus. Henricus Bate magistralis compositio astrolabbi. Venetiis: Erhardus Ratdolt. December 24, 1484. 30h. 4.°.
Sig.: a-c^8, d^6. Gothic lettering. 38 lines. Engraved initials. Woodcuts. Parchment binding.

Madrid, Biblioteca Nacional, I. 1453

Colofon: *Finit felicit. opusculū abrahe iu dei de nativitatibus cum exēplarib. Figuris singulis domibus antepositis. Et magistralis cōpositio astrolabii Henrici bate. Impressu Venetiis arte et impensis Erbardi Ratdolt de Augusta. Anno salutifere incarnationis dñice MCCCCLXXXV nona kalendas Januarii.*

Abraham Ibn Ezra (1092-1167), one of the last Hispano-Hebrew writers on a great varaiety of subjects, was born in Tudela, Navarra. In 1139 he left Spain and travelled extensively in Italy, France and England until his death. He was the apostle of Hispanbo-Arabic science among European Jews. A distant witness of the destruc-

---

el amor es el camino de la sabiduría. El tema principal de los tres diálogos es el amor, fuerza dominante y fin último del universo. Abrabanel investiga y expone la naturaleza del amor en Dios y en los seres. Llega a la conclusión de que el objetivo del amor no es la posesión sino el gozo del amante en la idea de belleza y bondad que encarna el amado. El fin al que se encamina todo el amor, que llena el universo, es la unión de la creación con la belleza suprema, que es Dios. La unión es de naturaleza intelectual volitiva *(amore intellettuale di Dio)*, siendo aceptada y querida por el mismo Dios. Surge así un movimiento recíproco, un círculo de amor, que sostiene a todos los elementos del cosmos.

La tradujo al castellano Guedella Iahia, judío portugués.

La obra se ha impreso en cantidad de ocasiones y ha sido vertida a las diversas lenguas. Al español ha habido varias versiones. La primera es la aquí representada de Guedella Iahia. Del prólogo se deduce que todavía no había sido hecha ninguna otra versión castellana (*la qual obra contentandome mas que otra, por el subgecto, y considerando el beneficio que recibiria la Nacion Espannola... si la tuviessen en su lengua*). Famosa es la versión de Garcilaso Inca de la Vega, muchas veces impresa. La última versión castellana es la de David Romano (Barcelona, 1953).

En la edición castellana de 1568 y en la italiana de 1586, se insertó un tratadito de filosofía *Opiniones de los más auténticos y antiguos philosophos que sobre la alma escrivieron...*, pieza muy breve pero singular. Su autor, Aharon Abiah, fue un filósofo moral coetáneo y acaso paisano de Abarbanel. Esta obra está citada por Wolfio en la *Biblioteca Hebrea*. Los filósofos que recoge y traduce son Demócrito, Archelao, Anaxágoras, Empédocles, Platón, Avicena, Averroes, entre otros.

Bibliografía

José RODRÍGUEZ DE CASTRO: *Biblioteca española*, II, p. 371.

70. ABRAHAM BEN MEIER IBN EZRA

De nativitatibus, Hemricus Bate magistralis compositio astrolabii.—Venetiis: Erhardus Ratdolt, 24 diciembre 1484.—30 h.; 4°
Sig.: a-c^8, d^6.—Etra gótica.—38 líneas.—Iniciales grabadas.—Grabados xilográficos.—Encuadernación de pergamino.

Madrid, Biblioteca Nacional I. 1453

Colofón; *Finit felicit. opuscculū abrahe iu dei de nativitatibus cum exēplarib. figuris singulis domibus antepositis. Et magistralis cōpositio astrolabii Henrici bate. Impressu Venettis arte et impensis Erbardi Ratdolt de Augusta. Ano salutifere incarnationis dñice MCCCCLXXXV nona kalendas Januarii.*

Abraham ben Ezra (1092-1167), de Tudela (Navarra). Uno de los últimos polígrafos hebraico-españoles. En 1139 abandona España y peregrinará por numerosas ciudades europeas de Italia, Francia e Inglaterra, hasta su muerte, convirtiéndose así en el apóstol de la ciencia española, de cuño y expresión árabe, entre los ju-

tion of the flourishing Andalusian Jewish communities by the Almohades (1148), he expressed his grief in a heartfelt elegy.

He was a many-faceted writer, grammarian, Biblical exegete, philosopher, mathematician, astronomer, poet and astrologer. In the field of astrology, «the art of judging the occult influence of the stars and planets on human affairs», he wrote at least seven works, most of them in Beziers ca. 1148: *Reshit hokmah* (Principle of Wisdom), *Sefer ha-tĕ'amim* (Book of Reasons), *Sefer ha Moledot* (Book of Nativities or Births), *Sefer ha-shĕ' elot* (Book of Questions), *Sefer ha-Mibharim* (Book of Choices), *Sefer ha-Mĕ' orot* (Book of Luminaries), *Sefer ha'olam* (Book of the World).

The *Sefer ha-Moledot* (Book of Births), was composed twice, once in Hebrew in 1148 and then in Latin in 1154 *(In tempore autem hoc 1154 ab incarnatione Domini)*. The Latin publisher of the work, Johannes Dryandus (Marpurgi, 1547), atributes the Latin version to Ibn Ezra. This is in keeping with another fact found in a manuscript *(Ut ait..., Abraham magister noster egregius quo dictante et hanc dispositionem astrolabii conscripsimus)*.

This is a work of an astrological nature dealing with the influence of the stars according to their positions. The Latin text of *De nativitativus* was translated into Spanish by Demetrio Santos *(Textos astrológicos medievales,* Valladolid 1981). The prologue to the Hebrew version was published by N. Ben Menahem *(Sinai* 11, 1942, pp. 283-286).

Bibliography
GARCÍA ROJO n.º 1.—HAIN COPINGER, n.º 21.—PELLECHET, n.º 16.—GESAMTKATALOG, n.º 113. [Carlos del Valle]

71. SENDEBAR

Libro de los siete sabios de Roma Impresso en Burgos: por Juan de Junta. 11 marzo 1530. [88] p. pp. 4º. Sig.: a-e⁸, f⁴. Gothic type. Colophon. Title page woodcut. 19 th century red leather binding. Seal of Pascual Gayangos.

Madrid, Biblioteca Nacional, R. 10407

The *Libro de los siete sabios de Roma* is also known as *Ejemplos de Sendebar* (Exemplary tales of Sindbad). This is another collection of Oriental tales whose subject is the sophistry of women. A prince educated by the sage Sendebar is put in the same predicament as Joseph and the wife of Potiphar. His guilty stepmother accuses him and his father the king condemns him to death. But the execution is stayed for seven days during which seven wise men tell tales and fables in which they testify against the stepmother to prove the deceit and cunning of women. Each wise man tells two tales each day to which the woman replies with a great wealth of stories. The prince remains silent during all of this, because, according to his horoscope, if he were to speak he would die. On the seventh day he speaks to defend himself and the accuser is condemned. (Díaz Macho).

díos europeos. Fue testigo lejano de la destrucción de las florecientes aljamas judías andaluzas por mano de los almohades (1148), plasmando el dolor en una sentida elegía.

Autor polifacético, como gramático, exégeta, filósofo, matemático, astrónomo, poeta y astrólogo. En el campo de la astrología —*el arte de juzgar los ocultos influjos de las estrellas y planetas en los asuntos humanos*— compuso al menos siete obras: *Reshit hokmah* (Principio de la sabiduría), *Sefer ha-te amim* Libro de las razones), *Sefer ha-Moledot* (Libro de las natividades), *Sefer ha-she elot* (Libro de las cuestiones), *Sefer ha-Mibharim* (Libro de las elecciones), *Sefer ha-Me orot* (Libro de las luminarias), *Sefer ha-olam* (Libro del mundo). La mayor parte fueron compuestas en Beziers, hacia 1148.

El *Sefer ha-Moledot (Liber de nativitatibus)* tuvo dos redacciones: una hebrea, en 1148: otra, la latina, en 1154*(In tempore autem hoc 1154 ab incarnatione Domini)*. El editor latino de la obra, Johannes Dryandus (Marpurgi 1537) atribuye la versión latina a Ibn Ezra. Concuerda esto con otro dato que facilita un manuscrito *(Ut ait... Abraham magister noster egregius quo dictante et hanc dispositionem astrolabii conscripsimus)*.

El contenido de la obra es astrológico. Se estudia el influjo de los astros según su posición. El texto latino del *De nativitatibus* ha sido traducido al castellano por Demetrio Santos *(Textos astrológicos medievales,* Valladolid 1981). El prólogo de la versión hebrea ha sido editado por N. Ben Menahem *(Sinai* 11, 1942, 283-286).

Bibliografía
GARCÍA ROJO n.º 1.—HAIN COPINGER, n.º 21.—PELLECHET, n.º 16.—GESAMTKATALOG, n.º 113. [Carlos del Valle]

71. SENDEBAR

Libro de los siete sabios de Roma.—[Impresso en Burgos: por Juan de Junta, 11 de marzo 1530].—[88] p.; 4.-ᵃ Sig.: a-e⁸, f⁴.—Letra gótica.—Colofón.—Portada grabada.—Encuadernación de piel roja.—Sello Pascual de Gayangos.

Madrid, Biblioteca Nacional R. 10407

Con una preciosa portada grabada comienza el *Libro de los Siete sabios de Roma.* El autor, arrodillado, presenta el libro al rey sentado en el trono. Nobles y cortesanos flanquean al monarca —que lleva cetro y corona— contemplando la entrega del grueso volumen. En la parte superior izquierda, el escudo real coronado por el águila; a la derecha, una ventana deja ver un paisaje urbano. La xilografía está enmarcada por una orla vegetal y geométrica. La estampa ocupa casi los cuatro cuartos de la hoja; al pie sólo queda el espacio para el título escrito en gruesos caracteres.

El cuerpo de la obra está impreso en una bonita gótica. Iniciales grabadas adornan los principios de capítulos. Son pequeñas xilografías de tema vegetal generalmente, aunque a veces aparezca alguna inicial animada. El texto se inicia con una capital historiada a gusto rena-

These tales were translated from the original Sanskrit into Pahlavi and then into Arabic, Syrian, Greek and Spanish. The Spanish version, ordered by Don Fadrique, brother of Alfonso X, in 1253 is entitled *Libro de los engannos et los assayamientos de las mujieres* (Book of the Tricks and Cunning of Women). Aside from this Spanish translation, all Western versions derive from the Arabic by way of an anonymous Hebrew version, the *Mishle Sendebar*. This Hebrew work was also used as the basis for the Latin one by Juan de Alta Silva *(Historia septem sapientium o Dolophatos)* done in the late 12 th or early 13 th century.

The book opens with a fine woodcut one the title page. The author si seen kneeling as he presents his work to the king who is seated on a throne and bears a scepter and crown. Nobles and courtiers look on as the weighty volume is presented. The royal coat-of-arms crowned by an eagle appears in the upper left hand corner while on the right a window looks out on an urban scene. The woodcut is framed by geometric and plant motifs. Since the title occupies most of the page, there is only room at the bottom for the title written in thick letters.

The work is printed in a beautiful Gothic type with woodcut initials with plants or animals at the beginning of the chapters. The text begins with a historiated Renaissance capital. It is the work of one of the most important 16 th-century printers, Juan Giunta, a member of an Italian Family who settled in Spain and continued their outstanding work in the field of printing in this country.

This copy, which originally belonged to Pascual Gayangos, is bound in red leather with gold fillets on the covers forming an outer border. The decorated spine has raised ribs and the edges are gilded. The end papers are watermaked and match the 19 th-century morocco leather binding.

Bibliography

D. COMPARETTI, en: *Ricerche intorno al libro di Sindibad*. Milano, 1864.—A. BONILLA Y SAN MARTÍN. Barcelona, 1904.—JOHN KELLER. Valencia, Castalia, 1960.—GONZALEZ PALENCIA: *Versiones castellanas del Sendebar*. Granada, CSIC; 1946, G. Idem: *Historia de la literatura arábigo-española*, 1945.—J. E. KELLER: *Matif-Index of Mediaeval Spanish Exempla*. Knoxville, 1949.—J. L. ALBORG: *Historia de la Literatura Española*, I, p. 153.

centista. Es obra de uno de los impresores importantes del siglo XVI, Juan, de la familia de los Giunta, que de Italia vinieron a España, donde desarrollaron una brillante labor editorial.

Este ejemplar, que perteneció a Pascual de Gayangos, está encuadernado en piel roja con filetes dorados en las tapas formando una orla exterior. El lomo está cuajado y los nervios resaltados. Lleva los contracantos labrados con hierros dorados. Las guardas son de papel de aguas a tono con el tafilete; los cortes están dorados. Es del siglo XIX.

Ejemplos de Sendebar (originariamente Sinbad) o de los siete sabios o visires. Otra colección de cuentos orientales que tiene por tema la argucia de las mujeres. A un príncipe educado por el sabio Sendebar le aconteció lo que a José con la mujer de Putifar. La madrastra culpable le acusa, y el rey, su padre, lo condena a muerte, pero la ejecución se dilata durante siete días en que los siete sabios consejeros, con cuentos y fábulas, declaran, contra la madrastra acusadora, cuántos son los engaños y astucias de las mujeres. Cada sabio relata cada día dos narraciones, a las que la mujer replica con abundante vena cuentística. ¿Qué hace el príncipe entretanto? Calla, porque, según el horóscopo, hablar sería morir. Al séptimo día abre la boca, se defiende y es condenada la acusadora (Díez Macho).

Del original sánscrito (?) fueron pasados los cuentos al pehleví, de aquí al árabe, del árabe al siriaco y griego y también al castellano (en la versión que ordenó hacer D. Fadrique, hermano de Alfonso X, en 1253, y que lleva el título de *Libro de los engannos et los assayamientos de las mujieres.)* Fuera de esta versión castellana, todas las versiones occidentales derivan de la árabe a través de una versión hebrea anónima, los *Mishle Sendebar*. De la versión hebrea arranca la latina de Juan de Alta Silva, hacia fines del siglo XII o principios del XIII (*Historia septem sapientium o Dolophatos*).

Bibliografía

D. COMPARETTI, en: *Ricerche intorno al libro di Sindibad*. Milano, 1864.—A. BONILLA Y SAN MARTÍN. Barcelona, 1904.—JOHN KELLER. Valencia, Castalia, 1960.—GONZALEZ PALENCIA: *Versiones castellanas del Sendebar*. Granada, CSIC; 1946, G. Idem: *Historia de la literatura arábigo-española*, 1945.—J. E. KELLER: *Matif-Index of Mediaeval Spanish Exempla*. Knoxville, 1949.—J. L. ALBORG: *Historia de la Literatura Española*, I, p. 153.

72. YEHUDÁ HA-LEVI

Curazy. Libro de grande sciencia y mucha doctrina. Discursos que passaron entre el Rey Cuzar, y un singular sabio de Ysrael, llamado R. Isach Sanguery /fue compuesto este libro en la lengua arabiga por el Doctissimo R. Yeuda Levita y traduzido en la Lengua Santa por el famoso traductor R. Yeuda Aben Tibon. En el año de 4927 a la criacion del mundo. Y agora nuevamente traduzido del Ebrayco en Español, y comentado. Por el Hacham R. Jaacob Abendana. En Amsterdam, año 5423 (1663).

(8), 304 pp.; 4 Sign.: #⁴, A-Z⁴, Aa-Pp⁴; 20 × 15 cm.

Madrid, Biblioteca Nacional, R. 15190

72. YEHUDÁ HA-LEVI

Cuzary. Libro de grande sciencia y mucha doctrina. Discursos que passaron entre el Rey Cuzar, y un singular sabio de Ysrael, llamado R. Isach Sanguery/Fue compuesto este libro en la lengua arabiga por el Doctissimo R. Yeuda Levita y traduzido en la Lengua Santa por el famoso traductor R. Yeuda Aben Tibon. En el año de 4927 a la criacion del mundo. Y agora nuevamente traduzido del Ebrayco en Español, y comentado. Por el Hacham R. Jaacob Abendana.—En Amsterdam, año 5423 (1663).

(8), 304 p.; 4 sign.:#⁴, A-Z⁴, Aa-Pp⁴; 20 × 15 cm.

Madrid, Biblioteca Nacional, R 15190

The *Kuzary,* a philosophical apologia by the great Hispano-Hebrew poet, Yehuda ha-Levi of Tudela (ca. 1075-ca. 1145) was written between 1130 and 1140. The historical backdrop of the work is the conversion of Bulan, King of the Khazars, to Judaism followed by the conversion of his people, and serves Yehuda ha-Levi as the framework for his apologia. The Khazar king dreams one night of an angel who tells him that while his thoughts are pleasing to God, his actions are not. This troubles the king and leads him to make a series of inquiries. He speaks first to a philosopher, then to a Christian and a Muslim scholar, but no one can give him a satisfactory answer. Finally, having noted that both Christianity and Islam both refer to judaism, he calls a Jewish scholar who he had originally not planned to consult because he came from a people of such low condition. The king of the Khazars is so impressed by the unique way in which the Jew presents his religion, not based so much on speculative truths in which one must believe, as on a practical life one must live, that he seems to find the answer to the angel's warning.

Baneth did a critical edition of the original Arabic text (Jerusalem, 1977). The often reprinted and revised Hebrew translation by Ibn Tibbon dates back to 1170. Translations have been made into Latin, Spanish, English, German and French. Jacob Abendana (1630-85), the Spanish translator, wrote his version as a reply to attempts made to convert him to Christianity. This same version was re-edited by the Editora Nacional (Madrid, 1979), without the notes of the original edition. Two other Spanish versions have been made; one is anonymous (Ms. 17812 of the Biblioteca Nacional), the other is by L. Schalman (*El Cuzari de Yehuda Halevi. Libro de doctrina y apología del judaismo.* Versión española modernizada, prólogo y notas, Buenos Aires, 1940). The English translation from the Arabic by Hartwig Hirchfeld was done in 1909 and reprinted in 1964.

Bibliography

PALAU, XII, p 164. MILLAS VILLACROSA. *Yehuda Ha-levi como poeta y apologista.* Madrid, 1947.

El *Cuzarí* es la obra filosófico-apologética del gran poeta hebraico español Yehudá Ha-Levi, de Tudela (ca. 1075-ca. 1145), compuesta entre 1130 y 1140. La obra tiene como trasfondo histórico la conversión del rey de los jazares, Bulán, al judaísmo, seguida de la conversión de todo su pueblo, y sirve a Yehudá ha-Leví como marco para su obra apologética. El rey jazar tiene un sueño en la noche, donde un ángel le revela que sus pensamientos agradan a Dios, pero no sus acciones. De ahí nace una preocupación en el rey, que emprende una serie de consultas. Dialoga primero con un filósofo, después con un sabio cristiano y otro musulmán, pero ninguno de ellos le da una respuesta satisfactoria. Por último, habiendo observado que tanto el cristianismo como el islam se reclaman del judaísmo, llama a un sabio judío, a quien originariamente no pensaba consultar, dado que procede de un pueblo de *tan baja condición.* El rey de los jazares queda impresionado por el modo tan peculiar con que el sabio judío presenta la religión, no tanto como verdades especulativas que hay que creer, cuanto como una vida práctica que hay que vivir, respondiendo así a la amonestación del ángel.

Baneth hizo una edición crítica del árabe (Jerusalem, 1977). La traducción hebrea de Ibn Tibbon, muy editada, remonta a 1170. Se han hecho traducciones al latín, castellano, alemán, inglés, francés. Jacob Abendana (1630-1685), el traductor castellano, hizo la versión como una respuesta a unos intentos que se hicieron de convertirle al cristianismo. La misma versión ha sido reeditada por la Editora Nacional (Madrid, 1979), aunque desprovista de las notas de la edición original. Se han hecho, sin embargo, otras dos versiones castellanas de la obra: una es anónima y se halla en el Ms. 17812 de la BN; la obra se debe a L. Schalman (*El Cuzari de Yehuda Halevi. Libro de doctrina y apología del Judaísmo. Versión española modernizada, prólogo y notas.* Buenos Aires, 1940.)

Bibliografía

PALAU, XII, p 164. MILLAS VILLACROSA. *Yehuda Ha-levi como poeta y apologista.* Madrid, 1947.

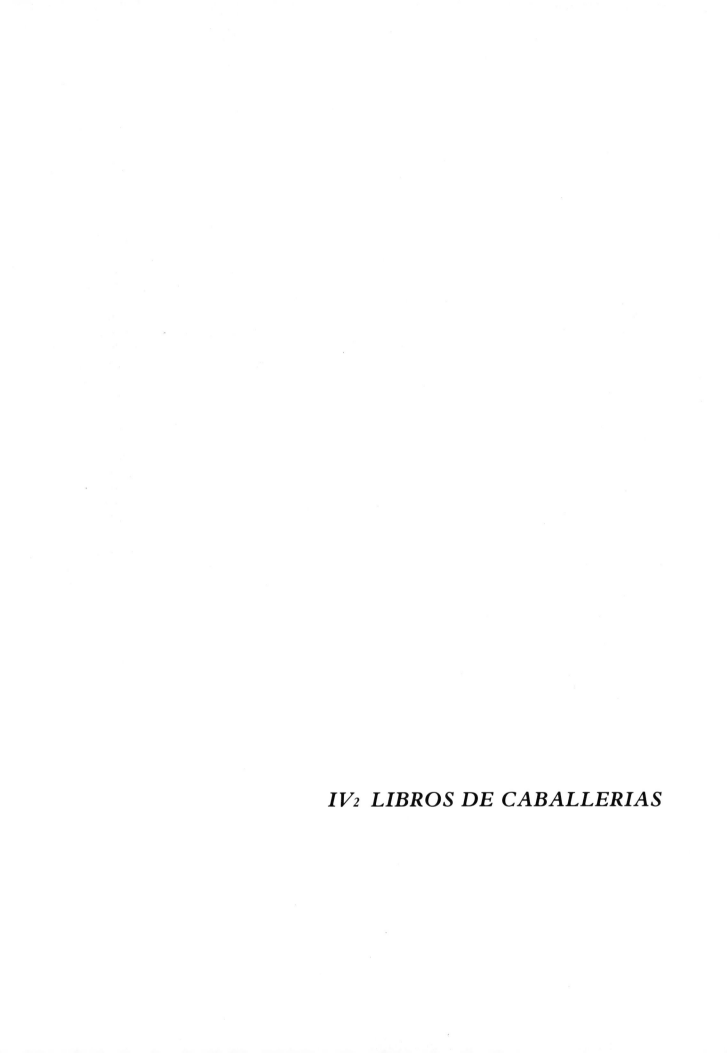

IV₂ LIBROS DE CABALLERIAS

Los quatro libros del va leroso Cauallero Don Cirongilio de Tracia.

Italo Calvino

L'eroe del primo romanzo cavalleresco iberico, Tirant lo Blanc, entra in scena addormentato in sella al suo cavallo. Il cavallo si ferma a bere a una fonte, Tirant si sveglia e vede, seduto accanto alla fonte, un eremita dalla barba bianca che sta leggendo un libro. Tirant manifesta all'eremita la sua intenzione d'intrare nell'ordine della cavalleria. L'eremita, che é stato cavaliere, s'offre d'instruire il giovane nelle regole dell'ordine.

«—Hijo mío— dijo el ermitaño—, toda la orden está escrita en ese libro, que algunas veces leo para recordar la gracia que Nuestro Señor me ha hecho en este mundo, puesto que honraba y mantenía la orden de caballería con todo mi poder.»

Fin dalle sue prime pagine il primo romanzo cavalleresco di Spagna sembra volerci avvertire che ogni libro di cavalleria presuppone un libro di cavalleria precedente, necessario perché l'eroe diventi cavaliere. Tot l'orde és en aquest llibre escrit. Da questo postulato si possono trarre molte conclusioni: anche quella che forse la cavalleria non é mai esistita prima dei libri di cavalleria, o addirittura che é esistita solo nei libri.

Si puó comprendere dunque come l'ultimo depositario delle virtù cavalleresche, Don Quijote, sarà qualcuno che ha costruito se stesso e il suo mondo esclusivamente attraverso i libri. Una volta che Cura, Barbero, Sobrina e Ama abbiano dato alle fiamme la biblioteca, la cavalleria é finita: Don Quijote resterà l'ultimo esemplare d'una specie senza successori.

Nell'auto-de-fe casalingo, il Curato salva comunque i libri capostipiti, Amadís de Gaula e Tirante el Blanco, cosí come i poemi in versi di Boiardo e di Ariosto (nell'originale italiano, non in traduzione, dove perdono «su natural valor»). Per questi libri, a differenza di altri assolti perché considerati conformi alla morale, (come Palmerín de Inglaterra), sembra che l'indulgenza abbia soprattutto motivazioni estetiche; ma quali? Vediamo che la qualità che contano per Cervantes (ma fino a che punto siamo sicuri che le opinioni di Cervantes coincidano con quelle del Curato e del Barbiere, piú che con quelle di Don Quijote?) sono l'originalità letteraria (l'Amadís é definito «único en su arte» e la verità umana (il Tirante el Blanco viene lodato perché «aquí comen los caballeros, y duermen y mueren en sus camas, y hacen testamento antes de su muerte, con otras cosas de que los demás libros de este género carecen»). Dunque Cervantes (quella parte di Cervantes che si identifica, etc.) rispetta i libri di cavalleria quanto più si sotraggono alle regole del genere; non é più il mito della cavalleria che conta, ma il valore del libro in quanto libro. Un criterio di giudizio apposto a quello di Don Quijote (e della parte di Cervantes che s'identifica col suo eroe) il quale si rifiuta di distinguere tra i libri e la vita e vuole ritrovare il mito fuori dei libri.

Quale sarà la sorte del mondo romanzesco della cavalleria, quando lo spirito analitico interviene a stabilire i confini tra il regno del meraviglioso, il regno dei valori morali, il regno della realtà verosimile? La repentina grandiosa catastrofe in cui il mito della cavalleria si dissolve sulle assolate strade della Mancha, é un evento di portata universale, ma che non ha corrispondenti nelle altre letterature. In Italia, e piú precisamente nelle Corti dell'Italia settentrionale, lo stesso processo era avvenuto durante il secolo precedente in forma meno drammatica, come sublimazione letteraria della tradizione. Il tramonto della cavalleria era stato celebrato da Pulci, Bojardo, Ariosto in un clima di festa rinascimentale, con accenti parodistici piú o meno marcati, ma con nostalgia per l'ingenua fabulazione popolare dei cantastorie; alle rozze spoglie dell'imaginario cavalleresco nessuno attribuiva piú altro valore che quello d'un repertorio di motivi convenzionali, ma il cielo della poesia s'apriva ad accoglierne lo spirito.

Puó essere interessante ricordare che, molti anni prima del Cervantes, nel 1526, troviamo già un rogo di libri di cavalleria, o piú precisamente, una scelta di quali libri condannare alle fiamme e quali salvare. Parlo d'un texto veramente minore e poco conosciuto: l'Orlandino, breve poema in versi italiani di Teofilo Folengo (famoso sotto il nome di Merlin Cocai per il Baldus, poema in latino maccheronico mescolato al dialetto di Mantova). Nel primo canto dell'Orlandino, Folengo racconta d'esser stato portato da una strega, volando sulla groppa d'un montone, a una caverna delle Alpi dove sono conservate le vere cronache di Turpino, leggendaria matrice di tutto il ciclo carolingio. Dal confronto con le fonti, risultano veritieri i poemi di Bojardo, Ariosto, Pulci e del «Cieco di Ferrara», sia pur con aggiunte arbitrarie.

Ma Trebisunda, Ancroja, Spagna e Bovo
Coll'altro resto al foco sian donate;
Apocrife son tutte, e le riprovo
Come nemiche d'ogni veritate;
Bojardo, l'Ariosto, Pulci e 'l Cieco
Autenticati sono, ed io con seco.

«El verdadero historiador Turpin» sicorolato anche da Cervantes era un punto di riferimento abituale nel gioco dei poeti cavallereschi italiani del Rinascimento. Anche Ariosto, quando sente di sballarle tropo grosse, si fa scudo della autorità di Turpino:

Il buon Turpin, che sa che dice il vero,
e lascia creder poi quel ch'a l'uom piace,
narra mirabil cose di Ruggiero,
ch'udendolo, il direte voi mendace.
(O.F., XXVI, 23)

La funzione del leggendario Turpino, Cervantes la attribuirà a un misterioso Cide Hamete Benengeli, del cui manoscritto arabo egli sarebbe solo il traduttore. Ma Cervantes opera in un mondo ormai radicalmente diverso: la verità per lui deve fare i conti con l'esperienza quotidiana, col senso comune e anche con i precetti della religione

Cirongilio de Tracia . Sevilla: Jacome Cromberger, 1545.
BN R/3884.

controriformata, per i poeti italiani del Quattrocento e del Cuinquecento (fino a Tasso escluso, per il quale la questione si complica), la verità era ancora fedeltà al mito, come per il Cavaliere della Mancha.

Lo vediamo anche in un epigono come Folengo, a mezza strada tra poesia popolare e poesia colta: lo spirito del mito, tramandato dalla notte dei tempi é simboleggiato da un libro quello di Turpino, che sta all'origine di tutti i libri, libro ipotetico, raggiungibile solo per magia, (anche Bojardo, dice Folengo, era amico delle streghe), libro magico oltre che racconto di magie.

Nei paesi d'origine, Francia e Inghilterra, la tradizione letteraria cavalleresca s'era spenta prima (in Inghilterra nel 1470 ricevendo una forma definitiva nel romanzo di Thomas Malory, salvo poi a conoscere una nuova incarnazione con le fate elisabettiane di Spencer; in Francia declinando lentamente dopo aver conosciuto la consacrazione poetica più precoce nel secolo XII coi capolavori di Chretien de Troyes). Il revival cavalleresco del secolo XVI interessa sopratutto Italia e Spagna. Quando Bernal Díaz del Castillo, per esprimere la meraviglia dei conquistatori di fronte alle visioni d'un mondo inimmaginabile come quello del Messico di Moztezuma, scrive: «Decíamos que parecía a las cosas de encantamiento que cuentan en el libro de Amadís», abbiamo l'impressione che paragoni la realtà più nuova alla tradizione di testi antichissimi. Ma se guardiamo alle date, vediamo che Díaz del Castillo racconta fatti avvenuti nel 1519, quando l'Amadís poteva ancora quasi considererarsi una novità editoriale... Comprendiamo così che la scoperta del Nuovo Mondo e la Conquista si accompagnano nell'immaginario collettivo, a quelle storie di giganti e d'incantesimi di cui el mercato editoriale dell'epoca ofrira un vasto assortimento, così come la prima diffusione europea delle aventure del ciclo francese aveva accompagnato alcuni secoli prima la mobilitazione propagandistica per le Crociate.

Il millenio che sta per chiudersi è stato il millennio del romanzo. Nei secoli XI, XII e XIII i romanzi di cavalleria furono i primi libri profani la cui diffusione marcò profondamente la vita delle persone comuni, e non soltanto dei dotti. Ce ne dà testimonianza Dante, raccontandoci di Francesca, il primo personaggio della letteratura mondiale che vede la sua vita cambiata della lettura dei romanzi, prima di Don Quijote, prima di Emma Bovary. Nel romanzo francese Lancelot, il cavaliere di Galehaut convince Ginevra a baciare Lancelot; nella Divina Commedia, il libro Lancelot assume la funzione che Galehaut aveva nel romanzo, convincendo Francesca a lasciarsi baciare da Paolo. Attuando un'identificazione tra il personaggio del libro in quanto agisce sugli altri personaggi e il libro in quanto agisce sui suoi lettori («Galeotto fu il libro e chi lo scrisse»), Dante compie una prima vertiginosa operazione di metaletteratura. Nei versi di una concentrazione e sobrietà insuperabili, seguiamo Francesca e Paolo che «senza alcun sospetto» si lasciano prendere dalle emozioni della lettura, e ogni tanto si guardano negli occhi, impallidiscono, e quando arrivano al punto in cui Lancelot bacia la bocca di Ginevra («il desiato riso») il desiderio scritto nel libro rende manifesto il desiderio provato nella vita, e la vita prende la forma raccontata nel libro: «la bocca mi baciò tutta tremante...».

Italo Calvino

The hero of the first Iberian chivalric romance, *Tirant lo Blanc,* makes his entrance on horseback, asleep in the saddle. The horse stops to drink at a fountain and Tirant awakens to see, seated by the fountain, a white—bearded hermit who is reading a book. Tirant tells the hermit of his intention to become a knight. The hermit, who has himself been a knight, offers to teach the young man the rules of the order of chivalry: 'My son', said hermit, 'the rules are all to be found in this book, which I sometimes read to recall the favor granted to me by Our Lord in this world, as I honored and upheld the order of chivalry with all my might'.

From the very outset this first chivalric romance of Spain seems to be conveying the message that each book of chivalry pressuposes the existence of a previous book of chivalry, necessary for the hero to become a knight. *Tot l'orde és en aquest llibre escrit.* From this assumption many conclusions may be drawn, including the conclusion that chivalry may never have existed before books of chivalry, or even that it existed only in books.

It is therefore understandable that the last repository of knightly virtues, Don Quixote, should be a person who has fashioned his own character and world entirely from books. When the priest, the barber, the niece and the housekeeper make a bonfire of his books, chivalry comes to an end. Don Quixote is the last representative of a dying species.

In the course of this domestic auto—da—fé, however, the priest does spare such prototypes as the *Amadís de Gaula* and *Tirant lo Blanc,* as well as the verse poems of Boiardo and Ariosto (in the original Italian and not in a translation, in which they lose 'their natural merits'). The leniency shown towards these books, in contrast to others that were spared because they were believed to conform to moral standards (such as *Palmerín de Inglaterra*), seems to be motivated mainly by aesthetic considerations. But which ones? We can see that for Cervantes, the qualities that count (though how sure can we be that the views of Cervantes coincide with those of the priest and the barber rather than with those of Don Quixote?) are literary originality (the Amadís is described as 'unique as a work of art') and the quality of being true to life (Tirant lo Blanc is praised because 'in them you find knights who eat and sleep and die in their beds and make a will before they die and other things which are absent from the other books of this kind'). Thus Cervantes (i. e. the part of Cervantes that identifies with the priest, etc) respects books of chivalry the more they deviate from the rules of the genre. It is no longer the chivalric myth that counts but the merits of the book as a book. This is the reverse of the criterion applied by Don Quixote (and the part of Cervantes that identifies with his hero) who refuses to distinguish between books and real life and looks for myths outside the world of books.

What will happen to the fictional world of chivalry when the analytical spirit intervenes, drawing boundaries between the realm of marvels, the realm of moral values and the realm of lifelike realism? The sudden monumental disaster in which the myth of chivalry dissolves on the sun—scorched roads of La Mancha is an event of universal import, but one without parallel in any other literature. In Italy, and particularly at the

courts of northern Italy, the same process had taken place during the previous century, less dramatically, in the form of a literary sublimation or refinement of the tradition. The decline of chivalry was celebrated by Pulci, Boiardo and Ariosto in a festive Renaissance atmosphere, with varying overtones of parody, but with a feeling of nostalgia for the artless popular story—telling of the minstrels. From then on, no one attributed any value to the raw, material remains of chivalric make—believe except as a repertory of conventional themes, although the heavens of poetry opened up to receive their spirit.

It may be of interest to note that, as early as 1526, many years before Cervantes, we find a bonfire of books of chivalry, or rather a selection between books to be consigned to the flames and books to be spared. I am alluding to a quite minor and little—known work entitled *L'Orlandino*, a short poem in Italian by Teofilo Folengo (famous under the name of Merlin Cocai for his *Baldus*, a poem in macaronic Latin mixed with the Mantua dialect). In the first canto of *L'Orlandino*, Folengo tells how he was transported by a witch, flying on the back of a ram, to a cave in the Alps where the true chronicles of Turpin, the legendary matrix of the entire Carolingian cycle are preserved. On comparison with the sources, the poems of Boiardo, Ariosto, Pulci and the 'Blind Man of Ferrara' are found to be genuine, despite arbitrary, additions:

> But let Trebisunda, Ancroja, Spagna and Bovo / and all the rest be consigned to the flames; / all are apocryphal and I condemn them / as wholly inimical to the truth; / Boiardo, Ariosto, Pulci and the Blind Man / are authenticated, and I with them.[1]

'The truthful chronicler Turpin', who is also mentioned by Cervantes, was a customary point of reference in the fictions of Italian chivalric poets of the Renaissance. Even Ariosto, when he feels he is being too far—fetched shelters behind the authority of Turpin:

> The good Turpin, who knows he tells the truth, / and lets people believe what they will, / narrates such wonders of Ruggiero, / that to hear him you would think he were untruthful.[2]

(*Orlando Furioso*, XXVI, 23)

The function of the legendary Turpin is assigned by Cervantes to a mysterious 'Cide Hamete Benengeli' of whose Arabic manuscript he is merely the translator. But Cervantes is operating in a radically changed world. He feels that truth has to be reconciled with everyday experience, with common sense and also with the precepts of the Counter—Reformation. For the Italian poets of the Quattrocento and Cinquecento (up to but excluding Tasso, for whom the question is more complex), truth still meant fidelity to the myth, as it did for the knight of la Mancha.

We also find it in a late—comer such as Folengo, half—way between popular poetry and sophisticated poetry. The spirit of the myth, handed down from time immemorial, is symbolized by a book, the book of Turpin, which is at the origin of all books, a hypothetical book, accessible only through magic (Boiardo, says Folengo, was also a friend of witches), a magical book as well as a book about magic.

---

[1] 'Ma *Trebisunda, Ancroja, Spagna e Bovo* / Coll'altro resto al foco sian donate; / Apocrife son tutte, e le riprovo / Come nemiche d'ogni veritate; / Bojardo, l'Ariosto, Pulci e'l Cieco / Autenticati sono, ed io con seco'.
[2] 'Il buon Turpin, che sa che dice il vero, / E lascia creder poi quel ch'al l'uom piace, / Narra mirabil cose di Ruggiero, / Ch'udendolo, il direste voi mendace.'

In its countries of origin, France and England, the chivalric literary tradition had died out at an earlier date (in England it ended in 1470, when it took final shape in Thomas Malory's romance, although it underwent a reincarnation in the Elizabethan fairies of Spencer; in France it went into a slow decline after making its earliest appearance in poetry during the twelfth century, with the masterpieces of Chrétien de Troyes). The chivalric revival in the sixteenth century mainly affected Italy and Spain. When Bernal Díaz del Castillo, seeking to express the conquistadors amazement at the sight of a world as unimaginable as that of Moctezuma's Mexico, writes: 'We said that it resembled the magical wonders described in the Amadís', we gain the impression that he is comparing the latest discoveries in real life with the most ancient literary traditions. But if we look at the dates, we find that Díaz del Castillo is describing events that ocurred in 1519, when the Amadís could still almost be considered a publishing novelty! We can thus see that the discovery of the New World and the Spanish Conquest were associated in the collective imagination with those tales of giants and magic spells of which the book market of the time offered a vast assortment, just as, several centuries earlier, the dissemination throughout Europe of the adventures of the French cycles had been associated with the propaganda to mobilize support for the Crusades.

The millenium that is now drawing to a close has been the millennium of the romance/novel. In the eleventh, twelfth and thirteenth centuries, chivalric romances were the first secular books whose dissemination had a profound effect on the lives of ordinary people, and not merely on the lives of the erudite. Evidence of this is provided by Dante, in telling us the story of Francesca, the first character in world literature to find her life transformed as a result of reading romances before Don Quixote and before Emma Bovary. In the French romance *Lancelot*, Sir Galahad persuades Guinevere to kiss Lancelot; in the *Divine Comedy*, the book *Lancelot* assumes the function performed by Galahad in the romance, in persuading Francesca to submit to Paolo's kisses. By making an identification between the character in the book as it acts on the other characters and the book as it affects its readers ('A Galahad was the book and he who wrote it'), Dante is performing a first dizzying feat of meta—literature. Through verses of incomparable concision and sobriety, we follow Francesca and Paolo who unsuspectingly find themselves carried away by the emotions inspired by the book they are reading. They exchange glances, turn pale and, on reaching the point where Lancelot kisses Guinevere's lips ('the coveted smile'), the desire portrayed in the book unveils the desire felt in real life, and real life takes the form described in the book: 'He tremulously kissed me on the lips...'

Translated by Margaret Roberts

Ser.

Italo Calvino

El héroe de la primera novela de caballerías, *Tirant lo Blanc,* entra en escena dormido sobre la silla de su caballo. El caballo se para a beber en una fuente, Tirant despierta y ve, sentado junto a la fuente, a un ermitaño de barba blanca que está leyendo un libro. Tirant manifiesta al ermitaño su intención de ingresar en la orden de la caballería. El ermitaño, que ha sido caballero, se ofrece a instruir al joven en las reglas de la orden.

> «—Hijo mío -dijo el ermitaño-, toda la orden está escrita en este libro, que algunas veces leo para recordar la gracia que Nuestro Señor me ha hecho en este mundo, puesto que honraba y mantenía la orden de caballería con todo mi poder.».

Desde sus primeras páginas, la primera novela caballeresca de España parece querernos advertir de que todo libro de caballerías presupone un libro de caballerías anterior, necesario para que el héroe se convierta en caballero. *Tot l'orde és en aquest llibre escrit.* De este postulado se pueden deducir muchas conclusiones, incluso la de que acaso la caballería nunca existió antes de los libros de caballerías, o hasta que ha existido sólo en los libros.

Puede entenderse, pues, que el último depositario de las virtudes caballerescas, Don Quijote, sea alguien que se ha construido a sí mismo y su mundo exclusivamente a través de los libros. Una vez que el Cura, el Barbero, la Sobrina y el Ama hayan entregado a las llamas la biblioteca, la caballería se ha acabado: Don Quijote será el último ejemplar de una especie sin descendencia.

En el auto de fe casero, el Cura salva, sin embargo, los libros fundacionales: *Amadís de Gaula* y *Tirante el Blanco,* así como los poemas en verso de Boyardo y Ariosto (en el original italiano, no en traducción, en la que pierden «su natural valor»). En el caso de estos libros, a diferencia de en el de otros absueltos por considerarlos conformes a la moral (como *Palmerín de Inglaterra*), parece que la indulgencia tiene sobre todo motivaciones estéticas. Pero ¿cuáles? Vemos que las cualidades que para Cervantes cuentan (aunque ¿hasta qué punto estamos seguros de que las opiniones de Cervantes coinciden con las del Cura y el Barbero, más que con las de Don Quijote?) son la originalidad literaria (al *Amadís* se le define *«único en su arte»*) y la verdad humana (se alaba al *Tirante el Blanco* por que «aquí comen los caballeros y duermen y mueren en sus camas, y hacen testamenteos antes de su muerte, con otras cosas de que los demás libros de este género carecen»). Cervantes, pues (esa parte de Cervantes que se identifica, etc.), respeta los libros de caballerías cuanto más se sustraen a las reglas del género; lo que importa no es ya el mito de la caballería, sino el valor del libro en cuanto libro. Un criterio de juicio opuesto al de Don Quijote (y a esa parte de Cervantes que se indentifica con su héroe), el cual se niega a distinguir entre los libros y la vida y quiere hallar el mito fuera de los libros.

MARSELAR. *Carolus Philippus, Serenissimi Hispaniarum principis Balthasaris Carli Renatio* (Fragmento).

¿Cuál será la suerte del mundo novelesco de la caballería cuando el espíritu analítico intervenga para definir los límites entre el reino de lo maravilloso, el reino de los valores morales, el reino de la realidad verosímil? La repentina y grandiosa catástrofe en la que el mito de la caballería se disuelve en los soleados caminos de La Mancha es un acontecimiento de alcance universal, pero que carece de correspondencias en otras literaturas. En Italia, y más concretamente en las Cortes de la Italia septentrional, se había producido durante el siglo anterior el mismo proceso, aunque de forma menos dramática, como sublimación literaria de la tradición. Pulci, Boyardo y Ariosto habían ensalzado el ocaso de la caballería en un clima de fiesta renacentista, con acentos paródicos más o menos marcados, pero con nostalgia de la ingenua fabulación pupular de los juglares; nadie atribuía a los toscos despojos de lo imaginario caballeresco otro valor que el de un repertorio de motivos convencionales, pero el cielo de la poesía se abría para acoger su espíritu.

Puede ser interesante recordar que, muchos años antes de Cervantes, en 1526, encontramos ya una hoguera de libros de caballerías, o, más concretamente, una selección de cuáles libros condenar a las llamas y cuáles salvar. Hablo de un texto realmente menor y poco conocido: el *Orlandino*, breve poema en versos italianos de Teófilo Folengo (famoso con el nombre de Merlín Cocai por el *Baldus,* poema en latín macarrónico mezclado con el dialecto de Mantua). En el primer canto del *Orlandino,* Folengo cuenta que una bruja lo llevó, volando en la grupa de un carnero, a una cueva de los Alpes donde se conservan las verdaderas crónicas de Turpín, legendaria matriz de todo el ciclo carolingio. Del cotejo con las fuentes, resultan verídicos los poemas de Boyardo, Ariosto, Pulci y del «Ciego de Ferrara», aunque sea con añadidos arbitrarios.

> Ma *Trebisunda, Ancroja, Spagna* e *Bovo,*
> Coll'altro resto al foco sian donate;
> Apocrife son tutte, e le riprovo
> Come nemiche d'ogni veritate;
> Bojardo, l'Ariosto, Pulci, e'l Cieco
> Autenticati sono, ed io con seco.★

«El verdadero historiador Turpín», recordado también por Cervantes, era un punto de referencia habitual en el juego de los poetas caballerescos italianos del Renacimiento. El propio Ariosto, cuando advierte que sus patrañas son demasiado gordas, se escuda en la autoridad de Turpín:

> Il buon Turpino, che sa che dice il vero.
> e lascia creder poi quel ch'a l'uom piace,
> narra mirabil cose di Ruggiero,
> ch'udendolo, il direste voi mendace.★

★ Mas Trebisunda, Ancroja, España y Bovo / con las demás sean entregadas al fuego; / apócrifas son todas, y las repruebo / como enemigas de toda verdad; / Boyardo, Ariosto, Pulci y el Ciego / quedan autenticados, y yo con ellos.

★ El buen Turpín, que sabe que dice la verdad / y luego deja creer lo que agrada al hombre, / narra admirables cosas de R. / que, al oirlas, le llamarías mendaz.

La función del legendario Turpín se la adjudicará Cervantes a un misterioso Cide Hamete Benegeli, de cuyo manuscrito árabe él sería sólo el traductor. Pero Cervantes opera en un mundo ya radicalmente distinto: la verdad, para él, tiene que contar con la experiencia cotidiana, con el sentido común y también con los preceptos de la religión contrarreformada. Para los poetas italianos de los siglos XV y XVI (con exclusión de Tasso, para el cual la cuestión se complica), la verdad era aún fidelidad al mito, como para el Caballero de la Mancha.

Lo vemos incluso en un epígono como Folengo, a medio camino entre poesía popular y poesía culta: el espíritu del mito, transmitido desde la noche de los tiempos, está simbolizado por un libro, el de Turpín, que está en el origen de todos los libros, libro hipotético, alcanzable sólo por magia (también Boyardo, dice Folengo, era amigo de las brujas), libro mágico amén de relato de magias.

En sus países de origen, Francia e Inglaterra, la tradición literaria caballeresca se había extinguido antes (en Inglaterra en 1470, recibiendo una forma definitiva en la novela de Thomas Malory, aunque luego conozca una nueva encarnación con las hadas isabelinas de Spencer; en Francia, declinando lentamente tras haber conocido la consagración poética más precoz en el siglo XII con las obras maestras de Cristián de Troyes). El *revival* caballeresco del siglo XVI afecta sobre todo a Italia y España. Cuando Bernal Díaz del Castillo, para expresar el asombro de los conquistadores ante la visión de un mundo inimaginable, como el del México de Moctezuma, escribe: «Decíamos que parecía a las cosas de encantamiento que cuentan en el libro de Amadís», tenemos la impresión de que parangona la realidad más nueva con la tradición de textos antiquísimos. Pero si nos fijamos en las fechas, vemos que Díaz del Castillo cuenta hechos ocurridos en 1519, cuando el *Amadís* podía considerarse aún casi una novedad editorial...

Comprendemos así que el descubrimiento del Nuevo Mundo y la Conquista se hermanan, en la imaginación colectiva, con aquellas historias de gigantes y encantamientos de las que el mercado editorial de la época ofrecía un amplio surtido, al igual que la primera difusión de las aventuras del ciclo francés se había hermanado, unos siglos antes, con la movilización propagandística en pro de las Cruzadas.

El milenio que está a punto de cerrarse ha sido el milenio de la novela. En los siglos XI, XII y XIII, las novelas de caballerías fueron los primeros libros profanos cuya difusión marcó profundamente la vida de las personas del común, y no sólo las de los doctos. De ello da testimonio Dante, al hablarnos de Francesca, el primer personaje de la literatura mundial que ve cambiar su vida con la lectura de novelas, antes de Don Quijote, antes de Emma Bovary. En la novela francesa *Lancelot,* el caballero de Galehaut convence a Ginebra de que bese a Lanzarote; en la *Divina Comedia,* el libro *Lancelot* asume la función que Galehaut tenía en la novela, convenciendo a Francesca de que se deje besar por Paolo. Realizando una identificación entre el personaje del libro en cuanto actúa sobre otros personajes y el libro en cuanto actúa sobre sus lectores («Galeote fue el libro y quien lo hiciera»), Dante efectúa una primera y vertiginosa operación de metaliteratura. En sus versos, de una concentración y una sobriedad insuperables, seguimos a Francesca y Paolo que, «sin sospechas», se dejan arrastrar por las emociones de la lectura, y que de vez en cuando se miran a los ojos, palidecen y, llegados al punto en el que Lanzarote besa en la boca a Ginebra («la risa deseada»), el deseo escrito en el libro vuelve manifiesto el deseo sentido en la vida, y la vida toma la forma narrada en el libro: «la boca me besó todo anhelante...».

Traducción: Esther Benítez

Sencilla q̃ dizen Donzella em̃
francesa ut infra

¶La hystoria de la Ponzella de Frã
cia, y de sus grandes hechos: sacados de la chronica real
por vn cauallero discreto, imbiado por embaxador de
Castilla a francia, por los serenissimos reyes dõ
fernando y doña Ysabel, a quien la presente se dirige.

Año de M.D.lxij.

1562

73. MARTORELL, Joanot

... Tirant lo blanch: dirigida per mossen Ioanot Martorell caualler al serenissimo princep don Fernando de Portogal...—[En la Ciutat de Valencia: Nicolavs Spindeler, 20 de Nohembre de 1490].—[388] l.; fol. Sign. a-r⁸, 2⁸, r⁸, s⁸, t-v⁸, u⁸, x-z⁸, A-I⁸, L-X⁸, Y-Z⁶, a⁸.

Valencia, Biblioteca Provincial

Tirant lo Blanc is one of the best books of chivalry ever written. In the *Quixote* Cervantes calls it 'A treasure of happiness and a wealth of pastimes' and, furthermore, 'Here the knights eat, sleep and die in their beds... something that doesn't happen in other books of this type'. It is considered to be the only example of naturalism in the literature of Spanish chivalry and is more in keeping with the literary tradition of realism in this country in epic poetry and, even more so, in the picaresque novel which has a unique exponent in the *Life of Lazarillo de Tormes,* published a few years after the *Tirant.*

Although this work is presented to the reader as if it were a translation (in the dedication to the Infante Ferrnán of Portugal the author states that it was translated not only from English to Portuguese, but also from Portuguese to Valencian), at present there is no doubt that the *Tirant lo Blanc* is basically an original work, written directly in 'the vulgar Valencian tongue' (en vulgar llengua valenciana). As in all medieval works, however, there are fragments which reveal the influence of other authors or works. Martorell was well acquainted with the Breton cycle and his work contains traces of Ramón Llull, Enrique de Villena and even Dante, whose *Divine Comedy* was already known in the Levante.

We are told the story of an imaginary knight who, on account of his courage and talent, manages to free the Greek Empire from Turkish domination. The sense of humor and the feeling of reality in which the story develops, together with a perfect construction, transform this work into a modern novel. The prose is lively and colloquial, full of popular sayings, humorous exclamations and expressions, and devoid of rhetoric.

Martorell was born in Gandía in 1413 or 1414 and died in 1468 before having finished his work. In the dedication he says that he had begun to write it on January 2, 1460, and the colophon states that it was completed by Martí Johan de Galba ('... which was translated from English into the Portuguese tongue. And then into the vulgar Valencian tongue by the magnificent and virtous gentleman Mosse Johanot Martorell. Before he died he was only able to translate three parts. The fourth part which is the end of the book was translated... by the magnificent gentleman Mossen Martí Johan de Galba').

The Valencian edition and the later Catalan editions were divided into chapters rather than in parts so that it

---

Doncella de Francia. Burgos: Philippe de Junta, 1562. *BN R/35918.*

73. MARTORELL, Joanot

...Tirant lo blanch: dirigida per mossen Ioanot Martorell caualler al serenissimo princep don Fernando de portogal...—[En la Ciutat de Valencia: Nicolavs Spindeler, 20 de Nohembre de 1490].—[388] h.; fol. Sign. a-r⁸, 2⁸, r⁸, s⁸, t-v⁸, u⁸, x-z⁸, A-I⁸, L-X⁸, Y-Z⁶, a⁸.
Lugar y fecha de impresión tomados del colofón.—Nombre del impresor tomado de la orla de la primera página.—Letra gótica.—Texto a dos col. de 41 y 42 líneas.—Capitales.—Hojas impresas por ambas caras, dos en blanco.

Biblioteca Provincial, Valencia

La primera página está enmarcada por una original orla renacentista, con detalles de la decoración hispano-árabe, como animales que luchan, y escenas de caza o combate. Fue utilizada después en otras obras, entre ellas la gramática de Nebrija. La orla separa las dos columnas del texto, y en un escudete situado en la parte inferior se encuentra el nombre del impresor, Nicolaus Spindeler.

Este, de origen alemán, había trabajado antes en Tortosa, Barcelona y Tarragona. El 7 de agosto de 1489 firmó un contrato de impresión con Joan Cervelló, Lluis Bertran y Pere Trinxer, anulado el 28 de septiembre por un nuevo contrato con el comerciante alemán Joan Rix de Chur, por el que se comprometía a imprimir 715 ejemplares del *Tirant* en lengua valenciana. Según el colofón, el libro se acabó de imprimir el 20 de noviembre de 1490. Se conservan tres ejemplares: en la Biblioteca Provincial de Valencia, en el British Museum y en la Hispanic Society de América.

El Tirant lo Blanch es uno de los mejores libros de caballerías que se han escrito en el mundo. «Un tesoro de contento y una mina de pasatiempos» lo llamó Cervantes en el Quijote. «Aquí comen los caualleros, y duermen, y mueren en sus camas... con estas cosas de que todos los demás libros deste genero carecen». Se le ha considerado la única representación del sentido naturalista en la novela caballeresca española, y más acorde que ninguna otra con la tradición literaria de este país, realista en la poesía épica y más aún en la novela picaresca que, poco después del *Tirant,* tiene un singular ejemplo en la *Vida del Lazarillo de Tormes.*

Aunque la obra se ofrece al lector como si se tratara de una traducción (en la dedicatoria al infante Ferran de Portugal el autor afirma que se ha traducido no sólo del inglés al portugués sino también del portugués al valenciano), hoy no se pone en duda que el Tirant lo Blanch es, fundamentalmente, un libro original, escrito directamente «en vulgar llengua valenciana», aunque, como en toda obra medieval, hay fragmentos que revelan la influencia de otros autores o de otras obras. Martorell conocía bien el ciclo bretón, y se encuentran en la obra influencias de Ramón Llull, de Enrique de Villena e incluso de Dante, cuya Divina Comedia era ya conocida en Levante.

Se nos narra la historia de un caballero imaginario,

is difficult to determine where Martorell's work ends and Galba's begin. It was probably a gradual intervention that affected the last part in particular.

Tirant lo Blanc was soon translated in Spanish and later into Italian and French. It was printed after the Valencian edition in Barcelona in 1497 by Diego de Gumiel who printed it again in Valladolid in 1511. The Barcelona version must have been the one that Cervantes read. It is peculiar in that it does not mention either Martorell or Galba as authors or translators, hence, for Spanish readers the *Tirant lo Blanc* was an anonymous work. Nor does it mention that it is a translation so that many readers probably thought that the 1511 edition was the original version of the novel.

There is information about a lost Italian translation of 1501 made by Niccolo de Correggio for Isabella d'Este, marquise of Mantua. There are copies of the novel printed in Venice by Lelio di Manfredi in 1538 and other editions published in the same city in 1566 and 1611. Because of censorship, the first French translation appeared with a false printer's mark in 1737 and was reprinted in 1775.

The influence of *Tirant lo Blanc* has often been pointed out on Ariosto's *Orlando Furioso* through which it was known to Shakespeare and it also appears in several episodes of the *Quixote*.

The first page is framed in an original Renaissance border with details of Hispano-Arabic decoration, such as fighting animals and hunting or battle scenes. This ornamentation was also used in later works such as Nebrija's *Grammar*. The border separates the two columns of the text and the printer's name, Nicolaus Spindeler, appears on the shield at the bottom of the page.

Spindeler, a German, had previously worked in Tortosa, Barcelona and Tarragona. On August 7, 1489 he signed a contract with Joan Cervelló, Lluis Bertrán and Pere Trinxer which was cancelled on September 28 by a new contract with the German merchant, Joan Rix de Chur, in which he committed himself to printing 715 copies of *Tirant* in Valencian. According to the colophon, the printing was finished on November 10, 1490. There are three copies of this edition: the one exhibited here from the Provincial Library of Valencia, one in the British Museum and another in the Hispanic Society of New York.

Bibliography

MÉNDEZ, p. 72-75.—VINDEL, v.3, p. 79, n.º 29.—HAEBLER, 639. HAIN, 10860-10861.—A. BONILLA y SAN MARTÍN: *Las novelas catalanas de caballerías y el Tirant lo Blanch*. Primer Congrés de la Llengua Catalana. Barcelona, 1908.—I. BONSOMS i SICART: *La edición príncipe del Tirant lo Blanch...* Discurs de recepció en la Reial Acadèmia de Bones Lletres de Barcelona. Barcelona, 1907.—J. GIVANEL MAS: «Estudio crítico de la novela caballeresca Tirant lo Blanch», en *Archivo de Investigaciones históricas, I, 1911.*—M. MENÉNDEZ PELAYO: *Orígenes de la novela*, I.—Martí de RIQUER: *Tirant lo Blanch*. Edición del V centenari de le mort de Joanot Martorell. Prolèg i text de M. de R. Barcelona, Seix Barral, 1968.

que por su valor y su talento llega a librar el imperio griego del poder de los turcos. El sentido del humor y la atmósfera de realidad en que se desarrolla la historia, unidos a una construcción perfecta, hacen de esta obra una novela moderna. La prosa es viva y coloquial, plagada de refranes, exclamaciones y expresiones jocosas, exenta de toda retórica.

Martorell nació en Gandía en 1413 o 1414, y murió en 1468, antes de terminar su obra. En la dedicatoria nos dice que ésta fue comenzada el 2 de enero de 1460, y en el colofón se afirma que fue terminada por Martí Johan de Galba. «... lo qual son traduit de Angles en lengua portoguesa. E apres en vulgar lengua valēciana lo magnifich e virtuos cauuller mosse johanot martorell. Lo qual per mort sua non pogue acabar de trauir sino les tres parts. La quarta part que es la fi del libre es stada traduida... lo magnifich cauuller mossen Marti joha d galba...».

Pero la edición de Valencia y las catalanas posteriores no están divididas en partes, sino en capítulos, por lo que no es fácil determinar dónde acaba el trabajo de Martorell y dónde comienza la intervención de Galba. Debió de ser una intervención progresiva, que afecta sobre todo a la última parte.

El *Tirant lo Blanch* se tradujo pronto al castellano, más tarde al italiano y al francés. Después de la edición de Valencia, lo imprimió en Barcelona Diego de Gumiel en 1497, y el mismo impresor en Valladolid en 1511, en castellano. Esta debió ser la versión que conoció Cervantes, traducida de la impresa en Barcelona, y tiene la particularidad de que no se menciona en ella a Martorell ni a Galba como autores o traductores, de manera que para los lectores castellanos el *Tirant lo Blanch* fue una obra anónima. Y tampoco se hace constar que se trata de una traducción, por lo que incluso se pudo pensar que la edición de 1511 era la original de la novela.

Hay noticias de una desaparecida traducción italiana de 1501 hecha por Niccolò di Correggio para Isabel de Este, marquesa de Mantua, y se conservan las impresas en Venecia en 1538 por Lelio di Manfredi y en la misma ciudad en 1566 y 1611. La primera traducción al francés apareció, con pie de imprenta falso a causa de la censura, en 1737, y se reimprimió en 1775.

Se ha señalado la influencia del *Tirant lo Blanch* en el *Orlando Furioso* de Ariosto, a través del cual llegó hasta Shakespeare, y en varios episodios del *Quijote*.

Bibliografía

MÉNDEZ, p. 72-75.—VINDEL, v.3, p. 79, n.º 29.—HAEBLER, 639. HAIN, 10860-10861.—A. BONILLA y SAN MARTÍN: *Las novelas catalanas de caballerías y el Tirant lo Blanch*. Primer Congrés de la Llengua Catalana. Barcelona, 1908.—I. BONSOMS i SICART: *La edición príncipe del Tirant lo Blanch...* Discurs de recepció en la Reial Acadèmia de Bones Lletres de Barcelona. Barcelona, 1907.—J. GIVANEL MAS: «Estudio crítico de la novela caballeresca Tirant lo Blanch», en *Archivo de Investigaciones históricas, I, 1911.*—M. MENÉNDEZ PELAYO: *Orígenes de la novela*, I.—Martí de RIQUER: *Tirant lo Blanch*. Edición del V centenari de le mort de Joanot Martorell. Prolèg i text de M. de R. Barcelona, Seix Barral, 1968.

74. ESPEJO DE CABALLERIAS

Espejo de cauallerías: en el qual se veran los grandes fechos y espantosas auenturas que el conde don Roldan por amores de Angelica la bella, hija del rey Balafro acabo & las grandes & muy fermosas cauallerias que don Renaldos de montalua y la alta Marfisa & los paladines fiziero... *[Libro segūdo de Espejo de cauallerias:* en el qual se trata de los amores de dō roldā cō Angelica la bella y las estrañas avēturas q acabo el infante dō roserin hijo dl rey do rugiero y d brādamōte/traducido y compuesto por Pero Lopez de Santa Catalina].—[Sevilla: por Juan Cromberger, 1533].—CLIII, CXV, [1] l.; fol.
Sign.: a-s^8, t^{10}, a-m^8, n-o^{10}.—Gothic type.—Colophon.—Incomplete.—Woodcut title page.

Madrid, Biblioteca Nacional R 2533

The Mirror of Chivalry is one of the most outstanding Spanish books of chivalry influenced by Italian sources. Orlando (Roland) and Reinaldos de Montalbán are the most widely sung heroes of Italian chivalrous literature, culminating in *Il Rinaldo,* by Torquato Tasso, which first appeared in 1562. Reinaldos is central to the two great poems of Boiardo and Ariosto. The *Espejo de caballerías* is divided into three parts, the first of which is probably a translation or, as Cervantes says in the *Quixote,* an imitation of Boiardo's *Orlando innamorato.* The other two parts may not be original either, because the second mentions that it was translated and composed by Pero López de Santa Catalina, and in the third, also published in Seville by Cromberger in 1550, it says that it was 'translated from the Tuscan language into our common Spanish tongue by Pedro de Reinosa, a native of Toledo'.

The first edition of the *Espejo* was printed in Seville in two parts. The first volume appeared in 1533, the second in 1536 and the third in 1550. All three volumes were published together in 1586 by Francisco del Canto in Medina del Campo. Some authors mention an unknown 1526 edition from Toledo.

It is one of the beautiful Gothic type editions to come out of the Cromberger printshop in Seville. Juan Cromberger, continued the work of his father Jacobo And increased production of the printshop without diminishing the quality. He introduced new Gothic characters in the capitals and beautiful borders on the title pages.

The *Espejo de caballerías* was printed in folio in two columns with Gothic type and decorated initials. The woodcut title page framed by a four-part border depicts a knight in armor with helmet and cape above the title in red and black. The first book ends on folio 154 and the second has a title page of its own framed in a four-part border depicting Don Roldán on horseback with helmet and cape. The title is in red underneath. The book is missing 8 pages of the first part corresponding to quarto b^8.

Sometimes this work has been confused with *Renaldos de Montalbán,* a translation of the Tuscan book *In-*

74. ESPEJO DE CABALLERIAS

Espejo de cauallerías: en el qual se veran los grandes fechos y espantosas auenturas que el conde don Roldan por amores de Angelica la bella, hija del rey Balafrō acabo & las grandes & muy fermosas cauallerias que don Renaldo de montaluā y la alta Marfisa & los paladines fiziero... *[Libro segūdo de Espejo de cauallerias:* en el qual se trata de los amores de dō Roldā cō Angelica la bella y las estrañas avēturas q acabo el infante dō roserin hijo dl rey dō rugiero y d brādamonte/traducido y compuesto por Pero Lopez de Santa Catalina]. — [Sevilla: por Juan Cromberger, 1533]. — CLIIII, CXV, [1] h.; fol.
Sign.: a-s^8, t^{10}, a-m^8, n-o^{10}
Letra gótica. — La mención de responsabilidad consta en el colofón, al fin del libro segundo. — Ejemplar incompleto, falto en la primera parte de 8 h. correspondientes al cuadernillo b^8.

Madrid, Biblioteca Nacional R 2533

El *Espejo de caballerías* es uno de los más notables libros de caballerías españoles de influencia italiana. Orlando y Reinaldos de Montalbán son los héroes más cantados en la literatura italiana caballeresca, que culmina en *Il Rinaldo* de Torquato Tasso, cuya primera edición es de 1562. El personaje de Reinaldos es central en los dos grandes poemas de Boyardo y de Ariosto. De las tres partes de que consta el *Espejo de caballerías* al menos la primera es una traducción, o más bien, como indicó Cervantes en el *Quijote,* imitación del *Orlando innamorato* de Boyardo. Las otras dos partes tampoco deben ser originales, pues en la segunda dice que fue traducido y compuesto por Pero López de Santa Catalina, y la tercera, publicada también en Sevilla por Cromberger en 1550, dice que fue «traducida de lengua toscana en nuestro vulgar castellano por Pedro de Reinosa, vecino de Toledo».

La edición de Sevilla, 1533, es la primera del *Espejo* en dos partes. La segunda parte separada se publicó en 1536, la tercera en 1550 y las tres juntas fueron publicadas en Medina del Campo por Francisco del Canto en 1586. Algunos autores citan una edición de Toledo 1526, desconocida.

Es una de las bellas ediciones en letra gótica que salieron del taller de los Cromberger en Sevilla. Juan Cromberger, que continuó la labor de su padre, Jacobo, aumentó al producción del taller de impresión sin que la calidad decreciera. Introdujo nuevos tipos góticos en las capitales y bellas orlas en las portadas.

El *Espejo de caballerías* se imprimió en folio, a dos columnas en letra gótica con iniciales decoradas. La portada, xilográfica, rodeada de una bella orla en cuatro piezas, representa a un caballero armado con casco y capa. Debajo, el título en rojo y negro. El libro primero acaba en el folio 154, y el segundo tiene portada propia rodeada de orla en cuatro piezas que representa a Don Roldán a caballo con casco y capa. Debajo, título en rojo.

Esta obra se ha confundido a veces con el *Renaldos de Montalbán,* traducción del libro toscano *Innamoramento di Carlo Magno,* y también con el *Espejo de príncipes y caballeros,* obra muy posterior.

namoramento di Carlo Magno, and also with the *Espejo de príncipes y caballeros,* a much later work.

It is bound in tooled leather with gold Greek frets and borders on the inside cover.

Bibliography

PALAU, v. 131; GALLARDO, 621; SALVÁ, II, 57; MENÉNDEZ PELAYO: *Orígenes de la novela,* Madrid, 1925; P. DE GAYANGOS: *Libros de caballerías,* Madrid, 1857; A. DOMÍNGUEZ GUZMÁN, A.: *El libro sevillano durante la primera mitad del siglo XVI,* Seville, 1975.

75. THE QUEST FOR HOLY GRAIL

La demanda del Santo Grial con los maravillosos fechos de Laçarote y de Galaz su hijo.—[Impreso en Sevilla: s.n.], 1535.—CXCIIII, [8] l.; fol.
Sign a-z^8, r^{10}, A^8.—Gothic letters.—2 col.—Colophón.—Woodcut title page.

Madrid, Biblioteca Nacional R3870

The title of this work corresponds to the second part which deals with the adventures of Lancelot du Lac at King Arthur's court. The first part, ending on folio 92, tells the story of Merlin the magician and his prophecies. This part had already been published in Burgos in 1498 as an independent work entitled *El baladro del sabio Merlín con sus profecías* (The Ballad and Prophecies of Merlin the Wise). Apparently the two works were published together in 1500, but no copy of this edition, mentioned by Nicolás Antonio and quoted by Moratín and Gallardo, is known. The first extant copy is this one printed in Seville in 1535 and republished by Bonilla y San Martín in the Biblioteca de Autores Españoles in 1907.

The first part begins on folio 2: «Here begins the first book of the quest for the Holy Grail: and firstly it shall tell of the birth of Merlin...». The prophecies included in the text are written, as in the case of the entire *Baladro,* in a practically undecipherable language. Folio 88 contains some prophecies of rather obscure contents concerning Spain which were probably added to the original text by the 1535 publisher. They have many subjects in common with the prophecies made in Italy, France and Aragon during the 14th and 15th centuries and try to give en overriding significance to the task of the conquest undertaken by the Spanish monarchs. But in keeping with the medieval context, these conquests take place in the East, Italy and the Holy Land.

The second book begins on folio 93: «Of the search for the Holy Grail. Here begins the second book of the search for the Holy Grail...» where it ends on folio 194v with the words «Here ends the first and second book of the search... with the ballad of... Merlin and his prophecies... Printed in Seville 1535. At 12 October.»

Both texts belong to the Breton cycle which evolved around the Celtic legends of King Arthur. The *matière de Bretagne* entered the Peninsula From France by way of Galicia and Portugal slightly later than in the rest of Europe and had a great influence on the works of chivalry. In Catalonia it was known as of 1170, but the real

---

Encuadernación en piel con hierros formando grecas, y orla dorada en el interior de la tapa.

Bibliografía

PALAU, v. 131. — GALLARDO, 621. — SALVÁ, II, 57. — M. MENÉNDEZ PELAYO: *Orígenes de la novela,* Madrid, 1925. — P. DE GAYANGOS: *Libros de caballerías,* Madrid, 1857. — A. DOMÍNGUEZ GUZMÁN: *El libro sevillano durante la primera mitad del siglo XVI,* Sevilla, 1975.

75. DEMANDA DEL SANTO GRIAL

La demanda del Santo Grial con los maravillosos fechos de Laçarote y de Galaz su hijo.—[Impresso en Sevilla: s.n.], 1535.—CXCIIII, [8] h.; fol.
Sign a-z^8, r^{10}, A^8.—Letra gót.—2, col.—Colofón.—Port. grab. xilográfica.

Madrid, Biblioteca Nacional R 3870

El título de esta obra corresponde más bien a la segunda parte, que trata realmente de las aventuras de Lanzarote del Lago en la corte del rey Arturo. La primera parte, que acaba en el folio 92, narra la historia del sabio Merlín y sus profecías, que ya se había publicado como obra independiente en Burgos, 1498, con el título *El Baladro del sabio Merlín con sus profecías.* Las dos obras juntas se publicaron, al parecer, en 1500, pero de esta edición, que cita Nicolás Antonio y recogen Moratín y Gallardo, no se conoce ningún ejemplar. El primero conocido es el impreso en Sevilla en 1535, que reproduce Bonilla y San Martín en la Biblioteca de Autores Españoles, en 1907.

La primera parte comienza en el f. II: «Aqui comiença el primero libro de la demanda del Sancto Grial: & primeramente se dira del nascimento de Merlin...». Las profecías incluidas en el texto están redactadas como todo el *Baladro* en un lenguaje casi indescifrable. En el folio 88 siguen unas profecías añadidas al texto primitivo, probablemente por el editor de 1535, de contenido sumamente oscuro y referentes a España. Contienen muchos tópicos comunes a las profecías que se hicieron en Italia, Francia y Aragón durante los siglos XIV y XV, y tratan de dar un lugar preponderante a la misión de conquista de los Reyes de España, pero, siguiendo la tendencia medieval, las conquistas serán a Oriente, a Italia y a Tierra Santa.

El segundo libro comienza en el folio 93 (numerado XCVII): «De la demanda del Sancto Grial. Aqui comiença el segundo libro de la demanda del Sancto Grial...» Al f. 194v: «Aqui se acabe (sic) el primero y segundo libro de la demanda... con el baladro del... Merlin cō sus profecias... Impsso en Sevilla... mill e quinientos e treynta e cinco Años. A doze dias del mes de Octubre. MDXXXV».

Ambos textos pertenecen por su tema al llamado ciclo bretón, desarrollado en torno a la leyenda del rey Arturo, de origen celta. El ciclo bretón o materia de Bretaña se introdujo en la Península, procedente de Francia, por Galicia y Portugal, un poco tardíamente en relación al resto de Europa, y tuvo una gran influencia en las nove-

development or the Arthurian cycle in the Peninsula took place from the 14th to the 16th century when it was displaced by the torrent of books of chivalry created by the famous *Amadís de Gaula*.

The contents of the books of the Breton cycle refer to a group of heroes with their own legends, rather than to King Arthur himself. These legends spread throughout Europe and mixed with other legends originating in each country for which King Artuthur's court merely serves as a common meeting ground. The legend of Lancelot du Lac, in the profound and mystical version by Wolfram von Eschembach, was used in Wagner's opera. Arthur, who is also a hero in these legends, is not the protagonist; Merlin and the knights of the Round Table have a much more dominant role in the Spanish version.

The second part of the *Demanda* was printed separately in Toledo in 1515 and later in Sevilla by Dominico de Robertis in 1534. Although the Toledo version is called the second part, it is really a different work and includes only a few episodes in the life of Lancelot.

A Paris edition of Merlin was published by Gaston Paris and Jacob Ulrich an printed by Firmin Didot in 1886.

The 194 pages of the book are divided into chapters, 342 in the first part and 455 in the second. After the colophon there are 8 pages in letters larger than the text. The chapter number and the beginning of the title appear in letters larger than the text. The chapters are short and the initials at the beginning are decorated. The margins are narrow and the text is printed in two columns with 48 lines in Gothic letters.

The woodcut title page depicting the Resurrection of Christ is surrounded by a border with plant motifs. The title in large Gothic letters along with the printing date appears below.

The tooled leather binding is in imitation of Renaissance decoration.

Bibliography

GALLARDO, I, 950-51.—PALAU, IX, p. 115.—P. BOHIGAS BALAGUER: *Los textos españoles y gallego-portugueses de la Demanda del Santo Grial.* Madrid, 1925.—A. BONILLA Y SAN MARTÍN: *Libros de Caballerías.* Madrid, 1907.—P. DE GAYANGOS: *Libros de caballerías.* Madrid, 1857.

las de caballerías. En Cataluña era algo conocido desde 1170, pero el verdadero despliegue del ciclo artúrico en la Península se extiende desde el siglo XIV al XVI, en que fue desplazado por el torrente de libros de caballerías que suscitó el célebre Amadís de Gaula.

El contenido de las obras del ciclo bretón más que al propio Arturo se refiere a un grupo de héroes con leyendas propias, que se propagaron por toda Europa mezclándose con otras leyendas de cada país, y a los que la corte del rey Arturo sólo sirve de lugar de reunión. La leyenda de Lanzarote del Lago ha llegado, a través de la versión profunda y mística de Wolfram de Eschembach, hasta la ópera de Wagner. Arturo, que también es un héroe en estas leyendas, no ocupa el primer plano de ellas, siendo Merlín y los caballeros de la Tabla Redonda los personajes dominantes en las versiones españolas.

La segunda parte de la *Demanda* se imprimió separada en Toledo en 1515, y más tarde en Sevilla, por Dominico de Robertis, en 1534. Pero la edición de Toledo, a pesar de llamarse Segunda parte es otra obra distinta, y sólo incluye algunos episodios de la vida de Lanzarote.

Del *Merlín* hay una edición de París editada por Gaston Paris y Jacob Ulrich, que imprimió Firmin Didot en 1886.

Las 194 hojas del libro están divididas en capítulos, de los que 342 pertenecen a la primera parte y 455 a la segunda. Después del colofón, ocho hojas de tabla referente a los dos libros. El número del capítulo y el comienzo del título en tipos mayores que el texto. Los capítulos son cortos, y las iniciales al comienzo de cada uno están decoradas. Los márgenes son escasos. El texto, a dos columnas de 48 líneas, en letra gótica.

La portada, xilográfica, está rodeada de orla con motivos vegetales. El grabado que ocupa la mitad superior representa la Resurrección de Cristo. Debajo, el título en grandes caracteres góticos y la fecha de impresión.

Encuadernación en piel con hierros imitando decoración renacentista.

Bibliografía

GALLARDO, I, 950-51.—PALAU, IX, p. 115.—P. BOHIGAS BALAGUER: *Los textos españoles y gallego-portugueses de la Demanda del Santo Grial.* Madrid, 1925.—A. BONILLA Y SAN MARTÍN: *Libros de Caballerías.* Madrid, 1907.—P. DE GAYANGOS: *Libros de caballerías.* Madrid, 1857.

---

76. AMADIS DE GAULA

Amadis de Gaula: los q̄tro libros de Amadís de gaula nuevamēte impssos hystoriados ē Sevilla.—[Sevilla: por Juā croberguer, 22 junio 1531].—CCXVII l.; fol (29 cm) Sign. a-z⁸, r⁸, p⁸, 0⁸, A-K⁸, L⁶, M³.—Gothic type.—Printed in both sides.—Title page woodcut.

Madrid, Biblioteca Nacional, R. 13772

This 1531 edition is one the beautiful copies in Gothic type to come out of the workshop of Juan Comberger, who continued the work of his father and teacher, Jacobo. He began to print in Seville around 1525 and la-

76. AMADIS DE GAULA

Amadis de Gaula: los q̄tro libros de Amadís de gaula nuevamēte impssos hystoriados ē Sevilla.—[Sevilla: por Juā croberger, 22 junio 1531].—CCXVII h.; fol. (29 cm). Sign. a-z⁸, r⁸, p⁸, θ⁸, A-K⁸, L⁶, M³ Letra gótica.—Datos de publicación tomados del colofón.—Hojas impresas por ambas caras.—Port. xilográfica.

Madrid, Biblioteca Nacional R 13772

La edición de 1531 es uno de los bellos ejemplares en letra gótica que salieron del taller de Juan Cromberger, continuador de la labor de su padre, Jacobo, en quien

ter his father obtained permission from the king for him to take a printing press to the New World. It seems that Juan Pablos left home with the first boxes of typographic characters used to print the *Manual de Adultos* in Mexico in 1540.

The extraordinary business sense of the Crombergers, who were also book sellers, led them to print many books for popular consumption such as books of chivalry. This desire for material gain, however, did not affect the excellent quality of their work.

The woodcuts on the frontispiece depicts the hero on horseback which appears in most of the books of chivalry, with the title above and below the figure in red. There are small woodcuts in every chapter and one large illustration copied faithfully from the beginnig of the fourth book in the 1519 edition. Salvá, quoting Brunet, states that it is a very rare edition.

Amadís is probably the most important of all Spanish books of chivalry and certainly the most popular one. It was the source for many sequels and later imitations. Both its origins and the identity of the author are very unclear.

The first known edition dates back to 1508, printed in Saragossa an signed by Garci Rodríguez de Montalvo. This version, however, was probably written around 1492, after the first edition of *Tirant lo Blanc,* printed in Valencia in 1490. There are clear references to the *Amadís* in Spanish and Portuguese literature prior to that date, leading to the belief that it may have been composed even before 1325.

Portuguese, Spaniards and Frenchmen have claimed the work as their own. The theory, since rejected, was that the author was Vasco de Lobeira, a Portuguese from Oporto who was knighted by John I before the battle of Aljubarrota. These arguments in favor of Vasco de Lobeira prove that in 1385 there was already a story about Amadís. References by Juan García de Castrojeriz in 1350, Pero Ferrus in the *Cancionero de Baena,* the Canciller Ayala in the *Rimado de Palacio,* Fernán Pérez de Guzmán and others indicate that it was known at the beginning of the 14th century. In the text Montalvo himself refers to Alfonso IV of Portugal as being familiar with the work.

Montalvo's contribution, fully acknowledged at present, is not clear in the version we have, but there is no doubt that he did not merely limit himself to copying and transmitting the previous ones. He intervened in the creation of a Spanish version, model and origin of future editions. Rodríguez Moñino states that he did not enlarge the work but rather shortened it by at least a third.

Montalvo was a councilman in the town of Medina del Campo. In editions after 1512 his name appears in some editions as Garci Ordóñez de Montalvo or occasionally as Garci Gutiérrez de Montalvo. In the prologue he states that he corrected and modernized three of the four books of the *Amadis,* translated and amended the

tuvo un excelente maestro. Imprimió a partir de 1525 en Sevilla. Su padre consiguió para él el privilegio real para llevar la imprenta al Nuevo Mundo. Al parecer, de su casa salió Juan Pablos con las primeras cajas de caracteres tipográficos con que se imprimió en Méjico el *Manual de adultos* en 1540.

La extraordinaria visión mercantil de los Cromberger —eran también libreros—, hizo que imprimeran gran cantidad de obras de mucha difusión, entre ellas los libros de caballerías. Este espíritu comercial no repercutió en la excelente calidad de sus trabajos.

La portada frontispicia xilográfica representa al héroe armado a caballo que ilustra la mayor parte de los libros de caballerías, con el título en la parte superior e inferior de la lámina en rojo. Hay viñetas en madera en todos los capítulos, y una grande, copiada fielmente de la que lleva la edición de 1519, al principio del libro cuarto. Salvá, citando a Brunet, la considera edición muy rara.

El *Amadís* es probablemente el más importante de los libros de caballerías españoles, y sin duda el más popular, punto de partida de numerosas continuaciones e imitaciones posteriores. Sus orígenes son muy oscuros, así como la identidad de su autor.

La primera edición conocida es de 1508, impresa en Zaragoza y firmada por Garci Rodríguez de Montalvo, pero esta versión del romance debió de ser escrita hacia 1492, fecha posterior a la primera edición del Tirant lo Blanc, impreso en Valencia en 1490. Mucho antes de esta fecha hay referencias claras al Amadís en la literatura castellana y portuguesa, por lo que se cree que ya antes de 1325 existía una primera edición.

Portugueses, españoles y franceses han reivindicado la obra como propia. Se ha defendido la teoría, hoy rechazada, de que el autor de Amadís fue un portugués llamado Vasco de Lobeira, natural de Oporto y armado caballero por Juan I poco antes de la batalla de Aljubarrota. Lo que prueban los argumentos a favor de Vasco de Lobeira es que ya en 1385 existía una historia de Amadís, y las referencias de Juan García de Castrojeriz en 1350, de Pero Ferrús en el Cancionero de Baena, del Canciller Ayala en el Rimado de Palacio, de Fernán Pérez de Guzmán y otros demuestran que a principios del siglo XIV era conocida. El propio Montalvo, en el texto, se refiere a Alfonso IV de Portugal como conocedor de la obra.

La intervención de Montalvo, de la que hoy nadie duda, no es clara en la versión que conocemos, pero lo cierto es que no se limitó a copiar y transmitir las anteriores, sino que intervino (Rodríguez Moñino afirma que no amplió la obra, sino que la redujo al menos en una tercera parte) en la creación de una versión original, que es el modelo y origen de las posteriores.

Montalvo (en las ediciones siguientes a la de 1512 aparece como Garci Ordóñez de Montalvo y en alguna como Garci Gutiérrez de Montalvo) fue vecino y regidor de Medina del Campo, y en el prólogo de la obra

fourth and added the fifth, the *Sergas de Esplandián,* which relates the adventures of Amadís' son. He speaks of 'the correction of originals written by several bad writers'.

The originality of the *Amadís* lies in that it introduced liric poetry into heroic tales. The epic of the undefeatable, chivalrous and noble hero is tinged with idealism. This was to transform the concepts of love and honor for many generations.

Combining elements of Celtic and French origin (without Tristan and Lancelot, Amadís would never have existed), he created a new type of novel. He also created a new type of knight, one who kept the drama, norms and formalities of former knights, but also transformed and dignified his spirit.

Perhaps the most important aspect is the new idea of love, which includes a new idea of ethics in relation to the passion of Celtic legends. Love appears as adoration; the adored one who is at the center of the new social order is idealized. Amadís and Oriana are not only the two perfect lovers but also the perfect knight and lady. They have become one of the legendary pairs of lovers.

The language is both rich and simple. Despite the great number of adventures and characters, the narration of countless battles, the appearance of giants, monsters and, as Menández Pelayo points out, the organic unity of the book and the skill with which all these elements are combined is truly admirable.

The great popularity of the *Amadís* in its day can be seen by the fact that over thirty editions and information on editions appeared between 1508 and 1587. The *Amadís* series is made up of sequels such as *Esplandián, Lisuarte of Greece, Amadís of Greece, Florisel of Niquea, Rogel of Grecia,* all descendents of the original hero.

Bibliography

PALAU, I, 10448. Salva 1507. Heredia 2449.—J. M. BLECUA: «Poetas españoles del siglo XV», en *Historia General de las literaturas hispánicas.*—N. ALONSO CORTÉS: «Montalvo, el del Amadís», en *Revue Hispanique.*—P. DE GAYANGOS: *Libros de caballerías, con un discurso preliminar y un catálogo razonado.* Madrid, 1857.—V. R. FOULCHÉ DELBOSC: «La plus ancienne mention d'Amadis», en *Revue Hispanique,* XV, 1906.—M. MENÉNDEZ PELAYO, *Orígenes de la novela,* Madrid, 1925.—H. THOMAS: *Spanish and portuguese romances o Chivalry.* Cambridge, 1920.

77. PALMERIN DE OLIVA

Libro segūdo de Palmerin: que trata de los altos hechos en armas de Primaleō su fijo y đ su hermano polēdos y de dō duardos prīcipe de inglaterra y de otros preciados cavall'os đ la corte dl ēpador palmerin.—[Sevilla: en las casas đ Juan crōberger, 1540].—CCXXVl.; fol.— Sign. a-z⁸, r⁸, P⁸, Q⁸, A⁸, B⁹.—Gothic type.—Text in 2 cols.—Printed on both sides.—Title page with woodcut illustration.—Colophon.

Madrid, Biblioteca Nacional R 9013

---

afirma que de los cuatro libros de que constaba el Amadís primitivo, él corrigió y modernizó los tres primeros, trasladó y enmendó el cuarto y añadió el quinto, las Sergas de Esplandián, que narra las aventuras del hijo de Amadís. Nos habla de la «corrección de originales escritos por diferentes y malos escritores».

La originalidad del Amadís está en haber introducido la lírica en las narraciones heroicas. La épica del héroe invencible, caballeresco y noble está en esta obra teñida de idealismo, que transforma los conceptos del amor y del honor para muchas generaciones. Combinando elementos de origen celta o francés (sin Tristán y Lancelot, Amadís no existiría), crea un nuevo tipo de novela. Crea también un nuevo caballero, que conserva la teatralidad de la antigua caballería, sus normas y formalidades, pero transforma y ennoblece su espíritu.

Quizá lo más importante es la nueva concepción del amor, que incluye una nueva moral en relación con la pasión de las leyendas celtas. Aparece el amor como adoración: se idealiza a la adorada, que es el centro de un nuevo orden social. Amadís y Oriana son los perfectos amantes, además de ser el perfecto caballero y la dama perfecta. Han pasado a ser una de las grandes parejas de enamorados legendarios.

El lenguaje es simple y prolijo a la vez, y a pesar del enorme número de aventuras y personajes, de la narración de innumerables combates, de la aparición de gigantes, monstruos y elementos mágicos, es admirable, como señala Menéndez Pelayo, la unidad orgánica del libro y la habilidad con que todos estos elementos están combinados.

La enorme popularidad que alcanzó el Amadís en su tiempo se demuestra por la aparición de unas 30 ediciones y noticias de ediciones entre 1508 y 1587.

La serie de Amadís tiene sus continuadores: *Esplandián, Lisuarte de Grecia, Amadís de Grecia, Florisel de Niquea, Rogel de Grecia,* son descendientes del héroe.

Bibliografía

PALAU, I, 10448. Salva 1507. Heredia 2449.—J. M. BLECUA: «Poetas españoles del siglo XV», en *Historia General de las literaturas hispánicas.*—N. ALONSO CORTÉS: «Montalvo, el del Amadís», en *Revue Hispanique.*—P. DE GAYANGOS: *Libros de caballerías, con un discurso preliminar y un catálogo razonado.* Madrid, 1857.—V. R. FOULCHÉ DELBOSC: «La plus ancienne mention d'Amadis», en *Revue Hispanique,* XV, 1906.—M. MENÉNDEZ PELAYO, *Orígenes de la novela,* Madrid, 1925.—H. THOMAS: *Spanish and portuguese romances o Chivalry.* Cambridge, 1920.

77. PALMERÍN DE OLIVA

Libro segūdo de Palmerin: que trata de los altos hechos en armas de Primaleō su fijo y đ su hermano polēdos y de dō duardos prīcipe de inglaterra y de otros preciados cavall'os đ la corte dl ēpador palmerin.—[Sevilla: en las casas đ Juan crōberger, 1540].—CCXXV h.; fol. Sign. a – z⁸, r⁸, P⁸, Q⁸, A⁸, B⁹.—Letra gótica.—Datos del pie de imprenta tomados del colofón.—Hojas impresas por ambas caras.—Texto a dos col.—Port. xilográficas.

Madrid, Biblioteca Nacional R. 9013

Though perhaps not as popular as the *Amadís,* the *Palmerín* series rivals it in importance. Both have lived on despite the style and the complicated and extravagant adventures that led to the inevitable decadence of the books of chivalry. In *Don Quixote* Cervantes mentions them as the two best and most well known of these books.

Palmerín de Oliva is the first part of the series which continues with Primaleón, Polindo, Platir and Flortir. The first known edition was printed in Salamanca and dated December 22, 1511 in the colophon. Unlike the *Amadís,* the Palmerín de Oliva must have been written slightly before this first edition. It is followed by ten editions which appeared between 1511 and 1580. There are no copies of the second edition also printed in Salamanca in 1516. We only have one reference in the catalogue of the library of Fernando Colón.

The story and adventures of Palmerín have much in common with Amadís de Gaula. Even the name of Palmerín's mother, Griana, recalls Amadís' heroine Oriana. Like Amadís and Esplandián, Palmerín is also a secret son and, as in the case of Esplandián who was taken in by a hermit, Palmerín was taken in by a beekeeper. The loves of Palmerín and Polinarda closely follow those of Amadís an Oriana, and the adventures of both have some episodes in common.

The author is unknown, but *Palmerín* and *Primaleón* were undoubtedly written by the same person.

At the end of the first version there are some Latin verses addressed to the reader by Juan Aguero de Transmiera, but in the first *Primaleón,* the colophon states that it was translated from Greek to Spanish by Francisco Vázquez, which means that he wrote the work. There are reasons to believe that the author was a woman and that Francisco Vázquez was her son and perhaps her helper. Both came from Burgos or Ciudad Rodrigo. Clemencín, the most ardent defender of the Portuguese origin of books of chivalry, tried to prove that Augustóbrica, the place that it is claimed the author came from in the 1524 edition («worked by the hand of a careful woman») is a town in Portugal.

The Seville edition was made in the same year of Juan Cromberger's death, or perhaps even later. It includes the second book, the adventures of Primaleón, son of Palmerín, his brother Polendos and Don Duardos. It was printed for the first time in Salamanca in 1512. In 1524 it was printed in Ciudad Rodrigo and Gayangos assumes from the colophon that the author came from this city and perhaps disguised her own name with the pseudonym of Francisco Vázquez.

It was printed in Venice in 1534 by Juan Antonio Nicolini with corrections and prologue by Francisco Delicado, the author of *La lozada andaluza,* who tells us that the book is «a complete doctrine of knights errant».

Bibliography

PALAU, XVII, 210474. Heredia, 2477. DIEGO CLEMENCÍN: *Biblioteca de libros de caballerías.* Barcelona 1942.—A. DOMÍNGUEZ GUZMÁN: *El libro sevillano durante la primera mitad del siglo* XVI. Sevilla, 1975.—M. ME-

Si no tan popular como la de *Amadís,* la serie de los Palmerines rivaliza con ella en importancia. Ambas permanecen cuando la ampulosidad del estilo y la complicación y extravagancia de las aventuras traen consigo la inevitable decadencia de los libros de caballerías. Cervantes, en el *Quijote,* las cita como las dos más y mejor conocidas.

Palmerín de Oliva es la primera obra de la serie, que continúa con Primaleón, Polindo, Platir y Flotir. La primera edición conocida se imprimió en Salamanca, y en el colofón está fechada el 22 de diciembre de 1511. A diferencia del *Amadís,* el *Palmerín de Oliva* debió escribirse poco antes de que esta primera edición viera la luz. La siguen diez ediciones aparecidas entre esta fecha y 1580. De la segunda edición, impresa también en Salamanca en 1516, no se conserva ningún ejemplar. Sólo hay una referencia en el catálogo de la biblioteca de Fernando Colón.

La historia y las aventuras de Palmerín tienen mucho en común con las de Amadís de Gaula. Hasta el nombre de la madre de Palmerín, Griana, recuerda el de Oriana, la heroína de Amadís. Como Amadís y Esplandián, Palmerín es un hijo secreto, y lo mismo que Esplandián fue recogido por un ermitaño, Palmerín lo fue por un colmenero. Los amores de Palmerín y Polinarda siguen fielmente los de Amadís y Oriana, y las aventuras de ambos tienen algún episodio común.

El autor es desconocido, pero Palmerín y Primaleón parecen haber sido escritos sin duda por una sola persona.

En la primera edición hay al final unos versos latinos dirigidos al lector por Juan Aguero de Trasmiera, pero en la primera de *Primaleón,* en el colofón dice que fue traducida del griego al castellano por Francisco Vázquez, lo que significa que es obra suya. Hay muchos datos que han hecho pensar que es una mujer la autora del libro, y Francisco Vázquez, su hijo y quizás ayudante. Ambos serían naturales de Burgos, o de Ciudad Rodrigo. Clemencín, el más constante defensor del origen lusitano de los libros de caballerías, trata de probar que Augustóbrica, el lugar de donde se dice que es la autora del libro («por mano de dueña prudente labrado») en la edición de 1524, es algún lugar de Portugal.

Esta edición de Sevilla se hizo el mismo año de la muerte de Juan Cromberger, y es posible que después de ésta. Incluye el libro segundo, las aventuras de Primaleón, hijo de Amadís, de su hermano Polendos y de Don Duardos. Fue impreso por primera vez en Salamanca, en 1512.

En 1524 se imprimió en Ciudad Rodrigo y Gayangos deduce del colofón que de allí era su autora, y que quizás encubrió su nombre con el seudónimo de Francisco Vázquez.

En 1534 se imprimió en Venecia, por Juan Antonio Nicolini, con correcciones y prólogo de Francisco Delicado, el autor de *La lozana andaluza* quien nos dice del libro que es «todo un doctrinal de caballeros andantes».

NÉNDEZ y PELAYO:*Orígenes de la novela*. Madrid, 1925.—PASCUAL GA-
YANGOS : *Libros de caballerías*. Madrid, 1857.—H. TOMAS: *Spanish and
Portuguese romances of Chivalry*. Cambridge, 1920.

Ejemplar único, procede de la biblioteca de D. José Miró.

Bibliografía
PALAU, XVII, 210474. HEREDIA, 2477. DIEGO CLEMENCÍN: *Biblioteca de
libros de caballerías*. Barcelona 1942.—A. D OMÍNGUEZ GUZMÁN: *El li-
bro sevillano durante la primera mitad del siglo* XVI. Sevilla, 1975.—M. ME-
NÉNDEZ y PELAYO:*Orígenes de la novela*. Madrid, 1925.—PASCUAL GA-
YANGOS : *Libros de caballerías*. Madrid, 1857.—H. TOMAS: *Spanish and
Portuguese romances of Chivalry*. Cambridge, 1920.

78. CIRONGILIO DE TRACIA

*Los quatro libros del valeroso caballero don Cirongilio de
Tracia.*—[Imprimiose en Sevilla: por Jacome
Cromberger, 17 diciembre 1545].—[4], CCXVIII l.;
fol.
Sign. &^{4}, a-z^8, A-C^8.—Gothic type. 2 cols.—
Colophon.— Title page two color woodcut.— Framed
woodcut illustrations.— 19th century red leather
binding with gold filleting.

Madrid, Biblioteca Nacional R 3884

This is the only edition of an extremely rare romance of chivalry. Brunet mentions a supposed second
edition published in 1547 which no one has seen.

As in other books of chivalry, the author, Bernardo
de Vargas, introduces himself as the translator: 'Book
one of the invincible knight Don Cirongilio... as written by the famous historian Nouarco in Greek and
Promusis in Latin... translated into our Spanish language
by Bernardo de Vargas'.

It was printed in Seville by Jacome Cromberger, son
of Juan Cromberger, who continued the family tradition
of printing of his father and grandfather. He printed few
books between 1542 and 1552. Of his thirty-one publications before 1550, eigth are books of chivalry for
which Jacome had a great predilection. The printig quality was excellent, though not comparable to his predecessors' high standards. One of the most outstanding
works was *Cirongilio de Tracia,* printed on large-sized folios with Gothic type in double columns and decorated
initials.

A large figure of a knight in armor, wearing a plum-
ed hat and brandishing a huge sword adorns the title
page. This same woodcut appears in the *Amadís,* Salamanca, 1575. The tile appears in red in the lower third
and a woodcut border surrounds the illustration and title.

The first book ends at folio 67 and on the verso the
same large figure of a knight appears preceded by two
pages and followed by a squire on horesback and carrying a lance. This figure appeared in the 1519 Salamanca
Amadís.

The second book, with no title page, ends on folio
114. The title of the third is printed in black on a figure
of Don Cirongilio escorted by two squires. The last
book begins on folio 169 and has a figure with trees and
a castle from *Amadís,* Seville 1531 and 1533 above the title. It has narrow margins and the quinternions Y and Z
are reversed.

The 19th century red leather bindig and the inside
of the cover are decorated with gold filleting.

78. CIRONGILIO DE TRACIA

*Los quatro libros del valeroso cavallero don Cirongilio de
Tracia.* — [Imprimiose en Sevilla: por Jacome
Cromberger, 17 de diciembre 1545] — [4], CCXVIII
h.; fol.
Sign. &^{4}, a-z^8, A-C^8. — Letra gótica. — 2
col. — Colofón. — Port. grab. a dos tintas. — Grab.
xilográficos enmarcados en orla. — Enc. piel roja con
filetes dorados. — Super-libros «Bibliothèque de
Mello». — Exlibris «IHR» en la contracubierta. — An.
ms. en guardas. — Orla dorada en el interior de la
tapa. — Cortes dorados.

Madrid, Biblioteca Nacional R 3884

Es la única edición de este romance de caballería, extremadamente raro. Brunet cita una supuesta segunda
edición de 1547 que nadie ha visto.

El autor, que al igual que en otros libros de caballerías se presenta como traductor, es Bernardo de Vargas,
como consta en el fol. I: «Libro primero del invencible
cavallero don Cirongilio... según la escrivio el célebre
historiador suyo Nouarco en la lectura griega y Promusis
en la latina... trasladada en nuestra lengua española por
Bernardo de Vargas.»

Fue impreso en Sevilla por Jacome Cromberger,
hijo de Juan Cromberger, quien continuó la tradición familiar en la imprenta de su padre y su abuelo. Imprimió
pocos libros, entre 1542 y 1552. De sus treinta y un impresos anteriores a 1550, ocho son libros de caballerías,
por los que Jacome debió tener gran predilección. La calidad de las impresiones fue excelente, aunque no comparable a las de sus antecesores. Una de las más notables
es el *Cirongilio de Tracia,* impresa en gran folio en letra
gótica a dos columnas, con iniciales decoradas.

La portada está adornada por la gran figura de caballero armado blandiendo un mandoble, con sombrero
de plumas, grabada en madera, que aparece en el *Amadís*
de Salamanca 1575. En el tercio inferior el título en rojo,
y rodeando grabado y título, una orla xilográfica.

El primer libro termina en el folio 67, y lleva al verso la misma gran figura que el *Amadís* de Salamanca 1519,
representando a un caballero precedido de dos pajes ar-
mados y seguido de un escudero a caballo que lleva la
lanza.

El segundo libro, sin portada, termina en el folio
114, y el título del tercero está impreso en negro con una
figura que representa a Don Cirongilio escoltado por dos
escuderos. El último libro comienza en el folio 169 y lleva sobre el título la figura del *Amadís* de Sevilla 1531 y
1533, con árboles y castillo. Márgenes escasos, cuader-
nillos Y y Z trastocados.

Provenance: Originally from the Sapienza collection in Rome, the Biblioteca Nacional copy belonged to Baron Seillière and was sold to Heredia in London in 1887. On the second endpaper, ms. 'Ejemplar de la Sapienza. London (1187) V. Seilliere (289pp.)'. The seal of the Biblioteca Alessandrina appears on the title page. On the inside cover the ex-libris *IHR*'.

Bibliography

PALAU, 25, 268. — HEREDIA, 2496. — GALLARDO, I, 533. — P. DE GAYANGOS: *Libros de caballerías*, Madrid, 1857. — M. MENÉNDEZ PELAYO: *Orígenes de la novela*, Madrid, 1925. — A. DOMÍNGUEZ GUZMÁN: *El libro sevillano durante la primera mitad del siglo XVI*, Sevilla, 1975.

El ejemplar de la Biblioteca Nacional fue propiedad del barón de Seillière y pasó a manos de Heredia en venta de Londres, 1887. Procedía de la Sapienza de Roma. En la segunda hoja de guarda, ms.: «Ejempl. de la Sapienza. Londres (1887) V. Seillière (289 p.)». En la portada, sello de la Biblioteca Alessandrina. En la contracubierta exlibris: «IHR».

La encuadernación del XIX en piel roja está adornada con filetes dorados, así como la parte interior de la tapa. Super-libros en ambas tapas: «Bibliothèque de Mello».

Bibliografía

PALAU, 25, 268. — HEREDIA, 2496. — GALLARDO, I, 533. — P. DE GAYANGOS: *Libros de caballerías*, Madrid, 1857. — M. MENÉNDEZ PELAYO: *Orígenes de la novela*, Madrid, 1925. — A. DOMÍNGUEZ GUZMÁN: *El libro sevillano durante la primera mitad del siglo XVI*, Sevilla, 1975.

---

79. AMADIS DE GAULA. Libro 11

Don Florisel de Niquea: la primera parte de la quarta de la choronica del excellentissimo Principe Don Florisel de Niquea, que fue escripta en griego por Galersis, fue sacada en latín por Philastes Campaneo y traduzida en romance castellano por Feliciano de Silva.—Impresso en Çaragoça: por Pierres de la Floresta, 1568.—[4], 130 l.; fol. Sign.: +⁶, A-P⁸, Q⁶, R⁴.—Woodcut title page in two colors.—Titles in red.—Text in two cols.—Ex-libris Pascual de Gayangos.
Also contains: *Segundo libro de la quarta parte de la choroica del excelentissimo Principe Don Florisel de Niquea.*—En Çaragoça: por Pierres de la Floresta, 1568.—174 l.—Sign.: A-X⁸, Y⁶.—Woodcut title page in two colors.—Text in two cols.

Madrid, Biblioteca Nacional R.13772

The success of the *Amadís* led to a whole series of imitations in the 16th century. Paez de Ribera immediately added a sixth book to the *Sergas de Esplandián* written by Montalvo. The seventh tells of the adventures of *Lisuarte de Grecia*, son of Esplandián. In the eighth, the 'bachiller' Juan Díaz kills off Amadís who is revived by Feliciano de Silva in the ninth, *Amadís de Grecia* and continues his adventures in two other books, *Don Florisel de Niquea* and *Don Rogel de Grecia* in which we already see the pompous style and complexity typical of the decadence of works of chivalry.

The tenth book on Amadís contains the first and second part of the *Crónica de Florisel de Niquea*, son of Amadís de Greece and in the eleventh are the third and fourth parts of the said chronicle. This eleventh book was first printed in Valladolid in 1532 and between then and 1584 six other editions were made.

Feliciano de Silva, a native of Ciudad Rodrigo had already published with great success the seventh and ninth books of Amadís when he undertook to follow the adventures of his descendents unto the fourth generation, as he himself announced in *Amadís de Grecia*.

Pierres de la Floresta printed the *Coronica de los muy valientes caballeros* in Saragossa in 1568. According to Ni-

79. AMADÍS DE GAULA. Libro 11

Don Florisel de Niquea: la primera parte de la quarta de la choronica del excellentíssimo Príncipe Don Florisel de Niquea, que fue escripta en griego por Galersis, fue sacada en latín por Philastes Campaneo y traduzida en romance castellano por Feliciano de Silva. — Impresso en Çaragoça: por Pierres de la Floresta, 1568. — [4], 130 h.; fol. Sign.: +⁶, A-P⁸, Q⁶, R⁴. — Portada xilográfica a dos tintas. — Tit. en rojo. — Texto a dos col.—Ex-libris de Pascual de Gayangos.
Contiene además, con portada propia: *Segundo libro de la quarta parte de la choronica del excellentíssimo Príncipe Don Florisel de Niquea.* — En Çaragoça: por Pierres de la Floresta, 1568. — 174 h. — Sign. A-X⁸, Y⁶. — Port. xil. a dos tintas. — Texto a dos col.

Madrid, Biblioteca Nacional R 13772

El éxito del *Amadís* provocó una legión de imitadores en el siglo XVI. A las *Sergas de Esplandián*, escritas por Montalvo, añadió Páez de Ribera inmediatamente un sexto libro. El séptimo narra las aventuras de *Lisuarte de Grecia*, hijo de Esplandián. En el octavo el bachiller Juan Díaz hace morir de viejo a Amadís, lo resucita Feliciano de Silva en el noveno, *Amadís de Grecia*, y prolonga sus aventuras en otros dos libros, *Don Florisel de Niquea y Don Rogel de Grecia*, en los que ya aparece la ampulosidad y complicación que marcan la decadencia de los libros de caballerías.

El décimo libro de Amadís contiene la primera y segunda partes de la *Crónica de Florisel de Niquea*, hijo de Amadís de Grecia, y el undécimo la tercera y cuarta parte de dicha crónica. Este libro 11 fue impreso por primera vez en Valladolid en 1532, y desde esta fecha hasta 1584 aparecieron seis ediciones.

Feliciano de Silva, natural de Ciudad Rodrigo, ya había publicado con gran éxito el séptimo y el noveno libros de Amadís cuando acometió la empresa de proseguir las hazañas de sus descendientes hasta la cuarta generación, como él mismo anuncia en *Amadís de Grecia*.

En 1568 Pierres de la Floresta imprimió en Zaragoza una *Coronica de los muy valientes caballeros...* que, se-

colás Antonio, this book contains four parts of *Florisel de Niquea;* though Gallardo doubts this and points out that it is more likely that it contained only the first three, of which the fourth book, in two parts, would be the continuation. The fourth part also in two books was published for the first time in Salamanca in 1551.

The fourth book, even more pompous, if possible, than the previous ones, narrates the adventures of Rogel of Greece, son of Florisel and the Infanta Elena, his loves with the beautiful Archisidea and those of Agesilao and Diana, daughter of the Queen of Sidonia. The work is dedicated to Queen Mary, daughter of Charles V in a lengthy poem listing the military feats of the emperor, especially the campaign against the Lutherans in Germany and their leader, the Saxon Elector in 1547. It seems that in this fourth part the author's purpose was to exalt the emperor's virtues in allegorical fashion. In addition to several isolated poems, he introduces what he calls 'bucolic' eglogues which the barber in the *Quixote* refers to as having been included in *Amadís de Gaula.*

It was also thought that Silva was the author of *Don Silves de la Selva,* the twelfth book of Amadís, printed in Seville in 1546 and 1549 by Dominico de Robertis, but it seems that the author was Pedro de Luján.

The text is written in roman round in two columns with decorated initials and titles in red. The title page of the first part contains a two color woodcut of an armored knight on the upper two thirds. The title underneath is in black and red. *Don Florisel de Niquea* appears above in red. The second title page has a similar illustration and composition.

Bibliography

PALAU, I, 296. — SALVÁ, 1517. — GALLARDO, I, 406. — P. DE GAYANGOS: *Libros de caballerías,* Madrid, Rivadeneyra, 1857 — M. MENÉNDEZ PELAYO: *Orígenes de la novela,* I, Madrid, 1925. — H. THOMAS: *Spanish and Portuguese romances of chivalry,* Cambridge, 1920.

gún Nicolás Antonio, contiene las cuatro partes de *Florisel de Niquea,* aunque Gallardo lo duda, y apuntó como más probable que incluyera sólo las tres primeras, de las que esta cuarta sería la continuación. También en dos libros, se publicó por primera vez en Salamanca en 1551.

En la cuarta parte, más disparatada si cabe que las anteriores, se narran las aventuras de Rogel de Grecia, hijo de Florisel y la infanta Elena, sus amores con la bella Archisidea y los de Agesilao y Diana, hija de la reina Sidonia. Dedica Silva su obra a la reina Doña María, hija de Carlos V, en un extenso proemio en que enumera las hazañas militares del emperador, sobre todo la campaña contra los luteranos de Alemania y su caudillo el elector de Sajonia en 1547. Parece que el autor se propuso ensalzar, a modo de alegoría, las virtudes del Emperador. En ella introduce, además de poesías sueltas, las églogas que él llama bucólicas, y a las que se refiere el barbero del *Quijote* como incluidas en *Amadís de Grecia.*

Se atribuyó también a Silva *Don Silves de la Selva,* o duodécimo libro de Amadís, impreso en Sevilla en 1546 y 1549 por Dominico de Robertis, pero al parecer su autor fue Pedro de Luján.

El texto en redonda a dos columnas, con iniciales decoradas y títulos en rojo.

La portada de la primera parte, grabada en madera a dos tintas, muestra en los dos tercios superiores a un caballero armado precedido de un escudero. Debajo, el título en rojo y negro. Encima, en rojo, Don Florisel de Niquea. La segunda portada tiene otro grabado representando a un caballero armado, debajo, título en rojo, y encima, Don Florisel de Niquea.

Encuadernación en piel con hierros dorados en el lomo. Nervios dorados.

Bibliografía

PALAU, I, 296. — SALVÁ, 1517. — GALLARDO, I, 406. — P. DE GAYANGOS: *Libros de caballerías,* Madrid, Rivadeneyra, 1857 — M. MENÉNDEZ PELAYO: *Orígenes de la novela,* I, Madrid, 1925. — H. THOMAS: *Spanish and Portuguese romances of chivalry,* Cambridge, 1920.

80.   MAID OF FRANCE

La hystoria de la donzella de Francia y de sus grandes hechos: sacados de la chronica real por un caballero discreto...—[En Burgos: en casa de Philippe de Junta, 1562].—[80] p.; 4.°
Sing. A-E[8].—Woodcut tittle page.—Gothic type
Madrid, Biblioteca Nacional. R 35918

The *Story of the Maid of France,* published for the first time in Sevilla in 1512, is a tale based on the figure of Joan of Arc in which the episodes invented by the author take up more room than the historical events. According to Count Puymaigre, this story was composed in Spanish before the Chronicle of Don Alvaro de Luna because this work takes from the tale an account of a supposed diplomatic mission by Joan of Arc to John II of Castile. If this is true, it would have been written prior to 1460, the date of the Chronicle of Don Alvaro de

80.   DONCELLA DE FRANCIA

La hystoria de la donzella de Francia y de sus grandes hechos: sacados de la chronica real por un caballero discreto...—[En Burgos: en casa de Philippe de Junta, 1562]—[80] p.; 4.ª
Sing. A—E[8].—Port. grab. xilográfica.—Letra gótica.
Madrid, Biblioteca Nacional. R 35918

La *Historia de la Doncella de Francia,* publicada por primera vez en Sevilla en 1512, es un relato sobre la figura de Juana de Arco en el que los episodios inventados por el autor tienen mucha mayor parte que los hechos históricos. Según el conde de Puymaigre, esta narración se compuso en español antes que la crónica de Don Alvaro de Luna, ya que ésta toma de ella el relato de una supuesta embajada de Juana de Arco a Juan II de Castilla. Si esto es cierto, la *Historia de la Doncella de Francia* se había escrito antes de 1460, fecha de la redacción de la

Luna, although this work has come down to us in a way that it seems to be dedicated to a queen who is probably Isabella the Catholic.

It has been atrributed to Hernando del Pulgar, ambassador to France during the reign of Louis XI. The author obviously knew France because he gives a short but accurate description of Paris in the work.

Even though there are many chronicles or historical narrations of the Middle Ages that include legends, traditions or fables in the text, few times have real events been so falsified as in this book, according to critics. Joan's physiognomy is very much altered, although some features do coincide with the truth.

Perhaps this author is the same one as the Chronicle. The book, proof of the great sensation created by the Maid of Orleans, is an homage to a historical figure who has attracted the interest of historians and poets alike.

Napoléon III apparently owned a copy of the first edition printed in Seville in 1531 (copy in the Imperial Library in Vienna) and in 1533.

Philippe de Junta printed his first edition in 1557 and the edition exhibited here in 1562 in Gothic type. The woodcut on the title page depicts the Maid on horseback bransishing a sword. The title appears in the lower part in Gothic lettering.

The printer was a member of a family of Italian printers originally from Florence and established in Venice or Lyon. Juan de Junta set up his shop in Burgos in 1526 where he was succeeded by Felipe and later went to Salamanca where he represents an archaic trend in the art of printing in comparison to more innovative printers during those years.

Bibliography

PALAU, XIII, p. 417. J.Ch. BRUNET: *Manuel du libraire*, t. III.—PUYMAIGRE, Jean François Alexandre Boudet, Comte de: «La chronique espagnole de la pucelle d'Orléans»; *Revue des questions historiques, XXIX, 1881.* —C. SAVIGNAC: *La historia de la doncella de Francia.* Prólogo de C. Savignac, seud. de R. Fuolché Delbosc.

Crónica de Don Alvaro de Luna, aunque esta obra, en la forma en que nos ha llegado, está dedicada a una reina que parece ser Isabel la Católica.

Se ha atribuido a Hernando del Pulgar, que fue embajador en Francia bajo el reinado de Luis XI. El autor conocía Francia, da una descripción de París corta pero bastante exacta.

Aunque son muchas las crónicas o narraciones históricas de la Edad Media que incluyen leyendas, tradiciones o fábulas, pocas veces se han falseado tanto acontecimientos reales y conocidos como lo hace el autor de esta obra, según sus críticos. La fisonomía de Juana de Arco aparece muy alterada, a pesar de que algunos rasgos coinciden con la realidad.

Quizá el autor es el mismo que el de la *Crónica.* El libro muestra la gran sensación causada por la figura de Juana. Es un homenaje a una figura histórica que ha interesado mucho a historiadores y poetas.

En 1512 fue impresa en Sevilla por Dominico de Robertis, y al parecer Napoleón III poseyó un ejemplar de esta edición. En Sevilla también la imprimió Juan Cromberger en 1531 (de esta edición se conserva un ejemplar en la Biblioteca Imperial de Viena) y en 1533.

Philippe de Junta hizo una primera edición en 1557, y esta de 1562, en letra gótica, que figuró en la exposición histórica europea.

La portada tiene un grabado en madera que representa a la doncella a caballo blandiendo una espada, enmarcado por una orla, y en la parte inferior el título en letra gótica.

Philippe o Felipe Junta perteneció a una familia de impresores italianos, oriundos de Florencia, del mismo tronco que los tipógrafos de igual apellido establecidos en Venecia y en Lyon. Juan de Junta se estableció en Burgos hacia 1526 y pasó más tarde a Salamanca, donde representa una tendencia arcaizante en el arte de la imprenta, frente a otros impresores que en esos años introducían innovaciones. Felipe sucedió a Juan de Junta en la imprenta de Burgos.

Bibliografía

PALAU, XIII, p. 417. J.Ch. BRUNET: *Manuel du libraire,* t. III.—PUYMAIGRE, Jean François Alexandre Boudet, Comte de: «La chronique espagnole de la pucelle d'Orléans»; *Revue des questions historiques, XXIX, 1881.* —C. SAVIGNAC: *La historia de la doncella de Francia.* Prólogo de C. Savignac, seud. de R Fuolché Delbosc

IV₃ EL RENACIMIENTO ESPAÑOL

INCI
PIVNTTE
RIVMMETII
FRANCISCI
PETRARCE
PE

ELTE
ROR
CHE
RINV
OA
ME
SOS
PIRI

Perla dolce memoria di quel giorno.
che fu principio ad si lunghi martiri

Gonzalo Torrente Ballester

El Renacimiento en España

 El viejo historiador Macaulay, en un ensayo olvidado, estableció un parangón bastante válido entre la pareja de Grecia y Roma en los tiempos antiguos, y la de Italia y España en los modernos; pero, que sea bastante válido, no significa su exacta precisión, pues si, vistas en su conjunto y a grosso modo Italia se parece a Grecia y España a Roma, el conjunto de las relaciones culturales entre ambas parejas no coinciden sino de manera lata y bastante general. Roma, culturalmente, es heredera de Grecia: España lo es de Italia en cierto modo y, sobre todo, en determinados momentos de su Historia. Cuando hablamos de España como un conjunto homogéneo, cometemos un error de planteamiento, pues a estos efectos de Historia de la Cultura, es necesario distinguir épocas y países. No es lo mismo lo que sucede en el reino de Aragón que en el condado de Barcelona, y estos dos, cuando forman unidad, difieren bastante de Castilla y León tanto en las formas como en los orígenes de éstas. Sin embargo, para abreviar, diremos que Flandes y Francia influyen directamente en Castilla, en tanto que Italia lo hace también en el reino de Aragón con Baleares, Valencia y Cataluña: esto es cierto siempre que no se tome de manera absoluta, y menos entendidas las influencias como fenómenos coherentes y coetáneos. El siglo XV, por ejemplo, y los primeros años del XVI corresponden al máximo influjo flamenco en las artes plásticas castellanas y en los conceptos fundamentales de la piedad, en tanto que la presencia de lo italiano en la poesía hay que retrotraerla a más de una centuria, y abarca la totalidad de los reinos cristianos peninsulares. La expansión de los grandes escritores toscanos del XIV se realiza con rapidez, y su penetración puede seguirse casi paso a paso. Coexiste, sin embargo, con modos de otro origen y de distinta historia.

 Conviene tener en cuenta, conviene no olvidar, que entre las dos penínsulas las relaciones son antiguas, y que se incrementan conforme los avances de la navegación y las suertes de la política lo facilitan. El reino de Aragón se implanta en Italia a partir del siglo XIV, y, desde entonces, italianos, catalanes, mallorquines y valencianos conviven en amplias zonas. La presencia española es visible sobre todo en Sicilia y Nápoles, y todavía en el siglo XVIII, cuando el tratado de Utrech impone el fraccionamiento o independencia de los reinos españoles de Italia, la coincidencia dinástica mantiene una mínima influencia cultural. Carlos III viene al trono de España desde el de Nápoles, y en la corte de los Borbones españoles menudean los nombres italianos de músicos, arquitectos y pintores. Todavía en el siglo XIX, más flojos y a veces tensos los lazos políticos, persisten los culturales, y el músico Barbieri, de origen italiano, es un nombre que figura a la cabeza del teatro musical español. La ópera italiana tiene sede en Madrid y en Barcelona, y sucursales en casi todas las provincias. Esa presencia italiana se debilita, sin embargo, a lo largo del siglo XX. Predominan las de Francia y Alemania, al menos hasta el comienzo de la guerra civil. Pirandello es representado abundantemente, apenas estudiado y su teatro no deja secuela que valga la pena tener en cuenta.

PETRARCA, FRANCESCO:
Trionfi. S. XV. BN Vit. 22-4.

El Renacimiento es un fenómeno específicamente italiano. Es la sociedad italiana la primera en desear desprenderse, o en intentarlo al menos, de los hábitos mentales propios de la Edad Media, aunque no sin luchas y conflictos (Savonarola), pues si bien las manifestaciones avanzadas de una crisis aparecen en Francia con el resquebrajamiento del cosmos benedictino y la pugna entre Pedro Abelardo y Bernardo de Claraval, las muestras tempranas de una mentalidad nueva que cuestiona aspectos del cristianismo las hallamos en Italia, donde el recuerdo del mundo clásico está más vivo, así en las artes como en la política, y donde el llamado espíritu gótico ha penetrado con menos fuerza que en Inglaterra o Alemania. Entre el recuerdo y la presencia de lo clásico, la sensibilidad italiana apetece un mundo distinto, que en un momento dado puede ignorarse lo que es, pero que pronto se trasluce. La Historia a este respecto no es rigurosamente sincrónica. La de la pintura italiana, a partir de Giotto, es especialmente ilustrativa: cuando se aceptan como modelos las formas clásicas y, sobre todo, los temas, la pintura italiana es un hecho con vida propia e historia original, en que influencias inesperadas pueden afectar superficialmente, nunca modificar en su sustancia o torcer un preciso ejemplar. El fenómeno histórico que llamamos Renacimiento amplía la conciencia de los pintores, en algún caso la modifica pero no su arte y su técnica en sí, porque la pintura clásica se ignora, salvo, quizá en algunos de sus temas. Algo semejante le sucede a la música. En Palestrina, en Monteverdi, podemos vislumbrar un espíritu conforme a los tiempos, pero las formas de su arte no deben nada a la música de Orfeo. Son la arquitectura y la escultura las artes más afectadas. La mirada renacentista no es, evidentemente, la clásica, pero de los viejos monumentos latentes en las piedras derruidas o en las recién descubiertas, los arquitectos toman elementos parciales que, quizá contra lo pensado y deseado por ellos, insertan en conjuntos absolutamente nuevos. Aunque las puertas y las ventanas nos recuerden motivos grecolatinos, no sucede lo mismo con los planos y los alzados. Arquitectónicamente, el Renacimiento mezcla y resume con un espíritu nuevo y original, con una mirada que no es la clásica porque no puede serlo. No dista mucho de este fenómeno lo que sucede en la escultura: los modelos están también presentes, esculturas romanas y copias griegas, pero el espíritu y los resultados son muy otros. La voluntad es imitativa, pero en este fenómeno de la imitación a distancia conviene no perder de vista el hecho inamovible de que los hombres del Renacimiento no son los contemporáneos de Pericles y su arte no puede ser el mismo, sino sólo algo lejanamente semejante. El cristianismo gótico cotra el que luchan está, sin embargo, ahí. Siendo distinto el espíritu de Fidias del de Donatello o de della Robbia, las formas resultantes pertenecen ya a otro mundo. Si damos un paso más, y llegamos a Miguel Ángel, a pesar de ciertas similitudes superficiales, ¿no es mayor la distancia todavía? Sólo un dogmático puede empeñarse en afirmar el clasicismo de los desnudos de la capilla de los Medici. Les falta paz; son «desnudos» en un mundo en el que se ha dicho que el desnudo es pecado (Cfr. La historia de la Capilla Sixtina). Cuando el Renacimiento (entendámonos: los hombres que lo han hecho) se tienen por sucesores de los grandes clásicos, quizá no se den perfecta cuenta de que aparecen después de mil quinientos años de Cristianismo, aún vigente, lo cual modifica sustancialmente los fenómenos semejantes. ¿Se puede comparar el ateísmo de Lorenzo Valla con el de un estoico romano? No es lo mismo no creer contra los dioses paganos que contra Jesucristo. Del mismo modo, el pensamiento político de Maquiavelo puede tener en los romanos sus fuentes o raíces, pero, cualesquiera que sean, no lo despojan de originalidad, de novedad y de actualidad. El Renacimiento es un hecho histórico cultural enteramente nuevo que se reviste de ciertas formas accidentales o adjetivas experimentadas ya por la cultura clásica. En esta voluntad de incorporar el pasado, de Renacer, hay que ver su grandeza y su fracaso.

Cuando queremos considerar acontecimientos derivados del mismo hecho general, conviene tener en cuenta ciertas modificaciones impuestas por la Historia misma. El Renacimiento italiano se desarrolló en su comienzo sin contaminación con la Reforma, que en Italia se manifiesta cuando ya el Renacimiento ha creado sus caracteres sustanciales, y cuando ya tiene resueltos sus conflictos con la Iglesia. En relación con el Renacimiento italiano, los movimientos reformistas (Vittoria Colonna) son un fenómeno tardío, cuando no secularmente anticipado (Valdenses). En cambio, en España, un acontecimiento no puede considerarse ajeno al otro, porque en su penetración son casi simultáneos: como que resulta difícil, en España, dilucidar, ante hechos como el erasmismo, lo que tiene de renacentista y lo que de reformismo. La transformación de la arquitectura acontece en cierto modo en fecha temprana, aunque coincidiendo con las últimas muestras del gótico evolucionado. Con frecuencia, lo renacentista recubre lo medieval tardío, grandioso, pero sin espíritu, sin fuerza, o se mezcla con él, o intenta sustituirlo. Aparece alguna vez en toda su envidiable pureza (el palacio del marqués de Santa Cruz, en El Viso del Marqués) o combinado con elementos autóctonos que modifican su fisonomía. El castillo y el palacio españoles cambian de planta y de fisonomía. Igualmente la iglesia (las escasas iglesias españolas construidas en un estilo renacentista puro). En la escultura, pese a los Berruguete, lo que persiste es el medievalismo evolucionado de origen flamenco, la estatuaria religiosa policromada, de tendencia expresionista, dramática, mística, sin que le falten elementos grotescos. Hay excepciones, claro, como algunos sepulcros (el del obispo Fonseca en Salamanca) y muchas muestras aisladas o insertas en conjuntos de estilo plural. En cuanto a la pintura, la insensibilidad española para las formas renacentistas la resuelven los aficionados mediante la importación de tablas y de telas. España y, sobre todo, su monarquía, son un cliente fastuoso de la pintura italiana, así renacentista como barroca. También lo son de los pintores flamencos. La gran pintura española comienza con el Greco; a Velázquez no le interesa la Capilla Sixtina. La música, en cambio, sí recibe la influencia italiana de espíritu y formas renacentistas, y el intercambio continúa durante todo el Siglo de Oro.

El recuerdo de algunas circunstancias históricas y sociales ayudará probablemente a comprender aspectos importantes de la penetración y ulterior fortuna del Renacimiento en los reinos españoles, singularmente en orden al pensamiento y a la poesía. Conviene ante todo tener presente el papel que en el Renacimiento italiano cupo desempeñar a la burguesía de ese país, bien afirmada en la realidad, rica y culta. Una burguesía semejante en España sólo la encontraremos en los países mediterráneos. En los reinos castellanos, su fisonomía y su inserción en la sociedad son distintas: Castilla es ante todo una empresa militar que ha terminado su tarea al expulsar a los musulmanes y que, con frase actual, se halla disponible: como que el rey de Aragón utiliza su potencial bélico para sus empresas italianas (lo cual pone a los austeros castellanos en relación directa con la relajada Italia). Dentro de estos reinos, la situación de la Iglesia, la mentalidad del clero, no coinciden con lo que sucede en Italia. La voluntad de reforma ortodoxa presidida por un Cisneros, sus empresas culturales, deben mucho al erasmismo, sin que eso suponga indiferencia ante el renacimiento de los estudios clásicos. Este período inicial del siglo XVI, y el que corresponde al reinado de Carlos V, coincide con la expansión del nuevo estilo en ciertas artes; con ciertas biografías típicas y con la introducción en la poesía de un nuevo arte de trovar. Puede decirse que, entonces, España participa, a su manera, en el movimiento cultural que define por aquellos años a Europa. Pero la situación española ante la religión católica es muy singular. La Inquisición, que en un principio entiende casi exclusivamente en asuntos relacionados con la población hebraica, adopta una posición de cautela, primero, y de oposición, des-

pués, ante los movimientos religiosos con pretensión renovadora. Incluso el erasmismo se hace sospechoso, aunque a la Inquisición le sea difícil coartar su fuerza
expansiva y su seducción. De repente, para las conciencias ortodoxas más estre-
chas, Europa es pecado, y Felipe II prohíbe a sus súbditos que concurran a Universidades extranjeras. El largo, difícil y jamás resuelto proceso al arzobispo
Carranza es el acontecimiento más revelador a este respecto. La vigilancia inquisitorial, pues, se ejerce sobre las formas de pensamiento, científico, filosófico o teológico, y sobre algunas manifestaciones artísticas, por ejemplo, prohibiendo el desnudo, una de las metas estéticas de la época: por primera vez apunta un modo de
pensar y de sentir que pudiera resumirse, humorísticamente, en esta frase: los españoles, si quieren condenarse, tienen que escoger entre los escasos pecados no prohibidos. Hechos individuales y colectivos frecuentes en Italia y en otros países europeos, en España, o no existen, o se ocultan. No es fácil hallar ateos declarados,
como no sea el caso de algún personaje excepcional cuya vida transcurre lejos de
los centros de poder (Hernando de Carvajal en el Perú). Durante la primera época
de influjo italiano, el individualismo característico busca protección y ocasión de libertad en las instituciones vigentes: así la Iglesia para algunas figuras extraordinarias, como los tres obispos Fonseca (padre, hijo y nieto) y muy poco más. Se
da en cambio el caso de la afición y el favor a las nuevas formas artísticas coincidiendo con una actitud religiosa reaccionaria (Inquisidor Valdés). Si en cualquiera
de los países a los que alcanza el Renacimiento surgen historias parciales compli-
cadas, la de España, no sólo lo es también sino, en algunos aspectos, paradójica.
Pero no es fácil llegar a una visión de conjunto que no abunde en excepciones. Los
tiempos cambian con el tiempo. La política repercute en la cultura. Las cosas, aunque parezca absurdo a la luz del espíritu dogmático, no están, en el fondo, muy
claras. Felipe II, figura máxima de la reacción, cuelga en su dormitorio del Escorial tres desnudos de Tiziano, y es el introductor en España de la pintura del Bos-
co: dos devociones que no casan dentro de una supuesta personalidad monolítica.
El monasterio de San Lorenzo manifiesta su espíritu, pero sólo en un aspecto: esta
maravilla arquitectónica no encierra contradicciones.

A juicio de los inquisidores, la poesía es inocua; por lo tanto, las nuevas
corrientes poéticas reciben pase de libre circulación. El Renacimiento entra en España por vía diplomática (siglos después, entrará el Romanticismo de manera parecida), y aunque el ejemplo de Boscán y Garcilaso sea controvertido, y aún acusado de extranjerizante, a partir de entonces coexisten las escuelas tradicional e «italiana», que conviven durante largos años. El italianismo trae consigo, además de
las enseñanzas de Petrarca, de los modelos narrativos italianos, de los ejemplos teatrales, la música, de la que se habló, y la cultura clásica, principalmente la latina,
más accesible. Menudean las églogas en castellano, mucho tiempo después de que
ese mismo espíritu haya resonado en lengua catalana, en la obra de Ausías March.
El cultivo de la poesía tradicional va quedando, poco a poco, en manos populares,
y los poetas italianos del Renacimiento son conocidos y comentados; a veces, también imitados. Los «poemas heroicos» de tema variado abundan durante el siglo
XVI: si su última referencia es casi siempre Virgilio, lo es a través de Italia. Otra,
lo es Ariosto. Más tarde, Torquato Tasso.

El gran momento de la cultura española no es, sin embargo, el renacentista,
sino el barroco, también relacionado con Italia, aunque de distinto modo. Las proporciones y los valores se invierten. Pero si el Renacimiento es, como más arriba
se indicó, un movimiento a la postre frustrado, al pretender la restauración del pa-
ganismo cuando el cristianismo, como creador y promotor de cultura, estaba aún
vivo, este fracaso repercute en algunas conciencias españolas. La vigilancia inquisitorial no logra impedir que, de manera indirecta y a veces críptica, escritores espa-

ñoles manifiesten su concordancia con los tiempos. Fray Luis de Granada incluye en sus obras párrafos enteros de Erasmo sin indicar su procedencia. Huarte de San Juan, Oliva Sabuco, la «Antoniana Margarita» y otras obras y otros autores muestran un pensamiento original, con frecuencia profundo, más relacionado con la cultura moderna que con la tradición, a la que se vincula la enseñanza oficial de las Escuelas. Pero hay un hombre en quien esta crisis se hace carne y obra poética. Miguel de Cervantes vive en Italia durante su juventud; incorpora, con su lengua, su cultura y sus ideales, y, de manera especialmente apasionada y manifiesta, el de la libertad. Aquello en lo que Cervantes cree en su juventud, se estrecha, se transforma, se retuerce, en su madurez. Cervantes aprendió en los «novelieri» italianos, en las estrofas de Ariosto. No nos dejó testimonio de sus impresiones en Italia, de su probable deslumbramiento ante las magnificencias arquitectónicas, sobre todo: se nos ocurre pensar que, cuando imagina el castillo de los duques de la segunda parte del «Quijote», lo que está viendo, como estancia de su personaje, es un palacio renacentista. Los duques son, en cierto modo, figuras de ese tiempo: por su aspecto, por sus hábitos, por sus enfermedades. Pero este complicado personaje (complicado estéticamente) no es ya el héroe sencillo, equilibrado, conformista, de los poemas heroicos escritos en tiempos en que aún se cree en el heroísmo (Ercilla, «La Araucana»). En el «Quijote» y en don Quijote yace el testimonio de esa crisis que, siendo de un poeta genial, lo fue también de su tiempo. ¿Quién clama por la libertad, en España, después de Cervantes, como no sea de manera embarazada o alegórica, como no sea clamor tras un vacío?

El Renacimiento dejó su huella en España, en la piedra, en la poesía, en algunas formas de pensamiento. También, ¿cómo no?, en la política: Ortega y Gasset dijo bien claro que «El Príncipe» de Maquiavelo es el comentario italiano a la conducta de dos españoles, Fernando de Aragón y César Borgia: pues Felipe II no desmerece a su lado. Si los contenidos de la política cambian después de la Reforma, los estilos permanecen. El hijo de Carlos V que elige Madrid como Corte es todavía un magnate renacentista afectado por el ascetismo, ante el cual, sin embargo, su actitud es dudosa. (Es que tampoco puede hablarse de Felipe II de una manera global. Su vida fue muy larga, y, en ella, acontecieron muchos cambios: los que median entre el retrato de Tiziano y cualquiera de los de Coello.) Sin embargo, si se contempla la vida española durante esos años decisivos, si se penetra en ella, ¡qué escaso, qué superficial fue el influjo del Renacimiento! No pasó de algunas minorías aristocráticas y eclesiásticas. El pueblo permaneció al margen. Por alguna razón, al cantar, lo hace en estrofas de origen medieval. No está todavía claro si esas grandes personalidades surgidas del pueblo o de las clases medias, como la mayoría de los conquistadores y descubridores, corresponden, en su individualismo sin límites, a modelos renacentistas o a una tradición de la postrer Edad Media. Acaso hallemos en la persona de Hernán Cortés rasgos que lo adscriben a los modos de conducta típicos de la época. Pero, ¿no queda algo, o mucho, de medieval, en gentes como Francisco Pizarro o Lope de Aguirre? Característico de los nuevos tiempos es el Estado absoluto, contra el que esas personas se rebelan. Habría que poner en claro si lo hacen o no como residuos del entendimiento feudal de la autoridad del rey. Piensan y sienten, si no nos equivocamos, que el Rey de España se extralimita.

Gonzalo Torrente Ballester

The Renaissance in Spain

In a little known essay, the historian Macauley once drew a valid parallel between Greece and Rome in ancient times and Italy and Spain in modern times. Although it was valid, it was nor entirely accurate. Broadly speaking, Italy does resemble Greece and Spain does resemble Rome, but only superficially and in very general terms if we talk about the overall cultural relationships between them. Rome is the cultural heir of Greece: Spain is in a certain way an heir of Italy, particularly at certain moments in its history. But if we speak of Spain as a homogeneous whole, we make a basic error, for in dealing with the history of culture a distinction must be made between periods and countries. Events in the kingdom of Aragon differ from those in the county of Barcelona, and when the two are united, they differ subtantially from Castile and Leon in form and origin. For the sake of brevity, however, we shall say that Flanders and France had a direct influence on Castile while Italy had a direct influence on the kingdom of Aragon, including the Balearic Islands, Valencia and Catalonia. This is true as long as we do not consider these influences as coherent and contemporary phenomena in absolute terms. The fifteenth and early sixteenth centuries, for instance, mark the period of the greatest Flemish influence on Castilian plastic arts and fundamental concepts or religious thought, while the Italian influence on poetry must be traced back over a century earlier and embraces all the Christian kingdoms in the peninsula. The influence of the great Tuscan writers of the fourteenh century spread rapidly and can be traced step by step, but it nonetheless coexisted with modes of different origin and history.

We should bear in mind that they increased as navigational advances and political fortunes permitted. The kingdom of Aragon gained a foothold in Italy in the fourteenth century and Italians, Catalans, Majorcans and Valencians would henceforth coexist in many areas. Spain's presence was particularly visible in Sicily and Naples, and even as late as the eighteenth century when the Treaty or Utrecht imposed the separation or independence of the Spanish kingdoms from Italy, their common dynasties perserved a minimum of cultural influence. Charles III came to the Spanish throne from Naples and the Italian names of musicians, architects and painters were commonplace at the court of the Spanish Bourbons. As late as the nineteenth century, when political ties were weaker and occasionally tense, cultural ties still persisted and Barbieri, the musician of Italian origin, was a leading figure in the Spanish musician of Italian opera had large companies in Madrid and Barcelona and smaller ones in almost every province. This Italian presence declined in the twentieth century, however, while the French and German presence predominated, at least un-

til the outbreak of the Civil War. Pirandello was widely staged but little studied in Spain and his theater left no appreciable legacy here.

The Renaissance is a specifically Italian phenomenon. Italian society was the first to seek to shake off, or at least attempt to shake off, the intellectual habits of the Middle Ages, although not without struggles and conflicts (Savonarola). While the warning signs of a crisis appeared in France with the split in the Benedictine world and the clash between Peter Abélard and Bernard de Clairvaux, the first traces of a new mentalilty which questioned aspects of Christianity are to be found in Italy where the memory of the classical world was more alive in the arts and politics and where the so—called Gothic spirit had penetrated less forcefully than in England or Germany. Between the memory and the presence of classicism, the Italian sensibility yearned for a different world which might not be apparent at a given moment, but which soon manifested itself in that country. History in this regard is not estrictly synchronous. The history of italian painting after Giotto is especially illustrative in this respect. When classical forms and, above all, classical themes are taken as models, Italian painting becomes an entity with its own life and history in which unforeseen influences may superficially affect but never alter its substance or distort a specific example. The historical phenomenon which we call the Renaissance heightened painters awareness, sometimes even alters it, but it never changed their art and technique as such because classical painting was unknown, except perhaps for some of its themes. The same thing occurred in music. We may glimpse a spirit in keeping with the times in Palestrina and Monteverdi, but their art forms owe nothing to the music of Orpheus. Architecture and sculpture were the arts most affected. The Renaissance vision is clearly not the classical vision, but architects took partial elements from the old monuments hidden in demolished or recently excavated stones which, perhaps against their wishes and intentions, they inserted into a totally new whole. Although doors and windows might remind us of Greco—Roman motifs, the same is not true of plans and elevations. Architecturally speaking, the Renaissance blends and rearranges elements with a new and original spirit, with a vision which is not classical because it cannot be. The situation in sculpture is similar. The models are also there in the form of Roman sculpture and copies of Greek statues, but the spirit and the results are very different. There is a desire to imitate, but in this phenomenon of imitation at a distance, we must not lose sight of the immutable fact that the men of the Renaissance were not the contemporaries of Pericles and their art could not be the same, but only remotely similar. The Gothic Christianity against which they fought is there, however. Since Phidias differs in spirit from Donatello or della Robbia, the resultant forms already belong to another world. If we come forward another step to Michelangelo, the distance is even greater, despite certain superficial similarities. Only a dogmatist persist in asserting the classicism of the nudes of the Medici Chapel. They need peace, they are 'nudes' in a world in which the nude has been declared a sin (cf. the history of the Sistine Chapel). When the Renaissance, that is, the men who made it, consider themselves heirs after fifteen hundred years of a Christianity which is still very much alive, a fact which subtantially alters otherwise similar phenomena. Can the atheism of a Lorenzo Valla be compared with that of a Roman stoic? It is not the same thing to disbelieve in pagan gods as it is to disbelieve in Jesus Christ. Similarly, the political thinking of Ma-

chiavelli may have its roots or origins in Roman ideas, but whatever they are, they do not deprive it of its originality, novelty and contemporary relevance. The Renaissance is an entirely new fact of cultural history which takes on certain incidental or distinctive forms with wich classical culture had already experimented. It is in this *desire* to revive the past, to *be reborn,* that we must see its greatness and its failure.

When we consider events deriving from this same overall fact, we should bear in mind certain changes imposed by history itself. In its early years the Italian Renaissance developed without the contamination of the Reformation, which appeared in Italy when the Renaissance had already forged its basic characteristics and resolved its conflicts with the Church. By comparison with the Italian Renaissance, reformist movements (Vittoria Colonna) are a late phenomenon, even if they were anticipated secularly much earlier (Waldenses), In Spain, on the other hand, the two events cannot be viewed in isolation from one another, for their penetration was virtually simultaneous. The result was that it is difficult to determine which elements in the teachings of Erasmus derive from the Renaissance and which from the Reformation. In a way, the transformation of architecture occurred at an early date, although it coincided with the final manifestations of the late Gothic. Renaissance style frequently overlays late medieval, grandiose, but without spirit, without strength, or it blends with or attempts to replace it. The Renaissance sometimes appears in all its enviable purity (Palace of the Marquis of Santa Cruz at El Viso del Marqués) or combined with indigenous elements which alter its appearance. Spanish castles and palaces change their layout and appearance, as do churches, that is, the few Spanish churches built in a pure Renaissance style. What persists in sculpture, despite the Berruguetes, is the late medievalism of Flemish origin, polycromed religious statuary expresionist, dramatic, and mystical in nature and not without grotesque elements. There are exceptions, of course, such as the tomb of Bishop Fonseca at Salamanca and many isolated examples or examples included in composite sculptures combining a number of styles. In painting enthusiastic collectors solved the problem of Spanish indifference to Renaissance forms by importing panels and canvases. Spain and, above all, its monarchy was a lavish customer of Italian painting, both Renaissance and baroque, and also of Flemish painters. Great Spanish painting begins with El Greco. Velázquez was not interested in the Sistine Chapel. Music, on the other hand, was influenced by the spirit and forms of Renaissance Italy, and interchange in this sphere continued throughout the enntire golden Age.

A recapitulation of historical and social circumstances will probably help in understanding major aspects of the penetration and subsequent fate of the Renaissance in the Spanish kingdoms, especially in relation to ideas and poetry, Above all, one should bear in mind the role played in the Italian Renaissance by the Italian middle class, rich, cultured, with its feet firmly on the ground. We find a similar middle class in Spain only in the Mediterranean areas.

In the Castilian kingdoms, their nature and their place in society were different. Castile was above all a military venture whose work was done once it had expelled the Muslims and whose services, to use a contemporary term, were now available, while the king of Aragon used his military potential for his Italian exploits (placing the austere Castilians in direct contact with the easygoing italians). Within these kingdoms, the situation of

the Church and the mentality or the clergy were not the same as in Italy. The orthodox reform movement headed by Cisneros, and its cultural undertakings, owe much to the teachings of Erasmus, although this does not mean that there was indifference to the revival of classical studies. This early part of the sixteenth century, which corresponds to the reign of Charles V, coincides with the expansions of the new style in certain arts, with certain typical biographies and with the introduction of new verse forms into poetry. It can be said, therefore, that Spain participated in its own way in the cultural movement which defined Europe at that time. Nevertheless, Spain's situation with regard to the Catholic religion was unique. The Inquisition, which initially dealt almost exlusively with matters relating to the Jewish population, adopted an attitude, first of wariness, then of opposition to religious movements with reformist aspirations. Even the teachings of Erasmus became suspect, although it was difficult for the Inquisition to curtail their capacity for expansion and limit their attractiveness. Europe suddenly became synonimous with sin for narrow orthodox minds, and Philip II barred his subjects from attending foreign universities. The long difficult and unresolved case against Archbishop Carranza is the most revealing event in this case against Inquisitorial vigilance, then, was exercised over scientific, philosophical and theological thought and certain artistic manifestations. The nude, for instance, one of the esthetic goals of the period, was banned. For the first time, a way of thinking and feeling emerged which could be summed up humorously in this phrase: if they wanted to damn themselves, Spaniardas had to choose between the few sins that were nor prohibited. Individual or collective phenomena that were commonplace in Italy and other European countries either did not exit or were concealed in Spain. It was not easy to find declared atheists, unless it was some exceptional figure who lived far removed from the centers of power (Hernando de Carvajal in Peru). During the first period of Italian influence, its characteristic individualism sought protection and the chance for freedom in existing institutions. The Church, for example, performed this function for some extraordinary figures, including the three bishops Fonseca (father, son and grandson), and very little else. On the other hand, interest and enthusiasm for new artistic forms occasionally coexisted with a reactionary religious attitude (the Inquisitor Valdés). While complicated, partial histories emerge in any of the countries touched by the Renaissance, the history of Spain in addition, is paradoxical in some ways. It is not easy, however, to arrive at an overall view which is not riddled with exceptions. Times change with time. Politics affects culture. Although this may seem absurd in the light of the dogmatic mentality that prevailed, things were nor really very clearcut. Philip II, spearhead of the reaction, had three Titian nudes hanging in his bedroom in the Escorial and was responsible for introducing the paintings of Bosch into Spain, two interests which do not fit in with a supposedly monolithic personalty. The monastery of Saint Laurence reflects his spirit, but in one aspect only: this architectural marvel embodies no contradictions.

The inquisitors viewed poetry as innocuous and new poetic currents flowed freely Renaissance ideas entered Spain through the diplomatic channel (centuries later, Romanticism would enter in a similar way) and, while the example of Boscán and Garcilaso is disputed and even accused of introducing a 'foreignizing' element, the traditional and 'Italian' schools would henceforth coexist for many years. In addition to the teachings of

Petrarch, italian narrative models and theatrical examples, Italianism brought with it music, which was talked about, and classical culture, chiefly Latin, which was more accessible pastoral poems in Castilian abounded long after this same spirit had resounded in Catalan in the works or Ausías March. The cultivation of traditional poetry gradually became popularized and the Italian poets of the Renaissance were well known and widely commented upon, and at times also imitated. 'Heroic poems' on various themes abounded in the sixteenth century. If their latest reference was almost always Virgil, he came to them through Italy. For others, the point of reference was Ariosto and later Torquato Tasso.

The high point of Spanish culture was not the Renaissance, however, but rather the baroque period, which was also related to Italy, but in a diffetent way. Proportions and values were reversed. But while, as we indicated earlier, the Renaissance was ultimately a failed movement, in that it sought to restore paganism when Chistianity as the creator and promoter of culture was still very much alive this failure had an impact on some Spanish minds. The vigilance of the Inquisition could not prevent Spanish writers from expressing, indirectly or sometimes crypticaly, their agreement with the times. Fray Luis de Granada included entire paragraphs from Erasmus in his works without indicating their source. Huarte de San Juan, Oliva Sabuco, *Antoniana Margarita* and other works and authors demonstrated an originality, and often a profundity of thought more in keeping with modern culture than with tradition, to which official teaching in schools was tied. But there is one man in whom this crisis became flesh and poetic work. Miguel de Cervantes spent his youth in Italy and assimilated, with its language, the country's culture and ideals, and in an especially ardent and obvious way, the ideal of freedom. What Cervantes believed in his youth was compressed, transformed and reworked in his mature years. Cervantes learned from the italian 'novelieri' and the verses of Ariosto. He has left us no record of his impressions of Italy, of the way in which he was probably dazzled above all by its architectural splendors. But when he imagines the dukes' castle in the second part of *Don Quixote*, it may well be that the place *he sees* his character staying in a Renaissance palace. The dukes are, in a way, character of the period because of the way they look, the way the dress, and the illnesses they suffer from. But this esthetically complex character is no longer the simple, balanced conformist hero of the heroic poems written at a time when people still believed in heroism (Ercilla, *La Araucana*). In both *Don Quixote* the novel and Don Quixote the character, we find the testimony to this crisis which, because it was the crisis of a poet of his era, was also the crisis of his times. Who cried out for freedom in Spain after Cervantes, except in anclumsy or allegorical fashion, or cried out in a void?

The Renaissance left its mark on Spain, on its stones and its poetry and on some of its ways of thinking. It also, of course, left its mark on politics. Ortega y Gasset said quite clearly that Machiavelli's *Prince* was an Italian commentary on the conduct of two Spaniards, Ferdinand of Aragon and Cesare Borgia, but Philip II also compares favorably with them. Although political content changed after the Reformation, political styles did not. The son of Charles V who chose Madrid as his court was still a wealthy Renaissance man affected by asceticism, although his attitude to the latter is open to question. We cannot talk about Philip II in generalities either, for he lived a long time and underwent many changes, as the di-

ference in portraits by Titian and Sánchez Coello reveal. If we look closely at Spanish life in those decisive years, however, we see how little or how superficially it was influenced by the Renaissance, which did not penetrate beyond a few aristocratic and ecclesiastic circles and it never really reached the people. For some reason, when the people sang, the did so in verses of medieval origin. It is not clear whether the great figures that emerged from the popular or middle classes, such as most of the conquerors and explorers, reflected, with their boundlesss individualism, Renaissance models or a tradition of the late Middle Ages. We might perhaps find in the person of Hernán Cortés traits which would identify him with the modes of conduct typical of the period. But is there not a large element of medievalism in people like Francisco Pizarro or Lope de Aguirre? One characteristic of the new era is the absolutist state against which these people rebelled. It remains to be seen whether or not they did so because they still subscribed to the feudal understanding of the king's authority. If I am not mistaken, they did so because they felt and believed that the King of Spain had gone too far.

Translated by Jane Abbott

VIRGILIO MARON, PUBLIO: *Opera*. S. XV. *BUV.*

81. MANRIQUE, Gómez

Cancionero de Palacio.—Spain.—15th century.—[534]pp.—200 × 193 mm. Codex en parchment and paper.—Leather binding.—318 × 215 mm.

Madrid, Biblioteca de Palacio 2-J-3

The codex of Gómez Manrique's *Cancionero* or Songbook preserved in the library of the Royal Palace in Madrid was written for Don Rodrigo Alonso de Pimentel, Count of Benavente. In the dedication to the count Manrique explains his reasons for the delay in delivering this work, which had also been requested unsuccessfully by Don Alfonso V of Portugal. First the poet excuses himself, saying that he had not understood that, for the count, 'reading was as natural as fighting' and that 'what assured and reassured me of your request was the saying that *nobody covets the ugly wife of another man*'. Thus, Gómez Manrique modestly explains his literary activity which, nevertheles, was highly appreciated. At the end of the dedication, Gómez Manrique requests the count to keep the codex looked up in his chamber, and for four centuries it was ignored, although its existence was known. Finally Zarco del Valle discovered it among the palace manuscripts at the end of the 19th century.

The *Cancionero*, a very popular form for collections of poetry in the 15th and 16th centuries, is a compilation of several types of poems written by Gómez Manrique including courtly and love poems, moralizing, didactic and dramatic poetry. It is written in beautiful Gothic script on parchment and paper. The work cannot have been done earlier than 1476 because there is an allusion to the death of his brother Rodrigo on this date.

The manuscript opens with a dedication framed by a beautiful floral border in grisaille and gold with lute heads. The motif alludes to the idea of a collection of songs or poetry easily set to music. The caption is a play on words to the effect that 'Wisdom cannot tune what fortune has put out of tune' (no puede templar cordura lo que destempla ventura). Below is the coat-of-arms of Doña Leonor de Castilla, a kinswoman of the Duke of Benavente, with three alternating orders of lions and castles united by her marriage. This escutcheon is flanked by two others.

The poem at the beginning of the Song Book itself is a typical courtly composition in question and answer fashion between Francisco Bocanegra and Gómez Manrique. There is no epigram and it begins with the line 'Por quanto la ociosidad' (inasmuch leisure) in which the blue capital is inscribed in a gold frame; the center field, adorned with plants, is done in red and green. The border surrounding the composition at the top, outside margin and foot is made up of flowers and leaves entwined and crossing each other on a double fillet of blue and gold ink. Other borders repeat this motif at the beginning of the coddex. Page 393 contains a brief discourse written by Gómez Manrique at the request of the Infan-

81. MANRIQUE, Gómez

Cancionero.—España.—Siglo XV.—[534] h. 200 × 193 mm. Pergamino y papel.—Encuadernación de piel 318 × 215 mm.

Madrid, Biblioteca de Palacio 2-J-3

El códice del *Cancionero* de Gómez Manrique que conserva la Biblioteca del Palacio Real de Madrid fue escrito para don Rodrigo Alonso de Pimentel, conde de Benavente. En la dedicatoria al conde explica Manrique los motivos que llevaron a retrasar tanto la entrega de esta obra, que también había sido solicitada por don Alfonso V de Portugal con menor fortuna. Dos son las razones que aduce el poeta: una el no haber sabido comprender que para el conde «era tan natural el leer como el pelear» y que «no menos andava cercado de libros que de armas», otra «que me descuydava y asegurava de la ya dicha demanda vuestra era aquella mesma que asegura a los que tienen mujeres feas que no se las requestará nadie». Gómez Manrique explica con modestia su actividad literaria que sin embargo era muy apreciada.

Al final de la dedicatoria, Gómez Manrique pidió al conde de Benavente que tuviese el códice encerrado en su cámara: durante cuatro siglos permaneció ignorado aunque se sabía que había existido. Fue Zarco del Valle quien lo encontró entre los manuscritos de Palacio a finales del siglo XIX.

El *Cancionero*, forma de recopilación poética muy popular en los siglos XV y XVI, recoge todo tipo de poemas escritos por Gómez Manrique: la poesía cortesana y amorosa, la didáctica y moralizante y la poesía dramática. Está escrito en una bella letra gótica sobre pergamino y papel. La fecha de realización no puede situarse antes de 1476 puesto que en él alude a su hermano don Rodrigo como ya difunto.

El manuscrito se inicia con la dedicatoria enmarcada por una bonita orla floral en grisalla y oro con cabezas de laúd —aludiendo al implícito sentido de recopilación de canciones o poesías fácilmente musicalizables que tenían los cancioneros—, y la leyenda «no puede templar cordura lo que destempla ventura»; al pie, el escudo de doña Leonor de Castilla por su parentesco con el Duque de Benavente, se alternan en él tres órdenes de castillos y leones que doña Leonor había juntado por su matrimonio.

La poesía con que se inicia el Cancionero propiamente dicho es una composición típica cortesana del género de preguntas y respuestas, esta es una pregunta de Gómez Manrique a Francisco Bocanegra. No lleva epígrafe y comienza con el verso «Por cuanto la ociosidad», en el que la capital está inscrita en un recuadro dorado, dibujada en tinta azul y con el campo central con adornos vegetales en verde y rojo. La orla rodea a la composición en cabecera, margen exterior y pie; sobre un doble filete en tinta azul y dorada, flores y hojas se enroscan y cruzan [fol. 11 r.]. Otras orlas repiten el tema con que se inicia el códice, en la p. 393: *Un breve tratado que*

ta Doña Isabel. On page 431 there is a 'Composition by Gómez Manrique, dedicated to their Serene Highnesses of the kingdoms of Castile and Aragon, kings of Sicily' and on page 491, 'An introduction to the words composed by the noble gentleman, Gómez Manrique, entitled *Clamor and complaint to government*'. The border has lute heads alternating with plants and banderoles with legend. The play of colors is more toward grays and blues. The decoration of page 491 is enriched by the calligraphy of the epigraph with one large Gothic letter in black ink on the first line and smaller ones in red on succeeding lines. The capital is done in a delicate grisaille inscribed in a gold frame.

The codex ends abruptly with a poem in praise of the Virgin, 'O Madre de Dios, electa...', even though there are no indications of pages being torn out after it was bound. The upper margin of the first page has a handwritten notation, 'De Gayoso' and the signature.

Other manuscripts of the Gómez Manrique *Cancionero* have been preserved. There is a version in the Biblioteca Nacional, also from the 15th century but earlier than the one in the palace. A copy of the palace manuscript with lettering from the beginning of the 17th century belonged to the Duke of Fernán Núñez, and a codex in the Biblioteca Colombina, a fragment of 43 pages with 15th century script is also in the Biblioteca Nacional.

The *Cancionero de Palacio* is the most complete one known and the best source for the study of one of the most outstanding Spanish poets of the 15th century.

Bibliography

A. PAZ Y MÉLIA: Prólogo a la edición de Madrid, 1885. (Colección de escritores castellanos, n.ᵒˢ 37 y 39.)—C. MORALES: «Algunos cancioneros de los siglos XV y XVI», *Reales Sitios,* 26, 1970, pp. 45-48.

---

82. PETRARCA, Francesco I *Trionfi.*—[Italy.—15th century.]—[81]l.—115 × 75 mm. Vellum.—Red velvet binding.—120 × 83 mm.

Madrid, Biblioteca Nacional, Vit 22-4

Petrarch's *Trionfi* is an allegorial vision in tercets inspired by his autobiography. The author uses it to symbolize human and universal values in general: from the work on amorous passion (Triumphus cupidinis) to the feeling of modesty that shames passionate disorder (Triumphus Pudicities), and the contemplation of death which annuls the anguish of the flesh and exalts the shining light of chastity (Triumphus Mortis); from the cry of mundane glory which claims to overcome death (Trimphus Fame) to the awareness of time that destroys all glory (Triumphus Temporis), and finally, eternity promised to Christians in a better world where time is shipwrecked and human expectations of glory and love acquire their true significance (Triumphus Aeternitatis).

---

fiso Gomes Manrique al mandamiento de la muy ilustre señora Ynfanta doña Ysabel; en el fol. 431r. *Compusición fecha por Gomez Manrique enderescada a los serenisymos principes de los reynos de Castilla y de Aragon, reyes de Secilia y* en el fol. 491r. *Introducción al d'sr [decir] que compuso el noble cavallero Gomez Manrique que yntitula Exclamación e querella de la governación,* llevan en la orla las cabezas de laúd alternando con vegetales y las bandoleras con la leyenda. El juego cromático se centra más en los grises y azules; la decoración del fol. 491r. se enriquece con el juego caligráfico del epígrafe: una gótica de gran tamaño a tinta negra en el primer renglón que en los siguientes se reduce y se escribe a tinta roja. La capital es una fina grisalla inscrita en recuadro de oro.

La iluminación del manuscrito, muy cargada aún de elementos góticos, deja ver sin embargo elementos protorenacentistas en algunos elementos de las orlas.

El códice se interrumpe bruscamente en una poesía en loor de la Virgen «O Madre de Dios, electa...»; no hay señales, sin embargo, de que se hayan arrancado hojas después de haber sido encuadernado. En el margen superior de la primera hoja lleva la anotación manuscrita «De Gayoso», y la rúbrica.

Del *Cancionero* de Gómez Manrique se conservan otros manuscritos: el de la Biblioteca Nacional, también del siglo XV aunque anterior al de Palacio, una copia del de Palacio con letra de principios del siglo XVII perteneciente al duque de Fernán Núñez, un códice en la Colombina, un fragmento de 43 hojas con letra del siglo XV se conserva también en la Biblioteca Nacional.

El *Cancionero* de Palacio es el más completo de los que se conocen y la mejor fuente de estudio de la poesía de uno de los más destacados poetas del siglo XV en España.

Bibliografía

A. PAZ Y MÉLIA: Prólogo a la edición de Madrid, 1885. (Colección de escritores castellanos, n.ᵒˢ 37 y 39.)—C. MORALES: «Algunos cancioneros de los siglos XV y XVI», *Reales Sitios,* 26, 1970, pp. 45-48.

---

82. PETRARCA, Francesco

Trionfi.—Italia—Siglo XV.—[81] h.—115 × 75 mm. Vitela.—Encuadernación terciopelo rosa, 120 × 83 mm.

Madrid, Biblioteca Nacional vit. 22-4

Los *Trionfi* son una visión alegórica en tercetos en la que Petrarca vierte su autobiografía pretendiendo simbolizar con ella valores genéricamente humanos y universales: desde el trabajo de la pasión amorosa [Triumphus cupidinis] al sentimiento del pudor que humilla el desorden pasional [Triumphus Pudicitie], a la contemplación de la muerte que anula el ansia de la carne y exalta la luz de la castidad [Triumphus Mortis], desde el grito de la gloria mundana que cree vencer a la muerte [Triumphus Fame], a la conciencia del tiempo que destruye todas las glorias [Triumphus Temporis], y finalmente de la eternidad prometida al cristiano en un mundo mejor donde naufraga el tiempo y las humanas espe-

From the Trecento on, the Triumphs were a favorite text for illustrators. From miniatures to woodcuts, artists pursued the interpretation of this work by Petrarch. Their depictions of the chariots of the Triumphs was a perfect vehicle for displaying the new esthetic principles of the Renaissance.

The small codex of the *Trionfi* in the Biblioteca Nacional is a precious example of the humanistic books of the Italian Renaissance. In these works the miniatures are decorative rather than merely illustrative. Their splendid workmanship enhances the book, although its literary content is considered more important.

The magnificent borders of the manuscript help to create an esthetic unity between the decorated spaces and the writing area. The ornamentation, concentrated in the borders, attempts to imitate a classical style.

Each Triumph begins with a fullpage miniature depicting the chariots (Love, fol. llv; Chastity, fol. 34v; Death, fol. 42v; Fame, fol. 57v; Time, fol. 70v; Eternity, fol. 76v), each framed with borders of plant, architectural and sculptural motifs in the Renaissance style. The first pages of the text initiating each Triumph have a delicate polychrome border with gold leaf. Both the frame and the illuminated page complement each other perfectly.

In the first miniature of the codex, the Poet is depicted crowned with a laurel wreath and seated at a desk with an unfurled scroll and an open book. In the background there is a setting of classical architecture and two tables of books in disarray behind him. On each side are three niches with symbolic figures of the Virtues: Temperance, Fortitude and Prudence on the right and Hope, Charity and Faith on the left. Two cupids flank the upper part of a niche where Justice is seated holding a sword. The inscription in epigraphic lettering on a vermillion background is a clear esthetic attempt to approximate the ancient classical codices. On either side is a cupid. A very delicate floral border completes the decoration. In the center of the border and below the first side niches, there are small skulls to invite meditation on the brevity of life.

The attenuated colors used by the artist stand out even more on the fine vellum. But, above all, it is the size of the illustration which emphasizes the value of the delicate line and composition of the miniatures that makes this volume a truly exquisite pocketbook for the Renaissance bibliophile.

The miniatures have been attributed to Francesco d'Antonio del Cherico (1463-1486), one of the great masters of Florentine illumination in the service of the Medici. Outstanding among Francesco d'Antonio's work are the small codices with tiny miniatures, those humanistic books such as the *Plutarch* of the Biblioteca Laurenziana, or the *De bello troiano*, the *Opera* by Aristotle (Bibl. Laurenziana plut. 65.26, 32.4, 84.1), or the religious ones such as *The Book of Hours of Lorenzo il Magnifico* (Vatican, pl. XLIII). An artist with an aristocratic

ranzas de gloria y amor adquieren un significado verdadero [Triumphus Aeternitatis].

Desde el Trecento, los Triunfos fueron un texto favorito de la ilustración: desde las miniaturas a los grabados sobre madera, los artistas buscaron interpretar esta obra de Petrarca en la que la representación de los carros de los diversos Triunfos era una base perfecta para desplegar los nuevos principios estéticos del Renacimiento.

El pequeño códice de los *Trionfi* de la Biblioteca Nacional es una muestra preciosa de libro humanista del Renacimiento italiano, en el que la miniatura más que una ilustración es una decoración, espléndida, para ennoblecer el libro, cuyo contenido literario se considera ahora lo principal.

El manuscrito presenta magníficas orlas en las que se consigue una unidad estética entre la parte de la página que es el espacio imaginario y la que es la superficie plana de escritura. La ornamentación se centra en la decoración de los márgenes, buscando asemejarse a un estilo clásico.

Cada Triunfo se inicia con una miniatura a toda página con la representación de los carros [Amor, fol. 11v.; Castidad, fol. 34v.; Muerte, fol. 42v.; Fama, fol. 57v.; Tiempo, fol. 70v.; Eternidad, fol. 76v.] enmarcadas en orlas con motivos vegetales y también arquitectónicos y escultóricos de claro gusto renacentista. Estas orlas delicadas donde el juego polícromo incluye el oro, enmarcan la primera hoja de texto con que se inicia cada Triunfo haciendo pendant con la hoja miniada.

En la miniatura con que se inicia el códice se representa al Poeta, coronado de laureles, sentado ante una mesa con un rollo desplegado y un libro abierto, se le sitúa en una arquitectura clásica, dos tablas de libros descolocados tras él. A cada lado tres hornacinas con figuras simbólicas de las Virtudes: Templanza, Fortaleza y Prudencia a la derecha, Esperanza, Caridad y Fe, a la izquierda; dos amorcillos flanquean en la parte superior una hornacina donde la Justicia sentada sostiene una espada en la mano; al pie, la inscripción en letra epigráfica sobre fondo bermellón es un claro intento de aproximación estética a los códices de la antigüedad clásica; a ambos lados un amorcillo. Una orla vegetal muy delicada remata la decoración, en el centro de la orla y al pie de las primeras hornacinas laterales aparecen pequeñas calaveras invitando a la meditación sobre la brevedad de la vida.

Los colores atenuados empleados por el artista resaltan aún más sobre la fina vitela del manuscrito. Pero sobre todo es el tamaño de la ilustración lo que más hace resaltar los valores de la finura de trazo y composición del miniado, y lo convierten en un libro de bolsillo de bibliófilo renacentista verdaderamente exquisito.

Las miniaturas han sido atribuidas a Francesco d'Antonio del Cherico [1463-1485], uno de los grandes maestros de la iluminación florentina al servicio de los Medici. De Francesco d'Antonio destacan especialmente los pequeños códices con microminiaturas, libros humanis-

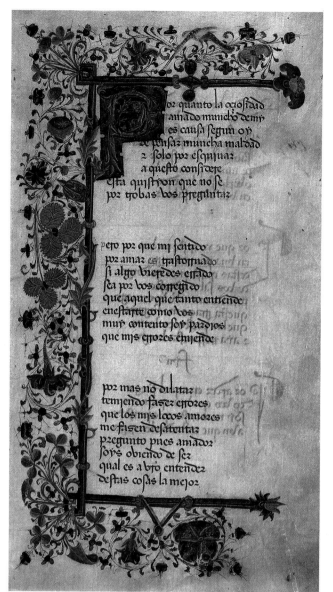

MANRIQUE, GÓMEZ: *Cancionero*. S. XV. BP 2-J-3.

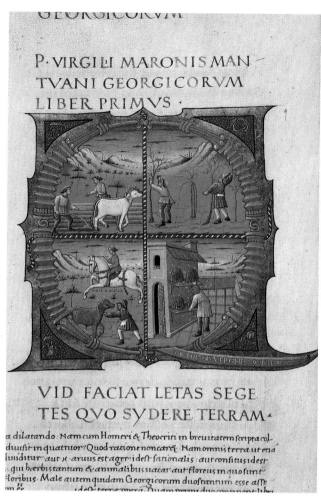

VIRGILIO MARON, Publio: Opera. S. XV. BUV.

fantasy, he frames his minute but brilliant compositions with all the elegant, delicate color of the Florentine Renaissance of Domenico Veneziano and Baldovinetti.

It is bound in rose-colored velvet edge in silver with high relief ornamentation reproducing the coat-of-arms of Cardinal Zelada on the covers.

Provenance: On the recto of the first page the manuscript contains an ex-libris in black with a coat-of-arms with a transverse bar, a count's crest and blurred inscription 'Ex bibliot, com. Pranini (?)'. It belonged to the collection of Cardinal Zelada and was later incorporated into the collection of the Cathedral of Toledo. It was deposited in the Biblioteca Nacional in the 19th century as a result of disentailment.

Bibliography

I, DOMÍNGUEZ BORDONA, I, no. 994; DURRIEU, *Manuscrits d'Espagne*, p. 66; PAZ Y MELIÁ «Códices más notables,» *RABM*, V, 191, p. 451.

tas como el *Plutarco* de la Biblioteca Laurenziana o el *De bello troiano, Opera* de Aristóteles [Bibl. Laurenziana plut. 65.26, 32.4, 84.1] o religiosos como *Las pequeñas Horas de Lorenzo el Magnífico* [Vaticana pl. XLIII]. Artista de fantasía aristocrática que encuadra sus pequeñas y brillantes composiciones con toda la elegancia y la delicadeza de color del Renacimiento florentino de Domenico Veneziano y Baldovinetti.

Este manuscrito lleva en el recto de la primera hoja un ex-libris en negro con un escudo de armas con faja transversal, corona de conde y una leyenda borrosa «Ex bibliot. com. Pranini [¿?]». Perteneció a la colección del Cardenal Zelada y posteriormente se incorporó al fondo de la catedral de Toledo. En la Biblioteca Nacional de Madrid ingresó a raíz de la desamortización en el siglo XIX.

La encuadernación es de terciopelo rosa bordada en plata con adornos de alto relieve que reproducen en las tapas el escudo de armas del cardenal Zelada.

Bibliografía

DOMÍNGUEZ BORDONA, I, n.º 994.—P. DURRIEU: *Manuscrits d'Espagne*, p. 66.—PAZ Y MÉLIA: «Códices más notables», *RABM*, V, 191, p. 451.

83. VIRGIL (PUBLIUS VERGILIUS MARO)

Vita Publii Virgilii Maronis Mantuani quan nonnulli Donato Grammatico tribuunt.
Servii Monorati Grammatici in Bucolica Publii Virgilii Maronis explanatio.
Publii Virgilii Maronis Mantuani Georgicorum liber primus.
Servii Honorati grammatici in primun Georgicorum explanatio.
Exclamatio octaviani ne opera virgilii cremarentur.
Singuli ovidii versus de singulis libris aeneidos.
Servii Honorati grammatici in Aeneida Publii Virgilii Maronis Mantuani explanatio.

Ms. on vellum.—238 l.—430 × 280 mm.—15th century script.—Gold and polychrome illuminated capitals.—Gold polychrome border.—5 illuminations.—Titles and epigraphs is gold and blue.—Titles and commentaries in red.

Biblioteca de la Universidad de Valencia

The manuscript begins on page 1 with the *Vita Publii Virgilii,* attributed to Donatus. This first page is framed by an illuminated gold polychrome border adorned with a Corinthian column, crown, pigeons with the words «a bon droit», shield with snakes and eagles in counterposed quarters, and a helmet ending in a dragon with a red man coming out of its mouth and an old man giving a ring to the man. In the field and on the sides are the words «Hipolita María», the name of Hipolita Maria Sforza, daughter of Francesco, Duke of Milan and wife of Alfonso II of Naples, who commissioned the work. The miniature depicts her in a red tunic with blue sleeves decorated in gold and leading an imaginary bird on a chain.

This *Life of Virgil* attributed to Donatus (below we shall refer to the problems entailed in this attribution), is the longest and most valuable life of Virgil which has come down to us from classical antiquity.

It gives a brief account of the life of Virgil with a harmonious blend of historical and legendary data, but most of the work is devoted to an analysis of Virgil's literary output, particularly the *Aeneid* and Eclogues, with some interesting allusions to the *Appendix Vergiliana.*

The work has been attributed to Suetonius, the second century biographer, or to Elius Donatus, the Grammarian. Some researchers in the minority have even spoken of the possible authorship of Philargirius.

Modern research has centered on the alternatives of Suetonius-Donatus. Specific mention is made of the authorship of Suetonius, whose work was published by Donatus with some additions. It has been debated to what extent Donatus followed Suetonius and, in this debate, R. M. Geer, H. Naumann and A. Rostagni concede little or no creative funtion to Donatus, while H. Paratore, C. Bayer and C. Hardie, among others, notoriously broaden his intervention.

Donatus' *Vita Vergilii* has usually been published with other lives of Virgil handed down from ancient times, such as those by Probus, Phocas, Servius and the Chronicles of St. Jerome.

83. VIRGILIO MARON, Publio

Vita Publii Virgilii Maronis Mantuani quam nonnulli Donato Grammatico tribuunt.
Servii Honorati Grammatici in Bucolica Publii Virgilii Maronis explanatio.
Publii Virgilii Maronis Mantuani Georgicorum liber primus.
Servii Honorati grammatici in primum librum Georgicorum explanatio.
Exclamatio octaviani ne opera virgilii cremarentur.
Singuli ovidii versus de singulis libris aeneidos.
Servii Honorati grammatici in Aeneida Publii Virgilii Maronis Mantuani explanatio.

328 h.—Vitela, 43 × 28 cm.—Letra s. XV.—Capitales miniadas en oro y colores.—Orla miniada en oro y colores.—Cinco miniaturas.—Títulos y epígrafes en oro y azul.—Títulos y comentarios en rojo.

Biblioteca de la Universidad de Valencia

El manuscrito comienza en la hoja 1 con la *Vita Publii Virgilii,* atribuida a Donato. Esta primera hoja está rodeada por una orla miniada en oro y colores, adornada con columna corintia, corona, palomas con la leyenda «a bon droit», escudo con serpientes y águilas contracuarteladas y casco terminado en dragón, de cuya boca sale hombre rojo, a quien presenta anillo un anciano; en el campo, así como a los lados se lee «Hipolita Maria», nombre de Hipólita María Sforza, hija del Duque de Milán Francisco y esposa de Alfonso II de Nápoles, la cual mandó escribir esta obra y a quien representa la miniatura con túnica roja, cubierta de dorados y con mangas azules, llevando suspendida de cadena un ave fantástica.

Esta vida de Virgilio, atribuida a Donato (a continuación hablaremos de los problemas que conlleva esta atribución), es la más larga y más valiosa vida de Virgilio que nos ha legado la antigüedad clásica.

Se nos relata en ella brevemente la biografía de Virgilio, en la que se mezclan armoniosamente datos históricos y legendarios. Pero la mayor parte de la obra está dedicada al análisis de la producción de Virgilio, especialmente de la *Eneida* y las *Bucólicas,* sin excluir algunas interesantes alusiones al *Appendix Vergiliana.*

La obra ha sido atribuida a Suetonio, biógrafo del s. II, o a Elio Donato, el gramático; algunos investigadores, los menos, han hablado incluso de la posible autoría de Filargirio.

La moderna investigación se ha centrado en la alternativa Suetonio-Donato. En concreto se habla de la autoría de Suetonio, cuya obra editó Donato con algunas adiciones. Se discute hasta qué punto siguió Donato a Suetonio, y en esta discusión, R. M. Geer, H. Naumann y A. Rostagni asignan a Donato una escasa o nula función creadora, mientras que H. Paratore, C. Bayer y C. Hardie, entre otros, amplían notoriamente las adiciones de Donato.

La *Vita Vergilii* de Donato ha sido editada normalmente junto con otras vidas de Virgilio legadas por la antigüedad, tales como las de Probo, Focas, Servio, la *Crónica* de S. Jerónimo, etcétera.

On page 4v, *Servii Honorati... In Bucolica Publii Virgiii Maronis explanatio,* another miniature depicts the same queen as on page 1 in a green dress with red sleeves and white apron. Next, on page 5, is the first *Eclogue* with a miniature depicting Titirus and Melibeus with their flocks.

Comments on the *Georgics* are found at he end of Virgil's text beginning on page 28v. A miniature depicting Agriculture, Animal Husbandry, Arboriculture and Beekeeping occupies the center of the page.

The comments on the *Aeneid* by Servius Honoratus are found on pages 81 and 82. At the beginning of the text there is a miniature in the middle of the page depicting the author or commentator in the upper part of the A which ends in a crown. A horseman is in the lower part.

Servius, a grammarian of the 4th and 5th centuries, probably wrote a broad commentary on the *Aeneid, Eclogues* and *Georgics* around 420. This is the chronological order followed by the commentator which constitutes a monument of philological doctrine.

Servius' outline for the commentary set forth at the beginning of the work includes the following, «analysis of the life of the poet, title for the work, quality of the poetry, author's purpose, number of books, order of books, commentary».

Of the seven parts only the last, the *explanatio,* is broadly developed. The commentary is interesting, not only for the grammatical and rhetorical interpretation, but especially for the data the author contributes to the knowledge of antiquity. Faithful to the trends of his time, Servius sees in Virgil's work the expression of profound philosophical, religious, mythological and historical wisdom.

The 15th century gold lettering has beautiful capitals with miniatures of emblems and other smaller ones. Blue and gold alternate in the titles and epigraphs as well as in the initial letters of the verses. Some titles and several lines of the commentaries are in red.

On page 328: «Deo semper laus et gloria. Mediolani anno domini 1465, v.° Kalendis iuniis».

[Cira Morano.
Consejo Superior Investigaciones
Científicas]

Bibliography

Entre las principales ediciones de estas Vidas de Virgilio antiguas se encuentran: H. Nettleship: *Ancient Lives of Vergil,* Oxford, 1879.—E. Diehl: *Die Vitae Vergiliannae und ihre antiken Quellen,* Bonn, 1911.—J. Brummer: *Vitae Vergilianae,* Leipzig, 1912.—A. Rostagni: *Suetonio «De Poetis» e biografi minori.* Turín, 1944.—C. Hardie: Vitae Vergilianae antiquae, Oxford, 1954. G. Thilo-H. Hagen qui feruntur in Virgilii Carmina commentarii: In Aeneida (vol. I y II), in Eclogas (vol. III. p. 1-127), in Georgicon (vol. III, p. 128-360). Leipzig, 1861-1887. E. K. y otros, *Servianorum in Vergilii Carmina commentariorum: In Aeneida (libros I-V).* Editio Harvardiana, vol. II y III, Lancaster, 1964-65.

En la hoja 4v, *Servii Honorati... in Bucolica Publii Virgilii Maronis explanatio,* otra miniatura representa a la misma reina de la h.1 con traje verde, mangas rojas y delantal blanco.

A continuación, en la h.5, comienza la primera égloga de las *Bucólicas,* con una miniatura que representa a Títiro y Melibeo con los rebaños.

El comentario a las *Geórgicas* está al final del texto de Virgilio, que comienza en la hoja 28v. En esta hoja una miniatura representa la Agricultura, Arboricultura, Zootecnia y Apicultura, ocupando el centro de la plana.

El comentario a la *Eneida* de Servio Honorato se ecuentra en la h.81, y en la 82, al comienzo del texto, una miniatura en el centro de la hoja representa al autor o comentador en la parte superior de la A, que termina en una corona. En la parte inferior, un jinete.

Servio, gramático de los s. IV-V, escribió, probablemente hacia el 420, un amplio comentario de la *Eneida,* las *Bucólicas* y las *Geórgicas* (este es el orden cronológico seguido por el comentarista), que constituye un monumento de doctrina filológica.

El esquema que Servio sigue para el comentario, y que él mismo enuncia al comienzo de su obra, es el siguiente: «análisis de la vida del poeta, título de la obra, cualidad de la poesía, intención del autor, número de los libros, orden de los libros, comentario».

De las siete partes enumeradas sólo la última, la *explanatio,* la desarrolla ampliamente. El comentario es interesante no sólo por la interpretación gramatical y retórica que ofrece de Virgilio, sino especialmente por los muchos datos que el autor aporta para el conocimiento de la antigüedad.

Fiel a la tendencia de su tiempo, Servio ve en la obra de Virgilio la expresión de una profunda sabiduría filosófica, religiosa, mitológica e histórica.

La letra del siglo XV, en oro, tiene preciosas capitales miniadas con emblemas, y otras más pequeñas. En los títulos y epígrafes alternan oro y azul, así como en las iniciales de los versos. Algunos títulos y bastantes líneas de los comentarios van en rojo.

En la hoja 328: «Deo semper laus et gloria. Mediclani anno domini 1465, v.° Kalendis iuniis».

[Cira Morano.
Consejo Superior Investigaciones
Científicas]

Bibliografía

Entre las principales ediciones de estas Vidas de Virgilio antiguas se encuentran: H. Nettleship: *Ancient Lives of Vergil,* Oxford, 1879.—E. Diehl: *Die Vitae Vergiliannae und ihre antiken Quellen,* Bonn, 1911.—J. Brummer: *Vitae Vergilianae,* Leipzig, 1912.—A. Rostagni: *Suetonio «De Poetis» e biografi minori.* Turín, 1944.—C. Hardie: Vitae Vergilianae antiquae, Oxford, 1954. G. Thilo-H. Hagen qui feruntur in Virgilii Carmina commentarii: In Aeneida (vol. I y II), in Eclogas (vol. III. p. 1-127), in Georgicon (vol. III, p. 128-360). Leipzig, 1861-1887. E. K. y otros, *Servianorum in Vergilii Carmina commentariorum: In Aeneida (libros I-V).* Editio Harvardiana, vol. II y III, Lancaster, 1964-65.

84. FLORES, Juan

Grisel y Mirabella.— [Lérida: Enrique Botel, ca. 1495].—[58] l.
Sig.:a^{10}, b–g^{8}.—Seal 'Pascual de Gayangos'.—Gothic type.—27 lines.—Leather binding.

Madrid, Biblioteca Nacional, I-2181

The two novels by Juan de Flores, *Grimalte y Gradissa* and *Grisel y Mirabella,* appeared without a publisher's imprint. Gayangos and Salvá believed them to be two 15th century editions, but Konrad Haebler, after a comparative examination of type and lettering, established the printing date and circumstances more accurately.

Grisel and Mirabella was printed in the same type used for Sánchez Vercial's *Sacramental.* The colophon mentions the printer, Enrique Botel, the city of Lérida and the year 1495.

Though Bocaccio's work had not yet been printed in Spain, it was circulated in Spanish in manuscript form or in Italian editions. It was widely disseminated and had a great influence on Spanish writers. *Grisel and Mirabella* appropriates some elements from Bocaccio such as the psychological-sentimental treatment in the first part of the work where Flores presents the conflict of the novel and antifeminism developed in the second part in which the question of love is debated by Torrellas and Braçayda.

The novel was written several years before it was actually published, when the *Coplas de las calidades de las donas* (Verses on the Qualities of Women) by Pere Torrellas was the subject of heated debates among poets around 1476 to 1480.

The debate between the sexes, sentimental conflict, feminism and antifeminism were all popular subjects in the European literature of the 15th and 16th centuries and Juan de Flores' novel was extraordinarily successful. It was translated into Italian with the title *Historia de Isabella et Aurelio* by anonymous author with the pseudonym Lelio Aletiphilo. This first Italian version, printed in Milan by Gianotto da Castiglio in 1521, was decisive for the textual transmission of the novel because the translator altered the text and changed the names of the protagonists, Grisel and Mirabelle into Aurelio and Isabella, and Torrellas and Brayçada into Afranio and Hortensia, which were used in later editions, translations and adaptations of the work. Flores' novel became known in Europe through this Milan edition under its new title. Spanish versions came out from two sources, Botel's 1495 version exhibited here (Salamanca, Varela, 1514; Seville, Jacobo Cromberger, 1524, 1529; Toledo, 1526; Burgos, Philippe Junta, 1562) and the 1521 Milan edition (*Historia de Aurelio e Isabel, hija del rey de Escocia,* Antwerp, Jehan Withaye, 1556; Brussels, Rutger Velpius, 1596).

Interest in the novel was so great that bilingual and multilingual versions were printed, no doubt because the text served as a manual for practicing languages. During the 16th century new editions were brought out in

84. FLORES, Juan

Grisel y Mirabella.—[Lérida: Enrique Botel, c. 1495].—[58] h.; 4.°
Sig.: a^{10}, b–g^{8}.—Letra gótica.—27 líneas.—Min. para inic.—Sello «Pascual de Gayangos».—Encuadernación de piel.

Madrid, Biblioteca Nacional I-2181

Las dos novelas de Juan de Flores, *Grimalte y Gradissa* y *Grisel y Mirabella,* aparecieron sin pie de imprenta. Pascual de Gayangos y Salvá opinaron que se trataba de dos ediciones del siglo XV, pero fue Konrad Haebler quien, tras un examen comparativo de tipos y letras, determinó los datos de impresor y fecha de impresión.

Grisel y Mirabella fue impreso con los mismos tipos que se habían utilizado para la edición del Sacramental de Sánchez Vercial, en cuyo colofón constaba el nombre de Enrique Botel junto con el de la ciudad, Lérida, y el año, 1495.

La obra de Boccaccio, que todavía no había sido impresa en castellano, circulaba por España en versiones manuscritas o en impresiones italianas, su difusión era muy amplia y su influencia sobre los escritores nacionales muy grande. *Grisel y Mirabella* recoge elementos boccaccianos: el tratamiento psicológico-sentimental que Flores da a la primera parte de la obra, donde presenta el conflicto de la novela, y el antifeminismo que desarrolla en la segunda parte, donde se debate la cuestión de amor entre Torrellas y Braçayda.

La novela había sido escrita años antes de llevarse a la imprenta, cuando se desarrollaba el debate en torno a las *Coplas de las calidades de las donas,* de Pere Torrellas, que tan impugnadas habían sido por otros poetas y que hacia 1476-1480 aún eran un tema candente.

El debate entre los sexos, el conflicto sentimental, feminismo y antifeminismo eran temas de moda en la literatura europea del XV y el XVI, la novela de Juan Flores tuvo un éxito extraordinario. Fue traducida al italiano por un autor desconocido que firmó con el seudónimo de Lelio Aletiphilo y la tituló *Historia de Isabella et Aurelio.* Esta primera versión italiana, hecha en Milán por Gianotto da Castiglio en 1521, fue decisiva para la transmisión textual de la novela; el traductor alteró el texto y cambió los nombres de los protagonistas: Grisel y Mirabella en Aurelio e Isabella, y Torrellas y Braçayda en Afranio y Hortensia, de ésta partieron las ediciones, traducciones y adaptaciones posteriores de la obra. A través de esta edición de Milán se conoció la novela de Flores en Europa, por donde circuló con el nuevo título que le diera Lelio Aletiphilo. En castellano se hicieron ediciones a partir de las dos fuentes: de la de Botel de 1945 [Salamanca: Varela, 1514; Sevilla: Jacobo Cromberger, 1524 y 1529; Toledo, 1526; Burgos: Philippe Junta, 1562]; y de la de Milán, 1521 [*Historia de Aurelio e Isabel, hija del rey de Escocia.* Amberes: Jehan Withaye, 1556; Bruxelles: Rutger Velpius, 1596].

El interés por la novela fue tan grande que se hicieron ediciones bilingües y políglotas, sin duda porque el

French/Italian and French/Spanish (3); French/Italian/English (1); and Italian/Spanish/French/English (4).

The influence of *Grisel and Mirabella* extended much further than these 16th century translations. Later authors such as Ariosto, Lope de Vega, Fletcher, Scudéry and Robert Jephson borrowed elements from this novel for their dramas.

The Biblioteca Nacional copy shows signs of having been read with care. There are notations in the margins and bibliographic index marks to indicate the passages or reflections with which the reader felt most identified.

It is bound in brown tooled leather with filleted borders on the covers. The edges are tooled and the endpapers watermarked.

Bibliography

García Rojo: n.° 805.—B. Dutton: *Catálogo/índice de la poesía cancioneril del siglo* XV, 95FG.—F. V indel: *El arte tipográfico en España durante el siglo* XV, I, pp. 182-83.—Haebler, n.° 269.—*Bibliography of old Spanish Texts*, n.° 20009.—Barbara Matulka: *The novels of Juan de Flores and their european diffusion*. New York. Institute of French Studies, 1931.—Everet Ward Olmsted: «Story of *Grisel and Mirabella*», en *Homenaje ofrecido a Menéndez Pidal*. Madrid: Hernando, 1925.—Agustín G. de Amezua: *Prólogo a la edición facsímil de Madrid*. Real Academia Española, 1954.—J. L. Alborg: *[Bibliografía] en Historia de la literatura española*, I, p. 460, n.° 62.

texto servía como manual práctico de lengua. Durante el siglo XVI se hicieron nueve ediciones en francés-italiano; en francés-español, tres; en francés-italiano-inglés, una, y en italiano-español-francés e inglés, cuatro.

La influencia de *Grisel y Mirabella* fue más allá de las traducciones del siglo XVI; autores posteriores como Ariosto, Lope de Vega, Fletcher, Scudéry y Robert Jephson tomaron de esta novela elementos que llevaron a sus obras dramáticas.

El ejemplar de la Biblioteca Nacional muestra signos de haber sido leído con cuidado: en los márgenes, anotaciones manuscritas o manecillas bibliográficas señalan los pasajes o las reflexiones con los que más se identificaba el lector. La obra perteneció a la colección de Pascual de Gayangos y se incorporó a la Biblioteca Nacional en el siglo XIX. Está encuadernada en piel marrón con hierros fríos y filetes formando orla en las tapas; los cantos y contracantos llevan hierros dorados, el corte está dorado, las guardas son de papel de aguas.

Bibliografía

García Rojo: n.° 805.—B. Dutton: *Catálogo/índice de la poesía cancioneril del siglo* XV, 95FG.—F. V indel: *El arte tipográfico en España durante el siglo* XV, I, pp. 182-83.—Haebler, n.° 269.—*Bibliography of old Spanish Texts*, n.° 20009.—Barbara Matulka: *The novels of Juan de Flores and their european diffusion*. New York. Institute of French Studies, 1931.—Everet Ward Olmsted: «Story of *Grisel and Mirabella*», en *Homenaje ofrecido a Menéndez Pidal*. Madrid: Hernando, 1925.—Agustín G. de Amezua: *Prólogo a la edición facsímil de Madrid*. Real Academia Española, 1954.—J. L. Alborg: *[Bibliografía] en Historia de la literatura española*, I, p. 460, n.° 62.

---

85. SAN PEDRO, Diego de

Tratado de amores de Arnalte y Lucenda.— Burgos: Fadrique de Basilea, 25 noviembre 1491.—[64] l.; 4.° Gothic lettering. 21-23 lines.—Ornamented initials.—Typographic shield.—Colophon.—Tooled leather binding.—Ex-libris Marqués de San Román.

Academia de la Historia Inc.-30

The *Tratado de amores de Arnalte y Lucenda* is dedicated to the ladies-in-waiting of Queen Isabelle the Catholic, whom Diego de San Pedro always held in high esteem since they made up the majority of his reading public.

This sentimental novel, the forerunner of what was to be his great novel, *La cárcel de amor* (Love's Prison), contains two works in verse, a elogy of Isabella and *Las siete angustias de Nuestra Señora* (The Seven Sorrows of Our Lady). The *Angustias* and the *Tratado* were never again published together.

The novel opens with a woodcut illustration of an episode of the novel which sets the scene. Arnalte, outside the city walls, gives a page a letter to be taken to Lucenda, who appears in the middle distance in an arched window. In the woodcut the study of size and perspective is resolved in a very elementary way. The artist tries to convey a feeling of depth and realism in the cityscape. The shading of the buildings, playing with oblique and horizontal lines, tries to create a feeling of space. The

85. SAN PEDRO, Diego de

Tratado de amores de Arnalte y Lucenda.—Burgos: Fadrique de Basilea, 25 de noviembre 1491.—[64] h.; 4.° Sig.: a-i⁸. Letra gótica.—21-23 lín.—Inicial de texto de adorno.—Escudo tipográfico. Colofón.—Encuadernación piel con hierros.—Ex-libris Marqués de San Román.

Academia de la Historia Inc.-30

El *Tratado de amores de Arnalte y Lucenda* va dedicado a las damas de la reina Isabel la Católica, a quienes Diego de San Pedro tuvo siempre en especial estima ya que constituyeron el público mayoritario de sus producciones.

Esta novela sentimental, ensayo de la que habría de ser su gran novela *La cárcel de amor,* contiene dos obras en verso, un panegírico sobre Isabel la Católica y *Las siete angustias de Nuestra Señora. Las Angustias* no volvieron a editarse junto con el *Tratado* en ediciones posteriores sino que se publicaron sueltas.

Una xilografía que visualiza un episodio de la novela inicia el libro y anuncia la acción: Arnalte, extramuros de la ciudad, entrega al paje la carta que debe hacer llegar a Lucenda; la joven aparece en un segundo plano asomada al arco de una ventana. En el grabado hay un estudio de las dimensiones y de los planos, aunque se resuelvan aún muy toscamente; en el paisaje urbano hay

title of the work appears in thick Gothic letters beneath the engraving. The 31 years separating the first edition from the second enable us to see the evolution of engraving during this period. A naive, primitive image of a scene set in a medieval exterior is transformed into a more intimate Renaissance interior.

Although it was printed for the first time in 1491, *Arnalte and Lucenda* was written several years earlier. The verses in praise of Isabella the Catholic included in the edition were written around 1481, which has led critics to infer that the novel may have been written around that time.

Quadrio is the first to mention the existence of this novel in 1739, but the attibution of authorship was confusing and subsequently led to a series of false interpretations. Quadrio later mentions Diego Hernández de San Pedro as the author of the Treatise, perhaps confused by the fact that this name appears in *La cárcel de amor*, in which it is said that it is a treatise written at the request of Don Diego Hernández Alcaide de los Donceles. This led him to think that Hernández and San Pedro were the same person. He then joined the two surnames and created a false author. Pascual de Gayangos tried to explain Quadrio's error without seeing the book and once more introduced a false premise. In his *History of Spanish Literature*, Fitzmaurice-Kelly lists Hernández de San Pedro as the author. Haebler attributed the work to Nicolás Núñez who wrote a sequel to *La cárcel de amor*.

Nicolás Antonio was not aware of this work even though there were 23 editions in 1639. Fifteenth and sixteenth-century Spanish editions of the work are extremely rare. Only one copy of this first edition of 1491 is known, which is the one exhibited here. Only two copies of Alonso de Melgar's 1522 Burgos edition exists (British Museum, C.63g.16; Bibliothèque Nationale de Paris, Rés.Y²857). Nothing is known of the 1525 Seville or 1527 Burgos editions.

Bartolomé Gallardo saw a copy of the first edition and informed Salvá who mentions it in his catalog. He may have informed Gayangos as well because it is listed in the preliminary catalog to his *Libros de caballerías* and in the notes to the translation of Ticknor's *History of Spanish Literature*.

A comparison of the first and second editions of the *Tratado de amores* reveals that the second is an independent version in which various parts have been eliminated or added. Alonso de Melgar's 1522 printing is extremely careless and its text is so different that it suggests the possibility of an intermediate version, either manuscript or printed, between the 1491 and the 1522 editions.

Arnalte y Lucenda was less successful in Spain than in the rest of Europe where it was a best-seller. Numerous translations into French and English, especially reeditions, mainly in French or French-Italian bilingual versions (Lyons, 1555; Paris, 1556; Lyon, 1570, 1578, 1583) and English-Italian (London, 1575, 1608), are proof of the demand and large market for this novel.

una gradación que busca dar un sentido de profundidad, de realidad; el sombreado de los edificios —jugando con rayas oblicuas y horizontales— trata de reproducir una sensación de espacio. Al pie de la estampa, el título de la obra en gruesos caracteres góticos. Los treinta y un años que separan la primera edición de la segunda dejan ver la evolución que el grabado experimentó en ese período: de una imagen llena de primitivismo y una escena presentada en un exterior medieval a una escenificación mucho más intimista, resuelta en un marco renacentista interior.

Arnalte y Lucenda, aunque impresa por primera vez en 1491, fue escrita sin embargo años antes; hacia 1481 están escritos los versos en elogio de Isabel La Católica que acompañan la edición, lo que ha llevado a la crítica a suponer que la redacción de la novela podría situarse también alrededor de esa fecha.

La primera noticia sobre la existencia del *Tratado de amores de Arnalte y Lucenda* la dio en 1739 Quadrio en *Della storia e della ragione d'ogini poesia*, pero la atribución de su autoría fue producto de confusión y originó la serie de falsas interpretaciones que posteriormente se hicieron. Quadrio citó a Diego Hernández de San Pedro como autor del Tratado; confundido tal vez por el hecho de que este nombre figurase en *La cárcel de amor*, «Tratado hecho a pedimiento del señor don Diego Hernández Alcaide de los Donceles», pensó Quadrio que Hernández y San Pedro eran la misma persona y fundió los dos apellidos creando un falso autor. Pascual de Gayangos intentó explicar el error de Quadrio sin ver el libro e introdujo de nuevo un dato falso. Fitzmaurice-Kelly, en la *Historia de la literatura española,* cita en el índice a Hernández San Pedro como autor. Haebler atribuyó la obra a Nicolás Núñez, continuador de *La cárcel de amor.*

De esta obra no tuvo noticia Nicolás Antonio a pesar de que en el año 1639 ya hubiese 23 ediciones de ella. Las ediciones españolas del XV y del XVI son rarísimas: de esta edición príncipe de 1491 sólo se conoce el ejemplar de la Academia de la Historia, de la edición de Alonso de Melgar en Burgos 1522 se han localizado dos ejemplares, el del British Museum [C. 63 g. 16] y el de la Bibliothèque Nationale de París [Rés. Y² 857], de las ediciones de Sevilla 1525 y Burgos 1527 no se tiene noticia de ningún ejemplar.

Bartolomé Gallardo vio un ejemplar de la primera edición y lo comunicó a Salvá y tal vez a Gayangos, quien lo cita en el catálogo que precede a *Los libros de caballerías* y en las notas a la traducción de la *Historia de la literatura española,* de Tiknor. Salvá lo menciona en su catálogo.

El cotejo de la primera y segunda edición del *Tratado de amores* revela que la segunda es una versión independiente en la que se suprimen varios trozos y se añaden otros; la impresión de Alonso de Melgar en 1522 es extremadamente descuidada y presenta un texto tan modificado que sugiere la intervención intermedia entre la edición de 1491 y la de 1522 de otro ejemplar —manus-

It is bound in leather with gold tooling, fillets and edges. Provenance: This copy, the only extant version, was found by the librarian, Francisco García Romero, among the books of the library of the Marquis of San Román and bears his ex-libris.

Bibliography

F. GARCIA ROMERO: *Catálogo de los incunables existentes en la bliblioteca de la Real Academia de la Historia*, n.º 144.—HAEBLER, n.º486.—SALVÁ, 1675.—MÉNDEZ , p. 357, n.º 8.—*Bibliography of old Spanish Texts*, n.º 10007.—GARCÍA ROMERO: *Boletín de la Academia de la Historia*, 77, 1920, y 78, 1921.—S. GILI y GAYA: Prólogo a la edición de Madrid. Espasa-Calpe, 1967.—KEITH WHINNON: Edición, introducción y notas a la de Madrid. Clásicos Castalia, 1974.—A. G. AMEZUA: *Prólogo a la edición facsímil de Madrid*. Real Academia Española, 1952.—FOULCHÉ-DEL-BOSC: «Prólogo a la reimpr. de la ed. de Burgos, 1522», *Revue Hispanique*, XXV, 1911.

---

86. JIMENEZ DE CISNEROS, Francisco

Provisión de fray Francisco Ximénez de Cisneros para que la villa de Alcalá de Henares deje introducir vino y otros mantenimientos para el Colegio de San Ildefonso.— Alcalá de Henares: 12 octubre 1508.—
[1]l.—210 ×320 mm.—Paper.

Madrid, Biblioteca Nacional, Ms 2021741

The provision is signed at the bottom by Cardinal Cisneros. The back of the page has a plate seal which does not pertain to the document. An authorized transfer is attached.

The University of Alcalá was inaugurated in 1508. Cardinal Cisneros had obtained a papal bull for the foundation from Alexander VI in 1499. This University was conceived within the spirit of renovation of the Renaissance. The humanistic talents of its founder were reflected in the curriculum covering the study of ancient and modern languages, which culminated in the creation of a trilingual college and in the publication of one of the most beautiful books in the history of printing, the *Biblia Políglota* (The Polyglot Bible), and in a critical review of traditional scholasticism.

The heart of the University was the College of San Ildefonso housed in the same building. The 1513 constitutions provided for the creation of another eighteen colleges to complete the university structure, but only seven were actually built. There were 216 scholarship students. Only two of the constitutions have survived with the signature of Cisneros (ms. 1085 and 674 of the University Section of the Archivo Histórico Nacional). Those colleges authorized by the constitutions were Arts and Philosophy, Theology, Letters, Canon Law and Medicine. The model followed by the cardinal for the Univ-

crito o impreso— hoy perdido en el que se hubiesen hecho los cambios.

Arnalte y Lucenda tuvo menos éxito en España que en el resto de Europa, donde fue un *best seller*. Las numerosas traducciones al francés y al inglés, y sobre todo las reediciones sucesivas principalmente en francés o bilingües francés-italiano [Lyon 1555, París 1556, Lyon 1570, 1578 y 1583] e inglés-italiano [London 1575,1608] prueban la solicitud y el mercado de esta novela.

Este ejemplar, único conocido, fue encontrado por el bibliotecario Francisco García Romero entre los libros de la biblioteca del Marqués de San Román, cuyo ex-libris ostenta. La encuadernación es de piel con hierros, filetes, cortes y cantos dorados.

Bibliografía

F. GARCIA ROMERO: *Catálogo de los incunables existentes en la bliblioteca de la Real Academia de la Historia*, n.º 144.—HAEBLER, n.º486.—SALVÁ, 1675.—MÉNDEZ , p. 357, n.º 8.—*Bibliography of old Spanish Texts*, n.º 10007.—GARCÍA ROMERO: *Boletín de la Academia de la Historia*, 77, 1920, y 78, 1921.—S. GILI y GAYA: Prólogo a la edición de Madrid. Espasa-Calpe, 1967.—KEITH WHINNON: Edición, introducción y notas a la de Madrid. Clásicos Castalia, 1974.—A. G. AMEZUA: *Prólogo a la edición facsímil de Madrid*. Real Academia Española, 1952.—FOULCHÉ-DEL-BOSC: «Prólogo a la reimpr. de la ed. de Burgos, 1522», *Revue Hispanique*, XXV, 1911.

---

86. JIMENEZ DE CISNEROS, Francisco

Provisión de fray Francisco Ximénez de Cisneros para que la villa de Alcalá de Henares deje introducir vino y otros mantenimientos para el colegio de San Ildefonso.—Alcalá de Henares: 12 de octubre 1508.—[1] h.—210 × 320 mm. Papel.

Madrid, Biblioteca Nacional Ms. 2021741

La provisión lleva al pie la firma autógrafa del cardenal Cisneros. Al verso de la hoja va un sello de placa que no pertenece al documento; acompaña un traslado autorizado.

En el año de 1508 abría sus aulas la Universidad de Alcalá de Henares. El cardenal Cisneros había conseguido la bula fundacional de Alejandro VI en 1499; era esta una Universidad concebida con el espíritu renovador del Renacimiento, el talante humanista de su fundador se refleja en un plan de estudios en el que primaba el estudio de las lenguas sabias —cristalizado en la creación del colegio trilingüe y en la publicación de uno de los más bellos libros de la historia de la imprenta, la *Biblia Políglota*— y en una revisión crítica del escolasticismo tradicional.

El núcleo principal de la Universidad era el Colegio Mayor de San Ildefonso, instalado en el mismo edificio. Las constituciones de 1513 preveían la creación de otros 18 colegios que completasen la estructura universitaria; el plan no llegó a realizarse y entraron en funcionamiento siete colegios con 216 colegiales becados. De las Constituciones se han conservado dos con la firma autógrafa de Cisneros [ms. 1085 y 674 del Archivo Histórico Nacional —sección Universidades—]. Las facultades autorizadas por la constitución eran: Artes y Filosofía, Teología, Letras, Cánones y Medicina. El modelo que el car-

ersity of Alcalá was the prestigious Sorbone of Paris. Theology had the highest priority of the colleges. Its classrooms were the most important ones in the main building. The plans were drawn up by Pedro de Gumiel, an architect from Alcalá and splendidly rebuilt by Rodrigo Gil de Ontañón in 1543. Its students were the elite of the campus.

Bibliography

GÓMEZ DE CASTRO, *De rubus gestis a Francisco Ximenio Cisnerio*, Compluti, 1569; FERNÁNDEZ DE RETANA, Cisneros y su siglo, Madrid, 1929-30; C. AJO Y SAINZ DE ZÚÑIGA ,*Historia de las universidades hispánicas*, Madrid, 1957-63; V. II de LA FUENTE, *Historia de las univers idades, colegios y demás establecimientos de enseñanza en España*, Madrid, 1884-1889; H. RASHDALL, *The Universities of Europe in the Middle Ages*, Oxford, 1936; G. REYNIER, *La vie universitaire dans l'ancienne Espagne*, Paris, 1902; A. DE LA TORRE, «La universidad de Alcalá. Datos para su historia,» *Revista Eclesiástica*, 21, 1909.

---

87. ALIGHIERI, Dante

La tradución del Dante de lengua toscana en verso castellano por el Reverendo don Po Fernández de Villegas arcediano de Burgos y por el comentado... Con otros dos tratados uno que se dizo querella de la fe y otro aversion del mundo y conversion a Dios: Burgos: Fradique alemán de Basilea; 1515.—[332l.]; fol. (27 cm.)
Two-color title page.—Gothic lettering.—Typographic shield.—Colophon.—Index marks.—Ex-libris Fernando José Velasco.

Madrid, Biblioteca Nacional, R 2519

The book contains the translation of Dante's *Inferno* divided into 34 cantos, framed in a beautiful typographic composition and accompanied by an extensive gloss by the translator.

After the title page comes a page with the coat-of-arms of the High Constable of Castile and at the bottom in red ink, 'Translation of Dante by Pedro Fernández de Villegas, dedicated to Señora Juana de Aragón'. On the verso of page O there is a note telling of the death of Doña Juana when the work was being printed and a new dedication to Doña Juana, the daughter of the deceased and her husband.

On the recto of the first signature P, there is a frontis which reads 'Brief treatise by Don Pedro Fernández Villegas, Archdeacon of Burgos', entitled 'Aversion to the world and conversion to God'.

A 'Dispute on the Faith', begun by Diego de Burgos and finished by Fernández de Villegas and a 'Sátira dezena of Juvenal' translated by Don Gerónimo de Villegas, the brother of Pedro, is also included. The translation of Juvenal was printed later in Valladolid by Guillén de Brocar.

The text is preceded by a sumary or table of contents of the 34 chapters, and followed by a laudatory prologue addressed to Doña Juana, daughter of King Ferdinand and protector of the Archdeacon. The translator describes the difficulties of rendering Dante's verse into Spanish, gives a brief life of Dante and discusses questions of meter and style.

Bibliografía

GÓMEZ DE CASTRO: *De rebus gestis a Francisco Ximenio Cisnerio*. Compluti, 1569.—FERNÁNDEZ DE RETANA: *Cisneros y su siglo*. Madrid, 1929-30.—C. AJO Y SAINZ DE ZÚÑIGA: *Historia de las Universidades hispánicas*. Madrid, 1957-63. V. de la FUENTE: *Historia de las Universidades, Colegios y demás establecimientos de enseñanza en España*. Madrid, 1884-89.—H. RASHDALL: *The Universities of Europe in the Middle Age*. Oxford, 1936.—G. REYNIER: *La vie universitaire dans l'ancienne Espagne*. París, 1902.—A. de la TORRE: «La Universidad de Alcalá. Datos para su historia», *Revista Eclesiástica*, 21, 1909.

---

87. ALIGHIERI, Dante

La traducción del Dante de lengua toscana en verso castellano/por el Reverendo don Po Fernandez de Villegas arcediano de Burgos y por el comentado... Con otros dos tratados uno que se dize querella de la fe y otro aversión del mundo y conversion a Dios. —[Burgos: por Fadrique aleman de Basilea, 1515]—[332 h.]; fol. (27cm.)
Sign. 8, a-z8, 8, 8, A-08, P6, Q6
Datos de impresión tomados del colofón. —Port. a dos tintas. —Letra gótica. —Escudo tipográfico en el colofón. —Manecillas bibliográficas. —Ex libris de Fernando José Velasco.

Madrid, Biblioteca Nacional R 2519

Sigue a la portada una página ocupada por el escudo del Condestable, y al pie, con tinta roja, se lee: «Traducción del Dante por Pedro Fernández de Villegas, dirigido a la señora doña Juana de Aragón». Letra gótica, a excepción de una poesía latina que precede al colofón.

En el verso de la hoja O hay un artículo dando cuenta de la muerte de D.ª Juana cuando la obra estaba en publicación, y una nueva dedicatoria a D.ª Juana, hija de la anterior, y a su esposo. En el recto de la primera signatura P hay una especie de frontis que dice: Breve tratado fecho por el dicho don Pero Fernandez de Villegas arcediano de Burgos intitulado Aversion del mundo y conversion a Dios. A continuación hay una «Querella de la fe començada por Diego de Burgos y acabada por... Fernandez de Villegas. Y una Satira dezena del Juvenal... traducida por don Geronimo de Villegas... hermano del dicho don Pero...», que acaba en la cuarta hoja de la signatura Q.

En el colofón, escudo del impresor con el lema «Nihil sine causa» y las iniciales F.A. de Basilea, el mismo que aparece en el *Fasciculus mirrhe,* sin orla. Al reverso ocupa toda la página el escudo familiar.

Contiene la traducción del *Infierno* de Dante, dividido en 34 cantos, a los que acompaña, enmarcado el verso en una bella composición tipográfica, la extensa glosa del traductor.

Precede al texto un sumario o índice de lo conteni-

Pedro Fernández de Villegas is the author of the *Flosculus sacramentorum,* which went through several editions. An archdeacon of the Cathedral of Burgos, he was born in 1453 and died in 1536. His most outstanding work is this translation of Dante. Gallardo, citing Ticknor, mentions it as 'extremely rare and valuable'. Villegas' other work included here, 'The Treatise of the Aversion to the World, Conversion to God', is the work of a man disillusioned with the world.

The printer's shield in the colophon contains the motto «Nihil sine causa,» and the initials F. A. of Basel. This work was printed by Fradrique de Basilea, a pioneer of printing in Burgos, where his first dated work, a Latin grammar, appeared on March 12, 1485.

He is identified with Friedrich Biel who worked as printer in Basel in the shop of Michael Wenssler until 1472. In colophons he frenquenly appears with the surname «Alemán» or «Alemanus», alternating with the Latin form «Germanus». He was one of the many Germans who introduced printing in Spain.

At the end of the 15th century he printed several Spanish literary and devotional works, often splendidly illustrated. He used Gothic type at first, gradually substituting roman type after 1494. Among his notable works are a 1499 *Celestina,* Nebrija's *Latin Grammar* of 1492, the 1508 edition of the *Manual Burguense,* the *Fasciculus mirrhe,* an anonymus treatise on the Passion, printed in 1511 and 1514, and the *Refranes glosados,* a collection of proverbs with moralizing commentaries. Fadrique's last dated work was *Flor de Virtudes,* published with his name on August 22, 1517. He was succeeded by his son-in-law, Alonso de Melgar.

Bibliography

B. J. GALLARDO, *Ensayo de una biblioteca española de libros raros y curiosos,* Madrid, 1863-71; M. MARTÍNEZ AÑÍBARO Y RIVES, *Intento de un diccionario biográfico y bibliográfico de autores de la provincia de Burgos,* Madrid, 1889; F. J. NORTON, *A Descriptive Catalogue of Printing in Spain and Portugal, 1501-1520,* 1978; F. J. NORTON, *Printing in Spain, 1501-1520,* Cambridge, University Press, 1966; Pedro SALVÁ y MALLÉN, *Catálogo de la Biblioteca de Salvá,* Valencia, 1872.

do en los 34 capítulos de que consta, seguido de un proemio muy laudatorio dirigido a Doña Juana de Aragón, hija del Rey Don Fernando, por la que Villegas fue muy favorecido, en que encarece la dificultad de poner en verso castellano los poemas «como estaban.» Sigue a éste la vida del Dante y una introducción en que el traductor da cuenta detallada de las cuestiones de métrica y estilo con que se enfrenta.

Gallardo, citando a Ticknor, lo describe como libro «rarísimo y en estremo apreciable».

Lo imprimió Fadrique de Basilea, pionero de la imprenta en Burgos, donde su primera obra fechada apareció el 12 de marzo de 1485, una grámatica latina.

Se le identifica con Friedrich Biel, que imprimió en Basilea en asociación con Michael Wenssler hacia 1472. En los colofones aparece frecuentemente con el sobrenombre de Aleman o Alemanus, que alterna con la forma latina Germanus. Fue uno de los muchos alemanes que introdujeron la imprenta en España.

A finales del siglo XV imprimió varias obras literarias españolas y obras de devoción, a menudo espléndidamente ilustradas. Utilizó tipos góticos al principio, que fueron paulatinamente sustituidos por los romanos a partir de 1494. Entre sus obras notables se encuentra una *Celestina* de 1499, la gramática latina de Nebrija de 1492, la edición de 1508 del *Manual Burguense,* el *Fasciculus mirrhe,* un tratado anónimo sobre la Pasión impreso en 1511 y luego en 1514, o los *Refranes glosados,* colección de proverbios con comentarios moralizantes.

La última obra fechada con el nombre de Fadrique es una *Flor de Virtudes* del 22 de agosto de 1517. Le sucedió su yerno, Alonso de Melgar.

La traducción del *Infierno* de Dante por el archidiácono de Burgos Pedro Fernández de Villegas, incluye otro poema del mismo y una traducción de Juvenal hecha por su hermano Gerónimo, impresa más tarde en Valladolid por Guillén de Brocar.

Pedro Fernández de Villegas es autor de un *Flosculus sacramentorum,* del que se hicieron varias impresiones. Arcediano de la Catedral de Burgos, nació en 1453 y murió en 1536. Su obra más notable es la traducción del Dante. El tratado de *Aversión del mundo y conversión a Dios* incluido en este ejemplar es la obra de un hombre desengañado del mundo.

Bibliografía

B. J. GALLARDO, *Ensayo de una biblioteca española de libros raros y curiosos,* Madrid, 1863-71; M. MARTÍNEZ AÑÍBARO Y RIVES, *Intento de un diccionario biográfico y bibliográfico de autores de la provincia de Burgos,* Madrid, 1889; F. J. NORTON, *A Descriptive Catalogue of Printing in Spain and Portugal, 1501-1520,* 1978; F. J. NORTON, *Printing in Spain, 1501-1520,* Cambridge, University Press, 1966; Pedro SALVÁ y MALLÉN, *Catálogo de la Biblioteca de Salvá,* Valencia, 1872.

88. ERASMUS OF ROTTERDAM

Enquiridio o manual del cauallero christiano / compuesto primero en latin por Erasmo Roterdamo... ; traduzido de allí en castellano y aprovado por... Alonso Manrrique, Arçobispo de Sevilla...—Impresso en la Universidad de Alcala de Henares: en casa de Miguel de Eguía, [1533?].—[8], CXXXVI l; 8.° (20 cm.) Sign. +⁸, a-r⁸. Title page with woodcut border.—On verso woodcut shield with bishop's arms and cardinal's hat surrounded by an architectural border and emblem of the IHS.—Decorated initals.—Gothic lettering.

Madrid, Biblioteca Nacional, R 5079

The Alcalá edition of *The Enchiridion* or *Manual for the Christian Knight* is the Spanish translation of Erasmus' work, first published in Latin in Louvain, June 25, 1515. Miguel de Eguía was the first to publish this translation in 1526 and again in 1527. The following year it appeared in Valencia and in Saragossa in an edition which included the *Colloquies.*

Erasmus was almost forty when he published this work. He had spent the last seventeen years in a clerical or monastic environment and had studied theology at the Sorbonne, all of which had been negative experiences for him. His encounter in England with John Colet, a fervent spreader of the Epistles of St. Paul, provoked a religious crisis in him which led to the *Enchiridion,* his first and most passionate expression.

The author considered this to be one of his most important works. The 150 editions in Latin and other languages, mostly in the 16th century, are proof of its enormous success. Instead of being erudite and pompous, he adopted a more popular and intimate tone. He agreed with the current necessity of putting evangelical precepts into practice, and his protest against pharisaism, the arrogant vanity of scholasticism and monastic formalism «which is not piety,» are all approaches of great actuality at the time of the debate on Luther and the indulgences.

The translator, Alonso Fernández de Madrid, known as the «Archdeacon of Alcor», was a canon of the Cathedral of Palencia. He rendered the text into admirable Spanish «to compete favorably with the Latin,» according to Juan de Valdés. Some scholars considered it purer and more elegant than the original.

The Inquisitor-General Manrique accepted the prologue-dedication as well as the publication itself, thanks to the good offices of his secretary, Luis Coronel, an Erasmian theologian. In the prologue the archdeacon poses the convenience of those not versed in Latin, both men and women, being able to read about «Christian philosophy» in Spanish. He appropriates the most daring ideas of Erasmus's *Paraclesis* as his own and recommends the work, recalling that it had already been printed several times in the rest of Europe.

This Spanish translation contributed greatly to the influence of Erasmus' ideas in Spain. Before that they were only known to canons and scholars, but after 1526 Erasmus began to be known as the «only man capable

88. ERASMO DE ROTTERDAM

Enquiridio o manual del cauallero christiano/compuesto primero en latin por... Erasmo Roterdamo...; traduzido de allí en castellano y aprovado por...: Alonso Manrrique, Arçobispo de Sevilla...—Impresso en la Universidad de Alcala de Henares: en casa de Miguel de Eguía, [1533?].—[8], CXXXVI h.; 8.° (20 cm.). Sign. +⁸, a-r⁸.—Port. orlada xilográfica, al verso escudo xilográfico de armas episcopales, con capelo cardenalicio, incluido en orla arquitectónica y emblema de la IHS.—Iniciales decoradas.—Letra gótica.

Madrid, Biblioteca Nacional R5079

La edición de Alcalá del *Enquiridion* es la traducción castellana de la obra de Erasmo, publicada por primera vez en latín en Lovaina el 25 de junio de 1515. Miguel de Eguía publicó por primera vez esta traducción en 1526, y después en 1527. El año siguiente apareció en Valencia y Zaragoza, esta última aumentada con los *Coloquios.*

Cuando Erasmo publicó la obra tenía casi cuarenta años, y llevaba diecisiete de vida clerical o monástica, que habían sido para él una experiencia negativa, lo mismo que su carrera teológica en la Sorbona. El encuentro en Inglaterra con John Colet, fervoroso difusor de las Epístolas de San Pablo, provocó en él la crisis religiosa de la que el *Enquiridion* es la primera y más sentida expresión.

El mismo contaba esta obra entre las suyas más importantes, y las 150 ediciones conocidas, ya en latín, ya en otras lenguas, la mayoría de ellas del siglo XVI, prueban su enorme éxito. Adoptó el tono popular e íntimo en vez del erudito y doctoral, coincidió con las necesidades del momento de poner en práctica los preceptos evangélicos, y su protesta contra el fariseísmo, la arrogante vanidad de la escolástica y el formulismo monástico «que no es piedad» son planteamientos de gran actualidad en el momento del debate en torno a Lutero y las indulgencias.

El traductor fue Alonso Fernández de Madrid, canónigo de la catedral de Palencia, más conocido como «el arcediano del Alcor» por el título de su dignidad en dicho cabildo, que puso el texto en un admirable castellano «que puede competir con el latino», al parecer de Juan de Valdés y es para algunos más puro y elegante que el original.

En el prólogo-dedicatoria al Inquisidor General Manrique, que éste aceptó (así como la propia publicación de la obra), gracias a los buenos oficios de su secretario Luis Coronel, teólogo erasmizante, el arcediano plantea la conveniencia de que los no entendidos en latín, tanto hombres como mujeres, puedan leer en romance «la christiana philosophia», hace suyas las ideas más atrevidas de la *Paraclesis* de Erasmo y encomia la obra recordando que se ha impreso ya varias veces en muchos países de Europa.

La traducción castellana contribuyó a la gran influencia de las ideas de Erasmo en España. Antes de ella

of rendering the Divine Word into very discrete writings for the consolation and repose of pious souls.» He was venerated as the interpreter of the essence of an inner and reflective type of Christianity. Eguía's publication was an unprecedented success in the history of Spanish printing.

It is a manual of inner Christianity as well as an admirable anthology on commentaries on the fundamental texts of St. Paul and the evangelical texts that scourged pharisaism.

By the middle of the century the *Enchiridion* had very few readers because of the Counter-Reformation and persecution of Erasmian thought by the Inquisition. In 1599 it was included in the Index of the Inquisidor General Valdés published in Valladolid along with almost all Erasmus's works. In spite of its prohibition, or perhaps because of it, Erasmus' work had a tremendous influence on revolutionizing the religious consciousness that created the setting for the flourishing of mysticism. St. Theresa, St. John of the Cross, Fray Luis de León and even St. Ignatius of Loyola all knew his work and were influenced by it to some degree.

The version exhibited here was printed by Miguel de Eguía, son-in-law and successor to Arnao Guillén de Brocar, established in Alcalá around 1524 and persecuted a few years later for his religious ideas. Theologians of the University of Alcalá and admirers of Erasmus centered their editorial efforts on spreading Erasmian thought. The *Enchiridion* was printed in Latin in 1525. Later other works of Erasmus were also printed and dedicated to Archbishop Fonseca who came to Alcalá from Toledo around 1525.

This work must have been printed before 1534. In the exhortation to the reader the translator says that Erasmus wrote the work «twenty-five years earlier,» and Fonseca, who patronized the editions died in 1535.

It is a small treatise in octavo, with Gothic lettering, printed without paragraphing and with few margins and decorated initials. The title page is framed in a beautiful Renaissance border and on the verso there is an episcopal coat-of-arms, framed by an architectural border with the cardinal's hat on the upper part and the emblem IHS below.

After the prologue-dedication to Archbishop Manrique, there is an «exhortation to the reader in the name of the interpreter,» followed by the division of the book and table of contents and the author's prologue.

Bibliography

Ediciones: *El Enquiridion o manual del caballero cristiano*. Edición de Dámaso Alonso. Prólogo de Marcel Bataillon. Madrid, C.S.I.C., 1971.
J C García López: *Ensayo de una tipografía complutense*. Madrid, Imp. de Manuel Tello, 1889.

era conocida sólo de canónigos e ilustrados, pero a partir de 1526 Erasmo empezó a ser considerado como «el único que supo vertir en discretísimos escritos la palabra divina, para consuelo y descanso de las almas piadosas», y se le veneraba como al intérprete del cristianismo más esencial e interior. Eguía consiguió con la publicación de esta obra un éxito popular que no tenía precedente en la historia de la imprenta española.

Es un manual de cristianismo interior, a la vez que una admirable antología comentada de los textos fundamentales de San Pablo, y también de los textos evangélicos que zahieren con más fuerza al fariseísmo.

La contrarreforma y la persecución de que fue objeto el erasmismo por parte de la Inquisición hizo que el *Enquiridion* pasase a ser a mediados de siglo lectura de pocos, y en 1599 es incluido en el *Índice* del Inquisidor General Valdés, publicado en Valladolid, junto con casi todas las obras de Erasmo. A pesar de la prohibición, y quizá a causa de ella, la obra de Erasmo ha influido enormemente en la revolución de la conciencia religiosa creadora del ambiente en que iba a florecer la mística.

Santa Teresa, San Juan de la Cruz, Fray Luis de León e incluso Ignacio de Loyola conocieron su obra y de diversas maneras recibieron su influencia.

El ejemplar que se expone fue impreso por Miguel de Eguía, yerno y sucesor de Arnao Guillen de Brocar, establecido en Alcalá hacia 1524, que pocos años más tarde había de ser perseguido por sus ideas religiosas. Los teólogos complutenses admiradores de Erasmo orientaron su esfuerzo editorial hacia la difusión del erasmismo. En 1525 imprimió el *Enquiridion* en latín y después publicó otras obras de Erasmo, dedicadas al Arzobispo Fonseca, que llegó a Alcalá, procedente de Toledo, en esta fecha.

Debió de imprimirse antes de 1534. En la exhortación al lector, el traductor dice que Erasmo escribió la obra «veynte cinco años ha», y Fonseca, favorecedor de estas ediciones, murió en el año 35.

Es un pequeño tratado en octavo, en letra gótica, impreso a renglón seguido con pocos márgenes, con iniciales decoradas. La portada está enmarcada por una bella orla renacentista, y en el verso hay un escudo de armas episcopales, enmarcado por una orla arquitectónica con el capelo cardenalicio en la parte superior y en la inferior el emblema IHS.

Al prólogo-dedicatoria dirigido al Arzobispo Manrique sigue una «exhortación al lector en nombre del intérprete», la división del libro y la tabla, y a continuación el prólogo del autor.

Bibliografía

Ediciones: *El Enquiridion o manual del caballero cristiano*. Edición de Dámaso Alonso. Prólogo de Marcel Bataillon. Madrid, C.S.I.C., 1971.
J C García López: *Ensayo de una tipografía complutense*. Madrid, Imp. de Manuel Tello, 1889.

89. BOSCAN, Juan

Las obras de Boscán y algunas de Garcilaso de la Vega: repartidas en quatro libros. Además que ay muchos añadidos van mejor complidos y en mejor orden que hasta agora han sido impressas.—En Lyon: empremidas por Iuan Frellon, 1549.—[24], 766, [2] p.; 12.°.
Sign. +^{12}, a-z^{12}, A-I^{12}

Madrid, Biblioteca Nacional R1527

After the death of Boscan his works were published by his widow, Ana Girón de Rebolledo, in three books together with a fourth compiling the works of Garcilaso de la Vega. The first edition was published in Barcelona by Carles Amorós in 1543 and proof of its popularity was the fact that it was printed 23 times in the 16th century. In 1569 Mathias Gast published the works of Garcilaso separately in Salamanca, and from then on they were published frequently and Boscan's were forgotten. In 1875 an American scholar, William I. Knapp, brought out a magnificent edition of Boscán published in Madrid by M. Murillo. Boscán's widow explains in the prologue why he did not publish his works before and that, at his death, he was correcting and revising the manuscript and had changed a great many things in it. Before his death he had already agreed to have it printed «pressed to do so by many fiends» so she decided to print it as it was, «although not as perfect as if Boscán had done it».

This version was printed in Lyons by the Parisian, Jean Frellon, who settled there around 1535 and eventually became the owner of a flourishing book trade in Lyons in the middle of the 16th century. It is a small volume in *doceavo prolongado* in roman round, with decorated initials and heading with plant motifs at the beginning of each book. The title page has a simple typographic shield.

The vision into three books corresponds to three different periods. The first book contains poetry in short meter in the style of medieval songbooks. Book two is a collection of sonnets and songs of the Early Renaissance in the style of Petrarch. The third contains a short epic poem, several epistles, including the famous one to Mendoza, the «octava rima», a lengthy free version of a poem by Bembo in *octavas reales* and the «Story of Hero and Leander», belonging to the humanistic period of the later Renaissance.

Juan Boscán, a native of Barcelona, was educated at the court under the guidance of Lucio Marineo Sículo, the Italian humanist. He is one of the great lyric poets of Spain and is important in Spanish literature for having introduced Italian techniques and verse forms into Castilian poetry. Through his relationship with Andrea Navaggiero, the Venetian ambassador to Spain whom he met in Granada in 1526, he came in contact with Italy and perceived the need for a literary renovation of Spanish poetry. In a letter to the Duchess of Soma included at the beginning of the second book, Boscán tells of his introduction to this new type of verse. The Renaissance

89. BOSCAN, Juan

Las obras de Boscán y algunas de Garcilaso de la Vega: repartidas en quatro libros. Además que ay muchos añadidos van mejor complidos y en mejor orden que hasta agora han sido impressas.—En Lyon: empremidas por Iuan Frellon, 1549.—[24], 766, [2] p.; 12.°.
Sign. +^{12}, a-z^{12}, A-I^{12}.

Madrid, Biblioteca Nacional R 1527

Las obras de Boscán fueron publicadas a su muerte por su viuda, Ana Girón de Rebolledo, en tres libros, junto con un cuarto que recoge las de Garcilaso. La primera edición la publicó en Barcelona Carles Amorós en 1543, y en el siglo XVI se reimprimió veintidós veces, lo que prueba la estima de que gozaba. En 1569 Mathias Gast publicó en Salamanca, separadas, las obras de Garcilaso, y a partir de entonces éstas se publicaron con frecuencia, y las de Boscán quedaron olvidadas. En 1875, un erudito americano, William I. Knapp, hizo de ellas una magnífica edición, publicada en Madrid por M. Murillo. La viuda de Boscán explica en el prólogo las razones por las que éste no había publicado antes sus obras, y cómo a su muerte estaba corrigiendo y revisando el manuscrito, en el que aún habría cambiado muchas cosas. Antes de morir ya había aceptado que se imprimiese, «forzado por los ruegos de muchos», y ella se decidió a imprimirlo como estaba, «aunque no estén en la perfición que estuvieran como Boscán las pusiera».

La división en tres libros responde a tres períodos diferentes: el primer libro contiene poesías de metro corto, a la manera de los cancioneros medievales. El libro dos reúne sonetos y canciones del primer Renacimiento, a la manera de Petrarca. Y el tercero, que contiene un corto poema épico, varias epístolas, entre ellas la notable a Mendoza, la Octava rima, versión libre y extensa de un poema de Bembo en octavas reales, y la Historia de Hero y Leandro en verso libre, que pertenecen al libre período humanístico del Renacimiento posterior.

Juan Boscán, nacido y residente en Barcelona y educado en la Corte bajo la dirección de Lucio Marineo Sículo, humanista italiano, es uno de los grandes poetas líricos españoles, introductor de la técnica italiana en la poesía castellana. Entró en contacto con Italia y comprendió la necesidad de una renovación literaria a través de su relación con Andrea Navaggiero, embajador de este país, al que conoció en Granada en 1526. En la carta a la Duquesa de Soma, incluida al principio del libro segundo, narra Boscán sus comienzos en la utilización del nuevo género de verso. A través de Levante penetra el Renacimiento en España, y el Dante y Petrarca son conocidos en Castilla. Boscán aporta el instrumento poético formal adecuado a su expresión.

Después de él, Garcilaso, algo más joven y gran amigo del poeta, conferirá a la poesía española del Renacimiento un valor universal.

El cuarto libro, que contiene la poesía de Garcilaso, incluye odas, elegías y sonetos, que estaban en posesión de Boscán: «Después de la muerte de Garcilaso le entre-

has entered Spain through the Levant region and Dante and Petrarch were known in Castile. Boscán supplied the exact formal poetic instrument for the expression of the new poetry.

After him, Garcilaso, who was younger and a great friend of the poet, elevated Spanish Renaissance poetry to a universal level.

The fourth book containing Garcilaso's poetry includes odes, elegies and sonnets which were in Boscán's possession. Garcilaso's death in 1536 left a deep impression on his friend and later «his works were given to him so that he could put them into their proper order». On the recto of the last printed page there is a note stating that «These works of Juan Boscán, some of Garcilaso de la Vega's and many others newly added and never published to date, have also been corrected and many errors amended...»

This edition included additions introduced in the Antwerp edition, among them Boscan-'s «Conversion» and an alphabetical index of poems contained in the volume. Garcilaso's works begin on page 556. In the 17th century there were several changes in the title pages.

Bibliography

Ediciones: *Juan Boscán*. Prólogo y selección de Eugenio Nadal. Barcelona, Yunque, 1940. DAVID H. DARST: *Juan Boscán*. Boston, 1978.—*Homenaje a Boscán en el IV Centenario de su muerte (1542-1942)*. Barcelona, Biblioteca Central, 1944.

garon a el sus obras, para que las dexasse como deuian de estar». Garcilaso murió en 1536, dejando una profunda huella en el amigo. Este ejemplar se imprimió en Lyon por el parisino Jean Frellon, que se instaló en la ciudad hacia 1535 y llegó a poseer un importante negocio en el floreciente comercio librero que alcanzó Lyon a mediados del siglo XVI. Es un pequeño volumen, en doceavo prolongado, en letra romana, con iniciales decoradas y cabeceras con motivos vegetales al comienzo de cada libro. La portada tiene un sencillo escudo tipográfico.

Al fin, en el recto de la última hoja, en blanco, hay una nota que comienza: «Estas obras de Ian Boscan, y algunas de Garcilaso de la Vega, y muchas otras nuevamēte añadidas, q hasta agora nūca fueron impressas, son tābien corregidas y emendadas de muchas faltas...».

Esta edición incluye algunas adiciones introducidas en la edición de Amberes, entre ellas la Conversión de Boscán, y una tabla alfabética de los poemas contenidos en el volumen. En la página 556 empiezan las obras de Garcilaso. En el siglo XVII sufrió uno o más cambios de portada.

Bibliografía

Ediciones: *Juan Boscán*. Prólogo y selección de Eugenio Nadal. Barcelona, Yunque, 1940. DAVID H. DARST: *Juan Boscán*. Boston, 1978.—*Homenaje a Boscán en el IV Centenario de su muerte (1542-1942)*. Barcelona, Biblioteca Central, 1944.

---

90. VIVES, Juan Luis

Io. Lodovici Vivis valentini opera, in duos distincta tomos...—Basileae: [per Nic. Episcopum juniorem], 1555.—2 v. ([64], 687 p.;978,[2] p.); fol. Sig.—α-δ⁶, ε⁸, a-z⁶, A-Z⁶, aa-ii⁶, kk⁸, Aa-Zz⁶, Aa-Zz⁶, aAa-zZz⁶, AaA-LlL⁶, MmM⁴, NnN⁶
Printed title page.—Historiated initials.-Typographic shield.—Colophon.

Madrid, Biblioteca Nacional, R 25671; R 32076

Luis Vives is one of the outstanding philosophers and humanists of the European Reanissance. Menéndez Pelayo has called him 'the most universal synthetical genius to come out of 16th-century Spain.' He was born in Valencia in 1492 and, like many Spaniards of his time, he studied scholastic philosophy in Paris. From 1512 on he lived in Bruges where he married. In Louvain he was made a professor of Latin classics. Here he met Erasmus who profoundly influenced his thinking, especially his attitude toward scholasticism reflected in the eloquent invective, *In pseudodialecticos*. He maintained a similar attitude toward jurists in his dialogue *Aedes legum*. He always wrote in Latin. Commissioned by Erasmus, he prepared a commentated edition of St. Agustine's *City of God*. After Vives' death the work was put on the Index because of its Erasmian leanings. He also lived in England where he met Thomas More and other English humanists. Through their influence he was appointed tutor to the daughter of Henry VIII, the future Mary

90. VIVES, Juan Luis

Io. Lodovici Vivis valentini opera, in duos distincta tomos... — Basileae: [per Nic. Episcopum juniorem], 1555. — 2 v. ([64], 687 p.; 978, [2] p.); fol. Sign.—α-δ⁶, ε⁸, a-z⁶, A-Z⁶, aa-ii⁶, kk⁸, Aa-Zz⁶, Aa-Zz⁶, aAa-zZz⁶, AaA-LlL⁶, MmM⁴, NnN⁶.

Madrid, Biblioteca Nacional R 25671; R 32076

Entre los filósofos del Renacimiento y entre los más altos humanistas de Europa destaca la figura de Luis Vives, «el genio más universal y sintético que produjo el siglo XVI en España», según Menéndez Pelayo. Nació en Valencia en 1492, y como tantos españoles de su tiempo, estudió en París filosofía escolástica. Residió desde 1512 en Brujas, donde se casó, y más tarde en Lovaina, donde obtuvo una cátedra de clásicos latinos y conoció a Erasmo, que influyó mucho en su pensamiento y sobre todo en su actitud frente a la escolástica, reflejada en la elocuente invectiva que tituló *In pseudodialecticos*. Actitud semejante a la que mantiene contra los juristas en su diálogo *Aedes legum*. Siempre escribió en latín. Por encargo de Erasmo preparó una edición comentada de *La Ciudad de Dios* de San Agustín, obra que por su sabor erasmista fue llevada al *Indice* después de la muerte de Vives. Vivió también en Inglaterra, donde conoció a Tomás Moro y otros humanistas ingleses, por cuya influencia fue nombrado preceptor de la hija de Enrique VIII, la futura María de Inglaterra. Para ella escribió *De rationes studii puerilis* y *De institutione feminae christianae*, que

Queen of Scots. It was for her that he wrote *De ratione studii puerilis* and *De institutione feminae christianae*. These works, together with the *De disciplinis* and the scholastic dialogues, written later, are the cornerstones of his pedagogical theories which are concerned with basic educational reforms. They place him at the head of European pedagogues of his time. His final years were spent in Bruges where he died in 1540. During this last period of his life he was deeply concerned with the religious upheavals of Europe. His works on pacifism, such as *De concordia et discordia humani generis* and *De pacificatione*, reflect this preoccupation. Like all humanists, he was a convinced pacifist who saw peace as man's highest natural gift.

Perhaps he has been excessively praised as a philosopher. As a man of the Renaissance, however, he was a forerunner, a theoretician of change and the significance of new currents. He examined the reasons for the decline of philosophical studies in the Middle Ages and proposed methods to revitalize it. Long before the empiricists, he emphasized the importance of observation and experience, disting uishing between external observation as the most appropriate type for studying natural phenomena, and internal observation for acquiring knowledge of psychological phenomena. In this field he must be considered a forerunner of modern psychology. His work. *De anima et vita,* is still valid today as far as memory, language ad emotions are concerned.

The *Introductio ad sapientiam,* along with *De prima philosophia,* is the most mature product of Vives' thought. At his death he left a completed work, *Defensio fidei christianae,* a brilliant defense of the faith and an homage to the Catholic religion.

Vives showed his desagreement with all literature without didactic intent and attempted to base science on its utillity.

Before the 1550 Basel edition of his complete works, only partial collections such as the Louvain one of 1523 or Basel, 1538 had been published. The title page of the 1550 edition states that only the Commentaries on St. Augustine's *Civitas Dei* are missing. The 1556 edition of this work printed in Basel may be considered a continuation of the complete works printed by l'Evesque. He alludes to it in the same frontispiece, saying that the Commentaries on St. Augustine could be seen 'apud Frobenium iuveniet'.

Gregorio Mayáns y Siscar published the complete works Latin in two volumes in Valencia between 1782 and 1790. After his death his brother continued to publish the remaining volumes in accordance with the Basel edition. The first Spanish translation was published in 1947-48 under the direction of Lorenzo Riber, with notes, commentaries and bibliography on Vives. Several editions of his individual works had already appeared in the 16th venttury. The first work translated into Spanish in 1528 was *La instrucción de la mujer cristiana* (Instruction for Christian Women), which went through eight prin-

junto con *De disciplinis* y los diálogos escolares, escritos más tarde, son las obras básicas de su pedagogía, fundamentalmente reformadora de la enseñanza, que le coloca a la cabeza de los pedagogos europeos de su tiempo. Los últimos años los pasó en Brujas, donde murió en 1540. En este período final de su vida se preocupó hondamente por los sucesos de España y por los trastornos religiosos de Europa. Producto de esta preocupación son sus obras sobre el pacifismo: *De concordia et discordia humani generis, De pacificatione,* etc. Como todos los humanistas, es un pacifista convencido que mira la paz como el supremo bien natural del hombre.

Como filósofo tal vez ha sido excesivamente ensalzado. Como hombre del Renacimiento es un precursor, un teórico del cambio y del significado de las nuevas corrientes. Examinó las causas por las que habían decaído los estudios filosóficos en la Edad Media y propuso los métodos necesarios para vigorizarlos. Adelantándose a los empiristas señaló la importancia de la observación y la experiencia, distinguiendo entre la observación externa, como la más apropiada para el estudio de los fenómenos naturales, y la observación interna para adquirir el conocimiento de los fenómenos psicológicos. Es en este campo donde se le puede considerar un precursor de la psicología moderna. Su obra *De anima et vita* es todavía válida en lo que se refiere a la memoria, al lenguaje y a las pasiones.

La *Introductio ad sapientiam* es el producto más maduro del pensamiento de Vives, junto con *De prima philosophia*. A su muerte dejó terminada la *Defensio fidei christianae,* brillante apología de la fe y homenaje a la religión católica.

Vives mostró su disconformidad con toda literatura que no encerrase una finalidad didáctica y trató de basar la ciencia en su utilidad.

La edición de Basilea de 1550 es la primera de las obras completas, ya que antes de esta fecha se habían publicado colecciones parciales, como la de Lovaina ca. 1523 o Basilea, 1538. En esta edición de 1550, como se advierte en la portada, sólo faltan los comentarios a la *Civitas Dei* de San Agustín. La edición de esta obra, impresa en Basilea por Froben en 1556, puede considerarse continuación de las obras completas de l'Evesque, que alude a ella en la portada cuando dice que los comentarios a San Agustín pueden verse «apud Frobenium iuveniet».

Gregorio Mayans y Siscar editó las obras completas en latín en Valencia, 1782-1790, en ocho volúmenes. A su muerte continuó la edición su hermano Juan Antonio, siguiendo la edición de Basilea. En 1947-48 se publicó la primera traducción castellana a cargo de Lorenzo Riber, con notas, comentarios y bibliografía de Vives. De las obras individuales hay innumerables ediciones ya en el siglo XVI. La primera obra traducida al castellano, en 1528, fue *La instrucción de la mujer cristiana,* de la que hay ocho ediciones en el mismo siglo. Le siguen el *Despertamiento,* la *Introducción a la sabiduría* y los *Diálogos de la lengua la-*

tings in the same century. This was followed by *Despertamiento* (Awakening), *Introducción a la sabiduría* (An Introduccition to Wistom) and *Diálogos de la lengua latina* (Dialogues on Latin). Vives' works were largely forgotten in Spain until the 18th century when Mayáns brought out his edition of the complete works.

The two volumes of this Basel edition were printed in large folios of 32 lines without paragraph divisions and with narrow margins. The embellishments included a decorated frontispiece, historiated initials, chapter headings and rubrics. The printed title page contains combinations of letters of different sizes, including italics and Greek characters. The lettering diminishes in size in typical 16th century fashion. In the center a printer's shield with the name EPISCOP depicts an arm holding a bishop's crozier with a stork on it, and allegorical symbol of wisdom.

The colophon of volume one, fol. 687 reads: 'Basilea, per Nic. Episcopum iuniorem, anno MDLV'; in volume two, fol. 978 reads, 'apud Iacobum Paruum, impensis Episcopii Iunioris'. The verso displays the same typographic coat-of-arms as the title page within an architectural frame. Volume one, fol. 1v. contains the privilege in French, granted to Nicholas l'Evesque, le Jeune, bookdealer and burgher of Basel by Henry II.

At the beginning of book I there is an 'Epistola nuncupatoria' followed by the table of contents in three columns. The volume begins with *De ratione studii puerilis*. Volume II also begins with a catalog of works.

On the title page there is a handwritten note: 'Minuenda ubique elogia Erasmi'. Above: 'Expurgated in accordance with the 1640 Index.' An illegible signature with flourish appears in the left hand corner.

Bibliography

PALAU, 27, p. 396. — H. VAGANAY: «Bibliographie hispanique extrapéninsulaire». En *Revue Hispanique, XLII*, p. 70 (276, a-b). — A. BONILLA Y SAN MARTIN: *Luis Vives y la Filosofía del Renacimiento*, Madrid, 1929. — FERRETER MORA: *Diccionario de Filosofía*, Madrid, 1981. — J. ESTELRICH: *Vives, 1492-1540*, París, 1941. — F. MATEU Y LLOPIS: *Catálogo de la exposición bibliográfica celebrada con motivo de la muerte de Luis Vives*, Barcelona, Biblioteca Central, 1940. — Id, *Juan Luis Vives, el expatriado*, Valencia, 1941.

tina. Hasta el siglo XVIII la obra de Vives fue muy olvidada en España, lo que Mayans intentó reparar con su edición de las obras completas.

Los dos tomos de esta edición de Basilea se imprimieron en folio mayor, a renglón seguido, en 32 líneas, con pequeños márgenes. Cabeceras decoradas, iniciales historiadas, títulos y comienzos adornados con pimientillos. La portada, tipográfica, presenta la combinación de letras de diferentes tamaños en disminución típica del XVI, incluyendo cursivas y caracteres griegos. En el centro, el escudo tipográfico con el nombre del impresor, EPISCOP, muestra un brazo sosteniendo una especie de báculo episcopal, sobre el que se mantiene una cigüeña, alegoría de la gran sabiduría.

En el folio 678 del tomo 1, colofón: «Basileae, per Nic. Episcopum iuniorem, anno MDLV». En el tomo 2, folio 978, «apud Iacobum Paruum, impensis Episcopii Iunioris». A la vuelta, en ambos tomos, el mismo escudo tipográfico de la portada, con marco arquitectónico.

En el folio 1v. del primer tomo, privilegio en francés concedido por Enrique II a Nicolás l'Evesque le Jeune, librero y burgués de Basilea.

Al principio hay una Epístola nuncupatoria a la quesigue la tabla del libro I, a 3 columnas. Comienza el tomo por *De ratione studii puerilis*. El tomo II comienza por el catálogo de las obras que contiene.

En la portada, nota manuscrita: «Minuenda ubique elogia Erasmi». Encima: «Expurgado conforme al índice expurgatorio del año de 1640».

Ediciones: Obras completas. Trad. y notas de Lorenzo Riber. Madrid, Aguilar, 1947-48.

Bibliografía

PALAU, 27, p. 396. — H. VAGANAY: «Bibliographie hispanique extrapéninsulaire». En *Revue Hispanique, XLII*, p. 70 (276, a-b). — A. BONILLA Y SAN MARTIN: *Luis Vives y la Filosofía del Renacimiento*, Madrid, 1929. — FERRETER MORA: *Diccionario de Filosofía*, Madrid, 1981. — J. ESTELRICH: *Vives, 1492-1540*, París, 1941. — F. MATEU Y LLOPIS: *Catálogo de la exposición bibliográfica celebrada con motivo de la muerte de Luis Vives*, Barcelona, Biblioteca Central, 1940. — Id, *Juan Luis Vives, el expatriado*, Valencia, 1941.

---

91. CARDONA, Juan Bautista

Traza para la librería de El Escoriall Spain.—16th century.—18l.—*220 × 160 mm.—Paper. Leather binding. 234 × 170 mm.*

Real Monasterio de El Escorial, D-III-5

Juan Bautista Cardona presented King Philip II with a report *para la librería que la Magestad Cathólica del Rey nuestro señor mada levantar en Santo Lorenzo el Real* (Plan for the library ordered by His Catholic Majesty our King to be built in San Lorenzo el Real). This brief report (fols. 1-18v), written in ink in a single column covering the entire page, discusses 52 points for the great library project of King Philip II.

91. CARDONA, Juan Bautista

Traza para la librería de El Escorial.—España.—Siglo XVI.—[18] h.—220 × 160 mm.
Papel.—Encuadernación piel, 234 × 170 mm.

Real Monasterio de El Escorial D-III-5

Juan Bautista Cardona presentó al rey Felipe II un memorial *para la Librería que la Magestad Cathólica del rey nuestro señor manda levantar en Santo Lorenzo el Real*. El breve informe [fol. 1 a 18v] está escrito a tinta, a toda página, y desarrolla en cincuenta y dos puntos un interesante programa para la gran biblioteca que el rey proyecta.

The author of this plan was, by nature, a bibliographer, Cardona, a scholar of theological texts who had revised the works of Sts. Hilarion and Leon, was a man accustomed to research and a great frequenter of libraries. His plan centers on three main aspects: the bibliographic collection itself; organization, maintenance, services and personnel; and control of patrimony and catalogs of collections.

The bulk of the royal collection was made up of ancient Greek, Latin an Hebrew manuscripts and some parchment scrolls. Furthermore, he would add more recent copies which would have the additional value of having been made and revised from accurate originals and manuscript copies of printed books. This would enable the scholar to compare and correct the errors introduced during the printing process and successive editions. He paid particular attention to works currently being written by investigators and erudite scholars such as Arias Montano, Pedro Chacón and Antonio Agustín, whose works might be lost if they were left unfinished at the time of their death.

A well-equipped restoration department would be in charge of the conservation of deteriorated collections. The ancient manuscripts could be their parchment pages protected by taffeta wich would prevent their rubbing against each other. Light and temperature control would be the responsibility of the librarians who would be in charge of opening and closing the windows in accordance with the amount of light required and 'according to the drafts and sun, these two being things that wear out books if they are not carefully kept.'

The collections were organized by subject matter. Ancient and modern collections were separated. Naturally theology took precedence, beginning with the Bibles (among them is the one commissioned by Philip II printed by Plantin, 1569-73, Antwerp), followed by commentaries on biblical texts. One room of the library was set aside for public reading. It would be open only three hours in the morning and would have sourveillance for the readers and observation points were also indicated.

Cardona has a clear idea of the functions of a library of this type. He places high priority on the aspect of the selection of collections, conservation and research, in accordance with its prestige as a royal library. On the contrary, he minimizes the function of the library as a public reading center which was not in keeping with the nature of this institution. He supports the idea of having a group of scholars in charge of reviewing texts and emphasizes the importance of installing a printshop to publish copies of important manuscripts for a wider diffusion of valuable texts.

Among the specialized personnel for the library there should be an Oriental scholar and an expert in classical lenguages. He stresses the importance of entrusting the paleographic work to Antonio Agustín, one of the most prestigious scholars of his time. Agustín's task

Es el suyo el parecer de un bibliógrafo —Cardona era un estudioso de textos teológicos y había revisado las obras de San Hilario y de San León—, de un hombre acostumbrado a la investigación, frecuentador de bibliotecas. El plan que propone al rey se centra en tres grandes aspectos: el fondo bibliográfico; organización, mantenimiento, servicios y personal; control del patrimonio y catálogos colectivos.

El núcleo principal de la colección regia estaría constituido por manuscritos antiguos griegos, latinos y hebreos, membranaceos, a los que se añadirían las copias más recientes que tuviesen valor por haber sido hechas y revisadas a partir de buenos originales, y las copias manuscritas de libros impresos que permitirían cotejar y corregir todos los errores que se hubiesen introducido durante el proceso de impresión y las sucesivas ediciciones. Se hace una llamada de atención sobre las obras que estuviesen redactando investigadores y eruditos —Arias Montano, Pedro Chacón, Antonio Agustín— y que pudieran llegar a perderse por quedar inconclusas a su muerte.

Un gabinete de restauración bien dotado se haría cargo de la conservación de fondos deteriorados. Los manuscritos antiguos protegerían las hojas de pergamino con un tafetán que previniese el roce de unas contra otras. El control de la luz y la temperatura sería responsabilidad de los oficiales de la biblioteca encargados de abrir y cerrar las ventanas conforme a la claridad que fuere menester «y según el aire que corriere y el sol que hiciere que son dos cosas que gastan mucho los libros si no se mira con cuidado».

Los fondos, organizados por materias. Se separan fondo antiguo y moderno. En primer lugar la teología, empezando la colocación por las Biblias —entre las que se alude a la que Felipe II había mandado imprimir a Plantino, 1569-1573, en Amberes— y siguiendo por los textos comentarísticos. Una sala de la biblioteca estaría dedicada a la lectura pública —se señalan los puntos de vigilancia que debería tener—, abierta sólo tres horas por la mañana.

Cardona distingue muy claramente entre la función de la biblioteca como centro de conservación e investigación —como corresponde a su calidad de biblioteca regia— y la función de difusora de la lectura.

Cardona tenía un concepto claro de la función que debe desarrollar una biblioteca de esa índole: prima sobre todo el aspecto de selección de fondo, conservación e investigación, prefiriendo la función de centro de lectura pública que era ajeno al propio carácter de la institución. Apoya la idea de disponer de un grupo de investigadores encargados de la revisión textual y subraya la importancia de crear una imprenta que editase los textos manuscritos principales para difusión del conocimiento.

Entre el personal especializado que debería tener la biblioteca —un orientalista, y un experto en lenguas clásicas— destaca la necesidad de encargar el trabajo de paleografía a uno de los más prestigiosos hombres del mo-

would be to compile and classify ancient writings in order to facilitate research and dating of the collections.

Two types of catalogs would permit easy access to information, an alphabetical catalog listing the title author and number, and a subject catalog. The format would be in book form and on parchment, since this was the most resistant material. In regard to bibliographic information, he notes that 'those in charge of the library should be very well informed and up-to-date on the catalogs in order to be able to answer the many letters and questions sent in from all over by learned men.'

A royal librarian residing in Madrid would serve as the king's adviser, and a general librarian would be in charge of the library itself. The rest of the personnel would include the research staff, librarians and officials in charge of vigilance and control.

Perhaps the most interesting part of Cardona's entire project is the idea of having a catalog for every important collection in Europe: Venice, Florence, the Vatican, Sicily, the kings of England, Matthias of Hungary and Fontainebleau. He also recommends that the crown should try to procure collections of the ecclesiastic libraries of Italy such as the ones belonging to Cardinal Sforza, the Church of San Giovanni Carbonaro and San Severino in Naples and the private collections of Aquiles Stacio or Vicenzo Pinello in Padua, with the advice of men like Pedro Chacón or Francisco Torres and the aid of cardinals and ambassadors. He shrewdly notes that, 'In this respect, it would be a good idea for ambassadors to be advised of the death of cardinals and other learned book collectors: thus collections could fall into their hands easily and chaply, and other cardinals could also be used as informants. This would be a service to Your Majesty and instrumented by the Ambassador, everything could be procured discretely and easily.'

This work, published in Latin in 1587 along with other short works by the author, was collected in *De regia S. Laurentii Biblitheca*.

The Latin version was printed by Felipe Mey in Tarragona by order of Antonio Agustín.

The codex is bound with eleven other manuscripts, including a manuscript of particular importance, the *Declaración de las figuras que es necesario penetrar y entender para la introducción del cubo* (A statement of the figures for the understanding of an introduction to the cube) found on fols. 111 to 114. This is a treatise by the architect of the Escorial, Juan de Herrera, on the cubic figure as basic for the desing of the monastery

Bibliography

ZARCO DEL VALLE, I, p. 118-119. GALLARDO, II, n.° 1583.—Ediciones: *R.A.B.M.*, IX, p. 364-77.—*Tarraconae: apud Philippum Mey, 1587.*—*Clarorum Hispanorum opuscula selecta*, Madrid, 1781.—PALAU, III, p. 162.—DOMÍNGUEZ BORDONA, n.° 1.601.

mento, Antonio Agustín, que debería recoger y clasificar las escrituras antiguas para facilitar la labor de investigación y datación de los fondos.

Dos tipos de catálogos permitirían la recuperación de la información: uno alfabético con la indicación del título, el autor y la signatura, y otro por materias. La forma de los catálogos sería la del libro y el material el pergamino por ser el más resistente. En cuanto a la información bibliográfica apunta: « y los que tuvieren cargo de la librería importa tengan esto muy revisto [los catálogos] y muy sabido para responder a muchas cartas y preguntas que les harán de muchas partes los hombres doctos que escribieren».

Un bibliotecario regio —que podría vivir en Madrid y servir de asesor al rey— y un bibliotecario general estarían a cargo de la biblioteca. Los investigadores-bibliotecarios y los oficiales, encargados de tareas de vigilancia y control , completarían la plantilla del centro.

Quizás lo más interesante del proyecto sea la idea que Cardona apunta al rey de reunir un catálogo de cada una de las colecciones más importantes de Europa —Venecia, Florencia, Vaticana, Sicilia, la de los reyes de Inglaterra, la de Matias de Hungría y la de Fontainebleau— y la de procurarse los fondos de las bibliotecas eclesiásticas de Italia como la del cardenal Sforza, la de la Iglesia de San Giovanni Carbonaro y San Severino en Nápoles, y las de particulares como Aquiles Stacio o Vincenzo Pinello en Padua; con la asesoría de hombres como Pedro Chacón o Francisco de Torres y la ayuda de los cardenales y embajadores: «y para esto sería bueno los embaxadores tengan instrucción de que muriendo cardenales·desta manera ó otros hombres doctos que van siempre recogiendo destos libros, procuren vengan a sus manos, lo que será fácil y barato, valiéndose del medio de otros cardenales, que entiendo que es servicio de V.M. y por el instrumento del Embaxador, saldrán con todo con mucho silencio y facilidad».

Este trabajo fue publicado en lengua latina junto con otros opúsculos del autor en 1587, con el título de *De regia S. Laurentii Biblitheca;* esta redacción en latín fue impresa por Felipe Mey en Tarragona por orden de Antonio Agustín.

El códice está encuadernado junto con otras once piezas manuscritas; una de ellas especialmente importante, *Declaración de las figuras que es necesario penetrar y entender para la introducion del cubo* [fol. 111 a 114] del arquitecto Juan de Herrera, donde expone su teoría acerca de la figura cúbica a partir de la cual se concibió el diseño del Monasterio.

Bibliografía

ZARCO DEL VALLE, I, p. 118-119. GALLARDO, II, n.° 1583.—Ediciones: *R.A.B.M.*, IX, p. 364-77.—*Tarraconae: apud Philippum Mey, 1587.*—*Clarorum Hispanorum opuscula selecta*, Madrid, 1781.—PALAU, III, p. 162.—DOMÍNGUEZ BORDONA, n.° 1.601.

IV₄ EL QUIJOTE

Ernesto Sábato

¿Supo Cervantes que escribía una obra trascendente? No, por cierto, cuando comenzó a hacerla. Un ingeniero sabe de antemano lo que llegará a ser el puente que ha calculado en sus planos; pero no se puede calcular una gran ficción, porque no se construye únicamente con las razones de la cabeza, esas que sirven para demostrar teoremas, sino también —y sobre todo— con lo que Pascal llamaba «les raisons du coeur», las incomprensibles y contradictorias verdades del corazón. Dostoievsky se propuso escribir un folleto sobre el problema del alcoholismo en Rusia y le salió Crimen y castigo. Cervantes quiso escribir una regocijante parodia de las novelas de caballería y terminó creando una de las conmovedoras parábolas de la existencia, un patético y melancólico testimonio de la condición humana, un ambiguo mito sobre el choque de las ilusiones con la realidad y de la esencial frustración a que ese choque conduce. Esto no lo sabía al comenzar su empresa, no lo podía saber ni aún con su prodigiosa inteligencia, porque el corazón es inconmensurable con la cabeza: lo fue sabiendo a medida que avanzaba, según los acontecimientos imprevistos y los actores, que iban mucho más allá o en diferentes direcciones de lo preconcebido. Y quizá no lo supo nunca del todo, ni siquiera después de haber dado cima a la gran aventura, como nunca podemos descifrar acabadamente el significado de nuestros propios sueños; porque todas las explicaciones que la razón intenta son impotentes, porque el sueño es irreductible a los puros conceptos, porque el sueño es una ontofanía, una revelación de esa oscura realidad del inconsciente en la única forma en que puede expresarse. De ahí todas las interpretaciones que se dan de un mismo sueño, según la época y las teorías que se utilicen; y de ahí, y por los mismos motivos, las diversas y hasta encontradas lecturas de una ficción profunda como la del Quijote. Si no fuera más que una sátira de la novela de caballería, no habría perdurado cuando esas narraciones estaban olvidadas y carecían de la menor vigencia. Y tampoco se explicaría por qué esa presunta sátira, además de hacernos reír, nos anuda la garganta. Todos comprendemos que sus aventuras son grotescas y al mismo tiempo intuimos que algo tan visible como los molinos de viento constituyen un revelador mito de la condición humana. ¿Qué es, entonces, el Quijote: una simple burla o un símbolo inacabable?

Los personajes protagónicos de una gran ficción son emanaciones hipóstasis del yo más recóndito del escritor, y por eso son inesperados y toman por caminos que el creador no había previsto, o cambian sus atributos según se desarrollan, atributos que van descubriéndose por los actos que ejecutan, a medida que la acción avanza. Nada más sensato que Don Quijote cuando da consejos a Sancho para gobernar la Insula, y nada más quijotesco que Sancho cuando cree en esa Insula. El escritor experimentado sabe que este fenómeno es inevitable y que debe ser modestamente acatado, porque es lo que asegura la auténtica vida de sus criaturas. No debe suponerse que por tener existencia en el papel y por ser inventados por el autor carecen de libre albedrío, son títeres con los que el escritor puede hacer lo que quiera. Por el contrario, el artista se siente frente a su propio personaje tan intrigado como ante un ser de carne y hueso, un ser que tiene su propia voluntad y realiza sus propios proyectos. Lo curioso, lo ontológicamente motivo de asombro,

es que ese personaje es una prolongación del creador, sucediendo como si una parte de su ser fuera testigo de la otra parte, y testigo impotente. Pero esto, que a primera vista nos asombra, se comprende cuando tenemos en cuenta que esa emanación no es el resultado de la razón del autor y de su voluntad, sino de motivaciones de su yo más enigmático. Así también pasa con nuestros sueños, esas ficciones de las que cada uno de nosotros somos autores, con personajes que no han salido, que no podrían haber salido, más que de nosotros mismos y que, no obstante, son de pronto tan desconocidos que hasta nos aterran.

Esta característica de las grandes ficciones es precisamente la que las convierte en grandes verdades. De un sueño se puede decir cualquier cosa, menos que sea una mentira. No sabemos, difícilmente alcanzamos a entender el significado último de ese portentoso fenómeno, pero sin duda es la expresión auténtica de un hecho. Mediante aquello que desde antiguo se llamó inspiración, sin proponérselo, el escritor rescata de ese territorio arcaico símbolos y mitos que confieren verdad a sus creaciones, y que les darán la perdurabilidad de la especie humana. El espíritu puro produce ideas, pero las ideas cambian, y de ese modo Hegel es superior a Aristóteles; pero el Ulises de Joyce no es superior al Ulises de Homero. Los sueños no progresan: dan verdades inmutables y absolutas.

En una carta a un amigo, Karl Marx manifiesta su perplejidad porque las tragedias de Sófocles seguían conmoviendo, a pesar de ser las sociedades modernas tan fundamentalmente distintas. Pero es que los atributos últimos de la condición humana no sufren las vicisitudes de la historia. La muerte no es histórica, siempre el hombre ha sido mortal y seguirá siéndolo, y así también con otras características que constituyen el fondo metafísico del hombre. Estos atributos últimos son los que alcanzan a descubrir y describir los grandes escritores en sus ficciones. Es precisamente por esto que el Quijote vale para todas las épocas y en cualquier parte del mundo. Cervantes es radicalmente español, hasta el punto que es difícil imaginar que pudiera haber surgido en otra parte; pero al mismo tiempo revela y enuncia misterios del alma de todos los hombres. Como decía Kirkegaard, más ahondamos en nuestro corazón, más ahondamos en el corazón de cualquier ser humano.

Esta suerte de complejidades es lo que vuelve imposible juzgar razonablemente la obra máxima de Cervantes. Su mente comenzó planeando un «pasatiempo al pecho melancólico», pero su instinto poético logra finalmente levantar de entre las ruinas de su protagonista apaleado, escarnecido y ridiculizado una figura imponente y conmovedora. Y no son los ingeniosos y descreídos bachilleres los que se imponen al lector, sino el destartalado hidalgo con su fe inquebrantable, su candoroso coraje, su heroica ingenuidad. Esto es lo que después o hasta en medio de la risa llena de pronto de lágrimas nuestros ojos.

En el último capítulo, Cervantes le hace renunciar a todas las ilusiones y quimeras. Como escritor, intuyo que escribió esta parte con el alma contrita, oscuramente sintiendo que cometía con su caballero la última y más dolorosa de sus aventuras, obligándolo a morir desquijotado, para felicidad y tranquilidad de los mediocres, de los que aceptan la existencia como es, con la cabeza gacha, cualesquiera sean las renuncias y sordideces. Para mí, el Cervantes de tantas andanzas en pos de ideales frustrados, dolorosamente se autocontempla y humilla en esa escena final, aceptando el acabamiento de su propia vida con honda amargura. Podría pensarse que aceptaba con resignación cristiana la voluntad de Dios. Pero ¿por qué Dios no ha de querer a los Quijotes? Me atrevo a pensar que Cervantes amó hasta el final al Caballero de la Triste Figura, y que, tímida y lateralmente, desplaza sus ilusiones nada menos que al risible escudero, para que su amargura sea más irónicamente dolorosa.

Y así Cervantes dio cabo a su grandiosa fantasía.

Ernesto Sábato

Did Cervantes know that he was writing a major work? Certainly not when he started out. An engineer knows beforehand how the brigde that he has calculated in his plans will turn out, but a great work of fiction cannot be calculated ahead of time, for it is not created only with the reasons of the head, those which serve to prove theorems, but also and above all with what Pascal called 'les raisons du coeur', the unfathomable and contradictory truths of the heart. Dostoyevsky set out to write a pamphlet on the problem of alcoholism in Russia and ended up writing *Crime and Punishment*. Cervantes planned to write an amusing parody of novels of chivalry and ended by creating one of the most moving parables of existence, a pathetic and melancholy testimony to the human condition, an ambiguous myth about the clash between illusions and reality and the essential frustration it engerders. He did not, could not, even with his prodigious intelligence, know this when he began writing, for the heart cannot be measured like the head. He gradually realized it as he went along, from the unforeseen events and characters went much further than, or in different directions from, what he had intended. And perhaps he never realized it completely, even after he had put the finishing touches to the great epic, just as we can never fully interpret the meaning of our dreams. Rational explanations are worthless, for dreams cannot be reduced to mere concepts, they are a manifestation of inner being, a revelation of that hidden reality of the unconscious in the only form in chich it can express itself. This is why so many interpretations exist for the same dream, depending on the era and the theories used. This too is why there exist diverse and even conflicting readings of a profound work of fiction like *Don Quixote*. Were it only a satire of the novel of chivalry, it would not have endured when all such novels were forgotten and no longer in vogue. Nor would this explain why this alleged satire, in addittion to making us laugh, gives us a lump in our throat. We all realize that his exploits are ludicrous and yet, at the same time, we sense that something as visible as windmills represents a revealing allegory of the human condition. What then is *Don Quixote,* a mere jest or an eternal symbol?

The protagonists of a great work of fiction are substantive emanations of the writer's innermost self, something which makes them unpredictable and follow paths unforeseen by their creator, or change attributes as they develop, as the action progresses. No one could be more sensible than don Quixote when he advises Sancho on governing his Island, and no one more quixotic than Sancho when he believes in this Island. The experienced writer knows that this phenomenon is inevitable and must be humbly respected, because it is what gives his creatures authenticity. Just because they exist on paper and are the author's invention does not mean that they lack free will, that they are puppets with which the writer can do as he pleases. On the contrary, the artist is as intrigued by the character he has created as by a person of flesh and blood, a person who acts of his own volition. What is curious, what is metaphysically astounding is that this character is an extension of his creator, as if a part of his being were a witness, and a helpless one, to the other. But while this may astound us at first glance, we will understand it if we remember that this emanation is not a product of the author's reasons and his will, but rather of the motivations of his most enigmatic ego. This is also what hap-

pens with our dreams, those fictions of which each of us is the author, with characters who could only have been drawn from our own selves and yet are suddenly so unfamiliar as to terrify us.

It is precisely this characteristic of great fiction that transforms it into great truths. You can say what you like about a dream, except that it is a lie. We find it difficult to understand the ultimate significance of this amazing phenomenon, but there can be no doubt that it is the authentic expression of a fact. By means of that which since antiquity has been know as inspiration, the writer unitentionally rescues from this archaic territory sumbols and myths which lend truth to his creations and will give them the ability to endure of the human species. Pure intellect produces ideas, but ideas change, and this makes Hegel superior to Aristotle; but Joyce's Ulysees is no greater than Homer's. Dreams do not progress, they yield immutable and absolute truths.

In a letter to a friend, Karl Marx expressed bewilderment at the fact that Sophocles tragedies continued to move people when modern societies were so fundamentally different. But the fact is that the ultimate attributes of the human condition are nor subject to the vicissitudes of history. Death is not historical; man has always been mortal and will continue to be so, and the same is true of the other characteristics that make up man's metaphysical being. It is these ultimate attributes that great writers manage to uncover and describe in their fiction, and it is for precisely this reason that *Don Quixote* is valid for all times and all places. Cervantes is essentially Spanish, to the point that it would be difficult to imagine his having existed anywhere else, but at the same time he reveals and spells out the mysteries of all men's souls. As Kirkegaard once said, the deeper we penetrate our own hearts, the deeper we penetrate the hearts of all human beings.

It is complexities of this kind that make it impossible to judge Cervantes greatest work by the standards of reason. His intellect started out with a plan for a 'pastime with a melancholy heart' but in the end his poetic instinct managed from the ruins of his beaten, derided and ridiculed protagonist an impressive and moving figure. And is not the witty and disbelieving praters that impress the reader, but the shabby nobleman with his unshakeable faith, his naive courage, his heroic symplicity. It is this that, after or even as we laugh, suddenly fills our eyes with tears.

In the final chapter, Cervantes has his character renounce all his illusions and fancies. As a writer, he sensed that he was writing this part with contrite soul, somehow realizing that he was sharing with his knight the last and most painful of his exploits, forcing him to die stripped of his illusions, for the good fortune and peace of mind of the mediocre, of those who accept life as it is, with head bowed, whatever the cost in resignation and squalor. For me, the Cervantes of the perpetual pursuit of frustated ideals painfully contemplates and humiliates himself in this final scene, accepting the end of his own life with profound bitterness. He might appear to be accepting God's will Christian resignation. But why whould God not love the Quixotes of this world? I would venture to believe that Cervantes loved the Knight or the Woeful Countenance to the last and that he timidly transferred his illusions to no less a figure than the comic squire, so that his bitterness might be all the more ironically painful.

And thus Cervantes concluded his magnificent work of fantasy.

Translated by Jane Abbott

92. CERVANTES SAAVEDRA, Miguel

El ingenioso hidalgo don Quixote de la Mancha /
compuesto por Miguel de Cervantes Saavedra: dirigido
al duque de Bejar, marqués de Gibraleón, conde de
Benalcaçar y Bañares, vizconde de la Puebla de
Alcozer, señor de las villas de Capilla, Curiel y
Burguillos.—En Madrid: por Iuan de la Cuesta,
véndese en casa de Francisco Robles, librero del rey
nro señor, 1605.—1605.—[12], 312, [8]l.; 4.°.
Sig.: &^{4}, 2&^{8}, A-2Q^8, A-2Q^8, + −2 +^{4}.—Foliation
errors.—Vellum binding with gold tooling.

Madrid, Biblioteca Nacional Cerv. 118

This first edition of one of the most important novels in world literature is a bibliographic rarity not only because it is the first edition of an exeptional text, but also because of the unusual circumstances that concurred in its printing and diffusion.

The first edition of the *Quixote* was carelessly done. Typographic, punctuation and foliation errors abound; accents are missing; and, what is worse, parts of the original text, such as the passage in which Sancho Panza's donkey is stolen by Ginés de Pasamonte, were not included. The author or the bookseller, having been warned, corrected some of these errors in the second edition, also by Juan de la Cuesta, and tried to withdraw the largest possible number of these books from circulation. These circumstances, in addition to the fact that very few copies were printed in the first place, have made this edition extremely rare.

For more than two centuries the first edition was unknown. The second printing by Juan de la Cuesta, fourth in the ranking of editions of the *Quixote* came to occupy the first place. Bowle mentioned this rare edition in the 18th century, but it wasn't until the 19th century that its existence was fully proved. Vicente Salvá was the one who established the order of Juan de la Cuesta's editions, having noted the differences between both printings in his *Catalogue of Spanish and Portuguese Books*, London, 1829. Brunet repeated this information in his *Manuel du Libraire*, Paris, 1830, and it was through this catalog, an indispensable reference book for scholars and bibliographers, that the information about this edition princeps was spread.

The first edition was pubished at the beginning of January, 1605 and delivered to the 'Hermandad de Impresores de Madrid' in the middle of May. Even if the licentiate Murcia de la Llana stated in the fe de erratas that 'this book has nothing that does not correspond to its original', the errors reveal that not even a minimum of proofreading had been done. Nor were the legal requirements that printed matter had to fulfill in the Golden Age in order to be published completed properly. The book came out without permission from the vicar of Madrid and without religious censorship or approval by the Royal Council.

Nevertheless, the novel was an instant success. Portuguese editions took the lead over other Spanish edi-

92. CERVANTES SAAVEDRA, Miguel

El ingenioso hidalgo don Quixote de la Mancha/compuesto
por Miguel de Cervantes Saavedra: dirigido al duque de
Bejar, marqués de Gibraleón, conde de Benalcaçar y
Bañares, vizconde de la Puebla de Alcozer, señor de las
villas de Capilla, Curiel y Burguillos.—En Madrid: por
Iuan de la Cuesta, véndese en casa de Francisco
Robles, librero del rey nro señor, 1605.
[12], 312, [8] h.; 4.°
Sig.: &^{4}, 2&^{8}, A-2Q^8, + −2 +^{4}.—Errores de
foliación.—Encuadernación pergamino con hierros
dorados.

Madrid, Biblioteca Nacional Cerv. 118

Esta primera edición de una de las novelas más importantes de la literatura universal es una rareza bibliográfica, no sólo por ser la editio princeps de un texto excepcional, sino porque los factores que concurrieron en su impresión y difusión la convirtieron en una pieza poco corriente.

La primera edición del Quijote fue muy descuidada: abundancia de erratas, falta de acentos, de puntuación, errores en foliación y, lo que es más grave, trozos del original, como el pasaje del robo del rucio de Sancho Panza por Ginés de Pasamonte, no se habían incluido en el impreso. El autor o el librero, advertidos, corrigieron en la segunda edición —también de Juan de la Cuesta y del mismo año— parte de estos fallos y procuraron retirar de la circulación el mayor número posible de libros. Esto unido a que la tirada no había sido grande, hizo que los ejemplares de la edición príncipe sean en la actualidad muy escasos.

Durante más de dos siglos se desconoció esta primera edición. La segunda impresión de Juan de la Cuesta, cuarta en el orden de ediciones del Quijote, vino a ocupar el puesto de la primera. Fue en el siglo XVIII cuando Bowle dio noticia de esta rara edición, pero hasta el siglo XIX no se testificó en firme su existencia; se debe a Vicente Salvá el trabajo de investigación que llevó a establecer el orden de ediciones de Juan de la Cuesta. En el *Catalogue of Spanish and Portuguese Books*, Londres 1829, advirtió las diferencias entre ambas impresiones. Brunet, en el *Manuel du Libraire*, París 1830, recogió la noticia y, a través de este catálogo, obra de referencia obligada para investigadores y bibliógrafos, se difundió la información sobre la edición príncipe.

La fecha de publicación de la primera edición fue a comienzos del mes de enero de 1605, entregándose los ejemplares a la Hermandad de Impresores de Madrid a mediados del mes de mayo. Aunque el licenciado Murcia de la Llana asegura en el testimonio de erratas que «este libro no tiene cosa digna que no corresponda a su original», las faltas que presentaba el impreso denunciaban que ni siquiera se había llevado a cabo un mínimo trabajo de revisión. Tampoco los requisitos legales que los impresos debían reunir en el Siglo de Oro para poder circular se cumplieron con todas las formalidades: el libro salió sin licencia del vicario de Madrid, sin censura religiosa ni aprobación civil del Consejo Real.

CERVANTES SAAVEDRA,
MIGUEL DE: *El ingenioso hidalgo
don Quijote de La Mancha*.
Barcelona, Montaner
y Simón, 1930.
BN Cerv/764-5.

tions. Jorge Rodríguez published his edition with approval on February 26, 1605. This was a hasty edition in which almost all the mistakes of the first one were preserved and new ones had slipped in as well. The job of cutting was donde by an approving inquisitor, Fray Antonio Freyre, who finished tarnishing the text. Pedro Crasbeek, the Lisbon printer, published another edition immediately in which he reproduced the erratas and the missing parts of the text of the first edition in additions to the errors and suppressions of Jorge Rodríguez's edition.

Francisco de Robles, the bookseller who had intervened in the first edition, tried to intercept these Portuguese reprintings and solicited the printing privilege for the kingdoms of Portugal and Aragon which appears in the new edition by Juan de la Cuesta. A few of the mistakes were corrected in this edition and the missing text was completed. Numerous editions ere made from this one.

Bibliography

RÍO RICO, n.º 23.—GALLARDO , II, n.º 1764.—SALVÁ, II.—PALAU , III, p. 394.—PÉREZ PASTOR, II, n.º 903.—L. RIUS: *Bibliografía crítica de las obras de Miguel de Cervantes*. Madrid, 1895, n.º 1.—SIMÓN DÍAZ , VIII, n.º 179.—SUÑÉ, n.º 1.—SERÍS, n.º 1.—GIVANEL, I, n.º 2.—Ediciones facsímiles; Barcelona: por Francisco López Fabra, 1871.—Barcelona: Librería Científico Literaria Toledano Lóez, 1905.—New York: Hispanic Society of America, 1905.—San Sebastián: Biblioteca Nueva, 1934.

Pero el éxito de la novela fue inmediato; en Portugal se adelantaron a otras ediciones españolas: con aprobación de 26 de febrero de 1605 la editó Jorge Rodríguez. Fue ésta una edición apresurada en la que se mantuvieron casi todas las erratas de la príncipe y se deslizaron otras nuevas. El trabajo de lima del inquisidor aprobante, fray Antonio Freyre, terminó de deslucir el texto. Pedro Crasbeek, impresor de Lisboa, sacó inmediatamente otra edición en la que reprodujo las erratas y falta de texto de la edición príncipe más las últimas faltas y supresiones de la de Jorge Rodríguez.

Francisco de Robles, el librero que había intervenido en la primera edición, trató de atajar estas reimpresiones portuguesas y solicitó privilegio de impresión para los reinos de Portugal y Aragón que se incluye en la nueva edición de Juan de la Cuesta. En ésta se corrigieron parte de las erratas y se completó el texto que faltaba. A partir de esta edición se hicieron las numerosas que siguieron.

Bibliografía

RÍO RICO, n.º 23.—GALLARDO , II, n.º 1764.—SALVÁ, II.—PALAU , III, p. 394.—PÉREZ PASTOR, II, n.º 903.—L. RIUS: *Bibliografía crítica de las obras de Miguel de Cervantes*. Madrid, 1895, n.º 1.—SIMÓN DÍAZ , VIII, n.º 179.—SUÑÉ, n.º 1.—SERÍS, n.º 1.—GIVANEL, I, n.º 2.—Ediciones facsímiles; Barcelona: por Francisco López Fabra, 1871.—Barcelona: Librería Científico Literaria Toledano Lóez, 1905.—New York: Hispanic Society of America, 1905.—San Sebastián: Biblioteca Nueva, 1934.

93. CERVANTES SAAVEDRA, Miguel de

Vida y hechos del ingenioso cavallero don Quixote de la Mancha/compuesta por Miguel de Cervantes Saavedra.—Nueva edición corregida e ilustrada con diferentes estampas muy donosas y apropiadas a la materia.—En Bruselas: de la Emprenta de Juan Mommarte, 1662.—2 v. ill.; 8.°
V.1: [28], 611, [4] p., [8] l. of plates.
Sig.: +^{1}0, 2 +^{4}, A–2P^{8}, 2Q^{4}.
V.2: [16], 649, [6] p., [8] l. of plates.
Sig.: +^{8}, A–2S^{8}.
Cooperplate engravings.—Seal of «Pascual de Gayangos».—Stiff marbled binding.

Madrid, Biblioteca Nacional Cerv. 144-5

93. CERVANTES SAAVEDRA, Miguel de

Vida y hechos del ingenioso cavallero don Quixote de la Mancha / compuesta por Miguel de Cervantes Saavedra.—Nueva edición corregida e ilustrada con diferentes estampas muy donosas y apropiadas a la materia. —En Bruselas: de la Emprenta de Juan Mommarte, 1662. —2v. il.; 8^{a}
t.1:[28], 611,[4] p, [8] h. de grab. Sig.: +^{1}0, 2+^{4}, A–2P^{8}, 2Q^{4}.— t.2[16], 649, [6] p, [8] h. de grab. Sig: +^{8}, A–2S^{8}.— Grabados calcográficos.— Sello «Pascual de Gayangos».— Encuadernación de pasta.—

Madrid, Biblioteca Nacional Cerv. 144-5

The first illustrated Spanish version of the *Quixote* was printed in Brussels. Printing in the Netherlands played a very important part in Spanish bibliography during the Golden Age. Even though this was an inexpensive edition in which wide distribution of the novel was a more important factor than beauty, this book printed by Jean Mommarte shows that Flemish printers were well aware of the market possibilities and tried to cover the gaps in Spanish publication.

Seven years earlier, in 1657, Jacob Savry had brought out the first illustrated edition of the *Quixote* in the Dordrecht. Although the copperplate engravings have no artistic pretensions, nor can they be traced to any particular artist or school, nevertheless, it was an important landmark, for at last the text was accompanied by image and this opened up endless possibilities for book illustration.

Bouttats, an engraver born in Antwerp and associated with the school of Rubens, did the engravings for the Brussels edition. He was a specialist in book illustration, a task pursued by many of Rubens' students who made up a significant group of vignette artists. Bouttat copied the engravings from the Dutch edition and added some of his own. There is a total of 16 copperplate engravings (150 × 90 mm) of no great merit. Typical of an edition of this type, the illustrations here merely served as a distraction and pause to break up the dense solid print due to the small format.

The engravings of the Dutch edition were also used in a later edition published in Antwerp in 1673 and 1697. The same drawings, reengraved by Diotati were used in the Spanish editions of Antwerp, 1719 and Lyon, 1736.

This edition is innovative as far as the title of the novel is concerned. For the first time the subtitle 'Life and Deeds of the Ingenious Knight' was used, which became a standard feature of following editions.

The text used as basic by Jean Mommatre was the 1637 Madrid edition by Francisco Martínez in which the printing errors from the second edition by Juan de la Cuesta had already been corrected. For the second part, he followed the text of the 1615 Madrid edition and incorporated the corrections made in the 1616 Valencia edition.

Fue en Bruselas donde se editó la primera versión castellana ilustrada del *Quijote*. La imprenta en los Países Bajos juega durante todo el Siglo de Oro un papel importantísimo con respecto a la bibliografía española, y esta impresión de Jean Mommarte, aunque se trate de una edición barata en la que sobre la belleza primaba la difusión de la novela, demuestra que los impresores flamencos supieron estar al tanto del mercado y cubrir los huecos de la producción nacional.

Siete años antes, en 1657, Jacobo Savry había sacado en Dordrecht la primera edición del *Quijote* en holandés. Se trataba de la primera edición ilustrada de esta novela; las calcografías no tenían grandes pretensiones artísticas ni presentaban ninguna filiación; sin embargo marcaban un hito importante: la imagen acompañaba por fin al texto y dejaba abierto un camino lleno de posibilidades.

Fue Bouttats, grabador nacido en Amberes y vinculado a la escuela de Rubens, quien realizó los grabados para la edición de Bruselas.

Era un especialista en ilustración de libros, oficio al que muchos de los alumnos de Rubens se habían dedicado, llegando a crear un grupo de viñetistas relevante. Bouttats copió los grabados de la edición holandesa añadiendo alguno propio. En total son 16 calcografías [150 × 90 mm.] de no mucha calidad; tampoco lo exigía el tipo de edición, así que la ilustración se limitó aquí a servir de animación y descanso rompiendo un poco lo mazorral de la tipografía, muy densificada por el pequeño formato empleado.

Las calcografías de la edición holandesa sirvieron también para las que posteriormente se realizaron en Amberes en 1673 y 1697. En las ediciones en castellano que se hicieron en Amberes en 1719 y Lyon en 1736 se emplearon los mismos dibujos grabados de nuevo por Diodati.

Esta edición es innovadora en lo que al título de la novela se refiere; por primera vez se emplea *Vida y hechos del ingenioso caballero,* título que se generalizó en las siguientes ediciones.

El texto que sirvió de base a Jean Mommarte para la primera parte fue el de la edición de Madrid de 1637 que realizó Francisco Martínez, en la que ya se habían corregido las erratas de la segunda edición de Juan de la

Provenance: This copy was originally in the Gayangos collection after which it was incorporated into the Biblioteca Nacional in the 19th century.

Bibliography

Río Rico, nª 42. —Rius, nª 20. —Palau,III. —L. STERC: *Los Quijotes de la colección Franz Mayer.* 1981, nª 38. —M.FUNK: *Le livre belge à gravures,*p.233-247. —J. GIVANEL MAS: *Historia gráfica de Cervantes y del Quijote.* Madrid: «Plus Ultra», [1946], p. 106-110. —R. ARENY BATLLE y D. ROCH SEVINA. *Ensayo bibliográfico de ediciones ilustradas de don Quijote de la Mancha.* Lérida, 1948, n.ª1.

Cuesta; para la segunda siguió el texto de la edición de Madrid de 1615, ateniéndose a las correcciones que se hicieron de ella en la de Valencia de 1616.

Este ejemplar procede de la biblioteca de don Pascual de Gayangos y se incorporó al fondo de la Biblioteca Nacional en el siglo XIX.

Bibliografía

Río Rico, nª 42. —Rius, nª 20. —Palau,III. —L. STERC: *Los Quijotes de la colección Franz Mayer.* 1981, nª 38. —M.FUNK: *Le livre belge à gravures,*p.233-247. —J. GIVANEL MAS: *Historia gráfica de Cervantes y del Quijote.* Madrid: «Plus Ultra», [1946], p. 106-110. —R. ARENY BATLLE y D. ROCH SEVINA. *Ensayo bibliográfico de ediciones ilustradas de don Quijote de la Mancha.* Lérida, 1948, n.ª1.

---

94. CERVANTES SAAVEDRA, Miguel de

Vida y hechos del ingenioso hidalgo don Quixote de la Mancha / compuesta por Miguel de Cervantes Saavedra: en quatro tomos.—En Londres: por J. y R. Tonson, 1738.—4 v.; ill.; fol.

V.1 [2], IV, VIII, VI, [2], 103, XX, [4], 296p., [18] l. of plates. Sig.: $\star^2$, $2\star^4$, A^4, a-p^4, B-2P^4.—v.2: [12], 333p., [10] l. of plates.—Sig.: B-Z^4, 2A-2U^4.—v.3: VII, [4], 311p., [16] l. of plates. Sig.: Aa^2, B-Z^4, 2A-2R^4.—v.4: [16], 368p., [25] l. of plates. Sig.: A-3A^4.—Cooperplate engravings.—Marbled leather binding with raised ribs.—Ex-libris 'Biblitoeca de los Caros. Valencia'.

Madrid, Biblioteca Nacional Cerv. 1-4

The first luxury edition and first critical presentation of the *Quixote* was published in England. The text reveals all the precision that characterized the fine critical editions of the Age of the Englightenment. Lord Carteret was the patron of this outstanding publication 22 years before the magnificent edition of the Real Academia de la Lengua Española.

This edition is dedicated to the Countess of Montijo, wife of the Ambassador of Spain at the court of George II of England. Lord Carteret, a Hispanist and friend of the couple, finished this work after Doña Dominga de Guzmán and her husband had left England. In his dedication the editor apologizes to the countess for the anachronisms, and lack of authenticity in the landscapes and settings in the engravings made by foreign artists. Nevertheless, Lord Carteret felt that the interest of the novel, backed up by 130 years of success, would be such that the countess would overlook the errors.

All the textual, graphic and typographic aspects of the edition were done with great care and accuracy.

The introductory remarks to the first volume were written by John Oldfield, who attempts to explain the copperplate engravings drawn by J. Vanderbank and engraved mostly by Van der Gucht together with Bernard Baron, George Vertue and Claude du Bosch. Oldfield explains the philosophy behind the criteria for selection. Two things were attempted, taking into account the universal language of the image capable of overcoming the language barrier: first, the visualization of events which, although not too significant in the story, have a great plastic capacity for evocation; and second, the pre-

94. CERVANTES SAAVEDRA, Miguel de

Vida y hechos del ingenioso hidalgo don Quixote de la Mancha / compuesta por Miguel de Cervantes Saavedra: en quatro tomos.—En Londres: por J. y R. Tonson, 1738.—4v.: il.; fol.

t.1: [2], IV, VIII, VI, [2], 103, XX, [4], 296 pp., [18] h. de grab.—Sig.: $\star^2$, $2\star^4$, A^4, a-p^4, B-2P^4.—t.2: [12], 333 pp., [10] h. de grab.—Sig.: B-Z^4, 2A-2U^4.—t.3: VII, [4], 311 pp., [16] h. de grab.—Sig.: Aa^2, B-Z^4, 2A-2R^4.—t.4: [16]. 368pp., [25] h. de grab.—sig.: A-3A^4.—Grabados calcográficos.—encuadernación pasta.—Ex-libris «Biblioteca de los Caros. Valencia».

Madrid, Biblioteca Nacional Cerv. 1-4

La primera publicación de lujo y primera presentación crítica del Quijote, en la que el texto se sacó a la luz con el rigor que caracterizó las buenas ediciones críticas del Siglo de las Luces, se hizo en Inglaterra. Veintidós años antes de la magnífica edición de la Academia de la Lengua Española, impresa por Joaquín Ibarra, Lord Carteret promovió esta notabilísima impresión.

La edición fue dedicada a la condesa de Montijo, esposa del embajador de España en la corte de Jorge II de Inglaterra. Lord Carteret, hispanista amigo del matrimonio, llevó a cabo el trabajo cuando doña Dominga de Guzmán y su marido ya habían dejado Inglaterra. En la dedicatoria pide excusas el editor a la condesa por los anacronismos, falta de adecuación al paisaje y de ambientación que puedan darse en grabados que han ejecutado artistas extranjeros, pero el interés de la novela, avalado por ciento treinta años de éxito, es, a juicio de Lord Carteret, motivo sobrado para pensar que la condesa pasará por alto los fallos.

La edición fue hecha con todo esmero, tanto en el aspecto textual como en el gráfico y tipográfico.

Juan Oldfield, en el tomo primero, hace unas advertencias sobre las estampas que ilustran la obra, 68 calcografías dibujadas por J. Vanderbank y grabadas por Van der Gucht —quien abrió la mayor parte de las planchas— Bernard Baron, George Vertue y Claude du Bosch, donde alude a la filosofía que se ha seguido para realizarlos: con el lenguaje universal de la imagen —capaz de superar la incomprensión lingüística— se han intentado dos cosas: visualizar acontecimientos que, aunque no sean demasiado signifiactivos de la historia, ten-

sentation of a wide variety of images to entertain the reader.

Oldfield draws an interesting distinction between written and graphic communication and believes that they serve to convey different types of messages. The artist should be aware of this since any interference by the image may obscure the meaning of the text and deform it by giving disproportionate importance to the message. He criticizes Coypel's engravings in the French edition which, according to him, do not create a balance between image and text and only suceed in conveying an absurd meaning to the text.

Of all the engravings the portrait of Cervantes is outstanding because this was the first attempt to present a true likeness of the author. Since there were no earlier authentic portraits, the literary self-portrait made by Cervantes for the prologue of the *Exemplary Novels* was used. Kent made the drawing and George Vertue engraved it. The writer is depicted writing in a mansion and in the background the figures of Don Quixote and Sancho are seen crossing a large Gothic hall. In the background on the right there are some books on shelves half hidden by a curtain. The caption of the engraving reads 'self-portrait of Cervantes Saavedra'.

The frontispiece of the first volume has an allegorical engraving depicting the author's purpose in writing the novel, that is, to destroy the Spaniards' fondness for all the fantastic machinery of the books of chivalry and restore the ancient, natural and proper manner of dealing with events, adapting them to more dignified fiction. Parnassus, the home of the muses, appears in the picture possessed by monsters and chimeras from the books of chivalry, in order to give an idea of the disorderly and extravagant state of the literary world and, thus, justify the need for change. Hercules Musagetes, the muses' guide, is the symbolic representation of Cervantes, whose mission it is to expel the monsters from Parnassus and restore the nine maidens to their rightful possessions. The satyr appearing in the engraving symbolizes the aimable genius of the author and offers Hercules a mask, the symbol of satirical wit.

The textual criticism was every bit as erudite and as carefully done as the images. Gregorio Mayáns y Sicar, an outstanding scholar and man of the Enlightenment, wrote the life of Cervantes. This biography, the first truly accurate one of Cervantes, was reprinted many times from this edition. The text was established by comparing several earlier editions, incorporating corrections and comparing the variants. The first part was based on the second edition of Juan de la Cuesta, printed in 1605, and the 1615 edition was used for the second part. Both were compared with the 1637 Madrid edition of Francisco Martínez in which many passages had been corrected. The proofreader was Pedro Pineda, for whom this work was a source of pride and fame. On the title page of the edition of *Los diez libros de fortuna de amor* by A. de lo Fraso, London, 1740, he states that this work

gan una gran capacidad plástica y proporcionar un gran número de imágenes variadas que divirtiesen al lector.

Oldfield hace una interesante distinción entre comunicación escrita y gráfica y considera que son distintos tipos de mensajes los que una y otra pueden vehicular; el artista debe estar atento a esto, pues una interferencia de la imagen puede oscurecer el sentido del texto y deformarlo por una amplificación desproporcionada del mensaje. Critica los grabados de Coypel, a su modo de ver equivocados, porque al no guardar proporción los temas elegidos con la imagen, las calcografías de la edición francesa sólo consiguieron dar un mensaje absurdo del texto.

En los grabados destaca el retrato de Cervantes porque fue la primera vez que se intentó dar una representación fidedigna del escritor. A falta de representaciones anteriores fidedignas, se recurrió al autorretrato que Cervantes hizo en el prólogo de las *Novelas Ejemplares*. Kent realizó el dibujo y George Vertue lo grabó. El escritor aparece sentado escribiendo en el interior de un palacio. Al fondo, un vano deja ver las figuras de don Quijote y Sancho atravesando un gran salón ojival; a la derecha, al fondo, semiocultos tras una cortina, unos libros colocados en las estanterías. Al pie del grabado la inscripción «Retrato de Cervantes Saavedra por él mismo».

La portada frontispicia en el primer tomo es un grabado alegórico donde se quiso representar la intención del autor al escribir la novela: derribar de la estimación de los españoles todas las máquinas fantásticas de los libros de caballerías y restablecer la antigua, natural y propia manera de tratar los asuntos ajustándolos a una decorosa ficción. El Parnaso, asiento de las Musas, aparece en la imagen enseñoreado de monstruos y quimeras de los libros de caballerías para dar idea del desordenado y extravagante estado del orbe literario y justificar así la necesidad del cambio. Hércules Musagetes, guía de las Musas, es la representación simbólica de Cervantes cuya misión es la de echar a los monstruos del Parnaso y restituir a las nueve jóvenes a su antigua posesión. El sátiro que aparece en el grabado simboliza el genio placentero del autor, al que ofrece una máscara —símbolo de la gracia satírica—.

La parte textual fue un trabajo tan erudito y esmerado como la de la imagen. Gregorio Mayans y Siscar, un destacado ilustrado español, escribió la vida de Cervantes. Esta biografía, primera de Cervantes hecha con todo rigor, se reprodujo a partir de esta edición en múltiples ocasiones. El texto se estableció a partir del cotejo de varias ediciones anteriores de las que se fueron incorporando las correcciones y contrastando las variantes: para la primera parte se siguió la segunda edición de Juan de la Cuesta de 1605 y para la segunda la de 1615, ambas se cotejaron con la edición de Madrid de Francisco Martínez, 1637, en la que se habían corregido muchos pasajes. El corrector de pruebas fue Pedro Pineda, trabajo que le llenó de orgullo y fama, puesto que en la portada de la edición de *Los diez libros de fortuna de amor* de A. de lo Fraso, Londres, 1740, declaraba «por el que a revisto,

was done 'by the one who revised, amended, ordered and corrected *Quixote*'.

The Tonsons also did a fine typographic job. The very beautiful roman lettering for both prose and verse stands out on pages with broad margins. The text and images harmonize perfectly.

It is bound in stiff marbled binding with raised ribs.

Provenance: Formerly in the collection of Los Caros in Valencia whose engraved ex-libris is on the inside cover.

Bibliography

Rio y Rico, n.° 61.—Rius, n.° 37. —Osterc, n.° 52.—Plaza, n.° 36.—Givanel y Mas, n.° 227.—Ashbee, n.° 39.—Aneny Batlle y Roch Sevina, n.° 19.—Givanel y Mas: «Historia gráfica de Cervantes y del Quijote», p. 122 y sig.—Simon Diaz, VIII, n.° 218.—Seris, n.° 37.

---

95. CERVANTES SAAVEDRA, Miguel de

El ingenioso hidalgo don Quijote de la Mancha/compuesto por Miguel de Cervantes Saavedra; edición según el texto de Francisco Rodríguez Marín...; con comentarios de los más eminentes cervantistas. Seleccionados por Juan Givanel y más...; y prescedida de la vida y semblanza de Cervantes por Miguel S. Oliver; ilustraciones de Ricardo Balaca y José Luis Pellicer.—Barcelona: Montaner y Simón, 1930. 2 v. (LXXXI, 576 p.; 635 p.): ill., black and color.; 37 cm. 44 color plates.—300 headings and vignettes.—Leather binding.

Madrid, Biblioteca Nacional Cerv. 764-5

The first monumental edition of the *Quixote* was published at the end of the 19th century. The novel had not been published in Spain in a luxury edition since the 18th century one by Ibarra and Sancha even though it had been done in other European countries. Gustave Doré had illustrated the 1863 Paris edition by Hachette with 380 illustrations, 120 of which were full-page etchings. The edition was exceptional in every respect for its monumental dimensions, the beauty of the printing and Doré's etchings, executed by Pisan which were a milestone in the illustration of the *Quixote*.

Montaner y Simón, the reknowned Catalan publishing house, planned this edition. In Spain historical painting was at its height. This type of painting exalted aspects of the past symbolized by real or ficticious heroes who incarnated certain moral values. This type of art wavered between two aspects, first, the realm of reality which imposed historical subjects as its starting point, with all its implications in the choice of scenery and characterization and second, the realm of the irreal in which reality is framed in a superposition of values.

The *Quixote* was a perfect subject for this pictorial genre. For this reason, the editors chose Ricardo Balaca, a specialist in historical painting, to illustrate the work. He had done a number of paintings for the Minister of War on the last civil war in which he had shown his great talent as a painter of battle secenes and as a tech-

---

enmendado, puesto en buen orden y corregido a don Quijote».

Los Tonson realizaron también un buen trabajo tipográfico: una bonita letra romana, tanto para la prosa como para el verso, se destaca en las páginas donde se han respetado unos márgenes generosos. Texto e imagen armonizan perfectamente.

Este ejemplar perteneció a la colección de Los Caros, en Valencia, cuyo ex-libris grabado va pegado en la contratapa. La encuadernación es de pasta española con nervios resaltados.

Bibliografía

Rio y Rico, n.° 61.—Rius, n.° 37. —Osterc, n.° 52.—Plaza, n.° 36.—Givanel y Mas, n.° 227.—Ashbee, n.° 39.—Aneny Batlle y Roch Sevina, n.° 19.—Givanel y Mas: «Historia gráfica de Cervantes y del Quijote», p. 122 y sig.—Simon Diaz, VIII, n.° 218.—Seris, n.° 37.

95. CERVANTES SAAVEDRA, Miguel de

El ingenioso hidalgo don Quijote de la Mancha / compuesto por Miguel de Cervantes Saavedra; edición según el texto de Francisco Rodríguez Marin...; con comentarios de los más eminentes cervantistas, seleccionados por Juan Givanel y Más...; y prescedida de la vida y semblanza de Cervantes por Miguel S. Oliver; ilustraciones de Ricardo Balaca y José Luis Pellicer.—Barcelona: Monaner y Simón, 1930. 2 v. (LXXXI, 576p.; 635p.): il., neg. y col.; 37 cm. Cuarenta y cuatro láminas en color.—Trescientas cabeceras y viñetas.—Encuadernación piel.

Madrid, Biblioteca Nacional Cerv. 764-5

A finales del siglo XIX sale la primera edición monumental del *Quijote* en España. Desde las dieciochescas de Ibarra y Sancha la novela no había vuelto a editarse en nuestro país con las condiciones de lujo que, sin embargo, otros países europeos habían empleado: Gustave Doré había sacado en la edición parisina de Hachette, en 1863, las trescientas ochenta ilustraciones, ciento veinte a toda página, que ilustraban el texto. La edición tenía todas las condiciones para ser excepcional, sus dimensiones monumentales, la belleza de la impresión y esos grabados de Doré ejecutados por Pisan que marcarían un hito dentro de la ilustración del Quijote.

La casa Montaner y Simón, prestigiosa y activa editorial catalana, proyectó esa edición que todavía no se había hecho. En España la pintura historicista estaba en pleno auge, la pintura primaba la revalorización de ciertos aspectos del pasado simbolizados por héroes reales o de ficción que encarnaban determiandos valores morales. Era una pintura fluctuante entre dos planos, el real que le impone su punto de partida de un tema histórico —con lo que eso condiciona en elección de escenario, caracterización de personajes— y el irreal en que queda enmarcada por la sobreposición de valores.

El Quijote era un tema perfecto para este género pictórico y Montaner y Simón encargó a Ricardo Balaca, un famoso pintor del momento, la ilustración de la obra. Balaca era un especialista en pintura histórica; por encar-

nically competent artist. He also did illustrations for magazines and newspapers such as the *Illustración española y americana* for wich he did the war chronicles and *La Academia* of Barcelona published his work.

Because the artist died before he could finish his work, the publisher asked Pellicer to complete it. José Luis Pellicer had distinguished himself at the beginning of his career with a painting characteristic of his attitude as a realistic artist who was passionately fond of the social mission of art. The title of the work was *«Zitto, silenzio, che passa la ronda»*, a phrase from Garibaldi's famous anthem. Like Balaca, Pellicer worked for periodicals. His drawings appeared in the *Ilustración española y americana* in connection with reports on the Crimean War in addition to illustrations of the campaigns of the last Carlist War and Cuba and Melilla.

Foreign magazines such as *Le Monde Ilustré* of Paris and *The Graphic* published his works. He also illustrated deluxe editions of *Los episodios nacionales* de Galdós, las obras de Larra and the Duque de Rivas, and novels by Palacio Valdés and Alphonse Daudet.

The book published in 1880 was a luxury edition. The 44 full-page chromolithographs (250×210 mm.) are realistic impressions much closer to the 19th century than to Golden Age Spain. Only isolated touches of the 17th century remain in the name of historical accuracy. The illustrations of this *Quixote*, depicting the character, customs and typical figures of the country, are purely Spanish in origin. Neither of the two artists rejected his condition as an illustrator of events. They were essentially makers of «instantaneous» prints, true to their work as press contributors. Their will to be realistic, to come closer to reality, although the subtle colors act as a distancing element, is present in scenes like the Procession (Part I, ch. 3), the Galley Slaves (Part I, ch. 22), Sancho being tossed in a blanket (Part II, ch. 17) the arrival of Don Quixote and Sancho in the Village, (Part II, ch. 72). The etchings themselves were made by J. Gómez, Smeton Tilly, Sadurní and Martí.

Aside from this main illustration, the book also contains black and white illustration made on boxwood blocks fo a very high quality. The artists also excelled in the chapter headings and vignettes at the end of each chapter. Small scenes like the one at the beginning of chapter 6, part I concerning the scrutiny of the library by the priest and the barber, and the scene at the inn in chapter 17, part I lend an even stronger local flavor and documentary handling to the test than the chromolithographs themselves.

A new edition of this book was published in 1930. With the passing of the years the publication improved, six more chromolithographs were added, a smaller and better looking roman type was used, and the part of the text done by Nicolás Díaz de Benjumea in the 1880-83 edition was improved. Francisco Rodríguez Marín, a specialist in the subject, took charge of the text. Givanel y Más, who was responsible for the Cervantine collec-

go del ministro de la Guerra había realizado una serie de cuadros sobre la última guerra civil en los que había demostrado su gran capacidad como pintor de batallas y gran técnico de la pintura, además colaboraba en la ilustración de la prensa periódica; la *Ilustración española y americana* le encargó la crónica de la guerra, *La Academia* de Barcelona editaba también sus ilustraciones.

El artista no pudo terminar la obra, sorprendido por la muerte. La editorial encargó a Pellicer que terminase el trabajo. José Luis Pellicer se había distinguido al comienzo de su carrera con un cuadro, exponente de su buen hacer como pintor y también de su postura como artista realista apasionado por la misión social del arte: *Zitto, silenzio, che passa la ronda* una frase del famoso himno de Garibaldi era el título de este cuadro. Pellicer, como Balaca, colaboraba en la prensa periódica; sus dibujos aparecían en la *Ilustración española y americana* en los reportajes de la guerra rusoturca que él, como corresponsal artístico, tuvo que realizar. Las campañas de la última guerra carlista, las de Cuba y Melilla, fueron también captadas por su lápiz. Revistas extranjeras como *Le monde illustré* de París y *The Graphic* de Londres, publicaron sus trabajos. En ediciones de lujo como la de *Los episodios nacionales de* Galdós, las de las obras de L arra y del duque de Rivas, novelas de Palacio Valdés y de Alphonse Daudet, se contó con sus ilustraciones.

Cuando el libro sale en 1880 se ha logrado una obra suntuosa. Las cuarenta y cuatro cromolitografías a toda página [290×210 mm.] son estampas llenas de realismo mucho más cercanas a la España de finales de siglo que a la del Siglo de Oro, del que sólo incorporan toques sueltos que le dan sabor histórico. La ilustración de este Quijote es absolutamente castiza, entroncando con la naturaleza, costumbres y tipos del país: ninguno de los dos artistas renuncia a su condición de ilustradores de acontecimientos, de captadores de instantáneas, su trabajo como colaboradores de prensa sigue presente aquí: su voluntad de ser reales, de acercarse a lo que hay —aunque lo evanescente de los colores sirva de elemento distanciador—, está presente en las escenas: La procesión [Parte I, Cap. III], El manteamiento de Sancho [Parte I, Cap. XVII], La cuerda de galeotes [Parte I, Cap. XXII], La llegada de Don Quijote y Sancho a la aldea [Parte II, Cap. LXXII].

Las estampas fueron grabadas por J. Gómez, Smeton Tilly, Sadurní y Martí.

Pero aparte de esta ilustración principal, el libro lleva una ilustración en negro, realizada mediante grabado sobre boj, llena de riqueza y calidad. Las cabeceras a principio de capítulo, las viñetas cerrando texto, son otros tantos campos dónde los artistas siguieron desplegándose. Pequeñas escenas, como la que inicia el Capítulo VI de la Parte I, *Del donoso y grande escrutinio que el cura y el barbero hicieron en la librería*, o la de *La venta*, Cap. XVII, parte I, llenas de sabor local y de factura más documental aún que la de las cromolitografías.

En 1930 se hizo una nueva edición de este libro. Los

tion of the biblioteca Central of Barcelona, selected the texts. The book also greatly benefited from the technical improvements in color reproduction; the difference in quality between the two editions is quite remarkable.

In the middle of the 20th century Montaner and Simón brought out a superb 12th-century book, the *Quixote* that 19th-century Spain owed to Cervantes.

The copy is bound in brown leather with a triple forder of gold filleting and lozenges on the cover.

Bibliography
RIO RICO, 193.—GIVANEL MÁS, n.° 1317.—H. S. ASHBEE: *An iconography of don Quixote*. Aberdeen, 1895, n.° 287.—GIVANEL MÁS: *La historia gráfica del Quijote*.—GARCÍA MORALES: p. CII.—Frank WEITENKAMPF: *The illustrated book*, p. 238.—SIMÓN DÍAZ: VIII, n.° 319.

años pasados no hicieron más que mejorar la publicación: se aumentó el número de cromolitografías en seis, se cambió la tipografía por una romana más pequeña y más bonita y se mejoró la parte textual que en la edición de 1880-83 había corrido a cargo de Nicolás Díaz de Benjumea. Se encargó ahora del texto un especialista en el tema, Francisco Rodríguez Marín, y Givanel y Más, responsable del Catálogo de la colección cervantina de la Biblioteca Central de Barcelona, fue el seleccionador de los textos que figuran en esta edición. Otro de los grandes avances que presenta el libro es el de las reproducciones en color: la técnica había progresado de manera asombrosa y la diferencia de calidad entre las láminas de las dos ediciones es realmente notable.

Montaner y Simón sacó en pleno siglo XX un estupendo libro decimonónico, ese Quijote que la España del siglo XIX le debía a Cervantes.

La encuadernación de este ejemplar está realizada en piel marrón con filetes dorados que forman triple orla y losange en las tapas.

Bibliografía
RIO RICO, 193.—GIVANEL MÁS, n.° 1317.—H. S. ASHBEE: *An iconography of don Quixote*. Aberdeen, 1895, n.° 287.—GIVANEL MÁS: *La historia gráfica del Quijote*.—GARCÍA MORALES: p. CII.—Frank WEITENKAMPF: *The illustrated book*, p. 238.—SIMÓN DÍAZ: VIII, n.° 319.

96. CERVANTES SAAVEDRA, MIGUEL DE

L'ingenieux don Quixote de la Manche / composé par Michel de Cervantes; traduit fidellement d'espagnol en francois et dedié au roy par César Oudin...—A Paris: chez Iean Foüet, 1614.—[14], 720.; 8.°
Sig.: a⁷, A-2Z⁸, 3A⁵.—Parchment binding with gold tooling.—

Madrid, Biblioteca Nacional Cerv. 1568

Until the 19th century it was thought that the first French translation of the novel was printed by Jean Fouet in 1616. In his *Manuel du Libraire*, Brunet also lists it as the earliest version. At the end of the royal privilege of the 1616 edition, however, a note to the reader presents it as the second revised edition, corrected and purged of the first edition's erratas. Leopoldo Rius became aware of this and in his *Bibliografía crítica de las obras de Miguel de Cervantes*, Madrid, 1895, he describes the 1614 edition and establishes it as the first French version, which, in turn, was based on Juan de la Cuesta's third edition of 1608. This was the best of the Madrid editions printed by de la Cuesta because many errors were corrected and important additions were made with respect to the first two editions.

César Oudin tried to do a very thorough translation of the text, which sometimes is too liberal. He did his work so scrupulously that the expressions that he felt he could not translate accurately, such as undeworkd argot or infrequently used words, were annotated in the margin in Spanish, so that the reader could see the original notes to explain Spanish, the original word and the con-

96. CERVANTES SAAVEDRA, Miguel de

L'ingenieux don Quixote de la Manche / composé par Michel de Cervantes; traduit fidellement d'espagnol en françois et dedié au roy par César Oudin...— A Paris: chez Iean Foüet, 1614.—[14], 720 p.; 8.°

Sign.: â⁷, A-2Z⁸, 3A⁵.—Encuadernación de pergamino con hierros dorados.—

Madrid, Biblioteca Nacional Cerv. 1568

Hasta el siglo XIX se vino considerando que la primera traducción al francés que se había hecho de esta novela era la de Jean Fouet en 1616; Brunet en el *Manuel du Libraire*, 1860, la daba también como la más antigua.

Al pie del privilegio real de la edición de 1616 se incluía una nota del editor al lector presentándola como segunda edición revisada, corregida y purgada de las erratas de la primera; esto puso sobre aviso a Leopoldo Rius, quien en la *Bibliografía crítica de las obras de Miguel de Cervantes*, Madrid 1895, describe la edición de 1614 y la establece como primera versión en lengua francesa.

El texto que sirvió de original para la impresión de Fouet fue el de la tercera edición de Juan de la Cuesta [Madrid, 1608]; ésta era la más autorizada de las que había sacado el impresor madrileño, puesto que en ella se habían corregido muchas de las erratas y hecho notables adiciones a las dos anteriores.

César Oudin trató de hacer una traducción escrupulosa del texto, y tal vez este punto de partida condicionó la versión, que peca a veces de demasiado literal. Su labor de traductor fue tan rigurosa que las voces que no consideraba perfectamente traducidas —términos de ger-

text in which it was used. Dudin also wrote marginal notes to explain Spanish customs or place names to help the reader understand the action. He did, however, leave out a few things. As he explains to the reader in the prologue, his wich was to obtain a clean text, free from any prologue decoration or the endless number of sonnets, epigrams and phraises normally included in a work of this type. Hence, the preliminary literature has been omitted. In addition, he did not translate a part of chapter 33 in which a stanza by the poet Luis Tansilo appears.

Even though is was not a luxury edition, the printing is very creditable. Roman letters were used for the text and cursive of the marginal notes; the writing area (150 × 75 mm) respects the margins and makes the reading pleasant and easy.

The edition was dedicated to Louis XIII. César Oudin, who had travelled through Spain with Don Quixote, according to the literary fiction in his dedication to the king, decided when he returned to France to teach the knight to speak French so that the king coul also enjoy his adventures.

Bibliography
Río Rico, n.o. 295; Rius, no 459.

---

97. CERVANTES SAAVEDRA, Miguel de

L'ingegnoso cittadino don Chsciotte della Mancia / composto da Michel di Cervantes Saavedra; et hora nuovamente tradotto con fedelta e chiarezza di spagnuolo in italiano da Lorenzo Franciosini...; con una tavola ordinatissima per trovar facilmente a ogni capitolo gli stravaganti successi é l'heroiche bravure di questo gran cavaliero...—In Venetia: appresso Andrea Baba, 1622-1625.—2 v.; 8.º
v. 1: [22], 669 p.—
Sig.: a⁸, b⁵, A-2S⁸, 2T⁷.—v. 2: 1625.—[16], 751 p.
Sig.: +⁸, A-3A⁸.—Seals of Biblioteca de la Facultad de Filosofía y Letras; Pascual de Gayangos; William John Alexander.—Stiff marbled binding.

Madrid, Biblioteca Nacional Cerv. 1170

Volume one of the first Italian version of the *Quixote* is dedicated to Ferdinand II, Grand-Duke of Tuscany. The second, published three years later, is dedicated to Ferdinando Seracinelli of Volterra.

The Venetian edition is based on the 1607 Spanish version published in Brussels. Franciosini, the translator, warned curious readers that his primary objective was to make himself understood and, in order to so, he sometimes gave a freer renditon of the original text. Any translator who would please the tastes and ears of his readers should never be too literal because he would run the risk of having it said about his books that 'piu tosto tradito che tradotto' (better betrayed than translated).

The preliminary poems at the beginning of the first volume were not translated. Lorenzo Franciosini showed

---

manía o palabras poco frecuentes— las cita la margen en castellano para que el lector sepa cuál es el término original y el contexto en el que se incluye. Para mejor comprensión de la acción de la novela, Oudin da también en los márgenes notas explicativas de costumbres españolas o aclara localizaciones geográficas. El traductor hizo, sin embargo, algunas supresiones: como él mismo explica en el prólogo al lector, su deseo era presentar un texto limpio y desnudo, sin adornos de prólogo ni el infinito número de sonetos, epigramas y elogios con los que habitualmente venían envueltas las obras literarias; así pues, estos preliminares no figuraron en la edición. Tampoco tradujo una parte del capítulo XXXIII referente a la estancia del poeta Luis de Tansillo.

La impresión, aunque se concibió como un libro sin lujos, es muy digna; letra romana para el texto y cursiva para las anotaciones marginales, con una caja de escritura [150 × 75 mm.] en la que se respetan ampliamente los márgenes, hace que la lectura resulte agradable y fácil.

La edición fue dirigida a Luis XIII: César Oudin, que había viajado por España con don Quijote —según la ficción literaria de su dedicatoria al rey— decidió, de regreso a Francia, enseñarle a hablar francés para que el monarca pudiese gozar con el relato de sus aventuras.

Bibliografía
Río Rico, n.º 295.—Rius, n.º 459.

---

97. CERVANTES SAAVEDRA, Miguel de

L'ingegnoso cittadino don Chsciotte della Mancia / composto da Michel di Cervantes Saavedra; et hora nuovamente tradotto con fedelta e chiarezza di spagnuolo in italiano da Lorenzo Franciosini...; con una tavola ordinatissima per trovar facilmente a ogni capitolo gli stravaganti successi é l'heroiche bravure di questo gran cavaliero...—In Venetia: appresso Andrea Baba, 1622-1625.—2 t.; 8.º
t. I: [22], 669 p.
Sig.: a⁸, b3, A-2S⁸, 2T⁷.—t. 2: 1625.—[16], 75 1p.
Sig.: +⁸, A-3A⁸.——Sellos de la Biblioteca de la Facultad de Filosofía y Letras; Pascual de Gayangos; Willian John Alexander.——Encuadernación de pasta.

Madrid, Biblioteca Nacional Cerv. 1170

El primer tomo de esta primera versión del *Quijote* al italiano está dedicado a Fernando segundo, gran duque de Toscana; el segundo, editado tres años más tarde a Ferdinando Seracinelli de Volterra.

La edición en castellano que se había hecho en Bruselas en 1607 fue la que sirvió de base para esta edición veneciana. Franciosini, su traductor, advierte a los curiosos lectores que su objetivo primordial ha sido el de hacerse entender y que para conseguirlo con facilidad no ha dudado en alejarse a veces del sentido literal del castellano para aproximarse al italiano, porque todo traductor que quiera que se sujete a su trabajo el gusto y el oído del lector sólo, no puede hacer esto si no quiere arriesgarse a que de cada libro traducido se pueda decir

Libro de Horas de Carlos VIII.S XVB.N. Vit. 24-1

his good judgment in leaving the poetry in the original, claiming that it was a difficult exercise for someone who was not a poet. He included a vocabulary to help the reader who wished to try to read the poems. Rodríguez Marín resorted to this Italian/Spanish dictionary to clarify obscure passages. According to Franciosini, the poems did not add anything to the prose and therefore could remain in the original language without taking away from the understanding of the text. In the second volume, however, Adimaro did translate the preliminary poetry.

The translation, in spite of what was said, is very faithful to the original, although the sometimes excessive literalness impoverishes the work. Franciosini took his work very seriously. He wrote many notes in the margins to explain difficult terms or antiquated words and allowed himself some license with the original in an attempt to make the novel more accesible to the Italian reader. He also Italianized names like Crisóstomo and

que ha sido «piu tosto tradito che tradotto» [más bien traicionado que traducido].

Las poesías preliminares que van al principio del primer tomo han quedado sin traducir. Lorenzo Franciosini muestra su buen criterio y renuncia alegando que era este un ejercicio difícil de ejecutar para quién no es poeta, e incluye un vocabulario de términos para facilitar el trabajo del lector que quiera intentar su lectura. A este diccionario italiano-español recurrió Rodríguez Marín para aclarar pasajes oscuros. Los poemas, según las palabras de Franciosini, nada añaden a la prosa y por lo tanto pueden quedar en lengua original sin afectar a la comprensión del texto.

Sin embargo, en el segundo tomo de la obra Adimaro tradujo las poesías preliminares.

La traducción, no obstante lo declarado, es muy fiel al original; a veces su excesiva literalidad empobrece el trabajo. Franciosini, que hizo su labor con seriedad, con anotaciones marginales que explican términos difíciles o voces anticuadas, se permitió alguna licencia con el original en un intento de aproximar más la novela al lector italiano; así, italianizó nombres como los de Grisóstomo y Ambrosio, que cambió por los de Mirtilo y Ergasto e introdujo en el capítulo XIII de la primera parte, *Donde se da fin al cuento de la pastora Marcela con otros sucesos,* apellidos italianos en el linaje de Dulcinea.

No se incluyó en esta edición el índice que se anuncia en la portada, en el que deberían de haberse relacionado los hechos y sucesos del caballero andante; sin embargo sí van, tanto en la primera como en la segunda parte, la tabla de capítulos precediendo al texto.

El libro, en formato de bolsillo para facilitar su lectura y transporte, tuvo una digna impresión; se empleó la letra romana para el cuerpo de la obra y la cursiva para los textos preliminares. La portada se utilizó como marco de reclamo y propaganda; a continuación del título y de las menciones de responsabilidad de autor y traductor, el impresor no dudó en calificar la novela como «obra gustosísima y de gran entretenimiento para quien puede entretener su ocio con la lectura de batallas, desafíos, encuentros, billetes amorosos e inauditas proezas de los caballeros errantes».

Los dos volúmenes que constituyen la obra tienen procedencias diferentes; en el segundo tomo aparece el ex-libris grabado de William John Alexander y el sello de Pascual de Gayangos, que lo adquirió para su biblioteca durante su estancia en Londres. En los fondos de la Biblioteca Nacional ingresó junto con la colección Gayangos en el siglo XIX.

Bibliografía

Río Rico, n.ª 419. —Rius, n.ª780. —García Morales «Las ilustraciones gráficas y lterarias del Quijote» en la edición de Madrid: Castilla, 1947, p.LXXXVIII. —Givanel Más, n.ª60.

Ambrosio, changing them to Mirtilo and Ergasto and introduced Italian surnames into Dulcinea's lineage in the story of the shepherdess Marcela.

The index of exploits and happenings of the knight-errant announced on the title page was not included in this edition. In both parts, however, there is a table of contents preceding the text.

The book, printed in pocket-sized format in order to make it more portable for easy reading, was carefully done. Roman lettering was used for the body of the work and cursive for the preliminary texts. The title page was used as a frame for advertising and publicity. After the title and mention of authors and translator's rights, the printer did not hesitate to qualify the novel a 'very pleasing work of great entertainment for those who would amuse their leisure reading about battles, challenges, encounters, amorous notes and unheard of prowesses for knights-errant.'

Provenance: The two volumes comprising the work have different origins. The second volume bears the engraved ex-libris of William John Alexander and the seal of Pascual de Gayangos, who bought it for his library during his stay in London. The Gayangos collection became a part of the Biblioteca Nacional in the 19th century.

Bibliography
Río Rico, n.ª 419. —Rius, n.ª780. —García Morales «Las ilustraciones gráficas y lterarias del Quijote» en la edición de Madrid: Castilla, 1947, p.LXXXVIII. —Givanel Más, n.ª60.

98. CERVANTES SAAVEDRA, Miguel de

Den Verstandigen Vroomen ridder don Quichot de la Mancha / geschreven door Miguel de Cervantes Saavedra; en nu uyt de spaensche in onse nederlandtsche tale overgeset door L.V.B.—Tot Dordraecht: voor Iacobus Saṽry, 1657 (Gedruckt by Jacob Braat).2 v.; 12.°.

t. 1: [16] 677p., 13 leaves of plates. Sig.: A^8, A-2E^{12}, 2F^3.—t. 2: [8], 819p., 13 leaves of plates.— Sig.: A-2M^{12}.—Cooper plate engravings.—Shagreen leather binding, gold tooling.

Madrid, Biblioteca Nacional Cerv. 3434

The first illustrated edition of Don Quixote was done in Holland. The Dutch version had a frontispiece and 26 copperplate engravings, 13 in each volume, generally attributed to Salomon Savry, a relative of the editor.

Its importance lies in the fact that this is the first translation into a vernacular language, with all its implications for readership and marketing, and the fact that this is the first time the text is accompanied by illustrations, with all that this implies for the reinforcement of the message. It is also significant because Savry's engravings were the ones that were often reproduced in later illustrated editions such as the 1662 edition in this exhibition, the Antwerp editions of 1673, 1697 and 1719, the Lyons edition of 1736 and others done in Paris and Rome.

98. CERVANTES SAAVEDRA, Miguel de

Den Verstandigen Vroomen ridder don Quichot de la Mancha / geschreven door Miguel de Cervantes Saavedra; en nu uyt de spaensche in onse nederlandtsche tale overgeset door L.V.B.—Tot Dordraecht: voor Iacobus Savry, 1657. (Gedruckt by Jacob Braat.)—2v.; 12.°.

t.l: [16] 677p., 13 h., de grab.—Sig.: A^8, A-2E^{12}, 2F^3.—t.2: [8], 819 p., 13 h. de grab.—Sig.: A-2M^{12}.—Grabados calcográficos.—Encuadernación piel de zapa con hierros dorados.

Madrid, Biblioteca Nacional Cerv. 3434

Holanda fue la cuna de la primera edición ilustrada del *Quijote*. La versión al neerlandés se acompañó con veintiséis calcografías, una portada frontispicia y trece estampas en cada tomo que generalmente se vienen atribuyendo a Salomón Savry, pariente del editor.

Su importancia no sólo radica en ser la primera versión a una lengua vernácula —por lo que esto supone de capacidad de difusión de su lectura y de muestra de interés en el mercado—, o en ser la primera vez que el texto apareció visualizado —con lo que supone a nivel de comunicación el empleo de un segundo canal—, sino también en que fueron precisamente los grabados de la edición de Savry los que se reprodujeron posteriormente en otras muchas ediciones ilustradas, como la de Bruselas 1662 —que figura en esta exposición—, las de Am-

The most dramatic scenes are the smallest ones (110 × 70 mm): Leaving the inn (ch. 4), The adventure of the windmills (ch. 8), the end of the tale of the shepherdess Marcela (ch. 13), what happened after leaving the inn (ch. 16), The blanket tossing of Sancho (ch. 18), Adventures in Sierra Morena, (ch. 24), Beltenebros' penitence is ended, (ch. 25), Don Quixote's penitence is ended, (ch. 30), The adventure of the wineskins which depicts the end at the inn but not the battle (ch. 36), The mule boy's story (ch. 43), and The adventure of Mambrino's helmet (ch. 45).

In the title page and frontispiece the engraver links the novel and its hero to other works and characters in books of chivalry. In the first volume Amadís and Orlando are placed on pedestals next to Don Quixote on his horse and Sancho Panza near his donkey; in the center Dulcinea's portrait presides over the scene. In the second volume Sancho as governor and Dulcinea enthroned on their pedestals flank *Don Quixote* holding back the lion; the portrait of Merlin the magician in the background connects this popular character, well known to readers of this type of novel, with these new figures.

The text was translated by Lambert van den Bos whose initials appear on the title page. His translation is based on Juan de la Cuesta's second edition of 1605.

The edition is in a twelvemo format, a size often used to print creative literature. The printer Jacob Braat used small Elzevir type, roman for the story and cursive for the chapter headings and poetry.

Bibliography
Río Rico, 555.— Rius , 799.— Areny Batlle y Roch Sevina, Nº 1063.— Givanel y Mas, Nº 99.— J. Garcia Morales. *Las ilustraciones gráficas y literarias del Quijote*, en la edición de Madrid: Castilla, 1947 p. LXXXVIII.

beres de 1673, 1697, 1719, Lyon 1736 y otras realizadas en París y Roma.

Las pequeñas estampas [110 × 70 mm.] reproducen las escenas de más intensidad dramática: La salida de la venta [cap. 4]; la aventura de los molinos de viento [cap. 8]; donde se da fin al cuento de la pastora Marcela [cap. 13]; de lo que sucedió a la salida de la venta [cap. 16]; aventuras de Sancho, con la escenificación de su manteo [cap. 18]; aventuras en Sierra Morena [cap. 24]; penitencia de Beltenebros [cap. 25]; fin de la penitencia de don Quijote [cap. 30]; los pellejos de vino —donde lo que se representa es justamente el desenlace de la aventura en la venta y no el combate— [cap. 36]; la historia del mozo de mulas [cap. 43]; la aventura del yelmo de Mambrino [cap. 45].

En las portadas frontispicias, el grabador liga la novela y a su héroe con otras lecturas y personajes de los libros de caballerías. En el tomo primero, Amadís y Orlando flanquean desde sus pedestales la figura ecuestre de don Quijote y Sancho Panza de pie junto a su rucio; en el centro, el retrato de Dulcinea preside la escena. En el segundo tomo, Sancho gobernador y Dulcinea entronizados flanquean a don Quijote que en pie sujeta al león; el retrato del sabio Merlín al fondo conecta a esta popular figura, conocida entre los lectores habituales de este tipo de narraciones, con los nuevos personajes.

La traducción del texto corrió a cargo de Lambert van den Bos, que en la portada oculta el nombre tras las siglas. Se utilizó como base la segunda edición de Juan de la Cuesta de 1605.

Para este formato de doceavo, muy utilizado para editar creación literaria, empleó el impresor Jacob Braat pequeños tipos elzevirianos romanos para el cuerpo de la obra, reservando la cursiva para las cabeceras de capítulo y las composiciones poéticas intercaladas.

La encuadernación es en zapa negra con un filete dorado formando orla, lleva los cantos dorados y los cortes también. El papel de guardas es de aguas. Siglo XX.

Bibliografía
Río Rico, 555.— Rius , 799.— Areny Batlle y Roch Sevina, Nº 1063.— Givanel y Mas, Nº 99.— J. Garcia Morales. *Las ilustraciones gráficas y literarias del Quijote*, en la edición de Madrid: Castilla, 1947 p. LXXXVIII.

99. CERVANTES SAAVEDRA, Miguel de

Don Quixote von Mancha Abentheurliche Gestchichte.—Basel und Franckfürt: verlegt von Johann Ludwig du Four von Genff, 1682.—1 v.: ill; 8.º 2 v. in 1.—[12], 704 p., [17]e. of plates ; [2], 741 [8] p., [17] l. of plates.

Sig., []⁶, A-2X⁸; A-Z⁸, 3A⁷.); (4).—Cooperplate engravings.—Parchement binging.

Madrid, Biblioteca Nacional Cerv. 3297

The first 22 chapters of the first part of the *Quixote* came out in German in 1648 and 1669, and the first edition of the entire novel appeared in 1682.

J. R. B., whose initials hide the true identity of the

99. CERVANTES SAAVEDRA, Miguel de

Don Quixote von Mancha Abentheurliche Gestchichte.—Basel und Franckfürt: verlegt von Johann Ludwig du Four von Genff, 1682.—1 v.: il.; 8.º en 1.—[12], 704 p.; [17] h. de grab.; [2], 741 [8] p.; [17] h. de grab.—Sig., []⁶, A-2X⁸; A-2Z⁸, 3A⁷ (4).—Grabados calcográficos.—Encuadernación de pergamino

Madrid, Biblioteca Nacional Cerv. 3297

En 1648 y 1669 habían salido traducidos los primeros veintidós capítulos de la primera parte del *Quijote*. Fue la de 1682 la primera edición del texto íntegro de la novela.

translator, dedicated this version of the Duches of Orleans, Princess Isabelle Charlotte. He followed the text of the 1662 Spanish edition published in Belgium and the French editions published with the text of Filleau Saint-Martin because he uses the same chapter divisions, 48 in the first part and 73 in the second.

The German edition also borrowed the graphic illustrations from the Brussels' edition. The 34 copperplate engravings were copied from Bouttats who, in turn, had based his work on the Dordrecht first illustrated edition of the *Quixote* for most of the illustrated editions of the 17th century.

It is printed in Gothic type with decorated initials at the beginning of each chapter and typographic embellishments are used for the separations. Because the purpose of the edition was merely for entertainment and light reading, it was done correctly but without luxury.

As in other editions of this type in Europe, the translator did not bother with the preliminary texts accompanying the original edition. The novel begins immediately after the prologue by the translator.

Bibliography

Río y Rico, no. 577: Givanel y Mas, no. 127; Areny Batlle y Roch Sevina no. 957.

J.R.B., siglas tras las que se esconde el traductor, dedicó esta versión a la duquesa de Orleans, la princesa Isabel Carlotta.

Para ésta se siguió el texto de la edición castellana de Bruselas de 1662 y seguramente de las francesas que se publicaron con el texto de Filleau de Saint-Martin porque sigue la misma división en capítulos de éstas: cuarenta y ocho en la primera parte y setenta y tres en la segunda.

De la edición de Bruselas tomó también esta alemana la parte gráfica del libro; las treinta y cuatro calcografías se copiaron de los grabados de Bouttats, que a su vez se había basado en las de la primera edición ilustrada del *Quijote*, de Dordrecht, 1656, cuyas planchas se atribuyen a Savry, y que sirvió de fuente para la inconografía del *Quijote* de una gran parte de las ediciones ilustradas del siglo XVII.

Está impreso en letra gótica, con iniciales decoradas a comienzo de capítulo y adornos tipográficos utilizados para la separación. La impresión no se planificó para otra cosa más que para la difusión de una lectura de entretenimiento y, por tanto, se realizó correctamente pero sin lujos.

Como en otras ediciones europeas de este tipo, el traductor no se ocupó de los textos preliminares que acompañan la edición original: la novela arranca directamente tras el prólogo del traductor.

Bibliografía

Río y Rico, n.º 577.—Givanel y Más, n.º 127.—Areny Batlle y Roch Sevina, n.º 957.

---

100. CERVANTES SAAVEDRA, Miguel de

The history of the most renowned don Quixote of mancha and his trusty squiere Sancho Panza / now made English according to the humour of our modern language and adorned with several copper plates by J. P.—London: printed by Tho. Hodglain and are to be sold by John Newton at Three Pigeons over against the inner Temple Gate in Fleet Street, 1687.—[18], 616, [2]p. [17]. le of plates.
Sig. [ ]¹, A³, A³, c², B-4I⁴, 4K².—Cooperplate engravings.—Leather binding.

Madrid, Biblioteca Nacional Cerv. 980

John Philips translated the first illustrated edition in English of the *Quixote* and dedicated it to the Baron of Yarmouth, the King's treasurer.

Philips says in his dedication that, in the last years of the 17th century, 82 years after the first part of *Don Quixote* was published, it was very common for educated Europeans to read this work, thanks to the numerous existing translations. His work was a freer version of the novel and not very respectful of the original or of the earlier English translation by Shelton (London, Edward Blount, 1617-20). John Philips did more than change the names of people and places like Franciosi in the Venetian edition, he omitted entire passages and in-

---

100. CERVANTES SAAVEDRA, Miguel de

The history of the most renowned don Quixote of Mancha and his trusty squire Sancho Panza / now made English according to the humour of our modern language and adorned with several copper plates by J. P.—London: printed by Tho. Hodglain and are to be sold by John Newton at three Pigeons over against the inner Temple Gate in Fleet Street, 1687.—[18], 616, [2] p. [17]. de grab.
Sig.: []¹, A³, A³, c², B-4I⁴, 4k².—Grabados calcográficos.—Encuadernación piel.

Madrid, Biblioteca Nacional Cerv. 980

La traducción de la primera edición inglesa ilustrada del *Quijote* la hizo John Philips, quien la dedicó al barón de Yarmouth, tesorero de la Casa Real.

A finales del siglo, pasados ya ochenta y dos años de la publicación de la primera parte, el *Quijote*, según el testimonio del propio Philips en la dedicatoria, era una lectura con la que los europeos más distinguidos se habían familiarizado gracias a las numerosas traducciones que existían en el mercado.

Su trabajo consistió en una versión libre de la novela poco respetuosa del original y de la anterior traducción inglesa de Shelton [London: Edward Blount, 1617-20]. John Philips fue más allá del cambio de nombres y lugares, como puntualmente había hecho Francio-

serted his own contributions to the novel. This version, severely judged by critics, was never reprinted again.

Philips' additions affected the entire book including the literary preliminaries. He substituted the introductory sonnet, 'El Caballero Febo a don Quijote de la Mancha' for his own entitled 'The Knight of the Lyons to Don Quixote of Mancha'; at the end of the book he added six poems from Don Quixote to Dulcinea: 'Don Quixote's Entertainment in the Elysian Shades by the Knights of the Wandering Order', 'Between the Knights Templers and Don Quixote', 'Olivers Porter to Don Quixote', 'Betty Buly's Congratulation to madam Dulceniea', 'The Aldermen of Gotham' 'Sancho Panza by Gyaton; an Epitaph upon Madam Dulcinea'.

There are several variations in the different editions. John Newton, the bookseller, introduced modifications in the printer's mark for commercial purposes. The Biblioteca Nacional has two copies, one from the Sedó Collection with differences in the title page. Poqueras Mayo describes a copy belonging to the University of Illinois whose title page differs from the two in Madrid.

The layout of the illustrations in this book is different from previous editions. Although the initials 'J. P.' appear on the title page, the copper plate engravings do not bear the artist's or the engraver's signatures. The plates cover the entire page, with the peculiarity of depicting two scenes at the same time. On page 295 'Don Quixote finds the comedians' cart' appears on the top half of the page and 'Don Quixote's adventures with the lion' on the lower half. The engravings (130 × 150 mm.) reproduce the usual scenes found in other European editions, but they have been reengraved following other drawings. The engraving of the enchanted Ship is an iconographic innovation.

The format of the book also underwent a change with respect to other editions which ranged from the pocket-sized quarto of Juan de la Cuesta to the European octavo or twelvemo. This edition uses the folio. It is obvious that this edition, typographically very correct, is designed for a more select public, as Philips himself says to Baron Yarmouth, similar to what had been done for 'personages of most illustrious note in all the learned parts of Europe».

Bibliography

Río y Rico, no. 442; Rius, no. 619; Givanel y Mas, I, no. 129; Linn, no. 24; Plaza, no. 1156-57; Poqueras Mayo and Lurenti, *Estudios bibliográficos sobre la Edad de Oro*, Barcelona, Puvill, 198, no. 112; Areny Battle and Roch Sevina, no. 363, 364; Ashbee, no. 12; *Notas al catálogo de la colección cervantina*, I, 174.

sini en la edición veneciana; suprimió pasajes e introdujo sus propias aportaciones a la novela. Esta versión, que la crítica juzgó muy severamente, no se volvió a reimprimir.

Las adiciones de Philips alcanzaron a todo el texto, preliminares literarios incluidos: de los sonetos introductorios sustituyó el de *El Caballero Febo a don Quijote de la Mancha* por el del *The knight of the Lyons to don Quixote of Mancha;* al final de la obra incluyó seis poesías de don Quijote a Dulcinea: *Don Quixote's Entertainment in the Elysian Shades by the Knights of the Wandering Order; Between the Knights Templers and Don Quixote; Olivers Porter to don Quixote...*

De esta edición se hicieron dos emisiones diferentes. John Newton, el librero, introdujo variaciones en el pie de imprenta por razones comerciales. La Biblioteca Nacional posee dos ejemplares, uno de ellos de la colección Sedó, con diferencias en portada. Porqueras Mayo describe un ejemplar del fondo de la Univerdidad de Illinois que difiere en portada de los dos ejemplares de la Nacional de Madrid.

La ilustración de la obra rompe los moldes de lo que hasta ese momento había sido lo habitual en la disposición de la gráfica de la novela. Las calcografías, que aparecen sin firma de dibujante ni de grabador —en portada figuran las siglas J. P.—, son a toda página, con la particularidad de que muchos se componen dos por página, lo que permite simultanear escenas de la narración: Don Quijote se encuentra con el carro de comediantes, en la mitad superior de la página, y don Quijote en la aventura con el león, en la mitad inferior [p. 295]. Los grabados [130 × 150 mm.] reproducen las escenas acostumbradas de otras ediciones europeas, pero están grabadas de nuevo, siguiendo otros dibujos; hay, sin embargo, una novedad temática, el grabado del barco encantado.

El formato del libro ha sufrido una alteración con respecto a la forma de presentación que venía teniendo —formatos más de bolsillo, desde el 4.º inicial de Juan de la Cuesta, hasta los 8.º y 12.º europeos— y en esta edición inglesa se ha empleado el folio; se nota que la edición, tipográficamente muy correcta, está concebida para otro público más selecto, como el propio Philips dice al barón de Yarmouth acorde a la que hacían «personages of most illustrious note in all the Learned parts of Europe» [los personajes más notables de la Europa ilustrada].

Bibliografía

Río y Rico, n.º 442.—Rius n.º 619.—Givanel y Mas, I, n.º 129.—Linn, n.º 24.—Plaza, n.º 1156-57.—Porqueras Mayo y Laurenti: *Estudios bibliográficos sobre la Edad de Oro.* Barcelona: Puvill, 198, n.º 11 2.—Areny Batlle y Roch Sevina, n.º 363, 364.—Ashbee, n.º 12.—*Notas al catálogo de la Colección cervantina*, I, 174.

Cervantes Saavedra, Miguel de. *Vida y hechos del ingenioso hidalgo don Quixote de la Mancha.* Londres: por J. y R. Tonson, 1738. *B.N. Cerv/1-4*

101. CERVANTES SAAVEDRA, Miguel de

Den sindrige herremands don Quijote af Mancha Levnet og bedrifter/Forfattet af Miguel de Cervantes Saavedra; oversat efter det i Amsterdam og Leipzig 1755 ungivne Spanske Oplag af Charlotta Dorothea Biehl.—Kiöbenhavn: trykt paa Gyldendals Forlag, 1776-77, 4 v.: ill.; 8.°
v. 1: [24], 66, XXVI, [4], 207 p., [6] l. of plates.—Sig.: []⁶,)(⁶, A-F⁸, A-N⁸.—v. 2: [4], 415 p., [4] l. of plates.—Sig.: []², +⁶, A-2C⁸.—v. 3: [16], 302 p., [10] l. of plates.—Sig.: []⁸, A-T⁸.—v. 4: [4], 364 p., [10] l. of plates.—Sig.: []², A-Y⁸, Z⁶.—Cooperplate engravings.—Hard cover binding.

Madrid, Biblioteca Nacional Cerv. 1829-32

This is the first Danish edition of the *Quixote*. In the dedication in French the translator, Charlotte Dorothea Diehl, thanks Manuel Delitala for having introduced her to this novel.

Delitala, a knight of the order of Charles III at the court of Copenhagen, was a bibliophile, art lover and book collector whose collection was later incorporated into the library of his son Fernando, Marquis of Manca, when the family returned to live in Caller. He provided Charlotte Dorothea with the 1755 Amsterdam and Leipzig edition, a beautifully illustrated edition printed by Arkstée and Merkus, whose text is based on the 1738 London work.

The Copenhagen edition followed the English one. Although the same preliminary texts were included in it as in the English edition, they were slightly revised. The life of Cervantes written by Gregorio Mayáns y Siscar for the London work was summarized, and the format and some details of the illustrations followed the Dutch edition together with the portrait of the author at the beginning of the work engraved by Meno Haas and the same pocket size (in-octavo) used in the Amsterdam book.

Since this edition was intended to be accesible to the average reader, thin, poor quality paper was used and the typography was mediocre. The illustrations consisted of twenty engravings by Haas (115 × 100 mm.), each with an engraved explanatory text, some of which had been drawn by coypel. The drawings were similar in style and setting to earlier English illustrations. A secondary decoration attempts to improve the page composition. Typographic ornaments at the top of the folio and tapered dashes at the end of chapters alternate with woodcut flourishes. The decoration, modest and popular, preserves the characteristics of the rococo style.

A second edition of this translation was made in 1865 printed in Gothic characters on good paper and following the technological innovations in illustration of the time. Twenty-one two-color lithographs accompany the text.

Bibliography

RÍO RICO, n.° 625.—RIUS, n.° 846.—OSTERC, n.° 313.—TODA Y GÜELL: *Bibliografía española de Cerdeña*, Madrid, 1890, p. 32.—GIVANEL Y MAS, n.° 324.—ARENY BATLLE, y ROCH SEVINA, n.° 1144.

101. CERVANTES SAAVEDRA, Miguel de

Den sindrige herremands don Quijote af Mancha Levnet og bedrifter/Forfattet af Miguel de Cervantes Saavedra; oversat efter det i Amsterdam og Leipzig 1755 ungivne Spanske Oplag af Charlotta Dorothea Biehl.—Kiöbenhavn: trykt paa Gyldendals Forlag, 1776-77.—4v.: il.; 8.°
t. 1: [24], 66, XXVI, [4], 207 p., [6] h. de grab. Sign.: []⁶,)(⁶, A-F⁸, A-N⁸.—t. 2: [4], 415 p.; [4] h. de grab.—Sign: []², +⁶, A-2C⁸.—t. 3: [16], 302 p., [10] h. de grab.—Sig.: []⁸, A-T⁸.—t. 4: [4], 364 p., [10] h. de grab.—Sign.: []², A-Y⁸, Z⁶.—Grabados calcográficos.—Encuadernación cartoné.

Madrid, Biblioteca Nacional Cerv. 1829-32

Esta es la primera edición que se hizo en danés del Quijote. La traducción la realizó Carlota Dorotea Biehl, quien en la dedicatoria en francés que antecede a la obra agradece a Manuel Delitala el haberle descubierto la existencia de la novela.

Delitala, caballero de la Orden de Carlos III en la corte de Copenhague, era un bibliófilo, amante de la literatura, coleccionador de libros que luego pasaron a formar parte de la biblioteca del marqués de Manca, su hijo Fernando Delitala, cuando la familia volvió a instalarse de nuevo en Caller. Fue él quien facilitó a Carlota Dorotea Biehl la edición de Amsterdam y Leipzig de 1755 realizad por Arkestée y Merkus, bella edición ilustrada cuyo texto seguía el de la de Londres de 1738.

La edición de Copenhague se hizo siguiendo este texto. Se incluyeron en ella los mismos preliminares literarios que habían figurado en la inglesa, aunque retocados —se resumió la vida de Cervantes que Gregorio Mayáns y Siscar había redactado para la de Londres— y se siguió el formato y algún detalle de ilustración de la holandesa: el retrato del autor con que se inicia la obra, grabado aquí por Meno Haas, y el tamaño de bolsillo [in-octavo] con que el libro había salido en Amsterdam.

La edición se concibió para que fuese asequible: un papel de poco gramaje y escasa calidad y una tipografía mediana. La ilustración de la obra fueron treinta buriles de Haas [155 × 100 mm.], todos ellos con un texto explicativo también grabado en plancha. El dibujo sigue en línea y ambientación las anteriores experiencias ilustrativas anglosajonas. Una decoración secundaria trata de mejorar la puesta en página: adornos tipográficos en cabecera de folio o bigotes a final de capítulo, alternándose con algún florón xilográfico. Esta decoración marginal, modesta y popular, conserva los rasgos de estilo rococó.

En 1865 se hizo una segunda edición de esta traducción con buen papel, impresa en caractéres góticos, siguiendo el dictado de la moda, en la que la nueva tecnología de ilustración de libros hizo su aparición. Las láminas que la acompañan son veintiuna litografías a dos tintas.

Bibliografía

RÍO RICO, n.° 625.—RIUS, n.° 846.—OSTERC, n.° 313.—TODA Y GÜELL: *Bibliografía española de Cerdeña*, Madrid, 1890, p. 32.—GIVANEL Y MAS, n.° 324.—ARENY BATLLE, y ROCH SEVINA, n.° 1144.

O engenhoso fidalgo dom Quixote de la Mancha / por Miguel de Cervantes Saavedra traduzido em vulgar.—Lisboa: na Typografia Rollandiana, 1794.—6 v. 16.°. v.1: 2, 315, 2p.—Sig.: A-T^8, U^7.—v.2: 2, 313, 2p.—Sig.: a-T^8, U^7.—v.3: 2, 298, 4p.—Sig.: A-S^8, T^7.—v.4: 2, 316, 4p.—Sig.: A-U^8.—v.5: 2, 352, 4p.—Sig.: A-Y^8, Z^2.—v. 6: 2, 322, 4p.—Sig.: A-U^8, X^3.—Stiff marbled binding with gold tooling.—Seal of Pascual de Gayangos.

Madrid, Biblioteca National Cerv. 3341-6

Even though Portugal published the first part of the *Quixote* before Spain, the Portuguese translation did not appear until two centuries later.

Rather than print a luxury edition, the publishers preferred to bring out a more popular one in the form of a pocket-sized book intended for the average reader more interested in the action of the novel than in a more erudite and rigorous presentation.

Though more accurate texts were available, the translation was made from the second edition of Juan de la Cuesta. As in earlier versions, the translator left out all the poetry interspersed in the novel in Spanish as well as the preliminary sections, the prologue, dedication and poems.

Franciosini and Oudin also chose to avoid the poetry in their translations (Venice, 1622; Paris, 1612). These preliminary literary sections were sometimes deleted, as Oudin confessed in his prologue to the reader because they were considered extraneous. Thus, their omission would not detract from the understaanding of the work and the translator could also avoid the always difficult task of translating verse.

The work is illustrated with a portrait of Cervantes copied by Debrie from the Academy edition.

Provenance: This version belonged to Pascual Gayangos and was incorporated into the Biblioteca Nacional in the 19th century.

Bibliography
Río y Rico, no. 287; Rius, no. 835.

O engenhoso fidalgo dom Quixote de la Mancha/por Miguel de Cervantes Saavedra traduzido em vulgar.—Lisboa: na Typografia Rollandia, 1794.—6 v. 16.°. T. I: 2, 315, 2 p.—sig.: A-t^8, U^7.—t.2: 2 313 2 p.—Sig.: a-t^8, U7.—t.3: 2, 298 4 p.— Sig.: A-S^8, T7.—t. 4: 2, 316, 4 p.—Sig.: A-U^8.—t.5: 2. 352 4 p.— Sig.: A-Y^8, Z^2.—t. 6: 2, 322, 4 p.—Sig.: A-U^8, X^3.—Sello de Pascual de Gayangos. Encuadernación de pasta con hierros dorados.

Madrid, Biblioteca Nacional Cerv. 3341-6

Aunque Portugal se adelantó a España al editar inmediatamente la primera parte del *Quijote,* sin embargo tardó casi dos siglos en sacar al mercado una versión en lengua portuguesa.

No se hizo una edición lujosa sino que se lanzó una publicación de tipo popular, en formato de bolsillo, que apunta a un lector medio interesado más en la acción de la novela que en lo riguroso de una presentación textual más erudita.

La traducción, aunque existían textos más depurados, se hizo a partir de la segunda edición de Juan de la Cuesta, que se siguió literalmente. Como había ocurrido en otras anteriores, el traductor no incluyó en la versión a su lengua vernácula las poesías que se intercalan en la novela, que figuran en castellano, ni los preliminares literarios, prólogos, dedicatoria y versos, que simplemente quedaron suprimidos.

Franciosini y Oudin habían optado también en sus ediciones [Venecia, 1622: París, 1614] por evitar la traducción de los textos poéticos. Estos preliminares literarios se suprimieron a veces, como confiesa Oudin en su prólogo al lector, porque se consideran ajenos a la novela y prescindir de ellos no iba en detrimento de la comprensión de la obra por parte del lector y evitaba al traductor la siempre difícil tarea de tener que hacer una traducción versificada.

Un retrato de Cervantes, copiado del de la edición de la Academia por Debrie, ilustra la obra.

El ejemplar formó parter de la colección de Pascual Gayangos e ingresó en el siglo XIX en la Biblioteca Nacional.

Bibliografía
Río y Rico, n.° 287.—Rius , n.° 835.

Góngora y Argote , Luis de: *Obras.* 1628. *BN Res. 45-46.*

PHILIP.IV. MVNIFICENTIA

OBRAS
DE D. LVIS DE GONGORA
Reconocidas i comunicadas con el
POR D. ANTONIO CHACON PONCE de LEON
Señor de Poluoranca.
MO
AL EXC. SEÑOR D. GASPAR DE GVZMAN
CONDE DE OLIVARES, DVQVE DE SANLVCAR
la Maior, Marques de Heliche, de los Consejos de Esta
do, i Guerra de su Mag? i su Cauallerizo maior. Co-
mendador maior de Alcantara, Canciller maior
de las Indias, Capitan general de la Caualleria de
España, i perpetuo de Seuilla, i su tierra, Alcai
de perpetuo de los Reâles Alcacares de aquella
ciudad, i de sus Ataraçanas, Alguazil
maior de la Casa de la Contratacion de
las Indias, y Correo maior dellas.

CEDIT MINERVAE PHOEBVS.

VIVIT ET MANIBVS VMBRA.

DIVIDIDAS EN
TRES TOMOS.
LO QVE SE CONTIENE EN CADA VNO
se hallara en la sexta hoja despues desta.

IV₅ EL SIGLO DE ORO

qui fecerit et
docuerit hic magnus
vocabitur. Math.cap.5.

ELMAESTRO FRAI LVIS DE GRANADA·

Doze años avian passado despues de la gloriosa conquista del Re

Juan Benet

Acerca del Siglo de Oro y para el catálogo de la exposición en la Public Library de Nueva York.

En un catálogo de la exposición, organizada por el Ministerio de Cultura, de algunos de los más valiosos manuscritos y primeras ediciones que cobijan las bibliotecas españolas, no podía faltar el apartado o capítulo correspondiente al Siglo de Oro que es el concepto más universalmente admitido y utilizado de cuantos se barajan en la historia de la literatura castellana. Cuando de ese famoso siglo se extrae a Cervantes —porque merece un capítulo aparte dedicado exclusivamente a él—, sin duda todavía queda mucho, todo un corpus que tanto para el amante de las letras cuanto para el investigador constituye algo más que el escenario donde aparece el creador del Quijote. Por decirlo con una comparación muy simplista, aún cuando se abstraiga de esa formación su vértice más elevado, aún queda toda la cordillera.

Como en toda cordillera sus límites no están claramente definidos, si bien su título hace referencia a una cantidad muy precisa que por tanto debería tener un origen y un final. Ahora bien, ese siglo no tienen precisamente cien años; no empieza ni termina en unas fechas o unos nombres, sino que se manifiesta y cobra realidad por los accidentes, el movimiento y la inquietud del terreno espiritual que lo forma, de manera muy parecida a la de una unidad orográfica. Pero a diferencia de la cordillera, la topografía del Siglo de Oro es cambiante, su configuración imprecisa, su naturaleza y sus figuras susceptibles de ser descritas e interpretadas de mil modos y maneras diferentes, de acuerdo con los gustos, las intenciones e intereses del intérprete.

En principio el corpus del Siglo de Oro está formado por un conjunto —no discreto ni limitado— de obras de índole tan variada que las hay para todos los gustos y aficiones; ahí no falta nada: la lírica, la épica, la poesía satírica a la vuelta de la metafísica —y en ocasiones procedentes de la misma cabeza—, la tragedia, el drama, la comedia; la novela —desde la de corte más intelectual y altisonante hasta la más sórdida y picaresca— junto a la crónica «real y verdadera» y no lejos de la leyenda; el tratado político y cortesano por no hablar del religioso, filosófico y moral; por no faltar no faltan ni los libros de memorias, en ocasiones enfundados en una librea más típica. Todos los géneros, sin excepción alguna, tiene entrada y representación en ese ingente corpus cuyos autores ni podían prescindir de los modelos suministrados por la Antigüedad —pues en cuanto alguien descubre el hueco al punto lo aprovecha— ni pasarán por alto el deber de remodelar la sabiduría que todo hombre culto se ha impuesto a partir del Renacimiento.

Pero los géneros y los tipos nada son en sí y apenas constituyen algo más que un marbete o, como mucho, la dirección escrita en el sobre que nada dirá sobre el contenido de la carta. Si —y no sólo como consecuencia de tantas revoluciones culturales y ataques de la vanguardia— hoy resulta difícil imaginar a un escritor convencido de la existencia y virtud de los géneros y, en consecuencia, de tal manera obediente a sus reglas que en ningún momento se le ocurre alterarlas o transgredir-

PACHECO, FRANCISCO: *Libro de descripción de verdaderos retratos de ilustres y memorables varones.* 1599. LG.

313

las, en cambio por doquier se contempla la literatura de los siglos XVI y XVII encerrada en la tipología diseñada por Aristóteles cuya sombra —magnificada por la amanerada e intencionada iluminación del humanismo— planeará sobre todo escritor así llamado clásico.

A mi modo de ver si hay algo que, en conjunto, distingue a ese famoso Siglo de Oro castellano de cualquier otro monumento cenital de cualquier otra literatura europea, es una radical y disimulada desobediencia a las reglas del género. Tal desobediencia puede interpretarse como se desee (consecuencia de una incompleta formación humanística, expresión formal de una rebeldía de otro orden, inconfesable y punible, vía de escape a la hipocresía y a la insatisfacción) pero ahí está: no es sólo la tantas veces señalada libertad formal del teatro del Siglo de Oro respecto a los cánones clásicos, es que, si bien se mira, toda pieza de esa época y de cierta envergadura rompe los moldes del género para incluir numerosas páginas que en buena preceptiva corresponderían a otro. El género es utilizado por el escritor castellano para romper todos los géneros y su pieza —sea drama, novela o crónica— anticipa esa suma a la que tiende toda obra literaria a partir de la revolución romántica. El caso más evidente es el más cacareado y estudiado de todos los inventos del Siglo de Oro: la novela picaresca que en ningún caso fue escrita por un pícaro; antes al contrario a partir del momento en que cristaliza como un género muy peculiar será el favorito de los hombres más doctos, más doctrinos y más decididamente didácticos y moralistas. Tal es el caso del «Guzmán de Alfarache» de cuya estructura un erudito actual, Francisco Rico, dirá que parece «antes trasunto de parejas formas no fictivas de literatura didáctica que cristalización de un libre designio novelesco».

En cierto modo el aprovechamiento de un género para la inclusión de todos es el mayor hallazgo de aquel Siglo de Oro que al carecer de fechas limítrofes no coincide con otro tiempo que el suyo propio y, ese tenor, introduce un orden propio que al excluir la obediencia al género libera a la literatura de las reglas de la Antigüedad para hacerla verdaderamente Moderna.

Juan Benet

In a catalog of this exhibitions organized by the Ministry of Culture of some of the most valuable manuscripts and first editions housed in Spanish libraries, the section corresponding to the Golden Age could not be omitted, for it is the concept most widely accepted and utilized by those who dabble or delve into the history of Spanish literature. If we eliminate Cervantes from that famous age, because he deserves a chapter all to himself, undoubtedly a great deal still remains. There is an entire corpus that, for the lover of literature and the scholar as well, constitutes more than a mere backdrop for the creator of the *Quixote*. To make a simple comparison, even if the highest mountain peak is removed from its range, the entire range itself still remains.

As with every mountain range, the boundaries of the Golden Age are not clearly defined, even though the term refers to a specific span of time which logically should have a beginning and an end. Nevertheless, this 'Century' does not last even a hundred years. it does not begin or end with any specific date or name, but rather takes on a reality much like an orographic unit that shows itself according to the irregularities, movements and restlessness of the spiritual terrain on which it lies. In contrast to a mountain range, however, the topography of the Golden Age is always changing. Its shape is undefined, its nature and figures are different ways, according to the preferences, intentions and interests of the interpreter.

At first glance, the corpus of the Golden Age is made up a collection —neither discrete nor limited— of such a wide variety of works, that there is something for every taste and preference. Nothing is missing: lyric and epic poetry, satirical poetry around the corner from metaphisical poetry, and sometimes springing from the same head or source; tragedy, drama, comedy, the novel, everything from the most intellectual and lofty to the most sordid and picaresque, alongside the 'real and true' chronicle not very far from legend; the political tract and courtly disquisition, not to mention the religuous, philosophical and moral treatises, or overlook the memoirs, sometimes wrapped in a more typical guise. Each and every genre, without exception, plays a part and is represented in this enormous body of literature whose authors could not do without the models furnished by antiquity for as soon as someone discovers the opening, he inmediately takes advantage of it. Nor could they overlook the obligation to refurbish the wisdom that every cultivated man has imposed on himself from the Renaissance on.

But genres and types are meaningless by themselves and are nothing, more than mere labels, or at best, the address on an envelope that reveals nothing about the contents of the letter. Nowdays, although not only as a result of so many cultural revolutions and attacks by the vanguard, it seems difficult to imagine a writer who is convinced of the existence and virtues of genres and, as a result, so faithful to the rules that it would never occur to him to change or break them. On the other hand, wherever we look we find the literature of the sixteenth and seventeenth centuries

encased in the typologly designed by Aristitle, whose shadow —magnifi-
ed by the mannered and deliberate illuminnation of humanism— hovers
over any so-called classical writer.

In my opinion, if anything differentiates that famous Golden Age of
Spain as a whole from any other high point in any other European literature, it is a deep-seated and well-disguised disobedience to the rules of
the genre. This disobedience can be interpreted any way you wish as the
result of an incomplet humanistic education, as the formal expression of
a rebellion of another stripe, impossible to confess and punishable, or as
an escape hatch from hypocrisy and dissatisfaction. But there it is. It is not
only the often pointed out freedom from the form of the Golden Age theater with respect to the classical canons. On closer look, any major work
of that period with a certain depth and breadth breaks the molds of the
genre to include pages which, according to the rules, should correspond
to another genre. Genre is used by Spanish writers to break all genres,
and their works —whether it be a drama, novel or chronicle— anticipate
that summa to which all literary works aspire after the Romantic revolution. The most obvious case is that highly—touted and most studied of all
invention of the Golden Age, the picaresque novel, which, of course,
was never written by a picaro. Quite to the contrary, from the moment
it crystalized as a peculiar genre, it would be the favorite vehicle for the
most learned, doctrinaire and most deliberately didactic and moralistic of
men. This the case of the *Guzmán de Alfarache* of whose structure a current scholar might say that it seems to be 'more like a copy of nonfictive
pair forms of didactic literature than the crystalization of a free novelesque
design.'

To a certain extent, to take advantage of a genre capable of including
all genres, is the greatest discovery of the Golden Age. This Age, lacking
exact dates with a beginning and an end, and with no other time but its
own, introduces its own order ot things. It is this order which, by excluding obedience to the genre, frees literature from the rules of antiquity
to convert it into something truly modern.

Translated by Selma Margaretten

316

103. PACHECO, Francisco

Libro de descripción de verdaderos retratos de ilustres y memorables varones, por Francisco Pacheco.—Sevilla.—1599.—115 l.—327 × 225 mm. Paper.—Red leather binding with gold tooling.—335 × 235 mm.

Fundación Lázaro Galdiano, Madrid

Pacheco's book is one of the most beautiful Spanish manuscripts of the Golden Age and undoubtedly the most significant iconographic document of this period.

Francisco Pacheco was not only an outstanding painter of the 16th and 17th centuries in Spain, but he was also an educated man with a broad background in literature and art and a prominent figure in the elite intellectual circle of Seville, one of the most active culturel centers in Spain at that time.

Very much aware of the importance of his time and the significance of some of his contemporaries for posterity, his purpose was to compile the protraits of the most illustrious men together with their memoirs and praises. The result would be not merely a visual image, but it would be supported by an enduring written testimony as well.

Pacheco treated his book with the highest esteem and interest. Throughout his life he showed his concern for its possible loss or separation. In his will (1639) and in his book *The Art of Painting*(1649) Pacheco worries about the future of this book. He writes, 'I declare and instruct that my *Book of Portraits of Illustrious Men* with its memoirs, accounts and anecdotes, should be sold to the highest bidder, and should not be broken up or divided, so that the memory of these famous personages will not be lost'.

The literary and artistic gatherings *(tertulias)* were the means of communication of Sevillian intellectual circles and the meeting places for all those artists and painters who visited the city. The mansion of the Duke of Alcalá, known as the 'House of Pilate', with its handsome Renaissance patio, and Francisco Pacheco's own house, were meeting places for the intellectual elite.

The subjects chosen by the painter were the men who participated in the tertulias. Most of them were drawn from life or copied from portraits by other artists. Pacheco presented his book, a very ambitious project of which only a third has survived, in 1599. But he had begun to work on it some time before, because the inventory of possessions made before his marriage states that there were already ten portraits completed in 1593.

In his *Arte de la pintura* the painter refers to the entire collection of 160 portraits. Only 64 have survived; the 56 in this *Libro* exhibited here, the 7 belonging to the collection of the Biblioteca Real, and one in the Fine Arts section of the Biblioteca Nacional.

This manuscript, like the *Works of Góngora* prsented to the Count-Duke of Olivares by Pedro Chacón, also in this exhibition, attempts to imitate a printed book. It

103. PACHECO, Francisco

Libro de descripción de verdaderos retratos de ilustres y memorables varones, por Francisco Pacheco.— Sevilla.— 1599.— 115 h. 327×225 mm.— Papel.— Encuadernación de piel, 335×235 mm.

Fundación Lázaro Galdiano. Madrid

El *Libro* de Pacheco es uno de los más bellos manuscritos españoles del Siglo de Oro y sin duda el documento iconográfico más significativo de ese período.

Francisco Pacheco no era sólo un pintor de relevancia del XVI-XVII español, sino que además era un hombre inquieto, cultivador de las letras, que se movió entre un círculo intelectual escogido en uno de los focos culturales más activos de España, la ciudad de Sevilla.

Consciente de la importancia del momento que vivía y de la trascendencia que algunos de sus contemporáneos tendrían para la historia, quiso recoger los retratos de los más ilustres acompañándolos de sus memorias y elogios para que el perfil fuese más allá de la imagen apoyándose en la pervivencia del testimonio escrito.

El *Libro* tuvo toda la estima y el interés de su autor, que a lo largo de su vida manifestó la preocupación que le producía que se perdiese o dispersase. Su testamento en 1639 y su libro *El Arte de la pintura* en 1649, reflejan a un Pacheco inquieto por la suerte que pudiese correr: «Declaro y mando que mi Libro de retratos de Ilustres varones se venda a quien lo pagase mexor, sin apartarlos ni dividirlos, con sus memorias, relaciones y eloxios, porque no se pierda memoria de tan insignes sujetos.»

Las tertulias eran el medio de comunicación de la intelectualidad hispalense y centros de reunión de todos los artistas y pintores que visitaban Sevilla; la casa del duque de Alcalá —conocida como Casa de Pilatos y con uno de los patios renacentistas más bonitos— y la propia casa de Francisco Pacheco era entre otras los puntos de encuentro de los escogidos.

Estos son los que recoge el pintor. Tomados del natural en su mayor parte o bien a través de retratos de otros artistas, Pacheco inicia su *Libro* —proyecto muy ambicioso del que sólo nos ha llegado un tercio— y lo saca a la luz en 1599. El trabajo lo había iniciado tiempo atrás: en el inventario de bienes que hace antes de contraer matrimonio constante ya diez retratos, era el año de 1593.

En el *Arte de la Pintura* alude el pintor a los ciento sesenta retratos reunidos; de estos sólo se conservan sesenta y cuantro: los cincuenta y seis de este *Libro*, siete que pertenecen al fondo de la Biblioteca Real y uno que se conserva en la Sección de Bellas Artes de la Biblioteca Nacional de Madrid.

Este manuscrito, igual que el de las *Obras de Góngora* presentadas por Chacón al conde-duque de Olivares, busca en su factura semejarse a un impreso: una portada arquitectónica presenta la obra; en un medallón central con el título libro/ de descripción/ de verdaderos Retratos, de/ Ilustres y Memorables/ varones./ por/ Fran-

has an architectural title page presenting the work in a central medallion with the title *Libro de Descripción / de verdaderos Retratos, de / Ilustres y Memorables / varones. / por Francisco Pacheco. / En Sevilla / 1599.* At the top, left and right, are the figures of Caesar, the conqueror of the city in 43 b. c. and Hércules, its patron god. Fame is in the center. At the bottom on the left and right is Betis, an image of the Guadalquivir River as an old man pouring water from a pitcher and Hispalis, the city of Seville depicted as a matron holding a cornucopia while two cupids and a dog, the symbol of fidelity, play at her feet.

The book contains 115 folios. It has two early foliations, one pagination of the lower left and another on the pages on the upper part. Portraits 42, 45, and 49 or 50 are missing. The portrait appearing between 48, Francisco Guerrero, and 51, Rodriguez de Castro, is not numbered and, therefore, we do not know which number is missing. The pagination of p. 54 is repeated and pages 89, 98 and 99 are missing in the foliation.

The portraits in Mannerist frames (190 × 150 mm) are pasted to the folios (337 × 225), and occupy an area of approximately 260 × 185 mm. The top part of the architectural frames, apparently drawn by Pacheco himself, is varied. Some frames contain triangular, curved or broken pediments or shields. Sometimes two cupids flank the inscription in the center area, which is usually a fragment of a biblical or gospel text referring to the person in question. The message is reinforced by symbols relating to the profession of the subject pos-trait and held by cupids.

The black and red pencil drawings are done on single sheets of paper on a gouache background in brown or gray. The name of the person portrayed is written in ink at the bottom of the sepia colored frame.

Although most of the portraits are presented in this way, some are simply stuck to the sheets without frames or written references, or framed but without any text.

In the framed portraits, the text begins below the frame with the praise (4 lines, 30 × 70 mm) continued on the verso of the sheet and covering the whole page (280 × 170 mm). When poetry is included, it is written in one or two columns, centered or side by side.

The contemporary script is carefully done and evenly distributed, with an occasional crossing out or a word added between lines. At the end an 18th century lettering is used (fol. 115). This is the same hand that wrote the name on the portrait of Saez de Zumieta and probably those of Rodríguez de Castro, Jerónimo de Herrera, Francisco de Ribera, Andrés de Portes and Miguel de Santiago. The unframed portraits have a longer text at the bottom of 7 or 8 lines (70 × 170 mm).

The binding in red leather with gold tooling was done after 1886 when J. M. Asensio's facsimile edition was published.

Most of the men portrayed lived during the second half of the reign of Philip II in the 16th century, although

cisco Pacheco./ en Sevilla/ 1599. En la parte superior, derecha e izquierda, las figuras de César, conquistador de la ciudad en el 43 a. de C.— y de Hércules —su dios protector—; en el centro, la Fama; al pie, derecha e izquierda, Betis —representación del río Guadalquivir como un anciano vertiendo el agua de un cántaro— e Hispalis —la ciudad de Sevilla, representada por una matrona que sostiene una cornucopia mientras dos amores y un perro, símbolo de la fidelidad, juegan a sus pies.

El *Libro* consta de 115 folios. Lleva dos numeraciones antiguas; la de los retratos, en la parte inferior izquierda y la de las hojas, que va en la parte superior. Faltan los retratos número 45 y 50.

Se repite la numeración de h. 54; faltan la h. 89,98 y 99 en la numeración.

Los retratos [190×150 mm.] están pegados en los folios del libro [387×225 mm.], encuadrados en marcos manieristas —la mancha ocupa 260×185 mm. aprox. Los marcos arquitectónicos, dibujados al parecer por el mismo Pacheco, ofrecen varios modelos en su remate superior: el frontón triangular, curvo, roto, o una tarja. A veces dos amores flanquean la inscripción que se incluye en el vano central: suele ser esta el fragmento de un texto bíblico o evangélico relacionado con el personaje; el mensaje puede reforzarse con símbolos relativos a la profesión del retratado que llevan los amores.

Los dibujos están realizados en hojas de papel, trazados a lápiz negro y rojo sobre fondo sombreado a la aguada de color pardo o grisáceo. El marco, en color sepia, lleva al pie el nombre del personaje a tinta.

Aunque la mayoría de los retratos llevan esta presentación los hay que están simplemente adheridos a las hojas sin marco y sin referencia escrita o con marco pero sin texto.

En los retratos con marco se inicia el texto bajo éste con el elogio [4 líneas, 30×70 mm.] que se continúa al verso de la hoja a toda página [280×170 mm.]. Cuando se intercalan poesías, éstas se escriben a una columna centrada o a dos. La letra contemporánea del manuscrito es cuidada y regular, de vez en cuando un tachón, una palabra que se añade entre líneas. Aparece al final una letra posterior, del siglo XVIII [fol. 115 v.] que es la misma con que se escriben los nombres en los retratos de Sáez de Zumieta y probablemente en los de Rodríguez de Castro, Jerónimo de Herrera, Francisco de Ribera, Andrés de Portes y Miguel de Santiago.

En los retratos que no llevan marco, el texto del pie es más largo, ocupando de 7 a 8 líneas [70×170 mm.].

El *Libro* tiene una encuardernación de piel roja con hierros dorados, posterior a 1886, en que se publicó el facsímil hecho por J.M. Asensio.

Los personajes que se recogen en el *Libro* pertenecen, en su mayor parte, al reinado de Felipe II. Gran número

---

PACHECO, FRANCISCO: *Libro de descripción de verdaderos retratos de ilustres y memorables varones.* 1599. *LG.*

there are several portraits from the first half of the 17th century.

The clergy, a very important social group in Golden Age Spain, are well represented: Jesuits, preachers and men like Fernando de Mata and Joaquín de Herrera, who participated in the important theological polemic of the Immaculate Conception are included. Fray Luis de Granada who was passing through Seville was also depicted.

Writers and poets, frequently crowned with laurels, are also included: Argote de Molina, Fernando de Herrera, Baltasar de Alcázar, Fray Luis de León, Quevedo, Francisco Medrano, Juan de Mal Lara and two other writers who had already died but were included by Pacheco, Gutierre de Cetina and Pedro de Mejía.

Some important painters are missing, who may possibly have been among the lost portraits. But they also may have been excluded because of the artistic rivalries of the time: Zurbarán, Roelas, Juan del Castillo, Alonso Cano and Herrera the Elder are all missing. The same is true of two sculptors, Martínez Montañés and Juan de Oviedo, the Valladolid goldsmith, Sancho Hernández and the musicians, Cristóbal de Morales and Francisco Peraza.

After the artist's death the *Libro* was broken up and lost. In 1677 Ortiz de Zuñiga, a Sevillian chronicler, reported having seen it and knowing that it was divided up among various collectors. Palomino, the painter's biographer, does not mention it in his *Museo pictórico*, 1715.

A notebook on the work appeared at the time of Francisco de Goya because he had copied some of the portraits. In the 19th century Angel Avilés received it from a friend who had it in his possession since the French occupation. During his presentation speech to the Academia de Buenas Letras de Sevilla (1893), he used data from the *Libro* to write the biography of Baltasar de Alcázar. At Avilés death, the manuscript disappeared and Stirling Maxwell and Baron Taylor tried in vain to buy it. Through a series of novelesque accidents the *Libro* returned to the hands of the Avilés family who sold it to J. M. Asensio for sixteen thousand reales. The Hispanist, Antoine de Latour, published the history of the appearance and disappearance of the manuscript in the August 1866 issue of the *British Review*. This article was later reproduced in the *Porvenir de Sevilla*.

Francisco Pacheco, whose paintings are well represented in the Fine Arts Museum at Seville, contributed two works to Spanish artistic bibliography, the *Arte de la pintura* and this exceptional one preserved in the Fundación Lázaro Galdiano. Pacheco was also the teacher and father-in-law of Diego Velázquez.

Bibliography
Editions: JOSE MARÍA ASENSIO, Seville, 1870; DIEGO ANGULO, Madrid, Turner, 1983; JOSÉ MMARÍA ASENSIO, *Francisco Pacheco*, Seville, 1867;

son hombres que vivieron en la segunda mitad del siglo XVI, los de plena primera mitad del XVII son minoría.

Los eclesiásticos, grupo social muy destacado en la España del Siglo de Oro, tienen una gran representación: jesuitas, predicadores, y aquellos que intervinieron en una de las polémicas teológicas más relevantes del momento, la de la Inmaculada Concepción, Fernando de Mata y Joaquín de Herrera. Fray Luis de Granada, que pasó por Sevilla, quedó también recogido aquí.

Escritores y poetas, a los que el pintor con frecuencia corona de laureles: Argote de Molina, Fernando de Herrera, Baltasar de Alcázar, Fray Luis de León, Quevedo, Francisco Medrano, Juan de Malara y dos escritores muertos, pero de los que Pacheco no quiere prescindir: Gutierrez de Cetina y Pedro de Mejía.

En el grupo de los pintores faltan nombres importantes, quizá porque se encontrasen entre los retratos perdidos, quizá porque las rencillas del gremio: Zurbarán, Roelas, Juan del Castillo, Alonso Cano, Herrera el viejo no figuran en él. Dos escultores Martínez Montañés y Juán de Oviedo, el orfebre vallisoletano Sancho Hernández y los músicos Cristóbal Morales y Francisco Peraza. Junto a ellos muchos hombres destacados del momento, varones de pluma y espada como Cristóbal Morales y Francisco Peraza entre otros.

A raíz de la muerte del artista, el *Libro* se perdió y dispersó. En 1677, Ortíz de Zúñiga, cronista sevillano, da noticia de haberlo visto y saberlo dividido entre varios aficionados. Palomino, biógrafo del pintor, no da ninguna noticia de él en el *Museo pictórico*, 1715. En tiempo de Francisco de Goya aparece en Madrid un cuaderno de la obra porque éste copia algún retrato. En el siglo XIX, Angel Avilés lo recibe de manos de un amigo que lo poseía desde la ocupación francesa; en el discurso de presentación en la Academia de Buenas Letras de Sevilla (1893), utiliza datos del *Libro* para redactar la biografía de Baltasar de Alcázar. A la muerte de Avilés, el manuscrito había desaparecido, Stirling Maxwell y el barón de Taylor se interesaron en vano por su adquisición; por una serie de azares novelescos volvió el *Libro* a manos de la familia Avilés, quien lo vendió a J.M. Asensio en dieciséis mil reales. El hispanista Antoine de Latour publicó en la *British Review* del mes de agosto de 1866 la historia de la desaparición y aparición del manuscrito. El porvenir de Sevilla tradujo después este artículo.

La encuadernación es en piel con hierros dorados firmada «Gruel» en la contratapa. Es del siglo XX.

Francisco Pacheco, cuya obra pictórica está ampliamente representada en el Museo de Sevilla, aportó a la bibliografía española dos obras: El *Arte de Pintura* y ésta excepcional que conserva la fundación Lázaro Galdiano. Fue también el maestro de Diego Velázquez.

Bibliografía
Ediciones : J. M.ª ASENSIO. Sevilla, 1870.— D. ANGULO. Madrid: Turner, 1983.— Estudios: J. Mª. ASENSIO. *Francisco Pachecho*. Sevilla, 1867.— F. RODRIGUEZ MARIN. *Francisco Pacheto maestro de Velázquez*.

F. Rodríguez Marín, *Francisco Pacheco maestro de Velázquez*, Madrid, 1923; C. Salazar, «El testamento de Pacheco», *Archivo español de arte*, 155, 1928; D. Angulo and Pérez Sánchez, *A Corpus of Sapnish Drawings*, London, 1983; *Exposición la Estética del libro español*, Paris, July 6, 1936; Madrid, 1936, no. 113.

Madrid, 1923.— C. Salazar. «El testamento de Pacheco». *Archivo Español de Artes*, 155, 1928.—D. Angulo y A. Pérez Sánchez. *A corpus of Spanish Drawings*. London, 1983. *Exposición la Estética del Libro Español*, París, 6 de julio de 1936. Madrid, 1936, nº 113.

104. GONGORA Y ARGOTE, Luis de

Obras de D. Luis de Góngora. Reconocidas y comunicadas con él por D. Antonio Chacón Ponce de León, Señor de Polvoranca. Excmo. Señor D. Gaspar de Guzmán, Conde de Olivares Duque de Sanlúcar la Mayor.—1628.— 3 vols; in-fol.

Vol. 1, 324 pp. Vol, 2, 349 pp. Vol. 3, 188 pp.
250 × 190mm. Single column. Decorated architectural frontispiece with portrait of the poet. Castilian calligraphic script written in black ink.
Vellum. 29th century morocco green leather binding with gold tooling by F. Bedford 260 c175 mm.

Madrid, Biblioteca Nacional, Res. 45, 45 bis and 46.
Olim Vitrina (vol. I) and 45-46, vols. II and III

This important book is one of the high points of Spanish Golden Age poetry. It is a famous luxury manuscript on vellum prepared by a friend and influencial admirer of the poet.

The calligrapher is unknown. It is written in Castilian calligraphic script, the hand is steady, legible and slanted to the right, loose, with elegantly joined ligatures(*sp, st*) and well-outlined regular strokes. The letters are sometimes adorned with spirals in the final strokes or initials *R, N, M*. There are small spaces betwen words and catch words at the bottom of the pape between the two ornamental borders. The manuscript is written in black ink which is not very oxidized.

At a time when poets did not ordinarily give their compositons to be printed-and indeed they often opposed or resisted, perhaps because of pride or modesty-this manuscript is particularly valuable. Manuscript copies of poetic works circulated and 'were sold at a good price', says Pellicer of Góngora's works. But there was the double danger of false attributions, not always honest or willfully intentioned, and the progressive deterioration of the texts. Neither Quevedo nor Lope de Vega had the good fortune of having their works compiled with the care and love that Sr. Polvoranca did with those of his friend Góngora.

The Chacón manuscript (posterior to the printed edition by López Vicuña which is incomplete and full of errors and mistakes) is supposedly complete. Because it was checked with the author, it is assumed that the texts are faithful and authentic, with dates on composition and notes clarifying allusions or circumstances. If poems are omitted that were falsely atributed to the poet, they should be considered apocryphal. It is an essential resource archetype for questions on Góngora's poetics. Unfortunately, since the collection was finished shortly after the death of the poet, and the collector inserted works according to his own criteria («commonly accepted 'as by don Luis'») critics have shown the inconsistency

104. GONGORA Y ARGOTE, Luis de

Obras.—España.—1682.—3 v.—Vitela.
—Encuadernación piel.—260 × 175 mm.

Obras de D. Luis de Góngora. Reconocidas y comunicadas con él por D. Antonio Chacón Ponce de León, Señor de Polvoranca. Al Excmo. Señor D. Gaspar de Guzmán, Conde de Olivares, Duque de Sanlúcar la Mayor...
Divididas en tres tomos...
Importante libro por tratarse de una de las cumbres de la poesía española del Siglo de Oro.
Fechado en 1628, 12 de diciembre (dedicatoria).
Célebre manuscrito lujoso, en vitela, preparado por un amigo y admirador influyente del poeta. No se conoce el nombre del pendolista.
Letra caligráfica castellana, reposada, inclinada a la derecha, suelta, con algunas elegantes ligaduras, sp, st, trazos bien perfilados y muy legile; discretamente adornada a veces, con volutas en los rasgos finales o iniciales de R, N, M o alguna otra.
Poco espaciadas entre sí las palabras.
Reclamos al pie en el centro de la plana entre las dos líneas de la orla.
Tinta negra no muy oxidada.
Tres volúmenes de IX fol., 324 p., 5 fol.; III fol. 349 p., 6 fol.; y I fol. 188 páginas. 250 × 190 milímetros.
Medidas externas de la encuadernación: 260 × 175 milímetros.

Madrid, Biblioteca Nacional, Res. 45, 45 bis y 46

Los versos están escritos a una columna, aun los de arte menor.

El libro presenta portadillas bellamente decoradas con florones para separar entre sí las series establecidas: por aspectos retóricos o métricos (sonetos, octavas, redondillas, etc.) y dentro de éstos, por «materias» (heróicos, morales, amorosos, etc.). Las planas de «contenidos» (portadillas) tienen orlas dobles, de cañas y mediacañas, con florones en los intervalos de los lados y en los vértices. Las planas cortas o las blancas tienen también bellos florones en el centro.

Ornamentación de buen gusto, pero muy abundante, en el sentido de que denota una intención de conseguir un libro especial, distinguido, elegante, digno del valor de la obra que se transcribe y del gran señor a quien se va a ofrecer. Todas las planas tienen doble orla geométrica.
Reflejo de la recíproca imitación que se da entre impresos y manuscritos, en esta época en que el arte tipográfico está plenamente implantado, aunque en decadencia por la mala calidad del papel y el envejecimiento de las fundiciones de tipos, toscos y gastados, el manuscrito tiene en su primer tomo no sólo portada al comienzo, sino también frontispicio.

La portada, prolija de letra por la enumeración de los títulos del Conde Duque, en dedicatoria sin duda más inspirada por el compilador que por el propio poeta, en-

of some of the compiler's atributions. Even in the part in which the author was consulted there are some slight discrepancies in dates or historical happenings. In general, however, the Chacón manuscript is the 'oracle of Góngora,' the textual canon of the poet known as the 'Swan of Betis."

The decoration is in good taste and lavishly done. It is obviously intended to be a distinguished, elegant copy, worthy of the work that is transribed and the man who is its recipient. All the pages have double geometric borders, which is a reflection of a reciprocal imitation between printed books and manuscripts at a time when the art of typography was firmly established. Unfortunately that art was also in decline because of the poor quality of the paper and the aging of the fonts which had become rough and worn. The first volume of the manuscript has both a title page and a frontispiece.

The title page, filled with the enormous number of titles of the Count-Duke, is dedicated to the king's adviser, probably at the insistence of the compiler rather than the author himself. The text is framed in an oval crowned by the coat-of-arms of the Count-Duke held up by two winged cherubs standing on lions' paw table legs. It is resting on a double ledged pedestal with allegorical figures and mottos in the abacus ('Cedit Minervae Phoebus', 'Vivit et Manibus Umbra'), and a cartouche in the shape of a shield where a detail of the title is specified. The entire ensemble is crowned with a banner bearing the legend, 'Philip. IV. Munificentia.' The title of the work and the author stand out in larger script but the editor of the manuscript also figures prominently. The dedicatory letter follows the title page with the autograph signature of the compiler.

The frontispiece contains an architectural façade of a window with pilasters topped with Escorial-type balls with angels' heads and garlands. The center rectangle with spandrels has the portrait of the poet, aged 60, drawn in pen and ink in imitation of a burin engraving. The foot of the window has a shield and garlands and an *octava* verse beginning with two *ds* coming from the mouth of the poet, but by an unknown author ('De amiga idea, de valiente mano...'). At the foot are the initials A.A.M.L.

The coat-of-arms of the Góngora and Argote families appears in an oval among garlands. The portrait is similar to the style of the famous men in Pacheco's *Book*. The name of the Belgian painter to whom Góngora's sonnet (vol. I, p. 86) is dedicated is not known. The sonnet begins 'Hurtas mi bulto y cuando más le debe.'

Included in the manuscript are beautiful half titles which separate the different series divided by rhetorical or metrical aspects (sonnets, octaves, quatrains, etc.) or subjects (heroic, moral, amorous, etc.) The tables of contents have double borders with shafts and moldings and fleurons on the sides and top. The short sides of the pages or blank pages have fleurons in the center.

The three volumes were bound in green morocco

cierra su texto en un óvalo coronado por el escudo del Conde Duque, sostenido por dos angelotes alados que se apoyaban en patas de mueble terminadas en garras de león; sobre un pedestal de doble saliente con figuras alegóricas y motes en los ábacos, («Cedit Minervae Phoebus», «Vivit et Manibus Umbra»), y una cartela en forma de escudo donde se especifica un detalle del título. Corona el conjunto una filacteria con la leyenda «Philip. IV. Munificentia». Si bien se destacan por ir en primera fila y en letra de mayor tamaño el título y el autor, no deja de darse el debido relieve a la mención del editor del manuscrito. A continuación de la hoja de portada viene la carta dedicatoria, en dos planas, con la firma autógrafa del compilador.

El frontis lo constituye una portada arquitectónica de ventana con pilastras (rematadas en bolas escurialenses), a las que están adosadas cabezas de ángeles de las que cuelgan guirnaldas.

En su centro, encuadrado en rectángulo con enjutas, un óvalo al que se asoma el retrato del poeta —en sus sesenta años de edad— dibujado a pluma con técnica de buril. Al pie de la ventana cuelga una tarja de perfiles irregulares y con guirnaldas a los lados, en cuyo vano figura con una D inicial de dos líneas, la octava (puesta en boca del poeta, pero de autor no conocido): «De amiga idea, de valiente mano...» y a su pie las siglas A. A. M. L. Sobre la cornisa, un óvalo entre guirnaldas, en cuyo campo figura un escudo con atributos de los Góngora y los Argote. El retrato está presentado siguiendo algo del estilo de los célebres del *Libro* de Francisco Pacheco. No es conocido el nombre del pintor belga a quien está dedicado («A un pintor flamenco haciendo el retrato de donde se copió el que va al principio deste libro») un soneto de Góngora «Hurtas mi bulto y cuando más le debe» que figura en el tomo I, página 86.

Los tres volúmenes están encuadernados en tafilete verde a principios del siglo XX, por F. Bedford. En el lomo, los dorados rezan: «Obras de Góngora. Tomo I» y II, III.

La entrada del manuscrito en la Biblioteca Nacional fue por la vía de Gayangos (antes había pertenecido a Sancho Rayón). No consta que el libro llegase a figurar efectivamente en la famosa librería del Conde Duque, a lo que parece, gran admirador de la obra de Góngora, (¿lo consultó en ella Pellicer?). Hubiese sido curioso poder comprobar la estimación que hubiera merecido esta joya en el tiempo inmediato a su producción, al entrar a formar parte de la colección de Olivares.

En una época en que los poetas no se cuidaban de dar a la imprenta sus composiciones (cuando no se oponían y resistían directamente a ello, ¿por orgullo?, ¿por modestia?), mientras circulaban éstas en copias manuscritas que incluso «se vendían en precio cuantioso», dice Pellicer de las gongorinas, con el doble peligro de las falsas atribuciones (tal vez no siempre bienintencionadas o inocentes) y del deterioro progresivo de los textos, ni Quevedo ni Lope de Vega tuvieron la suerte de que su

leather at the beginning of the 20th century by F. Bedford. The lettering panel on the spine in gold tooling reads, 'Obras de Góngora, vols. I, II, and III.»

Provenance: The manuscript entered the collection of the Biblioteca Nacional through Gayangos, having previously belonged to Sancho Rayón. It is not known whether the book actually belonged to the famous library of the Count-Duke, who was apparently a great admirer of Góngora. Perhaps Pellicer consulted it there. It would have been interesting to corroborate the value of this bibliographic jewel at the time it was copied, if it actually belonged to Olivares' collection.

Bibliography

Edición Foulche Delbosc. New York, Hispanic Society, 1921.
FOULCHÉ-DELBOSC, *Notes sur trois manuscrits des oeuvres poétiques de Góngora.* R. H., VII, 1900.—J. D OMÍNGUEZ BORDONA. «Miniatura» en: Ars Hispaniae v. XVIII.—J. ENTRAMBASAGUAS. Un misterio desvelado en la Bibliografía de Góngora. Madrid, 1962. D. ALONSO. Estudios y ensayos gongorinos, Madrid, 1955.—DOMÍNGUEZ BORDONA, n.º 885.

[Fernando Huarte Norton, Director de la Biblioteca de la Universidad Complutense.]

obra fuera recogida con el cuidado y amor con que el señor Polvoranca se ocupó de hacerlo con la de su amigo Góngora. El manuscrito Chacón (posterior a la edición impresa realizada por López Vicuña, incompleta y llena de erratas y defectos) tiene aspiración a ser completo y (por consultado con el autor) tiende a dar textos fieles, auténticos, con fechas de redacción y algunas notas desveladoras de alusiones o aclaratorias de circunstancias. De forma que la omisión en él de las falsamente atribuidas al poeta equivale a su rechazo por apócrifas. Viene a constituir así un arquetipo de recurso indispensable para las cuestiones de poética gongorina. Lástima que, terminada la colección algo después de muerto el poeta, no todas las composiciones han podido ser consultadas con éste, y el colector introdujo algunas obras aceptadas según su propio criterio («comúnmente se han tenido por de don Luis») no siempre con acierto, según han mostrado los críticos que han podido determinar la inconsistencia de algunas atribuciones. Aun a la parte consultada con el autor se oponen a veces algunos ligeros reparos menores, por ejemplo en la datación, por menciones de sucesos históricos, pero en su conjunto, el manuscrito Chacón viene a ser el oráculo gongorino, el canon textual de la obra del «cisne del Betis».

Bibliografía

Edición Foulche Delbosc. New York, Hispanic Society, 1921.
FOULCHÉ-DELBOSC, *Notes sur trois manuscrits des oeuvres poétiques de Góngora.* R. H., VII, 1900.—J. D OMÍNGUEZ BORDONA. «Miniatura» en: Ars Hispaniae v. XVIII.—J. ENTRAMBASAGUAS. Un misterio desvelado en la Bibliografía de Góngora. Madrid, 1962. D. ALONSO. Estudios y ensayos gongorinos, Madrid, 1955.—DOMÍNGUEZ BORDONA, n.º 885.

---

105. VEGA CARPIO, Félix Lope de

La dama boba.—1613.—[120]p.—217 ×145mm.
E. «Lisseo. Que lindas possadas, Turin. Frescas».
A. «aqui para los discretos
da fin la comedia boba.»
Autograph manuscript, with signature and rubric of Lope de Vega Carpio.—19 th century leather binding tooled in blind.—Signed by Grimaud.—228×155mm.

Madrid, Bioblioteca Nacional, Vit. 7-5

The play is an autograph manuscript by Félix Lope de Vega. A handwritten half title with late 19th-century script precedes the text occupying 120 pages recto and verso.

Written in ink the writing is hasty and full of changes and crossings-out indicating corrections.

There are two foliations, one in ink contemporary to the manuscript, and another with the page numbers in pencil. The foliation starts at the beginning of the play. The nineteenth half title, the one belonging to the original manuscript and the cast before the beginning of the first act are not foliated. The pagination in pencil, however, begins with the half title contemporaneous with the manuscript in the author's own handwriting.

On page 119 at the end of the play there is a pious invocation, «Loado sea el Sanmo Sacramento. Amén»

105. VEGA CARPIO, Félix Lope de

La dama boba.—1613.—[120]p.—217 × 145 mm.—E. «Lisseo, Que lindas possadas, Turin. Frescas» A. «aquí para los discretos da fin la comedia boba.».—Encuadernación piel con hierros firmada Grimaud, 200 × 155 mm. Procedencia: Osuna.

Madrid, Biblioteca Nacional Vit. 7-5

Comedia autógrafa de Félix Lope de Vega. Una portadilla manuscrita, con la letra del siglo XIX, precede al texto que ocupa el recto y el verso de 120 páginas.

Escrita a tinta, la escritura es apresurada, con enmiendas y tachones que indican trabajo de corrección.

Hay dos numeraciones: una foliación a tinta -contemporánea al manuscrito- y una paginación a lápiz. La foliación se inicia con el comienzo de la comedia, la portadilla decimonónica, la propia del manuscrito y la relación de personajes que van antes del empiece del acto primero, están sin foliar. La paginación a lápiz comienza, sin embargo en la portadilla contemporánea al autógrafo.

En la página 119, al fin de la comedia, una invacación pía «Loado sea el Sanmo. Sacramento. Amén», la fecha y el lugar «en Madrid, a 28 de abril de 1613» y firma y rúbrica «Lope de Vega Carpio».

En la página 120 figuran la petición de licencia y las licencias siquientes: «Vea esta comedia el secretario

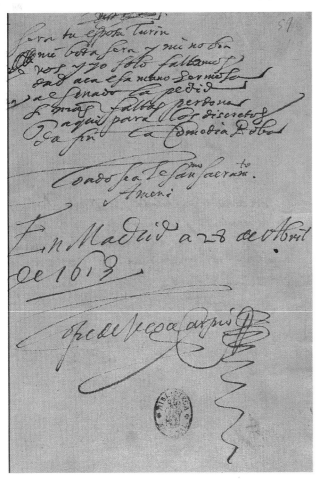

VEGA CARPIO, FÉLIX LOPE DE: *La dama boba*. 1613. *BN Vit. 7-5*.

with the date and place 'In Madrid, April 28, 1613' and the signature and rubric, 'Lope de Vega Carpio'.

The request for permission and the following permits are seen on page 120: 'The Secretary Thomas Grazian Dantisco has seen this play and certifies to it. Madrid, October 26, 1613' 'This play, entitled *La Dama Bona*, may be performed with all rights reserved for the same, as is the case for the songs, shorts plays and dances. Madrid, October 27, 1613. Thomas Gracian Dantisco'. 'Permission is given for the performance of this play in accordance with censorhsip. Madrid, October 30, 1613', signed, and finally a much later permit authorizing the perfomance of this work together with an interlude dated June 7, 1616.

The second and third acts have their own half titles and subsequent list of characters on separate pages. The first act does not have a half title and the list of characters procedes the beginning of the play at the top of the same page.

Lope de Vega gave this manuscript to the actress, Jerónima de Burgos, for whom the play was written. Jeronima, the 'Gerarda' of *La Dorotea,* premiered this work with great success and *La dama boba* soon became very popular.

«Thomas Grazian Dantisco y vista me la traiga. En Madrid, 26 de octubre de 1613», «Esta comedia intitulada La dama boba se podrá representar reservando a la vista lo que fuera de la lectura, ofreciere y lo mismo en los cantares y entremeses y bayles. En Madrid, a 27 de octubre de 1613. Thomas Gracian Dantisco», «Dasse licencia para que se puede representar esta comedia conforme a la censura. En Madrid, a 30 de octubre de 1613», rúbrica y, por último, una licencia muy posterior que autoriza la representación de la comedia junto con la de un entremés y que lleva fecha de 7 de junio de 1616.

Los actos segundo y tercero tienen portadillas propias y tras ellas la relación de personajes que en él intervienen en página aparte. El acto primero no tiene portadilla, la relación de personajes procede su com.

Excepto el acto primero, los otros dos tienen portadillas propias; tras ellas, en página aparte, va la relación de personajes que intervienen en él. La indicación del acto primero antecede al comienzo de la comedia, en la cabecera de la misma página.

Encuadernación de piel. El teñido de la piel está hecho en dégradé del tabaco al verde oliva; hay un doble juego entre hierros dorados y en seco. Los hierros dorados forman doble orla en la que queda inscrita un losange central, los hierros en seco adornan escalonadamente los ángulos que forman los dorados. Los nervios están resaltados; las entrenervaduras ornadas con hierros secos. La firma Grimaud aparece en al ángulo inferior derecho de la tapa superior. Es del siglo XIX

A la actriz Jerónima de Burgos entregó Lope de Vega este manuscrito de la comedia que estaba escrita para ella. Jerónima, -la Gerarda de la Dorotea- la estrenó con gran éxito y pronto *La dama boba* fue una obra popular.

En la primera edición de esta comedia no se tuvo en cuenta este manuscrito autógrafo. Entre las doce comedias que figuran en la edición de «Novena parte», impresa en Madrid por la viuda de Alonso Martín de Balboa a costa de Alonso Pérez, en el año de 1617, el texto que aparece de *La dama boba* es un claro exponente de los avatares que sufrían las obras dramáticas. Copias manuscritas de las comedias circulaban entre las diversas compañías, que las tenían incluidas en sus repertorios: recortes, adiciones y cualquier otro tipo de manipulación era frecuente ya que los actores acomodaban la obra a sus posibilidades y al gusto del público. En *La dama boba* de la edición princeps faltan tiradas de versos, faltan escenas; su impresión se hizo, evidentemente, sobre una de las malas copias que circulaban entre las compañías teatrales.

En la Biblioteca Nacional se conseva otro manuscrito de esta comedia del siglo XVII, que coincide en gran parte de las variantes y alteraciones con el texto de la edición de 1617. Este códice de 61 hojas lleva el nombre y rúbrica de Luis Ramírez de Arellano, personaje famoso en el medio teatral de Madrid del XVII al que se le conocía como «El gran memoria», porque era capaz de rete-

The first edition of this play did not take this manuscript into account. Among the twelve plays included in the edition of the *Novena Parte,* printed in Madrid by the widow of Alonso Martín de Balboa at the expense of Alonso Pérez in 1672, the text of *La dama boba* is a clear example of the transofrmations undergone by Golden Age plays. Handwritten copies circulated among the different companies which included them in their repertoires. Abridgements, additions and all kinds of manipulations are frequent, since the actors accomodated the works to their own possibilities and the public's taste. In the firts edition of *La dama boba* entire series of verses and scenes are missing. It was evidently printed from one of those bad copies circulating among the theatrical companies.

There is another manuscript of this play in the Biblioteca Nacional dating from the 17th century which coincides to a great extent with all the variants and alterations of the text of the 1617 edition. This codex containing 61 pages has the name and rubric of Luis Ramírez de Arellano, a famous character in the theatrical world of 17th-century Madrid. He was known as 'The Great Memory' because he was capable of retaining the texts of plays he saw perfomed and then sold them to the actors. At the beginning of the text are the initials of his brother Juan, known as 'The Little Memory', who possible wrote a part of this copy.

The 19th-century leather binding has been dyed in shades ranging from tobacco to olive green. There is an interplay between gold and blind tooling. The gold tooling forms a double border in which a central lozenge is inscribed, while the blind toolind decoratively spaces out the angles formed by the gilding. The ribs are raised and the panels tooled in blind. Grimaud's signature appears in the lower right corner of the front cover.

Provenance: Osuna Collection.

Bibliography

PAZ Y MELIA, I, n.º 810.—ROCAMORA , n.º 450,—RENNERT Y CASTRO , p. 163.—Ediciones: Biblioteca Nacional 1935, [facsímil.].—R. SCHWEWILL. University of California Pubications in Modern Philology, 1918.—J. GARCÍA SORIANO. Real Academia Española, 1929.—E. JULIÁ MARTÍNEZ. Madrid, Hernando, 1935 (Biblioteca Clásica, CCLXX).—*Exposición bibliográfica Lope de Vega.* Madrid, Biblioteca Nacional, 1935.—*Exposición antológica del Tesoro documental, bibliográfico y arqueológico de España.* Madrid, 1959, n.º 408.

ner los textos de las comedias que veía representar y luego vendérselos a los comediantes. Al comienzo del texto figuraban las siglas de su hermano, Juan Ramírez de Arellano «El memorilla», al que quizá se le puede atribuir parte de la escritura de esta copia.

Bibliografía

PAZ Y MELIA, I, n.º 810.—ROCAMORA , n.º 450,—RENNERT Y CASTRO , p. 163.—Ediciones: Biblioteca Nacional 1935, [facsímil.].—R. SCHWEWILL. University of California Pubications in Modern Philology, 1918.—J. GARCÍA SORIANO. Real Academia Española, 1929.—E, JULIÁ MARTÍNEZ. Madrid, Hernando, 1935 (Biblioteca Clásica, CCLXX).—*Exposición bibliográfica Lope de Vega.* Madrid, Biblioteca Nacional, 1935.—*Exposición antológica del Tesoro documental, bibliográfico y arqueológico de España.* Madrid, 1959, n.º 408.

106. CALDERON DE LA BARCA, Pedro

El mágico prodigioso.—1637.—[72] l.; 225 × 160 mm.
E. «Infernales dragones
que desde plaustro mio sois tritones»
A. «entregado a Dios el alma volberla a escrivir de nuevo»
Mosaic binding, signed by Grimaud, 230 × 167 mm.—Provenance: Osuna.

Madrid, Biblioteca Nacional, Vit 7-1

Manuscript in the handwriting of the playwright, Pedro Caldrón de la Barca. Written in ink, it occupies 69 folios, recto and verso. It is preceded by a half title,

106. CALDERON DE LA BARCA, Pedro

El mágico prodigioso.—1637.—[72] l.; 225 × 160 mm.
E. «Infernales dragones
que desde plaustro mio sois tritones»
A. «entregado a Dios el alma volberla a escrivir de nuevo»
Procedencia: Osuna.—Encuadernación de mosaico, firmada por Grimaud, 230 × 167 mm.

Madrid, Biblioteca Nacional, Vit 7-1

Manuscrito autógrafo de Pedro Calderón de la Barca. Escrita a tinta, ocupa el recto y el verso de 69 folios. Precede una portadilla, de diferente mano y posterior a la

El mágico prodigioso, drama in three acts by Pedro Calderón de la Barca, in a later script. At the end are two blank pages and a third with a fragment of another play.

There are corrections and crossings-out done in a hasty, agitated script written in ink. The author clearly wanted to utilize the space to a maximum because the writing invades the margin and he writes upside down to introduce changes. Between the first and second acts there is a blank verso, and between the second and third acts only the part of the verso remaining after the end of the act is left blank.

The title page after the pious invocation, contains the title of the play, the name of the author and dedication 'Para la villa de Yepes en las fiestas del SSmo. Sacramento, año de 1637' (For the town of Yepes, on the occasion of their celebration of the Holy Sacrament, 1637).

The first and second acts are foliated in ink, but the third act is not numbered.

The 19th-century binding has a tabacco-colored background with alternating green, ochre and vermillion tones in the quarters formed by the azure tooling. The oval cartouche on the front cover contains the title and date of the work. The edges are gilded and the raised ribs and panels are inlaid in mosaic. Grimaud's signature is at the bottom of the front cover.

There are two versions of *El mágico prodigioso*. The first is the one exhibited here in the manuscript of the Biblioteca Nacional, formerly in the collection of the Duke of Osuna. It is known as the 'Yepes versión' because it was dedicated to that town mentioned on the first page and alludes to the first performance of the play on the Feast of Corpus Christi in the year 1637. The second version was printed in *Parte XX de comedias varias nunca impresas, compuestas por los mejores ingenios de España,* published in Madrid in 1663.

The second version is the most complete. The one in manuscript form reveals the crossings-out and correction which indicate that it was a rough draft and sketch. A comparison between the two versions shows the corrections and revisions done by the dramatist of his own work. The 'Yepes version' was published by Morel-Fatio in 1877.

El mágico prodigioso, considered one of Calderón's best religious plays, belongs to the category of so-called 'saints' plays, typical of the Spanish Baroque in which the theme of the repentant sinner who becomes a saint ties in well with the escapist feeling so characteristic of the disillusioned era of his century.

This drama, sometimes compared with the Fausts of Marlowe and Goethe because it has to do with a pact with the devil, was inspired by Spanish hagiographic sources. The legend of Sts. Cyprian and Justine, with variants, is found in the *Flos Sanctorum* of Father Rivadeneyra and in Alfonso de Villegas.

The work represents the maturity of Calderón's sec-

escritura de la comedia, con el título «El mágico prodigioso. Comedia en tres jornadas de *D. Pedro Calderón de la Barca;* al fin dos hojas en blanco y la tercera y última conserva un fragmento de otra comedia.

Hay correcciones y tachaduras, una letra apresurada y nerviosa trazada a tinta, en un evidente deseo de aprovechamiento del espacio el autor invade los márgenes, e invierte el sentido de la escritura para poder introducir rectificaciones. Entre la jornada primera y segunda deja un verso en blanco, entre la segunda y la tercera tan sólo la parte del verso de la hoja que deja libre el fin del acto.

En la portada, tras la invocación pía, el título de la Comedia, el nombre del autor y la dedicatoria «Para la villa de Yepes en las fiestas del SSmo. Sacramento año de 1637».

Las jornadas primera y segunda tienen foliación propia, a tinta. La jornada tercera está sin foliar.

En la encuadernación se alternan, sobre fondo tabaco, tintas verdes, ocre y bermellón en los cuarteles que forman los hierros azurados. En la cartela oval de la tapa superior el título y la fecha de la obra. Los cantos y contracantos están dorados. Los nervios resaltados, las entrenvaduras llevan también decoración de mosaico. La firma de Grimaud va al pie de la tapa superior. Es del siglo XIX. De *El mágico prodigioso* se conservan dos versiones. La primera ésta que recoge el manuscrito de la Biblioteca Nacional, que perteneció al Duque de Osuna, y que se conoce como «versión de Yepes» por la dedicatoria a la villa que figura en la primera página y que alude a la primera representación de la *Comedia* el día del Corpus de 1637. La segunda versión es la que figura impresa en la «Parte XX de comedias varias nunca impresas, compuestas por los mejores ingenios de España» editada en Madrid en 1663.

La segunda versión es más perfecta. La del manuscrito refleja una parte previa del trabajo, los tachones y rectificaciones que en él figuran aluden a la fase de perfilamiento de la comedia. La comparación entre las versiones aproxima al trabajo de corrección y revisión que el dramaturgo hacía de sus producciones. La «versión de Yepes» fue publicada por Morel-Fatio en 1877.

El mágico prodigioso, que se considera una de las mejores obras religiosas de Calderón, está dentro de la línea de las llamadas «comedias de santos» típicas del barroco español, en el que el tema del arrepentido que se hace ejemplo de santidad, enlaza perfectamente con ese sentimiento de huida tan característico del momento desengañado que vive el siglo.

La comedia, que suele ser comparada con los Faustos de Marlowe y de Goethe porque presenta el tema del pacto diabólico, arranca de fuentes recogidas en la hagiografía española: la leyenda de los santos Cipriano y Justina que, con distintas variantes, se encontraba en el Flos Sanctorum del padre Rivadeneyra y en Alfonso de Villegas.

El romanticismo alemán ensalzó el valor de esta co-

ond style. German Romanticism exalted its moral value and contributed to its international praise and fame.
Provenance: Collection of the Duke of Osuna.

Bibliography

Paz y Melia, I, 1961; K and R. REICHENBERGER, *Bibliografisches handbuch der Calderon*, Kassel, Thiele, 1979; MOREL-FATIO, HEIBORN, HENNINGER, 1877; *Calderón de la Barca Studies, 1951-69, A critical survey and annotated bibliography*, Toronto, University Press, 1971, pp. 190-94; VALBUENA BRIONES, *Obras completas*, I, pp. 603-42; VALBUENA PRAT, Saragossa, Ebro, 1953; *Exposición del tesoro documental Bibliográfico y arqueológico de España*, Madrid, 1959, n.° 410.

media y contribuyó a internacionalizar el valor de esta obra representativa de la plenitud del segundo estilo de Calderón.

Bibliografía

PAZ Y MELIA, I, 1961.—KURT REICHENBERGER, AND ROSWITHA: *Bibliografisches handbuch der Calderon*, Kassel: Verlag Thiele, 1979.—A. MOREL-FATIO: *Heiborn*, Henninger, 1877, Parte VI.—*Calderón de la Barca. Studies 1951-69. A critical survey and annotated bibliography*, University of Toronto Press, [1971], pp. 190-194.—VALBUENA: Briones. *Obras Completas*, 6, I, pp. 603-642.—VALBUENA PRAT: *Zaragoza*, Ebro, 1953.—*Exposición del Tesoro documental, bibliográfico y arqueológico de España*, Madrid, 1959, n.° 410.

---

107. CALDERON DE LA BARCA, Pedro

Comedia de la fiera, el rayo y la piedra, escrita por D. Pedro Calderón de la Barca.—Letra del siglo XVII.—
[366] p.: il.—350 × 230 mm.
E. «Que se nos hizo el día?
La enmarañada obscura sombra fría»
A. «es porque supo dirigir las flecas
donde sólo es razón corresponder.»
Comtemporary stiff marbled leather binding, 365 × 250 mm.—Lettering panel: «D. J. Figuerola. La fiera, el rayo y la piedra.».—Provenance: conde de de Cervellón.

Madrid, Biblioteca Nacional, Ms 14614

107. CALDERON DE LA BARCA, Pedro

Comedia de la fiera, el rayo y la piedra, escrita por D. Pedro Calderón de la Barca.—Letra del siglo XVII.—
[366] p.: il.—350 × 230 mm.
E. «Que se nos hizo el día?
La enmarañada obscura sombra fría»
A. «es porque supo dirigir las flecas
donde sólo es razón corresponder.»
Comtemporary stiff marbled leather binding, 365 × 250 mm.—Lettering panel: «D. J. Figuerola. La fiera, el rayo y la piedra.».—Provenance: conde de de Cervellón.

Madrid, Biblioteca Nacional, Ms 14614

CALDERÓN DE LA BARCA, PEDRO : *Comedia de la fiera, el rayo y la piedra*. S. XVII. *BN Ms. 14614.*

The manuscript is a presentation copy obviusly done with the care and detail of a version worthy of its recipient.

It was written in pen with alternating lines of red and sepia ink for decorative purposes. The letter case is incribed in a frame formed by a double fillet. Calligraphic flourishes and careful writin; fill the rectos and versos. The double foliation has a pagination comtemporary to the manuscript and a later numbering in pencil.

Twenty-five folded drawings (345 × 450mm) depicting the stage sets, done in gouache and pen and ink, are also included in the collection.

The manuscript has been restored and the original parchment binding was substituted by the contemporary marbled leather binding.

The first page stands out for the use of its upper case script and chromatic play of the inks. The inscription reads, 'A celebration of the play held in the Royal Palace of Valencia of his excellency Don Luis de Moscoso Ossorio, Hurtado de Mendoza, Sandoval y Rojas, Count of Altamira, Viceroy and Captain-General of the Kingdom of Valencia.' A description follows of the festivities and the place where the work was performed, (fols. 1v a fol. 6v). Prologue to the play, *La fiera, el rayo y la piedra* (fols. 7r to 21v) beginning 'Cesárea, Augusta, fiel región dichosa' and ending 'felizes, felizes y eternas y eternas.' The body of the play follows (fols. 18r to 63v; fols 71v to 107v; fols. 113v to 148r). As was the custom in Golden Age performances, there are other plays interspersed between the acts. Between the first and second acts of the play, a performance was given of 'Bayle entremesado de El amor y Esperanza en Palacio' (Short Dance of Love and Hope in the Palace), written by Joseph Ortí, Royal Secretary (fols. 65r to 71r). Between the second and third acts another entremés was performed, 'Bayle entremesado de el Verde mes de Mayo' (Short dance of the green moth of May) written by Francisco Figuerola (fols. 108r to 113v). After the play there was a 'Mogiganga de las fiestas de Valencia in the Garden of Flora) also written by Figuerola (fols. 148v to 158v). The codex ends with a brief account of the end of the performance (fols. 158v to 160r).

La fiera, el rayo y la piedra was a first performed in Madrid in May 1652. The mise-en-scéne referred to in this manuscript took place in Valencia in the viceroy's house on June 4, 1690, in honor of the marriage of Charles II to Marianne of Bavaria and Neuburg.

The first folios describe the setting and details of the performance. It was originally planned for May 21, on theday of Corpus Chiristi, but it had to be postponed for a week because of bad weather. The Guards' Room in the palace was chosen for the stage because it was the largest room available. The set was mounted on an inclined stage, 9 spans in front and 11 behind, for better visibility, with a frontispiece the same height as the set, 38 spans. The open space was 23 × 22 spans and the curtain was painted by 'the valiant brushes' of José Gomar

El manuscrito es una copia de presentación, realizada con detalles que denotan que fue un ejemplar hecho con el esmero digno de su destinatario.

Escrito a pluma, alternan, con fines decorativos, las tintas roja y sepia. La caja de escritura está inscrita en un marco formado por un doble filete. Rasgos caligráficos, escritura cuidada, llenan rectos y versos de las páginas que llevan una doble numeración: paginación contemporánea al manuscrito y foliación a lápiz posterior.

Veinticinco dibujos plegados, 345 × 450 mm., a la aguada y a pluma, representando la escenografía de la comedia están incluidos en él.

El manuscrito ha sido restaurado, y la encuadernación primitiva de pergamino sustituida por la actual de pasta.

La primera página se destaca por el empleo de una caja de escritura mayor y el juego cromático de las tintas «Fiesta de la comedia que mandó ejecutar en el real palacio de Valencia del Excmo. Sr. D. Luis de Moscoso Ossorio, Hurtado de Mendoza Sandoval y Roxas, conde de Altamira… virrey y cap. gen. del Reyno de Valencia». sigue una descripción del local en que se representó la obra y la fiesta que se celebró (f. 1v. a f. 6v.); Loa para la comedia La fiera, el rayo y la piedra, escrita por D. Francisco de Figuerola (f 7r. a f. 21v.) [E. «Cesárea, augusta, fiel región dichosa» A. «felizes, felizes y eternas y eternas.»]; comedia de La fiera, el rayo y la piedra [f. 18r. a f. 63v., de f. 71v. a 107v. 113v. a 148r.]. Como es habitual en las representaciones del Siglo de Oro, hay otras piezas intercaladas: entre la primera y la segunda jornada de la comedia se representó el *Bayle entremesado de El Amor y la Esperanza en Palacio,* escrito por D. Joseph Ortí, secretario del Reyno [E. «Dejadme, dejadme» A. «para muchos siglos» f. 65r. a f. 71r.], entre la jornada segunda y tercera *«Bayle entremesado de el Verde mes de Mayo,* escrito por Don Franc° Figuerola» [E. «En fin que esso socede?» A. «Que con su luz la atención de «f. 108r. a f. 113v.], a continuación de la *Comedia* va la *«Mogiganga de las fiestas de Valencia en el Jardín de Flora… escrivio don Francisco Figuerola»* [E. «Ha del templo; está en casa la Divina» A. «Carlos y Mariana vivan» f. 148v. a f. 158v.], termina el códice con una breve relación del fin de la representación [158v. a f. 160r.]

La fiera, el rayo y la piedra fue representada por primera vez en Madrid en el mes de mayo de 1652. La puesta en escena a la que se refiere este manuscrito es la que tuvo lugar en Valencia, en casa del Virrey, el día 4 de junio de 1690 para celebrar el matrimonio de Carlos II con Mariana de Baviera y Neoburgo.

Los primeros folios describen el marco en el que tuvo lugar la función y pormenorizan detalles sobre la misma. La representación, prevista para el día del Corpus 21 de mayo, había tenido que ser pospuesta hasta su octava a causa del mal tiempo; el salón de guardias del palacio se eligió para montar el tablado, por ser el espacio mayor de que disponía el inmueble. El escenario se montó en declive, levantando nueve palmos por delante

and Bautista Bayuca, famous set designers who were pupils of José Caudí. The music, sound effects of the prologue and ballet was directed by the Chapelmaster of San Martín, Francisco Sanrrió.

From this point of view the manuscript is especially important. Both in the introduction, with details on the dimensions of the premises and stage, layout of boxes and seats, dressing rooms, names of collaborators, and the drawings illustrating the codex, there is a wealth of valuable information which makes this manuscript a priceless document for the study of theatrical staging in Golden Age Spain.

It is particularly intesting to have a closer view of Calderón's 'inside' theater, that is, performance given in palaces which needed special mise-en-scéne, but also changes in the style of the play itself.

The presence of musical accompaniment, appropriate to palatial performances, and the complicated stage machinery demanded by acting on stage with a proscenium, implied great differences between the performances prepared by playwrights for outside stages in courtyards and others conceived for enclosed spaces.

These types of stage sets had already been used in Madrid in the Palacio Real, designed by officially appointed set designers such as Cosme Lotti and Baccio del Bianco. The twenty-five drawings in this manuscript show how Spanish set designers continued their work in later years.

Bibliography
Paz y Melia, Reichenberger, Kurt an Rowistha. I, 1266.—Parte tercera, 92-153.—*Bibliographisches handbuch der Calderon.* Kassel Verlag Thiele, 179, n.° 994.—VALBUENA PRAT: *Comedias mitológicas*, II: *La Fiera, el rayo y la piedra.* Madrid, CIAP, 1931.—CALDERÓN DE LA BARCA, *studies 1951-69. A critical survey and annotated bibliography.* University of Toronto Press, [1971].

y 11 por detrás, para facilitar la visibilidad; sobre él, un frontis con la altitud de la pieza, 38 palmos, que tenía una luz de 23 palmos de alto y 22 de ancho en el que iba una cortina pintada «por los valientes pinceles» de José Gomar y Bautista Bayuca, célebres escenógrafos discípulos de José Caudí. La animación sonora de la loa y el baile fue dirigida por el maestro de la capilla de San Martín, el licenciado Francisco Sanrrio.

Es desde este punto de vista que el manuscrito resulta especialmente importante. Tanto en esta introducción —con detalles sobre las dimensiones del local y el tablado, disposición de palcos y asientos y camerinos, nombres de colaboradores, etc.— como en los dibujos que ilustran el códice se contiene una valiosa información que lo convierte en un documento precioso para el estudio de la escenografía teatral en la España del Siglo de Oro.

Es, en particular, interesante para aproximarse al conocimiento del «teatro de interior» de Calderón; representaciones efectuadas en palacios que requerían no sólo una especial puesta en escena, sino también un cambio en el propio estilo de la comedia. La presencia de un acompañamiento musical apropiado para una representación palaciega y la complicada tramoya que exigía la actuación sobre un escenario con proscenio, suponían grandes diferencias entre los montajes de las comedias que el dramaturgo había preparado para los tablados abiertos de las corralas y estos otros concebidos para espacios cerrados.

En Madrid ya había realizado este tipo de montajes en el Palacio del Buen Retiro, con la escenografía de los que entonces eran encargados oficiales, Gosme Lotti primero y Baccio del Bianco después. Los veintinco dibujos de este manuscrito muestran cómo los escenógrafos españoles siguieron trabajando en años posteriores.

Bibliografía
Paz y Melia, Reichenberger, Kurt an Rowistha. I, 1266.—Parte tercera, 92-153.—*Bibliographisches handbuch der Calderon.* Kassel Verlag Thiele, 179, n.° 994.—VALBUENA PRAT: *Comedias mitológicas*, II: *La Fiera, el rayo y la piedra.* Madrid, CIAP, 1931.—CALDERÓN DE LA BARCA, *studies 1951-69. A critical survey and annotated bibliography.* University of Toronto Press, [1971].

---

108. QUEVEDO y VILLEGAS, Francisco

Providencia de Dios padecida de los que la niegan y gozada de los que la confiesan. Doctrina estudiada en los gusanos y persecuciones de Job. 1641.—78 l.— 161 × 100 mm.— 19th century red leather binding with gold tooling.— 170 × *120* mm.

Madrid, Biblioteca Nacional, Vit. 7-7.

This autograph manuscript by Francisco de Quevedo occupies 75 pages verso and recto. The first page written in 18th century script refers to a letter by Diego de Mendoza with the indication: «This treatise on the Providence of God is an original copy in the handwrit-

108. QUEVEDO y VILLEGAS, Francisco

Providencia de Dios padecida de los que la niegan y gozada de los que la confiesan. Doctrina estudiada en los gusanos y persecuciones de Job.—1641.— [78]h.— 161×100 mm. Encuadernación piel roja con hierros dorados, 170×120 mm.

Madrid, Biblioteca Nacional, Vit. 7-7.

Manuscrito autógrafo de Francisco de Quevedo. Ocupa el recto y el verso de 75 hojas. Preceden tres hojas: la primera manuscrita de letra dieciochesca hace referencia a una carta de Diego de Mendoza y la indicación «Este tratado de la Providencia de Dios es el original de la propia mano y letra de Francisco de Quevedo;

ing of Francisco de Quevedo.» A printed label, «V.284,» which is repeated in writing at the top of the page, indicates that this version was formerly in the Biblioteca Real. In the Manuscript Index compiled by Antonio González in the 19th century, he notes that this codex was probably incorporated into the royal library in the 18th century. Two blanck pages follow.

The writing is in ink and very regular; quotations are underlined and the manuscript is foliated in pencil.

The dedication appears on the first page of the text after the title and explanation: «To Father Mauricio de Attodo of the Sacred Religion of the Society of Jesus and Lector of Theology in the College of the city of León. On the verso of the page at the end of the dedication is the date «December 11, 1641» and the signature «Fr. Tomás de Villanueva.»

The 19th-century gold tooled leather binding has a filleted fretwork border. In the center of the front and back covers there is a filleted rectangular quarter. The angles are finished off in blind tooling with individual flowers. The spine is full and the edges gilded. The endpapers are painted.

Quevedo wrote his *Tratado de la Providencia de Dios* in the convent of San Marcos in León where he was imprisoned after his sudden arrest in December 1639 until the fall of the Count-Duke of Olivares in 1643.

During this difficult period of his life the bishop of León, Bartolomé Santos de Risboa, consoled and encouraged the writer. The four letters from the bishop to Quevedo reveal how the *Tratado* was written. The bishop furnished him with books, advised him on quotations to be included, suggested changes, all in an affable and restrained manner and with modesty, recognizing the value of the writer and his solid training. The cultural education of the governor of the diocese made him a valid counterpart of the writer, who chose him as consultant and critic of his literary works.

In the first letter the bishop set Quevedo the works of Foreiro, a Portuguese Dominican of the 16th century with a summary of the works of Origen and St. John Chrysostom, underlining the most important parts so as not to tire him.

The other three letters are attached to the return of each of the parts making up the *Treatise:* the immortality of the soul and the incomprehensible will of God in the happiness, constancy and patience of Job. In his second letter the bishop sends quotations from St. Augustine and advises him to prove his theses with examples. It is especially interesting that he indicates the use of Ecclesiastes. He quotes Ecclesiastes and Nicholas of Lyra in support of the fact that high honors and posts are punishments, not favors. In a postcript the bishop once more shows his defenrence by apologizing for the possible illegibility of his writing and promises to send a clearer calligraphic copy if it is difficult to read. In his third letter he ponders the appropriate insertion of a quo-

una banderilla impresa "V.284", que se repite manuscrita en la cabecera de la hoja, indica que el ejemplar estuvo antes en la Biblioteca Real. En el *Indice de manuscritos* que hizo Antonio González en el siglo XIX se refleja la entrada de este códice que con probabilidad debió de efectuarse en el siglo XVIII. Siguen dos hojas en blanco.

Letra a tinta, de una gran regularidad. Las citas textuales están subrayadas. El manuscrito está foliado a lápiz.

En la hoja de comienzo del texto, tras el título y la explicación de título, la dedicatoria "Al padre Mauricio de Attodo de la Sagrada Relixion de la Compañia de Jesús y lector de Theología en el Colegio de la ciudad de León". Al verso de la hoja, finalizada la dedicatoria, la fecha "11 de xbre. 1641." y la firma "Fr. Tomás de Villanueva".

La encuadernación de piel roja lleva hierros dorados formando una greca alrededor fileteada, en el centro de la tapa superior e inferior un cuartel rectangular formado por un filete, los ángulos están matados con hierros sueltos floreados. Lomo cuajado; cantos y contracantos dorados. Guardas de papel pintado. Es del siglo XIX .

El *Tratado de la Providencia de Dios* lo escribe Quevedo en el convento de San Marcos de León, donde, desde su brusca detención en diciembre de 1639, permaneció encarcelado hasta la caída del Conde Duque de Olivares en 1643.

En este difícil período de su vida el obispo de León, Bartolomé Santos de Risboa, sirvió al escritor de consuelo y aliento.

Cuatro cartas que Bartolomé Santos de Risboa le dirigió muestran cómo fue el proceso de escritura del *Tratado de la Providencia de Dios:* el obispo le facilita libros, le aconseja sobre citas a incluir, le sugiere cambios, todo en un tono afable y mesurado, lleno de modestia, reconociendo en todo momento la valía del escritor y su sólida formación.

Con la primera carta el obispo envía a Quevedo las obras de Foreiro, dominico portugués del siglo XVI, y las de San Juan Crisóstomo; Bartolomé Santos, para ahorrarle fatigas, le subraya lo más sustancial.

Las otras tres cartas acompañan la devolución de cada una de las partes que forman el *Tratado* —La inmortalidad del alma, La incomprensible disposición de Dios en las felicidades y La constancia y paciencia del Santo Job—. En la carta segunda el obispo le envía citas de san Agustín y le aconseja que pruebe sus tesis con ejemplos. Así, para apoyar el que las dignidades y puestos grandes no son favores sino castigos le sugiere la cita del Eclesiastés, de Nicolás de Lyra. En una posdata, el obispo vuelve a dar otra muestra de deferencia al disculparse por la posible ilegibilidad de su letra y prometer una copia más caligráfica en caso de que su lectura le resulte difícil. En la carta tercera, pondera la acertada inserción de la cita de san Agustín y señala una errata del manuscrito. En la última carta aprueba una vez más el trabajo del escritor: lo oportuno de las citas —de autores

tation from St. Augustine and points out an error in the manuscript.

In his last letter he shows his appreciation for the writer's work, the aptness of the quotations from authors that he himself had suggested and the didactic tone of the examples illustrating the discourse. He makes a final suggestion to Quevedo that the quotations of Sy. John Chrysostom and other authorities should be translated into Spanish so as to make his work more widely accessible. The bishop supports this request by alluding to one of the writer's brilliant facets as a translator and knowledgable scholar in classical languages: «Since it is so easy for you to translate them and you do it with such talent (something that few people can do), you should extend this favor to those who read your dicourse.»

The four letters of Bishop Bartolomé Santos de Risboa were included in the first edition of the *Tratado de la Providencia de Dios,* printed in Madrid by Juan Ariztia at the expense of Francisco Laso in 1724 within the edition of his complete works. The letters are dated August 23, 25 and 30 an October 25, 1642.

Bibliography

Ediciones: Madrid: en la Imprenta de Juan de Ariztia, a costa de Francesco Labo, 1720-24.— Madrid: en la Imprenta de Sancha, 1790-4.— Madrid: Biblioteca de Autores Españoles, XLVIII.— ASTRANA MARIN. *Madrid* Aguilar, 1941. *Catálogo de las obras de don Francisco de Quevedo Villegas, clasificadas y ordenadas.* Madrid, B.A.E., XXIII, p. LXXXVI.— JAMES O. CROSBY. *Guía bibliográfica para el estudio crítico de Quevedo.* Londres, Grant & Cutler, 1976.— *Exposición Antológica del Tesoro documental, bibliográfico y arqueológico de España.* Madrid, 1959. n° 419.

que él le ha sugerido—, lo didáctico de los ejemplos con que ilustra el discurso; hace una última sugerencia a Quevedo, la tradución al castellano de las citas de san Juan Crisóstomo y de las otras autoridades, ya que así ensancharía los límites de difusión de la obra. El obispo apoya esta petición aludiendo a una de las facetas del escritor en la que también brillaba su genio, la de traductor y conocedor de lenguas clásicas: "costándole a Vmd. tan poco el traducirlas, y sabiéndolo hacer con tanta gracia (cosa que aciertan pocos) debe Vmd. hacer este beneficio a los que leyeren este discurso.»

Las cuatro cartas del obispo Bartolomé Santos de Risboa están impresas junto con la primera edición del *Tratado de la Providencia de Dios,* que se realizó en Madrid, en la imprenta de Juan Ariztia a costa de Francisco Laso, en 1724, dentro de la edición de obras completas. Las cartas están fechadas en 23, 25 y 30 de agosto y 25 de octubre de 1642.

Bibliografía

Ediciones: Madrid: en la Imprenta de Juan de Ariztia, a costa de Francesco Labo, 1720-24.— Madrid: en la Imprenta de Sancha, 1790-4.— Madrid: Biblioteca de Autores Españoles, XLVIII.— ASTRANA MARIN. *Madrid* Aguilar, 1941. *Catálogo de las obras de don Francisco de Quevedo Villegas, clasificadas y ordenadas.* Madrid, B.A.E., XXIII, p. LXXXVI.— JAMES O. CROSBY. *Guía bibliográfica para el estudio crítico de Quevedo.* Londres, Grant & Cutler, 1976.— *Exposición Antológica del Tesoro documental, bibliográfico y arqueológico de España.* Madrid, 1959. n° 419.

---

109.   QUEVEDO Y VILLEGAS, Francisco

El Parnasso español: monte en dos cumbres dividido con las nueve musas castellanas: donde se contienen poesías de don Francisco de Quevedo.../ que con adorno, censura, ilustradas i corregidas salen ahora de la Librería de don Ioseph Antonio González de Salas...—En Madrid: lo imprimió en su Oficina del libro abierto D. Diego Díaz de la Carrera, a costa de Pedro Coello, mercader de libros, 1648.—[16], 666, [18] p.: ill.; 4.°
Sig.: +^{4}, &^{4}, A-4Q^4, 4R^2.—Copper plate engravings.—Parchment binding.

Madrid, Biblioteca Nacional, R 4418

This first edition of *El parnasso español* (The Spanish Parnassus) was not originally intended to be a de luxe publication, but it has characteristics that make it stand out from the usual published poetic works of this time.

The title page has a simple typographic design, alternating roman type and italics. A small printer's mark, the emblem of an open book, is surrounded by the motto 'Scire tuum nihil est nisi sciat alter'. Roman type is used for the poems and italics for the titles with epigraphic type for the headings and half titles. The text is composed in single or double columns, depending on the type of poetic composition. The last eighteen pages contains a reference system. This summary follows the organization of the book and lists the contents of each

109.   QUEVEDO Y VILLEGAS, Francisco

El Parnasso español: monte en dos cumbres dividido con las nueve Musas castellanas: donde se contienen poesías de don Francisco de Quevedo... / que con adorno, censura, ilustradas i corregidas salen ahora de la Librería de don Ioseph Antonio González de Salas...—En Madrid: lo imprimió en su Oficina del libro abierto D. Diego Díaz de la Carrera, a costa de Pedro Coello, mercader de libros, 1648.—[16], 666, [18] p.: il.; 4.°
Sig.: +^{4}, &^{4}, A-4Q^4, 4R^2.—Grabados calcográficos.—Encuadernación de pergamino.

Madrid, Biblioteca Nacional R. 4418

Esta primera edición del Parnaso español, aunque no fue concebida como una impresión de lujo, se concibió con ciertos detalles que la dignificasen y la hiciesen realzar dentro de lo que era habitual a la hora de publicar obra poética.

La portada muestra un sencillo juego tipográfico, con alternancia de romana y cursiva, y una pequeña marca de impresor cuya enseña —el libro abierto— va rodeada por el lema «Scire tuum nihil est nisi sciat alter». El cuerpo de la obra está impreso en romana —empleada en las poesías—, cursiva —con la que se escriben los títulos— y epigráfica —caberas y portadillas—. La disposición del texto es de una y dos columnas, dependiendo del tipo de composición poética. La obra lleva un sistema de recuperación que ocupa las dieciocho páginas fi-

of the six parts, giving details on the type of composition and page reference.

Each part bears the name of a muse and groups together her corresponding type of poem: Clio, heroic poetry; Polymnia, moral; Melpomene, funereal; Erato, amorous; Terpsichore, satirical; and Thalia, burlesque or comic. Each section has its own half title followed by an engraving representing the muse, with the exception of Terpsichore who is not depicted graphically.

The engraved title pages comes after the dedication to the Duke of Medinaceli (pp. 3-4) and a sheet of poems (pp. 5-6). It is a copper plate engraving signed by 'Juan de Noort scul.', 'D.J.A. inv.', 'A.° C.° del'. This last signature is the basis for the attribution of the engraving to Alonso Cano. The print shows Quevedo, crowned with laurels by Apollo and saluting, hat in hand, the nine muses seated in a meadow. Pegasus flies over Mount Olympus in the background. In the foreground a faun reclines holding the portrait of the writer while a nymph holds and engraved shield with the inscription 'The nine Castilian Muses'. The symbolism of the title page is explained in a poem by José Antonio González de Salas opposite the engraving on page 6.

The other five pages of engravings representing five of the muses are also done on copper plates. The signatures 'D.J.A. inv.', 'A. Can. delin.', 'Herman Panneels esc.' appear in four of them. Melpomene was engraved by Jan de Noort from a drawing by Alonso Cano (?).

Jan de Noort, one of the Flemish artists who worked in Madrid, was a prodific engraver and book illustrator who produced an important collection of portraits of members of the Spanish nobility of the 17th century. The same year that he worked on the *Spanish Parnassus*, he also collaborated on other works such as *El perfecto artillero* (The Perfect Artilleryman) by Firrugino, poems by Prince Squilache and the *Comentarii* by Altamirano. Jan de Noort, a competent engraver when he worked from good drawings, was not so successful when the models were mediocre. The idea for the drawing of the Parnassus, whose attribution to Alonso Cano is uncertain, was invented by Juan de Arellano and the drawings themselves were not of sufficient quality for the Flemish engraver to produce a good plate.

The printing of *El parnaso español* posed certain problems for Pedro Coello, a bookseller and good friend of Quevedo. When the writer died Coello decided to bring out the unpublished poetry still in the possession of Quevedo's nephew, Pedro Alderete Villegas, even though some of the originals were missing. In the contract, for which Coello paid seven hundred silver reales, the editor was authorized to take out a letter of excommunication and collect the missing notebooks in order to bring out a worthy edition. According to the testimony of Pacheco and José González Salas, the number of the writer's originals salvaged was very small, 'only one out of twenty parts of some verses was saved'.

In order to complete what was missing and give the

nales; en este sumario se sigue el orden de distribución del libro y se relaciona lo contenido en cada una de las seis partes que lo integran, dando detalle del tipo de composición de que se trata y la referencia de la página en que se encuentra.

Cada una de las seis partes lleva el nombre de una musa y agrupa el tipo de poesías propio del patrocinio de cada una: Clio, las poesías heróicas; Plymnia, las morales; Melpomene, las fúnebres; Erato, las amorosas; Terpsichore, las satíricas; y Thalia, las burlescas. Cada una de las secciones tiene una portadilla propia a la que sigue el grabado que representa a la musa, excepto Terpsichore que no tiene representación gráfica.

La portada grabada está situada tras la tipográfica, la dedicatoria al duque de Medinaceli [p. 3-4] y a una hoja de poesías [p. 5-6]; es un grabado calcográfico firmado por «Juan de Noort scul», «D. J. A. inv.», «A° C° del.», esta última firma es la que ha servido de base para atribuir el dibujo del grabado a Alonso Cano. La estampa muestra a Quevedo coronado de laureles por Apolo que saluda, sombrero en mano, a las nueve musas sentadas en el prado. Pegaso vuela por encima del monte Olimpo al fondo; en primer término un fauno reclinado sostiene el retrato del escritor mientras que una ninfa mantiene un escudo en el que está grabado «Las nueve musas castellanas». La simbología de la portada está explicada en la poesía de José Antonio González de Salas, en la página seis, que hace pendant con el grabado.

Las otras cinco hojas de grabados, con la representación de cinco de las musas, son también calcografías. Aparecen las firmas «D. J. A. inv.», «A. Can. delin.», «Herman Panneels esc.» en cuatro de ellos. La representación de Melpomene la grabó Juan de Noort sobre dibujo de Alonso Cano (?).

Juan de Noort es uno de los artistas flamencos que trabajan en Madrid, fecundo grabador que realizó una importante colección de retratos de personajes de la nobleza española del siglo XVII e intervenio también en la ilustración de libros. En el mismo año que colaboró en la realización gráfica para el Parnaso español intervino en otras obras como *El perfecto artillero* de Firrufino, las poesías del príncipe Squilache y los *Commentarii* de Altamirano. Juan de Noort, que era un buen grabador cuando trabajaba sobre buenos dibujos, perdía calidad cuando los modelos a copiar eran flojos. Los dibujos del *Parnaso español,* cuya atribución a Alonso Cano no es segura fueron inventados por Juan de Arellano y, no tuvieron la suficiente calidad para que el flamenco consiguiese una buena plancha.

Editar el Parnaso español planteó problemas a Pedro Coello, librero y buen amigo de Quevedo. Al morir el escritor, Coello decidió publicar las poesías que aún quedaban inéditas y que estaban en poder del sobrino de Quevedo, Pedro Alderete Villegas, pero faltaban originales; en el contrato firmado, por el que Coello pagó setecientos reales de plata, se autorizaba al editor a que sacase carta de excomunión e hiciese todas las diligencias

edition a certain coherence, Coello resorted to José Antonio González de Salas, a pupil of Lupercio Leonardo de Argensola, and friend of Quevedo, who had published works by Pomponius Melo and Petronius. González Salas followed the writer's outline of distributing the poems in nine sections headed by the muses. This idea already had literary antecedents in the works of Marcelo Macedonio and Pedro Jerónimo Gentil. Nevertheless, the literary editor intervened too directly in the poems and confessed to having touched up fourteen of them, and probably more. After comparison with printed books and manuscripts, however, the conclusion has been reached that González Salas had access to the originals corrected by Quevedo himself in about eighty percent of the poetry.

The second part of the *Parnaso* was published in 1670 by Pedro Alderete Villegas. The last three Castilian muses added indiscriminately include poetry by Argensola, Squilache and other authors. Alderete published this edition too hastily and carelessly and confessed that he had not been able to correct the proofs. This gave rise to a series of false attributions applied to Quevedo's poetry.

The edition of the second part was based on a large collection of material gathered by Coello and González Salas. The number of poems was so large that they produced one of the greatest poetic editions of the 17th century.

Bibliography

PALAU, VI, p 191; Editions: BLECUA, Madrid, Castalia; J. MOLL ROQUETAS: «Les éditions de Quevedo dans la donation Olague», *Exposición bibliográfica, IV Centenario de Quevedo*, Granada, 1980, n.º 36; *Mélanges de la Casa de Velázquez*, XVI, 1980.

que considerase necesarias para poder recoger los cuadernos que faltaban y sacase una edición digna. Según los testimonios de Pacheco y las de José González Salas, el número de originales del escritor que habían llegado hasta ellos era muy menguado, «de veinte partes, una se salvó de aquellos versos».

Para completar lo que faltaba y dar coherencia a la edición, Coello eligió a José Antonio González de Salas, discípulo de Lupercio Leonardo de Argensola, editor de Pomponio Mela y de Petronio y amigo de Quevedo. González Salas siguió en lo fundamental el esquema que el escritor había previsto: repartir las poesías en nueve apartados encabezados por las musas —esta idea ya tenía una tradición literaria. Marcelo Macedonio y Pedro Jerónimo Gentil la habían realizado—; sin embargo, el editor literario intervino de una forma demasiado directa en los propios poemas y confiesa haber retocado en catorce poesías, aunque posiblemente lo hiciese en otras más. No obstante, tras una labor de cotejo con impresos y manuscritos, se ha llegado a la conclusión de que González Salas dispuso de originales corregidos por el propio Quevedo en más de un ochenta por ciento de los poemas.

La segunda parte del Parnaso español la publicó en 1670 Pedro Alderete Villegas. Las tres musas últimas castellanas que en él se añaden incluyen indiscriminadamente poesías de Argensola, Esquilache y otros autores; Alderete inició con esta edición apresurada y poco cuidada —él mismo confiesa no haber podido corregir pruebas— la larga serie de falsas atribuciones que se han venido haciendo de poesías de Quevedo.

La edición de esta segunda parte estuvo motivada por la gran recogida de material que realizaron Coello y González Salas: el número de poemas fue tan grande que con ellos se realizó una de las ediciones poéticas más considerables del siglo XVII.

Bibliografía

PALAU, VI, p. 191. J. M. BLECUA, Madrid: Castalia, 1969.—Jaime MOLL ROQUETAS: *Les éditions de Quevedo dans la Donation Olaque.*—*Exposición bibliográfica IV Centenerio de Quevedo*, Granada, 1980, n.º 36. *Mélanges de la Casa de Velázquez*, XVI, 1980.

SALUSTIO CRISPO, CAYO: *La Conjuración de Catilina y la Guerra de Yugurta.* Madrid: Joaquín Ibarra, 1772. *BN R/16375.*

LA CONJURACION
DE CATILINA
Y
LA GUERRA
DE JUGURTA
POR
CAYO SALUSTIO
CRISPO.

SER CATIL

E. Monfort inv. et inc.

IV₆ *LA ILUSTRACION*

SALVSTI VS AVTOR

M.S. Maella del. *E. Monfort sculp.*

Tamaño de
la Medalla contor
neada de Salustio del
Museo de S. A. Ser.ma
el S.D.n Gabriel de
Borbon Infante
de España

Hic erit, ut perhibent doctorum corda virorum,
Crispus Romana primus in Historia.

Martial. Lib. XIV. Epigr. 191.

Enrique Tierno Galván

La Ilustración es, sobre todo, luz de la razón. El término que empleamos los españoles, Ilustración, no es más que una versión más del movimiento generalizado en Europa, según el cual la cultura es razón y la razón debe imperar sobre la ignorancia, entendiendo que ignorar es, entre otras cosas, estar negados al progreso ya que el progreso es iluminación cada vez mayor. La palabra alemana Aufklerung, de la que parece que proviene la Ilustración, tiene valor parecido a la expresión francesa Lumiére. Nosotros llamamos siglo de la ilustración a lo que los franceses llaman «Siécle de la Lumiére». El fundamento último de esta concepción de la cultura y, en cierto modo, del mundo, es socrático. Se trata de una renovación de la tesis de Sócrates, según la cual la razón, ironizando o no, vence a la ignorancia, ilumina al mundo y estimula al progreso. Entiéndase que en todo esto subyace la idea de que progresar es perfeccionarse. Así pues, ilustrar es esclarecer para un mayor perfeccionamiento y el progreso resúmese, por consiguiente, en la perfectibilidad a través de la razón para lograr la felicidad de los humanos.

La cultura de la Ilustración no es, en ningún grupo humano, un hecho instantáneo que surge a un golpe de tambor. Siempre hay precedentes, que a veces se olvidan. Con un criterio mecánico, en este sentido, Sarrabil es un buen ejemplo, se pone una frontera entre el barroco y su decadencia y la aparición de la mentalidad ilustrada. Los franceses tienen Ilustración desde el siglo XVII, abierta, clara, que tendrá su esplendor en la luz del siglo XVIII, que concluirá en la Enciclopedia y en la revolución. Los españoles, lo mismo se puede decir de los alemanes y de los italianos, tenemos antecedentes ilustrados definidos, en el siglo XVII, incluso en el XVI; inteligencias finas, penetrantes, que confían en la razón sobre todo, como Huarte de San Juan, o los arbitristas cultos y ponderados, al modo de Cerdán de Tallada.

Esta tenue pero perceptible corriente ilustrada no fue nunca libertina, para emplear la palabra francesa, esto es, nunca se opuso a la religión católica. En este sentido, la Ilustración española es un ejemplo excepcional de respeto a la religión y de oposición a muchos de los intereses y prejuicios eclesiásticos, pero ni en los más atrevidos contradictores de la Iglesia, como Campomanes o Aranda, hubo ataques directos a la religión en cuanto tal. Estamos pues, en el caso español, ante el culto a la razón sin negar por eso la existencia, los fundamentos del cristianismo y de la escatología cristiana.

No hay duda que esta concepción del mundo, que descansa sobre la razón, la perfectibilidad y el progreso, había de influir también en la concepción del libro. El libro barroco era abigarrado; no tenía sentido de lo perenne, se comprometía con el instante y no poseía sentido arquitectónico propio, ni se mostraba como un objeto bello por sí mismo en cuanto libro y no sólo por su contenido. El barroco no concibió nunca el libro como obra de arte arquitectónica y, en cierto modo, como expresión del triunfo de la razón sobre la ignorancia. El libro, durante la Ilustración, responde a criterios rigurosos de arquitectónica, empezando por la encuadernación que tiene carácteres regulares, que busca en las obras mayores y más valiosas la piel grata al tacto y seductora a la vista, principalmente el tafilete, e internamente, el frontis bello cuyas proporciones reflejan el equilibrio entre la razón y el mundo. Libros de perfecta tipología, letra bella, diferenciada, en la que cada signo es un reflejo de la belleza racional que discurre en líneas y perfiles. Las márgenes son amplias y el texto impreso procura evitar las terminales sobresalientes y recogerse en una plana seductora por sus proporciones y por la perfección de sus perfiles. Los

337

propios impresores, como Ibarra, por ejemplo, eran gentes muy cultas, que podían corregir sin equivocación ni errores, las pruebas de un texto latino y en algunos casos excepcionales, de un texto griego. Los eruditos ponían atención especialísima en que el libro saliera bien; una errata era una ofensa a la razón y a la belleza del libro. De este modo, aparece una concepción del libro como algo perenne, estable, permanente, que se integrará en una biblioteca con la pretensión de ser libro bello para siempre.

No hay nada más que ver las obras mayores de nuestras ediciones ilustradas para comprobar lo que he dicho. Recuérdese la magnífica impresión de las reglas del libro, titulado «Reglas de las cinco órdenes de arquitectura», de Viñola, o el espléndido libro modelo en que la arquitectura del libro como expresión de la racionalidad alcanza sus cotas más altas, me refiero a «El Ingenioso Hidalgo D. Quijote de la Mancha», nueva edición corregida por la Academia Española, en Madrid, por Joaquín Ibarra, Impresor de la Cámara de S.M., y de la Real Academia Española, que salió a luz en 1780. Es libro bellísimo en proporciones, en peso y tersura, en equilibrio entre los grabados y las páginas del texto, de grandes márgenes y bellísima letra. Se tiraron solo 1.600 ejemplares, la edición costó 60.000 ptas., y se vendió cada ejemplar a 320 reales. Tiene 31 láminas más cuatro frontis, más el retrato de Cervantes y un mapa, los ilustradores son los mejores de la época. Este libro se agotó rapidísimamente; de todas las provincias españolas llegaron peticiones, porque en todas existía el conjunto de eruditos que cuidaban y buscaban el libro, no sólo por su contenido textual, sino por su forma y la expresión contenida en la forma. Libros que se trataban con respeto, que se leían apoyados en un atril y cuyas páginas se pasaban amorosamente, lo que contribuía a que la lectura fuese más lenta, detenida y reflexiva. Y no es este libro, que he citado como ejemplo, el único excepcional. En Valencia, por ejemplo, se editó la Historia de España, del Padre Mariana, en la oficina de Benito Monfort, con admirable portada y bellísima arquitectura en general, sin olvidar las excelentes estampas que le adornan.

En resumen, en ningún período cultural, que sepamos, salvo en el final de la Edad Media, ha habido una relación tan estrecha entre libro y concepción del mundo. Hoy, nos basta tener entre manos un libro bien concebido, del siglo XVIII, para saber que estamos ante la Ilustración; incluso hay una recepción táctil de lo que la Ilustración fue, a través de los relieves y tapas del libro. Es una buena lección ahora en que el libro o se convierte en algo extremadamente raro, sólo para unos pocos, construido especialmente por artesanos excepcionales, o el libro es morralla, bien pegada y presentada pero morralla al fin y al cabo. No están los libros cosidos, ni el cajo bien abierto, ni las guardas cuidadas, ni el papel de contraportada pintado e impreso con tanto esmero como en el período de la Ilustración. Hemos de volver al libro escogido y cuidado, que esté en cierto modo al alcance de todos para que las bibliotecas vuelvan a tener sentido de perennidad, de permanencia y no el efímero y transitorio, vinculados al instante y a lo fugaz, que tienen los libros y las bibliotecas de ahora.

Enrique Tierno Galván

Enlightenment is, above all, the light of reason. The Spanish word 'Ilustration', is just one more version of that widespread European movement according to which culture is reason and must prevail over ignorance. In this sense, to ignore, or not to be aware of something, means to deny progress, as progress is ever-increasing enlightenment. The German word 'Aufklerung', the apparent origin of 'illustration', has a value similar to the French expression 'lumiere'. We call 'Siglo de la ilustración' what the French call 'Siecle de la lumiére'. The ultimate basis for the concept of culture and, to a certain extent, the world, is Socratic. It is a matter of renovating the theses of Socrates, for whom reason, ironically or not, overcomes ignorance, ulluminates the world and stimulates progress. The underlying idea implied in all of this is that progress is self-improvement, the capacity for perfection. Thus, to enlighten is to light the way to greater improvement. Progress, therefore, may be summarized in the perfectability of man through reason in order to gain happiness for humankind.

The culture of the Enlightenmente was by no means an instantaneous happening that could be conjured up at the drop a hat. Its precedents are sometimes forgotten. A good example of this is Saraille's perfunctory criteria which sets up a sharp division between the decline of the baroque and the appearance of the enlightened mentality. The French have had an Enlightenment since the seventeenth century and culminates in the Encyclopedia and the revolution. Spain, like Germany and Italy, also had clearly defined antecedents of the enlightenment in the seventeenth and even earlier in the sixteenth century. The keen, subtle intelligence guided by reason of men such as Huarte de San Juan or the cultured and prudent reformers such as Cerdán de Tallada are early examples of this tendency.

This tenuous but appreciable enlightened current was never libertine in the French sense of the word; that is, it was never opposed to the Catholic religion. In this respect, the Spanish Enlightenment is an excepcional example of respect for religion and, at the same time, of opposition to ecclestiastical interests and prejudices, but not even the boldest contradictors of the church such as Campomanes or Aranda, directly attacked religion as such. Thus, in the case of Spain, the cult of reason does not deny the existence or the foundations of Christianity and Christian eschatology.

There is no doubt that this concepcion of the world, resting on reason, perfectability and progress, also had a great influence on the concept of books. The baroque book was motley; it had no sense of the perennial, was committed to the immediate present and made no architectural statement, nor was it exhibited as a beautiful object per se, as a book and not just for its contents. The baroque did not conceive of a work of architectural art or, to a certain extent, as an expression of the triumph of reason over ignorance. During the Enlightenment, however, books respond to rigorous architectural criteria, starting with the binding which has neat, uniform lettering and morocco leather, soft to the touch and seductive to the eye. Inside, the proportions of the beautiful frontispieces reflect the balance between reason and the world. The typology is perfect, the lettering beautiful and distinct, and each sign is a reflection of the rational beauty

that flows through its lines and profiles. The margins are broad and the printed text avoids uneven boerders. It is composed on a plane pleasing for its proportions and the perfection of its profiles. The printers themselves, men like Ibarra, were very cultured people, capable of correcting proofs of Latin text and, in some exceptional cases, Greek text without mistakes or errors. An errata was an offense to reason and to the beauty of the book. In this regard, a book was now concived as something permanent, stable and perennial, and was designed to become part of a library with the intention of being a beautiful book forever.

A cursory glance at the great works of our illustrated editions is proof of the above. We should recall the magnificent edition of Vignola's *Reglas de las cinco órdenes de arquitectura,* or that splendid example in which book architecture as an expression of rationality reaches its height, *El Ingenioso Hidalgo Don Quijote de la Mancha.* This is the new edition by the Royal Language Academy published in Madrid in 1780 by Joaquín Ibarra, printer to His Majesty and the Royal Academy. It is book superb in its proportions, weight and smoothness. There is a perfect balance between engravings and text, with wide margins and beautiful lettering. Only 1600 copies were printed, the edition cost 60,000 pesetas and each book was sold for 320 reals. It contains 31 plates and 4 frontispieces, in addition to the portrait of Cervantes and a map. It was illustrated by the best engravers of their time. The book quickly went out of print because orders came in from every corner of Spain, from men of letters who sought books and cared for them, not just for their textual content, but for their form and the expression contained in that form. Books treated with respect were read on a lectern and the pages turned carefully and slowly, a fact which contributed to a slower, more thoroughly paced and thoughtful reading. This book, however, is not the only exception. In Valencia, for example, in the shop of Benito Monfort, was published the *Historia de España* by Father Mariana, with an admirable title page and very beautiful composition, not to mention the excellent engravings accompanying the text.

As far as we know and with the exception of the end of the Middle Ages, in no other cultural period has there been such a close relationship between books and the conception of the world. Today it is enough to have a well-conceived book in our hands from the eighteenth century to know that we are face to face with the Enlightenment. There is even a tacticle reception of the meaning of the Enlightenment through the raised parts and covers of the books. It is a good lesson for us today in a period when a book either becomes something very rare, only for a select few, especially made by exceptional craftsmen, or a book is trash, well glued and presented, but still trash to all extents and purposes. Books are not sewn, nor is the flange as open, nor are the endpapers as carefully done, nor the paper of the half title painted and printed with such care as in the Age of Enlightenment. We must return to the book carefully chosen and tended, to a certain extent within the reach of everyone, so that libraries once more will have a sense of perpetuity, of permanence, not just the ephemeral and transitory, linked to the immediate present and the fleeting, as is the case of books and libraries today.

Translated by Selma Margaretten

110. ACADEMIA ESPAÑOLA. Madrid

Diccionario de la lengua española: en que se explica el verdadero sentido de las voces, su naturaleza y calidad con las frases o modos de hablar, los proverbios o refranes y otras cosas convenientes al uso de la lengua.../ compuesto por la Real Academia Española.—Madrid: en la Imprenta de la Real Academia Española, por los herederos de Francisco del Hierro, 1726-1739.—6 v.; fol.
v.1: A-B.—[8], LXXXXVI, 723 p.—Sig.: &⁴, A-M⁴, A-4V⁴, 4X⁶.—Two-color title page. Typographic border. Written in two columns. Stiff marbled leather binding.

Madrid, Biblioteca Nacional, R 23571

The first edition of the *Diccionario de la lengua castellana* (Dictionary of the Spanish Language), known as the *Diccionario de Autoridades* (Dictionary of the Authorities) is dedicated to its patron and financier, King Philip V.

The Spanish Royal Language Academy was created by the king by royal decree on October 3, 1714 for the purpose of preparing a Spanish dictionary that would gather the treasures of the Spanish vocabulary. At the same time it would fill the gap existing in the field since 1611, when the *Tesoro de la lengua castellana o española* (Treasure of the Castilian or Spanish Language) by Sebastián de Covarrubias had been published.

The idea of compiling this dictionary was influenced by the models of dictionaries already existing in Europe such as the dictionary of the Accademia della Crusca (Florence, 1691), the Academie Française (1718), and the Jesuit dictionary (Trevoux, 1721).

It was conceived as a valuable tool to be perfected and increased in worth and size after a number of editions (three were published in the 18th century alone).

The dictionary was compiled on the basis of examples by authors who used the terms with the greatest correction. Quotations are used as authoritative examples, since the purpose was not to recognize the literary merit of the authors, but to demonstrate their precision in the use of specific words. The objective of these quotations is to establish and confirm their correct usage. There is an index of authors and works at the beginning of each volume and the authors are mentioned by reference to specific pages or sheets at the end of each term.

Both current and obsolete words were included. Terms refering to Arts and Sciences appear only in their most common form of usage since the Academy planned to issue a separate volume of the dictionary for liberal arts and sciences as a complement to this edition. Terms in jargon or slang are included according to the explanations of the «Vocabulary» by Juan Hidalgo and the bilingual work by César Oudin printed in Brussels in 1625. Local expressions from other kingdoms and provinces like Aragon, Andalucia, Asturias and Murcia, and terms of frequent usage in regions outside Castile are also included.

The Academy's purpose is to explain words, phrases and terms and to point out errors committed in the use of less frequent expressions without actually trying

110. ACADEMIA ESPAÑOLA. Madrid

Diccionario de la lengua española: en que se explica el verdadero sentido de las voces, su naturaleza y calidad con las frases o modos de hablar, los probervios o refranes y otras cosas convenientes al uso de la lengua.../ compuesto por la Real Academia Española.— Madrid: en la Imprenta de la Real Academia Española, por los herederos de Francisco del Hierro, 1726-1739.— 6v.; fol. v.1: A-B.—[8], LXXXXVI, 723p.—Sig.: &4, A-M⁴, A-4V⁴, 4X⁶.
Portada a dos tintas, con orla tipográfica.—Escrito a dos columnas.— Encuadernación pasta.

Madrid, Biblioteca Nacional R 23571

La primera edición del *Diccionario de la lengua castellana,* conocido como *Diccionario de Autoridades,* está dedicada al rey Felipe V, a cuyas expensas se hizo.

El fin principal de la Real Academia Española, creada por el monarca por real cédula de 3 de octubre de 1714, fue la redacción de un diccionario que recogiese la riqueza de voces castellanas y llenase el vacío que sobre esta materia existía desde que Sebastián de Covarrubias publicase el *Tesoro de la lengua castellana o española* en 1611.

Para la formación del *Diccionario* se tuvieron en cuenta los entonces en curso en Europa; de manera especial influyeron el que la Academia della Crusca había editado en Florencia en 1691, el de la Académie Francaise de 1718 y el que los jesuitas de Trevoux habían sacado en 1721.

Se concibe como una tarea perfeccionable, que sólo a lo largo de varias ediciones —alcanzará tres en el siglo XVIII— podrá llegar a convertirse en un instrumento válido.

Como base del Diccionario se utilizan los autores que con más propiedad hicieron uso de los términos recogidos. Estas citas se ponen tanto para autoridad como para ejemplo, ya que la intención no es la de dar un reconocimiento a la valía literaria de los autores sino a su precisión en el empleo de un determinado vocablo. La finalidad de estas citas es la de afianzar el uso de la voz. Al principio de cada tomo hay un índice de autores y obras. Al pie de los términos, los autores aparecen citados por los folios o páginas de sus obras.

Se recogen en esta obra voces en uso o en desuso; pertenecientes a las Artes o a las Ciencias se incluyen sólo las de empleo más frecuente, ya que la Academia planeó una edición separada del *Diccionario de Artes liberales y mecánicas* una vez que el de la lengua estuviese terminado; se anotan las voces de la jeringonza o germanía siguiendo las explicaciones del *Vocabulario* de Juan Hidalgo y del bilingüe de César Oudin, impreso en Bruselas en 1625. Voces propias de otros reinos y provincias de España como Aragón, Andalucía, Asturias y Murcia, términos de uso frecuente en territorio no castellano también están presentes.

El propósito de la Academia es el de explicar las voces, frases y locuciones y dar a conocer los abusos que se cometen en el empleo de las que tienen menos uso sin entrar a corregir la lengua. Los términos se recogen con

to correct them. Terms are explained according to their most appropriate meaning, based on the authority of authors who have used them correctly.

All common nouns are included in alphabetical order. Only diminutive and augmentative forms of frequent usage authorized by the writers are included. Proper nouns, names of persons and places relating to history or geography are excluded. Words that are considered «desnudamente objecto indecente» (nakedly indecent object) are also excluded. Word function in the sentence is explained in all cases and the irregular verb forms and participles are indicated.

Derived or composite forms follow the descriptions of words. Synonyms with their most frequent epithets and sayings or proverbs generally associated with each are also mentioned.

Only the most significant synonyms, proverbs and expressions are mentioned. In the case of synonyms, only those which leave no doubt as to their meaning are admitted. The dictionary includes proverbs and sayings closely related to the terms only, as this field had been satisfactorily covered in previous works by Pinciano, Santillana and Caro y Cejudo. A list of expressions or proverbs is included on a separate line under the main entry.

The lack of norms for spelling obliged the Academy to establish a set of rules of organizing the dictionary. A treatise on spelling, summarizing the new spelling rules precedes the body of the work. The usage of «V» and «B» is confused, and the Academy states that, although there are no fixed rules for their use, norms to distinguish these letters have been applied and are explained in the introductory treatise. It states that the spelling of such words can not be definitely fixed until either *v* or *b* are included as main entries in dictionary, thus dispensing with the arbitrary variations which might occur.

Main entries are presented in capitals to facilitate their location and in smaller capital letters when repeated within another article or proverb. To solve the problem of those letters which do not have accents, the dictionary should provide the correct pronunciation. These terms appear with accents in the explanatory article, whenever it exists, and if not, the term is repeated in lower case lettering in brackets inmediately after the original reference.

This six-volume dictionary is one of the best to come out of the Europe of the Enlightenment. It was primarily the work of Bartolomé de Alcázar, José Casani, Fernando Morillas and Carlos de la Reguera, under the direction of the Marquis of Villena, who chose the authorities who collaborated and were responsible for the compilation of the work.

Bibliography
PALAU, I p. 38; «Reflexiones sobre el Diccionario de la Lengua Castellana que compuso la Real Academia Española en el año 1726,» *Bol. Ac. Esp.*, XV, 1928, pp. 23-38; E. COTARELO «Discurso acerca de las obras publicadas por la Real Academia Española,» Madrid, 1928; AGUILAR PIÑAL, *Bibliografía de autores españoles del siglo* XVIII, Madrid, CSIC, 1983, I, p. 608.

su significación más propia, amparados por la autoridad de los escritores que más se distinguieron en su uso apropiado.

Se incluyen todas las voces apelativas españolas por orden alfabético. Sólo se ponen los diminutivos y aumentativos más usados y autorizados por los escritores. Del *Diccionario* quedan excluidos los nombres propios de personas y lugares relativos a la Historia y a la Geografía. Las palabras que significan «desnudamente objeto indecente» tampoco se recogen. En cada voz se explica qué parte de la oración es, y en los verbos se indican los tiempos irregulares y se incluyen los participios.

A la descripción de las palabras siguen las derivadas o compuestas, los sinónimos con los epítetos más usados y las frases y refranes que más convienen a cada una.

Los sinónimos, refranes y frases se reducen a los más significativos. En el caso de los sinónimos sólo se incluyen los que no admiten duda en cuanto a su significación. De los refranes y citas, el *Diccionario* recoge los más cercanos al término, ya que obras anteriores como las de Pinciano, Santillana o Caro y Cejudo cubrían muy satisfactoriamente este campo. En renglón aparte, bajo la voz dominante, se ponen las frases o refranes.

La falta de una normativa ortográfica obliga a la Academia a elaborar unas reglas por las que se rige al redactar el *Diccionario*. Un tratado de ortografía en el que se resumen los principios ortográficos que lo presiden antecede al cuerpo de la obra. La v y la b están confundidas en el uso y la Academia advierte que, aunque no hay una regla fija para su empleo, ella sigue una propia en la que las distingue que está explicada en el pequeño tratado introductorio. Advierte que hasta que las voces con b o v no lleguen a figurar en el *Diccionario* como entradas principales no quedará fijada de una manera definitiva su ortografía, y excusa así las variaciones arbitrarias que puedan encontrarse.

Las voces principales se ponen en versales para facilitar la búsqueda y en versalitas cuando se repiten dentro de otro artículo o refrán. Para solucionar el problema tipográfico que plantea el que estas fundiciones no tengan acentos, y dado que el *Diccionario* necesita registrar la correcta pronunciación de los términos, se ponen acentuadas en los artículos donde se explican, si hay ocasión para ello, y si no, se repiten en letra pequeña entre paréntesis junto al término en versales.

En este *Diccionario* en seis volúmenes, que es uno de los mejores de la Europa ilustrada, intervinieron activamente Bartolomé de Alcázar, José Casani, Fernando Morillas y Carlos de la Reguera, bajo la dirección del Marqués de Villena, que fue quien propuso la lista de autoridades que debían respaldar y servir de base a la redacción de la obra.

Bibliografía
PALAU, I, p. 38.—«Reflexiones sobre el Diccionario de la Lengua Castellana que compuso la Real Academia Española en el año 1726», *Bol. Ac. Esp.*, XV, 1928, pp. 23-28.—EMILIO COTARELO: *Discurso acerca de las obras publicadas por la Real Academia Esñola*. Madrid, 1928.—FRANCISCO AGUILAR PIÑAL: *Bibliografía de auto.s españoles del siglo* XVIII. Madrid, CSIC, 1983, I, p. 608.

111. MAYANS Y SISCAR, Gregorio

Carta a don Andrés González de Barcia.—20 de octubre 1742.—2 1.—300 × 210 mm.

Handwritten manuscript by Gregorio Mayáns y Siscar. Folded leaf forming a double-leaf notebook, written on recto and verso. The case adjusts to column on the right on recto of sheets and on the left on verso. There are signs of earlier folds, one being parallel to the lengthwise fold of leaf and two perpendicular to it.

The handwriting in ink is regular in style. There are only two corrections in the entire manuscripts.

The letter, dated in Chiva, Valencia, en October 20, 1742, is addressed to Andrés González Barcia and in it Gregorio Mayáns y Siscar gives the historian information on a book he will publish two years later. It refers to a work by Antonio Agustín, *Diálogos de medallas, inscripciones y otras antigüedades* (Dialogues on medals, inscriptions and other antiques), which was printed in Madrid by José Martínez Abad in 1744, with a prologue by González Barcia.

In 1742 Barcia was looking for a copy of this work by Agustín on which to base his edition. When José Octavio Buiranzo received a letter of recommendation from Mayáns, he lent Barcia a copy of the 1586 (sic) Tarragona edition by Felipe Mey. That copy was incomplete, but Mayáns reconstructed the title page and opening pages of the book for the historian. The description of the title page, which he called the frontispiece, is scrupulously detailed. It lists all the written and graphic elements and goes on to classify the different types used in the composition, line by line: peticanon capitals, grancanon capitals, English-type cursive, etc. He then lists the table of contents which he claimed was missing in several copies. To reassure Barcia, Mayáns says, «As your excellency is so exact in your collation of books and perhaps you would wish to know whether there is any prologue, I can state that there is none, because it is a posthumous work, and the publishers did not wish to add anything.»

Barcia'a edition of this work was the second in Spain. The *Dialogues* had become a rare book in the 18th century. According to Mayáns it dated from 1586, although it actually appeared in 1587. In addition, it contained important graphic material such as 27 copper plate engravings done in Rome, 2 prints at the end of the first Dialogue and 25 at the end of the second. Other illustrations were planned but were never published. The copies of this edition were not all alike. There may have been two printings because Mayáns claimed to have seen scopie diferent from the one he described to the future editor of the *Dialogues*. The work must have been a success because copies became scarce very quickly and were much sought after. González Barcia planned a new edition for this market and therefore called on Mayáns as a specialist. The author had published the *Vida de D. An-*

111. MAYANS Y SISCAR, Gregorio

[Carta a don Andrés González de Barcia].—20 de octubre 1742.—[2] h.— 300 × 210.

Manuscrito autógrafo de Gregorio Mayáns y Siscar. Hoja plegada formando cuaderno de dos, escritas en el recto y el verso. La caja de escritura está ajustada en columna a la derecha en los rectos y a la izquierda en los versos. Hay señales de un plegado anterior, uno paralelo al pliego longitudinal del folio y dos perpendiculares a él.

Escritura de rasgos regulares trazada a pluma. En el manuscrito sólo hay dos correcciones.

La carta, fechada en Chiva [Valencia] el 20 de octubre de 1742, está dirigida a Andrés González Barcia y en ella, Gregorio Mayáns y Siscar proporciona al historiador una serie de datos sobre un libro que dos años más tarde editará: se trata de la obra de Antonio Agustín *Diálogos de medallas, inscripciones y otras antigüedades* que con prólogo de González Barcia imprimirá en Madrid José Martínez Abad en 1744.

En 1742, Barcia estaba buscando un ejemplar de esta obra de Agustín sobre la que preparar su edición. José Octavio Buiranzo, a través de una carta de recomendación de Mayáns, había prestado a Barcia un ejemplar de la edición de Tarragona de 1586 [sic] que hiciera Felipe Mey. El ejemplar estaba incompleto. Mayáns reconstruye para el historiador la portada y las primeras páginas del libro. La descripción de la portada, que él llama frontispicia, es minuciosísima: detalla toda la información escrita y gráfica que contiene y a continuación clasifica los tipos de letra que se han empleado en su composición, línea a línea: mayúsculas peticanon, mayúsculas grancanon, cursiva atanasia, etc. Relaciona después la página del índice de la que dice haber notado su falta en varios ejemplares. Para tranquilizar a Barcia subraya Mayáns «Como v. Ilm.º es tan exacto en el cotejo de los libros i quizá querrá ver si ai algún Prólogo, diré que no le ai por ser obra posthuma, i los que le publicaron no quisieron añadir palabra.»

La edición de Barcia fue la segunda de esta obra que se hizo en España. *Diálogos de medallas, inscripciones y otras antigüedades* se había vuelto un libro raro en el siglo XVIII; en su primera edición, que Mayáns dice ser de 1586 aunque se trate de la de 1587, el libro llevaba un material adicional gráfico importante: 27 grabados calcográficos que se habían relizado en Roma, dos láminas al fin del primer *Diálogo* y 25 al fin del segundo, las demás ilustraciones con las que se había concebido quedaron inéditas. No todos los ejemplares de esta edición fueron iguales —hubo quizá dos emisiones— y aparte de variaciones en el frontiscipio las hubo también en el número de hojas del primer cuaderno; Mayáns dice haber visto ejemplares diferentes al que el describe para el futuro editor de los Diálogos. La obra debió tener éxito y enseguida escasearon los ejemplares y se convirtió en un libro buscado; González Barcia, que planeaba una reedición para la

tonio Agustín, arzobispo de Tarragona and *Diálogos de las armas i linajes de la nobleza de España* in 1734 and written the prologues to accompany them.

The letter includes other interesting information on the world of books in which scholars moved. It mentions the Academia de Valencia's reluctance to publish studies by Mayáns on Nicolás Antonio, Marquis of Mondéjar and indications on matters he was working on or which had already been published. The manuscript is a document on the editorial world in the Spain of the Enlightenment, when classical works were being reevaluated in the light of a new scientific spirit.

Bibliografía
G. MAYÁNS Y SISCAR. *Epistolario*. Valencia, 1972.—A. MESTRE *Ilustración y reforma de la Iglesia. El pensamiento político-religioso de Don GREGORIO MAYÁNS y SISCAR*. Valencia, 1968.—A. MESTRE *Historia, fueros y actitudes políticas. Mayáns y la historiografía del* XVIII. Valencia, 1970.

que había un buen mercado, recurrió a un especialista en el autor: Mayáns había publicado la vida de D. Antonio Agustín, arzobispo de Tarragona y los *Diálogos de las armas i linajes de la nobleza de España*, a los que había puesto prólogo en 1734.

La carta da otras noticias importantes en relación con el mundo del libro en el que se movían ambos eruditos; alusiones a la Academia de Valencia, renuente a publicar trabajos que Mayáns tiene entre manos, a Nicolás Antonio, el marqués de Mondéjar, indicaciones sobre obras en las que está trabajando o que ya ha publicado. El manuscrito es un documento de la vida editorial de la España ilustrada que reemprendía las ediciones de los clásicos con un espíritu científico.

Bibliografía
G. MAYÁNS Y SISCAR. *Epistolario*. Valencia, 1972.—A. MESTRE *Ilustración y reforma de la Iglesia. El pensamiento político-religioso de Don GREGORIO MAYÁNS y SISCAR*. Valencia, 1968.—A. MESTRE *Historia, fueros y actitudes políticas. Mayáns y la historiografía del* XVIII. Valencia, 1970.

---

112. SALLUST

La Conjuración de Catilina y La guerra de Yugurta / por Cayo Salustio Crispo.—En Madrid: por Joachin Ibarra, 1772.—[14], 395p., [10] l. grav.: ill.; fol.
Sig.: + −2+⁴, A-3C⁴, 3D². —Engraved title page.—10 full page copper plate engravings.—Engraved capitals, chapter headings and vignettes.—Colophon.—Roman and cursive letters.—Bound in red morocco leather with gold tooling on the covers, spine and edges.—Silk endpapers.

Madrid, Biblioteca Nacional, R 16375

This edition of the works of Sallust, *The Catiline Conspiracy* and *The War against Yugurtha* is considered to be one of the most outstanding books printed by Joaquín Ibarra in 1772 and one of the most beautiful books published in the 18th century.

Every aspect of the book —paper, typography, design, layout, illustration, translation and notes— is outstanding.

The translation is attributed to Gabriel Antonio de Borbón, son of Carlos III, a member of the Academy of Fine Arts of St. Ferdinand and an 'authority' in the Royal Spanish Language Academy. This Spanish prince was a devotée of painting and literature and kept aloof from the political intrigues of the court. According to the prologue, his purpose was to help his countryment to be able to read and understand the works of Sallust more easily. The Spanish language, both grave and lively, was a perfect medium for the Infante who adapted himself effortlessly to the turn of a phrase, sentence structure or words in the original Latin. His intention was to keep as closely as possible to the original. In order to do so he sometimes included words which had fallen into dissue but were in fact the most appropriate and best sounding. Thus, he restored the distinction and majesty of the past

112. SALUSTIO CRISPO, Cayo

La Conjuración de Catilina y Ia guerra de Yugurta / por Cayo Salustio Crispo.— En Madrid: por Joachin Ibarra, 1772.— [14],395 p., [10]*h. de grab.: il.; fol.*
Sig.: +−2+⁴, A− 3C⁴, 3D².— Portada grabada.— Diez grabados calcográficos a toda página.— Cabeceras, viñetas y capitales grabadas.— Colofón.— Letras romana y cursiva.— Encuadernación de tafilete rojo con hierros dorados en tapas, cantos y contracantos.— Cortes dorados.— Guardas de moaré.

Madrid, Biblioteca Nacional R 16375

La edición de las obras de Salustio, *Conjuración de Catilina y Guerra de Yugurta,* que hizo Joaquín Ibarra en 1772, se considera una de las más importantes realizaciones de su imprenta y uno de los libros más bellos del siglo XVIII.

Papel, tipografía, diseño y maquetación, ilustración, traducción y notas, todo en él es extraordinario.

A Gabriel Antonio de Borbón, hijo de Carlos III, académico de mérito de la Academia de San Fernando e incluido como autoridad en la de la Lengua, infante de España que se consagró al cultivo de la pintura y la literatura y vivió alejado de las inquietudes políticas de la corte, se atribuye la autoría de la traducción. Al verter a Salustio al castellano pretendió, según dice en el prólogo, que los españoles pudiesen leer y entender sin tropiezo sus obras. La lengua castellana, grave y nerviosa, fue para el infante instrumento perfecto que se acomodó sin violencia al giro de frases y palabras de la latina. En el ánimo del traductor estuvo siempre el mantener la máxima fidelidad con el original; para ello utilizó palabras en desuso que, sin embargo, eran las más apropiadas y sonoras y restituían al castellano la nobleza y majestad de tiempos pasados. Mantuvo también, en la medida de lo posible, el mismo orden sintáctico del origi-

to the Castilian language. As far as possible, he also maintained the original order of syntax and preserved the structure of the Latin periods.

The text used for translation was one edited by the Elzeviers in Leyden in 1634 and was considered to be very authentic. Nevertheless, he compared this printed copy with other available manuscript souces: two codices preserved in the Escorial library (G. Plut. III, no. II and O; Plut. III, no. 27) in addition to a manuscript from his own private library. He also consulted a 1475 incunabular version to check the accuracy of the Elzevier edition.

Spanish historians had always maintained an interest in Sallus's works and considered him as their model. Diego de Mendoza, Juan de Mariana and Antonio Solís had imitated him. Others such as Pedro Chacón and Jerónimo Zurita had annotated copies of his books. Spanish translations by Vasco de Guzmán were printed three times during the 16th century (Logroño, Eguía, 1529; Medina del Campo, Pedro Castro, 1548; Antwerp, Martín Nucio, 1554). Manuel Sueiro's translations were printed in Antwerp by Keerberg in 1515 and by Francisco Martínez in Madrid in 1632. None of these works, however, were faithful to the original in style and language. This, then, is what promoted the Infante to undertake a new version, inspired by the 16th-century writers, the masters of the Spanish language.

In 1804 the Royal Printing Works made a popular edition in a small octavo format in two volumes with both the Latin text used by athe Infante and his own translation.

Francisco Pérez Bayer, director of the Royal Library, who compiled the Escorial catalog and restored the one at Salamanca, was an outstanding humanist, philologist and orientalist, as well as tutor to the king's children. He undertook to supervise his pupil's translation and to write the dissertation on the language and alphabet of the Phoenicians and their colonies.

The illustration was in the hands of the most distinguished representatives of Spanish engraving. The participation of Manuel Salvador Carmona should be mentioned. He received a pension in Paris from Ferdinand VI and Charles III, and was the first Spaniard to become a member of the Academie des Beaux Arts. He also directed the engraving section of the Academia de San Fernando in Madrid. Apart from vignettes, he headings and cul-de-lampes, Salvador Carmona was responsible for three of the full-page copper plate engravings adorning the book. Two of them are especially important because they are the only figurative works to appear in the book, their fuction being to mark the beginning of the different works. The engravings, based on drawings by the painter Maella, are two buring engravings of impeccable craftsmanship. The third engraving singned by him is based on a drawing by Antonio Salvador and is one of the numismatic illustrations accompanying Pérez Bayer's explanations of the text. The scientific illustrations were

nal y conservó la misma estructura de los períodos latinos.

El texto sobre el que hizo la tradución fue una edición que los Elzevier habían sacado en Leyden en 1634 que gozaba de gran crédito. Cotejó sin, embargo, este impreso con otras fuentes manuscritas a su alcance: dos códices que se conservaban en la Biblioteca de El Escorial —G. Plut. III, n°II y O. Plut. III, n° 27—, y un manuscrito de su propia biblioteca privada; de los impresos antiguos que manejó para contrastar la bondad del texto de Elzevier destaca una edición incunable de 1475.

El interés por la obras de Salustio siempre se había mantenido vivo entre los historiadores españoles que lo tuvieron como modelo: Diego de Mendoza, Juan de Mariana, Antonio Solís lo habían imitado; otros, como Pedro Chacón y Jerónimo Zurita, habían hecho lecturas anotadas de sus obras. Al castellano existían las traducciones de Vasco de Guzmán —impresas tres veces durante el siglo XVI: Logroño por Eguía, 1529; Medina del Campo por Pedro Castro, 1548; y Amberes por Martín Nucio, 1554— y las de Manuel Sueiro —Amberes por Keerberg, 1515; Madrid por Francisco Martínez, 1632— pero ninguna de ellas había logrado estar en consonancia con el valor del original cuyo estilo no supieron captar. Esto fue lo que movió al Infante a emprender esta nueva versión siguiendo en lo posible a los escritores del siglo XVI, maestros de la lengua castellana.

Del mismo texto latino y de la traducción de Gabriel Antonio de Borbón hizo la Imprenta Real una edición popular en 1804 en pequeño formato de octavo y en dos volúmenes.

Francisco Pérez Bayer, director de la Real Biblioteca, redactor del catálogo de la de El Escorial y restaurador de la de Salamanca, destacado humanista, filólogo y orientalista, era el preceptor de los hijos del monarca. Fue él quien se encargó de supervisar la tradución de su discípulo y redactar la disertación sobre el alfabeto y lengua de los fenicios y sus colonias.

El aparato ilustrativo estuvo en manos de los más ilustres representantes del grabado español. Destaca sobre los demás la participación de Manuel Salvador Carmona, pensionado en París por Fernando VI y Carlos III. Primer español miembro de l'Accadémie des Beaux Arts y Director de la sección de grabado de la Academia de San Fernando de Madrid. Al margen de viñetas, cabeceras y bases de lámpara, Salvador Carmona realizó tres de las calcografías a toda página que la ornan; dos de ellas tienen especial relevancia porque son las únicas figurativas que aparecen en el libro y tienen la función de abrir el comienzo de cada una de las obras. Los grabados, realizados sobre dibujos del pintor Maella, son dos buriles de impecable ejecución. El tercer grabado firmado por él está hecho sobre un dibujo de Antonio Salvador y es una de las ilustraciones numismáticas que apoyan la explicación del texto de Pérez Bayer. Monfort, Fabregat, Ballester, Asensio, Isidro Carnicero, y Juan de la Cruz se encargaron de la ilustración científica de la obra. Cruz

in the hands of Monfort, Fabregat, Ballester, Asensio, Isidro Carnicero and Juan de la Cruz. Cruz Cano, a geographer with a pension from the king and member of the Academia de San Fernando, drew to scale the 'Map of Africa and Ancient Numidia, in particular, according to the War against Yugurtha by Sallust'.

Joaquín Ibarra's work is also praiserworthy in selecting the various types adapted to the different parts of the text. The book opens with cursive calligraphy for the prologue and roman type for the life of Sallust, both made by Antonio Espinosa.

The translation dominates the Latin original. A clear and elegant cursive for the Spanish text covers three-fourths of the page; the Latin text appears in small roman in two columns. The notes in Elzevierian roman appear at the end of the main text. The dissertation on the Phoenicians and the table of contents, arranged in two columns, are also in this type of roman lettering. The combination of these varied typographic styles is perfect, because the interplay of blank spaces, text and illustrations is the result of minute attention.

One hundred and twenty copie were made of this edition and distributed by the Infante Gabriel Antonio as a courtesy of the author. One copy was sent to Benjamin Flanklin who responded to this gift by sending the Minutes of the American Congress is return.

Bibliography
PALAU, XVIII, p. 424.— SALVÁ, p.434.— I. RUIZ L ASALA. JOAQU'IN IBARRA Y MARÍN. Zaragoza, 1968.— UPDIKE, II, pp. 71-75.

Cano, geógrafo pensionado de su Majestad y académico de San Fernando, trazó a escala el «Mapa de Africa y especialmente de la Numidia antigua, acomodado a la guerra de Yugurta según Salustio».

La labor de Joaquín Ibarra fue también un alarde de buen hacer en la elección de tipos siguiendo la diversa función de los textos en la obra. Una cursiva caligráfica en el Prólogo y una romana para la *Vida de Salustio*, ambas talladas por Antonio Espinosa, abren el libro. La traducción prima sobre el original latino: una cursiva bella y clara para el castellano ocupa tres tercios de la página, en pequeña romana y a dos columnas aparece el texto en latín. Las notas en romana elzeviriana van a continuación de las obras. La disertación sobre los fenicios y el índice, dispuestos a dos columnas, tienen también este mismo tipo de romana. La combinación de todo este juego tipográfico resulta perfecta, porque la combinación de blancos y la de texto e ilustraciones fue también producto de un cálculo perfecto.

De esta edición se hicieron ciento veinte ejemplares que el infante Gabriel Antonio distribuyó como cortesía del autor. Una de las copias fue enviada a Franklin, que agradeció el obsequio enviando a cambio las *Actas* del Congreso Americano.

Bibliografía
PALAU, XVIII, p. 424.— SALVÁ, p.434.— I. RUIZ L ASALA. JOAQU'IN IBARRA Y MARÍN. Zaragoza, 1968.— UPDIKE, II, pp. 71-75.

---

113. VILLEGAS, Esteban Manuel

Las eróticas y traducciones de Boecio / de don Estevan Manuel Villegas.— En Madrid: por don Antonio de Sancha, 1714.—2v.; 8° 1:XXXIX, 435p., [2]l. of plates.—Sig.a−b^8, c^5, A−2D^8, 2C^2.−2:[24],224p.,[1]Tl. of plate.—Sig.:a^8, b^4,A−0^8.—
Title page frentispieces, 'C.D.T.L.'.—'M.S. Carmona sculptor'.—Portrait of the author engraved by Moles.—Printed ex-libris, Library of the Licenciado D. Cayetano Alberto de la Barrera.

Madrid, Biblioteca Nacional, 2/64806-7

The 18th century reedition of this work by Villegas was conceived as a select book intended for an elite sector of society, and those lovers of the Golden Age in particular. It is illustrative of an editorial trend during the second half of the century when the works of classical authors, including Cervantes, were published with rigorous criteria for literary criticism, careful, meticulous composition and a luxurious presentation which had little in common with the popular reeditions of 16th and 17th-century authors also being published at the same time.

Vicente de los Ríos, a member of the Real Academia de la Historia, Academia de la Lengua and Acade-

113. VILLEGAS, Esteban Manuel

Las eróticas y traducción de Boecio/de don Estevan Manuel Villegas.—En Madrid: por don Antonio de Sancha, 1714.—2v.; 8.°.
LXXXIX, 435 p., [2] h. de grab.—Sig.: a-b^8, c^5, A-2D^8, 2C^2.—2: [24], 224 p., [1] h. de grab.—Sig.: a^8, b^4, A-O^8.—Port. frontispicias «CDTL», «M.S. Carmona sculpt».—Retrato del autor «Moles lo gravó».—Ex-libris impreso «Librería del Licenciado D. Cayetano Alberto de la Barrera».—Pta.

Madrid, Biblioteca Nacional 2/64806-7

La reedición que en el siglo XVIII se hizo de esta obra de Villegas se concibió para que el resultado fuese un libro selecto propio de un tipo de público especial amante de los escritores del Siglo de Oro. Esta publicación forma parte de la tendencia editorial de la segunda parte del siglo en España, cuando se imprimieron obras de otros autores clásicos, Cervantes entre ellos, con una concepción de crítica literaria, de rigor en la presentación de los textos y de lujo en las presentaciones que nada tenía que ver con las reediciones populares de autores del siglo XVI y XVII que se estaban haciendo.

Vicente de los Ríos, académico de número de la Real Academia de la Historia y supernumerario de la Española y de la de Buenas Letras de Sevilla, estuvo al cargo de

mia de las Buenas Letras de Sevilla, was responsible for this edition. His purpose in publishing it was to divulge these two works by Villegas, the *Eróticas* and his *Translation of Boethius,* which had become very rare and were appreciated as fine examples of lyric poetry for their purity and elegance of style and for the refinement and discretion of the author. Vicente de los Ríos hoped that with this type of reedition Spanish literature would continue the line of current editorial trends in the rest of Europe which was already producing fine critical editions of classical authors.

The texts by Villegas are presented without superfluous notes or commentaries. Unpublished translations of Horace and Anacreon, handwritten in the copy of the *Eróticas* owned by the editor, were now added to what had been published in an earlier 1617-18 edition.

The first 39 pages of the first volume contain Ríos' critical study on Villegas. It was based on the following manuscript sources: two volumes of the *Critical dissertations* in Latin owned by Father Sarmiento, a codex of letters and works in verse and prose addressed to Lorenzo Ramírez de Prado in the College of Cuenca at the University of Alcalá de Henares, and three satires in the possession of the author of *El parnaso español,* who had already published information on the life of Villegas. Five aspects of the poet were treated: his birthplace, for which the authority of Nicolás Antonio is accepted; the dates of his birth and death, and here the date of the *Eróticas* is mentioned; the poet's background and family status, for Vicente de los Ríos feels that 'in the memoirs of a learned man, these facts should not be considered superflous, even though it might seem strange at first sight, because study, diligence, literature and other qualities are more brilliant and accentuated against a background of nobility'; the poet's studies and finally, the merit of his works. Here the critic evaluates his poems and translations and also discusses the suitability of the Spanish language for the translation of Latin verse.

Three copper plate engravings accompany the work, a frontispiece at the beginning of each volume and a portrait of the author in the first volume. The artists were two distinguished members of the Academy of Fine Arts and outstanding personalities in the history of Spanish engraving. Salvador Carmona did the frontispiece consisting of a garland of flowers on an architectural background which frames the title and volume number. Two symbols convey the meaning of the drawing, the lyre and the torch a the foot and two doves among the clouds which complete the garland. Love and Poetry, Venus and Apollo and Epithalamium magnify the simple message of the abbreviated title. The author's portrait by Pedro Pascual Moles strives to convey the style of portraiture typical of classical editions, but with 18th-century taste. The poet's name is inscribed in an ornamental border framing his bust. The idealized Villegas is depicted as a young man, as he was when he wrote his work.

esta edición. Su intención al volverla a dar a la prensa es la de divulgar estas dos obras de Villegas, las *Eróticas* y la traducción de Boecio, que se habían vuelto raras y se consideraban muy apreciables como muestras de la poesía lírica tanto por la pureza y elegancia de su estilo como por la discreción y buen gusto del autor. Vicente de los Ríos pretende que las letras españolas se incorporen con este tipo de reediciones a una línea editorial que ya tenía rodaje en Europa y que era el de las ediciones críticas de autores clásicos.

Los textos de Villegas salen sin notas ni comentarios superfluos a lo que ya se había impreso del poeta en el siglo XVII —edición de 1617-18—, se añaden ahora traducciones inéditas de Horacio y Anacreonte que estaban manuscritas en el ejemplar de las *Eróticas* que poseía el editor.

El estudio de Ríos sobre Villegas ocupa treinta y nueve páginas del primer volumen y precede al cuerpo de la obra. Para realizarlo se basó en las siguientes fuentes manuscritas: dos volúmenes de las *Disertaciones* críticas en lengua latina que poseía el padre Sarmiento, un códice de varias cartas y obras en verso y prosa dirigidas a Lorenzo Ramírez de Prado, que estaba en la Librería del Colegio Mayor de Cuenca en la Universidad de Alcalá de Henares, y tres sátiras cuya copia poseía el autor del Parnaso Español, que ya había publicado una noticia sobre la vida de Villegas. El trabajo toca cinco aspectos diferentes del poeta: la determinación de su lugar de origen, para la que la fuente de autoridad aludida es Nicolás Antonio, la época de su nacimiento y muerte —en la que se cita la fecha en que el poeta escribió las *Eróticas*—, la calidad del autor, distinción de su casa y familia que, al sentir de Vicente de los Ríos, «no deben mirarse como superfluas en las Memorias de un sabio, aunque a primera vista lo parezcan, porque el estudio, aplicación literatura y demás prendas personales resaltan y lucen mejor sobre el fondo de la nobleza», sus estudios y, por último, el mérito de sus obras, donde se hace una valoración de sus poesías y de sus traducciones y se diserta sobre la capacidad que la lengua castellana tiene para traducir versos latinos.

Los grabados que ilustran la obra son tres calcografías: una portada frontispicia abriendo cada uno de los volúmenes y un retrato del autor en el tomo primero. Los artistas que los realizaron fueron dos importantes miembros de la Academia de Bellas Artes y nombres destacados en la historia del grabado español: Manuel Salvador Carmona y Pedro Pascual Moles. Salvador Carmona ejecutó la portada frontispicia: una guirnalda de flores sobre un fondo arquitectónico enmarca la mención de título y la indicación del volumen; unos símbolos completan el significado del grabado: al pie, la lira y la antorcha, y rematando la guirnalda dos palomas entre nubes. Amor y poesía —Venus, Apolo e Himeneo— visualizados, amplifican el escueto mensaje del título abreviado. El retrato de autor que realiza Moles parece querer mantener, dentro un gusto dieciochesco, el estilo de

Villegas' works were widely known and his poetic influence was strong because it was in agreement with the accepted models of 18th-century poetry. Among the poems of the *Eróticas,* his best known pems were the 'Cantilenas' and the Anacreonic verses, translations of the Greek author as well as his own works. His version of Anacreon is considered one of the best. His use of heptasyllabic lines, the adaptation of sapphic-adonic verse, his attempt to follow the syllabic structure in Spanish when composing hexameters and pentameters, and his complete identification with the poets of antiquity, all helped to rescue this Golden Age writer from oblivion. For all these reasons it was understandable that Villegas should be highly regarded by Neoclassical poets, steeped in their enthusiasm for a classical sense of beauty and reverence for everything associate with ancient Greece and Rome.

Bibliography

PALAU, XXVII, p. 266; Esteban Manuel VILLEGAS, *Eróticas o amatorias,* Madrid, Espasa-Calpe, 1969; UPDIKE II, p. 76.

retrato de autor de las ediciones clásicas: una orla oval, en la que se inscribe el nombre del poeta, enmarca su retrato de medio busto; es una visión idealizada de un Villegas juvenil, el del escritor en los años en que concibió la obra.

La pervivencia de la obra de Villegas en el siglo XVIII y su influencia en los poetas de este siglo fue grande; su obra estaba dentro de los cánones de la poesía dieciochesca; lo más famoso dentro de las Eróticas fueron las cantilenas y las anacreónticas, tanto las traducidas del autor griego como las suyas; la versión al español de Anacreonte se considera una de las mejores. El empleo de versos heptasílabos, la adaptación de estrofas safoadónicas, su intento por lograr, en castellano, seguir la cantidad silábica al componer en hexámetros y pentámetros, y su entronque directo con los poetas de la antigüedad, hicieron que este escritor del Siglo de Oro gozase de la consideración de los poetas neoclásicos, imbuidos por una estética clásica que revivía con entusiasmo todo lo relativo a la antigüedad griega y latina.

Bibliografía

PALAU, XXVII, p. 266.—ESTEBAN MANUEL VILLEGAS: *Eróticas o amatorias.* Madrid, Espasa-Calpe, 1969.—UPDIKE, II, p. 76.

---

114. CRUZ CANO Y OLMEDILLA, Juan de la

Colección de trajes de España tanto antiguos como modernos que comprenden todos los de sus dominios: dividida en dos volúmenes con ocho cuadernos de a doce estampas.../ dispuesta y gravada por Juan de la Cruz Cano.—Madrid: Copín, 1777.—66, 68-69, 75-76, [3]l. engravings; fol.—
Plates 67, 70-74, 77-82 are missing.— Copper plate engravings.—Engraved title page.—Text in Spanish and French. Half-bound.

Madrid, Biblioteca Nacional, ER 3393

A number of well known 18th century artists took part in creating the *Collection of Spanish Costumes.* Manuel de la Cruz signed 32 plates; Antonio Carnicer did 7 drawings; Guillermo Ferrer and Luis Paret Alcázar did 6 each. Other collaborators such as Jimeno, Muñoz, Dávila and Juan Bergaz, who made fewer contributions, were possibly among the group the author asked to design the cover, promising them payment in the form of one booklet for each drawing submitted to his home on Príncipe Street in Madrid.

This work consists of seven notebooks of twelve sketches each, although the last contains only ten, in a copy belonging to the Bartolomé March library. The exact number of prints in the collection is unknown. This copy from the Biblioteca Nacional is missing twelve. Number 68 is illuminated and must have been part of another copy, having been cut and glued. The last three engravings are numbered in pencil and signed 'Joseph Espejo, Miguel Garrido', the name being written in ink at the bottom of the engraving, and the 'old-style Spanish theater costume' is also numbered in pencil. The

114. CRUZ CANO Y OLMEDILLA, Juan de la

Colección de trajes de España tanto antiguos como modernos que comprenhe con todos los de sus dominios: dividida en dos volúmenes con ocho quadernos de a doze estampas.../dispuesta y gravada por D. Juan de la Cruz Cano y Holmedilla...—En Madrid: casa de M. Copin, 1777.—66, 68-69, 75-76, [3]h. de grab.; fol.— Faltan las láminas 67, 70-74, 77-82.—Grabados calcográficos.—Portada grabada.—Texto en español y francés.—Holandesa con puntas.

Madrid, Biblioteca Nacional ER 3393

En la realización de la *Colección de trajes de España* intervinieron diujantes muy conocidos en la España del siglo XVIII: Manuel de la Cruz, que firma treinta y dos láminas, Antonio Carnicero, responsable de siete dibujos, Guillermo Ferrer, Luis Paret y Alcázar, que aporta seis; el resto de los colaboradores, Jimeno, Muñoz, Dávila y Juan Bergaz, más modestos en sus aportaciones, formaron tal vez parte de ese grupo de curiosos a los que el autor pidió colaboración en la portada de la obra y a los que prometió pagar con otros tantos cuadernos como figuras le enviasen a su domicilio de la calle del Príncipe, de Madrid.

La obra está compuesta por siete cuadernos de doce figuras —aunque del último cuaderno sólo se conocen diez, pertenecientes al ejemplar de la biblioteca de Bartolomé March—. Plantea problemas la determinación del número exacto de estampas que formaron la Colección. Este ejemplar de la Biblioteca Nacional carece de doce láminas. La número 68 está iluminada y perteneció a otro ejemplar, ya que está recortada y pegada. Los tres últi-

engravings (305 × 225 mm) are numbered at the top together with a caption in French and Spanish. The final result did not exactly correspond to what the author had planned and promised the editor. His original idea had been to present in pairs, sketches of the most common types of costumes worn by the masses, to be followed by the more unusual clothing worn by the nobility for the last two centuries.

Even thoug the notebooks do not have any specific thematic unity, regional art is mixed with popular and national with colonial. This combination of characters and costumes, however, undoubtedly enriched the collection. We should realize that Juan de la Cruz obtained these sketches of people of different origin by asking artists who were well acquainted with the types to produce the drawings. For example, the drawings of characters from Puerto Rico and Bilbao which appear in the third and fifth notebooks were done by Paret, who was exiled in Puerto Rico and had lived in Bilbao upon his return.

Original drawings for the collection have survived, enabling us to judge Juan de la Cruz's intervention as engraver. The Biblioteca National preserve the original of 'Puerto Rican slave' by Luis Paret and 'Valencian woman' by José Jimeno. These can be compared with the modified versions tranferred to the copper plates, although the changes were not all positive. Generally it can be said that the major concern was to heighten the more classic aspects of the drawings, giving the characters an air somewhat like a statute, in accordance with the 'type' of character sought. More personal traits, slight movements or gestures reflecting moods or emotions were put aside in an intent to portray a lasting archetype rather than a living being. Cruz Cano accentuated the static aspects of figures through the treatment of light and shade, changing proportions or volumes of figures or clothing.

His work was strongly influenced by the eight years he spent in Paris where he received a pension from the Academia de Bellas Artes together with Manuel Salvador Carmona, Tomás López and Alfonso Cruzada. At that time 'Les Cris de Paris', a group of engravings showing the lower classes of Paris was very fashionable. These included the well-known engravings by Caylus and Fessard based on drawings by Bouchardon. The French artist's vision, quite different from the Rococo and festive taste of other painters and artists, was free from idealization or passing feelings and his portrayals were more like statues than people moving in real surrondings. Charles de la Traverse was another artist who might have influenced Cruz Cano and others who participated in the collection such as Luis Paret Alcázar. De la Traverse had produced a series of engravings, 'Gridi ed altre azzioni del popolo di Napoli', in 1759, linked to Baroque tradition, with traits similar to Bourdachon and along the lines later adopted by Cruz Cano. These two had immediate influence on the Spanish artist's work, and

mos grabados están numerados a lápiz, son los de *Joseph Espejo, Miguel Garrido* —este nombre va escrito en tinta al pie del grabado— y *Traje de theatro a la antigua española.* Los grabados, de 305 × 225 mm., están numerados en la plancha, en la parte superior, y llevan al pie un texto bilingüe, español y francés, con el nombre del tipo representado. El resultado final de la obra no coincide con lo que el autor planeó y prometió al editarla, ya que su idea era la de sacar, de dos en dos estampas, primero los trajes más usuales de la plebe del reino y después los más raros de la nobleza, utilizados desde hacía dos siglos.

Los cuadernos no tienen una unidad temática, lo regional se mezcla con lo popular, lo nacional con lo colonial, pero este mestizaje entre los tipos y los trajes contribuye de manera indudable a enriquecer la obra, sobre todo si se tiene en cuenta que en la realización de dibujos de tipos de determinados lugares, Juan de la Cruz recurrió a dibujantes que los conocían a fondo: así, Paret, que estuvo desterrado en Puerto Rico y que vivió en Bilbao a la vuelta de su destierro, es quien dibuja los personajes portorriqueños y bilbaínos que figuran en los cuadernos tercero y quinto de la Colección.

La pervivencia de dibujos originales para la Colección permite determinar cuál fue la intervención que Juan de la Cruz tuvo sobre ellos como grabador. De Luis Paret se conservan en la Biblioteca Nacional el dibujo de *Esclava de Puerto Rico, Valenciana,* de José Jimeno, y de Manuel de la Cruz, comparándolos con los grabados se pueden establecer las modificaciones que el autor hizo cuando los pasó a la plancha de cobre y que no siempre fueron soluciones acertadas. En general, al grabador le preocupó sobre todo destacar lo más clasicista del dibujo y para lograr que las figuras tuviesen ese aire estatuario acorde a la concepción del «tipo» que pretendía los rasgos individualizantes, los movimientos que captasen una instantánea, los gestos que reflejasen tensiones o pasiones se sacrifican con vistas a lograr que la figura no fuese tanto la de un personaje vivo como la de un arquetipo perdurable, Cruz Cano acentúa el carácter estático de las figuras mediante un tratamiento diferente de las sombras y las luces, un cambio en las proporciones y los volúmenes de las figuras o en las masas de los ropajes.

La obra de Cruz Cano refleja la influencia de sus ocho años de estancia en París, donde estuvo como pensionista de la Academia de Bellas Artes junto con Manuel Salvador Carmona, Tomás López y Alfonso Cruzado. Un género en boga en la capital francesa era el de «Les Cris de Paris», series de grabados que recogían tipos populares de las calles y entre las que circulaban las muy conocidas de Caylus y Fessard, grabadas sobre dibujos de Bouchardon. La visión del artista francés, alejada del gusto rococó y festivo de otros pintores y dibujantes, estaba exenta de idealización, de evanescencias; sus tipos tendían a presentarse más como estatuas que como personajes moviéndose en un marco tratado. También otros artistas como Charles de la Traverse pudieron influir en él y en otros de los colaboradores de la Colec-

even earlier works such as Giuseppe Maria Mitelli's 'Di Bologna, l'arti per via' (Rome 1660) may have also played their part. The popularity of his engravings in Spain was very widespread and his style was followed by other artists already mentioned.

A footnote by Cruz Cano on print no. 76 indicates the degree of popularity attained by the collection. 'This Collection is being copied, without any style whatsoever, in France and Germany, and being sold in our ports, and we hope, that in order to continue it, the Peninsula which has offered its protection, will not prefer the fakes'. Years later this collection still continued to influence the works of painters and engravers, although artists like A. Rodríguez and Rivelles tend to turn away from the archetype so evident in the works of Juan de la Cruz, to seek the more communicative aspects of their characters, even though their collections of costumes and types continue to follow the same general tendency.

Bibliography

Juan Cruz CANO Y HOLMEDILLA, *Colección de trajes de España tanto antiguos como modernos*, prólogo de Valeriano Bozal. Madrid, Turner: Palau, IV, p. 210.

ción, como Luis Paret Alcázar. De la Traverse había sacado una serie de grabados, *Gridi ed altre azzioni del popolo di Napoli*, en 1759, entroncados con una tradición barroca con rasgos de estilo próximos a los de Bourdachon y en la línea que luego seguiría Cruz Cano. Estos dos son los antecedentes inmediatos en la obra del artista español, quizá trabajos anteriores como el de *Di Bologrna, l'arti per via*, de Giuseppe Maria Mitelli (Roma 1660), pudieron haberle influido, inspirado, ya que la circulación de sus grabados en España fue bastante fluida y su estilo iniciaba el que luego seguirían los artistas citados.

De la popularidad que alcanzó la *Colección* en su momento da idea la advertencia que Cruz Cano incluye al pie de la estampa número 76: «en Francia y Alemania están copiando esta colección sin gracia alguna vendiéndola en nuestros puertos de mar, esperamos para poder continuarla que la Península que la ha protegido no preferirá las contrahechas». Pero también años más tarde la *Colección* siguió teniendo eco e influyendo en pintores y grabadores: aunque se vea que el enfoque de artistas como A. Rodríguez y Rivelles se aleje de la búsqueda por el arquetipo patente en la obra de Juan de la Cruz y se interese más por aspectos documentales de los personajes, sus colecciones de tipos y trajes continúan una línea de género abierta con él.

Bibliografía

J. CRUZ CANO Y HOLMEDILLA: *Colección de trajes de España tanto antiguos como modernos*. Prólogo de Valeriano Bozal. Madrid, Turner, 19 —PALAU, IV, p. 210.

---

115. FERNANDEZ DE MORATIN, Leandro

Diario. 1780-1808. l.9-16,[3]l. blank, l.
21-119.—205 × 140 mm.—Red garnet binding with gold tooling.—Raised spine.

Madrid, Biblioteca Nacional, Ms 5617

Leandro Fernández de Moratín's *Diary* covers the period between May ll, 1780 and March 24, 1808.

Both this *Diary* and the diary of his father, Nicolás, were bound together in one volume by the Biblioteca Nacional. The original manuscript was on separate sheets mounted on hinged onion skin paper to facilitate binding. The manuscript opens with a flyleaf, and two blank sheets after which there is a note in Leandro's handwriting, «Apuntes of my Father and mines» (sic). This page is numbered in pencil in the top right-hand corner. The diary of Nicolás Fernández Moratín, the father, was begun in January 1778 and ended on March 4, 1780, (sheets 2-9 r). After sheet 16 there are four blank pages in a different kind of paper from the rest of the manuscript. The writing begins again on sheet 21 and continues to 118v. Sheet 119 is larger than the rest and had to be folded along the outer margin to facilitate binding. This last page is thought to have been written by Silvela, a friend of the author, who copied it from Moratín's notes. It refers to events which had occured during the

115. FERNANDEZ DE MORATIN, Leandro

Diario. 1780-1808.—h. 9-16, [3] h. en bl., h.
21-119.—205 × 140mm.—Piel granate con hierros dorados.—Lomo cuajado.

Madrid, Biblioteca Nacional Ms. 5617

El diario autógrafo de Leandro Fernández de Moratín abarca el período de su vida que va desde el 11 de mayo de 1780 hasta el 24 de marzo 1808.

Se encuadernaron formando un solo volumen los diarios de Nicolás, su padre, y el suyo en la Biblioteca Nacional; el manuscrito, originalmente en hojas sueltas, se montó en escartivanas de papel cebolla para facilitar el cosido de la encuadernación.

Tras la hoja de guarda y dos de respeto, empieza el manuscrito con la anotación de Leandro «Apnt. of my Father and mines» [Apuntes of my Father and mines], esta hoja es la primera numerada a lápiz en el ángulo superior derecho. De la hoja dos a la hoja nueve recto, el diario de Nicolás Fernández de Moratín, comenzado en enero de 1778 y terminado el 4 de marzo de 1780. La primera anotación del diario de Leandro comienza en esta misma hoja, el día 11 de marzo, en el que registra «Obiit pater». A partir de la hoja 16 siguen cuatro (17, 18, 19 y 20) en blanco, de papel diferente al del resto del manuscrito, se reanuda la escritura en el recto de la hoja 21

first five days of July 1797. This sheet is followed by seven blank unnumbered ones and endpapers.

The *Diary* is incomplete because the pages corresponding to the period between 1783 and 1792 are missing. These are the four blank sheets inserted between p. 16 and p. 21.

Up to sheet 16 the manuscript is in two columns; after sheet 21 the writing is continous across the page. The months appear at the top of the page, each heading a column and separated by a line when the format changes.

The *Diary* uses abbreviations in a mixture of Spanish, Latin, French, Italian and English, and is characterized by the lack of internal or interim vowels. In order to read the diary it is necessary not only to reconstruct the words but also to be familiar with the writer's style. Leandro's style is very different from the usual one; it shows careless syntax, unconjugated verbs, elliptical phrases, totally arbitrary spelling which includes attempts at phonetic spelling, neologisms, macaronic Latin and literal translations of foreign words. These peculiarities, combined with the use of symbols and abbreviations, give the idea that the *Diary* appears to be in a secret code. This idea has given rise to erroneous interpretations, as in the case of one of its editors, Hartzenbusch.

The way the *Diary* was kept has been reconstructed through the anomalies which appear in the notes on certain days. Moratín first took hurried initial notes on odd bits of paper or rough copies which were later transcrided. The gaps in the *Diary* indicate that the writer was not always consistent in transcribing clean copies. Some of these rough drafts or original notes for his diary, mentioned in letters to his friends, have also been preserved.

Moratín started his diary at the age of twenty when he had already been awarded an honorable mention by the Academy in a poetry competition. It covers his first years as a playwright, his struggle for employment and his early trips to European countries where he met some of the outstanding personalities of the century. In 1787 he traveled to France for a year as the secretary of Count Cabarrús. Later in 1792, when both *El viejo y la niña* (The Old Man and the Maiden) and *La comedia nueva* (The New Comedy) had been performed, he obtained permission for a second visit. After a brief stay in Bayonne he travelled via Bordeaux to a París on the eve of its revolution. Although he was interesested in current political events, his *Diary* does not reflect the particular impact of this new social situation. On the contary, his stay in England did cause him to reflect on new ideas and the London intellectual scene arroused his curiosity and admiration. In his *Diary* he comments on his election as a member of «Club Hispanus». As the club's secretary, he drew up the statutes. During the same year, 1792, he sent Godoy a proposal for the renovation of the theater and offered to direct it. Two years later his proposal was accepted and in 1799 he was appointed director of the Theater Management Council. He travelled to

y continúa hasta la 118 vuelto. La hoja 119 es de tamaño superior a las otras y ha tenido que ser doblado el margen exterior para que quepa en la encuadernación. Esta última hoja escrita ha sido atribuida a la mano de Silvela, amigo del escritor, quien copió de algún apunte del propio Moratín y que hacen referencia a acontecimientos de los cinco primeros días de julio de 1797. Siguen a esta hoja siete en blanco, sin numerar, y dos de respeto más la de guarda.

El *Diario* no está completo, faltan las hojas correspondientes al período de 1783-1792 y que en el volumen se reflejan en esas cuatro hojas en blanco intercaladas entre la 16 y la 21.

Hasta la hoja 16, el manuscrito está escrito a dos columnas y a partir de la 21 la escritura es a toda página. Los meses se destacan en cabecera de folio, ocupando cada uno una columna, y se separan con una raya cuando la disposición del manuscrito ha cambiado.

El *Diario* está escrito con abreviaturas, es una mezcla de español, latín, francés, italiano e inglés, y se caracteriza por la falta de vocales internas. Pero para poder seguir su lectura no es sólo necesario reconstruir las palabras, sino que hay que familiarizarse con el estilo que el escritor empleó para redactarlo y que dista mucho de ser el habitual: sintaxis descuidada, verbos sin conjugar, frases elípticas, ortografía totalmente arbitraria con la que a veces se intenta una aproximación fonética, neologismos, uso de latín macarrónico y de traducciones literales de palabras extranjeras. Todo esto, sumado al uso de símbolos y abreviaturas, hace que el diario se presente como un mensaje en clave y que tal y como le sucedió a uno de sus editores, Harztzenbusch, se puedan hacer a veces de él interpretaciones érroneas.

Por las anomalías que se advierten en las apuntaciones de determinados días, se ha podido reconstruir la forma de redacción del diario; Moratín tomaba unas notas previas de forma apresurada y luego pasaba a limpio estos borradores escritos en un papel cualquiera. Las lagunas que muestra el diario demuestran que el escritor no siempre fue constante en la tarea de adecentar sus apuntes. Algunas de estas esquelas, borradores de su diario, a las que alude en cartas a sus amigos, también se han conservado.

Moratín inicia su diario a los veinte años, cuando la Academia le había otorgado ya un accésit de poesía en un concurso; recoge los años de vida en los que el escritor empieza a redactar sus obras teatrales, lucha por conseguir un empleo e inicia sus viajes a Europa, que le pondrán en contacto con personalidades destacadas de su siglo. En 1787 hace su primer viaje a Francia como secretario del conde de Cabarrús, que duró un año; años más tarde, en 1792, cuando ya había estrenado *El viejo y la niña* y *La comedia nueva*, logra permiso para un segundo viaje: después de una breve estancia en Bayona, pasa por Burdeos y llega al París revolucionario. Moratín se interesó por los acontecimientos políticos del momento, aunque su diario no refleje el especial impacto de una

Italy for three years where he became a member of the Accademia dell'Arcadia, taking the name Inarco Celinio. He returned to Spain in 1796, this time with steady employment as the secretary of Interpretation of Languages.

Up to the end of the *Diary* in 1808 this dramatist continued his struggle to renovate the theater, reviving his own plays and, as a French sympathizer, he eventually went into exile in Franch.

This manuscript by Leandro Fernández de Moratín falls within the category of those fashionable 18th-century diaries. It was very common for prominent members of the Spanish Enlightenment to keep a personal diary. Cadalso, Jovellanos and Blanco White are examples of this tendency. Nevertheless, Moratín's *Diary* is different. Although it is less important as a literary document, it is filled with elements that enable us to reconstruct the writer's personality. It contains human and unknown aspects despite the fact that does not include reflections on his personal experiences.

Bibliography
AGUILAR PIÑAL, III, p. 344; J.E. HARTZENBUSCH, *Obras póstumas de D. Leandro Fernández de Moratín,* Madrid, 1827; Leandro FERNANDEZ DE MORATÍN, Diario. Edición anotada por René y Mireille Andioc, Madrid, Castalia, 1968.

nueva situación social. Su estancia en Inglaterra sí le produjo motivos de reflexión, y el modo en que se desenvolvía la vida intelectual londinense provocó su curiosidad y su admiración: comenta en su diario su nombramiento como socio del «Club Hispanus», del que, en calidad de secretario, redactó los estatutos. Es en este mismo año de 1792 cuando envía a Godoy un plan de reforma de los teatros y se ofrece a dirigirlo; esta propuesta se vería realizada años más tarde; en 1799 se le nombra director de la Junta de Dirección de Teatros. Recorre después Italia durante tres años y durante una de sus estancias en Roma ingresa en la Academia de los Arcades con el nombre de Inarco Celenio. Regresa a España en 1796, logra un empleo estable como secretario de la Interpretación de Lenguas. Hasta 1808, en que finaliza su diario, el autor sigue en la lucha de la renovación teatral, reestrena sus comedias y durante la invasión napoleónica toma partido por los afrancesados.

Este manuscrito de Leandro Fernández de Moratín se inserta en una costumbre de moda en el XVIII: entre los hombres de la Ilustración fue muy frecuente el hábito de llevar un diario íntimo; Cadalso, Jovellanos, Blanco White, escribieron también los suyos. El diario de Moratín es, sin embargo, diferente; menos literario pero lleno de valor para reconstruir la personalidad del escritor: su diario refleja aspectos desconocidos y humanos, aunque en él no se recojan reflexiones sobre los acontecimientos vividos.

Bibliografía
AGUILAR PIÑAL, III, p. 344.—J. E. HARTZENBUSCH: *Obras póstumas de D. Leandro Fernández de Moratín.* Madrid, 1887.—LEANDRO FERNÁNDEZ DE MORATÍN: *Diario.* Edición anotada por René y Mireille Andioc. Madrid; Castalia, 1968.

---

116. CRUZ CANO Y OLMEDILLA, Ramón de la

Teatro ó colección de los saynetes y demás obras dramáticas de D. Ramón de la Cruz y Cano, entre los Arcades Larisio Dianeo.—Madrid: en la Imprenta Real, 1786-1791.—10 v.; 8.°.
I: Las superfluidades. La falsa devota. Las señoritas de moda. La presumida burlada. La oposición a Cortejo. Los picos de oro. La embarazada ridícula. El día de campo.—LXXX, 366 p., [2] l. in bl.— Sig.: +-5 +^{8}, A-Z^8.

Madrid, Biblioteca Nacional T 3693

This is the first edition of a collection of dramatic works by Ramón de la Cruz, sold at the Copín Bookshop in madrid. Apart from compiling plays which had circulated in print form since 1786, this edition is of interest because of its prologue which throws light on the polemics on the theater in 18th-century Madrid.

A protegé of Count Aranda, Ramón de la Cruz had triumphed at the counrt and was a favorite of the nobles. He took part in royal festivities with eulogies, inter-

116. CRUZ CANO Y OLMEDILLA, Ramón de la

Teatro o colección de los saynetes y demás obras dramáticas de D. Ramón de la Cruz y Cano, entre los Arcades Larisio Dianeo.—Madrid: en la Imprenta Real, 1786-1791.—10v.; 8°
I: las superfluidades. La falsa devota. Las señoritas de moda. La presumida burlada. La oposición a Cortejo. Los picos de oro. La embarazada ridícula. El día del campo.—LXXX, 366 p., [2] h. en bl.—Sig.: =-5=^{8}, A-Z^8.

Madrid, Biblioteca Nacional T 3693

Esta es la primera edición colectiva que se hizo de las obras dramáticas del autor y que se vendieron a su salida en la Librería de Copín de Madrid. Más que el valor de reunir las teatrales que desde 1768 circulaban impresas, esta obra es importantte por el prólogo que la precede y que es el reflejo de la polémica teatral que se estaba viviendo en el Madrid del siglo XVIII.

Protegido por el conde de Aranda, Ramón de la Cruz había triunfado en la corte y era un favorito de la noble-

ludes and introductions, and his short comedies *(Saine-tes)* were performed with success.

His theatrical works, closely linked to earlier Spanish dramatists, were strongly criticized by members of the literary gathering at the Fonda de San Sebastián. These writers, identified with the neoclassical movement, could not tolerate a style so far removed from their own theatrical concepts, which so clearly embodied all the characteristics that the Neoclassical writers wanted to banish from the scene.

Nicolás Fernández de Moratín had criticized him harshly in *Los engaños* (Disillusions). Francisco Mariano Nifo and Tomás Iriarte were equally vehement, but it was undoubtedly Pedro Napoli Signorelli's judgment in *Historia crítica de los teatros* that provoked serious retaliation by Ramón de la Cruz.

He used the prologue to his *Teatro o Colección de sainetes* as a setting for his defense. The author states that his reasons for writing in such a manner and style are to be found in traditional and popular currents. To refute Signorelli's arguments, Ramón de la Cruz reverts to the very classical sources of his detractors, claiming that his dramas do seek the didactic effects advocted by the Neoclassical writers and that they are against the prevailing vices and ridiculous situations, just as Boileau and Horace had recommended. He states his defense of translations of foreign authors, claiming to have taken from them only certain legitimate elements which are a reflection of reality, social custom and the daily events that make up every day existence to incorporate them into his own works. Ramón de la Cruz appears as the advocate of the realistic, popular and typical theater as opposed to the French-style drama or comedy, with its close adherence to the theatrical unities.

The *Memorial literario* (Literary Bulletin) commented on the appearance of this first collection. In September 1786 the first review of the book was published. It gives a fairly accurate report of the spirit of the prologue and lists the contents of the first two volumes. In October 1787 it comments on the appearance of the third and fourth volumes, and in this second review a critical tone may be sensed. After giving a list of contents it states that, although the plays are construed to ridicule certain vices of the common people and to amuse the public —something at which the author was extremely talented— there were certain plays which merit special mention, such as 'Las frioleras', 'El petimetre' (The Dandy), 'El marido sofocado' (The Harried Husband) and 'La discreta y la boba' (The Wise and Foolish Women). The reasons for judging these positively are related to the Neoclassical concept of drama can be narrowed down to their tendency to denounce social defects whose correction was considered necessary. For the same reasons the *Memorial* praised the translations of 'The Gleaner' and 'Eugenie' included in the third and fourth volumes. In 1788 and 1790 the *Memorial* continued to inform its readers of the publication of successive volumes.

za. Participaba en las fiestas reales con loas, intermedios o introducciones; sus sainetes se representaban con éxito.

Su teatro, que entroncaba con el de los autores dramáticos castellanos anteriores, fue fuertemente contestado por los asiduos de la tertulia de la Fonda de San Sebastián, escritores cercanos a la línea neoclásica, que no podían tolerar un género tan alejado de su concepción teatral y que representaba de una manera clara todo aquello que los neoclasicistas querían desterrar de la escena.

Nicolás Fernández de Moratín en Los Desengaños, Francisco Mariano Nifo y Tomás Iriarte le habían criticado con dureza, pero fue, sin duda, el juicio de Pedro Napoli Signorelli en la *Historia crítica de los teatros* lo que más povocó una reacción seria por parte de Ramón de la Cruz.

El Prólogo del *Teatro o colección de sainetes* se utiliza como marco de defensa. El autor expone en él las razones que le mueven a escribir ese género y en ese sentido se puede considerar un manifiesto de esa otra corriente teatral de corte tradicional y castizo. Para refutar los argumentos de Signorelli, Ramón de la Cruz acude a las fuentes clásicas manejadas por sus detractores y alega que su teatro, tal y como recomiendan Horacio y Boileau, persigue el didactismo que preconizan los neoclásicos y que se preocupa de perseguir el vicio y el ridículo dominantes. Defiende la solicitud de las traducciones de autores extranjeros y dice haber tomado de ellos sólo cosas lícitas que ha entresacado para incorporarlas a sus propias obras, que son un reflejo de la vida real y de las costumbres de sus comtemporáneos y ponen en escena los acontecimientos cotidianos que constituyen el día a día. Ramón de la Cruz aboga por el teatro realista, castizo y popular frente al drama o la comedia de gusto francés, fieles seguidores de las unidades dramáticas.

El *Memorial Literario* se hizo eco de la aparición de esta primera recopilación de obras del autor. En el mes de septiembre de 1786 publicó la primera reseña sobre el libro en la que reflejó con bastante fidelidad el espíritu del prólogo y dio el contenido de los dos primeros tomos. En el mes de octubre de 1787 da noticia de la puesta en venta de los tomos tercero y cuarto; en esta segunda reseña sí se trasluce un tono de crítica. Después de detallar el contenido, se dice que aunque las piezas están arregladas para ridiculizar ciertos vicios del pueblo bajo y divertir al público —rasgos para los que el autor se mostraba especialmente dotado— había algunas que merecían especial mención, entre ellas Las frioleras, El petimetre, El marido sofocado, y La discreta y la boba. Todas las razones que aduce el *Memorial* para considerarlas buenas tienen que ver con la concepción dramática neoclásica y, en definitiva, se resumen en su capacidad para denunciar defectos sociales que era necesario corregir. Alaba, también dentro de la misma línea, las traducciones de *La espigadera* y de *Eugenia* que figuraban en los tomos cuarto y tercero. En 1788 y 1790, el *Memorial* siguió reflejando la aparición de los siguientes tomos de la obra.

En 1820 se editó otra colección de sainetes a cargo

In 1820 another collection of one-act comedies or sainetes was edited by Agustín Durán. This volume also included critical commentaries on theatrical works by Ramón de la Cruz by Signorelli, Moratín, Hartzenbusch and Martínez de la Rosa.

Bibliography
AGUILAR PIÑAL, I, p. 698-704.—PALAU, IV, p. 208.—RAMÓN de la CRUZ. *Sainetes*. Edición, estudio y notas por José Castro y Calvo. Zaragoza, Ebro, 1941.

de Agustín Durán, en la que se incluyeron los textos críticos de Signorelli, Moratín, Hartzenbuch y Martínez de la Rosa sobre el teatro de Ramón de la Cruz.

Bibliografía
AGUILAR PIÑAL, I, p. 698-704.—PALAU, IV, p. 208.—RAMÓN de la CRUZ. *Sainetes*. Edición, estudio y notas por José Castro y Calvo. Zaragoza, Ebro, 1941.

---

117. FERNANDEZ DE MORATIN, Leandro

La Comedia nueva: en dos actos, en prosa, representada en el Coliseo del Príncipe en 7 de febrero de 1792.—Madrid: Benito Cano, 1792.—7 pp.; 8.°. Sign. a-d⁸, e⁴.

Madrid, Biblioteca Nacional T 12184

Benito Cano, one of the most reputable Spanish printers of the 18th century, published the first edition of *La Comedia Nueva*. The layout was in keeping with the spirit of the work and the result was a harmonious combination of form and substance. A sober yet elegant typography on the title page and throughout the entire book make the reading amenable. The presentation of the text is always in keeping with the author's criteria of rationality and clarity.

Two different sizes of roman and capital letters alternate to form geometric arrangements on the title page. The title and explanatory text form two inverted triangles, whereas the imprint is rhomboidal. These are the only adornments on a blank and spacious background. Throughout the text roman and italic lettering is used. Italics are used for the characters and stage directions. The margins are wide and the blank spaces evenly distributed. Care and forethought were with the composition of this little book, even though it was not a deluxe edition.

In the prologue, which Benito Cano emphasizes by using a larger roman type, the author explains that the drama is a true picture of the Spanish theater of the time and that the plot and characters are not based on individual aspects, but are meant to embody the universal traits of the situations and characters presented on the stage. The play has a didactic intent, for he wishes to make the public aware of the absurdities which custom and ignorance had brought to the popular plays. The author maintains that the work is a mirror of those who persist in following the erroneous abandon of the theater and claims that the generalized lack of refinement is responsible for the decadence of poetic drama. The *New Comedy* is an effort by this author to support the government's role in creating public awareness of the problems in the field of the theater through dramatic criticism.

The play was first presented at the Príncipe Theater in Madrid, one of the three public theaters in Madrid, the others being the Teatro de la Cruz and the Teatro de las Caños del Peral. Moratín commented on the first night incidents in his letter to Juan Pablo Forner, when

117. FERNANDEZ DE MORATIN, Leandro

La comedia nueva: en dos actos, en prosa, representada en el Coliseo del Príncipe en 7 de febrero de 1792.—Madrid: en la oficina de Benito Cano, 1792.— 7 p.; 8°. Sig.: a-d⁸, e⁴.—Cart.

Madrid, Biblioteca Nacional T 12184

Benito Cano, uno de los más prestigiosos impresores españoles del XVIII, fue el encargado de llevar a las prensas la primera edición de la *Comedia Nueva*. La puesta en página que realizó estuvo acorde al espíritu de la obra y el resultado fue una conjugación homogénea entre el fondo y la forma de lo que se imprimió. Un juego tipográfico sobrio y elegante, tanto en la portada como en el cuerpo de la obra, hacen que la lectura de la comedia resulte agradable y que la visualización del texto se mueva siempre por los mismos cánones de racionalidad y claridad que presidieron al autor al escribirla.

En la portada, la alternancia tipográfica de romana y versal en dos tamaños diferentes y dos disposiciones geométricas —título y explicación forman dos triángulos invertidos, mientras que el pie de imprenta tiene una forma romboide— separadas por un amplio blanco son los únicos adornos. En el texto, el juego tipográfico de romana y cursiva utilizando esta última para los personajes y las acotaciones. Grandes márgenes, blancos bien distribuidos. La maquetación de este pequeño libro, aunque se tratase de una edición no lujosa, fue concebida con cuidado y esmero.

El autor señala en el prólogo que Benito Cano destaca con una romana más grande- que la comedia es una pintura fiel del estado actual del teatro español, y que en la concepción de la trama y de los caracteres ha pretendido no ceñirse a aspectos individuales, sino a universalizar las situaciones y los personajes que se presentan en escena. La obra persigue un fin moral y trata de conseguir sensibilizar a la opinión pública con respecto a los abusos que la costumbre y la ignorancia han ido introduciendo en escena. Advierte el autor que su obra funciona de espejo de aquellos que siguen obstinados en el error de mantener el abandono del teatro y atribuyen al mal gusto nacional la decadencia de la poesía dramática. La comedia es un acto de servicio del escritor, que pretende con ella facilitar la labor del gobierno sensibilizando a la opinión pública sobre los problemas que están planteados en torno a la cuestión teatral.

El estreno de *la comedia nueva* tuvo lugar en el teatro del Príncipe, de Madrid, uno de los tres teatros públicos

the so-called «Chorizos» (fools), as the fans of the Príncipe Theater Company were nicknamed, almost caused the performance to be a failure. He explained that the first night success was somewhat uncertain despite the applause when the curtain came down, and that triumph was confirmed only on the second night and in the five performances that followed. Nevertheless, he was pessimistic about evaluating the results he had set out to achieve —nothing less than true change and reform within the theater. The newspapers recorded the events and the *Diario de Madrid*, a Neoclassical leaning publication, praised the play for its didactic content and good taste, the natural and familiar traits of the characters, the maintenance of the three unities and other precepts of drama without detriment to wit and innovation.

Although it was staged three or four times before 1794, according to the *Memorial Literario* of that year, the 1799 performance was particularly significant. At this time Moratín succeeded in obtaining an official proclamation of seven points set forth in a document to the Juez Protector, the judge officially in charge of theatrical matters. These points dealt with the professionalism of performances, rehearsal regulations, planned reparation of costumes and props, and required two dress rehearsals prior to performance. The revival of the *New Comedy* was prepared in accordance with these principles by the company of Luis Navarro and performed between July 27 and August 4. The quality of the performance was clearly superior and showed the triumph and progress of the new mentality in the renovation of the theater.

Some months later this progress in theatrical organization attained through Moratín was consolidated when he was appointed director of the Theater Management Council by royal decree on November 21. Its object was to carry out theater reform. The struggle maintained by the Neoclassical literary figures, either through manifestos such as those published by Mariano Luis de Urquijo, García de Villanueva and Gaspar Melchor de Jovellanos, or through model plays demostrating their philosophy of drama such as the *New Comedy* had finally acomplished their purpose.

Giambattista Bodoni printed a fine edition of this work in Spanish in 1796. Pietro Napoli Signorelli published its translation in Italian. Gérad de Nerval began the French adaptation which was completed by Arthus Fleury and published in Paris in 1860. A bilingual German edition was done by Manuel Ramejo in 1800.

Bibliography
AGUILAR PIÑAL, III, p. 354.—PALAU, V, p. 332.—L. FERNÁNDEZ de MORATÍN. *La comedia nueva. El sí de las niñas*. Ediciones, introducciones y notas de John Dowling y René Andioc. Madrid, Castalia, 1970.

—junto con el de la Cruz y el de los Caño del Peral— que entonces existían en la capital de la corte. En una carta a Juan Pablo Forner, Moratín comenta las incidencias de la primera representación en la que «los chorizos» —nombre con el que en un principio se designaba a los partidarios de la Compañía del Príncipe— estuvieron a punto de hacerla fracasar. A pesar del aplauso general con el que se bajó el telón, Moratín dice que el éxito del primer día fue más bien incierto, pero que el segundo y los cinco siguientes que duró la obra en cartel mostraron a las claras que «la comedia» había triunfado, aunque, sin embargo, en su balance final acerca del alcance que se había propuesto tener con ella —la revolución feliz y la reforma teatral— muestra un tono pesimista. La prensa recogió la efemérides: el *Diario de Madrid*, periódico regentado por los neoclásicos, hizo un elogio de ella en el que destaca su didactismo y buen gusto, el estilo natural y familiar propio de cada personaje, y el respeto de las tres unidades dramáticas y demás preceptos de este teatro sin detrimento de la frescura e ingenio de la obra.

Aunque se repuso varias veces, en 1794 el *Memorial Literario* alude a tres o cuatro desde el año del estreno, Fue en especial significativa la de 1799: Moratín consiguió que el juez protector, encargado oficial de teatro, aprobara de forma oficial los siete puntos de un escrito que le había dirigido y que estaban relacionados con la profesionalización de las representaciones —regulación de ensayos, preparación anticipada de vestuario y decorados, dos ensayos generales antes de la reposición, etc.— La compañía de Luis Navarro preparó bajo estos principios escénicos la nueva puesta en escena de *la Comedia*. Del 27 de julio al 4 de agosto se estuvo representando la obra. El nivel de calidad de la función era ostensiblemente alto, y con él se evidenciaba el progreso y el triunfo de las nuevas mentalidades en la renovación teatral.

Unos meses más tarde, estos avances administrativos conseguidos por Moratín se verían consolidados con la aparición de la real orden de 21 de noviembre, por la que se le nombraba director de la Junta de Dirección de Teatros con la misión de llevar a cabo la reforma escénica. La lucha que los neoclásicos habían mantenido, ya fuese con manifiestos como el de Mariano Luis de Urquijo, García de Villanueva o Gaspar Melchor de Jovellanos, o con obras modélicas de su filosofía dramática como *La comedia nueva*, había conseguido un importante triunfo.

De esta obra, Giambattista Bodoni hizo una bella edición en 1796 en castellano. Pietro Napoli Signorelli publicó su traducción al italiano. Gérard de Nerval comenzó adaptación al francés que luego terminaría Arthus Fleury y sería editada en París en 1860. En alemán existe una edición bilingüe realizada por Manuel Ramajo en 1800.

Bibliografía
AGUILAR PIÑAL, III, p. 354.—PALAU, V, p. 332.—L. FERNÁNDEZ de MORATÍN. *La comedia nueva. El sí de las niñas*. Ediciones, introducciones y notas de John Dowling y René Andioc. Madrid, Castalia, 1970.

118. JOVELLANOS, Gaspar Melchor de

[Oda de Jovino a Poncio].—[1793].—[2] l.—210 × 150 mm.—«Dejas, o Poncio, l'pciosa Mantua».

Madrid, Biblioteca Nacional Ms. 1295826

An autograph manuscript of the author, Gaspar Melchor de Jovellanos, acquired from Cesareo Orbea by the Biblioteca Nacional in 1888.

The folder leaf forms a two-part booklet, the first written on both sides and the second on the recto. Written in ink, the presentation is neat without any corrections indicating the poet's work; it is obviously a clean copy.

The Biblioteca Nacional preserves two other manuscripts of this *Ode* in 'Poesías de D. Gaspar Melchor de Jovellanos' (ms. 3809) of 1796, and in a miscellaneous codex which includes works by other poets of the same century entitled 'Cancionero del siglo XVIII' (ms. 3751).

This is the original manuscript which has been revised by the author himself, as has been shown by a textual comparison with the other two manuscripts.

The date does not appear on the original but it is mentioned in the other two manuscripts as written in Gijón in June 27, 1973.

The *Ode* consists of fifteen verses made up of three eleven syllable lines, accented on the fourth and eighth syllabes with an adonic pentasyllable and separated by numbers written in ink.

Jovellanos dedicated this *Ode* to José Vargas the latter was about to embark on one of the squadron ships leaving from Cartagena for France, against whom hostilities had been initiated on March 7 that same year. Vargas was in Madrid at the time, and the character who appears in the *Ode* under the poetic name of Mantua (Mantua carpetana) was a ship's lieutenant under the orders of Juan de Langara and was in Madrid working for Tofiño in the *Atlas hidrográfico*.

The war against France had sparked the enthusiasm of many Spaniards who suppord it materially and morally. Jovellanos shared this enthusiasm, which was absent from works of José Vargas Ponce, whose opinion on the French Revolution was synthetized in his poems in which calls it a 'fierce monster'.

Vasgas Ponce, or someone else, sent this *Ode* to the Canon Posada who believed it had been forwarded by the author himself. Posada wrote to Jovellanos making certain critical comments on the composition and the latter answered by letter on December 10, 1973 saying that, 'I did not send you the hymn, because I can assure you that I have kept neither copy nor draft. Another person must have sent it, appreciating it more than I myself. Since it was merely the work of a morning's writing, it is clear that I did not think much of it.'

Jovellanos, according to the literary fashion of the time, chose an Arcadian name, 'Jovino', for signing his poems. Other names evoking antiquity were for those addressed such as Galatea, Clori or Inarco. His poetry,

118. JOVELLANOS, Gaspar Melchor de

[Oda de Jovino a Poncio].—[1793].—[2] h.—210 × 150 mm.—«Dejas, o Poncio, l'ociosa Mantua».

Madrid, Biblioteca Nacional Ms. 1295826

Manuscrito autógrafo del escritor Gaspar Melchor de Jovellanos, adquirido por la Biblioteca Nacional en 1888 a Cesáreo Ordera.

La hoja plegada forma cuaderno de dos; está escrita por ambas caras la primera y por el recto la segunda. Escrita a pluma, su presentación es cuidadosa, sin correcciones que denuncien el trabajo del poeta; se trata de una copia en limpio.

Existen en la Biblioteca Nacional otros dos manuscritos de esta oda, en el ms. 3809 titulado *Poesías de D. Gaspar Melchor de Jovellanos*, 1796, y en el ms. 3751 códice misceláneo en el que se incluyen composiciones de otros poetas del siglo, titulado *Cancionero del siglo XVIII*.

El manuscrito expuesto es el original, copia revisada por el propio escritor, tal y como lo demuestra el análisis de variantes de los otros dos manuscritos.

La fecha no aparece en el original, sin embargo en los otros dos manuscritos se menciona «Gijón, a 27 de junio de 1793».

La oda consta de quince estrofas, formadas por tres versos endecasílabos acentuados en la cuarta y octava sílabas y un pentasílabo adónico, están separadas entre sí por una numeración a tinta.

Jovellanos dirigió esta oda a José Vargas Ponce cuando iba a embarcarse en Cartagena en uno de los buques de la escuadra que zarpaba rumbo a Francia, con quien se habían roto las hostilidades el 7 de marzo de este mismo año. Vargas estaba entonces en Madrid —que aparece en la oda bajo el nombre poético de Mantua [Mantua carpetana]—, era teniente de navío a las órdenes de Juan de Langara y se encontraba en la capital trabajando, por encargo de Tofiño, en el *Atlas hidrográfico*.

La guerra contra Francia había levantado el entusiasmo de los españoles, que apoyaron material y moralmente. Jovellanos participa de este mismo entusiasmo, ausente sin embargo en la composición de José Vargas Ponce, quien sintetiza en su poesía su opinión sobre la Revolución francesa, a la que califica de monstruo feroz.

Vargas Ponce, o alguna otra persona, envió esta oda al canónigo González Posada, que creyó que se la había remitido el propio autor. Posada escribió a Jovellenos haciéndole alguna crítica sobre la composición, el escritor le contestó en carta de 10 de diciembre de 1793: «Yo no envié a usted el himno, porque aseguro a usted que no me he quedado con copia ni borrador; otro le habrá enviado porque le apreciará más que yo, pues siendo obra de una mañana de correo, visto es que no debía parecerme gran cosa».

Jovellanos, siguiendo la moda de la época, eligió un nombre arcádico para firmar sus poesías, «Jovino», y buscó para los destinatarios de sus versos otros evocadores de la antigüedad: Galatea, Clori, Inarco... Su poesía,

representative of the School of Salamanca, is one more facet of his literary production. The profile of this man with such a varied activity as a writer is perhaps the best reflection of the ideological and literary complexity of the Spanish Enlightenment.

Bibliography

Bibliography: Editions: R. M. Cadeño, *Colección de varias obras en prosa y verso del Excmo. Sr. D. Gaspar Melchor de Jovellanos, adicionadas con algunas notas por DRMC,* Madrid, imprenta León Amarita, 1830-1832, I. pág. 85; J. Caso Gonzalez, *Gaspar Melchor de Jovellanos, Poesías,* Oviedo, Instituto de Estudios Asturianos, 1961, pág. 281

adscrita a la escuela poética salmantina, contibruye, como una faceta más de su producción escrita, a trazar el perfil de este hombre que, en su variada actividad de escritor, es quien mejor refleja la complejidad ideológica y literaria de los ilustrados españoles.

Bibliografía

Ediciones: R. M. Cañedo: *Colección de varias obras en prosa y verso del Excmo. Sr. D. Gaspar Melchor de Jovellanos, adicionadas con algunas notas por D.R.M.C.* Madrid, Imprenta León Amarita, 1830-1832, I, p. 85. J. Caso González: *Gaspar Melchor de Jovellanos, Poesías.* Oviedo, Instituto de Estudios Asturianos, 1961, p. 281.

JENNINGS, ROBERT. *Jenning's Landscape annual on tourist in Spain for 1837. Biscay and the Castile's.* London: Robert Jennings, 1837. *BN ER/2402.*

Pedro Laín Entralgo

Cómo nos ven. Cómo nos vemos

Como una moneda, la imagen tópica de España y los españoles tiene un anverso y un reverso: el anverso de la gravedad y el reverso del pintoresquismo. Suelen ver aquel los que nos miran según lo que en nosotros ha sido vida histórica. Suelen ver éste quienes sólo se atienen a los que en nosotros es vida cotidiana; intrahistoria, diría don Miguel de Unamuno.

Sosegada en unos casos, arrebatada en otros, la gravedad que nuestros descriptores ven en los españoles puede llevar consigo, cuando individualmente se realiza, la solemnidad, la grandezza, *el fanatismo, el desprecio del mundo, la arrogancia, la crueldad, la sencillez. Los caballeros de* El entierro del Conde de Orgaz, *el inquisidor, el asceta a ultranza, el conquistador del continente americano, el alcalde de Zalamea, Don Rodrigo en la horca, el guerrillero y el liberal del siglo XIX encarnarían real o literalmente uno u otro de esos diversos modos de nuestra gravedad.*

Alguna realidad ha tenido este anverso de la moneda española. ¿Cómo no verlo, hecho autorretrato, en los dos apuntes con que el Quevedo grave quiso pintar el carácter de sus compatriotas? «Pródigos de la vida, de tal suerte, / que tienen por afrenta las edades / y el no morir sin aguardar la muerte», dice uno de ellos. Las edades, esto es, el envejecer, y el no morir, esto es, el vivir, serían para los españoles cosa que afrenta cuando su titular, pródigo de la vida, no sabe hacerla y vivirla sub specie mortis. *«Donde pueden tener honra de muerte, / nunca quieren tener más larga vida», proclama el otro. Y muchos años más tarde, a mil leguas de los hispanos que quemaban sus vidas en Flandes y en América o que las exhibían en Nápoles y en Palermo, el tan español Giner de los Ríos, arquetipo y maestro de una sencilla y delicada forma de la gravedad hispánica, respondía así a un discípulo que le preguntaba si la vida es alegre o triste: «La vida, hijo mío, no es triste ni alegre; la vida es seria». Privada ahora de toda arrogancia y todo patetismo, perdura la tradicional gravedad.*

Los costumbristas y los viajeros por España —precursores del tan repetido Spain is different, *nervio de la actual literatura turística— han visto en primer término lo que en nosotros parece más pintoresco: el torero y su mundo, el pícaro y el suyo, la pareja que forman el cantaor y el guitarrista, la danzarina de talle ondulante y brazos triunfales, el santo a quién los ángeles aran el campo, el labriego sobrio y sentencioso, las austeras o enjoyadas procesiones, el hidalgo de semblante enjuto, el pregón del vendedor ambulante, la siesta y la tertulia, el señorío de la pobreza resignada. En tantas ocasiones, bajo forma de puro pintorequismo, esto es, como estampa que a a la vez sorprende y atrae. En tantas otras, como forma de vida a cuya superficie aflora de cuando en cuando el modo trágico y violento de la gravedad. Piénsese en la Carmen de Merimée, en el tríptico punto menos que entomológico de Maurice Barrès —sang, volupté, mort—, en no pocos de los versos del Romancero gitano, en las escenas y tipos que dieron origen y materia a la genial creación de los esperpentos valleinclanescos.*

CROCKER, SIDNEY: *Sketches from the Basque Provinces of Spain.* London: T. Mc. Lean, 1839. *BN ER/1699.*

Gravedad y pintoresquismo diversamente mezclados entre sí constituyen la España que de modo tópico ofrecen los libros en que se habla de ella. ¿Tópico falso? No. Algo de lo que él dice había en la realidad española de que procedía, y —configurado por la vida de nuestro tiempo— algo hay en nuestra actual realidad. Pero desde hace años y años, desde que el desastre histórico de 1898 obligó a cambiar el signo del patriotismo español, e incluso desde antes, si sabemos leer lo que de España dijeron, para España quisieron y por España hicieron los más avisados de sus hijos, muchos españoles han sabido hacer sus vidas allende ese doblete que forman la gravedad tradicional y el pintoresquismo cotidiano. No porque hayan renegado de la gravedad, sino porque han sabido hacerla compatible con el goce del mundo y con las exigencias de lo que sucesivamente ha sido el más alto nivel de la historia. No porque hayan querido arrojar por la borda el pintoresquismo y su posible encanto, sino porque se han esforzado por asumir en una vida nueva y actual cuanto en el pintoresquismo fuese gracia y no afeite o lacra. «Oh, tú, Azorín, escucha: España quiere / surgir, brotar, toda una España empieza», escribía en los albores de nuestro siglo el poeta Antonio Machado. Y el más preclaro representante de la España que a la sazón empezaba, el joven pensador José Ortega y Gasset, decía entonces a todos los españoles: «Que nuestras voluntades, haciéndose rectas, sólidas, clarividentes, golpeen como cinceles el bloque de la amargura —la amargura de ver la inane gravedad y el pobre pintoresquismo de aquella España— y labren la estatua, la futura España magnífica en virtudes, la alegría española. Muchas y muy dolorosas vicisitudes ha conocido nuestra vida colectiva desde que estos dos textos fueron escritos; pero en lo mejor de todas las generaciones subsiguientes a ellos, nunca ha dejado de cobrar realidad lo que en ellos se afirmaba o se proponía.

Parodiando la conocida admonición de Hamlet a Horacio, habría que decir al aficionado a España que sólo quiera atenerse a lo que de España le digan sus lecturas: «Entre el cielo y la tierra, amigo, hay más Españas de las que tus libros describen». Las hay, ante todo, porque cada día es mayor el número de los españoles que sin quebranto de su españolía quieren y saben vivir a la altura de la más reciente y válida historia universal. Las hay, además, porque la imagen que de España ofrecen casi todos los libros a ella dedicados suele limitarse a la Castilla del tópico, no a la real, y a la Andalucía más superficial y pintoresca; y porque, en consecuencia, quedan excluidas de aquella las varias Españas que al norte y a los costados del bloque castellano-andaluz han cobrado existencia más o menos diferenciada a lo largo de los siglos: la España gallega, la asturiana, la cántabra, la vascongada, la navarra, la aragonesa, la catalana, la valenciana, la murciana, la extremeña; un mosaico cuya diversidad y cuya unidad obligan a revisar tantas de las cosas que sobre este país dicen los libros.

Vean a España y a los españoles a través de los libros quienes a España y a los españoles quieran conocer. Todo libro, incluso el más parcial y deficiente, es una ventana abierta a la realidad. Pero si de veras quiere alguien conocer a España y a los españoles, véalos según lo que realmente son. Acaso no exista sobre el planeta un país en el cual sea tan grande el contraste entre lo que de él se ha dicho y lo que él va siendo.

Pedro Laín Entralgo

How other see us and how we see each other

The typical stereotyped image of Spain and the Spaniards is like two sides of a coin; the obverse is gravity, seriousness, circumspection and sobriety of manners; the reverse is picturesqueness. Those who would look at us from a historical perspective usually see the obverse, others only look daily life, as Don Miguel de Unamuno would say, our 'intrahistoria'.

Calm and quiet insome cases, exalted in others, the gravity that our describers see in Spaniards can also imply solemnity, *grandezza,* fanaticism, disdain for the world, arrogance, cruelty or simplicity, depending on the individual case. The knights in the Burial of the Count of Orgaz, the inquisitor, the diehard ascete, the conquistador, the mayor of Zalamea, Don Rodrigo at the gallows, the nineteenth-century guerrilla fighter and liberal would all incarnate in real life or literature one or another of these diverse modes of gravity.

The obverse of the Spanish coin has played a role in our reality. How can help but see our self-portrait in those two sketches in which the 'grave' Quevedo attempted to portray his countrymen's character. The first man describes them as 'prodigal, and so extravagant with life that they shame old age and dying without waiting for death' (Pródigos de la vida, de tal suerte / que tienen por afrenta las edades / y el no morir sin aguardar la muerte). In other words, age or old age, nor dying or living is shameful to Spaniards when a man wastes his life without knowing how to live it *sub specie mortis.* 'Whenever they can have honors in death,' says the other man, 'they never want to live a longer life' (Donde pueden tener honra de muerte, / nunca quieren tener más larga vida). Many years later and a thousand leagues away in time from those Spaniards who consumed their lives in Flanders and America or boasted their prowess in the streets of Naples or Palermo, that quintessential Spaniard, Giner de los Ríos, archetype and teacher of a simple and fragile form of Hispanic gravity, replied to one of his students who asked him if life is happy or sad: 'Life, my son, is neither sad nor gay; life is serious'. Deprived now of all arrogance and pathos, our traditional gravity endures.

Those writers on customs and travelers in Spain, forerunners of the of-repeated 'Spain is different', the backbone of our present-day tourist propaganda, have seen close up what seems to be more picturesque: the bullfighter and his world, the picaro and his, the team made up of flamenco guitarist and *cantaor,* the dancer with the undulating torso and triumphant arms, the saint with friendly angels who plow his field, the sententious, grave tiller of the soil, the austere or jewel-bedecked processions, the knight of the woeful countenance, the cry of the street hawker, the siesta and the tertulia, the resigned dignity of poverty. Often it appears in the guise of mere picturesqueness, like a print that surprises and atracts us at the same time. Sometimes it appears as a way of life in which the tragic and violent sense of gravity occasionally surfaces. Meremée's *Carmen* comes to mind in the almost etymological triptych of Maurice Barrés —*sang, volupté, mort*— and in not a few lines of Lorca's *Romancero gitano,* or in the scenes and characters that were the origin and raw material for the brilliant creations of the *esperpento* plays of Valle-Inclán.

The stereotyped Spain of books is made up of a mixture and variety of gravity and picturesqueness. But is it merely a cliché? Not altogether. There was some truth in it in the past and there is even today, although shaped by considerations of our present-day reality. But for many years, since the time when the historical disaster of 1898 obliged Spanish patriotism to change its tune, and even earlier, if we heed what her wisest children said about, desired and did for Spain, many Spaniards have know how to live their lives beyond that doublet made up of traditional gravity and picturesque daily life. Not because they have denied that gravity, but because they have known how to make it compatible with the enjoyment of the world and the demands of has successively been the highest level in history. Not because they wanted to leave that picturesqueness and its supposed charm by the wayside, but because they have made an effort to assimilate into their present-day life everything that in charming, but nor superficial or degrading. 'Listen, Azorín: Spain wants to come forth, blossom, a whole new Spain es beginning,' wrote the poet Antonio Machado around the turn of the century. And the young philosopher, José Ortega y Gasset, the most illustrious representative of the Spain that was just beginning, said to all Spaniards: 'Let our wills, straightforward, solid and farsighted, chisle away the block of bitterness' —the bitterness of seing the inane gravity and the meager impoverished picturesqueness of the former Spain— 'and sculpt the statue of the future Spain, magnificent in virtues, the happy Spain.' Our collective life has known many painful vicissitudes since those two texts were written, but in the best of subsequent generations, they have never ceased to take on reality for what they affirmed or proposed.

To parody Hamlet's wellknow warning to Horatio, we might say to the aficionado of Spain who only wants to hold into the Spain he has read about in books, 'Between heaven and earth, my friend, there are many more Spains than the ones your books describe.' There are without compromising their Spanishness, wish to and know how to live keeping abreast of the most recent and valid universal history. Moreover, the image of Spain depicted in most books seems to restrict itself to the stereotyped Castile, not the real one, and to the most superficial and picturesque Andalusia. Consequiently, they exclude from this picture the various Spains that exist to the north and to the sides of the Castilian Andalusian-block which have come to life more or less differentiated throughout the centuries. The Spain of Galicia, Asturias, Catalonia, Valencia, Murcia and Extremadura is a mosaic of diversity whose unity obliges us to revise so many things that have been said about us in books.

Those who wish to know Spain and the Spaniards should see them through books. Any book, even the most biased and deficient book, is a window open onto reality. But if one really wants to know Spain and the Spaniards, let him see them for what they really are. Probably there is no other country on earth in which the disparity is so great between what has been said about us and what we are gradually coming to be.

Translated by Selma Margaretten

119. PONZ, Antonio

*Viaje de España o cartas en que se da noticia de las cosas
más apreciables y dignas de saberse que hay en ella.*—
Madrid: por D. Joachin Ibarra, Impresor de Cámara de
S.M, 1772-1794. 18 v. in-8, gr.

Madrid, Biblioteca Nacional BA 725-42

Volume I. (1772). In this first volume, we find that author is Don Pedro Antonio de la Puente. The work with the permits necessary is in Esparza Bookshop, Puerta del Sol, in front of the fountain. Prologue (6 pp.) text plus index (380 pp.). His route is: Madrid, Getafe, Illescas, Toledo, Aranjuez, Ocaña, Yepes, Cirolillos, Mejorada, Loeches, Alcalá de Henares, Guadalajara, Almonacid, Huete.

Volume II. (1773). The author and distribution of work are as in volume I. Prologue (6 pp.) text, index and foreword (310 pp.). His route is: Madrid, El Escorial, Robledo de Chavela, San Martín de Valdeiglesias, Guisando.

Volume III. (1774). In this volume the author is Don Antonio Ponz, Fellow of the Royal Academy of History and of the Royal Basque Society. The distribution of the work is still the same. Prologue (XVI), on the frontis-piece, an engraving from a drawing by F. Gutiérrez and engraved by Gil, text plus index (288 pp.). The route is: Cuenca, Madrid, Vallecas, Arganda, Villarejo de Salvanés, Tarancón, Uclés, Huete, Cuenca, Valera, Bonache de Alarcón, Villanueva de la Jara, Requena, Valencia, Chelva.

Volume IV. (1774). On the following page there is a note: «The author of this Work has received a Privilege from H.M., in San Lorenzo, November 29,1774, in that for ten years no person may reprint this work without his permission without being subject to all penalties set forth in the same». Prologue (XVIII) text and index and printer's errors (334 pp.). The route is: Valencia, Liria, Andilla, Vivel, Jerica, Segorbe, Murviedro, Játiva, Fuente de la Higuera, Almansa.
[8] Engravings.

Volume V. (1776). Nevertheless, from this volume on, the subtitle: «ó cartas» (or letters) disappears and to his titles is added «Fellow of the Economic Society of Madrid. Dedication of Our Lord Prince» (V.p.) Prologue (XXII p.) text and index (360 p.). The route is: Madrid.

Volume VI. (177 6). Prologue (XLVI p.) frontispiece, the same engraving as in volume III. Text and index (264 p.). The route is: Madrid.

Volume VII. (1778). Prologue (XXVI p.), text and index (240 p.). The route is: Madrid, Móstoles, Alcorcón, Casarrubios, Novés, Santa Olalla, Talavera de la Reina, Cervera, Velada, Guadalupe, Talavera la Vieja, Almaraz, Plasencia, Yuste, Trujillo, Medellín, Guareña, Las Batuecas, Las Urdes.
[3] Engravings.

Volume VIII. (1778). Prologue (XX p.), text and index (246 p.). The route is: Plasencia, El Villar, Baños, Bejar, Coria, Caarra, Oliva, Carcacoso, Galisteo, Alcántara, Brozas, Arroyo del Puerto, Cáceres, Aljucén, Mérida, Montijo, Badajoz, Jerez de los Caballeros, Fregenal, Zafra, Llerena, Guadalcanal, Cazalla, Cantillana, Santiponce, Triana.
[3] Engravings.

Volume IX. (1780), in which is henceforth included «Dedicated to Our Lord, the Prince». Prologue (XLVI p.) text and index (301 p.). The route is: Sevilla.
[2] Engravings.

Volume X. (1781) Prologue, foreword and corrections (XLV p.) text and index (280 p.). The route is: Alcobendas, Torrelaguna, Uceda, Talamanca, Buitrago, San Ildefonso, Segovia.
[4] Engravings.

Volume XI. (1783), prologue (XXXIX p.) Table of letter contents (1 p.), frontispiece, text and index (280 p.). The route is: Cuellar, Montemayor, Tudela, Valladolid, Palencia, Carrión de los Condes, Sahagún, León, Valdeperro, Monzón, Santoya, Aguilar de Campo, Baños, Torquemada.

Volume XII. (1783), prologue and table (XIV p.) text and index (348 p.). The route is: Burgos, Lerma, Gumiel de Izán, Aranda de Duero, Ampudia, Medina de Rioseco, Tordesillas, Medina del Campo, Salamanca, Alba de Tormes, Piedrahita, Avila, Ciudad Rodrigo.
[2] Engravings

Volume XIII. (1785), prologue (LXXXVI p.) frontispiece, text and index (200 p.). The route is: Hita, Sigüenza, Medinaceli, Calatayud, Molina de Aragón, Celda, Teruel, Caudiel, Onda, Villareal, Cas-

---

119. PONZ, Antonio

*Viaje de España o cartas en que se da noticia de las cosas
más apreciables y dignas de saberse que hay en
ella.*—Madrid, por D. Joachin Ibarra, impresor de
Cámara de S.M., MDCCLXXII-MDCCXCIV, 18 v.
8.°, grab.

Madrid, Biblioteca Nacional BA 725-42

t. I. 1772. Autor D. Pedro Antonio de la Puente, 6, 380 p., Madrid, Getafe, Illescas, Toledo, Aranjuez, Ocaña, Yepes, Cirolillos, Mejorada, Loeches, Alcalá de Henares, Guadalajara, Pastrana, Almonacid, Huete.

t. II. 1773. 6, 310 p., Madrid, El Escorial, Robledo de Chavela, San Martín de Valdeiglesias, Guisando.

t. III. 1774. Autor D. Antonio Ponz, XIV, 288 p., Cuenca, Madrid, Vallecas, Arganda, Villarejo de Salvanés, Tarancón, Uclés, Huete, Cuenca, Valera, Bonache de Alarcón, Villanueva de la Xara, Requena, Valencia, Chelva.

t. IV. 1774. XVIII, 334 p., Valencia, Liria, Andilla, Vivel, Jerica, Segorbe, Murviedro, Játiva, Fuente de la Higuera, Almansa [8] grab. Pavimento de Baco plegado (p. 302).

t. V. 1776. V, XXIII, 360 p., Madrid.

t. VI. 1776. XLVI, 264 p., Madrid.

t. VII. 1776. XLVI, 240 p., Madrid, Móstoles, Alcorcón, Casarrubios, Novés, Santa Olalla, Talavera de la Reina, Cervera, Velada, Guadalupe, Talavera la Vieja, Almaraz, Plasencia, Yuste, Trujillo, Medellín, Guareña, Las Batuecas, Las Hurdes. [3] grab.

t. VIII. 1778. XX, 246 p., Plasencia, El Villar, Baños, Béjar, Coria, Caparra, Oliva, Carcacoso, Galisteo, Alcántara, Brozas, Arroyo del Puerco, Cáceres, Aljucén, Mérida, Montijo, Badajoz, Jerez de los Caballeros, Fregenal, Zafra, Llerena, Guadalcanal, Cazalla, Cantillana, Santiponce, Triana. [3] grab.

t. IX. 1780. XLVI, 301 p., Sevilla. [2] grab.

t. X. 1781. XLV, 280 p., Alcobendas, Torrelaguna, Uceda, Talamanca, Buitrago, San Ildefonso, Segovia. [6] grab.

t. XI. 1783. XXXIX, 1, 280 p., Cuellar, Montemayor, Tudela, Valladolid, Palencia, Carrión de los Condes, Sahagún, León, Valdepero, Monzón, Santoya, Aguilar de Campo, Baños, Torquemada.

t. XII. 1783. XIV, 348 p., Burgos, Lerma, Gumiel de Izán, Aranda de Duero, Ampudia, Medina de Rioseco, Tordesillas, Medina del Campo, Salamanca, Alba de Tormes, Piedrahita, Avila, Ciudad Rodrigo. [2] grab.

t. XIII. 1785. LXXXVI, 200 p., Hita, Sigüenza, Medinaceli, Calatayud, Molina de Aragón, Celda, Teruel, Caudiel, Onda, Villarreal, Castellón de la Plana, Benicasim, Torreblanca, Alcalá de Chisbert, Benicarló, Peñíscola, Ulldecona, Tortosa, Tarragona.

t. XIV. Cataluña. Por la vida de Ibarra, hijos y compañía, 1788. XVI, 240 p., Barcelona, Mataró, Gerona, Montserrat, Manresa, Martorell, Piera Igualada, solsona, Cervera, Lérida. [3] grab.

t. XV. Aragón, 1788. XXX, 254 p., Zaragoza, Daroca. [2] grab.

t. XVI. Andalucía, 1791. XVIII, 320 p., Aranjuez, Ocaña, La Guardia, Tembleque, Madridejos, Villarta, Valdepeñas, Santa Cruz de Mudela, Consuegra, Ciudad Real, Alarcos, Almagro, El Viso, Santa Elena, La Carolina, Linares, Baeza, Ubeda, Jaén, Arjona, Andújar, Bailén, Montoro, Bujalance, El Carpio, Córdoba. [2] grab.

t. XVII. Andalucía, 1792. XV, 379 p., Córdoba, Ecija, Cabra, Lucena, Estepa, Carmona, Sevilla, Dos Hermanas, Utrera, Jerez de la Frontera, Cádiz. [4] grab.

t. XVIII. Cádiz, Málaga y otros pueblos de Andalucía, 1794. LXIV, 289 p., Cádiz, Chiclana, Puerto Real, Puerto de Santa María, Medina Sidonia, Tarifa, San Roque, Gibraltar, Monda, Cartama, Ronda, Sanlúcar de Barrameda, Lebrija, Osuna, Antequera, Málaga, Vélez-Málaga, Alhama. [5] grab.

Con una visión crítica de la obra de un autor extranjero, comienza don Antonio Ponz el prólogo de su relevante *Viage de España:* «Por los años de 1755 y 1756 viajó por España, y por otras partes un religioso de la

tellón de la Plana, Benicasím, Torreblanca, Alcalá de Chisbert, Benicarló, Peñíscola, Ulldecona, Tortosa, Tarragona.

Volume XIV. (1788), adding the fact that this volume has to do with Cataluña. This version was published by the Widow of Ibarra, Sond and Co., and has been reprinted along with the other volumes up to the XIIth. Prologue (XVI p.) text and index (240 p.) and a page of corrections. The route is: Barcelona, Mataró, Gerona, Monserrat, Manresa, Martorell, Piera Igualada, Solsona, Cervera, Lérida.

[3] Engravings

Volume XV. (1788), indicating that this deals with Aragón and may be found at the Printing House, reprinted with the other volumes up to the XIVth, with Comments on Painting. Prologue (XXX p.), text and index (254 p.). The route is: Zaragoza, Daroca.

[2] Engravings

Volume XVI. (1791), indicating that the subject is Andalucía. By the Widow of Don Joaquín Ibarra... Prologue (XVIII p.) text and index (320 p.). The route is: Aranjuez, Ocaña, La Guardia, Tembleque, Madridejos, Villarta, Valdepeñas, Santa Cruz de Mudela, Consuegra, Ciudad Real, Alarcos, Almagro, El Viso, Santa Elena, La Carolina, Linares, Baeza, Ubeda, Jaén, Arjona, Andújar, Bailén, Montoro, Bujalance, El Carpio, Córdoba.

[2] Engravings

Volume XVII. (1792), indicatint the subject to be Andalucía. Printing House announcement and Prologue (XV p.) text and index (379 p.). The route is: Córdoba, Ecija, Cabra, Lucena, Estepa, Carmona, Sevilla, Dos Hermanas, Utrera, Jerez de la Frontera, Cádiz.

[4] Engravings

Volume XVIII. Portrait of Don Antonio Ponz, drawn by Antº. Carnicero and engraved by M. S. Carmona. Title-page with edition data (1794), indicating the subject to be Cádiz, Málaga and other towns of Andalucía. Prologue and life of Don Antonio Ponz (LXIV p.) tex and index (289 p.). The route is: Cádiz, Chiclana, Puerto Real, Puerto de Santa María, Medina Sidonia, Tarifa, San Roque, Gibraltar, Monda, Cartona, Ronda, Sanlúcar de Barrameda, Lebrija, Osuna, Antequera, Málaga, Vélez-Málaga, Alhama.

[4] Engravings.

Don Antonio Ponz begins the prologue of his outstanding *Viaje de España* with a critical vision of the work by a foreign author: 'In the years 1755 and 1756, Padre Norberto Caimo, a monk from the religious congregation of St. Jerome in Lombardy, travelled through Spain and other countries. His observations were later published in a four volumee work entitled *Lettere d'n vago Italiano ad un suo amico,* that is, *Letters from an Italian Vagabond to a Friend.* It was widely acclaimed and received a great tribute from his nation but when his first volume was published, many Spaniards living in Italy were offended because they thought the work was a cruel satire against their Nation. Acutallly their attitude was justified, considering some of the passages, but these are balanced by others in praise of the Spaniards, and we will find that this writer, among the foreigners travelling in Spain, is the one who has treated us best...'

Antonio Ponz was born into a wealthy family in the kingdom of Valencia. He studied with the Jesuits at Segorbe after primary school, up to the second course of philosophy and finished his studies in Valencia with rhetoric and poetry. He then received his doctorate in theology from the university of Gandía. He also studied foreign languages and painting with Antonio Richart in Valencia. With this initial knowledge, Ponz decided to leave Valencia for Madrid where he entered the Academy of Fine Arts, whose patron was Fernando VI. Ponz, however, must have been a restless man, as far as learning a discipline was concerned, and it is apparent that his

congregación de S. Gerónymo en Lombardía, llamado el padre Norberto Caimo; y después se publicaron sus observaciones en una obra de quatro tomitos, intitulada *Lettere d'un vago Italiano ad un suo amico,* esto es: *Cartas de un vago italiano a un amigo suyo.* Fue grandemente recibida, y mereció no pocas alabanzas entre los de su nación; pero desde luego que salió al público su primer tomo, se dieron por muy sentidos algunos españoles, que residían en Italia, teniendo la expresada obra por una cruel sátira contra la nación: y realmente no iban mal fundados, atendiendo a algunos pasages que hay en ella; pero si se contrapesan con otros en alabanza de los españoles, se hallará que acaso este escritor entre los estrangeros, que ha viajado por España, es el que mejor nos trata...»

Nació Antonio Ponz, de familia rica, en el reino de Valencia. Estudió, después de las primeras letras, con los jesuitas de Segorbe, hasta segundo curso de Filosofía, concluyendo estos cursos en la misma ciudad de Valencia, en la que completó los mismos con retórica y poesía. Obtuvo después el título de doctor en Teología por la Universidad de Gandía. Estudió también lenguas extranjeras y pintura de la mano de Antonio Richart, profesor de Valencia. Decidió Ponz, con estos iniciales conocimientos, dejar la ciudad de Valencia y dirijirse a Madrid, ciudad en la que la Academia de las Bellas Artes, protegida por Fernando VI, comenzaba sus cursos. Sin embargo, Ponz debía ser un personaje inquieto en lo que respecta al aprendizaje de cualquier disciplina y se observa que su temperamento no pudo soportar la lentitud y el academicismo que reinaba en la escuela; por ello la abandonó y se embarcó para realizar un viaje que iban a hacer unos jesuitas a la gran capital del orbe cristiano. Tiempo más tarde, y quizá después de ver realizados sus sueños primeros como viajero, volvió a la academia para perfeccionarse en el dibujo y en la pintura. Hizo amistad años más tarde con el erudito Francisco Pérez Bayer, quien le enseñó que el viaje en busca de las antigüedades no sólo se encontraba a través de las grandes aventuras, sino recorriendo muy despacio y con gran ánimo de aprender los barrios y despoblados que guardaban las más antiguas y hermosas ruinas, fruto del esplendor de unos tiempos pasados. Viajó a Roma, ciudad en la que permaneció por espacio de casi diez años, perfeccionándose en el arte de la pintura y dedicando gran parte de su tiempo de ocio a recorrer librerías de antiguo, en las que se proveyó de abundante material. Después de numerosos viajes en los que no le fueron igualmente favorables las circunstancias, decidió, ante las peticiones de sus amigos, regresar a España y más en concreto a Madrid, donde le esperaba la Real Academia de las Tres Bellas Artes.

Carlos III tuvo la idea de aumentar la biblioteca de El Escorial con una galería de retratos de los grandes hombres que escribieron los volúmenes que recoge aquel gran depósito y esta tarea de rescatar del descuido o de las inclemencias del tiempo las obras que estaban padeciendo estas anomalías se le encargó a don Antonio Ponz.

temperament could not bear the slow, academic teaching typical of that school. He left the Academy and decided to take part in a trip organized by the Jesuit to the great capital of the Christian world. Some time later, after having fulfilled his first dreams of travelling, he returned to the Academy to perfect his drawing and painting. Later he befriended the scholar Francisco Pérez Bayer, who taught him that travelling in search of antiquities was not only a matter of great adventures but also it was a question of very slow meandering about in byways and deserted places which contained the oldest and most beautiful ruins. Here we would find our heritage of the splendors of the past that would be worthy of careful study. He went to Rome where he remained almost ten years, perfecting his painting and spending most of his leisure time browsing among old bookshops where he found ample source material. After several trips, not always under favorable circumstances, he decided, at the request o his friends, to return to Spain to Madrid, where the royal Academy of Fine Arts awaited him.

Charles III had the idea of enlarging the library of the Escorial with a gallery of portraits of great men who had written the volumes collected in that great storehouse. The task of unearthing and rescuing works abandoned to neglect or enviromental dangers was entrusted to don Antonio Ponz. The artist stayed their for six years, experiencing through his brush the satisfaction of resurrecting the old retouched originals which were the glory of that gallery of famous men of letters after many years of neglect.

After leaving that pleasant retreat where he carried out his mission to perfection, he was named delegate, on the advice of Count Campomanes, of the council for the evaluation of paintings and identificartion of authors in convents abandoned by the Jesuits after their expulsion from Spain.

This commission led to the culmination of Ponz's idea of his long postponed trip. He began his wanderings in 1771 and published his first volume in the following year. The public received this volume with enthusiasm and the sales gave him some help towards his project until he finished his last volume which was published by his widow and nephews. In 1776 he was named Secretary of the Royal Academy of fine Arts. Three years earlier the Royal Academy of History named him as corresponding academician.

Nevertheless, he wanted to continue as long as he had strength to travel. He decided to give up the posts which took up so much of his time. In 1791, after obtaining the consent of the king, he started on a new trip to Andalusia with the intention of rectifying what he had seen before in that region and visiting cities and towns he had not yet been to.

The first part of this journey is compiled in volume 17 and the second in volume 18.

His failing strength no longer permitted him to

Allí permaneció el artista durante seis años, viviendo a través de su pincel la satisfacción de ver resurgir de las manos del abandono los originales retocados que eran la gloria de aquella galería de personajes ilustres en las letras.

Poco después de abandonar este acogedor retiro en el que cumplió perfectamente su cometido, fue nombrado delegado, por mediación del conde de Campomanes, del Consejo para valorar las pinturas y señalar a sus autores, en los conventos que los jesuitas habían dejado vacíos tras su expulsión de España.

A partir de esta comisión fue cuando Ponz maduró la idea de su viaje tanto tiempo postergado. De tal manera que poniéndose en ejercicio de este plan comenzó su andadura el año 1771 y publicó su primer tomo del viaje al año siguiente. De la buena acogida que obtuvo del público en la venta de este ejemplar obtuvo una pequeña ayuda para continuar con su proyecto hasta dar fin con el último volumen que ya, junto al anterior fue publicado por su viuda y por los sobrinos. En 1766 fue nombrado secretario de la Real Academia de las Tres Bellas Artes. En 1773, la Real Academia de la Historia le nombró académico correspondiente.

Movido, no obstante, por continuar hasta que tuviera fuerzas el plan de su viaje, decidió renunciar a los cargos que tanto le ocupaban y, consiguiendo este beneplácito del monarca, se decidió el año 1791 a emprender un nuevo viaje a Andalucía en el intento de rectificar lo observado anteriormente en aquella tierra y para recorrer ciudades y pueblos que no había visitado anteriormente. Lo primero se encuentra recogido en el tomo XVII y lo segundo en el tomo XVIII.

El encontrarse falto de fuerzas le impidió hacer viajes largos, por lo que pensó en dirigirse a toledo y llevar allí una vida tranquila.

Regresó a Madrid y ya ni la melancolía ni su mal estado de salud fueron recuperables. De esta manera se puede decir, que con tal espíritu de aventura y de amor hacia el arte, don Antonio Ponz, nos ha dejado para la posteridad uno de los viajes más importantes, documental y de recuerdos, que la historia de los libros de viajes pueda guardar entre sus más preciados tesoros.

Bibliografía

FOULCHÉ-DELBOSCH: *Bibliographie des voyages en Espagne et Portugal*. Amsterdam, 1969.—A. FARINELLI: *Viajes por España y Portugal*. Roma, 1942.—C. ARTIGAS: *El libro romántico en España*. Madrid, 1935-55.—*La imagen romántica*. Madrid, 1981.—I. ROBERTSON: *Los curiosos impertinentes*. Londres, 1975.

make long trips and he decided to retire to Toledo to live a quiet life there.

He then returned to Madrid where his depression and ill health became incurable. It may be said that don Antonio Ponz, with his great spirit of adventure and love of art, left us a heritage of one of the most important journeys, both documentary and memorable, preserved as one of the most precious treasures in the history of travel books.

Bibliography

FOULCHÉ-DELBOSCH: *Bibliographie des voyages en Espagne et Portugal*. Amsterdam, 1969.—A. FARINELLI: *Viajes por España y Portugal*. Roma, 1942.—C. ARTIGAS: *El libro romántico en España*. Madrid, 1935-55.—*La imagen romántica*. Madrid, 1981.—I. ROBERTSON: *Los curiosos impertinentes*. Londres, 1975.

120. LABORDE, Alexandre Louis Joseph de (1773-1842)

Voyage pittoresque et historique de l'Espagne / par Alexandre de Laborde et une Societé de gens de lettres et d'artistes de Madrid. Dédié a Son Altesse Sérénissime le Prince de la Paix, généralissime de SMC, grand amiral d'Espagne et des Indes, etc.—Paris.: Pierre Didot. Bodoni type, 1806-1820: 4 parts in 2 vols. ill.—in-fol.

Madrid, Biblioteca Nacional BA 2056-59

Volume I. Part One (1806)

Half title, first part; on the back is an explanation of the fronstispiece. 44 pages. Title decorated with reproductions of medals, introduction and historical notes; 72 pages and 1 folio with table of contents. This edition does not contain the portrait of Godoy, the 'Prince of Peace,' engraved by J. B. Fosséyeux according to Steven. Thee title page was engraved by du Parc according to Charles Percier with 60 plates aside from the text.

Volume I. Part Two (1811)

The second part on the dorso which reads, 'La societé des gens de lettres et d'artistes de Madrid, qui s'était formée en vertud d'un privilège accordé par le gouvernement espagnol, ayant cessé d'exister le 11 décembre 1807, par l'expiration de ce même principe, M. de Laborde n'a plus conservé depuis cette époque comme collaborateurs que M. M. Liger et Moulinier, architectes français, et M. Vauzelle, peeintre d'architecture.' title page adorned with the reproduction of an inscription in honor of Jrajan. The pagination continues from page 73 to 132; 76 plates aside from the text.

Volume II. Part One (1812)

Half title, adorned with a reproduction of the coat-of-arms of Granada engraved on the walls of the Alhambra. 45 pages of historical notes and 36 pages, 80 plates aside from the text and a table of contains containing the first part of volume II.

Volume II. Part Two (1820)

Title decorated with reproductions of medals, 91 pages of historical notes and 38 pages, table of contents of the second part of volume two; 56 plates and two fold-

120. LABORDE, Alexandre Louis Joseph de (1773-1842)

Voyage pittoresque et historique de l'Espagne, par Alexandre de Laborde et une Societé de gens de lettres et d'artistes de Madrid. Dédié à Son Altesse Sérénissime le Prince de la Paix, généralissime de S.M.C., grand amiral d'Espagne et des Indes, etc.—A Paris, de l'imprimierie Pierre Didot l'aîné, avec les caractères de Bodoni, 1806-1810, 4 parties en 2 tomes, gr., fol.

Madrid, Biblioteca Nacional BA 2056-59

T I. Primera parte 1806. 44, X, XLVI, 72, [2] p., portada grabada por du Parc según Charles Percier y 60 láminas fuera del texto.

T I. Segunda parte 1811. Título adornado con la reproducción de una inscripción en honor de Trajano. 73-132 p.; 76 lám. fuera del texto.

T II. Primera parte 1812. Título adornado con la reproducción de las armas de Granada esculpidas sobre los muros de la Alhambra. 45, 36 p., 80 lám. fuera del texto y un índice de materias que contiene la primera parte del tomo II.

T II. Segunda parte 1820. Título adornado con la reproducción de medallas; 91, 38 p., 56 lám. y 2 mapas pleg. de España y Portugal fuera del texto.

Descripción.

Texto: Las cuatro partes de los dos tomos de la edición francesa quedan distribuidas de la forma siguiente:

1. Barcelona, San Miguel del Fay, Martorell, Montserrat, Olerdola, Tarragona, Tortosa, Lérida, Poblet, Bellpuig, Cardona, Solsona, Manresa, Gerona.
2. Valencia, Murviedro, Almenara, Cabanes, Villafamés, Chulilla, Chelves, Játiva, Montesa, Daymuz, Denia, Calpe, Villajoyosa, Alicante, Elche, Badajoz, Mérida, Alconetar, Alcántara, Cáceres, Coria, Guadalupe.
3. Bélmez, Espiel, Sierra Morena, Córdoba, Granada, Loja, Sevilla, Itálica, Málaga, Gibraltar, Cádiz.
4. Pamplona, Roncesvalles, Zaragoza, Burgos, Segovia, Talavera, Valladolid, Coca, San Ildefonso, El Escorial, Toledo, Aranjuez, Madrid, Ocaña, Granada.

Todas las ciudades, pueblos y lugares mencionados en el recorrido del viaje van acompañados de su o sus correspondientes grabados.

Descripción de los grabados del tomo primero, primera parte:

En virtud del *Segundo Tratado de San Ildefonso*, firmado el 1 de octubre de 1800, Lucien Bonaparte es nombrado embajador en la corte del rey Carlos IV. Entre el séquito de personalidades que le acompañan, para la toma de posesión en España, figura en calidad de agregado el conde de Laborde. Este cargo va a proporcionar

ed maps of Spain and Portugal aside from the text.

According to the second treaty of San Ildefonso signed on October 1, 1800, Lucien Bonaparte was named ambassador to the court of Charles IV. Count Laborde was among those who accompanied him when he took possession of his poste. As attaché to the ambassador, Laborde had the opportunity to travel through Spain to study and compile the material for this book on exhibit.

The Society of Artists and Writers of Madrid played an essential part in the prepration of the Spanish edition.

Laborde's extensive historical introduction and detailed descriptions of Spain's geography and other important aspects, takes us through time on a marvellous journey through images. He agrees with Swinburne, Bourgoin and Dupeyron in their opinion that Spain is one of the richest and most interesting countries in Europe.

Thee *Picturesque and Artistic Journey Through Spain* is a genuine example of the artistic and environmental wealth of Spain, of each city, town and place. His work takes on a singular value because it gives the reader the opportunity to see Spain's cultural treasures in a perfect state of conservation befores they were devastated by wars and disasters. All the buildings are 'alive,' intact, erect and well-cared for, but typical of the pre-Romantic era. The ruins, those noteworthy reminders of peoples and cultures who had passed through the Peninsula, can clearly be observed in these engravings. In order to complete this edition Laborde had to pawn most of his personal fortune. Even though he had the support of the prime minister Godoy, the 'Prince of Peace,' to whom this book is dedicated, and even though he considered that the work would be acknowledged by the wealthy and educated aristocratic families of Spain, he erred in his judgment and suffered such a drastic financial loss that it ruined him economically.

The work appeared in 48 installments sold at different prices, depending on the type of paper, text and engravings. The cost was 21 francs on ordinary paper, 30 on vellum and 48 on the highest quality available which meant that the entire book would cost 1,008, 1,728 or 2,800 francs respectively.

The work could not be continued steadily because of the outbreak of the war of Independence in Spain and Laborde himself had to assume the expenses of the first subscriptions so that he could cover the first installments. This resulted in his rapid financial ruin. There are some important letters between Alexandre Laborde and his publisher, Antoine Boudeville, between 1802 and 1813 in which the authors expresses, his concern for financial support and his imminent financial ruin.

There is a beautiful edition of this work in five volumes, in-12, with the copper engravings reduced in size which was taken from the German edition entitled *Malerische und Historische Reise in Spanien*, Leipzig, Pleischer,

al arqueólogo francés la posibilidad de recorrer España y estudiar, conocer y recopilar todos los materiales que utilizará posteriormente para editar la obra que tratamos.

La Sociedad de Artistas y Literatos de Madrid fue fundamental en la preparación de la edición española.

Con una extensa introducción histórica y una detallada situación geográfica y descriptiva, Laborde nos adentra, a través de las diferentes épocas, en un maravilloso viaje alrededor de la imagen. Estima en grado considerar la idea de Swinburne, Bourgoin y Dupeyron en cuanto a considerar a España como una de las provincias más ricas e interesantes de toda Europa.

El *Viaje pintoresco y artístico de España* es una auténtica muestra de la riqueza artística y paisajística de cada ciudad, pueblo y luegar. Al paso de los años y de las innumerables guerras y desastres que nos han asolado, la obra de Laborde adquiere un valor sin parangón, ya que ofrece la oportunidad de ver tanta riqueza cultural en su pleno estado de conservación. Todos los edificios están vivos, erguidos y cuidados (irreal pero propio de los prerrománticos) y las ruinas, restos notorios del paso de otros pueblos y culturas por el suelo de la Península, se observan nítidas en los grabados.

Para llevar a cabo esta publicación, Laborde empeñó gran parte de su fortuna personal y, a pesar de gozar del apoyo de Godoy, a quien está dedicado el libro, y de considerar que la obra, por su belleza e importancia, sería bien recibida por las familias nobles, eruditas y adineradas de España, erró en su juicio y sufrió tan fuertes perdidas económicas que significaron el comienzo de su ruina.

La obra apareció en 48 entregas que se vendieron a precios diferentes, teniendo en cuenta el tipo de papel en que iban impreso texto y grabados, así: en papel ordinario eran veintiún francos; en vitela, treinta; y cuarenta y ocho sobre papel *avant la lettre;* de tal modo que la obra completa suponía un total de 1.008, 1.728 ó 2.880 francos respectivamente.

La obra perdió su continuidad debido al comienzo de la guerra de la Independencia en España y fue el propio Laborde quien tuvo que hacerse cargo de costear los gastos de las primeras suscripciones con que había cubierto las primeras entregas, siendo este motivo causa de su pronta ruina. Existen unas cartas importantísimas cruzadas entre Alejandro Laborde y su editor Antoine Boudeville, fechadas entre 1802 y 1813, en las que se expresan las dificultades de todo tipo, pero especialmente económicas, para sacar adelante una obra de estas características y sobre todo dificultadas por parte de Alejandro, que ya empezaba a notar la falta de medios para financiarla.

Existe una bella edición de esta obra, en cinco volúmenes, in-12, con los grabados reducidos sobre cobre ya que han sido sacados de la publicada en alemán con el título *Mahlerische und historische Reise in Spanien,* por Alexandre Laborde, en Leipzig, Pleischer, 1809.

Existe, asimismo, una traducción inglesa: *A view of*

1809. An English translation, *A View of Spain,* contains the descriptive itinerary of each province and general statistics on each area including population. It was translated from the French by Alexandre Laborde himself and was published in five volumes in London by Longman in 1809. His *Picturesque and Historical Travels through Spain* was also printed in London in 1806 from Didot's Paris edition.

An 86-page extract of the voluminuos work *voyage* entitled *De Laborde Moeurs Espagnoles,* appeared in Henri Gautier's Bibliothèque Populaire with a preface by Alfred Ernst. It contains details on the life of students, soldiers, religious feasts and bandits.

Alexandre Laborde conceived this project when he was in Madrid as an attché of Bonaparte's embassy motivated by the wealth of works of art he saw in this country and how badly known they were outside Spain's borders. The publisher and painter Antoine de Boudeville approved the proyect and though that it would be convenient to obtain the support of the royal family so that his Catholic Majesty would have the exclusive privilege of presenting the monumental work to the public for six years, starting from December 27, 1801.. The king made Boudeville painter to the royal family as evidence of his satisfaction for the edition of the *Voyage...* Nevertheless, we do not know the exact reasons for the falling out between Laborde and his publisher. They are informal and friendly at first, but end up addressing each other as 'vous' showing serious aloofness concerning his publisher's attitude.

Perhaps Laborde's partner was not very satisfied with the meager profits. Nevertheless the author remained faithful and consequent to his project in spite of the economic disasters that befell him. It is not known how he was able to sustain the financial loss and at the same time continue this great work of historic value and exquisite beauty. Although he finished the book, he was never able to recover from his loss.

Another important work worthy of mention here is his *L'itinéraire Descriptif de l'Espagne, et Tableau Elémentaire des Différents Branches de l'administration et de l'industrie de ce royaume,* a five-volume work with 29 maps of the routes and roads of Spain of interest to every travealer. This fascinating book was published in Paris in 1809 and reprinted in 1829 with a contribution from Alexander von Humboldt.

L'itineraire is the fruit of Laborde's extensive journey through Spain. He was able to gather such an immense wealth of material for study and research that, although he had several collaborators, he had to direct the entire work and organization. The result was a work unique for its time and a formidable guide to Spain in peace or war. At least that was what Napoleon's armies thought when they had at their finger tips a reliable cartographic source and all the data relating to Spain to help a foreigner get along with a minimal knowledge of the country. The work was translated into Spanish and went

Spain, que contiene el itinerario descriptivo de cada provincia y una estadística general sobre cada zona, incluida su población; fue traducida del francés por el propio Alexander Laborde y se imprimió en cinco volúmenes, en Londres, por Longman en 1809. Mencionamos igualmente la obra *Picturesque and historical Travels through Spain* de Alexander Laborde, que se imprimió en Londres (sacada de la de Didot en París) en 1806.

En la *Bibliothèque populaire* de Henri Gautier apareció, el año 1894, un ejemplar de 86 páginas titulado *De Laborde Moeurs espagnoles,* con un prefacio firmado por Alfred Ernst que es un extracto sacado de la voluminosa obra del *Voyage...,* dando detalles sobre la vida de los estudiantes, los gitanos, soldados, fiestas religiosas, bandidos, etc.

Alexander Laborde concibió el proyecto de esta gran obra cuando se encontró en Madrid, como agregado en la embajada de Bonaparte, y le ayudó a concebirlo la visión que obtuvo en cuanto a la riqueza de obras de arte que existía en España y lo mal conocidas que eran, tanto dentro como fuera de sus fronteras. El editor y pintor Antoine de Boudeville, que estuvo de acuerdo con este proyecto, pensó que lo mejor sería obtener el apoyo de la Casa Real para llevarlo a cabo. De esta manera Su Majestad Católica les otorgó el privilegio exclusivo el 27 de diciembre de 1801 para presentar al público, durante seis años, la monumental obra. El rey de España, en testimonio de su satisfacción por la edición del *Voyage...,* nombró a Boudeville pintor de la Casa Real. No sabemos cuáles serían exactamente los motivos por los que la amistad entre Laborde y su editor se fue enfriando, el caso es que existe una abundante correspondencia, entre 1801 y 1816, en las que el trato comienza siendo familiar y amistoso y deriva en un tratarse de usted y un distanciamiento que revela serias observaciones de Laborde hacia la conducta del editor.

No parece tampoco que los asociados a Laborde en esta empresa quedaran muy satisfechos del resultado obtenido en cuanto a beneficios, sin embargo él, que fue fiel y consecuente con su proyecto, parece que cargó sobre su persona el desastre económico y que intentó que sus colaboradores quedaran lo más satisfechos posibles. No sabemos cómo resolvió las fuertes pérdidas que le ocasionó esta obra de gran valor histórico y de una belleza exquisita, pero sí es conocido que el hecho de dejarla acabada le significó tan fuertes pérdidas que ya nunca pudo recuperarse de lo que sería el comienzo de su ruina.

No podemos dejar de mencionar aquí *L'itinéraire descriptif de L-'Espagne, et tableau élémentaire des différentes branches de l'administration et de l'industrie de ceroyaume,* obra en cinco volúmenes, con un atlas de veintinueve mapas, sobre los caminos y rutas de España, de sumo interés para todo viajero. Este fascinante trabajo se comenzó a publicar en París en 1809 y en 1827 se reimprimió, añadiéndole una colaboración de Alexandre de Humboldt.

through three editions, one in 1815 by Padre Villanueva and two in 18116 and 1826 by Mario de Cabrerizo y Bascuás.

Bibliography

FOULCHÉ-DELBOSCH: *Bibliographie des voyages en Espagne et Portugal.* Amsterdam, 1969.—A. FARINELLI: *Viajes por España y Portugal.* Roma, 1942.—C. ARTIGAS: *El libro romántico en España.* Madrid, 1935-55.—*La imagen romántica.* Madrid, 1981.—I. ROBERTSON: *Los curiosos impertinentes.* Londres, 1975.

L'itinéraire... es fruto del extenso y largo recorrido de Laborde por España; de estos viajes a las diferentes zonas geográficas consiguió sacar tal cantidad de material de estudio e investigación que, aunque participaron en su elaboración diversos colaboradores, fue motivo de un inmenso trabajo de dirección y ordenación de los mismos. El resultado fue una obra única en la época y, desde luego, una formidable guía para visitar España, tanto en la paz como en la guerra, o al menos eso debió de pensar el ejército napoleónico cuando vio que tenía al alcance de su mano una buena cartografía y todos los datos relativos a España que pueden servir a un extranjero para defenderse mínimamente. La obra se tradujo al castellano y tuvo tres ediciones: en 1815 por el padre Villanueva, en 1816 y 1826 por Mariano de Cabrerizo y Bascuás.

Bibliografía

FOULCHÉ-DELBOSCH: *Bibliographie des voyages en Espagne et Portugal.* Amsterdam, 1969.—A. FARINELLI: *Viajes por España y Portugal.* Roma, 1942.—C. ARTIGAS: *El libro romántico en España.* Madrid, 1935-55.—*La imagen romántica.* Madrid, 1981.—I. ROBERTSON: *Los curiosos impertinentes.* Londres, 1975.

---

121. TAYLOR, Isidore Séverin Justin (1789-1879)

Voyage pittoresque en Espagne, en Portugal et sur de la coté d'Afrique, de Tanger a Tétouan/ par J. Taylor, chevalier de l'ordre royal de la Légion-d'Honneur, et l'un des voyages pittoresques dans l'ancienne France.—Paris: Librairie de Gide fils, rue Saint-Marc, N.º 20, 1826-1832. 3 vols. in-4. ill.

Madrid, Biblioteca Nacional ER 4929-31

Volume I (1826) Half title, on the verso 'De l'imprimerie de J. Smith. Rue Montmorency, N.º 16'. Title page with details of the edition. Dedication: 'A Monsieur Charles Nodier, chevalier de la Légion d'Honneur, Bibliothécaire du Roi à Arsenal, Te dédie cet Ouvrage, comme un témoignage de mon admiration pour ses talens, de l'estime que je porte à son honorable caractère, et de ma sincère amitiè. J. Taylor'; 5 pages of preface. 272 pp. text, 1 table of contents. No engravings.

Volume II. (1832). First Part

Half title. On the dorso. 'Paris. Typographie Plon Frères, rue de Vaigirard, 36' title page with data on the edition. 3 pp with index of illustrations, 79 pp. of explanatory text.

Volume II. (1832). Second Part

Half title. On the dorso 'Paris. Typographie Plon Frères, rue de Vaugirard, 36' title page with data on the edition; 3pp. With index of plates, 36pp. of explanatory text. [86] plates.

«After crossing the Peninsula from the Pyrenees to the mouth of the Tagus and from Granada to La Coruña, my original intent was to present a modest picture of Spain and Portugal. But the large amount of material I had accumulated on the trip presupposed that it would turn into an enormous volume. Furthermore, the will and enthusiasm of a lifetime devoted to art was not sufficient to bring this work to a successful conclusion.

121. TAYLOR, Isidore Séverin Justin (1789-1879)

Voyage pittoresque en Espagne, en Portugal et sur la coté d'Afrique, de Tanger a Tétouan; par J. Taylor, chevalier de l'ordre royal de la Légion-d'Honneur, et l'un des auteurs des voyages pittoresques dans l'ancienne France. Paris, Librairie de Gide fils, rue Saint-Marc, n.º 20. 1826-32, 3 t. grab., 4.º

Madrid, Biblioteca Nacional ER 4929-31

t. I 1826. De l'imprimerie de J. Smith, rue montmorency n.º 16. V, 272, [2] p.

t. II 1832. Primera parte. Plon Frères, rue de Vaugirard, 36. 3, 79 p., [29] grab.

t. III 1832. Segunda parte. Typographie Plon Fréres, rue de Vaugirard, 36. 3, 86 p., [86] grab.

El barón Taylor, hombre de confianza de Luis Felipe, enviado a España por éste a la vuelta de su viaje en Egipto donde había estado dedicado a realizar importantes transacciones relativas a valiosísimas obras de arte, cumplió a la perfección la misión que le fue encomendada por el monarca. No sólo regresó a Francia con una preciada colección de más de quinientas obras de arte sino que hizo, en compañía de los pintores Blanchard y Dauzats, una de las más importantes recopilaciones de material documental con que cuenta la literatura de viajes.

Tan importante colección de cuadros merecía un lugar privilegiado de exposición y una presentación real; de este modo fue depositada en cinco salas que constituían el Museo Español e inaugurada por el rey en enero de 1838.

Por aquel entonces el barón Taylor ya había editado su *Voyage pittoresque...,* y desde luego, no pudo quejarse de la mella que hizo en el público. Esa España azotada por el látigo absolutista, por la ruina de su situación económica y asolada por la sucesión de las guerras no era lo que hubiera resultado comercial. Lo realmente pintores-

Great archeological works demand a great expense that can only be financed by institutions eager for sucess but not interested in glory, or the support of governments who only take an interest when artist dedicates himself wholly to his task...»

This is the way Taylor begins the preface of his *Voyage Pittoresque*, and his concern for the inmense amount of work he had done in Spain could not have been less.

Baron Taylor, Louis Philippe's right-hand man, was sent to Spain by the king on his return from Egypt where he had devoted himself to transactions related to priceless works of art, accomplishing the king's mission perfectly. Not only did he return to France with an invaluable collection of over 500 works of art, but together with the painters Blanchard and Dauzats, he undertook one of the most important compilations of documentary material in the history of travel literature.

Such an important collection of paintings deserved a privileged exhibition site and royal presentation. Thus it was placed in the five halls that made up the Spanish museum, inaugurated by the king in Jaunary 1838.

By that time Baron Taylor had already published his *Voyage pittoresque* and he certainly could not complain of the impact it had the public. In a Spain lashed by the of absolutism, its ruinous economic situation and devastation by a series of Carlist and French wars, it was not exactly a 'commercial' sucess. But it was fashionable and touristic to talk about the *majas*, guitars, bulls, good wine and lethargic drowsiness of Spain's ruling class. Taylor wrote about these things, and precisely these stereotypes were the ones that were spread for popular consumption in Spain and its borders.

In the case of this book, the etchings go together with the text, because they also go hand in hand with that overdose of fantasy that an image can project onto the brain. We should remember, however, that even though Spain had already begun to be known realistically, it was still largely surrounded by that mysterious and fearsome legend embroidered by most travelers who and crossed its borders.

Taylor and his French companions and Spanish artists as well compiled the material for this book. They acted as mediators in conflictive situations and as guides in the extensive route covered by the French deligation. A letter from Mariano de Larra tastifies to this. It was published by Farinelli and we reproduce it here.

Baron Taylor and Charles Nodier, publishers of various travel works around the world, want to publish a picturesque trip around Spain to appear shortly in 150 installments in-folio. Each page contains a magnificent plate, engraved in England and numerous ornaments and vignettes with view of the principal monuments and antiquities of Spain. They needed a text and thought that to one could do it better than I, because I know Spain better than they do and have been writing about its literature, theater and customs for a long time. I have written the text for them, and since this work has to be

co y turístico era hablar de las majas, los guitarristas, los toros, el buen vino y el aletargado sopor en el que está inmersa la clase dominante en España. De estas cosas escribió el señor Taylor y éstas fueron las narraciones que sirvieron para divulgación en Francia y fuera de sus fronteras.

Los grabados, en el caso de este libro, sí acompañan al texto porque también ellos contienen esa sobredosis de fantasía que especialmente la imagen puede introducir en el cerebro de las gentes. Hemos de recordar que aunque España ya había empezado a dejarse conocer, todavía distaba mucho de ser un país ausente de esa leyenda misteriosa y temida con que la adornaron la mayoría de los viajeros románticos.

La recopilación de material para la elaboración del libro que tratamos no la hicieron únicamente Taylor y sus acompañantes franceses, en ella participaron escritores españoles que muy gustosamente colaboraron en servir no sólo de intermediarios en diferentes ocasiones conflictivas sino de guías en el recorrido amplio realizado por la delegación francesa. De esto nos da testimonio una carta de Larra, publicada por Farinelli y dirigida al señor Delgado el 2 de agosto de 1835. Farinelli se pregunta, puesto que no existe más prueba que este tesimonio, si el texto de Larra se incorporaría alguna vez al original del *Voyage pittoresque* o si el manuscrito nunca llegó a publicarse por su desaparición. Nosotros nos atrevemos a pensar también que quizá este texto no llegó a publicarse nunca porque el contenido no era el adecuado para el tipo de libro que el barón quiso dar a conocer, y que en todo caso es muy posible que si este texto se llegó a considerar, sufriera modificaciones de alguna importancia.

Bibliografía

FOULCHÉ-DELBOSCH: *Bibliographie des voyages en Espagne et Portugal*. Amsterdam, 1969.—A. FARINELLI: *Viajes por España y Portugal*. Roma, 1942.—C. ARTIGAS: *El libro romántico en España*. Madrid, 1935-55.—*La imagen romántica*. Madrid, 1981.—I. ROBERTSON: *Los curiosos impertinentes*. Londres, 1975.

published in French, you can imagine that I have been very concerned about it. I am about to finish the text of 60 pages with a description of Spain's main towns, its ancient and modern monuments and the present state of our customs. I include a broad view of our literature and theater from the beginning of the century to the present. Do you know how much they paid me for this month's works done with the aid of two clerks and all the books in the Royal Library I could ask for? Three-thousand francs. They brought it all to my home and have given me many presents and have been attentive to everything I needed. This has served as a pretext to make known in France and in the rest of Europe, the names of our friends and others which are unknown on the continent. You can tell this to Breton, Ventura de la Vega and all the others, beacause I think that it will give them some satisfaction. You will understand that, as a Spaniard and friend, I have to describe our things in the bast light possible and to the gratest advantage. Apparently my efforts in France have been very successful. An article of mine will be published in the *Tableau de la Peninsule*. All Europe's attention is focused on Spain at this time, and a Spaniard who can write about Spain in correct French is a treasure for those who only know our country imperfectly. It is no trouble to write in French, since French was my mother-tongue.' Mariano José de Larra wrote this letter to Señor Delgado on August 2, 1835. Farinelli asks himself, there being no more proof than this testimony, if Larra's text would ever be incorporated into the text of the *Voyage pittoresque* or if the manuscript was ever published, since it has desappeared. It is possible that perhaps this text was never published because its contents were not appropriate for the type of book the had in mind, and in any case, if the text were considered for publication, it must have undergone several important changes.

Bibliography

FOULCHÉ-DELBOSCH: *Bibliographie des voyages en Espagne et Portugal.* Amsterdam, 1969.—A. FARINELLI: *Viajes por España y Portugal.* Roma, 1942.—C. ARTIGAS: *El libro romántico en España.* Madrid, 1935-55.—*La imagen romántica.* Madrid, 1981.—I. ROBERTSON: *Los curiosos impertinentes.* Londres, 1975.

---

122. GIRAULT DE PRANGEY, Philibert Jos

*Monuments Arabes et Moresques de Cordue, Seville et Grenada/*Dessinés et mesurés en 1832 et 1833 par Girault de Prangey.—Paris: Veith et Hauser, Imp. Lemercier Bernard et Cie, 1833.—1 volume in 3 parts: ill; in-fol.—Lithographs.

Madrid, Biblioteca Nacional ER 1203

Description of contents:

I. *The Mosque of Cordova.* Panorama, interior, details and plans, drawings and measurements made on the site in 1833 by Girault de Prangey with lithographs by Asselineau, Bayot, Bichebois, Dumouza, Chapuy, Dan-

122. GIRAULT DE PRANGEY, Philibert Jos

*Monuments Arabes et Moresques de Cordue, Seville et Grenade./*Dessinés et mesurés en 1832 et 1833 par Girault de Prangey.—Paris: Veith et Hauser; Imp. Lemercier Bernard et Cie, 1833. 1 v. en 3 partes, grab.

Madrid, Biblioteca Nacional ER 1203

I. In Mosquée de Cordoue. Vues Générales, intérieur, détails et plans, dessinés et mesurés sur le lieux en 1833 par Girault de Prangey et lithographies par Asselineau, Bayot, Bichebois, Dumouza, Chapuy, Danjoy, Villemin, W. Wyld, [11] grab. II. Giralda et Alcazar de Seville, [8] grab. III. Souvenirs de Grenade et de l'Alambra, [33] grab.

joy, Villemin, W. Wyld. All the drawings were done by Girault de Prangey. [11] plates.

II. *Giralda et Alcazar de Séville*. Lithographs. All de drawings were done by Girault de Prangey. [8] plates.

One page is devoted to an explanatory index of the plates in the two parts mentioned.

III. *Souvenirs de Grenade et de l'Alhambra* par Girault de Prangey et lithographies, executées d'après les tableaux, plans et dessins faits sur les lieux en 1834 et 1835 par Hubert, Monthelier, Sabatier, Tirpenne, Villeneuve, Bichebois, Chapuy, Danjoy, Villemin. Paris. Veith et Hauser, Marchands d'estampes, 1837. The title is decorated with an ornamental border and a lithograph of the Generalife, drawn by Girault de Prangey and lithographed by Lehnort. Lithographs. All the drawings were done by Girault de Prangey. [32] plates.

Six pages of text on the Alambra, ornamented with drawings by Girault de Prangey and lithographed by Lehner and Cuivillier, with two pages containing an explanatory index of plates in the last part.

Andalusia is the eternal constant for painters and travelers of other countries. Almost every foreigner is in a feverish rush to cross the Peninsula and reach Granada. Few stopped in other cities or towns. The confusion and violence caused by the beginning of the first Carlist War probably contributed to this fact. Girault de Prangey went straight to Andalusia and his project was to describe the three great cities: Cordova, Seville and Grenada. This is not a travel book. he is not looking for adventure or legendary encounters with the imaginary or unknown. He was not a writer and therefore his descriptions are more like romantic poemas expressed through painting. His books is, above all, of interiors. Perhaps he was able to grasp the life that existed in each corner of the monuments he visited and was able to present them so skilfully through his drawings because the Arab world impressed him vividly.

Girault de Prangey was born in Langres in 1804 and died in that same city in 1893. He was able to follow the evolution of illustration in descriptive travel books step by step for almost an entire century. It is likely that many of his drawings were used before his death in reproductions done with the new techniques of artistic photography. He exhibited his «Promenade et tours d'enceinte du Palais de l'Alhambra à Grenade» and «Hammamet, ville fortifiée de la regence de Tunis» in 1838. His work, «Vue de la Place Saint Marc à Venise», is exhibited in he museum of his home town. This last work serves as a reference point in this pictorial production, but «Hammamet», exhibited in 1836, may have been completed or at least sketched during his trip to Spain or at a later date. This information would not be particularly important if it were not for the fact that the motifs he describes in the plates of his album on Granada, Cordova and Seville seem to be taken, not from his imagination, but from a more detailed study of the Arabic people, their customs, dress and physical features.

Andalucía es la eterna constante para pintores y viajeros de otros países. Casi todos los extranjeros tienen una prisa febril por atravesar la península y llegar a Granada. Pocos se detienen por estas fechas en otras ciudades o pueblos; quizá a esto contribuyera también el desorden y la violencia causados por el comienzo de la primera guerra carlista. Girault de Prangey va directamente hacia Andalucía y en su proyecto está el describir las tres grandes ciudades: Córdoba, Sevilla y Granada. Su libro no es un libro de viajes, en su intención no está presente la búsqueda de aventuras ni de encuentros de leyenda con lo imaginario o lo desconocido. El no era escritor y por eso sus descripciones son un poema romántico a través de la pintura. Su libro es sobre todo de interiores, quizá porque el mundo árabe le impresionó vivamente supo captar la vida que pudo existir en cada uno de los rincones de los monumentos que visitó y que nos presenta tan acertadamente conseguidos a través de sus dibujos.

Girault de Prangey nació en Langres el año 1804 y murió en esta misma ciudad el 1893, de tal modo que pudo seguir paso a paso la evolución de la ilustración en los libros descriptivos y de viajes, a lo largo de todo un siglo. Es muy probable que muchos de sus dibujos se utilizaran, antes de que él muriera, para ser reproducidos con las innovaciones técnicas de la fotografía artística.

Expuso en el Salón de París en 1836 «Promenade et tours d'enceinte du palais de l'Alhambra à Grenade» y «Hammamet, ville fortifiée de la regence de Tunis»; y en 1838 «Vue de Tunis». En el museo de su ciudad natal está su obra «Vue de la place Saint Marc à Venise».

Esta última obra nos interesa, en este caso, como referencia de su repertorio, sin embargo la de «Hammamet», expuesta en 1838, no tenemos constancia de si fue realizada o al menos esbozada en la misma época en que viajó a España o si fue en un viaje posterior. No tendría demasiada importancia este dato, no queriendo hacer un estudio exhaustivo de este pintor, si no fuera porque los motivos que nos describe en las láminas que forman su álbum sobre Granada, Córdoba y Sevilla, parecen sacados no de su imaginación sino de un estudio algo más detenido del pueblo árabe, sus costumbres, su modo de vestir y los ragos de su fisonomía.

Essai sur l'architecture des arabes et des mores en Espagne, en Sicilie et en Barberie; es un libro de 210 páginas y 28 láminas, que se editó en París el año 1841. No sabemos si Girault de Prangey lo publicó tiempo después de hacer el viaje o si fue una continuación del realizado a España.

Monuments Arabes et Moresques... fue una edición muy cuidada, nos atreveríamos a decir que una de las más preciosas de la época. Contó Girault de Prangey con los mejores y más afamados litógrafos de la época; con los mismos que contaría tiempo después Villa Amil para su edición *España Artística y Monumental*.

Bibliografía

FOULCHÉ-DELBOSCH: *Bibliographie des voyages en Espagne et Portugal.* Amsterdam, 1969.—A. FARINELLI: *Viajes por España y Portugal.* Roma,

His *Essai sur l'architecture des arabes et des mores en Espagne, en Sicilie et en Barberie* (210 pp.; 21 plates) was published in Paris in 1841. It is not known if Girault de Prangey published it long after his trip or if it was a continuation of his journey to Spain.

The *Monuments Arabes et Moresques,* a very carefully done edition, is one of the most beautiful books of its time. Some of the best and most famous lithographers of the period worked on the illustrations. These same artists would also contribute to Villaamil's book *España artística y monumental.*

Bibliography

FOULCHÉ-DELBOSCH: *Bibliographie des voyages en Espagne et Portugal.* Amsterdam, 1969.—A. FARINELLI: *Viajes por España y Portugal.* Roma, 1942.—C. ARTIGAS: *El libro romántico en España.* Madrid, 1935-55.—*La imagen romántica.* Madrid, 1981.—I. ROBERTSON: *Los curiosos impertinentes.* Londres, 1975.

1942.—C. ARTIGAS: *El libro romántico en España.* Madrid, 1935-55.—*La imagen romántica.* Madrid, 1981.—I. ROBERTSON: *Los curiosos impertinentes.* Londres, 1975.

---

123. LEWIS, John Frederick

Lewis's Sketches and Drawings of the Alhambra, made durig a Residence in Granada in the years 1833-4/ Drawn on stone by J. D. Harding, R. J. Lane, A.R.A.W. Gauci and John F. Lewis.—London: Hodgson Boys and Graves, Printsellers to the King, 6, Pall Mall. Printed at C. Hullmandel's Lithographic Establishment, 49, Great Marlborough St. In-fol, 26 lithographs.
Frontispiece with a lithograph by J. D. Harding entitled «General view of the Alhambra.» Title page with information on the edition. Dedication, «To the most noble Arthur, Duke of Wellington K. G. These sketches of the Alhambra are most repectfully dedicated by his grace's most obliged and obedient humble Servant. John F. Lewis.» The back contains an index of illustrations.

Madrid, Biblioteca Nacional ER. 5041

J. F. Lewis may be considered a universal Englishman because, through his watercolors and his lithographs in particular, we are able to visit the different lands and places that tireless traveller had visited since he was a young man. He left pictorial records of his journeys through Italy, Constantinople, the Balkans and Palestine.

From 1841 to 1851 he lived in Cairo where he worked intensely on compiling the material for his beautiful books on Near Eastern themes.

John Frederick Lewis was born into a family of artists in London in 1805. His father was his first teacher. Even as a young man he was one of the most prestigious painters, engravers and lithographers of Great Britain. He visited Spain at the age of twenty-seven, when the vitality and sentiment of romantic splendour was at its height. Once in the Peninsula, he started to head south to the incomparable Granada. The Alhambra made him forget his first works when he started his career as an animal painter.

In Seville his host was Richard Ford. He possibly encountered David Roberts and most certainly knew Villa Amil, two artists who were also making this jour-

123. LEWIS, John Frederik

*Lewis's Sketches and Drawings of the Alhambra, made during a Residence in Granada in the years 1833-34/*Drawn on stone by L. D. Harding, R. J. Lane, A.R.A.W. Gauci & John F. Lewis. London, Hodgson Boys & Graves, Printsellers to the King, 6, Pall Mall. Printed at C. Hullmandel's Lithographic Establishment, 49, Great Maralborough Street. [1833-34], 26 fol.
Frontispicio con una litografía de J. D. Harding, titulada «General wiew of the Alhambra». Portada con los datos de la edición. En el folio siguiente consta una dedicatoria: «To the most noble Arthur. Duke of Wellington K. G. & & & These sketches of the Alhambra are most respectfully dedicated by his grace's. Most obliged and obediente humble Servant. John F. Lewis.» Al dorso, un índice de las ilustraciones de que consta el libro.

Madrid, Biblioteca Nacional ER. 5041

A Lewis se le puede considerar un británico universal porque a través de sus acuarelas y especialmente de sus litografías podemos visitar los diferentes mundos y lugares que él, incansable viajero, recorrió desde muy joven. Italia, Constantinopla, los Balcanes, Palestina, fueron testigos de su estancia.

Residió en El Cairo desde 1841 hasta 1851, período de tiempo que utilizaría para trabajar intensamente en la recopilación de material que le serviría poco después para publicar sus libros bellísimos de tema oriental.

John Frederick Lewis nació en Londres el año 1805. Procedía de familia de artistas y en su padre encontró su primer maestro, llegando desde muy joven a ser considerado uno de los más prestigiosos entre pintores, grabadores y litógrafos de Gran Bretaña. Cuando visita España tiene veintisiete años y el esplendor romántico de vitalidad y sentimientos está en su máximo auge. Sus pasos en la Península se encaminan hacia el sur, y en el sur a la indescriptible Granada. La Alhambra le hace olvidar sus primeros trabajos como dibujante, cuando empezaba su carrera como pintor de animales.

En Sevilla fue huesped de Richard Ford y posiblemente cruzó sus pasos con David Roberts y con seguri-

ney during the same years from 1832 to 1834. During this period Lewis prepared his material for a book on Andalusia entitled *Lewis's Sketches of Spain and The Spanish Character, made during his tour in that Country in the years 1833-34.* His drawing of José María el Tempranillo, the highwayman, was made when he was invited to spend some days with the bandit and appears in this album. The book contains 26 lithographs, drawn and lithographed by the artist himself.

The book exhibited here is *Lewis's Sketches and Drawings of the Alhambra,* also done during this period. It is similar in style and captures through images Spain's typical characters and landcapes in a wholly original way.

Lewis's drawings are unmistakable, even if some of the same motifs are repeated later on by other important artists who illustrated texts on Andalusia. In many cases they are exact copies of Lewis's drawings, with only a few details added such as a person or a tree, in an attempt to change them slightly. From his original drawings one can observe that his romantic feelings become more intense, to the point of making his images actually convey his own sentiments without losing his faithfulness to reality. Lewis was able to pour out his sensibility into each drawing, and with it, he gives each line an indescribable softness that can be seen in the Alhambra book. Lewis's Alhambra is simple, not at all arrogant or ostentatious. It gives the impression that it has lost all its grandiose legend to show itself bare and eternal. Lewis is perhaps one of those artists who observed the beauty of its bearing with more attention and wanted to measure up to it, as if the challenge of the impossible itself attracted him in a special way. The artist was not discouragged by this difficult venture. He meditated on the history and legend of this magnificent monument and described its interiors by approaching them quietly and delicately, hardly touching the soft halo that envelops its halls and gardens. In the Alhambra he found more than he had hoped for. His loving dedication to the building, the most painted and written about monumet in the Romantic period, i s captured in this book that took as long to be made as the one he did about all the other he had visited in Spain.

1. General view of the Alhambra. Lith. by J. D. Harding
2. Puerta de Justicia or Gate of Justice. Lith. J. F. Lewis
3. Puerta del Vino or Gate of the Wine. Lith. J. D. Harding
4. Sierra Nevada part of the Alhambra from the Adar ves. Lith. J. F. Lewis
5. Casa de Sánchez and old house in the Alhambra. Lith. J. F. Lewis
6. Patio de los Arrayanes or Courtd of the Myrtles. Lith. R. J. Lane
7. Patio de los Arrayanes Palace of Charles V. Lith. J. D. Harding
8. Patio de los Arrayanes Tower of Comares. Lith. W. Gauci
9. Entrance to the Hall ot Ambassadors. Lith. W. Gauci
10. Window in the Hall of Ambassadors. Lith. J. F. Lewis
11. View from the Door of the Hall of Ambassadors. Lith. W. Gauci
12. Torre de Comares or Tower of Comares. Lith. J. D. Harding
13. Entrance to the Baños or Baths. Lith. J. D. Harding
14. Sala de Dos Hermanas or Hall of the Two Sisters. Lith. W. Gauci
15. Entrance to the Sala de las dos Hermanas. Lith. J. F. Lewis
16. Patio de los Leones or Court of Lions. Lith. W. Gauci
17. Entrance to the Abencerrajes. Lith. J. D. Harding
18. Interior of the Hall of the Abencerrajes. Lith. W. Gauci
19. Fountain of Lions. Lith. W. Gauci

dad trató con Villa-Amil, que por los años 1832-34 hacían aquel recorrido. Fue durante este período cuando Lewis preparó el material relativo a Andalucía que publicaría más tarde en su libro titulado *Lewis' Sketches of Spain & Spanish Character, made during his tour in that Country in the years 1833-34.* En este álbum está publicado el dibujo que le hiciera a José María el Tempranillo y que fue realizado mientras tuvo lugar la invitación que éste le hizo para pasar unos días con él en sus dominios. las veintiséis **litografías** que contiene la obra fueron dibujadas y litografiadas por el mismo Lewis.

Del mismo estilo y consiguiendo captar a través de la imagen los tipos y paisajes de España de una menera totalmente original, es el libro de que hablamos, *Lewis's Sketches and Drawings of the Alhambra,* concebido igualmente en este período.

Los dibujos de Lewis son inconfundibles, aunque existan motivos reproducidos más tarde por otros autores importantes, especialmente para ilustrar textos sobre Andalucía. En muchos casos se copia íntegramente a Lewis y se añaden algunos detalles, como un personaje o un árbol, para intentar mostrar una diferencia. A partir de los dibujos originales de este artista se puede observar un proceso en el que, sin perder la fidelidad de lo real, se agudizan los sentimientos románticos hasta hacer que las imágenes sean portadoras de la carga de sentimiento que porta el propio autor. Lewis fue capaz de descargar toda su sensibilidad en cada uno de sus dibujos y con ello conseguir dotar a cada uno de sus trazas de esa dulzura indescriptible que se nos muestra en el libro de la Alhambra. La Alhambra de Lewis es sencilla, nada altanera ni ostentosa, da la sensación de haberse desprovisto de toda su leyenda grandiosa para mostrarse desnuda y eterna. Es quizá Lewis uno de los artistas que con más atención ha observado la belleza de su porte y ha querido medirse con ella como si el propio reto de lo imposible le atrajera de forma especial. Lewis no se descorazonó ante lo que era una difícil empresa, meditó sobre la historia y la leyenda del grandioso monumento y describió sus interiores aproximándose dulcemente, casi sin rozar el suave halo que rodea sus salas y sus jardines y en la Alhambra encontró más de lo que hubiera deseado. Su dedicación entrañable al edificio sobre el que más se ha escrito y pintado por los románticos está plasmada en este libro que le ocupó tanto como el que realizó sobre los otros lugares que visitó en España.

Bibliografía

FOULCHÉ-DELBOSCH: *Bibliographie des voyages en Espagne et Portugal.* Amsterdam, 1969.—A. FARINELLI: *Viajes por España y Portugal.* Roma, 1942.—C. ARTIGAS: *El libro romántico en España.* Madrid, 1935-55.—*La imagen romántica.* Madrid, 1981.—I. ROBERTSON: *Los curiosos impertinentes.* Londres, 1975.

20. Court of the Lions from the Hall of Justice. Lith. W. Gauci
21. Entrance to the Mosque. Lith. W. Gauci
22. Patio de la Mezquita. Court of the Mosque. Lith. J. F. Lewis
23. The Palace of the Generalfe from the Casa de Chapí. Lith. W. Gauci
24. Torre de las Infantas or Tower of the Infantas. Lith. J. D. Harding
25. Part of the Alhambra from the Alameda del Darro. Lith. J. F. Lewis
26. Vignette. The Fountain of Lions. Lith. J. F. Lewis

Bibliography

FOULCHÉ-DELBOSC, *Notes sur trois manuscrits des oeuvres poétiques de Góngora*. R. H., VII, 1900.—J. DOMÍNGUEZ BORDONA. «Miniatura» en: Ars Hispaniae v. XVIII.—J. ENTRAMBASAGUAS. Un misterio desvelado en la Bibliografía de Góngora. Madrid, 1962. D. ALONSO. Estudios y ensayos gongorinos, Madrid, 1955.—DOMÍNGUEZ BORDONA, n.° 885.

---

124. JONES, Owen *Plans, elevations, sections and details of the Alhambra:/* from drawings taken on the spot in 1834 by the late m. Jules Goury and in 1834 and 1837 by Owen Jones, archt.
With a complete translation of the arabic inscriptions, and an historical notice of the kings of Granada, from the conquest of that city by the arabs to the expulsion of the moors, by Mr. Pasqual de Gayangos. London: published by Owen Jones, 1842-45.—2 v. grab., fol.

Madrid, Biblioteca Nacional BA 1636-7

This work begins with a few verses of praise for the Alhambra along with a dedication which is written in French and English. «To the memory of Jules Goury, architect. Who died of cholera, at Granada, August, XXVII, MDCCCXXXIV. Whilst engaged in preparing the original drawings, this work is inscribed, by his friend, Owen Jones»; a relation of subscribers on the following leaf; a page dedicated to the index of plates which illustrate the first volume, the 51 titles relating to these are written in three columns in Spanish, English and French. The text of the work begins with an historic note signed by Pascual de Gayangos (20 p); each plate is accompanied by a previous explanation on a separate page, on which there is often some vignette or some detail of the plate. The entire text is in both French and English in two columns.

The second volume has a page dedicated to the index of plates which illustrate it, each of the 50 titles are written on two columns both in English and French. This volume gives no information regarding the plates or any other previous text, nor the signature of the engravings.

To the memory of Jules Gouray is the dedication of Owen Jones in the wonderful book on the Alhambra, in remembrance of the days they spent together in Granada, where his friend died. He continued the work alone with the same enthusiasm both has had when they begun it in 1834. On August 28, of that same year, while he was preparing the originales of this lovely edition, he died of cholera. Jules Goury never saw his work published but at least he had time to prepare the originales and

124. JONES, Owen *Plans, elevations, sections and details of the Alhambra:/* from drawings taken on the spot in 1834 by the late m. Jules Goury and in 1834 and 1837 by Owen Jones, archt.
With a complete translation of the arabic inscriptions, and an historical notice of the kings of Granada, from the conquest of that city by the arabs to the expulsion of the moors, by Mr. Pasqual de Gayangos. London: published by Owen Jones, 1842-45.—2 v. grab., fol.

Madrid, Biblioteca Nacional BA 1636-7

Comienza la obra con unos versos de elogio a la Alhambra y una dedicatoria, escrita en francés y en inglés: «To the memory of Jules Goury, architect. Who died of cholera, at Granada, august XXVIII, MDCCCXXXIV. Whilst engaged in preparing the original drawings, this work is inscribed, by his friend, Owen Jones»; relación de suscriptores en folio siguiente; una página dedicada al índice de láminas que ilustran el volumen primero, los 51 títulos de las mismas están escritos en tres columnas: español, inglés y francés. Comienza el texto de la obra con una nota histórica firmada por Pascual de Gayangos [20 p.]; cada una de las láminas va acompañada de una explicación previa en folio aparte, donde además suele figurar alguna viñeta o detalle de la lámina que acompaña. Todos los textos van a dos columnas en francés e inglés.

En el segundo volumen una página va dedicada al índice de láminas lo que ilustran, los 50 títulos de las mismas están escritos en dos columnas: inglés y francés. Este volumen no aporta ninguna explicación de las láminas, ni ningún otro texto previo, así como carece de firma en los grabados.

A la memoria de Jules Goury dedica Owen Jones este grandioso ligro sobre la Alhambra, en recuerdo por los deliciosos días vividos juntos en Granada, donde le sobreviniera la muerte al camarada,´continuó en solitario la obra que con tanto entusiasmo habían comenzado ambos en el año 1834. Fue el día 28 de agosto de este mismo año, cuando se encontraba preparando los originales que formarían esta bellísima edición, aquel en que el cólera terminó de anidar en su cuerpo. Nunca llegó, Jules

leave them with Jones, who along with other engravers brought out the first volume of lithographs and chromlitographed the second by himself according to the original drawings of both of them.

The architect and arqueologist, James Cavanah Murphy, made a clear example for the work that later Goury and Jones carried out. Murphy edited *Arabian Antiquities of Spain* and a magnificient introduction, *History of the Mahometan Empire in Spain* in London in 1813. He lived in Portugal from 1788 to 1802 and from then on until 1809 in Spain, studying Gothic and Arab architecture. Ford commented that he doubted that Murphy had ever been in Spain due to the errors found in the book. We believe that he rediscovered the Alhambra and the Mezquita and that in his way, romantic, his precise description of the monuments and his special dedication to the Alhambra, besides the superior artistic quality converted him into one of the most important experts of the monument, that has existed.

Years later two British must have held the same opinion, because Murphy is continually present in the work. The discovery that they incorporate is the possibility of seeing the monument from its interior, observing profiles and details through color. Murphy's book is engraved in steel, that of Jones and Goury with a technique that began to become popular in Great Britain, that of the chromlithography, being easy and fast. This discovery of the Alhambra with regards to color thanks to a diversity of plates and their corresponding inks can be considered and innovation, that many other travellers, painters, and engravers would repeat. The color, printed on lithographic stone, reflected the Alhambra and although imperfections are visible the effect, comparing this book with that of Murphy or that of Laborde is surprising. And most important of all is that the two artists did not use this technique with any other monument, except this grandiose work of fire in which color reflects the splendor of this light.

Bibliography

FOULCHÉ-DELBOSCH: *Bibliographie des voyages en Espagne et Portugal.* Amsterdam, 1969.—A. FARINELLI: *Viajes por España y Portugal.* Roma, 1942.—C. ARTIGAS: *El libro romántico en España.* Madrid, 1935-55.—*La imagen romántica.* Madrid, 1981.—I. ROBERTSON: *Los curiosos impertinentes.* Londres, 1975.

Goury, a ver su trabajo impreso, pero sí tuvo el suficiente tiempo para dejar todos los originales preparados y depositarlos en las manos de Jones, que en unión de otros grabadores de la época dio a la litografía el primer volumen y que cromolitografió el segundo en solitario, según los dibujos originales de ambos.

El arquitecto y arqueólogo James Cavanah Murphy constituyó un claro ejemplo para la labor que posteriormente realizaron Goury y Jones. Murphy editó el libro *Arabian Antiquities of Spain* y una magnífica introducción, *History of the Mahometan Empire in Spain,* en Londres el año 1813. Vivió en Portugal desde 1788 hasta 1802 y desde esta fecha hasta 1809 en España, dedicándose al estudio de la arquitectura gótica y árabe. Ford se atrevió a decir que creía dudosa la estancia de Murphy en España de tantos como son los errores que el libro almacena. Nosotros pensamos que con él se redescubrió la Alhambra y la Mezquita y que su estilo, ya iniciadamente romántico, su precisión en la descripción de los monumentos y su especial dedicación a la Alhambra, además de su altísima calidad artística le convierten en uno de los más importantes estudiosos del monumento que haya habido en la historia.

De esta misma opinión debieron ser, años más tarde, los dos británicos, ya que el libro de Murphy está continuamente presente en su obra. El descubrimiento que incorporan ellos es la posibilidad de ver el monumento, desde sus interiores, observando perfiles y detalles a través del color. El libro de Murphy está grabado en acero, el de Jones y Goury con la técnica que empieza a triunfar en Gran Bretaña, a través de la cromolitografía, por ser fácil y de rápida ejecución. Este descubrimiento de la Alhambra, por lo que respecta al color, que entra en competencia directa con la diversidad de planchas y sus correspondientes tintas, necesarias para el grabado calcográfico, se puede considerar una innovación, que se repetiría más adelante por otros viajeros, pintores, dibujantes o grabadores de menor categoría. El color, impreso en piedra litográfica, llega a la Alhambra y aunque todavía se observan las imperfecciones de una investigación reciente, el efecto, al comparar este libro con el de Murphy o con el de Laborde, es sorprendente. Y lo más importante de todo es que los dos artistas no eligieron otro monumento para desarrollar esta nueva técnica, sino esta grandiosa obra de fuego en la que el color debía dar a conocer todo el esplendor de su luz.

Bibliografía

FOULCHÉ-DELBOSCH: *Bibliographie des voyages en Espagne et Portugal.* Amsterdam, 1969.—A. FARINELLI: *Viajes por España y Portugal.* Roma, 1942.—C. ARTIGAS: *El libro romántico en España.* Madrid, 1935-55.—*La imagen romántica.* Madrid, 1981.—I. ROBERTSON: *Los curiosos impertinentes.* Londres, 1975.

125. JENNINGS, Robert

Jenning's landscape or tourist in Spain/ drawn by David Roberts and angraved by E. Goodall.—London: Robert Jennings C.°, 62 cheapside, 1837-1838.— 1v.: ill,; fol.

Madrid, Biblioteca Nacional, ER 2402

Two parts in a volume. *Jennings' Landscape Annual or Tourist in Spain for 1837. Biscay and the Castiles.* in 8, VI-294pp.—[30] plates.—His itinerary is: Fuenterrabía, Irún, Hernani,, Tolosa, Vitoria, La Puebla, Miranda de Ebro, Pancorbo, Briviesca, Burgos, Torquemada, Dueñas, Valladolid, Olmedo, Segovia, San Ildefonso, El Escorial, Madrid, Toledo.

Jennings' Landscape Annual for 1838, Spain and Marocco. X-292pp. His itinerary is: Toledo, Madrid, San Ildefonso, Segovia, Salamanca, Alba de Tormes, Plasencia, Santiago de Compostela, Zaragosza, Valencia, Sevilla, Gibraltar, North Coast of Africa.—[10] plates.

The Scottish painter and writer David Roberts, born in Edionburgh in 1796, belongs to that genre of innovative artists who thought of their work in intimate relation with their brush. This sensitive painter is one of the most relevant examples of Romantic illustration in Spain. His philosophy was that every landscape, monument or scene from everyday life should be seen and studied by the artist in situ.

Roberts, the infatigable traveller, needed to prove the authenticity of what he painted, and if he had not been to a place, he would leave it out of his books. This very important characteristic is unusual in the early part of the 19 th century. In this period the tendency was to describe and draw in the studio itself what the artist had probably never seen and, as Parcerisa said, could only be done at the expense of another person's efforts. Careful observation of Roberts's engravings and comparison with other artists who visited Spain before him, reveals a freshness and originality that he has achieved not only by having seen what he later paints but also, as in the case of Lewis, by meditating deeply on what he has seen.

It is true that the key to Romanticism was discovered at the turn of the century and that it was very difficult to be an original and unique artist. Nevertheless, people like Roberts laid the foundation for such an abundant creation.

Roberts was in Spain in 1832 and 1833. He left a memorable record of his visit, particulary for Jenaro Pérez Villa Amil. The two painters met in Seville and had the oportunity of talking at length about important subjects of interest to both of them.

It is not certain that Villa Amil directly used the knowledge that the Scotsman had brought him, but he did take advantage of the stylistic methods and techniques that Roberts Knew, which were much more advanced in the rest of Europe (Romanticism flourished on the continent long before it reached Spain). Villa Amil

125. JENNINGS, Robert

Jennings' landscape annual on tourist in Spain. London: Robert Jennings & C°, 62 Cheapside, [1837-1838].—2 v., fol.

Madrid, Biblioteca Nacional ER 2402
Descripción:

1837: Biscay and the Castile. [30] grab.
1838: Spain and Marocco. [10] grab.

El pintor y grabador escocés David Roberts, nacido en Edimburgo el año 1796, pertenece a ese género de artistas innovadores que pensaron en realizar su obra haciendo que ésta formara parte íntima de sus propios pinceles. Este pintor, sensible ante la belleza y uno de los más relevantes ejemplos de la imagen romántica en España pensó, ante cualquiera de sus obras, que todo paisaje, monumento o escena de la vida cotidiana, debía ser visto y estudiado por el artista en su propio escenario.

Fue David Roberts el eterno viajero que necesitó comprobar la autenticidad de lo que pintaba eludiendo hacerlo si no había podido estar presente. Esta importantísima faceta suya no es la tónica constante a lo largo del siglo XIX, época proclive a describir y dibujar desde el propio estudio lo que no se había visto jamás y que únicamente se podía realizar, como dijo Parcerisa, a costa del esfuerzo de otros.

Observando detenidamente los grabados de Roberts y comparándolos con los de artistas que visitaron España en épocas anteriores, vemos que son de un frescor y una originalidad que únicamente ha podido conseguirse cuando no sólo se ha visto lo que se pinta sino, como en el caso de Lewis también, se ha meditado intensamente sobre ello.

Bien es cierto que las claves del romanticismo nacen con el propio devenir del siglo y que era muy difícil ser un artista original y único, pero debemos decir que de personajes como Roberts nació el asentamiento de esas bases de tan copiosa creación.

Roberts estuvo en España los años 1832 y 1833, y dejó un gran recuerdo de su paso, especialmente en Jenaro Pérez Villa Amil, con quien coincidió en Sevilla y con quien tuvo oportunidad de conversar largamente sobre los importantes temas que a los dos interesaban. No podemos decir que Villa Amil utilizara los conocimientos que el escocés pudiera haberle reportado, pero sí las técnicas y métodos estilísticos mucho más avanzados en Europa; dado que el romanticismo llevaba ya un tiempo paseando su estela por el viejo continente, reportaron no sólo a Villa Amil sino a otros pintores españoles conocimientos que no procedían de los libros sino de la conversación y el trato directo con artistas que se encontraban, como ellos, en período de investigación constante. Y recíprocamente podemos decir lo mismo, ya que sin la ayuda insustituible de los conocedores de España, los pintores y escritores extranjeros se hubieran encontrado muy perdidos en sus paisajes y monumentos.

Los grabados que Roberts llevo a sus libros no sólo

and other Spanish painters received knowledge that did not come from books but from conversation and direct relationship with artists they met and like themselves were constantly experimenting. The exchange was also mutual, because without the invaluable help of the connoisseurs of Spain, the foreign writers would have found themselves quite lost in tis landscapes and monuments.

Roberts' engravings were not only welcomed as a representative message of the image but also as illustrations of texts whose value could be enhanced if the originals of such a prestigious artist appeared in their pages.

His engravings were published with titles alone and a simple explanation in *Picturesque Sketches in Spain 1832-33,* published in London in 1837.

The origin of this book, composed only of Roberts' engravings, is a series of views that the Scottish painter made of Spain and is much broader in its origin. Thomas Roscoe (1791-1852) adorned his text *Tourist in Spain (1835-38)* with David Roberts' original engravings form *Jennings' Landscape Annual* published in four volumes:

Jennings' Landscape Annual for 1835. Granada. XV-288 pp. His itinerary is Granada.

Jennings' Landscape Annual or Tourist in Spain for 1836. Andalusia. XII-280 pp. His itinerary is: Cordova, Seville, Carmona, Jerez, Cádiz, Gibraltar and Málaga.

Jennings' Landscape Annual or Tourist in Spain for 1837. Biscay and the Castiles.

Jenning' Landscape Annual for 1838. Spain and Morocco.

Edouard Magnien's book Excursions en Espagne, ou Chroniques provinciales de la Peninsule, published in Paris 1836, is also illustrated with David Roberts' engravings. The series of engravings that appear in the different excursions making up the book are identical to Thomas Roscoe's.

Bibliography

FOULCHÉ-DELBOSCH: *Bibliographie des voyages en Espagne et Portugal.* Amsterdam, 1969.—A. FARINELLI: *Viajes por España y Portugal.* Roma, 1942.—C. ARTIGAS: *El libro romántico en España.* Madrid, 1935-55.—*La imagen romántica.* Madrid, 1981.—I. ROBERTSON: *Los curiosos impertinentes.* Londres, 1975.

fueron acogidos como mensaje representativo de la imagen sino que fueron reclamados para adornar textos que podían verse ensalzados si entre sus páginas figuraban los originales de tan prestigioso artista.

Sus grabados fueron publicados, sin más texto que la indicación de su título y una mera explicación, en *Picturesque Sketches in Spain 1832-33,* publicado en Londres el año 1837.

La procedencia del libro que nos ocupa, compuesto únicamente a partir de los grabados de Roberts, data de una serie de vistas que el pintor escocés tomó de nuestro país, y que en su origen es mucho más amplia. Thomas Roscoe (1791-1852), adornó su texto *Tourist in Spain* (1835-38) con los grabados originales de David Roberts, sacados en sus *Jennings' Landscape Annual,* publicado en cuatro volúmenes:

Jennings' Landscape Annual or Tourist in Spain for 1836. Andalusia. London, Robert Jennings an Co., 1836, in-8, XII-280 p. Su itinerario es: Córdoba, Sevilla, Carmona, Jerez, Cádiz, Gibraltar, Málaga.

Jennings' Landscape Annual or Tourist in Spain for 1837. Biscay and Castile's. London, Robert Jennings and Co., 1837 in-8, VI-294 p. Su itinerario es: Fuenterrabía, Irún, Hernani, Tolosa, Vitoria, La Puebla, Miranda de Ebro, Pancorbo, Briviesca, Burgos, Torquemada, Dueñas, Valladolid, Olmedo, Segovia, San Ildefonso, El Escorial, Madrid, Toledo.

Jennings' Landscape Annual for 1838. Spain and Morocco. London, Robert Jennings and Co., 1838, in-8, X-292 p. Su itinerario es: Toledo, Madrid, San Ildefonso, Segovia, Salamanca, Alba de Tormes, Plasencia, Santiago de Compostela, Zaragoza, Valencia, Sevilla, Gibraltar, Costa norte de Africa.

Jennings' Landscape Annual for 1835. Granada. London, Robert Jennings and Co., 1835, in-8, XV-288 p. Su itinerario es Granada.

Igualmente se ilustra el libro de Edouard Magnien:

Excursions en Espagne, ou Chroniques provinciales de la Peninsule, editado en París en 1836, con los grabados de David Roberts. La serie de grabados que constan en las diversas excursiones que componen esta obra son idénticas a las de Thomas Roscoe.

Bibliografía

FOULCHÉ-DELBOSCH: *Bibliographie des voyages en Espagne et Portugal.* Amsterdam, 1969.—A. FARINELLI: *Viajes por España y Portugal.* Roma, 1942.—C. ARTIGAS: *El libro romántico en España.* Madrid, 1935-55.—*La imagen romántica.* Madrid, 1981.—I. ROBERTSON: *Los curiosos impertinentes.* Londres, 1975.

---

126. CROCKER, Sidney

Sketches from the Basque Provinces of Spain/ drawn and lithographed by Sidney Crocker and Blich Barker.—London: Published by T. McLean, 26 Haymarket. August 1. Das & Haghe Lithrs to the Queen, 1839. [23] l. of plates in fol.

Madrid, Biblioteca Nacional ER 1699

---

126. CROCKER, Sidney

Sketches from the Basque Provinces of Spain/drawn and lithographed by Sidney Crocker and Blich Barker.—London: Published by T. Mc Lean, 26 Haymarket, Das & Haghe Lith[rs] to the Queen. Gr., 1839.—[23] grab., fol.

Madrid, Biblioteca Nacional ER 1699

Las guerras carlistas fueron motivo de creación para

Title page with information on the edition. The background contains a lithograph depicting a view of the old town of Oyarzun in Guipúzcoa. In this view both the precint of the town and the adjoining houses were strongly fortified at the time the drawing was made. The book is dedicated 'To the Right Honourable George Lord Nugent, Knight of the Grand Cross of the Order of St. Michael and St. George and the Saviour in Greece & This Work is (by permission) Dedicated'. The credits, place and date are repeated below. On the next folio there is an index of illustrations with their corresponding description and notes written by the authors. The title reads 'Sketches from the Basque Provinces of Spain, and the scenery of the Northern Provinces'.

There is a total of 23 plates, all reproduced on lithographic stones by Sidney Crocker and Blich Barker.

The Carlist Wars, and the first one in particular, provided the material for great and small pens alike. Pictorial fantasy fused with narrative realism in the art of the illustrated press. Biographies of great heroes such as Cabrera or Zumalacárregui rivaled the stories of everyday life for the recreation and delight of each town and village where the war had its greatest repercussions. Because of their imagination and similarily, many of these narrations never got past the fireside tale to enliven the conversation of inns and hearths. Some of them, however, left a deeper imprint. The beauty of this book lies in its fine binding, wealth of illustrations, originality of its descriptions and its own complex totality.

Sketches from the Basque Provinces of Spain is undoubtedly one of those works that, as years go by, have become a rare and curious representative example of a period in which foreigners lived with a great dose of romanticism.

Sidney Crocker, deputy purveyor of hospitals in the British Auxiliary Legion of Spain from March 25, 1836, and Blich Barker, captain of the 6th Artillery Regiment, served in the support mission to the Regulars of Queen María Cristina's army in the Basque provinces. Most of the British soldiers who came with the Auxiliary Legion were people who were not very well considered in their country and willing to be hired in this kind of adventurous mission in exchange for wages and freedom. There were volunteers, however, who did not ignore the reality of the times and made the most of their stay in Spain, even under the worst condictions. This was the case of reporters, journalists, illustrators, scholars of the different cultures, travelers or mere observes who took down everything that surprised or moved them. An example of this is Henry Wilkinson, a surgeon in this same legion from March 23, 1837. Wilkinson published his book, *Sketches of Scenery in the Basque Provinces of Spain, with a Selection of National Musica*, in London in 1838. During the year he spent in the Basque provinces he compiled enough material to give a creditable account in his own country of the things which he arroused his curiosity or attracted his attention. This book, together

grandes y pequeñas plumas, especialmente la primera. A partir de su desenlace se originó, mezclándose con la realidad, un sinfín de narraciones imaginarias fundidas en el plomo de la imprenta. Biografías de grandes héroes, como Cabrera o Zumalacárregui, emparejaban en dimensión de recreación y regocijo con la propias historias de la vida cotidiana, en cada pueblo y en cada aldea, donde la repercusión de la guerra tuvo su cota más elevada. Muchas de estas narraciones, por su fantasía y por su similitud en el propio contenido, no pasaban de ser más que la lectura animada en torno al fuego en las numerosas ventas y posadas de los lugares; sin embargo, algunas de ellas dejaron una huella más profunda. Entre las razones de peso para este recuerdo destacan la belleza del libro en sí, su preciosa encuadernación, la riqueza de sus láminas, la originalidad de sus descripciones, o su propia y compleja globalidad.

Sketches from the Basque Provinces of Spain es sin duda una de esas obras que, con el paso de los años, ha llegado a convertirse en un raro y curioso ejemplar representativo de un período que los extranjeros vivieron con una fuerte dosis de romanticismo. Sidney Crocker, deputy puveyor of Hospitals en la British Auxiliary Legion of Spain, desde el día 25 de marzo de 1836, y Blich Barker, capitán del 6.° regimiento de artillería en la misma legión desde esas fechas, fueron destinados en su misión de apoyatura al ejército cristiano, a la provincias vascas. La mayoría de los soldados británicos que llegaron con la legión auxiliar, no pasaban de ser personas no muy bien consideradas en su tierra y sí dispuestas a ser contratadas en este tipo de misiones aventureras a cambio de un sueldo y de su libertad. No obstante, y no ignorando la realidad de la época, hubo voluntarios que aprovecharon de otro modo su estancia en España, aunque ésta fuera en tan duras condiciones; es el caso de los reporteros, periodistas, dibujantes, estudiosos de las culturas de los pueblos, viajeros o simples observadores que anotaban todo cuanto les pudiera sorprender o emocionar. Uno de entre los muchos casos a que hacemos referencia es el de Wilkinson, médico cirujano en esta misma legión desde el día 23 de marzo de 1837. Henri Wilkinson publicó su libro *Sketches of Scenery in the Basque Provinces of Spain, with a selection of national music*, en Londres el año 1838. Durante un año de permanencia en las provincias vascas recopiló el material suficiente para poder ofrecer una aceptable divulgación en su país natal sobre las cosas y los hechos que más le habían emocionado o llamado la atención en las mismas. Mencionamos este libro por ser, junto al de Sidney Crocker y Blich Barker, los más representativos en cuanto a la imagen de este período de la guerra carlista, vista por extranjeros británicos.

Sketches from the Basque Provinces of Spain no contiene más texto que la mera explicación de cada una de sus láminas y éstas son particularmente atractivas por su fantasía y originalidad. Mirándolas da la sensación de estar observando los más curiosos tipos de la Andalucía de la época y sin embargo no existe constancia de su perma-

with the work by Sydney Crocker and Blich Barker, is the most representative example of an account of the Carlist Wars as seen by Englishmen.

The only text in *Sketches from the Basque Provinces of Spain* is an explanation of each plate. These illustrations are especially attractive for their imagination and originality. A glance at the places gives the sensation of seeing the most picturesque types of Andalusia, even though there is no evidence of a visit to the south. The authors meticulously describe where each drawing was made, the circumstances, and sometimes they go further to describe the way of tilling the soil, the origin of the costumes, a city's history or the richness of its ceramics, all in just a few handwritten lines. We would not be so surprised by the accuracy of their descriptions, even if a great percentage of them are incorrect or incomplete, if the plates did not exist or if they were mere sketches made during the war. But the beautiful lithographs have not been plagiarized from any other book of the time. They have nothing in common with the ones published by Wilkinson or the many illustrations reproduced on the War for Independence. They have the freshness of a recent sensation and the sentimental and languid strokes of drawings done in situ. No other work is know by these two authors, and furthermore, their collaboration was the outcome of similar tastes and a fortuitous coincidence.

This work has become extremely rare and highly prized among collectors of editions of this period.

Bibliography

FOULCHÉ-DELBOSCH: *Bibliographie des voyages en Espagne et Portugal.* Amsterdam, 1969.—A. FARINELLI: *Viajes por España y Portugal.* Roma, 1942.—C. ARTIGAS: *El libro romántico en España.* Madrid, 1935-55.—*La imagen romántica.* Madrid, 1981.—I. ROBERTSON: *Los curiosos impertinentes.* Londres, 1975.

nencia en el sur. Los autores describen con minuciosidad desde dónde fue realizado cada dibujo, cuál fue el motivo que les impulsó a hacerlo y a veces, yendo más allá de la curiosidad que despierta la audacia, describen el modo de labrar la tierra, la procedencia de los trajes, la historia de una ciudad o la riqueza de su cerámica, y todo ello en apenas unas líneas manuscritas. No nos sorprendería tanto la seguridad de sus descripciones, aunque sean en un tanto por ciento elevado erróneas e incompletas, si las láminas no existieran, o sencillamente si no pasaran de ser simples apuntes tomados en la contienda a lo largo de su permanencia en la misma.

Pero las preciosas litografías no han sido plagiadas de ningún otro libro en la época; no tienen nada que ver con las publicadas por Wilkinson, ni con las numerosas que se reprodujeron con motivo de la guerra de la Independencia. Se observa en ellas el frescor de una sensación reciente y el trazo lánguido y sentimental de los dibujos que se hacen *in situ*. No se conoce ninguna otra obra de estos dos autores, es más, nos atrevemos a decir que su conjunción fue fruto del mismo gusto por las cosas en esta rara coincidencia.

Su libro ha pasado a ser un ejemplo poco frecuente y hoy día altamente cotizado en el mercado del libro antiguo.

Bibliografía

FOULCHÉ-DELBOSCH: *Bibliographie des voyages en Espagne et Portugal.* Amsterdam, 1969.—A. FARINELLI: *Viajes por España y Portugal.* Roma, 1942.—C. ARTIGAS: *El libro romántico en España.* Madrid, 1935-55.—*La imagen romántica.* Madrid, 1981.—I. ROBERTSON: *Los curiosos impertinentes.* Londres, 1975.

127. PARCERISA, Francisco Javier

Recuerdos y bellezas de España, obra destinada para dar a conocer sus monumentos, antigüedades, paysages, etc. En láminas dibujadas del natural y litografiadas por F. J. Parcerisa, y acompañadas con texto por [Pablo Piferrer, Francisco Pi y Margall, José María Quadrado y Pedro de Madrazo].—Barcelona: Imprenta de Joaquín Verdaguer, Lito Bodir, —1839-1865, 12 v. in 4 (32 cms.), gr.

Madrid, Biblioteca Nacional BA 4237

Each volume contains the name of the author of the text, the place, data, locus and printing press for the edition, as well as the number, title and location of each plate in the book.
I. Book I. *Principado de Cataluña* includes the provinces of Barcelona, Gerona, Tarragona and Lérida por Pablo Piferrer. 1839.—369 pp. 40 plates.
V. II.: Book II. *Cataluña* por P. Piferrer y F. Pi y Margall, Barcelona. [s.l., s.n., s.a.].—350 pp. 33 plates. All the titles from this work on are done in chromolithographs. On the title page as in the remaining volumes is the seal of royal protection of the king and queen.
V. III.: *Mallorca.* Por don Pablo Piferrer. [Barcelona 1842]. 338 pp. 30 plates..
V. IV.: *Aragón,* por don José María Quadrado. Barcelona 1844-48. 428 pp. 52 plates.
V. VI.: *Castilla La Nueva* por don José María Quadrado. Madrid: Im-

127. PARCERISA, Francisco Javier

Recuerdos y bellezas de España, obra destinada para dar a conocer sus monumentos, antigüedades, paysages etc. En láminas dibujadas del natural y litografiadas por F.J. Parcerisa, y acompañadas con texto/por [Pablo Piferrer, Francisco Pi y Margall, José María Quadrado y Pedro de Madrazo].—1839-1865, 12 v. en 4.° grab.

Madrid, Biblioteca Nacional BA 4237

V. I. Principado de Cataluña, comprende las provincias de Barcelona, Gerona, Tarragona y Lérida por don Pablo Piferrer.—Barcelona: Imprenta de Joaquín Verdaguer, Lito Bodin, 1839.—369 p., 40 lám.

V. II. Cataluña/por P. Piferrrer y F. Pi y Margall.—Barcelona: s.l., s.i., s.a.—350 p., 33 lám. Todas las capitales, a partir de este ejemplar están impresas al cromo. En la portada de este volumen, así como en los diez restantes, aparece la obra bajo la real protección de SS.MM la reina y el rey.

V. III.: Mallorca/por don Pablo Piferrer.— Barcelona: s.l., s.i., s.a., [Barcelona 1842].— 338 pág., 30 lám.

V. IV.: Aragón/por don José María Cuadrado.—Barcelona: 1844-48.—428 p., 52 lám.

V. V.: Castilla la Nueva/por don José María Quadrado.—Madrid: Imprenta de don José María Repollés, 1848-53.—651 p., 81 lám.

prenta de don José María Repullés, 1848-53. 651 pp. 81 plates.

V. VII.: *Reino de Granada* incluyendo las provincias de Jaen, Granada, Málaga and Almería, por Franciso Pi y Margall. Madrid. José M. Repullés. 1850-1852. 428 pp. 48 plates.

V. VIII.: *Reino de Córdoba* por don Pedro de Madrazo, Madrid, Imprenta de José Repullés, 1852-55, 450 pp., 31 plates.

V. IX.: *Asturias y León* por don José María Quadrado, Madrid, Imprenta de José María Repullés, 1855-59, 460 pp., 65 plates.

V. X.: *Sevilla y Cádiz* por don Pedro de Madrazo. Madrid, Imprenta de don Cipriano López, 1856. 616 pp., 65 plates.

V. XI.: *Valladolid, Palencia y Zamora* por don José María Quadrado. Madrid, Imprenta de López, Cava Baja, 19, 1861. 468 pp. 58 plates.

V. XII.: *Salamanca, Avila y Segovia* por don José María Quadrado. Barcelona, Imprenta de Luis Tasso, calle del Arco del Teatro, diciembre de 1865. 548 pp., and 70 plates.

Francisco Javier Parcerisa was born in Barcelona when Labords had been in Spain for three years. In 1803 the monumental work of the Frenchman was still a mere project in its initial state. Locker, Scott and Chateaubriand were beginning to outline with their pens and images the beginning of the new century.

Parcerisa, along with other Spanish artists who chose the field of painting and engraving, was disposed to receive the spirit of the time and to continue the task of spreading the architectural and scenic wonders of his country. The great work that he had envisiond was to be an illustrated route, but also it meant that the best writers of the time had to be included so that the descriptive text would not be a mere support for the engraving.

The way Parcerisa chose to finance his work had already been marked by Laborde. The beginning of the War of Independence, like many other circumstances that arose from it, had almost ruined the Baron. Even though the Catalan was not in the same situation, he was also affected by the political and economic disasters his country was suffering when he began to prepare his project. Parcerisa must have thought that if Ponz and Laborde had obtained a royal privilege to protect their works for a number of years, he would not have any difficulty in obtaining one for his project. Volume one of the twelve that make up his work was a real challenge and does not have the seal of the royal family, but the second did come out with the support of the king and queen.

Even though he was the guiding spirit of this enormous project, his partnership with Pablo Piferrer was decisive to give shape to his idea. The detailed, exaustive critical description, more appropriate to the Age of Enlightement, was woven with the freshness, simplicity and sensitivity of the height of Romanticism in Spain.

Parcerisa and Piferrer published their first volume at the time when the last Carlist from lower Aragon were retreating towards Barcelona after the treaty of Vergara. Both of them endured enormous hardships when that civil war refused to be quelled.

The activity that Parcerisa dedicated to this monumental work as a draftsman and lithographer did not prevent him from leaving us an important legacy of canvasses which were exhibited in several national salons such as 'Exterior of the Cathedral of Burgos', 'The Main

V. VII.: Reino de Granada comprende las provincias de Jaén, Granada, Málaga y Almería/por don Francisco Pi y Margall.—Madrid: Imprenta de José Repollés, 1850-52.—428 p., 48 lám.

V. VIII.: Reino de Córdoba/por don Pedro de Madrazo.— Madrid: Imprenta de Jose Repulles, 1852-55, 450 páginas.— 31 lám.

V. IX: Asturias y León/por don José María Quadrado.—Madrid: Imprenta de José María Repulles, 1855-59.—460 p., 65 lám.

V. X: Sevilla y Cádiz/por don Pedro de Madrazo.—Madrid: Imprenta de don Cipriano López, 1856.—616 p., 65 lám.

V. XI: Valladolid, Palencia y Zamora/por don José María Quadrado.—Madrid: Imprenta de López, Cava Baja, 19, 1861.—468 p. y 58 lám.

V. XII: Salamanca, Avila y Segovia/por don José María Quadrado.—Barcelona: Imprenta de Luis Tasso, calle del Arco del Teatro, diciembre de 1865.—548 p., 2., 70 lám.

Cada uno de los volúmenes descritos indica el autor del texto, el lugar sobre el que escribe y data, lugar e imprenta para la edición, así como el número, título y situación en el libro de cada una de las láminas que adornan el mismo.

Francisco Javier Parcerisa nació en Barcelona cuando Laborde cumplía tres años de estancia en nuestro país. En 1803 la monumental obra del francés era todavía un proyecto en vías de ejecución y tanto éste como Locker, Scott o Chateaubriand comenzaban a delinear, a través de sus plumas y sus imágenes, los albores del nuevo siglo.

Parcerisa, que eligió el camino de la pintura y el grabado, recibió esta herencia, como tantos otros, con un espíritu predispuesto a continuar la labor de divulgación de las maravillas arquitectónicas y paisajísticas de su país, si bien la gran obra que él pensó no debería ser únicamente un recorrido a través de la imagen, sino que había de incluir las mejores plumas de la época para que el texto descriptivo no fuera una simple apoyatura del grabado.

El camino que siguió Parcerisa para financiar su obra ya lo había marcado Laborde. El comienzo de la guerra de la Independencia, como otras muchas circunstancias que nacieron de ésta, habían llevado al barón casi a la ruina. Aunque el catalán no se encontraba en la misma situación, no por ello le faltaron los desastres políticos y económicos por los que atravesaba el país cuando él comenzó a preparar su proyecto. Parcerisa debió de pensar que si Ponz y Laborde habían conseguido un privilegio real para proteger la obra durante cierto núnero de años, a él no le sería muy difícil hacer lo propio con su proyecto. Efctivamente, el tomo I, de los doce que constituirían su obra, es casi un reto y no lleva ningún sello de la casa real mostrando su apoyo, pero el segundo ya aparece bajo la protección de sus majestades, la reina y el rey.

Aunque él fue realmente el alma de todo este ingente proyecto; su asociación con Pablo Piferrer fue decisiva para dar forma a la idea del primero. La descripción

Chapel of the Cathedral of Barcelona', 'View from the choir, Interior of the Cathedral of Tarragona', etc.

Recuerdos y Bellezas de España, like so many other endeavors of the time of such density and importance, were published in installments supported by subscribers whose names appear in its pages. For this reason, once the installments were bound, the title page mentioned a specific publishing date. But this was not the real date, since it was always published with the date of the first installment. For the purpose of scholarship, we included here the dates of the volumes when the complete works were published.

Principality of Catalonia: March 1839 to November 1841.
Catalonia (vol. II): September 1844 to February 1850.
Kingdom of Majorca: March 1842 to June 1844.
New Castile (vols. V & VI): May 1848 to November 1853.
Kingdom of Granada: February 1850 to February 1852.
Kingdom of Cordova: June 1852 to May 1863.
Asturias and Leon: May 1855 to July 1859.
Seville and Cadiz: February 1856 to March 1863.
Valladolid, Placencia and Zamora: May 1861 to November 1865.
Salamanca, Avila and Segovia: December 1865 to June 1872.

The interest in clarifying these dates has a special significance for scholars. When a superficial study is done on this type of work it can produce errors of various types. One of the most important problems, almost always outside the province of the author or publisher, is the lack of continuity of the installments and therefore, a confusion in the correct publishing dates.

According to a note in the work, once the book was published it was plagiarized by other authors. Even though Parcerisa comments that it did not bother him, he does call attention to the fact that it was done unashamedly by people who had never set foot in an archive or ever seen any of the monuments they described. They also traced the plates which they say are their own without giving it a second thought. Unfortunately this was typical of the publishing of this kind of book at that time.

Bibliography

FOULCHÉ-DELBOSCH: *Bibliographie des voyages en Espagne et Portugal.* Amsterdam, 1969.—A. FARINELLI: *Viajes por España y Portugal.* Roma, 1942.—C. ARTIGAS: *El libro romántico en España.* Madrid, 1935-55.—*La imagen romántica.* Madrid, 1981.—I. ROBERTSON: *Los curiosos impertinentes.* Londres, 1975.

minuciosa, exhaustiva y crítica, más propia de los ilustrados, se entretejió con la frescura, sencillez y sensibilidad que marcaron los estilos cuando el romanticismo en España estaba en pleno auge.

Los últimos carlistas del bajo Aragón hacían su retirada hacia Barcelona, una vez firmado el convenio de Vergara, cuando Parcerisa y Piferrer sacaban a la luz su primer tomo: Principado de Cataluña. No vamos a recordar aquí las enormes dificultades por las que hubieron de atravesar ambos cuando la guerra civil aún se resistía a desaparecer.

La actividad que desplegó Parcerisa como dibujante y como litógrafo para esta obra monumental no le impidió dejarnos un importante legado de lienzos que exhibieron en diversas Exposiciones Nacionales: *Vista exterior de la catedral de Burgos, Capilla mayor de la catedral de Barcelona, vista desde el coro, Interior de la catedral de Tarragona,* etc.

Recuerdos y Bellezas de España, como tantas otras obras en la época, de esta densidad y envergadura, se sacaba por entregas y tenía el apoyo de una serie de suscriptores cuyos nombres aparecían publicados en sus páginas. Por tanto, aunque las entregas una vez encuadernadas contaran con una portada en la que figuraba su fecha determinada, ésta no era la real ya que siempre se imprimía con el año en que se realizaba la primera entrega. Así, creemos oportuno especificar aquí las fechas en que se dieron a luz los diversos tomos de que consta la obra completa. Principado de Cataluña: marzo de 1839 a noviembre de 1841. Cataluña (tomo 2°): septiembre de 1844 a febrero de 1850. Reino de Mallorca: marzo de 1842 a junio de 1844. Castilla la Nueva (vol. 5 y 6): mayo de 1848 a noviembre de 1853. Reino de Granada: febrero de 1850 a febrero de 1852. Reino de Córdoba: junio de 1852 a mayo de 1855. Asturias y León: mayo de 1855 a julio de 1859. Sevilla y Cádiz: febrero de 1856 a marzo de 1863. Valladolid, Palencia y Zamora: mayo de 1861 a noviembre de 1865. Salamanca, Avila y Segovia: diciembre de 1865 a junio de 1872.

El interés de esta puntualización en las fechas tiene especiales razones para el investigador, ya que este tipo de obras voluminosas, cuando se realiza un medido estudio sobre ellas, son susceptibles de errores por varias causas. Entre estas, una de las más importantes —casi siempre ajenas al autor y al editor— destaca la discontinuidad de las propias entregas, y por tanto de las fechas correctas de salida.

Parece, según dice una advertencia en la obra, que ésta sufrió plagios en la época, por parte de otros autores, y aunque Parcerisa comenta que no se siente molesto por ello, sí llama la atención que se haga tan descaradamente por personas que nunca han pisado un archivo, ni visto el monumento que describen y que además calquen las láminas sin nigún tipo de pudor, y que den por suyo, sin ningún esfuerzo, el trabajo que tantas fatigas ha costado a otros. Este hecho ha sido una constante en la época.

Bibliografía

FOULCHÉ-DELBOSCH: *Bibliographie des voyages en Espagne et Portugal.* Amsterdam, 1969.—A. FARINELLI: *Viajes por España y Portugal.* Roma, 1942.—C. ARTIGAS: *El libro romántico en España.* Madrid, 1935-55.—*La imagen romántica.* Madrid, 1981.—I. ROBERTSON: *Los curiosos impertinentes.* Londres, 1975.

Bibliografía

FOULCHÉ-DELBOSCH: *Bibliographie des voyages en Espagne et Portugal.* Amsterdam, 1969.—A. FARINELLI: *Viajes por España y Portugal.* Roma, 1942.—C. ARTIGAS: *El libro romántico en España.* Madrid, 1935-55.—*La imagen romántica.* Madrid, 1981.—I. ROBERTSON: *Los curiosos impertinentes.* Londres, 1975.

128. PEREZ DE VILLA-AMIL, Genaro

España artística y monumental. Vistas y descripción de los sitios y monumentos más notables de España./ Obra dirigida y ejecutada por don Genaro Pérz de Villa-Amil; texto redactado por don Patricio de la Escosura; litografiada por los principales litógrafos de París; publicada bajo los auspicios y colaboración de una sociedad de artistas, literatos y capitalistas españoles. París: en casa de Alberto Hauser, número 11, boulevard Des Italiens. Imprenta de Fain y Thunot, 1842-1844, 3 v. Lithograph , in-fol.

Madrid, Biblioteca Nacional ER 176-17

V. I. Title page with contents. 1 page containing the index of prints and articles in volume 1; 1 page with the dedication to 'His Excellency Don Gaspar Remisa, Marquis of Remisa' illustrious patron of Arts and Letters, offering this public testimony of gratitude and fiendsip from the authors of *La España artística y monumental.* 99 pages of text in two columns in French and Spanissh explaining the 46 plates, including the frontispiece. All plates and articles in this volume refer to Burgos, Toledo, Valladolid, Madrid, Guadalajara, Seville, Saragossa, and Cordova, with most of the work dedicated to Burgos and Toledo. [45] plates.
V. II. Title page with table of contents (1844). 1 page containing index of prints and articles in volume II, 91 pages of text, two columns in French and Spanish, explanations of 45 plates shown. All prints and articles in this volume refer to Toledo, Burgos, Seville, Zamora, Calatayud, Oña, Guadalajara, Pancorbo, Miraflores, Valladolid, Coca, Salamanca and Alcalá de Henares. [45] plates.
V. III. No title page (copy in the Biblioteca Nacional, Madrid). 48 pages of explanatory text in double colums, French and Spanish. All plates and articles in this volume refer to Humanejos, Toledo, Segovia, Madrid, Alcalá de Henares, Illescas, Lerma and Burgos. [24] plates.

Villa-Amil did not begin to study painting until he was sixteen when he was wounded in combat as an army staff aid and taken as prisoner of war to Cádiz. From that moment on, the natural bent of the future artist began to develop. He decided to abandon his military career and was offered a job in Puerto Rico painting set decorations in an important theater. He entered the Royal Academy of San Fernando as an academician of special merit and became its director in 1845. He was also commissioned to do the paintings for the Artistic and Literary Society. Thus, his life was devoted to art lived with great intensity.

The author of the text, Patricio de la Escosura was a writer and politician from Madrid who led a hazardous life due to his political convictions. His dazzling speeches in Parliament testify to his ability as a great orator and deputy of the Pregressive party. He was elected a fellow of the Spanish Academy and his literary production consists of memoirs, studies, histories and biographies dealing with Spanish life and customs.

The Aragonese archeologist and painter, Valentín Carderera y Solano, also intervened in this great work, although not directly. His parents had wanted him to be-

128. PEREZ DE VILLA-AMIL, Genaro

*España artística y monumental. Vistas y descripción de los sitios y monumentos más notables de España/*Obra dirigida y ejecutada por don Genaro Pérez de Villa-Amil,... Texto redactado por don Patricio de la Escosura, Litografiada por los principales litógrafos de París. Publicada bajo los auspicios y colaboración de una sociedad de artistas, literatos y capitalistas españoles.—París: en casa de Alberto Hauser, n.° 11, Boulevard des Italiens, imprenta de Fain y Thunot, 1842-1844.—3 t.; fol.

Madrid, Biblioteca Nacional ER 176-17

T. I. 99 p. de texto a dos columnas en castellano y francés, explicativo de las 46 láminas a las que acompaña, incluyedo el frontispicio. El total de las láminas y de los artículos contenidos en este tomo se refieren a Burgos, Toledo, Valladolid, Madrid, Guadalajara, Sevilla, Zaragoza, Córdoba, dedicándose el grueso de la obra a Burgos y Toledo. [46] grab.
T. II. 1844. 1 p. que contiene el índice de las estampas y artículos contenidos en el tomo II, 91 p. de texto a dos columnas en castellano y francés, explicativo de las 45 láminas a las que acompaña. El total de las láminas y de los artículos contenidos en este tomo se refieren a Toledo, Burgos, Sevilla, Zamora, Calatayud, Oña, Guadalajara, Pancorbo, Miraflores, Valladolid, Coca, Salamanca, Alcalá de Henares. [46] grab.
T. III. Carece de portada el ejemplar depositado en la Biblioteca Nacional de Madrid, 48 p. de texto a dos columnas en castellano y francés explicativo de las 24 láminas a las que acompaña. El total de las láminas y de los artículos contenidos en este tomo se refieren a Humanejos, Toledo. Segovia, Guadalajara, Madrid, Alcalá de Henares, Illescas, Lerma, Burgos. [24] grab.

Villa Amil no comenzó sus estudios de pintura hasta los dieciséis años, edad en que siendo ayudante del Estado Mayor del Ejército fue herido en combate y, en calidad de prisionero de guerra, conducido a Cádiz. Desde aquel momento la afición natural del futuro artista comenzó a desarrollarse y, por tanto, llevarle a tomar la decisión de abandonar la carrera militar. Puerto Rico le contrató años más tarde para pintar las decoraciones de un importante teatro, la Real Academia de San Fernando le concedió el ingreso como individuo de mérito, hasta llegar a ser director de la misma en 1845, se le encargaron también las pinturas del Liceo Artístico y Literario; en fin, una vida dedicada al arte vivida con gran intensidad.

Patricio de la Escosura, escritor y político madrileño, hombre de vida azarosa a causa de sus ideas políticas, es el autor del texto de la obra que nos ocupa. Sus intervenciones tan fulminantes en las Cortes Constituyentes dejaron constancia de su faceta de gran orador, como diputado por el Partido Progresista. Fue elegido individuo de la Academia Española y su legado en esta faceta literaria han sido memorias, estudios, historias y biografías sobre la vida y costumbres españolas.

Drawn by David Roberts.   Engraved by E. Challis.

Gate of the Hospicio, Madrid.

London, Published Oct 28, 1837, by Robert Jennings & Cº 62 Cheapside.

JENNINGS, ROBERT. *Jenning's Landscape annual on tourist in Spain for 1837. Biscay and the Castile's.* London: Robert Jennings, 1837. *BN ER/2402.*

come a priest, but through the intervention of José de Palafox, Captain-General of Aragon who had seen some of his drawings, he left the seminary to become a pupil of Buenaventura Salesa in Saragossa. Within a short time he was asmitted to the Academy of St. Louis where he received everything necessary to become a great painter. He had many sponsors, among them the Duke of Villahermosa and José de Madrazo who awarded him a highly coveted scholarship to Rome where he remained for nine years. After he returned from Rome he teavelled throughout Spain gathering material for an illustrated history of Spain. His life drawings became the basis for his great work, *Iconografía española* (Spanish Iconography), the forerunner of *España artística y monumental* and *Recuerdos y bellezas de España*. For this reason some of Villa-Amil's drawings are signed 'after a sketch by Carderera'.

There were several outstanding engravers who worked on the series. Asselineau lithographed the plate 'High altar of the cathedral of Saragossa'. He worked in the second series pubished between 1835 and 1836 by the Real Establecimiento Litográfico on the collection of *Scenes of the Royal Sites and Madrid,* painted by Brambila and Manuel Miranda y Rendón. Fichot also worked on Carderera's *Iconografía española*. Special mention should be made of the artist, Alfred Guesdon, lithographer of the plate 'Cloister of Santa Engracia' and 'Tombs in the monastery of Oña'. This lithographer and architect, a native of Nantes, made a series of perspective drawings of Spain around 1855 recently published by the Secretaría General Técnica del Ministerio de Obras Públicas. These bird's eye views are illustrative of a Spain of the middle of the 19th century which are hardly recognizable today. They were drawn from life and, as Benet says in his introduction, he may have used his knowledge of the laws of perspective or, in order not to take away any of the fantasy of this beautiful work, perhaps the first sketches were made from a balloon. This publication, compiling all the views, is undoubtedly a very valuable contribution to the urban knowledge of a Spain that is almost completely nonexistent today. Guesdon's collaboration as a lithographer is extremely important, given the far-reaching influence of his legacy.

It is impossible to give a complete catalog of Villa-Amil's works because of his voluminous pictorial output and the diversity of media in which he worked comprised of numerous paintings, illustrations, sketches and etchings, as well as his public activities. Nevertheless, the most characteristic part of his work are his etchings: Undoubtedly the amount of time he put into this facet of art probably took away from the work which would have given him more of a means of making a living. This artist produced more than eight thousand paintings during his creative life, but he selected etchings to decorate texts which interrupted that facet of his production. He certainly did not do them because of bad luck, but it s seems more likely that he did them in deference to pub-

El arqueólogo y pintor aragonés Valentín Carderera y Solano también interviene en esta gran obra, si bien no directamente. Aunque sus padres dispusieron en un primer momento que estudiara la carrera eclesiástica, muy pronto, y a través del capitán general de Aragón, José de Palafox, que tuvo ocasión de contemplar algunos de los dibujos de Carderera en su vida de seminarista, abandonó estas enseñanzas y se convirtió en discípulo de Buenaventura Salesa en Zaragoza, ingresando al poco tiempo en la Academia de San Luis, en la que se le facilitaron todos los medios para llegar a ser un gran pintor. Fueron muchos sus protectores, entre ellos el duque de Villahermosa y José de Madrazo, quienes le facilitaron la tan soñada beca de Roma, ciudad en la que permaneció nueve años. Cumplido este tiempo regresó a España con el pensamiento de recorrer cada uno de sus rincones en busca de material con que ilustrar la historia de España. Sus dibujos tomados del natural cobraron forma en la que fue su gran obra: Iconografía española, que sería el antecedente de *España Artística y Monumental* y de *Recuerdos y Bellezas de España*. De ahí que algunos dibujos de Villa Amil añadan en la firma «según croquis de Carderera».

En cuanto a los grabadores, citaremos la referencia de Asselineau, que litografió la lámina «Altar mayor de la Seo» entre otras, por su participación como grabador en la segunda serie que entre 1835 y 1836 editó el Rey al Establecimiento Litográfico, sobre la Colección de *Vistas de los Sitios Reales y Madrid,* pintadas por Brambila y por Manuel Miranda y Rendón. Fichot, intervino también en la *Iconografía Española de Carderera;* y sobre todo una mención especial al artista Alfred Guesdon, litógrafo de la lámina «Claustro de Santa Engracia» y «Sepulcros en el monasterio de Oña». Este pintor, litógrafo y arquitecto, natural de Nantes, realizó una serie de perspectivas de España hacia 1855 (publicadas recientemente por la Secretaria General Técnica del Ministerio de Obras Públicas) a vista de pájaro, que son totalmente ilustrativas de la España de mediados del siglo XIX, y que en la actualidad apenas podríamos reconocer. El las dibujó del natural; puede ser, como indica Benet en su introducción, que se sirviera de sus conocimientos de las reglas de la perspectiva y de planos fieles, o bien para no restar algo de fantasía a esta preciosa obra, que fuera posible que los primeros apuntes los tomara viajando en globo. Esta publicación, en la que se han recopilado la totalidad de las vistas es, sin ninguna duda, una valiosísima aportación para el conocimiento urbano de una España ya desaparecida casi en su totalidad. La colaboración de Guesdon, pues, en la obra de Pérez Villa Amil, como litógrafo, es de suma importancia, dada la dispersión de su legado.

La voluminosa obra pictórica y el gran número de dibujos llevados al grabado, a la vez que la actividad pública de Villa Amil en el terreno del arte, nos impiden dar en esta reseña una catalogación completa de sus trabajos; por dos razones: lo exhaustivo y lo multidiscipli-

licity and the guarantee of a markert for publication. Villa-Amil's pictorial works are represented thoughout Europe since he entered paintings in several national and international exhibitions and received many awards for them. He was not one of those romantic artists who starved in a garret. On the contrary, his wealthy background and career made his road an esay one. Early in life he came in contact with the world of Romantiscim and undoubtedly had the means to support his burgeoning artistic career.

His first foray into the working was an attempt to pursue a military career, but his sensitive nature soon drew him away from this type of work, so radically opposed to the world of art and culture. Moreover, when he arrived in Madrid, he became friends with Zorrilla and Patricio de la Escosura who, from their influential position in the clandestine artistic groups of the period, set the patterns for the new artistic trends.

Villa-Amil made an agreement with Escosura to take charge of the descriptive and narrative aspects of *La España artística y monumental*. Don Patricio de la Escosura had been a student of Lista and a good friend of the poet Espronceda. Both men participated in the literary gatherings of El Parnasillo and joined the same secret society know as 'Los Numantinos'.

The text of *La España artística y monumental* is more reminiscent of a man of the Enlightenment than a Romantic and certainly here the political leanings of the writer are not exaggerated.

From this combination of talents it may be inferred that neither Villa-Amil nor Escosura chose this work for the same motivations as Laborde or Parcerisa. The latter artists were moved by sentimental inclinations and a grandiose project filled with zeal for culture in a dark and gloomy country stifled for the lack of liberty. Escosura and Villa-Amil, on the other hand, were motivated by more urgent priorities since the former centered his attention on personal activities independent of his work, and Villaamil was furthering his career through his brushes. We cannot say, then, that *España artística y monumental* had the same significance for these two men that *Recuerdos y bellezas de España* had for Parcerisa. This is true for two reasons. First, Escosura, who had to emigrate twice for political motives, would have put off any glory or success on the arduous cultural trail for the sake of his political activities which were more important to him. It was not by accident that he created for himself a universal image of freedom and tolerance which was incompatible with the hard, obscurantist times of the period. Second, Villa-Amil already had his future cut out for him and did not want to remain unnoticed in the publishing world. Thus, the fact of publishing a descriptive book on Spain in Paris was extremely tempting to him.

These reproductions, with a few omissions, published in *España artística y monumental,* were the same ones that he gave to Emile Gimet for his book *Espagne, Lettres familiéres,* published in Paris in 1864.

nario. No obstante haremos referencia a lo más peculiar de su obra, desde el punto de vista del grabado, porque sin ninguna duda, el tiempo de su vida que dedicó a esta faceta del arte no fue invertido en el trabajo que le habría de reportar los medios necesarios para sobrevivir. Un artista que tiene en su haber, a lo largo de veintidós años de vida creativa, más de ocho mil cuadros, elige el grabado como adorno de un texto por dos razones: bien por una mala fortuna —que no parece probable—, bien un rasgo de condescendencia para asegurar su publicidad. Y decimos esto porque la obra pictórica de Villa Amil está representada en toda Europa, porque él llevó sus cuadros a diversas Exposiciones Nacionales e Internacionales y porque en su haber constan diversas cruces meritorias nacionales e internacionales. No fue Villa Amil un artista romántico de aquellos a los que acuciaba el hambre y la necesidad, al contrario, su procedencia adinerada y su trayectoria en la vida le hicieron el camino muy fácil. Muy rápidamente entró en contacto con el mundo del romanticismo y sin duda tuvo medios para costearse su imparable carrera artística.

Su primera inclinación hacia el mundo del trabajo consistió en intentar labrarse un porvenir a través de la carrera de las armas, pero su espíritu sensible le alejó rápidamente de estos intereses que eran tan contradictorios con el mundo del arte y la cultura y, por si fuera poco, cuando llegó a Madrid entablo amistad con Zorilla y Patricio de la Escosura, dos personajes que desde los círculos clandestinos de la época marcaron una línea dentro del mundo artístico.

Con el segundo se asoció Villa Amil para que se hiciera cargo de la parte descriptiva y de narración de la obra *España Artística y Monumental*. Don Patricio de la Escosura había sido discípulo de Lista y buen amigo de Espronceda, asistió con él durante un tiempo a la tertulia del Parnasillo y pasó a formar parte de la misma sociedad secreta a la que pertenecía el poeta: *los Numantinos*.

El texto que acompaña *España Artística y Monumental* es más propio de un ilustrado que de un romántico y desde luego en éste no se decantan las inclinaciones políticas del escritor.

De esta conjunción podemos muy bien deducir que ni Villa Amil ni Escosura eligieron este trabajo como lo hicieran Laborde o Parcerisa. A éstos les motivaba una inclinación sentimental y un proyecto grandioso de afán y de cultura en un país oscuro y atenazado por la falta de libertades. A Escosura y a Villa Amil, por el contrario, les motivaban otros afanes. Aquél centraba su atención en la actividad política, independientemente de su trabajo, y Villa Amil tenía labrada su carrera a través de sus pinceles. No podemos decir, pues, que *España Artística y Monumental* significara para estos dos personajes lo que representó para Parcerisa sus *Recuerdos y Bellezas de España*. Y decimos esto por dos razones: una porque Escosura, que hubo de emigrar dos veces por su significación política, postergó cualquier gloria o éxito en el arduo camino de la cultura por sus actividades políticas,

While it is not known if Escosura was in bad financial straits at that time, it is true that Villa-Amil could have chosen any other writer having more in common with his ideas. Nevertheless, he offered the task to Escosura, perhaps out of friendship, political sympathy or professional consideration.

Both *España artística y monumental* and Parcerisa's work were published in installments and included in the book was a list of subscribers who contributed financially to the publication.

Bibliografía
FOULCHÉ-DELBOSCH: *Bibliographie des voyages en Espagne et Portugal.* Amsterdam, 1969.—A. FARINELLI: *Viajes por España y Portugal.* Roma, 1942.—C. ARTIGAS: *El libro romántico en España.* Madrid, 1935-55.—*La imagen romántica.* Madrid, 1981.—I. ROBERTSON: *Los curiosos impertinentes.* Londres, 1975.

que tenían más importancia para él. No en balde tenía formada una imagen universal de la libertad y de la tolerancia que no era compatible con los tiempos duros y oscurantistas de la época; y otra, porque Villa Amil que ya tenía su futuro elaborado, no quiso pasar desapercibido en el mundo editoral, y el hecho de publicar en París un libro descriptivo de España podía ser algo muy sugestivo.

De hecho estas mismas reproducciones que publica en *España Artística y Monumental* son las mismas (aunque no la totalidad) que le cedió a Emile Gimet para su libro *L'Espagne. Lettres familiéres,* publicado en París el año 1864.

Si Escosura estaba en aquel entonces en mala situación económica es algo que ignoramos, pero sí es cierto que Villa Amil pudo haber escogido a cualquier otro escritor, más afín a sus ideas, para poner el texto a su obra y, sin embargo, se lo ofreció a él. ¿Por razón de su amistad, de simpatía política o consideración profesional?

España Artística y Monumental, al igual que la obra de Parcerisa, se hizo por entregas y entre sus páginas consta igualmente la relación de suscriptores que colaboraban de esta manera a financiar la obra.

Bibliografía
FOULCHÉ-DELBOSCH: *Bibliographie des voyages en Espagne et Portugal.* Amsterdam, 1969.—A. FARINELLI: *Viajes por España y Portugal.* Roma, 1942.—C. ARTIGAS: *El libro romántico en España.* Madrid, 1935-55.—*La imagen romántica.* Madrid, 1981.—I. ROBERTSON: *Los curiosos impertinentes.* Londres, 1975.

129. DAVILLIER, Carlo

Viaggio in Ispagna del Barone Carlo Davillier / Illustrato da oltre disegni di Gustavo Doré.— Milan: Treves, 1874.—in-4.—VIII, 623 pp.

Madrid, Biblioteca Nacional BA 6822

Title page with details of the edition and a boxwood engraving with the publisher's logo. On the dorso appears: 'La presente opera e le relative incisioni sono messe dagli Editori Frantelli Treves, sotto la tutela delle vigenti leggi di proprietà letterari ed artistica, per tutto il Regno d'Italia, Trieste, Trentino e Canto Ticino.' The credits are repeated below. Eight pages are devoted to the index of illustrations, 612 to the text and illustrations and 11 to the itinerary.

The itinerary is the following:

Figueras, Gerona, Barcelona, Montserrat, Reus, Poblet, Tortosa, Vinaroz, Benicarló, Murviedro, Valencia, Alcira, Carcagente, Gandía, Denia, Alcoy, Játiva, Almansa, Albacete, Villena, Alicante, Elche, Orihuela, Murcia, Cartagena, Totana, Lorca, Vélez Rubio, Cullar de Baza, Baza, Venta de Gor, Guadix, Diezma, Granada, Jaen, Alhendín, Alpujarras, Berja, Almería, Adra, Motril, Salobreña, Almuñécar, Vélez Málaga, Loja, Archidona, Antequera, Ronda, Gaucín, Gibraltar, San Roque, Algeciras, Tarifa, Vejer, Chiclana, Cádiz, Puerto

129. DAVILLIER, Carlo

Viaggio in Ispagna del Barone Carlo Davillier/Ilustrato da oltre 300 disegni di Gustavo Doré.— Milano: Fratelli Treves, Eeitori, 1874.—VII, 623 p., 4.°

Madrid, Biblioteca Nacional BA 6822

Portada con los datos de la edición y un grabado al boj con el logotipo editorial. Al dorso dice «La presente opera e le relative incisioni sono messe dagli Editori Fratelli TREVES, sotto la tutela delle vigenti leggi di proprietà letteraria ed artistica, per tutto il Regno d'Italia, Trieste, Trentino e Canton Ticino». Abajo figuran de nuevo los créditos. VIII páginas dedicadas al índice de las ilustraciones; 612 páginas en las que se contienen el texto del viaje y las ilustraciones que lo adornan, y 11 páginas dedicadas al índice del itinerario seguido.

Figueras, Gerona, Barcelona, Montserrat, Reus, Poblet, Tortosa, Vinaroz, Benicarló, Murviedro, Valencia, Alcira, Carcagente, Gandía, Denia, Alcoy, Játiva, Almansa, Albacete, Villena, Alicante, Elche, Orihuela, Murcia, Cartagena, Totana, Lorca, Vélez Rubio, Cúllar de Baza, Baza, Venta de Gor, Guadix, Diezma, Granada, Jaén, Alhendín, Alpujarras, Berja, Almería, Adra, Motril, Salobreña, Almuñecar, Vélez Málaga, Loja, Archidona, Antequera, Ronda, Gaucín, Gibraltar, San Roque, Algeciras, Tarifa, Vejer, Chiclana, Cádiz, Puerto de Santa María, Jerez, Arcos, Sanlúcar de Barrameda, Bonanza, Sevilla, Carmona, Ecija, Almodóvar del Río,

de Santa María, Jerez, Arcos, Sanlúcar de Barrameda, Bonanza, Sevilla, Carmona, Ecija, Almodóvar del Río Córdoba, Alcolea, Andújar, La Carolina, Santa Cruz de Mudela, Ciudad Real, Valdepeñas, Manzanares, Argamasilla de Alba, Montiel, Puerto Lápice, Tembleque, Guadalupe, Trujillo, Mérida, Badajoz, Cáceres, Plasencia, Yuste, Talavera de la Reina, Toledo, Illescas, Aranjuez, Madrid, El Escorial, Alcalá de Henares, Cuenca, La Granja, Avila, Salamanca, Alba de Tormes, Zamora, Toro, Medina el Campo, Valladolid, Palencia, León, Astorga, Villafranca del Bierzo, Lugo, Santiago de Compostela, Oviedo, Covadonga, Burgos, Miranda de Ebro, Calahorra, Tudela, Ricla, Cariñena, Teruel, Calatayud, Medinaceli, Sigüenza, Guadalajara, Saragossa, Vitoria, Zumárraga, Mondragón, Vergara, Isasondo, Beasaín, Tolosa, San Sebastián, Zarauz, Guetaria, Zumaya, Deva, Bilbao, Irún, Fuenterrabía, Mallorca, Menorca.

The itinerary is divided into 27 chapters and a small appendix. The engravings were based on Gustave Doré's originals following the order of the itinerary.

When the illustrious Hispanist Charles Davillier and the no less famous artist Gustave Doré reached Spain the decade of the sixties had alredy begun. It was no longer necessary to use the famous mules that guided Locker, Laborde and Brackford, nor would they have to travel in the noisy, uncomfortable and rickety stagecoaches of Taylor, Roberts or Lewis' time. Doré and Davillier were able to enjoy parts of the trip more leisurely, thanks to the recent inauguration of the railroad. They realized that the most exaggerated or most outstanding aspects of that Romantic Spain described by previous travellers were about to disappear and thought it would be their pleasant duty to offer the image of the time to posterity.

Doré, recognized as one of the best draftsmen and illustrators of books like the *Divine Comedy, The Mother Goose Tales* and *The Labors of Hercules,* and for his valuable contribution to the press of the time, asked Davillier to go to Spain with him. Davillier had already travelled through this country before and had made many marvellous friends there, such as Fortuny and Madrazo, and he had brought back a great deal of information to write about, some of which had already been published. Doré had merely set foot across the border at the Pyrenees. From the villages he had visited in order to make the sketches for the illustrations for Taine's *Trip to the Pyrenees,* he realized how interesting a more complete trip to Spain could be and wanted to delight his eyes with those landscapes which, up to now, were just in his imagination.

Doré wanted to make journey with his close friend Davillier because the Hispanist would be able to show him the Spain he wanted to know, the 'real' Spain, its people, its byways, and most of all, a journey through art and culture that his scholarly friend had mastered perfectly.

Córdoba, Alcolea, Andújar, La Carolina, Santa Cruz de Mudela, Ciudad Real, Valdepeñas, Manzanares, Argamasilla de Alba, Montiel, Puerto Lápice, Tembleque, Guadalupe, Trujillo, Mérida, Badajoz, Cáceres, Plasencia, Yuste, Talavera de la Reina, Toledo, Illescas, Aranjuez, Madrid, El Escorial, Alcalá de Henares, Cuenca, La Granja, Avila, Salamanca, Alba de Tormes, Zamora, Toro, Medina del Campo, Valladolid, Palencia, León, Astorga, Villafranca del Bierzo, Lugo, Santiago de Compostela, Oviedo, Covadonga, Burgos, Miranda de Ebro, Calahorra, Tudela, Ricla, Cariñena, Teruel, Calatayud, Medinaceli, Sigüenza, Guadalajara, Zaragoza, Vitoria, Zumárraga, Mondragón, Vergara, Isasondo, Beasaín, Tolosa, San Sebastián, Zarauz, Guetaria, Zumaya, Deva, Bilbao, Irún, Fuenterrabía, Mallorca, Menorca.

La división del itinerario figura en el libro a lo largo de veintisiete capítulos y un pequeño apéndice.

Grabados realizados a partir de los originales de Gustavo Doré, siguiendo el orden del itinerario:

Cuando el ilustre hispanista Charles Davillier y el no menos afamado dibujante Gustave Doré llegan a España, corre la década de los sesenta. Ya no es necesario utilizar como único transporte las famosas mulas que guiaron a Locker, a Laborde o a Brackford, ni siquiera habrá que viajar continuamente en las destartaladas diligencias tan ruidosas e incómodas en que lo hicieron Taylor, Robert o Lewis. Doré y Davillier pueden disfrutar tramos de un viaje más descansado gracias a la reciente inauguración del ferrocarril. Ellos saben que la España romántica descrita por los viajeros anteriores está a punto de desaparecer en sus rasgos más exagerados o sobresalientes y consideran un grato deber ofrecer la imagen de su tiempo a la posteridad.

Doré, ya reconocido sobradamente como uno de los mejores dibujantes e ilustradores de libros como *La Divina Comedia, Los Cuentos* de Perrault, *Los trabajos de Hércules,* etc., y sus valiosas colaboraciones en la prensa de la época, pidió a Davillier que le acompañara a España; él, que ya había viajado por esa tierra anteriormente y en la que había conseguido estupendas amistades como Fortuny o Madrazo y de la que tomó documentación copiosa para escribir trabajos ya publicados. Doré también llegó a pasar la frontera de los Pirineos, pero sólo eso. Desde los pueblecitos que visitara con motivo de sacar apuntes para las ilustraciones que debían adornar el libro *Viaje a los Pirineos* de Taine, veía lo interesante que podía ser hacer un viaje más exhaustivo por España y poder recrear sus ojos con aquellos paisajes que ahora sólo estaban en su imaginación.

Gustave Doré quiere realizar el viaje con su querido amigo Davillier porque el hispanista le mostrará la España que él quiere conocer, sus gentes auténticas, sus verdaderos caminos y, sobre todo, ese paseo por el arte y la cultura que el investigador dominaba perfectamente.

Su deseo no tarda mucho tiempo en cumplirse y, en 1862, emprenden el viaje, entrando por la Junquera, en unión de un hermano de Davillier. Los viajeros se ha-

It did not take long for his wish to be fulfilled. In 1862 they set out together, entering Spain by La Junquera with a brother of Davillier. The travellers had a contract with Hachette's travel magazine, *Le Tour du Monde* to send material that would be published periodically. In 1874 Hachette published this contribution in one volume with the title *L'Espagne*.

To enter Spain, Davillier chose the itinerary followed by Laborde, and the route that most of the Romantic travellers followed was left aside for the moment. Maybe Laborde, the forerunner of this trend, had inspired him to do a more extensive and complete route. In fact, the numerous engravings that decorate both editions were made at the foot of those very same views and monuments. It is curious, leaving aside the differences in style and time, to observe the changes that had taken place in Spain over a period of almost sixty years, when continuous wars had devastated this unfortunate country. Doré had the innate capacity for dominating with his pencil everything that met his eyes and heart. He does not show us what he saw during his trip in a violent or serious way, but he does not mislead us either. Neither his drawings nor Davillier's descriptions mislead us. We have only to remember those tremendously sentimental landscapes that show how much a mule can suffer, constantly going around a waterwheel, and the sad, tired face of the animal in the drawing, or the gloomy jail of the Inquisition in Barcelona, the beggar children, or the authenticity of the Tribunal de las Aguas in Valencia.

Davillier had felt a great love for Spain since his youth and one of his greatest wishes was to do research and glean information from its museums and archives. He had travelled to Spain since he was very young, whenever he could, and he was very concerned about the ignorance and obscurantism that surrounded the knowledge of Spanish culture in those times.

The convesations between both travellers must have been of essential importance and they are perfectly reproduced in the textual descriptions and in the numerous engravings. After seeing and reading this work we can be assured that Davillier was able to make Doré understand the value and wealth of a country that had managed to survive so many disasters and cruel wars, and that Doré was the ideal person to grasp and recreate it through visual images.

Bibliography

FOULCHÉ-DELBOSCH: *Bibliographie des voyages en Espagne et Portugal.* Amsterdam, 1969.—A. FARINELLI: *Viajes por España y Portugal.* Roma, 1942.—C. ARTIGAS: *El libro romántico en España.* Madrid, 1935-55.—*La imagen romántica.* Madrid, 1981.—I. ROBERTSON: *Los curiosos impertinentes.* Londres, 1975.

bían comprometido con la revista de viajes *Le Tour du Monde,* de la casa Hachette, en la que Doré colaboraba, para hacer envíos de material que se iría publicando periódicamente. En 1874, la casa editora editaba esta colaboración en un solo volumen con el título *L'Espagne.*

Davillier eligió para entrar en España el itinerario seguido por Laborde y deja a un lado, de momento, la ruta que mayoritariamente siguieron los viajeros románticos. Quizá Laborde, precursor de esta corriente, le inspiró la seguridad de hacer un recorrido más exhaustivo y extenso. De hecho, los numerosísimos grabados que adornan ambas ediciones fueron sacados al pie de las mismas vistas y de los mismos monumentos, y es curioso, dejando al margen la diferencia de estilo y de época, observar los cambios originados en España a lo largo de un período de casi sesenta años, en los que sucesivas guerras han asolado aún más este desdichado país. Doré tenía esa capacidad innata de dominar con su carboncillo todo aquello que entraba por sus ojos y por su corazón y no nos muestra de forma grave ni violenta la visión que obtuvo a lo largo de su viaje, pero tampoco nos engaña. Ni él, con sus dibujos, ni Davillier con sus descripciones nos engañan; no hay más que recordar esos pasajes tremendamente sentimentales en los que se comenta cuánto debe sufrir una mula que continuamente da vueltas en torno a una noria y la cara tan triste y cansada que tiene el animal en el dibujo, o la lóbrega cárcel de la Inquisición en Barcelona, los niños mendigos o la veracidad del dibujo del Tribunal de las Aguas en Valencia.

No debemos olvidar que Davillier había sentido desde su juventud un gran amor hacia España y que, siendo uno de sus mayores deseos investigar y recoger documentación de sus museos y archivos, se dedicó desde sus mejores años a viajar por España siempre que las circunstancias se lo permitían; y que sentía una gran preocupación por el oscurantismo y la ignorancia que rodearon la cultura en España en aquella época.

Las conversaciones entre ambos viajeros debieron de ser de un interés esencial y quedan perfectamente reproducidas a lo largo de las descripciones del texto y en los numerosos grabados que lo adornan. Después de ver y leer esta obra podemos deducir que Davillier fue capaz de hacer comprender a Doré la riqueza de un país que había conseguido sobrevivir a tantos desastres y guerras crueles y que Doré fue el personaje ideal para captarlo y recrearlo a través de la imagen.

Bibliografía

FOULCHÉ-DELBOSCH: *Bibliographie des voyages en Espagne et Portugal.* Amsterdam, 1969.—A. FARINELLI: *Viajes por España y Portugal.* Roma, 1942.—C. ARTIGAS: *El libro romántico en España.* Madrid, 1935-55.—*La imagen romántica.* Madrid, 1981.—I. ROBERTSON: *Los curiosos impertinentes.* Londres, 1975.

ALBERTI, RAFAEL: *Verte o no verte.* México: Fábula, 1935. *FGL.*

A mi primo Federico G. Lorca,

este otro llanto por Ignacio,

que pensaba volver a

Mexico.

Rafael   Con un
                    abrazo

Mexico. 1935.
    Sep.

A Federico García Lorca
un saludo y la amistad
de Rodríguez Lozano

A Federico García Lorca
con un saludo y en
espera de que me envíe
un poema para editárselo

Siguihulua

IV8 POETA EN NUEVA YORK: LA GENERACION DE LA II REPUBLICA ESPAÑOLA

Juan Marichal

García Lorca y la segunda «Edad de Oro» de España (1898-1936)

Las casi cuatro décadas que median entre el nacimiento de Federico García Lorca (1898) y su atroz muerte (1936) constituyen, en la historia de la cultura hispánica, su segunda «Edad de Oro». Un periodista norteamericano afirmó, durante la guerra (1898) entre España y los Estados Unidos, que el conflicto marcaba, en verdad, «el tránsito de España». Palabras que el final de las hostilidades pareció confirmar puesto que España perdió sus últimos territorios ultramarinos en el Caribe y en el Pacífico, terminando así aparentemente su largo papel en la historia del planeta. Mas, paradójicamente, un extraordinario florecimiento de la cultura hispánica se inició precisamente en 1898, como si el llamado «Desastre» (así se calificó en España la derrota y sus consecuencias) hubiera dado a los españoles la energía y la ambición necesarias para trascender las fronteras culturales de su patria. De ahí que el gran poeta hispanoamericano Rubén Darío observara, ya en 1904, que se podía hablar de «la universalización del alma española». Orientación cultural que recibió, dos años más tarde, su primer reconocimiento internacional al otorgarse al doctor Santiago Ramón y Cajal el Premio Nobel (1906) por sus trabajos sobre el sistema nervioso humano. Aunque el impulso universalizador fue encarnado, sobre todo, por don Miguel de Unamuno (1864-1936), el rector y catedrático de griego de la Universidad de Salamanca. Porque desde 1898 hasta el día de su muerte (el último de 1936), Unamuno no cesó de pedir a sus compatriotas que recuperaran el sentimiento transcendente de la vida individual y colectiva: «el hombre es lo que hemos de buscar en nuestra alma». Esto es, Unamuno quería que los españoles dejaran de verse a sí mismos como individuos pertenecientes a una anómala comunidad humana y les alentaba a «lanzarse de la patria chica a la humanidad», sin que esto resultara en la extranjerización de los españoles que quisieran cumplir las prédicas de Unamuno. Al contrario, llegarían a sentirse mucho más profundamente arraigados en el solar patrio. O dicho con sus propias y siempre paradójicas palabras: «He vivido fuera de España con el espíritu y esto es lo que me ha hecho español». En suma, el florecimiento de la cultura española entre 1898 y 1936 fue producido ante todo por la acción de dos impulsos simultáneos, el universalizador ya aludido y el que podría llamarse «españolizador».

Mas las espléndidas décadas de 1898 a 1936 tuvieron también un origen casi astrológico: la excepcional secuencia de tres generaciones particularmente talentosas —la generación de 1898 (Unamuno), la de 1914 (Ortega) y la de 1931 (García Lorca)—. Su coincidencia creadora en la década 1926-1936 la situaron en un alto lugar —por no decir el más alto— de toda la historia intelectual y artística de España. Y se comprende así que los cinco años prebélicos de la Segunda República (1931-1936) sean recordados hoy, por muchos españoles que conocieron aquel vitalizador clima cultural, como un oasis inolvidable de sus vidas, «la arboleda perdida» (empleando la afortunada imagen del gran poeta Rafael Alberti) de su mocedad.

Es pertinente apuntar ahora que las elecciones municipales del 12 de abril de 1931 se transformaron en un plebiscito nacional adverso a la monarquía. Dos días más tarde el rey Alfonso XIII abandonó España y la proclamación de la Segunda

República (1931-1939) fue aclamada por multitudes entusiasmadas que la veían como un don de la naturaleza: «La primavera traía a nuestra República de la mano», recordaría años más tarde el gran poeta de la generación de 1898, Antonio Machado. Añadiendo que el 14 de abril de 1931 había sido «un día de paz que asombró al mundo entero». Se dijo entonces —dado el destacado papel desempeñado en el cambio de régimen por intelectuales prominentes como Unamuno y Ortega, entre otros— que la Segunda República era «una república de profesores». No era ésta una descripción adecuada del nuevo régimen español, aunque sí cabría hoy verla como un resumen simbólico de las realizaciones culturales de la Segunda República en la media década (1931-1936) anterior a la guerra civil. La extraordinaria coincidencia cronológica ya apuntada acentuó la intensidad creadora de esos cinco años: una nueva y excepcional generación —la de García Lorca— se incorporó, en 1931, a la nueva cultura española creada por sus maestros, aportándole un temple creador muy suyo.

Era la generación de los españoles nacidos en el año 1898 (o pocos después) de la guerra entre España y los Estados Unidos. Se habían educado en el ambiente dinámico de Cajal, Unamuno y Ortega: de ellos heredó la generación de García Lorca su aspiración a fundir la modernidad con la tradición, mas dándole un nuevo ímpetu. Fue justamente García Lorca quien expresó con mayor precisión el afán característico de su generación al declarar en 1936: «Yo soy español integral». Y no sería arbitrario sugerir que el año pasado por García Lorca en Nueva York (el correspondiente al curso 1929-1930) contribuyó considerablemente al enriquecimiento de su integralismo cultural español. Había llegado a Nueva York en junio de 1929, casi huyendo de los efectos diversos de su primer gran éxito, el del Romancero gitano (1928): «Me va molestando un poco mi mito de gitanería —reveló doloridamente a un amigo— no quiero que me encasillen; siento que me van echando cadenas». Actuaron, sin duda, otros motivos (quizás más estrictamente personales) en su decisión de salir de España y venir a la Universidad de Columbia con el antiguo amigo de sus padres y ex profesor suyo, don Fernando de los Ríos, más tarde Ministro de Instrucción Pública en los primeros años de la Segunda República. García Lorca apenas aprendió inglés (la razón ostensible de su viaje) en Nueva York, pero aquel año americano representó una fase decisiva en su vida y en su poesía.

Escribió aquí Poeta en Nueva York, un libro de poemas cosmopolitas, contrarios (por así decir) a los muy andaluces del Romancero gitano. Influido, patentemente, por Walt Whitman y por T. S. Eliot (conocidos por el poeta en versiones de dos de sus amigos de Nueva York), García Lorca cumplió el doble imperativo español de Unamuno— «lanzarse de la patria chica a la humanidad»; «el hombre es lo que hemos de buscar en nuestra alma». Pero fue también en Nueva York donde se estrechó su amistad con el matador Ignacio Sánchez Mejías (que aquí pasó varios meses con la bailarina Encarnación López, «Argentinita») a cuya muerte en el ruedo, cuatro años más tarde, dedicó García Lorca la elegía Llanto por Ignacio Sánchez Mejías, quizás la cumbre de su obra lírica.

Y me aventuro a proponer que la estancia en Nueva York —«la experiencia más útil de mi vida»— fue, en el caso de García Lorca, una verificación más de lo afirmado por Unamuno («el gran padre Unamuno», como lo llamó el mismo Lorca): «he vivido fuera de España y esto es lo que me ha hecho español». En conclusión, de Unamuno a Lorca «la universalización del alma española» generó una creciente conciencia de sus profundas raíces nacionales, dando a España y al mundo entero la segunda «Edad de Oero» de la cultura hispánica (1898-1936).

Juan Marichal

García Lorca and Spain's second 'Golden Age' (1898-1936)

In the history of Spanish culture, the almost four decades between the birth of Federico García Lorca (1898) and his barbarous death (1936) represent Spain's second"Golden Age'. During the Spanish-American War of 1898, an American journalist said that the war really marked 'the passing of Spain'. The end of the fighting seemed to confirm his statement, for Spain lost her last overseas territories in the Caribeen and the Pacific, Thus apparently ending her long role in world histoy. Paradoxically, however, an extraordinary flowering of Spanish culture began precisely in 1898, as if the 'Disaster' (as the defeat and its aftermath were know in Spain) had given Spaniards the energy and ambition they needed to transcend their country's cultural borders, prompting the great Spanish American poet Rubén Darío to observe, as early as 1904, that one could speak of 'the universalization of the Spanish mind', a cultural orientation that was to receive its first international recognition two years later when Dr. Santiago Ramón y Cajal was awaarded the Nobel Prize (1906) for his work on the human nervous system. The will to universality was, however, embodied above all by Miguel de Unamuno (1864-1936), Rector and Professor of Greek at the University of Salamanca, for from 1898 until his death on the last day of 1936, Unamuno never stopped urging his compatriots to reacquire a transcendental view of individual and collective life: 'Man is what we must search for in our souls'. In other words, Unamuno wanted Spaniards to stop seeing themselves as individuals belonging to an anomalous human community and urged them to 'make the leap from their own small world to mankind'. This did not mean, however, that Spaniards seeking to follow his exhortations were to become foreigners in their own land. On the contrary, they would come to feel much more deeply rooted in their own soil. Or, as Unamuno put it in his own paradoxical way: 'I have lived outside of Spain intellectually and this is what has made me Spanish'. In short, the flowering of Spanish culture between 1898 and 1936 was the result, above all, of two simultaneous movements, that universality which we have already mentioned, and what could be called a rediscovery of 'Spanishness'.

The magnificent decades of 1898 to 1936 also had an almost astrological origin in the excepcional sequence of three particularly talented generations: the generation of 1898 (Unamuno), the generation of 1914 (Ortega) and that of 1931 (García Lorca). The coincidence of their creativities in the decade from 1926 to 1936 made this one of the high points, if not the highest point, in Spain's entire intellectual and artistic history. This is why the five pre-war years of the Second Republic (1931-1936) are remembered today by many Spaniards who experienced that elating cultural climate as an unforgetable oasis in their lives: 'the lost grove' —to use the fitting image of the great poet poet Rafael Alberti— of their youth.

It is appropiate to recall here that the 12 April 1931 municipal elections turned into a national referendum against the monarchy. Two days later, King Alfonso XIII left Spain and the proclamation of the Second Republic (1936-1939) was acclaimed by enthusiastic crowds who saw it as

a gift of nature: 'Spring brought in our Republic by the hand', the great poet of the generation of 1898, Antonio Machado, was to recall years later, adding that 14 April 1931 had been 'a day of peace that amazed the Whole world'. The prominent role in the change of régime by such eminent intellectuals as Unamuno and Ortega, among others, was what earned the Second Republic its description at the time as a 'republic of theachers'. This was not an accurate description of the new Spanish régime, althoug today we might see it as symbolically summing up the cultural achievements of the Second Republic in the half decade (1931-1936) that preceded the Civil War. The extraordinary coming together of creativities mentioned earlier heightened the creative intensity of these five years. In 1931, a new and exceptionally talented generation, that of García Lorca, joined the new Spanish culture created by its teachers, bringing to it its own distinctive creative bent.

This was generation of Spaniards born in or shortly after 1898, the year of the Spanish-American War. They had grown up in the dymanic Spain of Cajal, Unamuno and Ortega, from whom Lorca's generation inherited the aspiration to fuse modernity with tradition, while giving it a new élan. It was in fact García Lorca who expressed the characteristic zeal of his genration most accurately when he said in 1936, 'I am a total Spaniard', and it would not be out of order to suggest that the year that Lorca spent in New York (the 1929-1930 academic year) considerably enriched his Spanish cultural 'totality'. He had arrived in New York in June 1929 as if fleeing the diverse effects of his firsts big success, the *Gypsy Ballads* of 1928. 'My myth of gypsiness is rather annoying to me,' he confessed sadly to a friend, 'I do not want to be pegeonholed, I feel as if I'm being put inchains'. There were doubtless other, perhaps more strictly personal reasons for his decision to leave Spain and come to Columbia University with Fernando de los Ríos, his former teacher and an old friend of his parents who would later be Minister of Public Education in the early years of the Second Republic. García Lorca learned very little English (the ostensible reason for his visit) in New York, but that year in America was a turning point in his life and his poetry.

It was there that he wrote *Poet in New York,* a book of cosmopolitan poems very different, as it were, from the Andalusian poems of the *Gypsy Ballads.* Obviously influenced by Walt Whitman and T. S. Eliot, both of whom were known to him through translations of two of his New York friends, Lorca thus fulfilled Unamuno's twofold exhortation to Spaniards: to make the leap from their own small world to mankind and to search for man in their souls. But it was also in New York that he became close friends with the bullfigther Ignacio Sánchez Mejías, who spent several months there with the flamenco dancer Encarnación López, 'Argentinita' and whose death in the bullring four years later moved Lorca to write his elegy *Lament of Ignacio Sánchez Mejías,* perhaps his greats lyrical work.

And I would venture to suggest that the stay in New York —'the most useful experience in my life—' was further confirmation, in Lorca's case, of what Unamuno ('the great father Unamuno', as Lorca himself had called him) had said: 'I have lived outside of Spain... and this is what has made me Spanish'. In short, from Unamuno to Lorca, 'the universalization of the Spanish mind' created a growing awareness of deep national roots, giving Spain and the entire world the second 'Golden Age' of Spanish culture (1898-1936).

130. ALBERTI, Rafael

Verte y no verte: a Ignacio Sánchez Mejías / Rafael Alberti; [dibujos] Manuel Rodríguez Lozano. —México: Fábula, 1935.—[14] pp., 4 l. of plates. 33 cm.

Fundación García Lorca

The death of the Sevillian bullfighter Ignacio Sánchez Mejías, gave rise to two elegies, Federico García Lorca's *Llanto por Ignacio Sánchez Mejías* and Rafael Alberti's *Verte y no verte,* which appeared a year later. In contrast to their precdecessors, the men of the 'Generation of '27' liked the fiesta. Rafael Alberti never abandons the subject of bulls, together with his other constant subjects, the sea and painting. Moreover, Ignacio Sánchez Mejías was personally associated with the group.

In contrast to the closeness of Lorca's poem, *Verte y no verte* (I see you, but I do not see you) has a more distant dimension, based on the poet's own distance in reality. Alberti was in Italia when he received the news of his friend's death, and he began to write the poem in the boat that took him to América: 'Verte y no verte. Yo surcando los mares, tú por la muerte'. Both poems use the same surrealistic language, but with differente hues.

The elegy begins with a sonnet *Al toro de la muerte* (To the Bull of Death). There are four with the same title. The classical construction has three characteristic elements of this kind of poem: fate, the hero, the action.

This first edition was published in Mexico in 1935. Miguel N. Lira, the publisher, was a friend of Alberti and García Lorca, to whom this copy is dedicated. The edition published in Madrid in 1936 by Ediciones el Arbol is an exact reproduction of this one, but without illustrations. In the original there are four gray lithographs with the outlines of male nude figures, done for this edition by Manuel Rodríguez Lozano, the Mexican surrealist painter.

Neither the pages nor the illustrations are numbered. On the rectos the sonnets have wide margins and titles and initials in red. There are other poems and refrains in italics on the versos. The title page and the first page are done in two tones, with the words 'Rafael Alberti. Elegía. Manuel Rodríguez Lozano. Dibujos.' The colophon states that 'Miguel N. Lira set this book by hand with Kennerly type. 250 copies, printed on special paper and numbered. 50 signed copies by the authors are not for sale. This edition was finished on 13 August 1935, on the first anniversary of Sánchez Mejías' death. Copy no. 8.'

Rafael Alberti's handwritten dedication appears on the half title: 'To my cousin Federico García Lorca, this other lament for Ignacio, who wanted to come back to Mexico. Con un abrazo, Rafael, Mexico, 1935.' Below is Rodríguez Lozano's dedication: 'To Federico García Lorca. Greetings and friendship from Rodríguez Lozano.'

130. ALBERTI, Rafael

Verte y no verte: a Ignacio Sáchez Mejías / Rafael Alberti; [dibujos] Manuel Rodríguez Lozano.—México: Fábula, 1935. [14] h.,[4] h. de lám.; 33 cm.

Fundación García Lorca

La muerte del torero sevillano Ignacio Sánchez Mejías dio lugar a dos elegías que aparecieron al año siguiente: el *Llanto por Ignacio Sánchez Mejías* de Federico García Lorca y *Verte o no verte,* de Rafael Alberti. La generación del 27, alejándose en esto de sus antecesores, tomó partido por la fiesta. Rafael Alberti no abandona nunca la temática taurina, junto a las del mar y la pintura. Además Ignacio Sánchez Mejías estaba muy vinculado personalmente al grupo.

Frente a la cercanía del poema de Lorca, *Verte y no verte* tiene otra dimensión más distante, marcada por la lejanía real del poeta, que recibió en Italia la noticia de la muerte del amigo y comenzó el poema en el barco que le llevaba a América: «Verte y no verte. Yo surcando los mares, Tú por la muerte». El lenguaje tiene en ambos poemas el mismo surrealismo, con distintos matices.

La elegía comienza con un soneto, *Al toro de la muerte:* cuatro llevarán el mismo título. Es de construcción clásica, con los tres elementos característicos en esta clase de poemas: el destino, el héroe y la acción.

La edición de 1935 en México es la primera del poema. La publicó Miguel N. Lira, amigo de Alberti y de García Lorca, a quien dedica este ejemplar.

Reproducción exacta de esta edición es la publicada en Madrid, 1936, por Ediciones del Arbol, sin las ilustraciones. Estas son cuatro litografías en gris con los contornos de figuras desnudas masculinas, realizadas para esta edición por Manuel Rodríguez Lozano, pintor mexicano sobrerrealista.

Las páginas están sin numerar, así como las hojas de las ilustraciones. En los rectos los sonetos, con grandes márgenes y títulos e iniciales en rojo. En los versos otros poemas y estribillos en cursiva. La portada a dos tintas, y en la primera página, también a dos tintas: «Rafael Alberti. Elegía. Manuel Rodríguez Lozano. Dibujos» En el colofón: «Miguel N. Lira compuso a mano este libro con tipos Kennerly. Son 250 ejemplares impresos en papel especial y numerados, de los cuales 50, firmados por los autores, quedan fuera de comercio. Se terminó esta edición el 13 de agosto de 1935, primer aniversario de la muerte de Sáchez Mejías. Ejemplar nº 8».

En la anteportada, dedicatoria manuscrita de Rafael Alberti: «A mi primo Federico G. Lorca este otro llanto por Ignacio, que pensaba volver a México. Con un abrazo Rafael. México 1935». A continuación la dedicatoria de Rodríguez Lozano: «A Federico García Lorca. Un saludo y la amistad de Rodríguez Lozano». Y después, también manuscrita: «A Federico García Lorca, con un saludo y en espera de que me envíe un poema para editárselo. Miguel N. Lira».

And afterwards, also handwritten, 'To Federico García Lorca, with a greeting and the hope that you will send me a poem to publish. Miguel N. Lira.'

The paperbound copy with a cover that reproduces the title page belongs to the García Lorca family.

Bibliography

Ediciones. Madrid, Ediciones del Arbol, 1936. (Colección Cruz y Raya.) *Cuadros, J.J. «En torno a una elegía: Verte y no verte, de R. Alberti.» Cuadernos Hispanoamericanos,* LXVIII, 1966, pp. 180-189.—R. Alberti. *La arboleda perdida. Madrid, 1975.*

El ejemplar, en rústica, con una tapa que reproduce la portada, es propiedad de la familia García Lorca.

Bibliografía

Ediciones. Madrid, Ediciones del Arbol, 1936. (Colección Cruz y Raya.) *Cuadros, J.J. «En torno a una elegía: Verte y no verte, de R. Alberti.» Cuadernos Hispanoamericanos,* LXVIII, 1966, pp. 180-189.—R. Alberti. *La arboleda perdida. Madrid, 1975.*

---

131. GARCIA LORCA, Federico

Mariana Pineda.—[1925].—[1], 29, 37, 27p.—205 × *140 mm.—Paper.*

Fundación García Lorca.—Carpeta XII

The manuscript of *Mariana Pineda* is dated Granada, January 8, 1925 at the end of the work. In a criticism dated October 12, 1927, however, written on the occasion of the première of the work in Madrid by the company of Margarita Xirgu in the Fontalba Theater, the author says that it was written «five years ago». A year and a half later, when the work was performed in Granada, Federico said «I finished the last scene of *Mariana Pineda* six or seven years ago.» A possible explanation for this discrepancy can be found in the author's statement to Francisco Ayala in 1927, in which he claims to have written three different versions of the drama. Acccording to him, «The first ones were not theatrically feasible.» The 1925 play was the third version of a text that had evolved over a period of several years and was the product of a great deal of reflection on theatrical form. Moreover, it was perhaps the most performable version possible during the dictatorship of Primo de Rivera.

Even though certain passages had been revised, it was still very difficult to stage the work. Gregorio Martínez Sierra and Catalina Bárcena, who had offered to carry out the mise-en-scène for Lorca, finally gave up in spite of the corrections. In 1926 Lorca gave the play to Eduardo Marquina in the hope of its reaching Margarita Xirgu, who, in 1927, went to a reading of the work with Fernández Almagro, Rivas Cherif, Manuel Azaña and reporters and actors at the Fontalba Theater. It was premièred on June 24 of the same year in the Goya Theater in Barcelona, with modernistc stage sets specifically designed for the work by Salvador Dalí, after a long and anxious wait by Lorca. The work was received with great critical and public success. In October it was performed in the Fontalba Theater in Madrid.

Mariana Pineda is an homage to Granada, to women and to love and liberty. A «popular ballad in three scenes», it is a Romantic play which broke with the reactionary character of the historical-poetic theater of the period. It has a Romantic air or flavor without falling into the stereotypes of 19th century drama. In addition, it is commited to the social proyection of the subject and directly related to the current situation of the country.

---

131. GARCIA LORCA, Federico

Mariana Pineda.— [1925].— [1],29,37,27 p.— 205 × 140 mm.— Papel.

Fundación García Lorca.— Carpeta XII

El manuscrito de *Mariana Pineda* está fechado al final en «Granada, 8 de enero 1925». Sin embargo, en su autocrítica de 12 de octubre de 1927, escrita con motivo del estreno de la obra en Madrid por la compañía de Margarita Xirgu en el teatro Fontalba, el autor nos dice que la había escrito «hace cinco años», y año y medio después, al presentarse la obra en Granada, Federico insiste: «hace seis o siete años terminé la última escena de Mariana Pineda». La explicación parece estar en unas declaraciones del propio autor a Francisco Ayala en 1927, en que asegura tener tres versiones distintas del drama, «las primeras, no viables teatralmente en absoluto». Es decir, que la versión de 1925 sería la tercera de un texto elaborado durante varios años y producto de muchas reflexiones sobre la forma teatral y quizá sobre la versión más representable en plena dictadura primorriverista.

A pesar de que ciertos pasajes fueron revisados, lograr la representación de la obra resultó difícil. Gregorio Martínez Sierra y Catalina Bárcena, que habían ofrecido a Lorca la puesta en escena de la obra, renunciaron a ella incluso a pesar de las correcciones. En 1926, Lorca entregó el drama a Eduardo Marquina, con la esperanza de que lo hiciera llegar a Margarita Xirgu, quien en 1927 asistió a una lectura de la obra con Fernández Almagro, Rivas Cherif, Manuel Azaña, periodistas y actores en el teatro Fontalba. La estrenó el 24 de junio de este año, día de San Juan, en el teatro Goya de Barcelona, con los decorados modernistas expresamente diseñados por Salvador Dalí para la obra, después de una espera especialmente impaciente para Lorca, con gran éxito de crítica y público. En octubre se estrenó en el teatro Fontalba de Madrid.

Mariana Pineda, homenaje a Granada, a la mujer, al amor y a la libertad, «romance popular en tres estampas», es un drama romántico que rompe con el carácter reaccionario del teatro histórico-poético de la época, adopta la estampa romántica sin caer en los tópicos del XIX y se compromete con la proyección social del tema relacionándolo directamente con la situación presente del país.

La presencia del romance popular de Mariana Pine-

The presence of the popular ballad of Mariana Pineda appears constantly in the poetic version of the lyrical, simple and popular heroine.

The manuscript, divided into three «pictures» (estampas), is written on the rectos in black and green ink. It has corrections, additions and crossings-out in pen and pencil. The page numbers start at the beginning of each scene at the top. The pages show signs of having been folded, according to the poet's habit of carrying them in his pocket.

There is a foliation error in the second scene because number 23 is missing. There is nothing missing in the text itself, however, which has to do with the ballad of Torrijos. The title and list os characters is on the unnumbered first page.

Provenance: from the García Lorca family.

Bibliography

Ediciones: Santiago de Chile, Editorial Moderna, 1927.— Madrid, Rivadeneyra, 1928. *(La Farsa)*— Buenos Aires, Argentores, 1937.— Buenos Aires, Losada, 1938 (en *Obras Completas*). Buenos Aires, Losada, 1943 (Bibl. Contemporánea).— México, Isla, 1945.— Madrid, Aguilar 1954. En Obras Completas.— London, Harrap. 1957.— Boston, Heath, 1960.— Madrid, EMESA, 1968.— Madrid Espasa Calpe, 1971. Ed. de José Monleón.— Barcelona, Aymá, 1975. Con textos de José Monleón y Antonina Rodrigo.—A. RODRIGO. Mariana de Pineda. Madrid Alfaguara, 1965.

da es constante en la versión poética de la heroína lírica, sencilla y popular.

El manuscrito, dividido en tres «estampas», está escrito en los rectos con tinta negra y verde. Lleva enmiendas y tachones a pluma y a lápiz. La numeración de las hojas comienza al principio de cada estampa, en la parte superior. Las hojas tienen señales de haber sido dobladas: al parecer, era costumbre del poeta llevarlas así en el bolsillo.

En la estampa segunda hay un error de foliación: falta el número 23 y sin embargo no hay salto en el texto, que es el romance de Torrijos.

En la primera hoja, sin numerar, el título y la relación de personajes.

Procede de la familia García Lorca.

Bibliografía

Ediciones: Santiago de Chile, Editorial Moderna, 1927.— Madrid, Rivadeneyra, 1928. *(La Farsa)*— Buenos Aires, Argentores, 1937.— Buenos Aires, Losada, 1938 (en *Obras Completas*). Buenos Aires, Losada, 1943 (Bibl. Contemporánea).— México, Isla, 1945.— Madrid, Aguilar 1954. En Obras Completas.— London, Harrap. 1957.— Boston, Heath, 1960.— Madrid, EMESA, 1968.— Madrid Espasa Calpe, 1971. Ed. de José Monleón.— Barcelona, Aymá, 1975. Con textos de José Monleón y Antonina Rodrigo.—A. RODRIGO. Mariana de Pineda. Madrid Alfaguara, 1965.

132. GARCIA LORCA, Federico

Poeta en Nueva York.—1929-1930.—[108] l.

Fundación García Lorca

The autograph manuscript of *Poeta en Nueva York* (Poet in New York) is written in pen and pencil on different sized pieces of paper and still shows the fold lines from García Lorca's habit of carrying his poems around in his pocket. These poems were written during his stay in New York (1929-1930) and have corrections, crossings-out, deletions and additions which show the poet's ardouous effort, his search for the right word and his difficult struggle to express himself effectively.

The poems have been classified in individual folders of onion-skin paper. Contemporary numbering in pencil is on the bottom of the pages and the folders are also included in this numbering (1-108).

Contents of the manuscript:

1. *[Fragment more or less from the New York period].* [1]l. 260 × 210 mm.—Written in ink. A page torn off a block, with serrated edge.

(Yo vi por los establos» [I saw in the stables]. (Y una lluvia de arena por los ojos del buey» [And a rain of sand in the eyes of the ox].

2. *[Fragment more or less from the New York period].* [1]l.—260×210 mm.—Written in pencil.—A page torn off a block with serrated edge.

(Y he visto por el valle de la inmóvil gacela». (Un chopo de coral, un cuadrante del cielo».

[And I have seen in the valley of the immobile gazelle.

132. GARCIA LORCA, Federico

Poeta en Nueva York. —1929-1930.—[108] h.

Fundación García Lorca

El manuscrito autógrafo de *Poeta en Nueva York* está escrito sobre papeles de diversos tamaños, a pluma y a lápiz, que siguen conservando los dobleces que Federico García Lorca acostumbraba a hacer en sus poemas —los llevaba metidos en los bolsillos—. Son los poemas que escribe durante su estancia en Nueva York [1929-1930]: llevan correcciones, tachones, supresiones y adiciones que indican el duro trabajo del poeta, la búsqueda de la palabra, la dificultad y la lucha por expresarse.

Los poemas han sido ordenados en carpetillas de papel cebolla que los individualizan. Una numeración contemporánea a lápiz va en la parte inferior de las hojas; en esa numeración [1 a 108] se han incluido también las carpetillas.

Contenido del manuscrito:

1 :[Fragmento *más o menos de la época de Nueva York].*—[1] h.—260 × 210 mm.

Escrito a tinta.—Es una hoja arrancada de un bloc, conserva la trepa.

«Yo vi por los establos»

«Y una lluvia de arena por los ojos del buey».

2: *¿Fragmento más o menos de la época de Nueva York].*—[1] h.—260 × 210 mm.—

Escrito a lápiz.—Es una hoja arrancada de un bloc, conserva la trepa.

A coral poplar, a quadrant of sky].

3. *Ciudad sin sueño* [Sleepless City]. 9 de octubre de 1929. [3] l. 260×210 mm. Written in pencil. Many corrections, crossings-out. The title *Infancia y muerte* [Childhood and death] is crossed out. The poet has numbered leaves 2 and 3.

«No duerme nadie por el cielo, nadie, nadie».

«Las copas falsas del veneno y la calavera de los teatros».

[No one sleeps in the sky, no one, no one.

The false goblets of venom and skull of theaters].

Published in *Poesía española. Antología: 1915-1931*, Madrid, Signo, 1932.

4. *Sepulcro judío* (Jewish sepulchre). [2]l. —260×210.—2 and 3 numbered by poet.—Leave 2 written on verso and recto. Pen and pencil. Many corrections.

«Las alegres fiebres huyeron de las maromas de los barcos».

«Al escuchar los primeros gemidos».

[The gay fevers fled from the cables of the boats.

Upon hearin the first moans].

5. *Luna y panorama de insectos* [Moon and Panorama of Insects].— New York, 4 enero 1929 2 l.—260×210 mm. —Pages numbered 1, 3 and 4.

Written on front and back.—Subtitle, *Poema de amor* [Love poem]

In pencil. Corrections, additions and deletions in ink.

«La luna en el mar vela».

«la luna».

[The moon watches in the sea

the moon].

6. *Niña ahogada en el pozo* [Little girl drowned in the well]. New York. 8 diciembre 1929 .—2 l.—260×210mm. —Added in ink to pencil after title, *Granada y Newburg*. Many corrections, additions and delections in ink and pencil.—High Vellum paper.—The word *Niña* in title is corssed out and written in again.

«Las estatuas sufren con los ojos por la oscuridad de los ataúdes».

«Agua que no desemboca».

[The eyes of statues suffer from the darkness in the coffins.

Water that doesn't run out].

Published in: *Poesía española. Antología 1915-1931*. Madrid, Signo, 1932.

7. *La aurora* [Dawn].—1l.—220×160mm.—Other titles crossed out. Some corrections.—In pencil.—«La aurora de Nueva York tiene».

«Como recién salidas de un naufragio de sangre». [sawn of New York has.

As if newly emerging from a shipwreck of blood].

8. *Stanton*.—[El niño Stanton].—[The boy Stanton].—2l.—340×230mm.—Typewritten copy with pencil corrections.—In brackets at the end *inédito* [unpubli-

«Y he visto por el valle de la inmóvil gacela»

«Un chopo de coral, un cuadrante del cielo.»

3: *Ciudad sin sueño*.—9 de octubre 1929.—[3] h.—260 × 210 mm.

Escrito a lápiz.— Múltiples correcciones, tachones.—El título *Infancia y muerte* figura tachado.—Están numeradas por el poeta las hojas 2 y 3.—

«No duerme nadie por el cielo nadie nadie»

«Las copas falsas el veneno y la calavera de los teatros.»

Publicada en: Poesía española. Antología: 1915-1931. Madrid: Signo, 1932.

4: *Sepulcro judío*.—[2] h.—260 × 210.—Numeradas por el poeta las hojas 2 y 3.

La hoja 2 escrita por el recto y el verso.— A tinta y lápiz.—Múltiples correcciones.

«Las alegres fiebres huyeron a las maromas de los barcos»

«Al escuchar los primero gemidos».

5: *Luna y panorama de insectos*.—New York 4 enero 1930.—[2] h.—260 × 210 mm.— Paginadas 1, 3 y 4.— Escritas reverso y anverso.—Subtítulo, *Poema de amor*.— A lápiz.—Correcciones, adiciones y supresiones a tinta.

«La luna en el mar vela»

«La luna».

6: *Niña ahogada en el pozo*.—New York 8 diciembre 1929.—[2] h.—260 × 210 mm.—Añadido a lápiz, tras el título, *Granada y Newburg*.—A tinta.—Múltiples correcciones, adiciones y supresiones a tinta y lápiz.— Filigrana del papel High Vellum.—

La palabra *Niña* del título, tachada y vuelta a escribir.—

«Las estatuas sufren con los ojos por la oscuridad de los ataúdes»

«Agua que no desemboca.»

Publicado en: Poesía española. Antología. 1915-1931. Madrid: Signo, 1932.

7: *La aurora*.— [1] h.—220 × 160 mm.— Otros títulos tachados.— Algunas correcciones.— A lápiz.

«La aurora de Nueva York tiene»

«Como recién salidas de un naufragio de sangre.»

8: *Stanton*.— [El niño Staton].— [2] h.— 340 × 230 mm.— Es una copia a máquina con correcciones a lápiz.— Entre paréntesis, al final, *inédito*.— Se dobla en dos, en el verso de la h. [2] va el índice de *Tierra y luna* a lápiz.— Filigrana del papel P. Alsina.

«Cuando me quedo solo»

«iré penetrando a voces las estatuas de Malasia.»
*Stanton.— New York 1930 5 enero.— [2] h.— 260 × 210 mm.— A tinta.— Correcciones, adiciones, supresiones, algunas a lápiz.

«Cuando me quedo solo»

«Iré penetrando a voces las estatuas de Malasia.»
Publicada en: *Carteles*, 30, 1938.

9: *Norma y Paraíso de los negros*.— 12 de agosto 1929

shed].—Folded in two, on verso of l.2 is the table of contents of *Tierra y luna* (Land and moon) in pencil. Paper watermark P. Alsina.

«Cuando me quedo solo»
«iré penetrando a voces las estatuas de Malasia.»
[When I am left alone
I will penetrate shouting the statues of Malasia.]
Stanton.—New York, 1930, 5 enero.—2 l. 260 × 210 mm. In ink.
Corrections, additions, deletions, some in pencil.
«Cuando me quedo solo»
«iré penetrando a voces las estatuas de Malasia.»
(Same as above).
Published in *Carteles*, 30, 1938.

9. *Norma y Paraíso de los negros* [Norm and Paradise of blacks].—12 de agosto 1929, New York. .— 4 l. 220 × 160 mm.—Numbered 2 and 16 on l.4; l.4 written on recto and verso.—In ink and pencil.—Corrections, additions and deletions.

«Odian la sombra del pájaro»
«Los durmientes borran sus perfiles bajo la madeja de los caracoles.»
[They hate the shadow of birds
The sleepers erase their profiles under the skeins of snails.]

10. *Asesinato* [Murder].—1l.—260 × 210 mm.—The title *Niña en el pozo* (Little girl in the well is crossed out in pencil, adding *Asesinato*, in brackets *en la calle 42* (on 42nd st.). The final stanzas crossed out.

«¿Cómo fue?»
«Niña de piedra, quieta en los finales»
[What was it like?
Stone girl-child, quiet at the end]
Published in *Blanco y Negro*, March 5, 1933. *Cristal*, 7, 1933.

11. *Roma* [Rome].—4 l.—210 × 160 mm.—Pencil.—Correction, additions, deletions in ink. On verso of l. 4 in pencil *Oda a la injusticia* [Ode to injustice].

«Manzanas levemente heridas»
«que da frutos para todos.»
[Lightly bruised apples
giving fruit to all.]
Published in *España peregrina*, 1, 1940.

12. *Iglesia abandonada* [Abandoned church].—29 noviembre 1929, New York .—[2] l.—260 × 210 mm.—In ink, entitled *Recuerdo de la guerra* [Souvenir of war].—In pencil. Correction, deletions, additions.

«Yo tenía un hijo que se llamaba Juan»
«Su hijo. Su hijo. Su hijo.»
[I had a son named Juan
His son. His son. His son.]
Published in *Poesía*, 6 and 7, 1933. *España peregrina*, 4, 1940.

13. *Nocturno en Battery Place* [Nocturne in Battery Place].—1 l.—280 × 230 mm.—Written r. and v. In ink. *Pasaje de la multitud que orina* [Landscape of urinating crowd], crossed out and in parentheses *Nocturno on*

New York.— [4] h.— 220 × 160 mm.— Numeradas 2 y 16 —en la h. [4].— Escrita recto y verso la h. [4].— A tinta y a lápiz.— Correcciones, adiciones, supresiones.
«Odian la sombra del pájaro»
«Los durmientes borran sus perfiles bajo la madeja de los caracoles.»

10: *Asesinato.*— [1] h.— 260 × 210 mm.— Tachado el título *Niña en el pozo* a lápiz; añadido *Asesinato*, entre paréntesis, y *en la calle 42.*— Tachadas las estrofas finales.
«[Cómo fue?»
«Niña de piedra, quieta en los finales.»
Publicada en: *Blanco y negro*, 5 marzo 1933.— *Cristal*, 7, 1933.

11: *Roma.*— [4] h.— 210 × 160 mm.— A lápiz.— Correcciones, adiciones, supresiones a tinta.— En el v. de la h. [4], a lápiz, *Oda a la injusticia.*
«Manzanas levemente heridas»
«Que da frutos para todos.»
Publicada en: *España peregrina, 1, 1940.*

12: *Iglesia abandonada.*— 29 noviembre 1929 New York.— [2] h.— 260 × 210 mm.
A tinta bajo el título *Recuerdo de la guerra.*— A lápiz.— Correcciones, supresiones, adiciones.—
«Yo tenía un hijo que se llamaba Juan»
«Su hijo. Su hijo. Su hijo.»
Publicada en: *Poesía*, 6 y 7, 1933.— *España peregrina, 4, 1940.*

13: *Nocturno en Battery Palace.*— [1] h.— 280 × 230 mm.— Escrita r. y v.— A tinta *Paisaje de la multitud que orina*, tachado y entre paréntesis *Nocturno en Battery Palace.*— A tinta.— Correcciones, adiciones, supresiones a lápiz.

«Se quedaron solos»
«O en los·cristales donde se comprenden las olas nunca repetidas.»

14: *1910.*— New York agosto 1929.— [1] h.— 210 × 160 mm.— Tachado el título, entre paréntesis *intermedio.*— A lápiz.— Correcciones, adiciones, supresiones a lápiz.— Escrito recto y verso.—
«Aquellos ojos míos de mil novecientos diez»
«Y en mis ojos criaturas vestidas sin desnudo.»

15: *Panorama de Nueva York.*— [2] h.— 260 × 210 mm.— Papel tela.— Tachados los títulos *Templo del cielo* y *Canto del espíritu interior.*— A lápiz.— Escrito recto y verso la h. [2].— Correcciones, adiciones, supresiones.
«Si no son los pájaros»
«Y el cielo interminable.»

16: *Navidad.*— New York 27 diciembre 1929.— [1] h.— 280 × 220 mm.— Escrito recto y verso.— A lápiz.— Correcciones, adiciones, supresiones.
«Era esponja gris»
«Oh filo de mi amor, oh hiriente filo.»

17: *Paisaje de la multitud que vomita.*— 29 diciembre

Battery Place. In ink. Corrections, additions and deletions in pencil.

«Se quedaron solos»

«O en los cristales donde se comprenden las olas nunca repetidas.»

[They remained alone

Or in the glass where the never-repeating waves are understood.]

14.   *1910.* New York, agosto 1929].—[1] l.—210 × 160 mm. —Title crossed out, in parentheses *Intermedio.*—In pencil.—Corrections, additions, deletions in pencil.—Written verso and recto.

«Aquellos ojos míos de mil novecientos diez»

«Y en mis ojos criaturas vestidas sin desnudo.»

[Those my eyes of nineteen ten

And in my eyes, creatures dressed without nakedness.]

15.   *Panorama de Nueva York* [Panorama of New York].—2 l.—260 × 210 mm.—Cloth finish writing paper.—Titles crossed out: *Templo del cielo* and *Canto del espíritu interior* [Temple of the sky; Song of the inner spirit].—In pencil.—Written recto and verso l. 2. Corrections, additions and deletions.

«Si no son los pájaros»

«Y el cielo interminable»

[If it is not the birds

And the interminable sky].

16.   *Navidad* (Christmas). New York, 27 de diciembre 1929. —1 p.—280 × 220 mm. —Written recto and verso.—In pencil.—Corrections, additions and deletions.

«Era esponja gris»

«Oh filo de mi amor, oh hiriente filo»

[It was gray sponge

O blade of my love, oh wounding blade].

17.   *Paisaje de la multitud que vomita* [Landscape of vomiting crowd]. 29 diciembre 1929 New York.

December 29, 1929, New York].—p. 280 × 220 mm. —In brackets beside title *Anochecer en Coney Island* [Twilight on Coney Island].—29 de diciembre de 1929, New York. New York. ll. Written recto and verso.—Many corrections, additions and deletions.

«La mujer gorda venía adelante»

«La ciudad entera se agolpó por las barandillas del embarcadero»

[The fat woman came in front

The whole city beat against the railings of the pier].

Paisaje de la multitud que vomita [Landscape of the multitude that vomits].—[3] l. 160 × 110 mm. In ink. Clean copy of the above.

«La mujer gorda venía adelante»

«La ciudad entera se agolpó por las barandillas del embarcadero»

[Same as above].

Published in *Poesía,* 6 and 7, 1933. *Noroeste,* 11. 1935.

18.   *D a n z a   d e   l a   m u e r t e* [D a n c e   o f

1929 New York.— [ ] h.— 280 × 220 mm.— Entre paréntesis junto al título *Anochecer en Coney Island.*— 29 diciembre 1929 New York.— La h. [1] escrita recto y verso.— Muchas correcciones, adiciones, supresiones.

«La mujer gorda venía delante»

«la ciudad entera se agolpó por las barandillas del embarcadero.»

Paisaje de la multitud que vomita.— [3] h.— 160 × 110 mm.— A tinta.— Copia en limpio de la anterior.

«La mujer gorda venía delante»

«la ciudad entera se agolpó en las orillas del embarcadero.»

Publicada en: *Poesía,* 6 y 7, 1933.— *Noroeste,* 11, 1935.

18: *Danza de la muerte.*— [2] h.— Impreso paginado 107-109.— Procede de la edición de Avance, 15 abril 1930.— A lápiz correcciones, supresiones, adiciones.— Bajo el título, a lápiz *El mascarón mirad el mascarón como viene del Africa a Nueva York.*— En una hoja suelta, 260 × 210 mm. se añaden cuatro versos a lápiz: «El mascarón bailará entre columnas de sangre y sueños» «Oh impúdica Norteaméricana, oh impúdica, oh salvaje.»

Publicada en *Avance,* 45, 1930

19: *Asesinado por el cielo.*— *[Vuelta de Paseo].*—[1] h.— 160 × 110 mm.— Escrita recto y verso.— A lápiz.— Correcciones, adiciones, supresiones.— Bushnell Ville 6 septiembre 1929.

«Entre las formas que van hacia la sierpe»

«Asesinado por el cielo.»

20: *Nacimiento de Cristo.*— [1] h.— 160 × 110 mm.— A tinta.— Tachados dos títulos *La flecha del seno* y *Ciudad.*— Algunas correcciones.

«Un pastor pide teta por la nieve que ondula»

«Con cítaras sin cuerdas y degolladas voces.»

21: *Cielo vivo.*— Cabaña de Dew-Kun-Inn. Eden Mills. Vermont 24 de agosto 1929.— [2] h.— 280 × 220 mm.— A tinta y a lápiz.— Correcciones, adiciones, supresiones.

«Yo no podré quejarme»

«Y amor al fin sin alba. Amor. Amor visible.»

22: *Luna y panorama de los insectos.*— [2] h.— 160 × 110 mm.— A lápiz.— Tachados varios títulos, *Panorama de …, Aventuras idiotas del capitán John.*— Añadido el subtítulo, *El poeta pide ayuda a la Virgen.*

«Pido a la divina Madre de Dios»

«Sabes que yo comprendo la carne mínima del mundo.»

23: *Fábula de los tres amigos y rueda.*— [5] h.— 260 × 210 mm.— Numeradas 1-5.— La hoja 5 es de 160 × 110 mm.— Tachados los títulos: *Primera fábula para los muertos* y *Pasillo.*— A lápiz.—

«Enrique, Emilio, Lorenzo»

«por los ojos de un caballo.»

Publicada en *1615,* I, 1934.— *Taller,* 1, 1938.—

death].—[2] l.—Printed, pages numbered 107-109. Comes from the editions of *Avance,*—15 de abril 1930. Penciled corrections, deletions, additions. Under the title, in pencil *El mascarón, mirad el mascarón cómo viene del Africa a Nueva York* [The large mask, the large mask, look how it comes from Africa to New York».—On a loose page, 260 × 210 mm.—Four verses added in pencil «El mascarón bailará entre columnas de sangre y sueños»

[The large mask shall dance between columns of blood and dreams].

«Oh impúdica Norteamérica, oh impúdica, oh salvaje» [Oh shameless North America, oh, shameless, oh savage one]» Published in *Avance,* 45, 1930.

19. *Asesinado por el cielo* [Murdered by heaven]. *Vuelta de paseo* [Return from a walk].—[1] l. 160 × 110 mm. —Written recto and verso.—In pencil.—Corrections, additions.—Bushnell Ville, 6 septiembre de 1929. «Entre las formas que van hacia la sierpe»

«Asesinados por el cielo.»

[Among the forms going toward the serpent Murdered by heaven].

20. *Nacimiento de Cristo [Birth of Christ].* .—[1]l.—*160* ×110 mm.—In ink.

Two titles crossed out: *La flecha del seno* and *Ciudad* [Arrow of the breast; City].—Some corrections.

«Un pastor pide teta por la nieve que ondula»
«con cítaras sin cuerdas y degolladas voces.»

[A shepherd wants to suckle in the undulating snow with zithers without strings and beheaded voices].

21. *Cielo vivo* [Living sky].—Cabaña de Dew-Kum-In, Eden Mills. —Vermont, 24 de agosto de 1929.

[2] l. 280 × 220 mm. In ink and pencil. Corrections, additions, deletions.

«Yo no podré quejarme»
«y amor al fin sin alba. Amor. !visible!»

(I will not be able to complain

and love at last without dawning. Love. Visible love!).

22. *Luna y panorama de los insectos* [Moon and panorama of insects].—[2] l.—160 × 110 mm.—In pencil.—Various titles crossed out: *Panorama y noche de...,* *Aventuras idiotas del capitán John* (Idiotic adventures of Captain John), Added to the subtitle: *El poeta pide ayuda a la Virgen* (The poet asks for help from the Virgin).

«Pido a la divina Madre de Dios»

«Sabes que yo comprendo la carne mínima del mundo.»

[I ask the divine Mother of God

Do you know that I understand the minimun flesh of the world?].

23 *Fábula de los tres amigos y rueda* [Fable of the three friends and a wheel]. [5] l.—260 × 210 mm. —Numbered 1-5.—l. 5 is 160 × *110 mm. Titles crossed out: Primera fábula para los muertos* and *Pasillo*

(First fable for the dead; Promenade). In pencil.

«Enrique, Emilio, Lorenzo»

GARCÍA LORCA, FEDERICO: *Llanto por Ignacio Sánchez Mejía.* Madrid: Ediciones El Arbol, 1935. *BN Ms. 21693.*

24: *Tierra y luna.*— 28 august 1929 cabaña de Dew-Kun-Inn. Eden Wills. Vermont.— [3] h.— 260 × 210 mm.— Numeradas 1-3.— A lápiz.— Correcciones, adiciones, supresiones.

«Me quedo con el transparente hombrecillo»
«y borrando mi apariencia por el término del aire.»
Publicada en: *Tiempo presente,* 1, 1935.

25: [*Son de negros*] .— [1] h.— Papel con membrete del Hotel Biarritz de San Sebastián.— Escrita recto y verso.— A tinta azul.— Al verso, *Influencia de los Estados Unidos en el mundo.*

«Iré a Santiago»
«Iré a Santiago.»
Publicada en: *Musicalia,* 11, 1930.— *Bohemia,* 22, 1968, facsímil.

26:*El holandés.*— [2] h.— 280 × 220 mm.— Entre paréntesis, a tinta, *Pequeño Homenaje a Rubén Darío.*— Junto al título a lápiz figura otro a tinta *Cristian Huitman.*— Correcciones, adiciones, supresiones.

«Cristian Huitman, capitan de bosque».

27: [*Sin título*].— [1] h.— 240 × 220 mm.— A lápiz.— Escrita recto y verso.— Correcciones.

«Se fueron todos corriendo»
«de corazón oprimido.».

La ordenación que guardan los poemas en el manus-

ALBERTI, RAFAEL: *Verte o no verte*. México: Fábula, 1935. *FGL*.

«por los ojos de un caballo.»
 [Enrique, Emilio, Lorenzo
in the eyes of a horse].—Published in *1615*, I, 1934. *Taller*, 1, 1938.
 24. *Tierra y Luna* [Earth and moon].—[August 28, 1929].—Cabaña at Dew-Kum-In. Eden Mills. Vermont. [3] l.—260 × 210 mm.—Numbered 1-3.—In pencil. Corrections, additions, deletions.
 «Me quedo con el transparente hombrecillo»
 «y borrando mi apariencia por el término del aire.»
 [I shall remain with the transparent little man
and erasing my appearance with the end of the air].—Published in *Tiempo presente*, 1, 1935.
 25. *Son de negros* [A song of Blacks].—[1] l.—Page with letterhead of Hotel Biarritz of San Sebastián.—Written recto and verso.—In blue ink.
 On verso *Influencia de los Estados Unidos en el mundo* [Influence of the United States on the world].
 «Iré a Santiago»
 «Iré a Santiago.»
 [I will go to Santiago
I will go to Santiago]. Published in *Musicalia*, 11, 1930, *Bohemia, 22, 1968. Facsimil.*
 26. El holandés [The Dutchman]. [2] l. 280 × 220 mm. In parentheses, in ink: *Pequeño homenaje a Rubén Darío* [Small homage to Rubén Darío].
 Beside the title in pencil, another in ink: Cristian Huitman.
 Corrections, additions, deletions.

crito no es la que luego se mantuvo en el impreso; se trata de un orden dado con posterioridad que es el que se ha segido en la descripción. Figura siempre que lo hay el título del poema en el manuscrito; entre corchetes se indica el que se le dio en la edición de Obras Completas [Madrid: Aguilar, 1954] cuando ambos difieren. Se han citado al pie de cada poema las publicaciones que tuvo en revistas antes de aparecer impreso formando parte del libro *Poeta en Nueva York*.

 «El cielo ha triunfado del rascacielo, pero ahora la arquitectura de Nueva York se me aparece como algo prodigioso, algo que, descartada la intención, llega a conmover como un espectáculo natural de montaña o desierto. El Chrysler Building se defiende del sol con un enorme pico de plata, y puentes, barcos y ferrocarriles y hombres los veo encadenados y sordos; encadenados por un sistema económico cruel al que pronto habrá que cortar el cuello, y sordos por sobra de disciplina y falta de la imprescindible dosis de locura.»

 Federico García Lorca dejó New York rumbo a La Habana a primeros de marzo de 1930, se separaba de la ciudad con sentimiento y admiración profunda, según su expresión «de todos modos».

Bibliografía
FEDERICO GARCÍA LORCA. Conferencia-recital sobre Poeta en Nueva York. En: *Obras Completas*. Buenos Aires: Losada, 1942; Madrid: Aguilar, 1954.— FRANCESCA COLECCHIA. García Lorca. A selective annotated bibliography of criticism. New York: Garland Publishing, 1979.— Laurenti, Joseph and Joseph Siracusa. The world of Federico García Lorca. A general bibliographic survey. Metuchen, N. J.: The

«Cristian Huitman, capitán de bosques.»

[Cristian Huitman, captain of the forest].

27. [Untitled]. [1] l. 240 × 220 mm.—In pencil. Written recto and verso.

Corrections.

«Se fueron todos corriendo»

«de corazón oprimido.»

(They all ran away

with their hearts appressed).

The order of the poems in the manuscript in not the same as the one in the printing. It was applied later as followed in the description. The title of the poem, if it exists, is always set forth in the manuscripts. The order is indicated in parentheses as given in the edition of the Obras Completas, Madrid, Aguilar, 1954, if there is any difference. At the foot of each poem are publications in magazines before they appeared in print in the book Poeta en Nueva York.

«The sky has triumphed over the skyscraper, but now the architecture of New York seems prodigious to me, something which —apart from the intention— moves one like a natural landscape of mountains or desert. The Chrysler Building defends itself from the sun with a tremendous peak of silver and I see bridges, boats and railroads and men, chained and deaf; chained by a cruel economic system which should soon be behead ed and deaf from an excess of discipline and lack of the indispensable dosage of madness.»

Federico García Lorca left New York for Havana at the beginning of March 1930. He left the city with profound emotion and admiration, according to his expression «de todos modos» (anyhow).

Scarecrow Press, 1974.— Ediciones: México: Séneca, 1940.— New York: Norton, 1940.— en Obras Completas, Buenos Aires: Losada, 1942 y siguientes.— En Obras Completas, Madrid: Aguilar, 1954 y siguientes.— Madrid: Ariel, 1981.—

---

133. GARCIA LORCA, Federico

Llanto por Ignacio Sánchez Mejías, de Federico García Lorca; dibujos de J. Caballero.—Madrid: Ediciones del Arbol, 1935.
22 p.: ill., col.; 29 cm (Cruz y Raya).
6 original drawings by José Caballero.— Includes manuscript letters from José Caballero, Manuel de Falla and García Lorca to Adriano del Valle, numbered by hand with the pages of the book 1-36 on the rectos.— Handwritten notes.— Handwritten dedications form García Lorca and Caballero to Adriano del Valle on the half title.

Madrid, Biblioteca Nacional Mss 21.693.

The 1935 edition of the Llanto (Lament) is the first and only Spanish edition published as a separate work. It has been published as an independent text in Brussels and Italy, but in Spain and Latin America it has generally been included in editions of selected or complete works.

It is an elegy on the death of the bullfighter and friend of the poet, who was gored by a bull in the Man-

---

133. GARCIA LORCA, Federico

Llanto por Ignacio Sánchez Mejías / de Federico García Lorca; dibujos de J. Caballero.—Madrid: Ediciones del Arbol, 1935.
22 p.: il. col.; 29 cm.— (Cruz y Raya)
Seis dibujos originales de José Caballero.— Intercaladas cartas autógrafas de José Caballero, de Falla y de García Lorca a Adriano del Valle, numeradas con las páginas del libro, a mano, del 1 al 36 en los rectos.— Notas manuscritas.—Dedicatorias manuscritas de García Lorca y de Caballero a Adriano del Valle, en la anteportada.

Madrid, Biblioteca Nacional Mss 21693

La edición de 1935 del Llanto es la primera y la única en España de esta obra aislada. Se ha publicado como texto independiente en Bruselas y en Italia, pero en España e Hispanoamérica se ha incluido generalmente en obras escogidas o completas.

Es una elegía a la muerte del torero y amigo, cogido por un toro en la plaza de Manzanares el 11 de agosto de 1934. Ignacio fue mecenas y consejero de los poe-

zanares bullring on August 11, 1934. Ignacio was a patron and adviser of the poets of the Generation of 1927 and among the most clear-headed men of his time. One of the first to whom García Lorca read *Bodas de sangre* (Blood Wedding), he understood immediately that the work signified the beginning of a great dramatic period. His death inspired two famous elegies, the *Llanto* and *Verte y no verte* (To See You and Not See You) by Alberti.

The *Llanto por Ignacio Sánchez Mejías* has been considered the crowning point of García Lorca's poetic production. The poet, now fully mature in technique, uses his most characteristic poetic devices and procedures with great freedom. It is the most typically Lorcan poem, alternating innovation and creation, discipline and creative license.

Instead of an elegy, he calls the poem 'llanto' (lament), the Spanish translation of the Greek. He thereby recovers the sense 'planto' (planctus) by which medieval elegies are designated, and links his work, through the use of a new word, and without erudite pretensions, to tradition itself.

This is the poem in which García Lorca most clearly expresses his concept of death and time and relates death as an abstract fact to the personalized death of a concrete being. The entire poem is saturated with musicality, not only on the diction but also in its very structure. Each of the four parts of the poem, *La cogida y la muerte* (The Goring and the Death), *La sangre derramada* (The Spilt Blood), *Cuerpo presente* (The Body Lying in State), and *Alma ausente* (The Soul Departed), has its own rhythm, marked by the use of different metrical combinations.

The present edition, consisting of 2.000 copies, was published by Silverio Aguirre, who brought out many of the poetic works of the Generation of 1927 in the Cruz y Raya Collection of Ediciones del Arbol.

It is a beautiful edition in large format, consisting of a single column that sets off the poem against a border of wide margins, with the initials of the first lines in red and with italics to mark the refrains, such as the incessant 'a las cinco de la tarde' (at five o'clock in the afternoon).

The illustrations by José Caballero consist of three lithographs, to which have been added six original drawings by the painter, four within the text and two inserted among its pages. The first lithograph is an ornamental border with the portrait of Ignacio, and beside it has been added a first proof of the print, dedicated to Adriano del Valle by Caballero and García Lorca. The second illustration, on page 10, depicts the goring, and the third, on page 16, is the body lying in state, accompanied by angels who are weeping. The three drawings are explained in detail in a letter from Caballero to Adriano del Valle inserted before the title page, in which an account is given of the project for the edition. Caballero, who had participated with Lorca in the University Theater La Barraca, sympathizes with the surrealism and

tas del 27, y una de las cabezas más claras de su tiempo. Fue uno de los primeros a quienes García Lorca leyó *Bodas de sangre*, y comprendió inmediatamente que era el comienzo de una gran etapa dramática. Su muerte inspiró dos famosas elegías: el *Llanto* y *Verte y no verte*, de Alberti.

El *Llanto por Ignacio Sánchez Mejías* ha sido considerado como una culminación de la poesía de García Lorca. El poeta, ya en la madurez de su técnica, utiliza con gran libertad sus procedimientos y recursos poéticos típicos. Es el poema más lorquiano, y en él alternan libertad creadora y disciplina.

En vez de elegía llama al poema «llanto», traducción castellana de la palabra griega, con lo que recupera la voz «planto» que designa las elegías medievales, y enlaza, mediante una palabra nueva, sin formalismo cultista, con la propia tradición.

Es el poema en que García Lorca expresa más claramente su concepción de la muerte y del tiempo, en el que relaciona la muerte como hecho abstracto con la muerte personalizada de un ser concreto.

Todo el poema está transido de musicalidad, no sólo en las palabras sino en la estructura misma del poema. Cada una de las cuatro partes: *La cogida y la muerte, La sangre derramada, Cuerpo presente y Alma ausente* tiene su propio ritmo, marcado por el uso de distintas combinaciones métricas.

La presente edición, en tirada de 2.000 ejemplares, fue editada por Silverio Aguirre, que publicó en la colección Cruz y Raya de Ediciones del Arbol muchas de las obras poéticas de la generación del 27.

Es una bella edición de amplio formato, con una sola columna en que el poema destaca rodeado de amplios márgenes, con iniciales de los primeros versos en rojo y cursiva marcando los estribillos, como el incesante «a las cinco de la tarde». Las ilustraciones de José Caballero son tres litografías, a las que se añaden seis dibujos originales del pintor, cuatro en el texto y dos intercalados entre las hojas del mismo. La primera litografía es una orla con el retrato de Ignacio, y junto a ella se ha añadido una primera prueba de la misma, dedicada a Adriano del Valle por Caballero y por García Lorca. La segunda, en la página 10, representa la cogida, y la tercera, en la página 16, es el cuerpo presente, acompañado por ángeles que lloran. Los tres dibujos son explicados detalladamente en una carta de Caballero a Adriano del Valle intercalada antes de la portada, donde da cuenta del proyecto de la edición. Caballero, que había participado con Lorca en el Teatro Universitario La Barraca, concuerda con el surrealismo y el neopopularismo de la generación del 27, surrealismo al que algunos han denominado realismo fantástico. Después de treinta años, el pintor ha ilustrado de nuevo una edición italiana del *Llanto*.

Los dibujos originales, a tinta y acuarela, iluminan la anteportada, con dedicatorias manuscritas de Lorca y Caballero a del Valle, la primera página siguiente a la portada, con la dedicatoria impresa a Encarnación Ló-

GARCÍA LORCA, FEDERICO: *Mariana Pineda.* 1925. *FGL.*　GARCÍA LORCA, FEDERICO: *Mariana Pineda.* 1925. *FGL.*

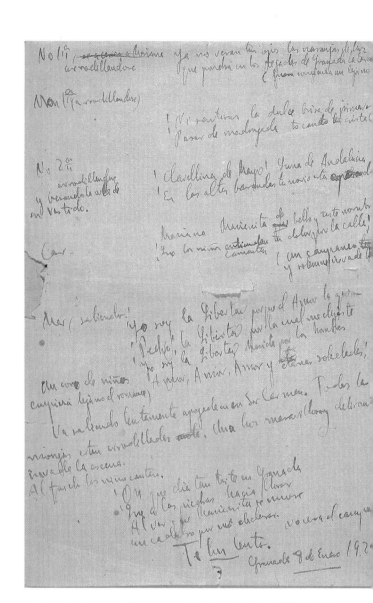

neopopularism of the Generation of 1927, a surrealism that some have called fantastic realism. Thirty years afterward, the painter illustrated once more an Italian edition of the *Llanto*.

The original drawings in pen and watercolor, illustrate the half-title page, with handwritten dedications to del Valle by Lorca and Caballero; the first page following the title page, with the printed dedication to Encarnación López, 'La Argentinita'; page 20, with the head of a sailor that Lorca has entitled 'la pena' (Grief); and the verso of the last page, which is left blank with a full-page drawing called 'El llanto' (lament). Opposite this drawing there is a drawing in pencil and watercolor on a separate sheet attached to the book which depicts the bullring at the moment of the goring. It is dedicated to Adriano del Valle by María Julia de Sola in 1935.

In addition to the above mentioned letter from Caballero, three are there letters in García Lorca's hand to del Valle, none with a date ('Today it is May in time and

pez, «La Argentinita», la página 20, con una cabeza de marinero que titula *La pena*, y el verso de la última hoja, en blanco, con un dibujo a toda plana que llama *El llanto*. Enfrentado con éste, un dibujo a lápiz y acuarela en hoja suelta pegada al libro, y entre las páginas 10 y 11 otro dibujo a tinta y acuarela añadido al libro, representando la plaza en el momento de la cogida, y dedicado a Adriano del Valle por Mª Julia de Sola, en 1935.

Además de la carta citada de Caballero, hay tres cartas manuscritas de García Lorca a del Valle, sin fecha («Hoy mayo en el tiempo y octubre sobre mi cabeza», comienza la primera, y luego «Paz», «Amigo»), que tratan de literatura y de los propios sentimientos. Adriano del Valle, abogado y procurador de profesión, es pintor y poeta, y Federico se dirige a él como a hombre sensible y amante de la literatura.

Estas cartas fueron publicadas por Robert Marrast en la revista *Insula,* en 1965. Hay también una tarjeta postal de Federico, con una vista de la Gran Vía madrileña,

October over my head'), begins the first, and then 'Peace, and 'Friend', which deal with literature and the poet's own feelings. Adriano head Valle, a lawyer and procurator by profession, was also a painter and poet, and Federico addresses himself to him as a man of sensitivity and lover of literature. These letters were published by Robert Marrast in the journal *Insula* in 1965.

There is also a postcard form Federico with a view of Madrid's Gran Vía, also without a date, and a brief note written by hand in blue pencil.

There has been added to this particular copy a handwritten postcard from Manuel de Falla, with whom Lorca struck up a great frendship in Granada, a card of thanks with a black mourning border from José I. Sánchez Mejías, a photograph of a boy dated 1927 and a typewritten letter addressed to A. del Valle by Sánchez Mejías, with his signature, dealing with a business matter. At the end there has been included the program for an exhibition of painting in which Caballero participated, with the envelope in his handwriting.

The book is half-bound with corner pieces.

Provenance: From Adriano del Valle. A hand written note on the second endpaper says that it was received on June 3, 1965.

---

134. GARCIA LORCA, Federico

Seis poemas galegos/de Federico garcía Lorca; prólogo de EBA.—Compostela: Editorial Nós, [1935].—[36] p. Cardboard binding.

Madrid, Biblioteca Nacional V. C. 1232⁹ bis

Five of the six poems that make up this book were unpublished when the edition was prepared. Federico García Lorca delivered the manuscript to Blanco Amor of the 'Romaxe da Nosa Señora da Barca' (Ballad of Our Lady of the Boat), 'Cantiga do neno da tenda' (Song of the shop-boy), 'Noiturno do adoescente morto' (Nocturne of the Dead Young Man), 'Canzón de cuna pra Rosalía Castro, morta' (Lullaby for Rosalía Castro, deceased), and the 'Danza da lúa en Santiago' (Dance of the Moon in Santiago). The sixth poem which opens the collection, 'Madrigal a cibdá de Santiago' (Madrigal to the City of Santiago) was printed in type from *El Pueblo Gallego* of Vigo, and had originally apperared in the little magazine *Yunque*, one of the typically short-lived periodicals of the time, edited by the writer Anxel Fole.

The manuscripts of the poems were written on old pieces of paper and some were written in pencil. The back of an invitation to an official dinner from the ambassador of Portugal, a used envelope, the statement from the Sociedad de Autores Dramáticos for the royalties from *La romería de los cornudos* (The Cuckolds' Pilgrimage) constitute, among other pieces of paper, the originals of the poems in question.

In September 1935 Federico gave the poems to the Galician writer Eduardo Blanco Amor to look over, cor-

---

también sin fecha, y una breve nota manuscrita en lápiz azul.

Se han añadido también al ejemplar una tarjeta postal manuscrita por Manuel de Falla, con quien Lorca hizo gran amistad en Granada, una tarjeta de agradecimiento con orla de luto de José I. Sánchez Mejías, una foto ¿de Federico? niño con fecha 1927 y una carta mecanografiada, dirigida a A. del Valle por Sánchez Mejías, con su firma, sobre un asunto de negocios. Al final se ha incluido un programa de exposición de pintura en que interviene Caballero, con el sobre manuscrito por éste.

Encuadernación en holandesa, con cantoneras.

Procede de Adriano del Valle, y en nota ms. en la segunda h. de guarda dice que se recibió el 3 de junio de 1965.

Bibliografía

Ediciones. *En Obras completas, Buenos Aires, tosada 1946* Madrid, Aguilar, 1954F. GARCÍA LORCA. *Federico y su mundo.* Madrid, Alianza Editorial, 1981.— *José Caballero, obra retrospectiva 1932-1977.* Introducción de José Caballero Bonald. Granada, 1977.

---

134. GARCIA LORCA, Federico

Seis poemas galegos / de Federico García Lorca; prólogo de E.B.A. Compostela: Editorial Nós, [1935].—[36]p. Encuadernación de cartulina.

Madrid, Biblioteca Nacional VC 1232⁹ bis

De los seis poemas que forman este libro, cinco estaban inéditos cuando se preparó la edición. Federico García Lorca entregó manuscritos a Blanco Amor el *Romaxe da Nosa Señora da Barca*, la *Cantiga do neno da tenda*, el *Noiturno do adoescente morto*, la *Canzón de cuna pra Rosalia Castro, morta* y la *Danza da lúa en Santiago*; el sexto poema —primero con que se inicia el libro— *Madrigal a cibdá de Santiago* iba impreso con caracteres de *El Pueblo Gallego* de Vigo, y había aparecido originalmente en la revista *Yunque,* una de esas efímeras publicaciones periódicas tan características de aquel momento, que dirigía el escritor Anxel Fole.

Los manuscritos de los poemas estaban realizados sobre papeles ocasionales, algunos escritos a lápiz; el reverso de una invitación a una comida oficial del embajador de Portugal, un sobre usado, la liquidación de la Sociedad de Autores Drámaticos por los derechos de *La romería de los cornudos* fueron, entre otros, los soportes primeros de estas poesías.

En septiembre de 1935, Federico pasó a Eduardo Blanco Amor los poemas para que los revisase, corrigiese la ortografía, limpiase de castellanismos y puliese el estilo con las variantes gallegas que le pareciesen más adecuadas. Bajo las siglas E.B.A. figura el escritor gallego como prologuista de esta primera edición. Este prólogo

rect the spelling, weed out any Castilianisms and polish the style by supplying those Galician variants that seemed to him most appropriate. Blanco Amor, going by the initials EBA, is the author of the prologue to this first edition. The same prologue also appears in the first edition of Lorca's complete works published by Editorial Losada of Buenos Aires in 1938. It was not, however, included in later ditions.

The Editorial Nós brought out the first edition. This publishing house played a key role in the revival of Galician culture, and some of Galicia's most prominent nacionalists such as Castelao, Risco and Otero Pedrayo, were associated with it. The chief aim of their policy as publishers was to bring out works by major contemporary writers that would attest to Galicia's cultural renaissance. The *Seis poemas galegos* were considered to be an example of the most significant lyric poetry in Galician, and Anxel Casal, the editor of Nós, was enthusiastic about publishing this unusual facet of the poet from Granada.

The director set the poems by hand himself. Eduardo Blanco Amor, recalling his training in school as a typesetter, and in solidarity with the emigration problem, performed the symbolic act of setting the first eight lines of the «Cantiga do neno da tenda» (Song of the Shop Boy». The *Seis poemas galegos* made up volume 73 of the publishing house. The date December 27, 1935 appears in the colophon, but the book was finished in November.

Only a few copies were distributed. The rest shared the sade fate that befell the Editorial Nós in the Civil War, and copies of the book, together with the publisher's entire stock, disappeared.

The publication of the book was, from start to finish, a labor of love, but it is not by any means a de lux edition. Today it has become a collector's item.

Bibliography
E BLANCO AMOR: «Federico García Lorca». Insula, núms. 152-153, 1950.— *C* CASARES. «Lería con "Blanco Amor"». Grial, n°41, 1973.—*F* GARCÍA LORCA. *Seis poemas galegos*. Edición tetralingüe. Madrid, Akal, 1978.

aparece también en la primera edición de Obras Completas que hizo la Editorial Losada de Buenos Aires en 1938, sin embargo en ediciones sucesivas no se incluyó.

La editorial *Nós* sacó esta primera edición. La editorial era una pieza clave del movimiento del resurgimiento gallego; a ella estaban ligados los más prestigiosos hombres del movimiento nacionalista, Castelao, Risco, Otero Pedrayo. Su programa editorial se centraba en llevar a la imprenta los textos de los principales escritores contemporáneos que fuesen testimonio del renacimiento cultural que estaba viviendo Galicia. Los *Seis poemas galegos* se consideraron formando parte de lo más esecial de la lírica gallega y Anxel Casal, director de Nós, abordó con todo entusiasmo la impresión de esta insólita producción del poeta granadino.

El propio director compuso a mano los poemas; Eduardo Blanco Amor, en un acto simbólico compuso los ocho primeros versos de la *Cantiga do neno da tenda,* recuerdo del oficio de tipógrafo aprendido en el colegio y solidaridad ante el problema de la emigración. Los «Seis poemas galegos» formaron el volumen LXXIII de la editorial; en el colofón aparece la fecha 27 de diciembre de 1935, pero el libro estaba hecho en noviembre.

Se distribuyeron unos pocos ejemplares, el resto de la edición sufrió el triste destino que la guerra civil impuso a la editorial Nós y desaparecieron los ejemplares junto con el fondo editorial.

Este libro fue concebido con todo cariño pero sin ningún lujo, hoy se ha convertido en una pieza rara.

Bibliografía
E BLANCO AMOR: «Federico García Lorca». Insula, núms. 152-153, 1950.— *C* CASARES. «Lería con "Blanco Amor"». Grial, n°41, 1973.—*F* GARCÍA LORCA. *Seis poemas galegos*. Edición tetralingüe. Madrid, Akal, 1978.

---

135. GARCIA LORCA, Federico

La casa de Bernarda Alba: drama de mujeres en los pueblos de España.—1936. [77]l. ([1], 27, [1], 2-26, [1], 2-23). 230 × 165 mm.—Paper.

Fundación García Lorca, Carpeta 17

Manuscript signed by García Lorca. 77 pages of cloth finish writing paper, written only on the rectos in black ink.

The first, unnumbered page contains the title, subtitle and list of characters, with some corrections and names crossed out at the end. At the bottom of the page: 'The poet informs (the audience) that these three acts are intended to be a photographic documentary.' Divided into three acts, the first begins on page 1 and ends on page 27, with the 'telón seguido' (curtain falls rapidly).

135. GARCIA LORCA, Federico

La casa de Bernarda Alba: drama de mujeres en los pueblos de España.— [1936].
[77]h. ([1],27, [1], 2-26, [1], 2-23); 230 × 165 mm.—Papel.

Fundación García Lorca.—Carpeta 17

Manuscrito autógrafo de García Lorca, en 77 cuartillas de papel tela escritas sólo en los rectos con tinta negra.

La primera, sin numerar, contiene el título y subtítulo y la relación de personajes, con algunas correcciones y varios nombres tachados al final. A pie de página: «El poeta advierte que estos tres actos tienen la intención de un documental fotográfico». Dividida en tres actos,

Act two begins on an unnumbered page; the numbering begins on page 2 and continues until 26. In act three the first page is unnumbered; the rest are numbered from 2 to 23. At the end 'Telón' (curtain). Below: 'Friday, June 19, 1936.'

At the beginning of each act there are brief notes on the mise-en-scène. The names of the characters are abbreviated and the dialogue is without paragraphing. There are few margins, some corrections and words crossed out or substituted on the top of others or to one side. The explanations are given in parentheses.

This manuscript, owned by the Fundación García Lorca, varies 'little or nothing', according to Francisco García Lorca, from the text followed faithfully in the first edition of Losada of 1946. It was done by Guillermo de Torre and reproduced later by Arturo del Hoyo in the *Obras completas* published by Aguilar in 1954. The manuscript was thought to be lost for several years.

The work was not performed or published during the author's lifetime. There are other handwritten copies with few variations.

There were at least two public readings of this work during the author's life, one on June 24, 1936 at the home of the Condes de Yebes and another on July 5 at the home of Dr. Eusebio Oliver.

The first performance was given by Margarita Xirgu in the Teatro Avenida in Buenos Aires, March 8, 1945. The poet had intented to première his work in Buenos Aires and to be present there as well. Apparently Margarita Xirgu received the manuscript from Lorca through Julio Fuensalida, a friend of the Lorca family. Using the copy furnished for the première, Guillermo de Torre included *La Casa de Bernarda Alba* in the Losada editions.

Later editions (Pérez Minik, 1964; Gallego Morell, 1969; Espasa-Calpe, 1973) present few variations with respect the original text, which guarentees that the text will have few difficulties or ambiguities for contemporary readers.

La casa de Bernarda Alba, based on a real life family, is the masterpiece of Lorca's theater, from a stylistic and thematic point of view. Written entirely in prose (there is not a single line of poetry except for two very fragmentary songs, and no chorus or dancing), it is a highly poetic Andalusian drama. The author himself says, 'I want my drama to be serene and simple.' It is the most radical expression of the Lorcan theme of conflict between the individual and society. After 1945 the work has been perfomed in the major theaters of the world. Aside from being Lorca's best work, it is one of the fundamental plays of the Spanish theater of the 20th century.

According to the author, it is 'Not literature, just pure straight theater'.

Bibliography

Ediciones. Buenos Aires: Losada, 1948, 1957.— Madrid: Afrodisio Aguado, 1955, 1957.— Madrid: Aguilar, 1957, 1959, 1967.— Barcelona: Labor, 1970. A. SANCHEZ-BARBUDO. *Edición, prólogo y notas a «Diario de.*

el primero comienza en la hoja 1 y termina en la 27, con «telón seguido».

El acto 2º comienza en una hoja sin numerar, y empieza la numeración en la hoja 2, hasta la 26. En el acto 3º la primera hoja sin numerar, y las siguientes numeradas del 2 al 23. Al final «Telón» Debajo: «(día viernes 19 de junio 1936)».

Al principio de cada acto, breves acotaciones sobre la puesta en escena. Los nombres de los personajes aparecen abreviados y a renglón seguido el texto dialogado. Muy pocos márgenes. Hay algunas correcciones, algunas palabras tachadas o sustituidas encima o al lado. Las explicaciones, entre paréntesis.

Este manuscrito, propiedad de la Fundación García Lorca, varía «poco o nada», según Francisco García Lorca, con respecto al texto que sigue fielmente la primera edición de Losada 1946, hecha por Guillermo de Torre, que después reprodujo Arturo del Hoyo en las *Obras Completas* publicadas por Aguilar en 1954. Durante varios años el manuscrito se consideró perdido.

Se trata de una obra no estrenada e inédita en vida del autor. Existen otras copias manuscritas, sin apenas variantes.

En vida del autor hubo al menos dos lecturas públicas de la obra: una el 24 de junio de 1936 en casa de los Condes de Yebes y otra el 15 de julio en casa del doctor Eusebio Oliver.

La estrenó Margarita Xirgu en el teatro Avenida de Buenos Aires, el 8 de marzo de 1945. El poeta tenía intención de estrenar la obra en Buenos Aires, y también de estar presente en el estreno. Al parecer, Margarita Xirgu recibió el manuscrito de Lorca por conducto de Julio Fuensalida, amigo de la familia García Lorca. Partiendo de la copia que sirvió para el estreno, Guillermo de Torre incluyó la *Casa de Bernarda Alba* entre las ediciones de Losada.

Las ediciones posteriores (Pérez Minik, 1964; Gallego Morel, 1969, y Espasa Calpe, 1973) ofrecen pocas variantes con respecto al texto primitivo, lo que asegura que el tenga pocas dificultades o ambigüedades para el lector contemporáneo.

La *Casa de Bernarda Alba,* basada en la existencia real de la familia Alba, es la obra maestra del teatro lorquiano, tanto desde el punto de vista estilístico como temático. Escrita totalmente en prosa (no hay un solo verso, salvo dos canciones muy fragmentarias: no hay coros, ni danzas) es un drama andaluz altamente poético. El propio autor dice: «quiero que mi obra teatral tenga serenidad y sencillez». Es la expresión más radical del tema lorquiano del conflicto entre individuo y sociedad. Después de 1945 se ha presentado en los principales escenarios del mundo. Además de la mejor obra de Lorca es una de las fundamentales del teatro español de este siglo. Según palabras de su autor, «nada de literatura, teatro puro».

Bibliografía

Ediciones. Buenos Aires, Losada, 1946. Ed. de Guillermo de Torre.— —Madrid, Aguilar, 1954. Ed. de Arturo del Hoyo.—Méjico, Univer-

un poeta recién casado». Barcelona, Labor, 1970.— RICARDO GULLON: *Conversaciones con Juan Ramón.* Madrid, Taurus, 1958.— J. GUERRERO RUIZ: *Juan Ramón de viva voz.* Madrid, Insula, 1961.

sidad Nacional, 1956.—Barcelona, Aymá, 1964. Ed. de Pérez Minik.—New York, Las Americas Publishing, 1964.—Madrid, Escelicer, 1969. Ed. de Gallego Morel.— Madrid Espasa Calpe, 1973.— Madrid, Cátedra; 1976.—Madrid, Alianza, 1981.

136.   GARCIA LORCA, Federico

Los sueños de mi prima Aurelia.—1936. [28] l.
210×155mm.—Paper.

Fundación García Lorca. Carpeta XVIII

This manuscript of García Lorca has the exceptional value of being the poet's last play. His work was interrupted because of his assassination. He had only finished writing the first act.

There is a total of 28 sheets written in ink on the rectos, foliated from 1 to 25. The first, containing the list of characters and the date the action takes place, is not numbered. A footnote says, 'This play belongs to a series of chronicles of Granada which also includes *Doña Rosita la soltera».*

The pagination begins with the first act and is interrupted on folio 25. Next there are two sheets without pagination containing a ballad of Aurelia and the boy.

The play is based on autobiographical elements. The main character, Aurelia, was Federico's cousin, a dreamy, imaginative woman. In this single act that has come down to us, she is shown as person immersed in an unreal and fictional world. The poet included himself in the play in the character of the Boy.

At present, Marie Laffranque, the great specialist in Lorca studies, is preparing a facsimile edition of the last 28 sheets. The University of Granada and the García Lorca Foundation will be the copublishers of the edition.

137.   GARCIA LORCA, Federico

The poet in New York and Other Poems of Federico García Lorca/The Spanish text with an English translation by Rolphe Humphries.—New York: W. W. Norton & Co, [1940].—209 pp.

Fundación García Lorca

The first edition of *Poeta en Nueva York* was this bilingual one published by Norton and translated by Rolphe Humphries. It had a meticulous layout, well-designed typography, poems in Spanish on the recto of the pages and in English on the verso. Roman lettering for the text, italics for everything else, chapter headings and titles, wide margins and good paper. In general it was an elegant and creditable publication.

The book came out with a foreward (pp. 9-15) by the poet José Bergamín, dated December 5, 1939 in San Antonio, Texas, and a note by the translator (pp. 16-19) dated Mexico and New York, 1938-40. It is in three parts: *Poet in New York* (pp. 22-140); *Briefer Songs* (pp. 141-67) and *Gypsy Ballads* (pp. 171-201); a *Nota biográfica* (Biographical note) fills the last pages (pp. 206-9).

136.   GARCIA LORCA, Federico

Los sueños de mi prima Aurelia.— 1936.— [28] h.— *210 × 155 mm.— Papel.*

Fundación García Lorca. Carpeta XVIII

Este manuscrito de Federico García Lorca tiene el valor excepcional de ser la última obra de teatro que el poeta estaba escribiendo. El trabajo se interrumpió con el asesinato del poeta. Sólo dejó escrito el acto primero.

Son veintiocho cuartillas escritas a tinta por el recto, foliadas 1 a 25; está sin foliar la primera que es en la que se dá la relación de personajes, su edad y la fecha en que transcurre la acción; al pie la nota «Esta comedia pertenece a la serie de crónicas granadinas de la que forma parte doña Rosita la soltera.»

La numeración comienza con el Acto primero y se interrumpe en el folio 25. Siguen dos cuartillas sin numerar en las que va un romance entre Aurelia y el niño.

La comedia parte de elementos autobiográficos. La protagonista, Aurelia, era una prima de Federico, mujer fantasiosa y soñadora, que en este único acto que nos ha llegado se muestra como un personaje inmerso en un mundo irreal y novelesco. El propio poeta se incluyó en la obra proyectándose en el personaje del niño.

En la actualidad, Marie Lafranque, gran especialista en estudios lorquianos, está preparando la edición facsimil de estas últimas veinticinco cuartillas. La Universidad de Granada y la Fundación García Lorca serán los coeditores de la edición.

137.   GARCIA LORCA, Federico

Teh poet in New York and other poems of Federico García Lorca / the Spanish tex with an English translation by Rolphe Humphries.— New York: W.W. Norton & Company, [1940].— 209 p.

Fundación García Lorca

La primera edición de *Poeta en Nueva York* fue esta bilingüe que editó Norton, traducida por Rolphe Humphies. Una edición de maquetación cuidada, de pensada tipografía: los poemas en castellano en el recto de las hojas, el inglés al verso; letra romana para el texto y cursiva para el esqueleto de la composición: cabeceras y títulos; amplios márgenes, buen papel, una bonita y digna publicación.

El libro salió con prólogo del poeta José Bergamín [p. 9-15] fechado en San Antonio de Texas el 5 de diciembre de 1939 y una nota del traductor [p. 16-19] fechada en México y Nueva York 1938-40. Consta de tres partes: *Poet in New York [22-140]; Briefer songs* [p. p. 141-167] y *Gypsy ballads* [p.p. 171-201]; una *Nota biográfica* ocupa las últimas páginas [pp. 206-209].

At first Humphries' proposal to Norton in a letter written December 8, 1939, was to publish an anthology divided into four parts: *Poet in New York* (83 typewritten pp.), *Romancero Gitano* (Gypsy Ballads, 26pp.), *Poesías líricas* (Lyric poems, 27pp) and *Odas a Dalí y al Santísimo Sacramento y Llanto por Ignacio Sánchez Mejías* (Odes to Dalí and the Most Holy Sacrament and Lament for Ignacio Sánchez Mejías). But the book conceived in this way was much longer than the volume planned by the publisher, who advised Humphries to leave the entire first part intact and delete poems from the other sections.

The idea of publishing Lorca's poetry in English was one of Norton's projects before *Poet in New York*. At the end of November 1938 the publication of an anthology of poetry entitled *Translation of the Poetry of F. García Lorca by R. Humphries* had already been agreed upon, but the news that Oxford University Press was also thinking about bringing out an anthology of his type made Norton give up this project.

Nevertheless, José Bergamín's visit in August 1939 convinced them to take up the project again. Bergamín told the New York publisher about his activities. He had founded the publishing house called Seneca in Mexico, which would contain four different collections and planned to print the entire text of Federico's unpublished book, *Poeta en Nueva York,* for the first time in the *Laberinto* Collection. He was successful in convincing Norton to bring out a simultaneous edition and promised to send a copy of the original in his possession.

Lorca had left the original on Bergamín's desk at the offices of Cruz y Raya on the eve of his last trip to Granada in July 1936. According to Bergamín's prologue in the Seneca edition, Federico was particularly interested in having the first edition of the book made to the liking of the editor of El Arbol, which had already published two of his works, *Llanto por Ignacio Sánchez Mejías* (see cat. no. 133) and *Bodas de Sangre*. Seneca, the successor of El Arbol in exile, continued to honor the moral commitment to Lorca made by its editor, José Bergamín.

That same year, 1940, two editions of Poet in New York appeared, Norton's which had already come out on May 1, and Seneca's which finished on June 15.

Although it might be expected that the two editions were identical, since they came from the original text, a comparison of the two shows differences in structure and text: the poems *La aurora* (Dawn) and *Tu infancia en Menton* (Your Childhood in Menton) are in different places and the text of *Amantes asesinados por una perdiz* (Lovers Murdered by a Partridge) is omitted from the Seneca edition. Both books contain different versions of the following poems: *Norma y paraíso de los negros* (Norma and Paradise of Blacks), *El rey de Harlem* (The King of Harlem), *Danza de la muerte* (Dance of Death), *Niña ahogada en el pozo* (Little Girl Drowned in a Well), *Nueva York, oficina y denuncia* (New York, Office and Claim and *Nocturno del hueco* (Nocturne of the Empty Hole. The dedications to *Muerte* (Death) and *Nueva York, oficina y*

En un principio, la propuesta de Humphries a Norton [en una carta de 8 de diciembre de 1939] era la de editar una antología dividida en cuatro partes: *Poeta en Nueva York* [83 h. a máquina], *Romancero Gitano* [26 h.] *Poesías líricas* [27 h.] *Odas a Dalí y al Santísimo Sacramento y Llanto por Ignacio Sánchez Mejías,* pero el libro así concebido superaba con mucho el volumen previsto por el editor, que aconsejó a Humphries dejar íntegra la primera parte y suprimir poemas de las otras.

La idea de publicar la poesía lorquiana en inglés era un proyecto de Norton anterior a este de *Poeta en Nueva York.* A finales de noviembre de 1938 quedaba establecida la publicación de una antología poética titulada *Traducción de la poesía de F. García Lorca por R. Humphries,* pero la noticia de que Oxford University Press pensaba sacar también una antología de este tipo hace abandonar el proyecto a Norton.

Sin embargo, la visita de José Bergamín en agosto de 1939 le hizo retomar el proyecto de editar a García Lorca. Bergamin informó al editor neoyorquino sobre sus actividades: el lanzamiento de la editorial Séneca en México, las cuatro colecciones que la formaban y el contenido de las mismas; en la Colección *Laberinto* habría de salir por primera vez el texto íntegro de un libro inédito de Federico, *Poeta en Nueva York,* Bergamín propuso con éxito a Norton sacar una edición sumultánea y se comprometió a enviarle una copia del original que estaba en su poder.

La copia original la había dejado Federico García Lorca sobre la mesa de trabajo de José Bergamín, en la redacción de Cruz y Raya, la víspera de su último viaje a Granada en julio de 1936.

Según el prólogo de Bergamín en la edición de Séneca, Federico tenía especial interés en que la edición primera del libro fuese hecha al gusto del director de Ediciones El Arbol, que había iniciado las publicaciones del poeta con *Llanto por Ignacio Sánchez Mejías,* [Cat. nº 133] y *Bodas de sangre*. Séneca, continuadora de la labor editorial de El Arbol en el exilio, mantuvo el compromiso moral que su director, José Bergamín, había contraído con García Lorca.

En el mismo año de 1940 salieron dos ediciones de *Poeta en Nueva York,* la de Norton —que ya estaba impresa el 1 de mayo— y la de la editorial Séneca de México, cuya impresión se acababa el quince de junio.

Aunque hubiese cabido esperar que las dos ediciones fuesen idénticas, puesto que partían de un único texto original, el cotejo de ambas las muestra diferentes en cuanto a estructura y textos: los poemas *La aurora* y *Tu infancia en Menton* se desplazan y se prescinde del texto *Amantes asesinados por una perdiz* en la edición de Séneca, además de presentar versiones diferentes de otros poemas [*Norma y paraíso de los negros; El rey de Harlem; Danza de la muerte; Niña ahogada en el pozo; Nueva York oficina y denuncia; Nocturno del hueco*] y de prescindir de dedicatorias en los poemas *Muerte y Nueva York, oficina y*

denuncia are missing. The Norton edition does not contain *Tu infancia en Menton*.

Humphries had received a typewritten but not very legible text that he had to interpret. In his Note he says that he could not locate three poems which, according to the text received, Lorca had thought of including in the book: *Ribera, 1910* (which would later be called *Tu infancia en Menton*), published in the magazine *Héroe*; *Amantes asesinados por una perdiz*, published in the magazine *Dos* and *Crucifixion*. Two others were included that were missing in the typed text, *Paisaje con dos tumbas y un perro asirio* (Landscape with Two Tombs and an Assyrian Dog) and *Vals en las ramas* (Waltz in the Branches), and for the first time the complete version in both languages was given of *Oda a Walt Whitman* (Ode to Walt Whitman). He also indicates that the text was intended to be illustrated with a selection of photographs: the Statue of Liberty, students dancing, women's clothing, burned Black, Black in a tuxedo, Wall Street, Broadway 1930, crowd, desert, African masks, a photomontage of a street with snakes and wild animals, pine trees and a lake, a rural American scene, slaughter house, the stock market, the Pope with feathers, a photomontage of Walt Whitman's head with his beard full of butterflies, the sea and a ladscape of Havana. These illustrations could not be included in the edition. Séneca's book was illustrated with drawings.

An analysis of both editions leads to the deduction that the edition princeps of *Poet in New York* was based on a text manipulated by José Bergamín. Humphries said in the prologue to his edition that he did not have access to Federico's original version in time for publication. Instead, he had to use a provisional copy, without a table of contents and with poems only mentioned by title and not yet located, since this material was organized according to the discretion of those responsible for the Séneca edition. After sending the copy to Humphries, Bergamín and his team continued to organize and study the text and ended up editing something different from what was sent to Norton.

Bibliography
Edición crítica de Eutimio Martín en Barcelona: Ariel, 1981.

---

138. JIMENEZ, Juan Ramón

Diario de un poeta recién casado. (1916).—Madrid: Editorial Calleja, 1917.—282 pp.; 4.°
Before the title, *Obras de Juan Ramón Jiménez*.—Cardboard binding.
Madrid, Biblioteca Nacional, R. 35213

The first edition of *Diario de un poeta recién casado* came out in the collection «Biblioteca Calleja, Primera Serie», a series of works by leading writers of the time intended to be representative of Spanish culture at the beginning of the century. The collection appeared between

denuncia. En la edición de Norton falta el poema *Tu infancia en Menton*.

A Humphries le llegó un texto mecanografiado, no siempre claro, que a veces tuvo que interpretar. En la Nota dice que no fue capaz de localizar tres poemas que, según el texto recibido, pensaba Lorca incluir en el libro: *Ribera, 1910* [que después se llamaría *Tu infancia en Menton*] publicado en la revista *Héroe*; *Amantes asesinados por una perdiz*, publicado en la revista *Dos* y *Crucifixión*; que se han incluido otros dos que faltaban en el texto mecanografiado [*Paisaje con dos tumbas y un perro asirio* y *Vals en las ramas*] y se ha dado por primera vez la versión completa en ambas lenguas de la *Oda a Walt Whitman*; indica también que el texto señala que se proyectaba ilustrar el libro con una selección de fotografías [la Estatua de la Libertad; estudiantes bailando; vestidos de mujer; negro quemado; negro vestido etiqueta; Wall Street; Broadway, 1830; muchedumbre; desierto; máscaras africanas; fotomontaje de calle con serpientes y animales salvajes; pinos y lago; escena rural americana; matadero; la Bolsa; el Papa con plumas; fotomontaje de la cabeza de Walt Whitman con la barba llena de mariposas; el mar y paisaje de La Habana]; estas ilustraciones no pudieron incluirse en la edición.

La edición de Séneca se ilustró con dibujos.

Del análisis de ambas ediciones cabe deducir que la edition princeps de *Poeta en Nueva York* se basó en un texto manipulado por parte de José Bergamin que no disponía, como él aseguraba en el prólogo de la edición, del original de Federico listo para la imprenta sino de una copia provisional, sin índice y con poemas de los que sólo se mencionan los títulos y su eventual localización, material maleable en manos de los responsables de Séneca. Tras el envío de la copia a Humphries, Bergamin y su equipo continuaron la ordenación y el estudio del texto y terminaron por editar algo diferente a lo que habían enviado a la editorial Norton.

Bibliografía
Edición crítica de Eutimio Martín en Barcelona: Ariel, 1981.

---

138. JIMENEZ, Juan Ramón

Diario de un poeta recién casado (1916).— Madrid: Editorial Calleja, 1917.— 282.; 8°
Precede al título, Obras de Juan Ramón Jiménez.— Encuadernación cartulina.
Madrid, Biblioteca Nacional R 35213

La primera edición del *Diario de un poeta recién casado* salió en la colección *Biblioteca Calleja*. Primera serie en la que esta editorial publicaba obras de autores destacados con el propósito de formar una serie representativa del momento cultural que vivía España a primeros de siglo. La colección apareció desde 1916 a 1926; muchos

1916 and 1926. Many years later and under the name 'Colección literaria', the works were reissued, with the same physical characteristics as the earlier collection.

Rafael Calleja, to whom the *Diary* is dedicated, was in charge of the publishing house. He was a fine bibliophile and an editor in the classic sense of the word. The Biblioteca Calleja, although not a de lux collection, is conceived with the care and good taste of the connaisseur: good quality, cream paper, beautifully crafted type, perfect legibility, and a layout that boasts a perfect balance between blank and printed space. The paperback binding is enriched by the contrasting colors of ink, black/red, sepia/red.

One hundred numbered copies of the book were issued on linen paper in addition to the regular edition.

Juan Ramón considered this his best book, 'Half of modern poetry in Spain comes from the Diary'. Nevertheless, after its initial appearance in 1917 it was not reprinted until 1948, when the Editorial Losada of Buenos Aires brought it out with a change in title and some additions to the prose.

The *Diary* consists of six sections combining prose and poetry: 'Hacia el mar' (Toward the Sea), 'El amor en el mar' (Love at Sea), 'América del Este' (The Eastern United States), 'Mar de retorno' (Sea of Return), 'España' (Spain), and 'Recuerdos de América del Este' (Recollections of the Eastern United States). Each one has its own half title; the prose and poetry are numbered continuously in Roman numerals and make up a total of 243 compositions.

The decision to write in prose or verse was a more or less arbitrary one, and the number of prose and poetry pieces varies from one section to another. Section III, in which the poet narrates his stay in America from February to June 1916, is the longest and richest in prose. This part reflects the poet's encounter with New York: a spring afternoon on Fifth Avenue, Broadway, the harbor. In the last part of this *Diary* he records the impact the United States made on him. There are 26 recollections in prose in which the writer ironizes about what his American experience has meant to him: the Author's Club, Long Island, the Colony Club... people and places that are caricatured, perhaps because as Juan Ramón himself said, 'It is written against what I saw in the United States. It is almost always ironical...' Among these prose pieces there is one that is especially significant because it links up with one of the most important compositions in Federico García Lorca *Poet in New York*. This is prose piece CCXXXII, dedicated to Walt Whitman.

On the last page of the book, after the table of contents, there is a note from the author: 'This *Diary*, more so than any other work of mine, is provisional in character. Probably later on, when I forget it and come to think of it as new, I'll correct it more, that is, to some degree; and possibly I'll eliminate the slight corrections I've made in it now and leave it in its most essential form.' Nonetheless, the second edition of the book came

años más tarde, y bajo el nombre de *Colección Literaria* se volvieron a reeditar estas obras tratando de conservar las mismas características físicas de la colección anterior.

Rafael Calleja, a quien va dedicado el *Diario*, estaba entonces al frente de la editorial; era un exquisito bibliófilo y un editor en el sentido más clásico; la Biblioteca Calleja, que no era una colección de lujo, está concebida con el cuidado y el gusto de un buen conocedor: papel de buena calidad, ahuesado, tipos de bella factura y perfecta legibilidad y una disposición bibliográfica en la que la relación de los blancos y de la mancha tipográfica guarda un equilibrio perfecto. La encuadernación en rústica se enriquece con el juego cromático de las tintas, negro/ rojo, sepia/ rojo.

Del *Diario de un poeta recién casado* se tiraron, aparte de la edición normal, cien ejemplares numerados en papel de hilo.

Juan Ramón consideró que este era su mejor libro, «la mitad de la poesía moderna, en España, viene del *Diario*», sin embargo, tras su primera aparición en 1927, no volvió a editarse hasta 1948, en que la Editorial Losada de Buenos Aires lo sacó al público con el título cambiado y algún añadido en las prosas.

En el *Diario*, donde se mezclan verso y prosa, hay seis secciones: Hacia el mar, El amor en el mar, América del Este, Mar de retorno, España, Recuerdos de América del Este escritos en España. Cada una tiene portadilla propia; prosas y versos van numerados en romanos en numeración corrida hasta un total de doscientas cuarenta y tres composiciones.

La decisión de escribir en prosa o en verso fue más o menos caprichosa y el número de una y otra varía de sección a sección. La sección III, que es en la que el poeta narra su estancia en América —de febrero a junio de 1916— es la más extensa y la más rica en prosa. En esta parte se refleja el encuentro con Nueva York: la tarde de primavera en la Quinta Avenida, Brodway, el puerto. El impacto que le ha producido Estados Unidos lo recoge en la última parte de su diario: son veinteseis recuerdos en prosa en los que el escritor ironiza sobre lo que la experiencia americana le ha proporcionado: el Autor's Club, Long Island, Colony Club... gentes y lugares que quedan caricaturizados, quizá porque como el mismo Juan Ramón dijo: «está escrita contra lo que vi en los Estados Unidos. Es casi siempre irónica...» Hay entre estas prosas una especialmente significativa, porque conecta con una de las principales composiciones de *Poeta en Nueva York* de Federico García Lorca: es la prosa CCXXXII que dedica a Walt Whitman.

En la última página del libro, trás el índice, hay una nota del autor: «Este Diario, más que ninguna otra obra mía, es un libro provisional. Es probable que, más adelante, cuando me olvide de él y lo crea nuevo, lo corrija más, es decir, algo; y es posible que le quite las leves correcciones que ahora le he hecho y lo deje casi en esencia.» Sin embargo, la segunda edición del libro salió sin más variaciones que las del título, *Diario de poeta y mar*,

out with only one modification in the title, *Diary of the Poet and the Sea,* and some minor additións to the last prose piece. The author did not even change the normal spelling of the first edition for his own, which he had been using since the appearence of *Poesías escojidas* (Selected Poems; not the j instead of the more normal g in 'escojidas') in 1917. Nor did he correct the errors and misprints that figured in the first edition. In later editions (Madrid, Afrodisio Aguado, 1915, 1957; Madrid, Aguilar, 1957, 1959) he did not even correct the printer's proofs. In the Aguilar editions the publisher decided to adopt Juan Ramón's spelling and, at the author's request, the title was changed back to the original, but with a variation typical of the poet, *Diario de un poeta recien casado* (Diary of a Newlywed Poet).

Nevertheless, Juan Ramón Jiménez had other intentions regarding the publication of this book; he was intent on separating the verse and prose in subsequent editions. In 1954 he was rewriting some of the poems as prose in order to publish them separately. The University of Puerto Rico preserves the typewritten sheets with a portion of these prose pieces. The same university keeps a copy of the first edition with a note that says, 'Copy corrected for a new edition in the poet's hand'. In this copy one can see the corrections, the poems that the poet wished to delete and a clear indication that the prose pieces would not be included.

Despite the poet's intentions in the matter, the book continued as it was, with its uneven mixture of verse and prose link by the history of the poet in 1916 when he crossed the ocean and in search of his young American wife, Zenobia, came to know America.

Bibliography

Ediciones: Buenos Aires Losada, 1952, con varias reediciones.— Madrid, Castalia, 1969 y 1974.— En *Poesías completas,* ed. de Solita Salinas de Marichal, Barcelona, Barral, 1971.— En *Poesías completas,* Ed. de Solita Salinas. Prólogo de Jorge Guillén. Barcelona, Seix Barral, 1981.

y unos añadidos poco significativos en la última prosa; ni siquiera hizo cambiar la ortografía normal de la primera edición por la suya propia que, desde la aparición de *Poesías escojidas* en el año 1917, venía utilizando. Tampoco corrigió errores y erratas que figuraban en la primera edición. En ediciones posteriores [Madrid: Afrodisio Aguado, 1955 y 1957 y Madrid: Aguilar, 1957, 1959] ni siquiera corrigió pruebas de imprenta. En las ediciones de Aguilar se adoptó, por decisión de la editorial, adoptar la ortografía juanramoniana y se cambió, por indicación del autor, el título, volviendo al primitivo pero con una variante típica del poeta Diario de un poeta recién casado.

Sin embargo, la intención de Juan Ramón con respecto a la edición de este libro fue otra, y en su ánimo estaba separar verso y prosa en posteriores ediciones. En 1954 estaba prosificando algunos de los poemas para publicarlos por separado, y en la Universidad de Puerto Rico se conservan cuartillas a máquina con parte de estas prosas. También se conserva en esa misma Universidad un ejemplar de la primera edición con una nota que dice «Ejemplar correjido para una nueva edición» con letra del poeta; en este ejemplar se ven las correcciones, las supresiones de poemas que había pensado hacer y la indicación clara de que las prosas no irían incluidas en él.

A pesar de sus propósitos, el libro siguió siendo así, con la mezcla desigual de verso y prosa unidas por la historia del poeta en aquel año de 1916 en que cruza el océano y conoce América en busca de Cenobia.

Bibliografía

Ediciones. Buenos Aires: Losada, 1948, 1957.— Madrid: Afrodisio Aguado, 1955, 1957.— Madrid: Aguilar, 1957, 1959, 1967.— Barcelona: Labor, 1970. A. SANCHEZ-BARBUDO. *Edición, prólogo y notas a «Diario de un poeta recién casado».* Barcelona, Labor, 1970.— RICARDO GULLON: *Conversaciones con Juan Ramón.* Madrid, Taurus, 1958.— J. GUERRERO RUIZ: *Juan Ramón de viva voz.* Madrid, Insula, 1961.

---

139. MACHADO, Antonio

Poesías de guerra.—1938.—[6] l.—185 × 175 mm. —Paper.

Biblioteca Nacional, Ms 22233[1-2]

1: *Coplas* [I. 'Papagayo verde...'; II. 'Sobre la maleza...']. 2 l.

2: *Sonetos* [I. 'La primavera'; II. 'El poeta recuerda las tierras de Soria'; III. 'Amanecer en Valencia'; IV. 'El niño herido']. 4 l.

F. V.: 'Más fuerte que la guerra —espanto y grima—...'. 'Ya su perfil zancudo en el regato...'. 'Estas rachas de marzo, en los verdes desvanes...'. 'Otra vez es la noche... es el martillo...'

The *Coplas* [Popular Stanzas] occupy the rectos of two sheets of cloth finish paper (writing area 150 × 80 mm). Written in ink, they carry the poet's signature and flourish on the last page. The foliation is original.

139. MACHADO, Antonio

Poesías de guerra.—1938.—[6]*h.*—185×175 *aprox. Papel.*—

Biblioteca Nacional Ms 222331-2

1: *Coplas* [I. «Papagayo verde...»; II. «Sobre la maleza...»].—*2h.*—

2: *Sonetos* [I. La primavera; II. El poeta recuerda las tierras de Soria; III. Amanecer en Valencia; IV. El niño herido].—4 h. P.V.:«Más fuerte que la guerra —espanto y grima—...».— «Ya su perfil zancudo en el regato...».—Estas rachas de marzo, en los verdes desvanes...».— «Estas rachas de marzo, en lor verdes desvanes...».— «Otra vez es la noche... es el martillo...».—

Las *Coplas* ocupan los rectos de dos cuartillas de papel de tela [caja de escritura 150 × 80]; escritas a tinta llevan en la última hoja la firma rúbrica del poeta. La foliación es original.

They were composed in 1938 in Rocafort, Valencia and published in *Poesía Española*, Suplemento literario del Servicio Español de Información. Later they were reproduced in the *Revista de las Españas*, nº. 103-104, 1938.

The *Sonnets* occupy the recto of four sheets numbered by the poet. The paper is of poor quality, yellowed, and trimmed at the lower margin. The writing area is 100 × 120 mm.

They carry an epigraph: *Sonetos escritos una noche de bombardeo en Rocafort, Valencia, marzo de 1938* (Sonnets written one night during the bombing of Rocafort, Valencia, in March 1938). They were published in *Hora de España*, nº. 18, 1938 together with four other sonnets: 'De mar a mar entre los dos la guerra...' (From sea to sea between the two of us war...); 'Otra vez el ayer. Tras la persiana...' (Once again yesterday. Behind the shade...); 'Trazó una odiosa mano, España mía...' (A hatefulhand, my Spain, traced...); 'Mas tú, varona fuerte, madre santa...' (But you, virile woman, holy mother...), also in the Biblioteca Nacional, and the sonnet to Lister and the poem to Federico de Onís. The 'Cuatro Sonetos' (Four Sonnets) were published in *Gaceta Hispana*, III, 1938. Besides the sonnets already mentioned, the poems 'A Federico de Onís' (To Federico de Onís), 'Canción' (Song), 'Coplas' (Popular stanzas), and 'Estos días azules y este sol de infancia...' (These blue days and his sun from my childhood...) are published in the section *Poesía de guerra* (War Poetry) in the edition of Machado's Complete Works. The sonnet 'De mar a mar entre los dos la guerra' (From sea to sea between the two of us war) is included in the *Cancionero apócrifo* (Apocryphal Songbook).

These autograph poems by Antonio Machado were composed in Rocafort, Valencia, where he resided upon evacuation from Madrid in November 1937.

In these sonnets and popular stanzas the presence of the war becomes part of the pain of the poet's own private experience: Soria, with the outlines of the stork and purple hills; and Guiomar, his last great love from whom he was separated in the summer of 1936 when 'La guerra dio al amor el tajo fuerte...' (War gave love the telling blow...). Two memories that bloomed treacherously in the poet's recollections.

During his stay in Rocafort Antonio Machado continued to write and contributed regularly to the important journals that were still being published: *Hora de España*, Madrid, articles for the newspaper *La Vanguardia* of Barcelona. He also wrote his last book *La Guerra* (The War), which was published in 1937 by Espasa Calpe with illustrations by his brother José. In July 1937 he participated in the Second International Writers' Conference in Valencia, where he gave a speech entitled 'Sobre defensa y difusión de la cultura' (On the Defense and Dissemination of Culture).

In April 1938 he left for Barcelona, where he remained active literarily in the journals already mentioned and in the short-lived makeshift journals intended for the

Fueron escritas en 1938 en Rocafort (Valencia). Se publicaron en Poesía española, Suplemento Literario del Servicio Español de Información y se reprodujeron después en la *Revista de las Españas*, nº 103-104, 1938.

Los *Sonetos* ocupan el recto de cuatro hojas numeradas por el propio poeta. Es un papel de baja calidad, amarillento, desbarbado por el margen inferior. La caja de escritura es de 100 × 120 mm.

Llevan un epígrafe: *Sonetos escritos una noche de bombardeo en Rocafort (Valencia) marzo de 1938.* Se publicaron en *Hora de España*, nº 18, 1938, junto con otros cuatro sonetos más: «De mar a mar entre los dos la guerra..»; «Otra vez el ayer. Tras la persiana...»; «Trazó una odiosa mano, España mía...»; «Más tú, varona fuerte, madre santa...» —también en el fondo de la Biblioteca Nacional— el soneto a Lister y el poema a Federico de Onís. En *Gaceta Hispana*, III, 1938, se publicaron los *Cuatro sonetos*. En la edición de *Obras Completas* [Losada, 1964] aparecen editados en *Poesía de guerra* los citados y *El crimen fue en Granada, Meditación del día, A Federico de Onís, Meditación, Miaja, Alerta y Voz de España.*

Estos poemas autógrafos de Antonio Machado fueron escritos en Rocafort (Valencia) donde vivió, evacuado de Madrid, desde noviembre de 1937.

En estos sonetos y coplas a la presencia de la guerra y la muerte se suma el dolor de dos vivencias íntimas del poeta: Soria —con el garabato de cigüeña y los montes de violeta— y Guiomar —su último amor, de quien se había separado en el verano de 1936 «La guerra dio al amor el tajo fuerte...»» —.Dos recuerdos que a traición florecieron en la memoria del poeta.

Durante su estancia en Rocafort, Antonio Machado siguió escribiendo y colaboró asiduamente en las revistas importantes que seguían editándose: *Hora de España, Madrid*, artículos para *La Vanguardia* de Barcelona. Escribe también su último libro, *La Guerra* que edita en 1937 Espasa Calpe con ilustraciones de su hermano José. Participó en el II Congreso Internacional de Escritores celebrado en Valencia en julio de 1937 pronunciando el discurso *Sobre defensa y difusión de la Cultura.*

En abril de 1938 marchó hacia Barcelona, donde mantuvo su actividad literaria en las revistas citadas y en esas otras efímeras e improvisadas que se creaban para los combatientes. Se hizo una gran tirada popular de *La tierra de Alvar González* con destino al frente.

En enero de 1939, Machado dejó España y marchó a Collioure en un viaje sin vuelta.

Los manuscritos, que ingresaron en la Biblioteca Nacional en 1982, habían sido entregados por Machado a José Domenchina y a Ernestina Champourcí.

Bibliografía

Obras. Poesía y prosa. Edición reunida por A. Albornoz y G. de Torre. Buenos Aires, Losada, 1964.— Aurora Albornoz. *Poesías de guerra de Antonio Machado*. San Juan de Puerto Rico, ediciones Asomante, 1961.— A. MACHADO (1875-1939): *Vida y obra. Bibliografía. Antología. Obra inédita*. New York, Hispanic Institute, 1951.— *Bibliografía machadiana*. Madrid, Biblioteca Nacional, 1976.

combatants. A large run was made of a popular edition of his *La tierra de Alvar González* (The Land of Alvar González) and sent to the soldiers at the front.

In January 1939 Machado left Spain for Collioure, France, on a journey from which he never returned.

Provenance: These manuscripts, which had been given by Machado to José Domenchina and Ernestina de Champourcín, became part of the collection of the Biblioteca Nacional in 1982.

Bibliography

Obras. Poesía y prosa. Edición reunida por A. Albornoz y G. de Torre. Buenos Aires, Losada, 1964.— Aurora Albornoz. *Poesías de guerra de Antonio Machado.* San Juan de Puerto Rico, ediciones Asomante, 1961.— A. MACHADO (1875-1939): *Vida y obra. Bibliografía. Antología. Obra inédita.* New York, Hispanic Institute, 1951.— *Bibliografía machadiana.* Madrid, Biblioteca Nacional, 1976.

---

140. MORENO VILLA, José

Colección: poesías 1924 /José Moreno Villa.—Madrid: Imprenta Caro Raggio, 1924.—113, [2]p. 20 cm. Numbered edition of 500 copies.— Special number with autograph dedication of the author.— Illustrated by the author.

Fundación García Lorca

José Moreno Villa, poet, essayist, critic and painter, was born in Malaga in 1887 and died in Mexico in 1955. He wrote his first verses in his native city, which were published in *Los lunes del Imparcial.* In 1910 he went to Madrid to study History. In 1913 he published his first book of poetry called *Garba,* a title made up by the poet Enrique de Mesa. A year later he published the second book, *El pasajero* (The Passenger), with a prologue by José Ortega y Gasset. He collaborated in the magazine *España* and in the newspaper *El Sol.* He also published works in the Editorial Calleja.

In 1917 he went to live in the Residencia de Estudiantes, where he stayed for twenty years. During this time he had an important influence on the younger generation of writers associated with the Residence, and with Alberti and García Lorca in particular, with whom he had a great friendship in spite of the age difference. He joined the Cuerpo de Archivos, Bibliotecas y Museos and was a librarian at the Instituto Jovellanos in Gijón and the School of Pharmacy in Madrid and the archivist of the Royal Palace.

His poetic works fall in between the generations of 1898 and 1927. Luis Cernuda has said of his work that 'it always reflects his personal feelings about life, expressed without any show of poetic virtuosity or unusual distinguishing characteristics, but with simplicity and dignity'.

He began to paint in 1924 and his works were exhibited in Madrid and Mexico, where he lived until his death after a brief stay in the United States in 1937.

His *Collected Poetry,* published in 1924, is his sixth

140. MORENO VILLA, José

Colección: poesías. 1924 / José Moreno Villa.— [Madrid: Imprenta Caro Raggio, 1924].— 113, [2] p.; 20 cm. Ed. numerada de 500 ej.— Núm. especial con dedicatoria autógrafa del autor.— Ilustrado por el autor.

Fundación García Lorca

José Moreno Villa, poeta, ensayista, crítico y pintor, nació en Málaga en 1887 y falleció en Méjico en 1955. Escribió los primeros versos en su ciudad natal, y se publicaron en *Los lunes del Imparcial.* En 1910 se trasladó a Madrid para estudiar historia. En 1913 publicó su primer libro de versos, *Garba,* al que puso título el poeta Enrique de Mesa, y un año después el segundo, *El pasajero,* con prólogo de José Ortega y Gasset. Colaboró en la revista *España* y en *El Sol,* así como en la editorial Calleja.

En 1917 pasó a vivir en la Residencia de Estudiantes, donde permaneció veinte años, influyendo mucho en la generación más joven de escritores acogidos en la misma, sobre todo en Alberti y García Lorca, con quienes tuvo una gran amistad a pesar de la diferencia de edad. Ingresó en el Cuerpo de Archivos, Bibliotecas y Museos y fue bibliotecario del Instituto Jovellanos de Gijón, de la Facultad de Farmacia de Madrid y archivero del Palacio Real.

Su obra poética se sitúa entre las de la generación del 98 y del 27. De ella ha dicho Luis Cernuda que «refleja siempre una reacción personal frente a la vida, expresada sin alardes de virtuosismo poético ni de singularidad distinguida: con dignidad y sencillez». Cultivó la pintura a partir de 1924, y sus obras se expusieron en Madrid y en México, donde vivió hasta su muerte después de una breve estancia en Estados Unidos en 1937.

La *Colección* de poesías publicada en 1924 ocupa el sexto lugar entre sus obras. Fue editada por Caro Raggio, cuyos propietarios estaban emparentados con los Baroja e imprimieron gran parte de las obras de Pío Baroja en muy cuidadas ediciones.

work. It was published by Caro Raggio whose owners were related to the Baroja family and printed most of Pío Baroja's works in very meticulously produced editions.

This paperback edition consisted of 500 copies numbered 1 to 500. This special unnumbered copy has a handwritten dedication by the author: 'To Federico, poet and friend,' in capital letters. In script, 'To Federico García Lorca, a good rower in this boat, on these seas. January 1925'.

The poems are in small roman lettering and the titles are in italics. There is an index of first lines at the end. The author illustrated Lorca's copy with crayon drawings.

There is a photograph of the author opposite the title page.

The poems are in small roman lettering and the titles are in italics. There is an index of first lines at the Provenance: The García Lorca family.

Bibliography
L. IZQUIERDO SALVADOR, *Modernismo y vanguardia en la poesía de José Moreno Villa*, Barcelona, Universidad, 1982.

La edición, en rústica, fue de 500 ejemplares numerados. Este ejemplar especial, sin numerar, tiene una dedicatoria manuscrita del autor: «A Federico, poeta y amigo», en letras capitales. En cursiva: «A Federico García Lorca, buen remero en esta barca, por esos mares. Enero 1925».

Los poemas están en letra romana pequeña, y las cabeceras en cursiva. Al final, índice de los versos. El autor ilustró el ejemplar para Federico García Lorca con dibujos a ceras de colores.

En la contraportada foto del autor.

La cubierta en negro y ocre, característica de las ediciones de Caro Raggio. Procede de la familia García Lorca.

Bibliografía
L. IZQUIERDO SALVADOR. *Modernismo y vanguardia en la poesía de José Moreno Villa*. Barcelona, Universidad, 1982.

---

141. SALINAS, Pedro

Razón de amor (poesía) /por Pedro Salinas. Madrid: Ediciones del Arbol, en la imprenta de Manuel Altolaguirre, 1936.—236 p.; 24 cm.—†—, [6]p. Handwritten dedication by the author.—Black and green cover.

Fundación García Lorca

Razón de amor (Reason for Love) is the central work of a trilogy of books on amorous themes. It forms a complete cycle within Salinas poetic works, composed of nine books of poetry grouped in three stages. The second stage, between 1933 and 1938, is the high point of the author's activity. The trilogy is made up of *La voz a tí debida* (The Voice I owe to Thee), 1934; *Razón de amor*, 1936; and *Largo lamento* (Long Lament), 1938. Centered on the great theme of love, the second is the culmination of the first book. In it the mythical sense of love reaches its summit. Human love is poetry, its raison d'être.

Divided into two parts, its internal unity is complete. The untitled poems comprising the first part are linked together internally. The second part is composed of eight longer titled poems with a change of tone and rhythm.

Direct heptasyllables alternate with hendecasyllables, in assonance.

Pedro Salinas left for the United States in 1936 to spend a year as visiting professor at Wellesley College. He left Wellesley in 1940 to occupy a chair at Johns Hopkins University in Baltimore. Like other poets of the Generation of 1927, he was fascinated by and greatly interested in the Unite States. He also spent long periods

141. SALINAS, Pedro

Razón de amor (poesía) / por Pedro Salinas.— Madrid: Ediciones del Arbol, en la imprenta de Manuel Altolaguirre, 1936.—236 p.; [6[p.—24 cm.—Cruz y Raya.
Dedicatoria autógrafa del autor.— Port. en negro y verde

Fundación García Lorca

Razón de amor es la obra central de la trilogía formada por los libros de tema amoroso, que constituyen un verdadero ciclo dentro de la obra poética de Salinas, compuesta de nueve libros de poesía, que se pueden agrupar en tres etapas. La segunda etapa, producida entre 1933 y 1938, es la cumbre de la actividad del autor. Forman la trilogía *La voz a ti debida*, escrita en 1934, *Razón de amor*, de 1936 y *Largo lamento*, 1938, centradas en el gran tema del amor. La segunda es la culminación del libro anterior y constituye el acierto definitivo del poeta. En él, el sentido mítico del amor alcanza su cima. El amor humano es la poesía, es su razón de ser.

Dividido en dos partes, su unidad interna es completa. Los poemas que integran la primera, sin título, se enlazan internamente. La segunda parte se compone de ocho poemas más largos, con títulos, con cambio de tono y de ritmo.

El heptasílabo directo alterna con el endecasílabo, en asonancia.

Pedro Salinas salió en 1936 para Estados Unidos, donde había firmado un contrato para pasar un año como profesor visitante en el Wellesley College. Permaneció en Wellesley hasta 1940, y de allí pasó a una cátedra en la Universidad Johns Hopkins de Baltimore. Comparte con otros poetas del 27 la fascinación e interés por los Es-

of his life in Latin America and died in Boston in 1951.

The first edition of *Razón de amor* was printed on the press that the poet Manuel Altolaguirre had in his house. Altolaguirre began to work as a printer when he founded the magazine *Litoral* in Malaga with Emilio Prados.

In the Litoral collection he printed very meticulously done editions of authors like Lorca, Alberti, Salinas and Aleixandre, who later became very famous. In Madrid he ran the print shop with his wife, Concha Méndez Cuesta.

The edition of the *Cruz y Raya* collection was printed in thick roman type, with the table of contents in italics at the end. The title page and cover are in chromatic combinations of black and green. The colophon reads: 'This book was printed in the shop of Concha Méndez and Manuel Altolaguirre, Viriato 73, Madrid, and finished on June 17, 1936. Paperback, 10 pesetas'.

There is an autographed dedication by the author: 'To Federico in his great poetry and with the best friendship of Pedro Salinas.'
Provenance: The García Lorca family.

Bibliography

Ediciones: Buenos Aires Losada, 1952, con varias reediciones.—Madrid, Castalia, 1969 y 1974.—En *Poesías completas,* ed. de Solita Salinas de Marichal, Barcelona, Barral, 1971.—En *Poesías completas,* Ed. de Solita Salinas. Prólogo de Jorge Guillén. Barcelona, Seix Barral, 1981.

tados Unidos. Pasó también largos períodos de su vida en Hispanoamérica, y murió en Boston en 1951.

La primera edición de *Razón de amor* se imprimió en el taller de impresión que el poeta Manuel Altolaguirre tenía en su casa madrileña. Altolaguirre comenzó a ejercer de impresor artesano cuando fundó en Málaga la revista *Litoral,* con Emilio Prados. Imprimió en la colección *Litoral* muy pulcras ediciones de autores luego tan prestigiados como Lorca, Alberti, Salinas y Alexandre. En Madrid, dirigió la imprenta con su mujer, Concha Méndez Cuesta.

La edición de la colección *Cruz y Raya* está impresa en letra romana gruesa, con el índice al final en cursiva. La portada presenta un juego cromático de negro y verde, lo mismo que la cubierta. En el colofón: «Se acabó de imprimir en los talleres de Concha Méndez y Manuel Altolaguirre, Viriato 73, Madrid, el 17 de junio de 1936. Rústica, 10 pesetas».

Hay una dedicatoria autógrafa del autor: «Para Federico en su gran poesía y en la mejor amistad de Pedro Salinas».

Procede de la familia García Lorca.

Bibliografía

Ediciones: Buenos Aires Losada, 1952, con varias reediciones.— Madrid, Castalia, 1969 y 1974.— En *Poesías completas,* ed. de Solita Salinas de Marichal, Barcelona, Barral, 1971.— En *Poesías completas,* Ed. de Solita Salinas. Prólogo de Jorge Guillén. Barcelona, Seix Barral, 1981.

BIBLIOGRAFIA

AGUILAR PIÑAL, Francisco. *Bibliografía de autores españoles del siglo XVIII*. Madrid, Consejo Superior de Investigaciones Científicas, 1981—.

AJO Y SAINZ DE ZUNIGA, C.M.: *Historia de las Universidades Hispánicas*. Avila, Centro de Estudios e Investigaciones Alonso de Madrigal, 1957-1963. 10v.

ALBORG, Juan Luis. *Historia de la Literatura Española*. Madrid, Gredos, 1980. 4v.

ALBORNOZ, Aurora. *Poesías de guerra de Antonio Machado*. San Juan de Puerto Rico, Ediciones Asomante, 1961. 101 págns.

ALCOCER y MARTINEZ, Mariano. *Catálogo de obras impresas en Valladolid, 1481-1800. Valladolid, 1926. 890 p.*

ALES, Anatole. *Bibliothèque liturgique. Description des livres de liturgie imprimés au XVe et XVIe. Siècles faisant partie de la bibliothéque de... Charles Louis de Bourbon*. Paris, 1878. VI, 558 p.

ALFONSO X. Toledo, 1984. [Catálogo]. Madrid, Ministerio de Cultura, 1984. 198 p.

ALFONSO X El Sabio. Rey de Castilla. *Libros del saber de Astronomía del rey D. Alfonso X de Castilla, copilados, anotados y comentados por don Manuel Rico y Sinobas*. Madrid, Eusebio Aguado, 1863-1867. 5v.

ALONSO, Dámaso. «El crepúsculo de Erasmo». *Revista de Occidente*, CXII, 1932, p.p. 31-53.

ALONSO, Dámaso. *Estudios y ensayos gongorinos*. 2ª ed. Madrid, Gredos, [1960]. 623 p.

ALONSO CORTES, Narciso. «Montalvo, el del Amadis». *Revue Hispanique*. LXXXI, 1ª parte, 1933, p. 434-42.

ANDRES, Gregorio de. *La Real Biblioteca de El Escorial*. Madrid, 1970 115 p.

ANGULO, Diego. *A corpus of Spanish Drawings*. D. Angulo and Alfonso Pérez Sánchez. London, Harvey Miller, 1975-1983. 2v.

ANAWATI, G.C. «Essai de bibliographice avicennienne». *Révue Thomiste*, 1951.

ANTOLIN PAJARES, Guillermo. *Catálogo de los códices latinos de la Real Biblioteca de Escorial*. Madrid, 1910-1923. 5v.

ANTONIO, Nicolás. *Bibliotheca Hispana Nova*. Matriti, Joachimun de Ibarra, 1783-1788. 2v.

ARBOLI Y FARAUDO, Servando. *Biblioteca Colombia. Catálogo de sus libros impresos*. Sevilla, Imp. Rasco, 1888. 7v.

AREN BATLLE, Ramón. *Ensayo bibliográfico de ediciones ilustradas de don Quijote de la Mancha... por Ramón Areny Batlle y Domingo Roch Sevina. Nota proemial... José Carrera Cejudo. Lérida, La Editora Leridana, 1948. 167 p.*

ARTE *en España. Guía del Museo del Palacio Nacional*. Barcelona, 1929.

ARTIGAS SANZ, Carmen. *El libro romántico en España*. Madrid, Gráficas Tejario, 1953-55 4v.

ARTIÑANO Y GALDACANO. *La arquitectura naval española (en madera)*. Madrid, El autor, 1920.

ASHBEE, Henry Spencer. *An iconography of don Quixote, 1605-1895*. London, University Press, 1895. XI, 202 p.

AUSSTELLUNG *Gotik in Osterreich, veranstaltet von der Stadt Krems an der Donau, 19 Mai bis 15 October 1967...* [Katalog] 2te verb. Aufl. Krems an der Donau, 1967. XXII, 455 p., 98 lám.

BAGROW, L. «The origin of Ptolomey's Geographia». *Geografisk Annaler*, 27, 1945, p.p. 318-87.

BAHNER, Werner. *La lingüística espa-*

ñola del Siglo de Oro. Madrid, Ciencia Nueva, 1966. 208 p.

BALLESTEROS ROBLES, Luis. *Diccionario biográfico matritense*. Madrid, 1912. 702 págs.

BATAILLON, Marcel. *Erasmo y España. 2ª ed. reimp. México, etc., Fondo de Cultura Económica, 1979. CXVI, 921 p.*

BATAILLON, Marcel. «La materia médica de Dioscórides. Transmisión medieval y renacentista». *Bulletin Hispanique*, LVIII, 1956, pp. 232-252.

BELL, Aubrey F.G. *Portuguese literature*. Oxford, [Humphrey Milford publisher], 1922. 375 p.

BIBLIOGRAPHY of Old Spanish Texts. Madison, Hispanic Seminary of Medieval Studies, 1984. 341 p.

BIBLIOTECA NACIONAL. Madrid. *Bibliografía machadiana*. Madrid, 1976. 296 p.

BIBLIOTECA NACIONAL. Madrid: *Inventario General de Manuscritos de la Biblioteca Nacional*. Madrid, Ministerio de Educación Nacional, 1953-1984. 10v.

BIBLIOTHEQUE NATIONALE D'AUTRICHE. *Livres et manuscrits imprimés concernant l'histoire des Pays Bas, 1475-1600. Exposition... Catalogue: le Dr. F. Unterkircher. Traduction M. Wittek, M.T. Lenger... Bibliothéque Albert I, 5 mai-8 juille 1962. Bruxelles, 1962]. XIV, 11 p., 66 lám.*

BIBLIOTHEQUE ROYALE ALBERT I. Bruxelles. *La réserve précieuse. Naissance d'un departement de la Bibliothèque Royale*. [Catalogue par Antoine De Smet [y otros]. Traductions J. Deschamps [y otros]. Bruxelles, 1961. 241 p.

BIBLIOTHEQUE ROYALE ALBERT I. Bruxelles. *Trésors de la Bibliothèque Royale de Belgique*. Bruxelles, 1958. 194 p.

BIELER, L. *The text tradition of Dicuil's*

Liber de mensura orbis terrae. Dublin, 1965 (Proceedings of the Royal Irish Academy, v. 64, Sec. C, 1).

BLANCO AMOR, Eduardo. «Federico García Lorca». *Insula,* 152-153, 195.

BLAND, David. *A history of book illumination.* 2ª ed. London, Faber and Faber, 1969. 459 p.

BOCCACCIO CONFERENCE. 1975. Louvain. *Boccaccio in Europe. Proceedings of the Boccaccio Conference. Louvain December 1975.* Edited by Gilbert Tournoy. Leuven, University Press, 1977. 249 p.

BOEHMER, Eduard. *Spanish reformers of two centuries from 1520.* Strassburg-London, Karl Trübner, 1874-1904. 3v.

BOHIGAS BALAGUER, Pedro. *La ilustración y la decoración del libro manuscrito en Cataluña. Período romántico.* Barcelona, Asociación de Bibliófilos de Barcelona [Seix y Barral], 1960. 149 p.

BOHIGAS BALAGUER, Pedro. *Los textos españoles y gallego-portugueses de la Demanda del Santo Grial.* Madrid, 1925. 149 p.

BONET CORREA, Antonio. *Bibliografía de arquitectura, ingeniería y urbanismo en España.* Madrid, Turner 19.

BONILLA Y SAN MARTIN, Adolfo. *Luis Vives y la filosofía del Renacimiento.* Madrid, [Imp. de L. Rubio], 1929. 3v.

BONILLA Y SAN MARTIN, Adolfo. «Las novelas catalanas de caballerías y Tirant lo Blanch». *En Actas del Primer Congrés Internacional de la Llengua Catalana. Barcelona, octubre 1906.* Barcelona, 1908.

BRADLEY. J. W. *A. dictionnary of miniaturists, illuminators, calligraphers and copyistis.* London, B. Quaritch, 1887-1889. 3v.

BRAYER, E. «Livres d'Heures français». *Bulletin d'Information de l'Institut de Recherche et d'Histoire des Textes.* Paris, nº 12, 1963.

BRITISH MUSEUM. London. *Catalogue of Books printed in the XV century now in the British Museum.* London, The Trustees of the British Museum, 1963-1971. 10v.

BROCKIMANN, Carl. *Geschichte der Arabischen Litteratur.* Leiden, E.J. Brill, 1943. 5v.

BRUN, Robert. *Le livre français illustré de la Renaissance.* Paris, Picard, 1969. 322 p.

BRUNET, Jacques-Charles. *Manuel du libraire et de l'amateur de livres.* 5m ed. Paris, Firmin Didot frères, 1860-1880. 9v.

BUSTAMANTE GARCIA, Agustín. *Arquitectura clasicista del foco vallisoletano.* Valladolid, Institución Simancas, 1980.

BUTTERFIELD, Herbert. *Los orígenes de la ciencia moderna.* Madrid, Taurus, 1958. 327 p.

CABALLERO, José. *Obra retrospectiva 1932-1977.* Granada, Banco de Granada, 1977. 87 p.

CALDERON de la Barca *Studies. 1951-1969. A critical survey and annotated bibliography.* University of Toronto Press, 1971. XIII, 247 p.

CANTERA, Francisco. Nueva serie de manuscrito, hebreos en Madrid. *Sefarad,* 18, 1968.

CARRA DE VAUX, Bernard. Baron. *Les grands philosophes. Gazali. AH 450-505 AD 1058-1111 (Algazel).* Amsterdam, Philo Press, 1974. VIII, 322 p.

CASARES, Carlos. «Lería con Blanco Amor». *Grial,* 41, 1973.

CASAS, José Gonzalo de las. *Anales de la Paleografía Española.* Madrid, Centro del Notariado, 1857. XIV, 706 p., 152 lám.

CEAN BERMUDEZ, J.A. *Diccionario histórico de los más ilustres profesores de Bellas Artes en España.* Madrid, Real Academia de San Fernando, 1800. 6v.

CHARLES *Quint et son temps.* Paris, Centre Nationale de la Recherche Scientifique, 1959. XVII, 228 p.

CHINCHILLA Y PIQUERAS, Anastasio. *Anales históricos de la medicina en general y biográfico-bibliográficos de la española en particular.* Valencia, Imp. de López y Compañía, 1841-1846. 7v.

CLAIR, Colin. *A History of European Printing.* London, etc., Academic Press, 1976. 526 p.

La CIENCIA española en la España de los Austrias. *[Catálogo de la Exposición].* Madrid, Servicio de Publicaciones del Ministerio de Educación, 1976. 48 p.

El CIENTIFICO español ante su historia. La ciencia en España entre 1750-1850. Madrid, 1980.

CINTRA, Luis F. Lindley. «Nótula sobre os manuscritos das obras de Fernâo Lopes». *Coloquio,* 29, 1964.

CLARK, Charles Upson. *Collectanea Hispanica.* Paris, Honoré Champion, 1919. 243 págs.

CLEMENCIN, Diego. *Biblioteca de Libros de Caballería (año 1805).* Barcelona, 1942. XXXIV, 71 p. (Publicaciones cervantinas patrocinadas por Juan Sedó Peris Mencheta, III).

CODERA, F. «Manuscritos árabes de El Escorial». *Boletín de la Real Academia de la Historia,* 33, 1898.

COLECCHIA, Francesca Maria. *A selectively annotated bibliography of criticism.* New York, Garland Publishing, 1979. XXVI, 313 p.

COLMEIRO, Miguel. *La botánica y los botánicos de la península hispano-lusitana.* Madrid, Imp. de Rivadeneyra, 1858. 216 p.

COMPARETTI, D. *Ricerche intorno al libro di Sindibad.* Milano, 1864.

CONGRESO *Internacional de Bibliofilia. III. Barcelona-Madrid 6-13 octubre 1963. Catálogo de la Exposición Bibliográfica.* Madrid, Biblioteca Nacional, 1963.

COPINGER, W.A. *Supplement to Hain's Repertorium Bibliographicum.* Milano, Gorlich, 1895. 2v.

CORTESAO, Armando. *Cartografía*

y cartógrafos portugueses dos seculos XVIe *XVII.* Lisboa, 1935. v.

COSSIO, José María. *Los Toros.* 5.ª ed. Madrid, Espasa Calpe, 1964. 4v.

COTARELO Y MORI, Emilio. *Discurso acerca de las obras publicadas por la Real Academia Española.* Madrid, 1928. 91 pp, 65h.

COTARELO Y MORI, Emilio. *Estudios de historia literaria de España.* Madrid, Imp. de la Revista Española, 1901.

COTARELO Y MORI, Emilio. *Ultimos estudios cervantinos. Rápida ojeada sobre los más recientes trabajos acerca de Cervantes y el Quijote.* Madrid, Tip. de la Rev. de Arch., Bibl. y Museos, 1920.

CROSBY, James O. *Guía bibliográfica para el estudio crítico de Quevedo.* Londres, Grant & Cutler, 1976. 140 pp.

CRONE, G.R. *Historia de los mapas.* México, etc., Fondo de Cultura Económica, 1956. 205 pp.

CUADROS, J.J. «En torno a una elegía: verte y no verte». *Cuadernos Hispanoamericanos,* LXVIII, 1966 pp. 180-189.

CUESTA GUTIERREZ, Luisa. «Incunables con grabados en la Biblioteca Nacional de Madrid». *Gutenberg Jahrbuch,* 1935, p. 74 y sig.

DARST, David H. *Juan Boscán.* Boston, Twayne Publishers, 1978. 150 pp.

DELAISSE, León M.J. *A century of Dutch Manuscript Illumination.* Berkeley, University of California Press, 1968. XII, 102 pp.

DE MARINIS, Tammaro. *La biblioteca napoletana dei re d'Aragona.* Milano, Ulrico Hoepli, 1947-1952. 4v.

DERENBOURG, H. *Catalogue des manuscrits arabes de l'Escurial.* H. Dérenboug, Lévi-Provençal, Renaud, Vajda. Paris, 1884-1963.

DESWARTE, Sylvie. *Les enluminures de la Leitura nova. 1504-1551. Etude sur la culture artistique au Portugal au*

temps de l'Humanisme. Paris, Fundaçao Calouste Gulbenkian, 1977. 354 pp.

DIAZ Y DIAZ, Manuel C. *Códices visigóticos en la monarquía leonesa.* León, Centro de Estudios e Investigación «San Isidoro», 1983. 563 pp.

DIAZ-PLAJA, Guillermo. *Historia general de las Literaturas Hispánicas.* Barcelona, Editorial Barna, 1956, 4 v.

DIEZT, Fr.R. *Elenchus materiae medicae Ibn Baitharis.* Leipzig, 1883.

DIRINGER, David. *The iluminated book: its history and production.* New ed. rev. and augm. with the assistance of Dr. Reinhold Regensburger. London, Faber and Faber [1967]. 514 pp.

DODGSON, Campbell. *Campbell Dodgson's Catalogue of Early German and Flemish Woodcuts in the Bristish Museum,* London, The Trustees, 1903

DOMINGUEZ, Ana. «Iconografía de los Signos del Zodiaco en seis Libros de Horas del siglo XV de la Biblioteca Nacional.» *Revista de la Universidad Complutense,* XXII, 1973.

DOMINGUEZ, Ana. *Libros de Horas del siglo XV en la Biblioteca Nacional.* Madrid, Fundación Universitaria Española, 1979. 138 pp.

DOMINGUEZ, Ana. «El tema del paisaje en el calendario de un Libro de Horas del siglo XV de la Biblioteca Nacional.» *Bellas Artes,* 53, 1975.

DOMINGUEZ BORDONA, Jesús. *Exposición de códices miniados españoles. Catálogo.* Madrid, Sociedad Española de Amigos del Arte, 1929. 257 pp.

DOMINGUEZ BORDONA, Jesús. *Manuscritos con pinturas.* Madrid, Centro de Estudios Históricos, 1933. 2v.

DOMINGUEZ BORDONA, Jesús. «Miniatura». En *Ars Hispaniae.* v. XVIII. Madrid, Plus-Ultra, 1958, pp. 17-242.

DOMINGUEZ BORDONA, Jesús. *La Miniatura española.* Firenze, etc., Pantheon, etc., [1930]. 2v.

DOMINGUEZ GUZMAN, Aurora. *El libro sevillano durante la primera mitad del siglo XVI.* Sevilla, 1975. 350 pp.

DOMINGUEZ RODRIGUEZ, Ana. *Astrología y arte en el Lapidario de Alfonso X el Sabio.* Madrid, 1984.

DUBLER, C. «Ibn Baythar en armenio». *Al-Andalus,* XXI, 1956.

DUBLER, C. *La materia médica de Dioscórides.* Barcelona, Tip. Emporium, 1953. 6v.

DUHEM, Pierre. *Le système du monde. Histoire des doctrines cosmologiques de Platon à Copernico.* Paris, 1913-1917. 5v.

DUMESNIL, René. *Histoire illustrée de la médecine.* Préface du... Jean-Louis Faure. Paris, Plon, [1935]. 264 pp.

DURRIEU, Paul. *Manuscripts d'Espagne remarquables par leurs peintures.* Paris, 1893. 78pp.

DURRIEU, Paul. *La Miniature flamande au temps de la Cour de Bourgogne (1415-1530).* Bruxelles, [Maĉon-Protat frères], 1921. 80pp.

DUTTON, B. *Catálogo índice de la poesía cancioneril del siglo XV.* Madison, 1982.

ENTRAMBASAGUAS, Joaquín de. *Un misterio desvelado en la bibliografía de Góngora.* Madrid, Dirección General de Archivos y Bibliotecas, 1962. 100 pp.

ESTELRICH, Juan. *Exposition organisée à la Bibliothèque Nationale.* París, 1942. XVIII, 193 pp, 17 facsim.

ESTEVE BARBA, Francisco. «Notas para un estudio de los fondos relativos a América en la Biblioteca Nacional». *Revista de Archivos, Bibliotecas y Museos,* LXIII, 1, 1966, pp. 245-269.

EXPOSICION *Antológica del Tesoro Documental, Bibliográfico y Arqueológico de España.* Madrid, Ministerio de Educación Nacional, 1959. 360 pp., CXIX lám.

EXPOSICION *bibliográfica IV Centenario de Quevedo.* Granada, 1980.

EXPOSICION *Bibliográfica de Lope de Vega*. Madrid, Biblioteca Nacional, 1935. VIII, 345 pp.

EXPOSICION *cartografía en la época de los descubrimientos. 1974. Madrid. Catálogo de la exposición*. Madrid, Biblioteca Nacional, 1974. 73 pp, 4h. de lám.

EXPOSICION *de códices miniados españoles*. Barcelona, Instituto Nacional del Libro Español, 1962. 76 pp.

EXPOSICION *histórico-europea 1892 a 1893. Catálogo general*. Madrid, Fortanet, 1893.

EXPOSICION *Histórica del Libro. Un milenio del libro español*. Madrid, octubre-diciembre 1952.

EXPOSICION *de manuscritos árabes de la Real Biblioteca de El Escorial*. Madrid, Instituto Hispanoárabe de Cultura, 1978.

EXPOSICION *nacional conmemorativa del VII Centenario de Jaime I el Conquistador*. Madrid, 1977.

EXPOSICION *El Ocio en la Biblioteca Nacional*. [Catálogo]. Madrid, Ministerio de Cultura 1984. 152 pp.

EXPOSICION *en el tercer centenario de la publicación del Quijote. Madrid, 1905. Catálogo de la exposición celebrada en la Biblioteca Nacional...* Madrid, 1905. LIV pp, XL lám.

[EXPOSITION de] *manuscrits à peintures. L'Héritage de Bourgogne dans l'art international*. Madrid, Casa de Cisneros del Ayuntamiento, 1955. 90 pp.

FARINELLI, Arturo. *Viajes por España y Portugal desde la Edad Media hasta el siglo XX. Nuevas y antiguas divagaciones bibliográficas*. Roma, Reale Academia d'Italia, 1942-1944. 2v.

FERNANDEZ, Benigno. «Crónica de la Real Biblioteca Escurialense». *Ciudad de Dios*, LVI, 1901, p. 63 y sig.

FERNANDEZ DE LA CUESTA, Ismael. *Manuscritos y fuentes musicales en España*. [Madrid], Alpuerto, 1980. 397 pp.

FERNANDEZ GUERRA Y ORBE, Aureliano. *Obras de don Francisco de Quevedo Villegas*. Madrid, M. Rivadeneyra, 1952. 551 pp. (BAE, XXIII).

FERNANDEZ DE NAVARRETE, Martín. *Biblioteca marítima española*. Madrid, 1851. 2v.

FERNANDEZ POUSA, Ramón. *Los manuscritos gramaticales latinos de la Biblioteca Nacional*. Madrid, 1947. 81 pp.

FERNANDEZ POUSA, Ramón. *Los manuscritos visigóticos de la Biblioteca Nacional*. Madrid, 1945. 48 pp.

FERNANDEZ DE RETANA, Luis. *Cisneros y su siglo*. Madrid, 1929-1930. 2v.

FERNANDEZ ZAPICO, D. «Sobre la antigüedad del códice toledano de la vulgata». *Razón y fe*, XXXIX, 1914, pp. 362-371.

FEROTIN, M. «Deux manuscripts visigothiques de la bibliothèque de Ferdinand I, roi de Castille et de Leon». *Bibliothèque de l'Ecole des Chartes*, LXII, 1901, pp. 374-383.

FERRATER MORA, José. *Diccionario de Filosofía*. 3.ª ed. Madrid, Alianza, 1981. 4v.

FORD, Jeremiah D. M. *Cervantes. A tentative bibliography of his works and the biographical and critical material concerning him*. Prepared by Jeremiah D. H. Ford and Ruth Lansing. Cambridge, Massachusetts, Harvard University Press, 1931. 237 pp.

FOULCHE-DELBOSC, Raymond. *Bibliographie des voyages en Espagne et Portugal*. [Reimp. París 1896]. Amsterdam, Meridian Publishing, 1969. 2 h., 349 pp.

FOULCHE-DELBOSC, R. *Manuel de l'Hispanisant*. R. Foulché Delbosc and Barrau-Dihigo. New York, 1920-1925. 2v.

FOULCHE-DELBOSC, Raymond. «Notes sur trois manuscrits des oeuvres poétiques de Gongora». *Revue Hispanique*, VII, 1900, p. 454.

FOULCHE-DELBOSC, Raymond. «La plus ancienne mention d'Amadis». *Revue Hispanique*, XV, 1902, p. 815.

FUENTE, Vicente de la. *Historia de las Universidades, Colegios y demás establecimientos de enseñanza en España*. Madrid, 1884-89. 4v.

FUNCK, M. *Le livre belge à gravures*. París, Librairie Nationale G. Van Oest, 1925. XIII, 428 pp.

GALLARDO, Bartolomé José. *Ensayo de una biblioteca española de libros raros y curiosos*. Madrid, Imprenta M. Rivadeneyra, 1863. 4v.

GALLEGO GALLEGO, Antonio. *Historia del grabado en España*. Madrid, Cátedra, 1979. 540 pp.

GARCIA-DIEGO, José A. *El manuscrito atribuido a Juanelo Turriano de la Biblioteca Nacional de Madrid*. Madrid, 1980. (Es tirada aparte del Científico) 84 pp.

GARCIA DE LA FUENTE, Arturo. «Catálogo de los manuscritos franceses y provenzales de la Biblioteca del monasterio de El Escorial». *Boletín de la Real Academia de la Historia*, 101, 1932. pp. 381-403.

GARCIA LOPEZ, Juan Catalina. *Ensayo de una tipografía complutense*. Madrid, Imp. de Manuel Tello, 1889. XII, 873 pp., 3 h.

GARCIA LORCA, Francisco. *Federico y su mundo*. Madrid, Alianza, 1980. XXXVII, 485 pp.

GARCIA MELERO. José Enrique. *Aproximación a una bibliografía de la pintura española*. Madrid, Fundación Universitaria Española, 1978.

GARCIA ROJO, Diosdado. *Catálogo de incunables de la Biblioteca Nacional*. Publicado por Diosdado García Rojo y Gonzalo Ortiz de Montalvan. Madrid, Patronato de la Biblioteca Nacional, 1945. 622, 40pp.

GARCIA SOLALINDE, A. «Alfonso X astrólogo. Noticia del ms. vaticano». *Revista de Filología Española*, XIII, 1926.

GARCIA SOLALINDE,A. «Intervención de Alfonso X en la redacción

de sus obras». *Revista de Filología Española*, II, 1915, pp. 283-288.

GARCIA TAPIA, Nicolás. «Los 21 libros de los ingenios y de las máquinas». *Boletín del Seminario de Estudios de Arte y Arqueología de la Universidad de Valladolid*, L, 1984. pp. 434-439.

GAYANGOS, Pascual de. *Libros de Caballerías*. Madrid, 1857 (Biblioteca de Autores Españoles, 40).

GESAMTKATALOG der *Wiegendrucke*. Leipzig, Verlag von Karls W. Hiersemann, 1925-1932. 8 v.

GINGERICH, Owen. «Apianu's Astronomicum Caesareum and its Leipzig facsimile». *Journal of the History of Astronomy*, 2, 1971.

GIVANEL MAS, Juan. *Catálogo de la Colección Cervantina*. Barcelona, Biblioteca Central, 1941. 2 v.

GIVANEL Y MAS, Juan. *Historia gráfica de Cervantes y del Quijote*. Madrid, Plus Ultra, 1946. 576 pp.

GIVANEL Y MAS, Juan. *La novela caballeresca española. Estudio crítico de Tirant lo Blanch*. Madrid, Victoriano Suárez, 1912. 170 pp.

GIVANEL Y MAS, Juan. *El Tirant lo Blanch i Don Quijote de la Mancha*. [Barcelona, 1922] 78 pp.

GOFF, F.R. «An undiscribed edition of Johanne's Capua's Exemplario contra los engaños del mundo». *Gutemberg Jahrbuch*, 1960, p. 153 y sig.

GOLDSCHMIDT, Adolph. *German illumination*. Firenze, Bodoni, 1928. 2 v.

GOLDSCHMIDT, E. Ph. *Gothic & Renaissance bookbindings exemplified and illustred from the author's collection*. London, 1928. 2 v.

GOMEZ DE CASTRO, Alvaro. *De rebus gestis a Francisco Ximenio Cisnerio*. Compluti, Andreas de Angulo, 1569. [16], 240 h.

GOMEZ MORENO, Manuel. *Guía de Granada*. Granada, 1892.

GOMEZ MORENO, Manuel. *Igle-sias mozárabes. Arte español de los siglos IX a XI*. Madrid, 1919. 2 v.

GONZALEZ-MONTES, Yara. *Pasión y forma en Cal y canto*. New York, Abra, 1982. 250 pp.

GONZALEZ PALENCIA, Angel. *La España del Siglo de Oro*. Madrid, S. A. E. de Traductores y Autores, 1940. XXII, 216 pp.

GONZALEZ PALENCIA, Angel. *Historia de la literatura arábigo-española*. Barcelona, etc. Labor, 1945.

GRABAR, M. Une forme essentielle du cultes des reliques et ses reflets dans l'iconographie paléochrétienne. *Journal des savants*, 1978. pp. 165-174.

GUERRERO LOVILLO, José. *Miniatura gótica castellana. Siglos XIII y XIV*. Madrid, 1956. 42 pp., lám.

GUERRERO RUIZ, Juan. *Juan Ramón de viva voz*. Madrid, Insula, 1961 481 pp.

GUEYN, J. Van den. «Notes sur quelques manuscrits à miniatures de l'école flamande conservés aux Bibliothèques d'Espagne». *Annales de l'Académie Royale d'Archéologie de Belgique*, 58, 1906, pp. 305-30.

GUILLEN ROBLES, F. *Catálogo de los manuscritos árabes existentes en la Biblioteca Nacional de Madrid*. Madrid, 1889. X, 334 pp.

GULLON, Ricardo. *Conversaciones con Juan Ramón*. Madrid, Taurus, 1958. 204 pp.

GUTIERREZ DEL CAÑO, Marcelino. *Catálogo de los manuscritos existentes en la Biblioteca Universitaria de Valencia*. Valencia, [Antonio López y Cia., 1913]. 3 v.

HAEBLER, Conrado. *Bibliografía ibérica del siglo XV*. La Haya, etc., Martinus Nijhoff, etc., 1903. 2 v.

HAIN, Ludovicus. *Repertorium biliographicum*. Stuttgartiae, etc., J.G. Cotta, etc., 1826. 4 v.

HARTHAN, John. *The history of the illustrated book. The western tradition*. London, Thames and Hudson, 1981. 288 pp.

HAZAÑAS Y LA RUA, Joaquín. *La imprenta en Sevilla. Noticias inéditas de sus impresores desde la introducción del arte tipográfico en esta ciudad hasta el siglo XIX*. Sevilla, Junta del Patronato del Archivo y Sección de Publicaciones de la Diputación Provincial, 1945-1949. 2 v.

HENRICH, Manuel. *Iconografía de las ediciones del Quijote de Miguel de Cervantes Saavedra. Reproducción en facsímiles de las portadas de 611 ediciones tomadas directamente de los respectivos ejemplares (del año 1605 al 1905)*. Barcelona, Henrich y Cia., 1905. 3 v.

HERBERT, J.A. *Illuminated manuscripts*. New York, Burt Franklin, 1911. 355 pp.

HEREDIA, Ricardo. *Catalogue de la Bibliothèque de M. Ricardo Heredia*. París: Em. Paul, L. Huard et Guillemin, 1891. 4 partes en 2 v.

HERNANDEZ MOREJON, A. *Historia bibliográfica de la medicina española*. Madrid, 1842-1852. 7 v.

HERRERA HERNANDEZ, Mº Teresa. *Compendio de la salud humana de Johannes Ketham*. Madrid, Fundación Juan March, 1978. 50 pp.

HIDALGO, Dionisio. *Diccionario general de Bibliografía Española*. Madrid, 1862-1881. 7 v.

«La HISTORIA de la Poncella de Francia (Sevilla 1512), réeditée par C. Savignac». *Revue Hispanique*, LXVI, p. 510-592.

HOLLSTEIN, F.W.H. *Dutch and Flemish engravings and woodcuts ca. 1450-1700...* Amsterdam, Menno Hertzberger, [1954?]. 22v.

HOMENAJE a Boscán en el IV Centenario de su muerte (1542-1942). Barcelona, Biblioteca Central, 1944 47 pp.

HOMENAJE ofrecido a Menéndez Pidal. Madrid: Hernando, 1925. 2 v.

HUNTER, Samuel. *Joan Miró. Su obra gráfica*. Barcelona, Gustau Gili, 1959, XXXV, 108 pp.

IMAGEN de Andalucia en los viajeros románticos. Ronda. 1984. [Catálogo de la Exposición]. Madrid, Universidad

Internacional Menéndez Pelayo, 1984. 61 pp.

La IMAGEN romántica de España. [Exposición]. Madrid, Ministerio de Cultura. Dirección General de Bellas Artes, Archivos y Bibliotecas, 1981. 2 v.

IONIDES, S.A. «Caesar's Astronomy». Osiris, 1936.

JANINI CUESTA, José. Manuscritos litúrgicos de la Biblioteca Nacional. Catálogo por José Janini y José Serrano, con la colaboración de Anscario M. Mundó. Madrid, Dirección General de Archivos y Bibliotecas, 1969. XXVIII, 332 pp.

JANINI CUESTA, José. Manuscritos litúrgicos de las bibliotecas de España. v.I: Castilla y Navarra. Burgos, Aldecoa, 1977. (Publicaciones de la Facultad Teológica del Norte de España. Sede de Burgos, 38).

JOAN Luís Vives i el seu temps. Guia de l'exposició. 20 de fevrer-12 de març 1981. [Miguel Batllori et al.]. Valencia, Universitat, 1981. 57 pp.

JUSTEL CALABOZO, Braulio. La Real Biblioteca de El Escorial y sus manuscritos árabes. Madrid, Instituto Hispano-Arabe de Cultura, 1978. 324 pp.

KELLER, John E. Iconography in medieval Spanish literature. John E. Keller and Richard Kinkade. Lesington, The University Press of Kentucky, 1984.

KELLER, John E. Motif-Index of Mediaeval Spanish Exempla. Knoxville (Tennessee), The University of Tennessee Press, 1949. XVII, 67 pp.

KONINGSVELD, P. Sj. Van. The Latin-Arabic glossary of Leyden University Library. Leiden, New Rhine, 1977.

KRAMM, Heinrich. Deutsche Bibliotheken unter dem Einfluss von Humanismus und Reformation... Nendeln, etc. (Liechtenstein), Kraus Reprint, etc., 1968. XXIV, 304 pp.

KRISTELLER, Paul. Kupferstich und Holzschnitt in vier Jahrhunderten. 4 ed. rev. Berlín, B. Cassirer, 1922. X, 601 pp.

KUPCIK, Ivan. Cartes géographiques anciennes. París, Gründ, 1981. 240 pp.

KUPFER, Alloney E.F. Reshimat tatslume kitbe ha-yad ha-ciyriyyin ba-Makon, Jerusalem, Rubin Mass, 1964.

LAFUENTE FERRARI, Enrique. Breve historia de la pintura española. 4° ed. rev. y ampl. Madrid, Tecnos, 1953. 657 pp.

LANGE, A. Luis Vives. Trad. directa del alemán, revisada por Menéndez Pelayo. Buenos Aires, ed. Americalee, [1944]. 170 pp.

LA RONCIERE, Monique. Les portulans cartes marines du XIII au XVII siècle. Monique la Roncière et Michel Mollat. Fribourg, 1984.

LAURENTI, Joseph. The world of Federico García Lorca. A general bibliographic survey. Joseph Laurenti and Joseph Siracusa. Metuchen, New Jersey, The Scarevow Press, 1974 VIII. 282 pp.

LE BLANC, Charles. Manuel de l'amateur d'estampes. París, E. Bouillon, 1854-90. 4 v.

LE GENTIL, Georges. La Litterature portugaise. París, Armand Colin, 1935. 2 h., 203 pp.

LETTS, M. Sir John Mandeville. The man and his book. London, Batchworth, 1949.

LEWIS, John. Anatomy of Printing. The influencies of Art and History in its design. London, Faber and Faber Limited, 1970. 228 pp.

Le LIBER Mozarabicus Sacramentorum et les manuscrits mozarabes par D. Marius Férotin. París, 1912. XCI, 1096 col.

LIBROS de caballerías. Edición de A. Bonilla y San Martín. Madrid, 1907-1908. 2 v. (NBAE, 6, 9).

LIBROS de caballerías con un discurso preliminar y un catálogo razonado por don Pascual de Gayangos. Madrid, Atlas, 1963. XCII, 580 pp. (Biblioteca de Autores Españoles, XL).

Le LIVRE illustré en Occident. Du Haut Moyen Age à nos jours. Catalogue. Bruxelles, Bibliothèque Royale Albert I, 1977. 238 pp.

LLAGUNO Y AMIROLA. Noticias de los arquitectos y arquitectura de España. Madrid, 1829.

LOPEZ ESTRADA, Francisco. «Catálogo de los libros impresos en romance anteriores a 1600 existentes en la Biblioteca Universitaria de la Laguna». RHLL, XIII, 1947, pp. 28-53.

LOPEZ PIÑERO, José María. Ciencia y técnica en la sociedad española de los siglos XVI y XVII. Barcelona, Labor, 1979. 511 pp.

LOPEZ ESTRADA, Francisco. «Catálogo de incunables latinos de la Biblioteca universitaria de La Laguna». Revista de Historia. La Laguna, XIV, 1948, pp. 203-216.

LYELL, James P.R. Early book illustration in Spain. London, Grafton & Co., 1926. XXVI, 331 pp.

MACHADO, Antonio. Antonio Machado (1875-1939). Vida y obra. Bibliografía. Antología. Obra inédita. New York, Hispanic Institute, 1951. 212 pp.

MAFFEI, Eugenio. Apuntes para una biblioteca española de libros, folletos y artículos, impresos y manuscritos, relativos al conocimiento y explotación de las riquezas minerales y a las ciencias auxiliares, por D. Eugenio Maffei y D. Ramón Rua Figueroa. Madrid, Imp. de J.M. Lapuente, 1871. 2 v.

MAIER, J.G. «The Giessen, Parma and Piacenza codices» of the Notitia dignitatum with some related texts. Latomus, XXVII, 1968, pp. 96-141.

MARAÑON, Gregorio. Luis Vives. (Un español fuera de España). Madrid, Espasa-Calpe, 1942. 182 pp, 4 h.

MARIN, Diego. Exposición de Arte Histórico. Granada, 1922.

MARTIN GONZALEZ, Juan José. «Sobre las relaciones entre Madrid, Carducho y Velázquez». Archivo Español de Arte, XXXI, 1958, pp 59-66.

MARTINEZ RUIZ, Juan. «Cartas inéditas de Bernardo de Alderete (1608-1626)». *Boletín de la Real Academia Española*, 1970.

MATEU Y LLOPIS, Felipe. *Catálogo de la Exposición bibliográfica celebrada con motivo de la muerte de Luis Vives.* Barcelona, Biblioteca Central, 1940. 112 pp.

MATEU Y LLOIS, Felipe. *Juan Luis Vives, el expatriado.* Valencia, 1941. 57 pp.

MATULKA, Bárbara. *The novels of Juan de Flores and their European diffusion. A study in comparative literature.* New York, Institute of French Studies, 1931. XVII, 475 pp.

MAZZATINTI, G. *La biblioteca dei re d'Aragona in Napoli.* Rocca S. Casciano, Licinio Cappelli, 1897. 4 h., CLVIII, 200 pp.

MEDINA, José Toribio. *La imprenta de Lima (1584-1824).* Santiago de Chile, José Toribio Medina, 1904-1907. 4 v.

MEER, Fréderic van der. *L'Apocalypse dans l'art.* Anvers, Chêne, 1978. 368 pp.

MENDEZ, Francisco. *Typographia española ó Historia de la introducción, propagación y progresos del arte de la imprenta en España.* Madrid, en la Imprenta de la Vda. de Ibarra, 1796. 1 v.

MENENDEZ Y PELAYO, Marcelino. *Orígenes de la novela.* Madrid, 1905-1915. 4 v. (NBAE, 1, 7, 14, y 21).

MENENDEZ PIDAL. Gonzalo. *Sobre miniatura española en la Alta Edad Media y corrientes que revela. Discurso en la Real Academia de la Historia.* Madrid, 1958. 56 pp.

MENENDEZ PIDAL, Ramón. *Mis páginas preferidas. Temas lingüísticos e históricos.* [Reimp. Madrid] Gredos, 1973. 326 pp. (Biblioteca Románica Hispánica. VI, Antología Hispánica, v. 8.)

MENENDEZ PIDAL, Ramón. *La primitiva poesía lírica española.* Madrid, Ateneo, 1919. 85 pp.

MENTRE, Mireille. *Contribución al estudio de la miniatura en León y Castilla en la Alta Edad Media.* León, Patronato José María Cuadrado, 1976. 192 pp. 3 h. lám.

MENTRE, Mireille. *La peinture mozarabe.* [París], P.V.P.S., 1984.

MESTRE, Antonio. *Historia, fueros y actitudes políticas. Mayans y la historiografía del XVIII.* Valencia, Ayuntamiento de Oliva, 1970. XII, 603 pp.

MESTRE, Antonio. *Ilustración y reforma de la Iglesia. El pensamiento político-religioso de don Gregorio Mayans y Siscar.* Velencia, 1968. 509 pp., 2 h.

MIGUELEZ, M. F. *Relaciones Históricas.* Madrid, 1917-1925.

MILLARES CARLO, Agustín. *Contribución al «Corpus» de códices visigóticos.* Madrid, Tip. de archivos, 1913. 281 pp.

MILLARES CARLO, Agustín. «De paleografía visigótica. A propósito del Codex Toletanus». *Revista de Filología Española*, 1925. pp. 252-272.

MILLARES CARLO, Agustín. *Manuscritos visigóticos. Notas bibliográficas.* Barcelona, etc., [Consejo Superior de Investigaciones Científicas. Instituto P. Enrique Flórez], 1963. 2 h., 108 pp.

MILIAS VALLICROSA. José. *Yehuda Ha-Leví como poeta y apologista.* Madrid, etc., CSIC, Instituto Arias Montano, 1947. 234 pp.

MINIATURES *espagnoles et flamandes dans les collections d'Espagne.* Bruxelles, 1964.

MIQUEL ROSELL, Francisco. *Inventario general de manuscritos de la Biblioteca Universitaria de Barcelona.* Madrid, Direcciones Generales de Enseñanza Universitaria y de Archivos y Bibliotecas. Servicio de Publicaciones de la Junta Técnica, 1958-1969. 4 v.

MOLINA NAVARRO, Gabriel. *Indice para facilitar el manejo y consulta de los Catálogos de Salvá y Heredia.* Madrid, Gabriel Molina, 1913. 162 pp.

MOLINA REDONDO, J. A. «Ideas

lingüísticas de Bernardo de Alderete». *Revista de Filología Española, LI, 1968.*

MOLL ROQUETA, Jaime. «Les éditions de Quevedo dans la donation Olague» *Mélanges de la Casa de Velázquez*, XVII, 1980.

MONTESINOS, José F. «Algunas notas sobre el diálogo de Mercurio y Carón». *Revista de Fología Española*, XVI, 1929, pp. 225-266.

MONTIEL, Isidoro. «Un incunable desconocido: el Libro de Calila e Dimna en la segunda edición castellana del Exemplario contra los engaños y peligros del mundo». *Boletín Menéndez Pelayo*, XXXIX, 1963.

MORALES, Consolación. «Algunos cancioneros de los siglos XV y XVI». *Reales Sitios*, 26, 1970.

MUNDO, Anscario M. *El comentario de Beato al Apocalipsis. Catálogo de los Códices*, por Anscario M. Mundó y Manuel Sánchez Mariana. Madrid, Biblioteca Nacional, 1976. 67 pp., 5 h. de lám.

MUSPER, Heinrich Theodor. «Der Einblattholzschnitt und die Blockbücher des XV Jahrhunderts, ausgewahlt und beschrieben von H. Th. Musper». *Hand —buch der Holz— und Metallschnitte des XV Jahrhunderts*, band XI, Tafelband, pp. 47-68.

MUSPER, Heinrich Theodor. *Die Urausgaben der hollän dischen Apokalypse und Biblia Pauperum.* München, Prestel-verlag, 1961, 3 v.

MAGLER, Georg Kaspar. Die Monogrammister und diejenigen Gekannten und unbekannten Kunstler aller Schuler. München, G. Franz, 1858-1879. 5 v.

NAVARRO TOMAS, Tomás. «Doctrina fonética de Juan Pablo Bonet (1620)». *Revista de Filología Española*, VII, 1920, pp. 150-177.

NEUSS, Wilhems. *Die Apokalyse des Hl. Johannes in der altspanischen Bibelillustration (Das Problem der Beatus-Hand-schriften).* Münster, Aschendorffschen Verlag, 1931. 2 v.

NORTON, F. J. *A descriptive catalogue of printing in Spain and Portugal*

1501-1520. Cambridge, Cambridge University Press, [1978]. XXIII, 581.

ODRIOZOLA, Antonio. *La caracola del bibliófilo nebrisense.* Madrid, 1947. VII, 112 pp.

OROZCO DIAZ, Emilio. *Temas del barroco, de poesía y pintura.* Granada, Universidad, 1947, LXI, 190 pp.

OSTERC, Ludovik. *Los Quijotes de la colección Franz Mayer.* Bibliografía crítica recopilada y analizada... [México], Fideicomiso Cultural Franz Mayer, 1981. 260 pp.

PACHECO, Francisco. *Francisco Pacheco. Sus obras artísticas y literarias, especialmente el libro de descripción de verdaderos retratos de ilustres... varones, que dejó inédito. Apuntes que podrán servir de introducción a este libro... por don José María Asensio y Toledo.* Sevilla, José María Geofrin, 1867. 130.

PACHT, Otto. *The Master of Mary of Burgundy.* London, Faber and Faber, [1948]. 72 pp., 48 lám.

PAEZ, Elena. *Repertorio de grabados españoles.* Madrid, Ministerio de Cultura. Dirección General de Bellas Artes, Archivos y Bibliotecas. Secretaría General Técnica, 1981-1983. 3 v.

PALAU Y DULCET, Antonio. *Manual del libreto hispano-americano.* Barcelona, 1948-1977. 28 v.

PALLADIO *e la sua eredità nel mondo.* Venezia, 1980.

PASCUAL, Ricardo. *El botánico José Quer (1695-1764).* Valencia, Cátedra e Instituto de Historia de la Medicina, 1970. 36 pp.

PAZ Y ESPESO, Julián. *Catálogo de manuscritos de América existentes en la Biblioteca Nacional.* Madrid, Patronato de la Biblioteca Nacional, 1933. VIII, 724 pp.

PAZ Y MELIA, Antonio. «Códices más notables de la Biblioteca Nacional». *Revista de Archivos, Bibliotecas y Museos,* V, 1901, pp. 289-294.

PAZ Y MELIA, Antonio. «Códices mas notables de3 la Biblioteca Nacional.» *Revista de Archivos, Bibliotecas y Museos,* XI, 1904, pp 437-440.

PEETERS-FONTAINAS, Jean. *Bibliographie des impressions espagnoles des Pays-Bas Méridionaux.* Mise au point avec la collaboration de Anne-Marie Fréderic. Nieuwkoop, B. de Graaf, 1965. 2 v.

PELLECHET, M. *Catalogue général des incunables des Bibliothèques Publiques de France.* Paris, Alphonse Picard, 1897. 3 v.

PEREZ SEDANO, Francisco. *Notas del Archivo de la catedral de Toledo.* Madrid, Junta de Ampliación de Estudios, 1914, XIII, 150 pp.

PERRIER, D. «Die Spanische Kleinskunst des 11 Jahrhunderts». *Aachener Kunstblätter,* 52, 1984 pp 73-74.

PICATOSTE Y RODRIGUEZ, Felipe. *Apuntes para una biblioteca científica española del siglo XVI.* Madrid, Biblioteca Nacional, 1891. VIII, 416.

PIJOAN, José. *Arte bárbaro y prerrománico desde el siglo IV hasta el año 1000.* Madrid, Espasa-Calpe, 1942. 572 pp (Summa Artis, VIII).

PLAZA, Luisa María. *Catálogo de la colección Cervantina Sedó.* Barcelona, Porter, 1953. 3 v.

PORQUERAS MAYO, A. *Estudios bibliográficos sobre la Edad de Oro. A. Porqueras Mayo, Joseph L. Laurenti. Prólogo de José Simón Díaz.* Barcelona, Puvill, 1984. 389 pp.

PROCTER, Evelyn S. *Alfonso X of Castile, patron of literature and learning.* Oxford, Clarendon Press, 1951. VI, 1 h., 149 pp.

PUENTE OLEA, Manuel de la. *Los trabajos geográficos de la Casa de Contratación.* Sevilla, Escuela de Tipografía y Librería Salesianas, 1900.

PUYMAGRE, Comte de. «La chronique espagnole de la Pucelle d'Orleans». *Revue des Questions Historiques,* XIX, 1881, pp. 553-566.

QUENTIN, H. *Mémoire sur l'établissement du texte de la Vulgata.* Paris, erc., 1922. 520 pp.

RAMOS, Feliciano. *Historia da literatura protuguesa, desde o seculo XII aos*

meados do seculo XX. 6ª ed. Braga, Livraria Cruz, 1963. 3 h., 924 pp

RAMSAY, H. L. «The manuscripts of the Commentary of Beatus of Liébana on the Apocalypse.» *Revue des Bibliothèques,* XII, 1902, pp. 74-103.

RASHDALL, Hastings. *The Universities of Europe in the Middle Ages. A new edition... by F. M. Powicke and A. B. Emden.* Oxford, Clarendon Press, 1936. 3 v.

REFLETS *de la bibliophilie en Belgique. Exposition à la Bibliothèque Albert 1ᵉʳ... 1969.* [Bruxelles], Societé des Bibliophiles et Iconophiles de Belgique, 1969.

REICHENBERGER, Kurt. *Bibliographisches handbuch der Calderon, Kurt and Roswitha Reichenberger.* Kassel: Verlag Thiele, 1979. 2 v.

REICHLING, Dietericus. *Appendices ad Hainii-Copingeri Repertorium Bibliographicum additiones et emendationes.* Monachii: sumptivus Iac, Rosenthal, 1905. 7 v.

RENAISSANCE *painting in Manuscripts. Treasures from the British Library.* New York, 1984.

RENNERT, H. A. «Bibliography of the dramatic works of Lope de Vega Carpio based upon the Catalogue of J. R. Chorley». *Revue Hispanique.* XXXIII, 1915, pp. 1-284.

RETI, Ladislao. «The Codex of Juanelo Turriano (1500-1585).» *Technology and Culture,* 8, 1967, pp 53-66.

REYNIER, Gustave. *La vie universitaire dans l'ancianne Espagne.* París, A. Picard et fils, 1902. VII, 222 pp

RIO Y RICO, Gabriel-Martín del. *Catálogo bibliográfico de la Sección de Cervantes de La Biblioteca Nacional.* Madrid, Tip. de la Rev. de Archivos, Bibliotecas y Museos, 1930. XVIII, 1 h., 915 pp.

REYES, Alfonso. *Capítulos de literatura española. (Segunda serie).* México, el Colegio de México, [Fondo de Cultura Económica, 1945]. 295 pp

RIQUER, Martín de. *La leyenda del*

Santo Graal y temas épicos medievales. Madrid, Prensa Española, 1968. 254 páginas

RIUS Y LLOSELLAS, Leopoldo. *Bibliografía crítica de las obras de Miguel de Cervantes Saavedra.* Madrid, Murillo, 1895-1904. 3 v.

ROBERTSON, Ian. *Los curiosos impertinentes. Viajeros ingleses por España 1760-1855.* Madrid, Editora Nacional. D. L. 1976. 373 pp.

ROCA, Pedro. *Catálogo de los manuscritos que pertenecieron a D. Pascual de Gayangos existentes hoy en la Biblioteca Nacional.* Madrid, Tip. Archivos Bibliotecas y Museos, 1904. 401 pp.

ROCAMORA, José María. *Catálogo abreviado de los manuscritos de la biblioteca del Excmo. Sr. Duque de Osuna e Infantado.* Madrid, 1882.

RODRIGO, Antonina. *Mariana de Pineda.* Madrid, Alfaguara, 1965. 352.

RODRIGUEZ DE CASTRO, José. *Biblioteca española.* Madrid, 1781-1786. 2v.

RODRIGUEZ MARIN, Francisco. «Bernardo Aldrete». *BRAE,* V, 1918, pp. 618-620.

RODRIGUEZ MARIN, Francisco. *Francisco Pacheco, maestro de Velázquez.* Madrid, 1923. 57 pp.

ROSELL Y TORRES, Isidoro. «El Triunfo de Maximiliano I. Libro de miniaturas en vitela». *Museo Español de Antigüedades,* I, 1872, pp. 409-416.

ROSSI, Giuseppe Carlo. *Storia della letteratura portoghese.* Firenze, G.C. Sansoni, 1953. XI, 353 pp.

RUBIO I BALAGUER, Jordi. *De l'edad mitjana al renaixement,* figures literaries de Catalunya i Valencia... 2.ª ed. Barcelona, Teide, 1979. 154 pp.

RUGGIERI, J. «Mss. italiani nella Biblioteca dell' Escuriale». *Bibliof.,* XXXII, 1930, pp. 421-441; XXXIII, 1931, pp. 138-149, 201-209, 308-318; XXXIV, 1932, pp. 52-61, 127-139, 245-255, 381-392; XXXV, 1933, pp. 20-28.

RUIZ LASALA, Inocencio. *Joaquín Ibarra y Marín (1725-1785).* Zaragoza, [San Francisco SAE de Artes Gráficas], 1968. XV, 130 pp.

RULAND, Harold L. «A survey of the Double-page maps of the Cosmographia Universalis, 1544-1628.» *Imago Mundi,* XVI, 1962, pp. 84-97.

RUSSEL, P.E. *A Catalogue of Hispanic Manuscripts and Books before 1700 from the Bodleian Library and Oxford College Libraries.* Oxford, 1962. 56 pp.

RUYSSCHAERT, José. *Recherche des deux bibliothèques romains Maffei des XV et XVI siècles.* La Bibliofilia, LX, 1958.

SALAZAR, Concepción. «El testamento de Pacheco.» *Archivo Español de Arte,* 4, 1928, pp. 155.

SALMI, Mario. *L'enluminure italienne.* Milano, Arts et métiers graphiques, 1956. 262 pp.

SALVA Y MALLEN, Pedro. *Catálogo de la biblioteca de Salvá.* Valencia, Imp. de Ferrer de Orga, 1872. 2v.

SANCHEZ, Juan M. *Bibliografía zaragozana del siglo XV.* Madrid, Imprenta Alemana, 1908. 205 pp.

SANCHEZ CANTON, Francisco Javier. «Juanelo Turriano en España.» *Boletín de la Sociedad Española de Excursiones,* XLI, 1931, pp. 225-233.

SANCHEZ PEREZ, José. El libro de las cruces. Una obra astrológica que don Alfonso X, rey de España, mandó traducir del árabe.» *Isis,* XIV, 1930, pp. 77-132.

SANTOS, Reynaldo dos. «As iluminuras da Crónica de D. João I de Fernão Lopes de Madrid.» *Coloquio,* 29, 1964.

SANZ, Carlos. *La Geografía de Ptolomeo ampliada con los primeros mapas impresos de América (desde 1507).* Madrid. Victoriano Suárez, 1959. 281 pp.

SANZ, Carlos. «El primer atlas del mundo moderno. La Cosmografía de Cl. Ptolomeo con los mapas de Waldseemüller.» *Revista de Archivos, Bibliotecas y Museos,* LXIII, 1957, pp. 659-675.

SARMIENTO, Martín. «Reflexiones sobre el Diccionario de la lengua castella que compuso la Real Academia Española en el año 1726.» *Boletín de la Real Academia Española,* XV, 1928, pp. 23-38.

SARTON, George A.L. *Introduction to the History of Science.* Baltimore, The Williams Wilkins Company, 1927-1947. 3v.

SCHMIDT, Gerhard. *Die Armenbibeln des XIV Jahrhunderts.* Graz, Köln, 1959. 163 pp., 44 lám.

SCHREIBER, Wilhelm Ludwig. *Catalogue des livres xylographiques et xylo-chirogrraques. Handbuch der Holz-und Mettalschnitte des XV Jahrhunderts,* band IV [Reimpr. Band IX. Stuttgart, 1919].

SEMPERE GUARINOS, Juan. *Ensayo de una Biblioteca Española de los mejores escritores del reynado de Carlos III.* Madrid, Imprenta Real, 1786. 4v.

SENDEBAR. *Versiones castellanas del Sendebar.* Edición y prólogo de Angel González Palencia. Granada, Consejo Superior de Investigaciones Científicas. Instituto Miguel Asín, 1946. XXX, 318 pp.

SEPULVEDA GONZALEZ. «Sobre las miniaturas del Beato de Fernando I.» *Actas del XXIII Congreso Internacional de Historia del Arte. España entre el Mediterráneo y el Atlántico.* Granada, 1976. 2v.

SERIS, Homero. *La colección cervantina de la Hispanic Society of America. Ediciones de don Quijote con introducción, descripción de nuevas ediciones, anotaciones y nuevos datos biográficos.* Urbana, University of Illinois, 1920. 158 pp.

SERRANO Y SANZ, Manuel. *Apuntes para una biblioteca de escritoras españolas desde el año 1401 al 1833.* Madrid, 1903. 2v.

SIMON DIAZ, José. *Bibliografía de la Literatura Hispánica.* Madrid, Consejo Superior de Investigaciones Científicas, 1950.

STANGE, Alfred. *Deutsche Malerei der Gotik.* Nendeln (Liechtenstein), Kraus Reprint, 1969. 11v.

STEINER, Arpad. «The date of composition of Mandeville's Travels.» *Speculum,* 9, 1939.

STEINSCHNEIDER, Moritz. *Zur pseudoepigraphischen Literatur insbesondere der geheimen Wissenschaften des Mittelalters, auns hebraischen Quellen.* Berlin, Buchdruckerei von Rosenthal, 1862. 98 pp.

SUÑE BENAGES, Juan. *Bibliografía crítica de ediciones del Quijote impresas desde 1605 hasta 1917.* Barcelona, Editorial Perelló, 1917. XXXI, 485 pp.

TALLGREN, Oliva John. «Un point d'astronomie greco-arabo-romance. A propos de l'astronomie espagnole d'Alfonse X.» *Neuphilologische Mitteilungen,* 29, 1928, pp. 39-44.

TALLGREN, Oliva John. «Los nombres árabes de las estrellas y la transcripción alfonsina. Ensayo hispanoárabe fundado sobre un cotejo personal de los manuscritos.» En *Homenaje a Menéndez Pidal.* Madrid, 1925, pp. 633-718.

THIEME, Ulrich. *Allgemeines Lexicon der bilbenden Künstler von den Antike bis zur Gegenwart.* Begründet von... und Felix Becker... Herausgegeben von Ulrich Thieme. Leipzig, [C. G. Roder], 1907-1934. 35v.

THOMAS, Henry. *Spanish and Portuguese romances of Chivalry.* Cambridge, University Press, 1920. VI, 335 pp.

THORNDIKE, Lynn. *A history of magic and experimental science.* New York, Macmillan & Co., etc., 1923-1958. 6v.

TORRE, A. de la. «La Universidad de Alcalá. Datos para su historia». *Revista Eclesiástica,* 21, 1909.

TORROJA MENENDEZ, José María. *El sistema del mundo desde la Antigüedad hasta Alfonso X, El Sabio.* 2 ed. New York, Dover Publications, 1980. 2v.

UPDIKE, Daniel Berkeley. *Printing types. Their history, forms and use.* 2 ed. New York, Dover Publications, 1980. 2v.

VAGANAY, Hugues. «Bibliographie hispanique extrapéninsulaire, XVIe. et XVIIe. siècles.» *Revue Hispanique,* XLII, 1918, pp. 1-304.

VILLAAMIL Y CASTRO, José. *Catálogo de los manuscritos existentes en la Biblioteca del Noviciado de la Universidd Central.* Madrid, 1878.

VINDEL, Francisco. *Solaces bibliográficos.* Madrid, Instituto Nacional del Libro Español, 1942. XI, 193 pp.

VINDEL, Francisco. *El arte tipográfico en España durante el siglo XV.* Madrid, Ministerio de Asuntos exteriores, 1946-51. 8v.

VIÑAZA, Conde de la. *Bibliografía española de lenguas indígenas de América.* Obra premiada por la Biblioteca Nacional. Madrid, 1892. XXV, 427 pp.

WATT, W. Montgomery. *Muslim intellectual. A study of Al-Ghazali.* Edinburgh, University Press, [1963]. VII, 214 pp.

WECKWERTH, Alfred. «Die Zweckbestimmung der Armenbibel und die Bedeutung ihres Namens.» *Zeitschrift für Kirchengeschichte.* Cuarta serie, v. 68, 1957. pp 256-57.

WEITENKAMPF, Frank. *The illustrated Book.* Cambridge, Harvard University Press, 1938. XIII, 314 pp.

WERCKMEISTER, O. K. «Die Bilder der drei Propheten in der Biblia Hispalense.» *Mitteilungen des Deutsche Archaäelogisches Institut,* 4, 1963, pp. 141-188.

WILLIAMS, John. *Early manuscripts illumination.* London, Chatto & Windus, 1977. 118 pp., 40 lám.

WINKLER, F. «Kunstchronik Einige Nierderländische und Deutsche werke des 15 und 16 jahrhundert auf der Ausstellung 1912 in Granada.» *Zeitschrift für bildende Kunst,* 24, 1913.

WURZBACH, Alfred von. *Niederländisches Künstler Lexicon...* Wien, [Gesellschaft für graphische Industrie], 1906-1911. 3v.

ZARCO CUEVAS, Julián. *Catálogo de los manuscritos castellanos de la Real Biblioteca de El Escorial.* San Lorenzo, Imp. Helénica, 1924-1929. 3v.

ZARCO DEL VALLE, Manuel R. *Documentos de la catedral de Toledo. Colección formada en los años 1869-74 y donada al Centro en 1914.* Madrid, Centro de Estudios Históricos, 1916. 448 pp.

INDICE DE SIGLAS

AH = Academia de la Historia. Madrid.

BN = Biblioteca Nacional. Madrid.

BUB = Biblioteca Universitaria de Barcelona.

BUC = Biblioteca Universidad Complutense. Madrid.

BUS = Biblioteca Universitaria de Santiago de Compostela.

BUV = Biblioteca Universitaria de Valencia.

BUG = Biblioteca Universitaria de Granada.

FLG = Fundación Lázaro Galdiano. Madrid.

FGL = Fundación García Lorca. Madrid.

INDICE DE OBRAS

CHAULIAC, Guy. *Inventario o colectario en la parte chirurgica de la medicina.* Sevilla: Menardo Ungut & Lançalao Polono, 1489. B.N. I-196. Cat. n.° 29

CIRONGILIO de Tracia: Sevilla: Jacome Cromberger, 1545. B.N. R/3884. Cat. n.° 78

COLOMBUS, Christopher.
See Cat. n.° 139

COLON, Cristóbal: *Diario de nacegación del primer viaje de descubrimientos de las Indias.* S. XVI. B.N. Ms. Vit. 6-7. Cat. n.° 39

CORAN. S. XVIII B.P. II-3228. Cat. n.° 6

CORDIALE. Zaragoza: Hurus, 1494. B.N. I-522. Cat. n.° 17

CROCKER, Sidney: *Sketches from the Basque Provinces of Spain.* London: T. Mc. Lean, 1839. B.N. ER/1699. Cat. n.° 126

CRONICA DE MICHOACAN. Véase, relación de Michoacán S. XVI. B.E.

CRONICA del rei en Jacme I. S. XIV. B.U.B. Cat. n.° 53

CRUZ CANO Y OLMEDILLA, Juan de la: *Colección de trajes tanto antiguos como modernos.* Madrid: M. Copin, 1777. B.N. ER/3393. Cat. n.° 114

CRUZ CANO Y OLMEDILLA, Ramón de la: *Teatro ó colección de los saynetes.* Madrid: Imprenta Real, 1786-1791. B.N. T/3693. Cat. n.° 116

DAVILLIER, Carlo. *Viaggio in Spana.* Milano: Fratelli Treves, 1874. B.N. BA/6822. Cat. n.° 129

DEMANDA *del Santo Grial.* Sevilla, 1535. B.N. R/3870. Cat. n.° 75

DESCRIPTIO *orbis terrarum:* S. XV. B.N. Ms. Res.36

DIOSCORIDES PEDACIO. *Acerca de la materia medicinal.* Anvers: Iuan Latio, 1555. B.P. X-793, B.N. Cat. n.° 25

DIURNO *de Fernando I:* S. XI B.U.S. Res.1. Cat. n.° 8

DONCELLA *de Francia.*Burgos: Philippe de Junta, 1562. B.N. R/35918

ERASMO DE ROTTERDAM. *Enquiridio o manual del caballero christiano.* Alcalá de Henares: Miguel de Eguía, 1533?. B.N. R/5079. Cat. n.° 88

ERASMUS DE ROTTERDAM.
See Cat. n.° 88

ESPEJO *de caballerías:* Sevilla: Juan Cromberger, 1533. B.N. R/2533

FERNANDEZ DE MORATIN, Leandro. *La comedia nueva.*Madrid: Benito Cano, 1792. B.N. T/12184. Cat. n.° 117

FERNANDEZ DE MORATIN, Leandro. *Diario. 1780-1808.* B.N. Ms/5617. Cat. n.° 115

FLORES, Juan. *Grisel y Mirabella.* Lérida. Enrique Botel, 1495. B.N. I-2181. Cat. n.° 84

FRANCIS OF ASSISI, St.
See Cat. n.° 21

FRANCISCO DE ASIS, San: *Cantic del Sol.* Barcelona: Gustau Gili, 1975. B.N. E.R/4666. Cat. n.° 21

GARCIA LORCA, Federico. *La casa de Bernarda Alba.* 1936. F.G.L. carpeta 17. Cat. n.° 135

GARCIA LORCA, Federico. *Llanto por Ignacio Sánchez Mejía.* Madrid: Ediciones El Arbol, 1935. B.N. Ms/21693. Cat. n.° 133

GARCIA LORCA, Federico. *Mariana Pineda.* 1925. F.G.L. Cat. n.° 131

GARCIA LORCA, Federico. *Poeta en Nueva York.* 1929-1930. F.G.L. Cat. n.° 132

GARCIA LORCA, Federico. *The poet in New York and other poems of Federico García Lorca.* New York: Norton & Compañy, 1940. F.G.L. Cat. n.° 137

GARCIA LORCA, Federico. *Seis poemas galegos.* Compostela: Editorial Nós, 1935. B.N. VC/1232-9bis. Cat. n.° 134

GARCIA LORCA, Federico. *Los sueños de mi prima Aurelia.* 1936. FGL Carpeta 18. Cat. n.° 136

GAZTAÑETA, Antonio de. *Proporciones de las medidas más essempciales... para la fábrica de navíos y fragatas de guerra.* Madrid: Phelipe Alonso, 1720. B.N. 3/52583. Cat. n.° 36

GIRAULT DE PRANGUEY, Philibert Jos. *Monuments arabes et moresques de Cordoue, Seville et Granade.* Paris: Veith et Hauser, 1833. B.N. ER/1203. Cat. n.° 122

GONGORA Y ARGOTE, Luis de. *Obras.* 1628. B.N. Res. 45-46. Cat. n.° 104

HORAE beate Mariae. Parisiis: Simon Vostre, 1507. B.N.R. 8153. Cat. n.° 20

IBN BOTLÂN. *Tacuinum sanitatis.* S. XV. B.U.G. C-67. With: Thomás de Cantimpré. Cat. n.°

ICIAR, Juan de. *Recopilación subtilissima intitulada Ortographia practica.* Zaragoza: Bartolomé de Nágera, 1548. B.N.R. 8611. Cat. n.° 49

ᶜIZZ AL-DÎN AL-ZANŶANI: *Al-ᶜIzzi fil.tasrif.* [Tratado sobre las flexiones gramaticales]. 1547. B.E. Ms. 163. Cat. n.° 46

JENNINGS, Robert. *Jenning's Landscape annual on tourist in Spain for 1837. Biscay and the Castile's.* London: Robert Jennings, 1837. B.N. ER/2402. Cat. n.° 125

JIMENEZ, Juan Ramón. *Diario de un poeta recién casado.* Madrid: Editorial Calleja, 1917. B.N. R/35213. Cat. n.° 138

JIMENEZ DE CISNEROS, Francisco: *Provisión para la villa de Alcalá de Henares.* 1508. B.N. Ms. 20217-41. Cat. n.° 86

JONES, Owen. *Plans, elevations, sections and details of the Alhambra.* London: Owen Jones, 1842-1845. B.N. BA/1636-37. Cat. n.° 124

JOVELLANOS, Gaspar Melchor de. *Oda de Jovino a Poncio.* 1793. B.N. Ms/12958-26. Cat. n.° 118

KETHAM, Johannes. *Compendio de la salud humana.* Zaragoza: Hurus, 1494. B.N. I-51. Cat. n.° 28

LABORDE, Alexandre Louis Joseph de. *Voyage pittoresque et historique de l'Espagne.* Paris: Pierre Didot, 1806-1820. B.N. BA/2056-59. Cat. n.° 120

LASSO DE LA VEGA, García. *Obras* With BOSCAN, Juan. Cat. n.° 89

LEON HEBREO. *Los diálogos de Amor.* Venetia, 1568. B.N. R/11796. Cat. n.° 69

LEWIS, John Frederik. *Lewis's Sketches and Drawings of the Alhambra.* London: Hodgson Boys & Graves, 1834. B.N. ER/5041. Cat. n.° 123

LIBRO DE HORAS. S. XV. B.N. Vit. 25-5. Cat. n.° 10

LIBRO DE HORAS *de Carlos VIII.* S. XV. B.N. Vit. 24-1. Cat. n.° 12

LIBRO DE HORAS *de Fernando I.* Véase, Diurno.

LIBRO DE HORAS *al uso de Roma.* S. XV. B.N. Vit. 25-4. Cat. n.° 11

LIBRO *del juego de las suertes.* Valencia: Juan Joffre, 1528. B.N. R/9015. Cat. n.° 58

LOPES, Fernâo. *Crónica de D. Joâo I.* S. XVI. B.N. Vit. 25-8. Cat. n.° 54

LUCAS, Francisco. *Arte de escrivir.* Madrid: Francisco Sánchez, 1580. B.N. R.2753. Cat. n.º 47

MACHADO, Antonio. *Poesías de guerra.* 1938. B.N. Ms/2233-1-2. Cat. n.º 139

MAID OF FRANCE.
See Cat. n.º 80

MANDEVILLE, John. *Libro de las maravillas del mundo.* Valencia, 1524. B.N. R.13148. Cat. n.º 38

MANRIQUE, Gómez. *Cancionero.* S. XV. B.P. 2-J-3. Cat. n.º 81

MARSELLAR, Charles Philippe. *Serenissimi Hispaniarum Principis Balthasaris Caroli Venatio.* Bruxellae, 1642? B.N. R/7271. Cat. n.º 61

MARTINES, Joâo. *Atlas.* 1587. B.N. Vit. 4-20. Cat. n.º 41

MARTORELL, Joanot. *Tirant lo Blanch.* Valencia: Nicolau Spindeler, 1490. B.U.V. Cat. n.º 73

MAYANS Y SISCAR, Gregorio. *Carta a don Andrés González Barcia.* 1742. B.N. Ms/18665-24. Cat. n.º 111

MEDINA, Pedro. *Suma de Cosmografía.* S. XVI. B.N. Ms. Res. 215. Cat. n.º 42

MERINO, Andrés. *Escuela paleográ- p hica.* Madrid: Juan Antonio Lozano, 1780. B.N. 3/52310. Cat. n.º 52

MILAN, Luis. *Libro de motes de damas y cavalleros intitulado el juego de mandar.* Valencia: Francisco Díaz Romano, 1535. B.N. R/7271. Cat. n.º 59

MILAN, Luis. *Libro de música de vihuela de mano intitulado El maestro.* Valencia: Francisco Díaz Romano, 1535. B.N. R/9281. Cat. n.º 69

MISAL *rico de Cisneros.* S. XVI. B.N. Ms. 1540-46. Cat. n.º 13

MISAL *in the style of Toledo* See Cat. n.º 13

MONTAÑA MONSERRATE, Bernardino. *Libro de la anathomia del hombre.* Valladolid: Sebastián Martínez, 1551. B.N. 2461. Cat. n.º 32

MORENO, José. *Viaje a Constantinopla en el año 1784.* Madrid: Imprenta Real, 1790. B.N. 2/70935. Cat. n.º 43

MORENO VILLA, José. *Colección. Poesías. 1924.* Madrid: Imprenta Caro Raggio, 1924. F.G.L. Cat. n.º 140

PACHECO, Francisco. *Libro de descripción de verdaderos retratos de ilustres y me-* morables varones. 1599. F.L.G. Cat. n.º 103

PALLADIO, Andrea. *Libro primero de la Architectura de Andrea Palladio.* Valladolid: Juan Lasso, 1625. B.N. R. 16097. Cat. n.º 34

PALMERIN de Oliva. Sevilla: Juan Cromberger, 1540. B.N. R/9013. Cat. n.º 77

PARCERISA, F. J. *Recuerdos y bellezas de España.* Barcelona: Joaquín Verdaguer, 1839-1865. B.N. BA/4237. Cat. n.º 127

PEPE-HILLO. *Tauromaquia o arte de torear a caballo y a pie.* Madrid: Imprenta de Vega y Compañía, 1804. B. N. R/3688. Cat. n.º 63

PEREZ DE VILLA-AMIL, Genaro. *España artística y monumental.* París: Alberto Hauser. 1842-1844. B.N. ER/1716-1717. Cat. n.º 128

PETRARCA, Francesco. *Trionfi.* S. XV. B.N. Vit. 22-4. Cat. n.º 82

PETRUS APIANUS. *Astronomicum Caesareum.* Ingolstadii: P. Apianus, 1540. B.N. R. 1608. Cat. n.º 26

PONZ, Antonio. *Viaje de España.* Madrid: Joaquín Ibarra, 1772. B.N. BA/725-42. Cat. n.º 119

PSEUDO JUANELO TURRIANO. *Los veintiún libros de los ingenios y máquinas.* B.N. Ms. 3372-76. Cat. n.º 30

QUER, José. *Flora española.* Madrid: por Joaquín Ibarra, 1762. B.N. 3/44637-40. Cat. n.º 27

QUEVEDO Y VILLEGAS, Francisco. *El Parnaso español.* Madrid: Diego Díaz de la Carrera, 1648. B.N. R/4418. Cat. n.º 109

QUEVEDO Y VILLEGAS, Francisco. *Providencia de Dios padecida de los que la niegan y gozada de los que la confiesan.* 1641. B.N. Vit. 7-7. Cat. n.º 108

RAGGUAGLIO *delle nozze della maestá di Filippo Quinto e di Elisabetta Farnese.* Parma: Stamperia di S.A.S., 1717. B.N. ER/2886. Cat. n.º 56

RELACION DE MICHOACAN S. XVI. B.E. c IV-5. Cat. n.º 40

SALADINO DE ASCOLI. *Compendio de los boticarios.* Valladolid: Arnao Guillén de Brocar, 1515. B.N. R. 4125. Cat. n.º 31

SALINAS, Pedro. *Razón de Amor.* Ma- drid: Ediciones del Arbol, 1936. F.G.L. Cat. n.º 141

SALTERIO Y LIBRO DE HORAS. S. XIII y XIV. B.N. Vit. 23-9. Cat. n.º 9

SALUSTIO CRISPO, Cayo. *La Conjuración de Catilina y la Guerra de Yugurta.* Madrid: Joaquín Ibarra, 1772. B.N. R/16375. Cat. n.º 112

SAN PEDRO, Diego de. *Tratado de amores de Arnalt y Lucenda.* Burgos: Fadrique de Basilea, 1491. A.H. I-30. Cat. n.º 85

SENDEBAR. *Libro de los siete sabios de Roma.* Burgos: Juan de Junta, 1530. B. N. R/10407. Cat. n.º 71

TAPIA SALCEDO, Gregorio de. *Exercicios de la gineta al príncipe nuestro señor D. Balthasar Carlos.* Madrid: Diego Díaz, 1643. B.N. R/3275. Cat. n.º 62

TARANTA, Vasco de. *Tratado de la peste.* With KETHAM, Tohannes. Cat. n.º 28

TAYLOR, Isidore Séverin Justin. *Voyage pittoresque en Espagne, en Portugal et sur la côte d'Afrique de Tanger à Tétouan.* Paris: Librairie de Gide et fils, 1826-32. B.N. ER/4929-31. Cat. n.º 121

THOMAS DE CAMTIMPRE. *De natura rerum.* S. XV. B.U.G. C-67. Cat. n.º 24

TOLOMEO, Claudio. *Cosmographia.* S. XV. B.N. Ms. Res. 255. Cat. n.º 23

TRIUNFO DE MAXIMILIANO S. XVI-XVII. B.N. Res. 254. Cat. n.º 55

UBAYD ALLAH. *Libro de las cruces.* 1259. B.N. Ms. 9294. Cat. n.º 65

VEGA CARPIO, Félix Lope de. *La dama boba.* 1613. B.N. Vit. 7-5. Cat. n.º 105

VILLEGAS, Esteban Manuel. *Las eróticas y traducción de Boecio.* Madrid: Antonio de Sancha, 1774. B.N. 2/64806-7. Cat. n.º 113

VIRGILIO MARON, Publio. *Opera.* S. XV. B.U.V. Cat. n.º 83

VIVES, Juan Luis. *Opera.* Basileae: Nic. Episcopum juniorem, 1555. B.N. R/25671. R/32076. Cat. n.º 90

YABIR IBN AFLAH AL-ISBILI. *Kitáb al-hay'a. [Libro de Astronomía].* S. XIV. B.E. Ms. 930. Cat. n.º 68

YEHUDA HA-LEVI. *Cuzary.* Amsterdam, 5423 (1663). B.N. R/15190. Cat. n.º 72

INDICE ONOMASTICO

MORANO, Cira, col. Cat. n.° 83

MORENO: grab. Cat. n.° 52

NAGERA, Bartolomé de: impr. Cat. n.° 49

NEWTON, John: impr. Cat. n.° 100

NOORT, Juan: grab. Cat. n.° 109

NORTON, W. W: ed. Cat. n.° 137

OSUNA, Duque de: pos. Cat. n.° 105

OUDIN, César: tr. Cat. n.° 96

PANNEELS, Herman: grab. Cat. n.° 109

PELLICER, José Luis: dib. Cat. n.° 95

PEREZ BAYER, Francisco: col. Cat. n.° 112

PHILIPS, John: tr. Cat. n.° 100

PI Y MARGALL, Francisco: col. Cat. n.° 127

PIFERRER, Pablo: col. Cat. n.° 127

PLANCK, Johannes: impr. Cat. n.° 15

POLONO, Lançalao: impr. Cat. n.° 29

PONCIO, Seud. de José Vargas Ponce: Cat. n.° 118

POUET, Jean: impr. Cat. n.° 96

PRAVES, Francisco: tr. Cat. n.° 34

QUADRADO, José María: col. Cat. n.° 127

RATDOLT, Erhard: impr. Cat. n.° 70

RICARDO, Antonio: impr. Cat. n.° 48

RIOS, Vicente de los: ed. lit. Cat. n.° 113

RODRIGUEZ LOZANO, Manuel: dib. Cat. n.° 130

RODRIGUEZ MARIN, Francisco: ed. lit. Cat. n.° 95

RODRIGUEZ DE TUDELA, Alonso: tr. Cat. n.° 31

ROZANSKI, Felix: bibl., enc. Cat. n.° 68

SALVA. Ex-libris. Cat. n.° 58

SANCHEZ MARIANA, Manuel, col. Cat. n.° 1,22,39

SALVADOR, Antonio: dib. Cat. n.° 112

SALVADOR CARMONA, Manuel: grab. Cat. n.° 112

SALVADOR CARMONA, Manuel: grab. Cat. n.° 113

SANCHA, Antonio: impr. Cat. n.° 113

SANCHEZ, Francisco: impr. Cat. n.° 47

SAN ROMAN, Marqués de: Ex-libris. Cat. n.° 85

SANTA MARIA, Gonzalo: tr. Cat. n.° 17

SANTIAGO, Elena, col. Cat. n.° 41

SARRIA, Amalia, col. Cat. n.° 8,55

SAVRY, Jacob: ed., Cat. n.° 98

SILVA, Feliciano: tr. Cat. n.° 79

SINTES, Giambattista: grab. Cat. n.° 56

SKELTON: grab. Cat. n.° 121

SPINDELER, Nicolaus: impr. Cat. n.° 73

SPIRITTO, Lorenzo: ¿aut.? Cat. n.° 58

SPOLVERINO, Ilario:dib. Cat. n.° 56

TILLY, Smeton: grab. Cat. n.° 95

TIPOGRAFIA ROLLANDIANA. Lisboa, impr. Cat. n.° 102

TOLEDO, Fernando de: tr. Cat. n.° 64

TOMASSINO, Filippo: grab. B. N. Cat. n.° 50

TONSON, J: impr. Cat. n.° 94

TURRIANO, Juanelo: Véase Pseudo Juanelo Turriano. Cat. n.°

ULLIETO, Carlo: impr. Cat. n.° 50

UNGUT, Menardo: Impr. Cat. n.° 29

VALLE, Carlos del, col. Cat. n.° 67,71

VANDERBANK, J: dib. Cat. n.° 94

VALLE, Adriano del: pos. Cat. n.° 123

VARELA, Juan: impr. Cat. n.° 45

VAZQUEZ, Alonso: min. Cat. n.° 13

VELASCO, Fernando José: Ex-libris. Cat. n.° 87

VERAD, Antoine: ed. Cat. n.° 12

VERCRUYSSE, Teodoro: grab. Cat. n.° 56

VERDAGUER, Joaquín: impr. Cat. n.° 127

VILLEMIN: grab. Cat. n.° 122

VINGLES, Juan de: grab. Cat. n.° 49

VOSTRE, Simon: impr. Cat. n.° 20

WALLIS, R: grab. Cat. n.° 121

WYLD: grab. Cat. n.° 122

ZELADA, Francesco Saverio: Cardenal Cat. n.° 10,11

ZUÑIGA, Juan: pos. Cat. n.° 44

I.S.B.N.: 84–398-4960-5.   Depósito Legal: M-33.631-1985.